Jean-Claude Corbeil • Ariane Archambault

LE NOUVEAU DICTIONNAIRE
VISUEL
JUNIOR

FRANÇAIS • ANGLAIS

QUÉBEC AMÉRIQUE jeunesse

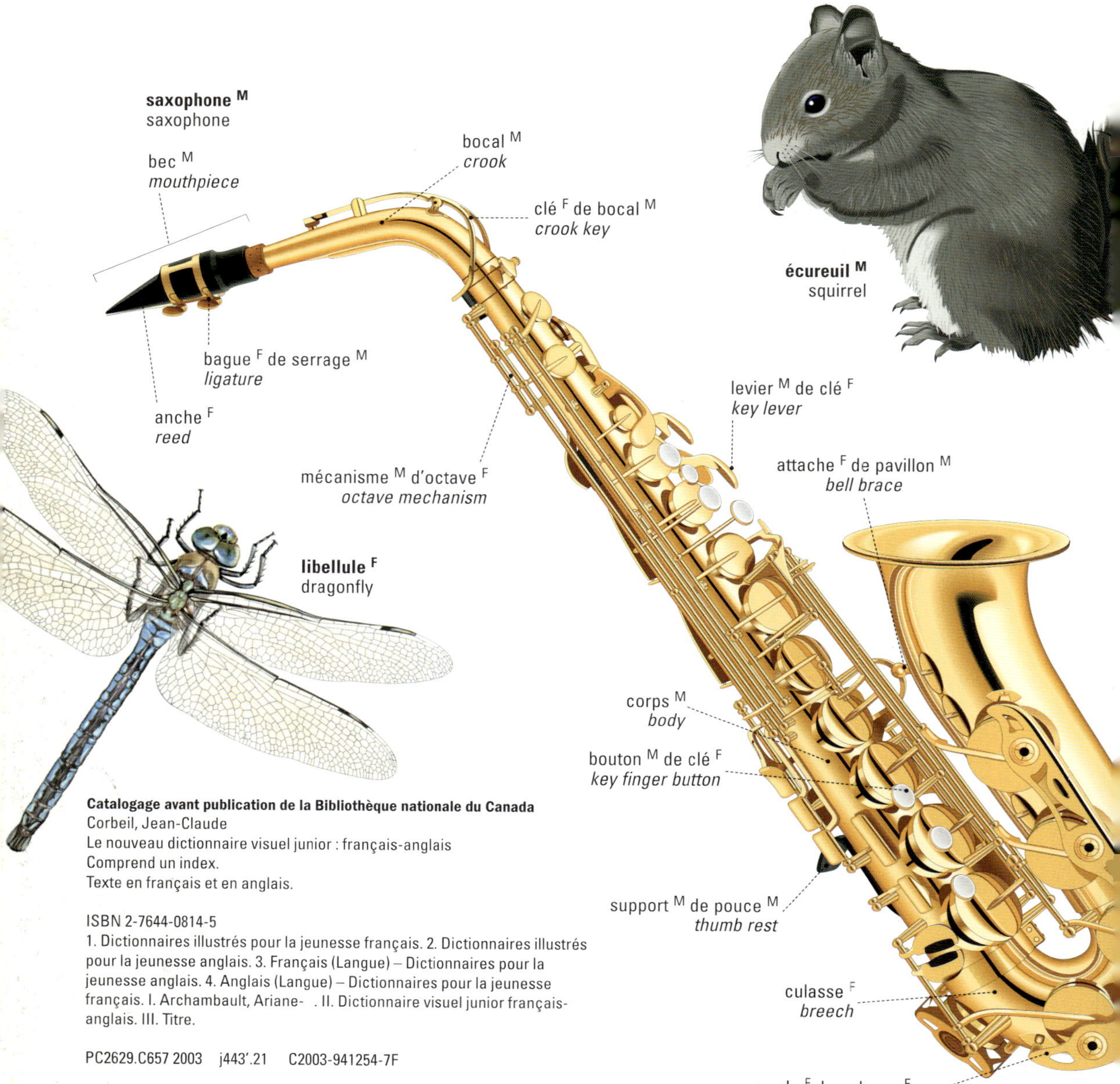

saxophone M
saxophone

bec M
mouthpiece

bocal M
crook

clé F de bocal M
crook key

écureuil M
squirrel

bague F de serrage M
ligature

anche F
reed

levier M de clé F
key lever

mécanisme M d'octave F
octave mechanism

attache F de pavillon M
bell brace

libellule F
dragonfly

corps M
body

bouton M de clé F
key finger button

Catalogage avant publication de la Bibliothèque nationale du Canada
Corbeil, Jean-Claude
Le nouveau dictionnaire visuel junior : français-anglais
Comprend un index.
Texte en français et en anglais.

ISBN 2-7644-0814-5
1. Dictionnaires illustrés pour la jeunesse français. 2. Dictionnaires illustrés pour la jeunesse anglais. 3. Français (Langue) – Dictionnaires pour la jeunesse anglais. 4. Anglais (Langue) – Dictionnaires pour la jeunesse français. I. Archambault, Ariane-   . II. Dictionnaire visuel junior français-anglais. III. Titre.

PC2629.C657 2003   j443'.21   C2003-941254-7F

support M de pouce M
thumb rest

culasse F
breech

Le Nouveau Dictionnaire visuel junior a été conçu par **QA International**, une division de
Les Éditions Québec Amérique inc.
329, rue de la Commune Ouest, 3e étage
Montréal (Québec) H2Y 2E1 Canada
T 514.499.3000 F 514.499.3010
www.qa-international.com

garde F de culasse F
breech guard

©2003 Les Éditions Québec Amérique inc.
Il est interdit de reproduire ou d'utiliser le contenu de cet ouvrage, sous quelque forme et par quelque moyen que ce soit – reproduction électronique ou mécanique, y compris la photocopie et l'enregistrement – sans la permission écrite de l'éditeur.

Nous reconnaissons l'aide financière du gouvernement du Canada par l'entremise du Programme d'aide au développement de l'industrie de l'édition (PADIÉ) pour nos activités d'édition.

Imprimé et relié en Slovaquie.
10 9 8 7 6 5 4 3 2 1   07 06 05 04 03
www.quebec-amerique.com

Les Éditions Québec Amérique bénéficient du Programme de subvention globale du Conseil des Arts du Canada. Elles tiennent également à remercier la SODEC pour son appui financier.

Jean-Claude Corbeil • Ariane Archambault

LE NOUVEAU DICTIONNAIRE
VISUEL JUNIOR

FRANÇAIS • ANGLAIS

DIRECTION
Éditeur : Jacques Fortin
Directeur éditorial : François Fortin
Directrice éditoriale édition junior : Caroline Fortin
Rédacteur en chef : Serge D'Amico
Rédactrice en chef édition junior : Martine Podesto
Adjointe éditoriale édition junior : Johanne Champagne
Designer graphique : Josée Noiseux

RECHERCHES TERMINOLOGIQUES
Jean Beaumont
Catherine Briand
Nathalie Guillo

ILLUSTRATION
Directeur artistique : Jocelyn Gardner
Directrice artistique édition junior : Anouk Noël
Jean-Yves Ahern
Rielle Lévesque
Alain Lemire
Mélanie Boivin
Yan Bohler
Claude Thivierge
Pascal Bilodeau
Michel Rouleau
Carl Pelletier

MISE EN PAGE
Jean-François Nault
Jean-Philippe Bouchard
Nathalie Gignac
Kien Tang

DOCUMENTATION
Gilles Vézina
Kathleen Wynd
Stéphane Batigne
Sylvain Robichaud
Jessie Daigle

GESTION DES DONNÉES
Programmeur : Daniel Beaulieu

RÉVISION
Marie-Nicole Cimon

PRODUCTION
Guylaine Houle

PRÉIMPRESSION
Sophie Pellerin
Tony O'Riley

CONTRIBUTIONS
Jean-Louis Martin, Marc Lalumière, Jacques Perrault, Stéphane Roy,
Alice Comtois, Michel Blais, Christiane Beauregard, Mamadou Togola,
Annie Maurice, Charles Campeau, Mivil Deschênes, Jonathan Jacques,
Martin Lortie, Raymond Martin, Frédérick Simard, Yan Tremblay,
Mathieu Blouin, Sébastien Dallaire, Hoang Khanh Le, Martin Desrosiers,
Nicolas Oroc, François Escalmel, Danièle Lemay, Pierre Savoie, Benoît
Bourdeau, Marie-Andrée Lemieux, Caroline Soucy, Yves Chabot,
Anne-Marie Ouellette, Anne-Marie Villeneuve, Anne-Marie Brault,
Nancy Lepage, Daniel Provost, François Vézina.

QUÉBEC AMÉRIQUE jeunesse

THÈMES ET SUJETS

ASTRONOMIE
Système solaire 6
Galaxie 11
Observation astronomique 12
Exploration spatiale 13

GÉOGRAPHIE
Configuration des continents 18
Cartographie 20

GÉOLOGIE
Structure de la Terre 24
Roches et minéraux 25
Phénomènes géologiques 26
Relief de la terre 28

MÉTÉOROLOGIE
Atmosphère 32
Climat 33
Phénomènes météorologiques 35
Prévision météorologique 38

ENVIRONNEMENT
Biosphère 40
Cycle de l'eau 42
Effet de serre 43
Pollution 44
Tri sélectif des déchets 46

RÈGNE VÉGÉTAL
Végétaux simples 47
Plantes à fleurs 48
Arbre 52

RÈGNE ANIMAL
Organismes simples et échinodermes 56
Mollusques 57
Crustacés 58
Arachnides 59
Insectes 60
Poissons cartilagineux 64
Poissons osseux 65
Amphibiens 66
Reptiles 67
Oiseaux 72
Mammifères 76

ÊTRE HUMAIN
Corps humain 90
Squelette 92
Dents 94
Muscles 95
Anatomie 96
Organes des sens 100

ALIMENTATION
Légumes 103
Légumineuses 108
Fruits 109
Aliments divers 114

VÊTEMENTS ET OBJETS PERSONNELS
Vêtements 116
Objets personnels 123

MAISON
Extérieur d'une maison 134
Éléments de la maison 136
Principales pièces d'une maison 138
Ameublement de la maison 140
Cuisine 143
Salle de bains 154
Éclairage et chauffage 155
Articles et appareils ménagers 159
Bricolage 161
Jardinage 164

SCIENCE

Matériel de laboratoire	**166**
Appareils de mesure	**168**
Géométrie	**171**

ÉNERGIE

Énergie solaire	**173**
Hydroélectricité	**174**
Énergie nucléaire	**177**
Énergie éolienne	**179**
Énergie fossile	**180**

TRANSPORT ET MACHINERIE LOURDE

Transport routier	**182**
Transport ferroviaire	**196**
Transport maritime	**200**
Transport aérien	**203**
Machinerie lourde	**209**

ARTS

Beaux-arts	**211**
Artisanat	**214**

ARCHITECTURE

Maisons	**215**
Œuvres architecturales	**217**

MUSIQUE

Notation musicale	**222**
Instruments de musique	**224**
Orchestre symphonique	**234**

COMMUNICATIONS

Photographie	**235**
Radio	**237**
Télévision	**238**
Chaîne stéréo	**241**
Appareils de son portatifs	**242**
Communication par téléphone	**244**
Micro-ordinateur	**246**
Internet	**248**

SOCIÉTÉ

Centre-ville	**250**
Gares et station	**252**
Services commerciaux	**256**
Sécurité	**262**
Santé	**266**
Éducation	**268**
Divertissement	**272**

SPORTS

Sports gymniques	**274**
Natation	**276**
Sports nautiques	**278**
Sports équestres	**280**
Sports de précision	**281**
Sports d'hiver	**284**
Sports de balle et de ballon	**290**
Sports de raquette	**302**
Sports de combat	**304**
Sports motorisés	**306**
Sports à roulettes	**307**
Cyclisme	**308**

LOISIRS ET JEUX

Camping	**309**
Jeux	**313**

SYMBOLES

Signalisation routière	**317**
Symboles d'usage courant	**319**
Symboles de sécurité	**320**

INDEX

Français	**321**
Anglais	**345**

SYSTÈME^M SOLAIRE | SOLAR SYSTEM

Le système solaire est notre petit coin d'Univers. Il se compose d'une étoile, le Soleil, et de tous les astres qui orbitent autour d'elle : neuf planètes accompagnées de plus d'une centaine de satellites naturels, des milliers d'astéroïdes et des millions de comètes. Enfin, des milliards de cailloux, des poussières et des gaz complètent le cortège solaire.

PLANÈTES^F ET SATELLITES^M
PLANETS AND MOONS

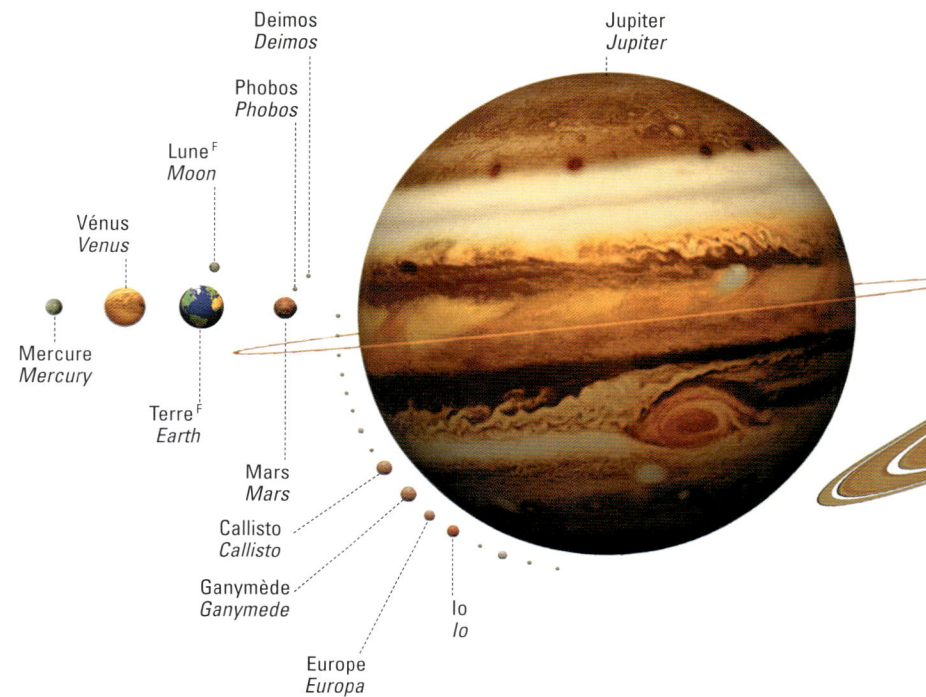

ORBITES^F DES PLANÈTES^F
ORBITS OF THE PLANETS

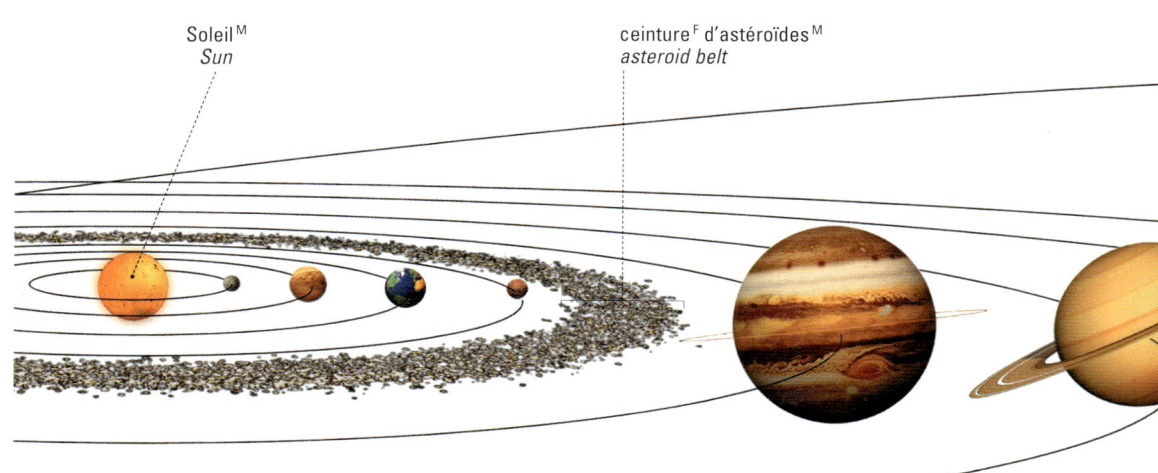

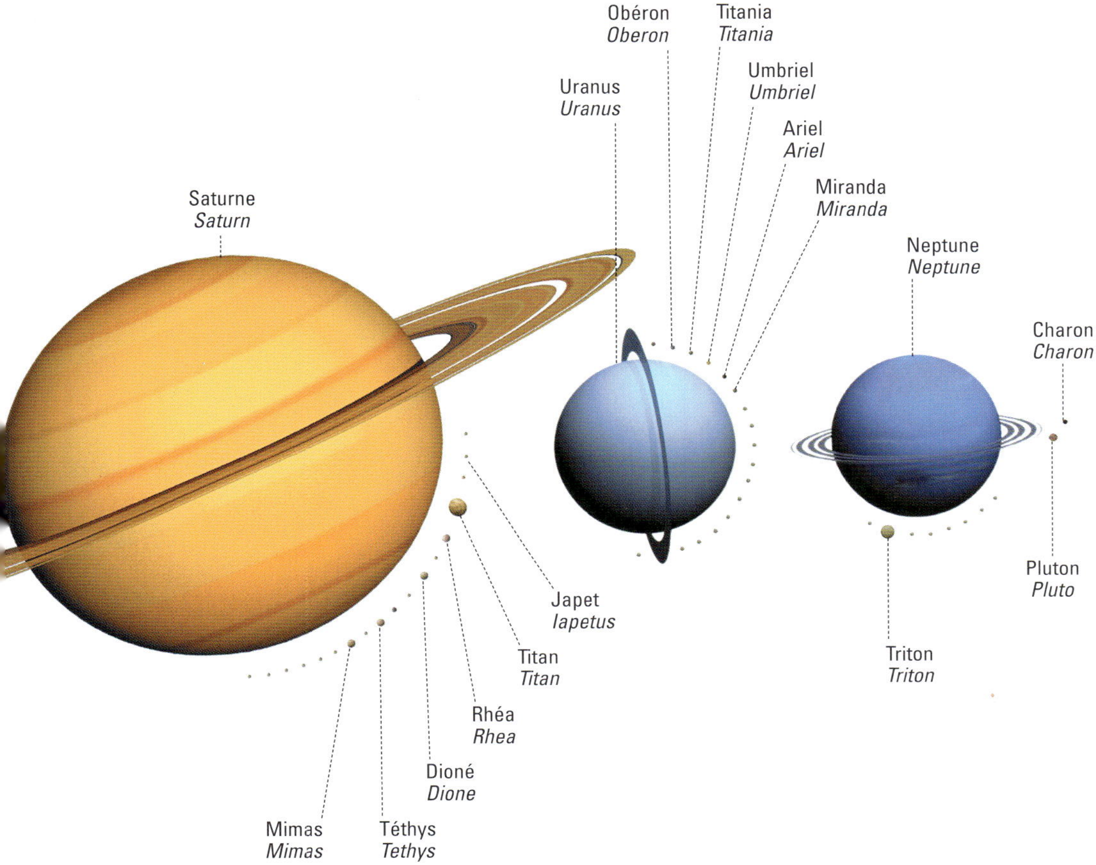

SYSTÈME^M SOLAIRE | SOLAR SYSTEM

ASTRONOMIE

Saturne / *Saturn*
Uranus / *Uranus*
Obéron / *Oberon*
Titania / *Titania*
Umbriel / *Umbriel*
Ariel / *Ariel*
Miranda / *Miranda*
Neptune / *Neptune*
Charon / *Charon*
Pluton / *Pluto*
Triton / *Triton*
Japet / *Iapetus*
Titan / *Titan*
Rhéa / *Rhea*
Dioné / *Dione*
Téthys / *Tethys*
Mimas / *Mimas*

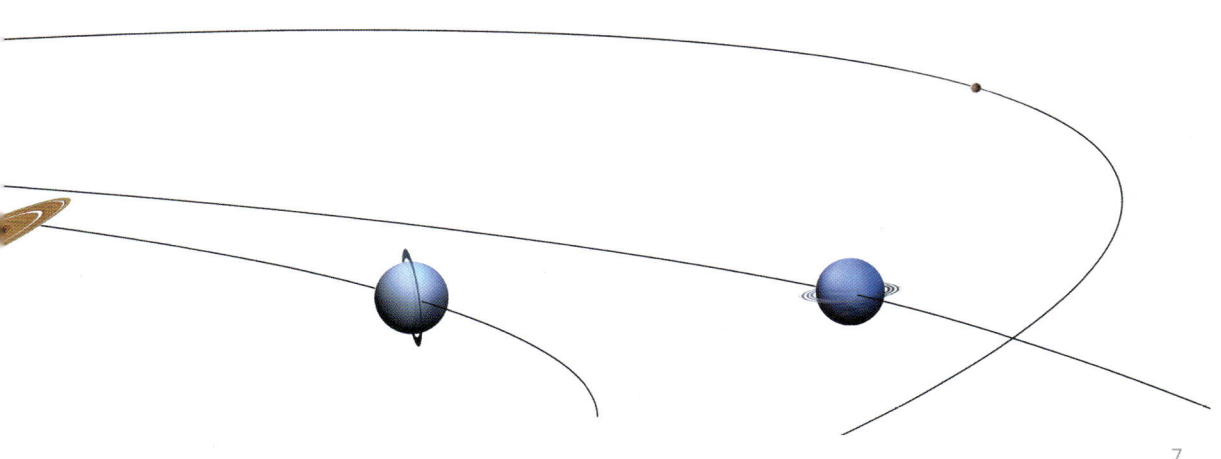

SYSTÈME^M SOLAIRE | SOLAR SYSTEM

ASTRONOMIE

SOLEIL^M
SUN

structure^F du Soleil^M
structure of the Sun

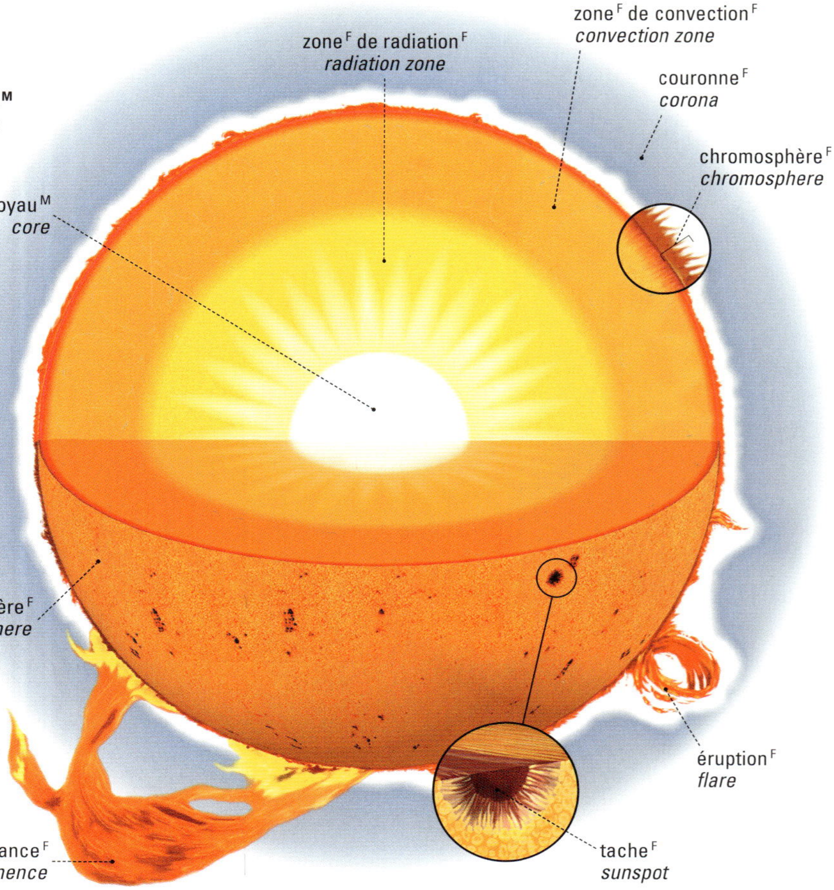

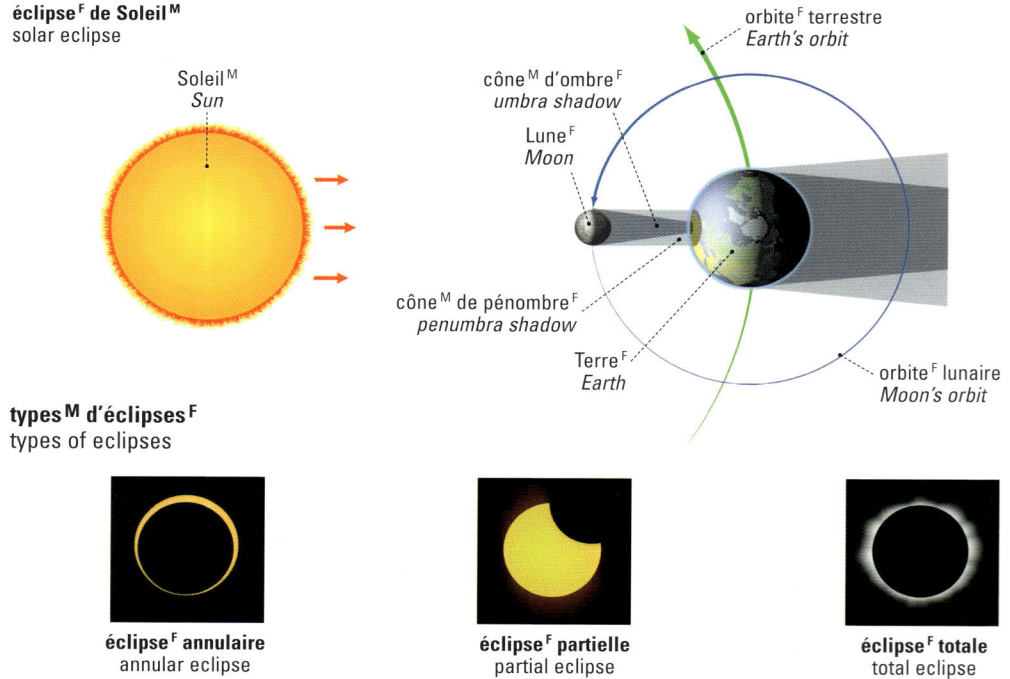

- zone^F de radiation^F / *radiation zone*
- zone^F de convection^F / *convection zone*
- couronne^F / *corona*
- chromosphère^F / *chromosphere*
- noyau^M / *core*
- photosphère^F / *photosphere*
- éruption^F / *flare*
- tache^F / *sunspot*
- protubérance^F / *prominence*

éclipse^F de Soleil^M
solar eclipse

- Soleil^M / *Sun*
- cône^M d'ombre^F / *umbra shadow*
- Lune^F / *Moon*
- cône^M de pénombre^F / *penumbra shadow*
- Terre^F / *Earth*
- orbite^F terrestre / *Earth's orbit*
- orbite^F lunaire / *Moon's orbit*

types^M d'éclipses^F
types of eclipses

- éclipse^F annulaire / annular eclipse
- éclipse^F partielle / partial eclipse
- éclipse^F totale / total eclipse

SYSTÈME^M SOLAIRE | SOLAR SYSTEM

LUNE^F / MOON

relief^M lunaire / *lunar features*

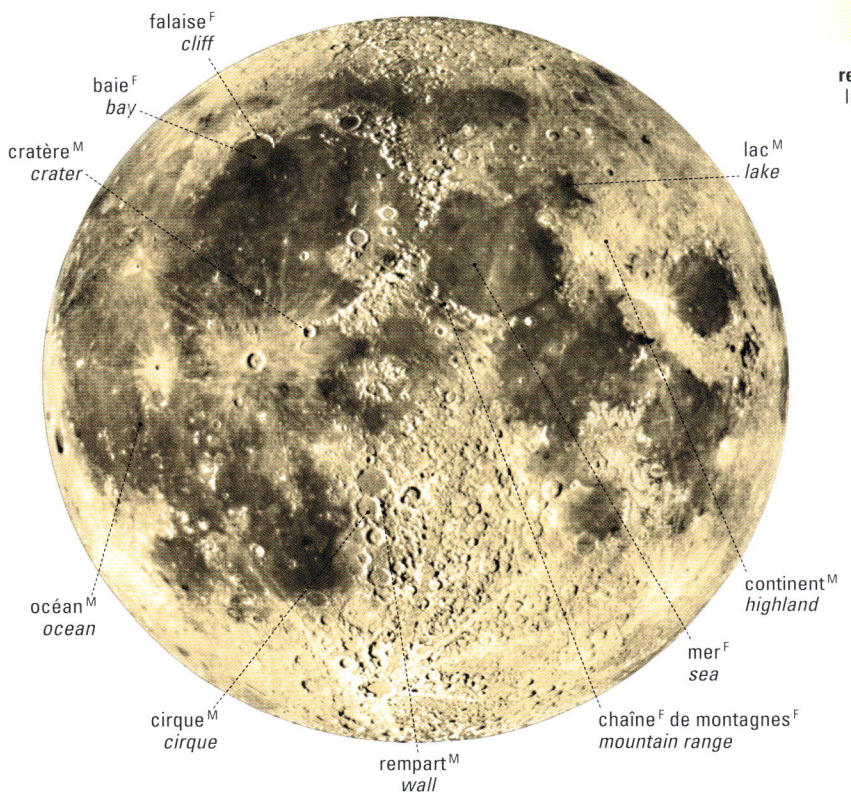

- falaise^F / *cliff*
- baie^F / *bay*
- cratère^M / *crater*
- lac^M / *lake*
- océan^M / *ocean*
- continent^M / *highland*
- mer^F / *sea*
- cirque^M / *cirque*
- rempart^M / *wall*
- chaîne^F de montagnes^F / *mountain range*

éclipse^F de Lune^F / *lunar eclipse*

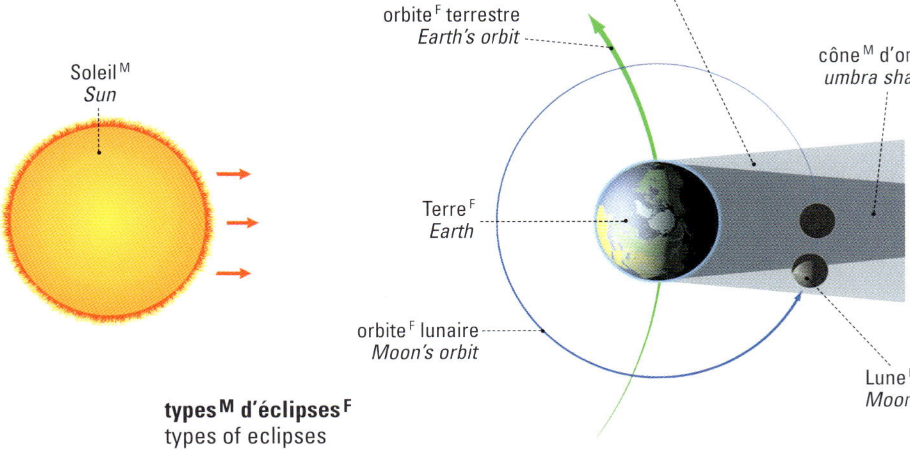

- Soleil^M / *Sun*
- cône^M de pénombre^F / *penumbra shadow*
- orbite^F terrestre / *Earth's orbit*
- cône^M d'ombre^F / *umbra shadow*
- Terre^F / *Earth*
- orbite^F lunaire / *Moon's orbit*
- Lune^F / *Moon*

types^M d'éclipses^F / *types of eclipses*

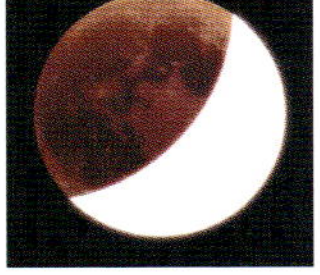

- éclipse^F partielle / *partial eclipse*
- éclipse^F totale / *total eclipse* 

ASTRONOMIE

SYSTÈME^M SOLAIRE | SOLAR SYSTEM

ASTRONOMIE

phases^F de la Lune^F
phases of the Moon

nouvelle Lune^F
new moon

premier croissant^M
new crescent

premier quartier^M
first quarter

gibbeuse^F croissante
waxing gibbous

pleine Lune^F
full moon

gibbeuse^F décroissante
waning gibbous

dernier quartier^M
last quarter

dernier croissant^M
old crescent

COMÈTE^F
COMET

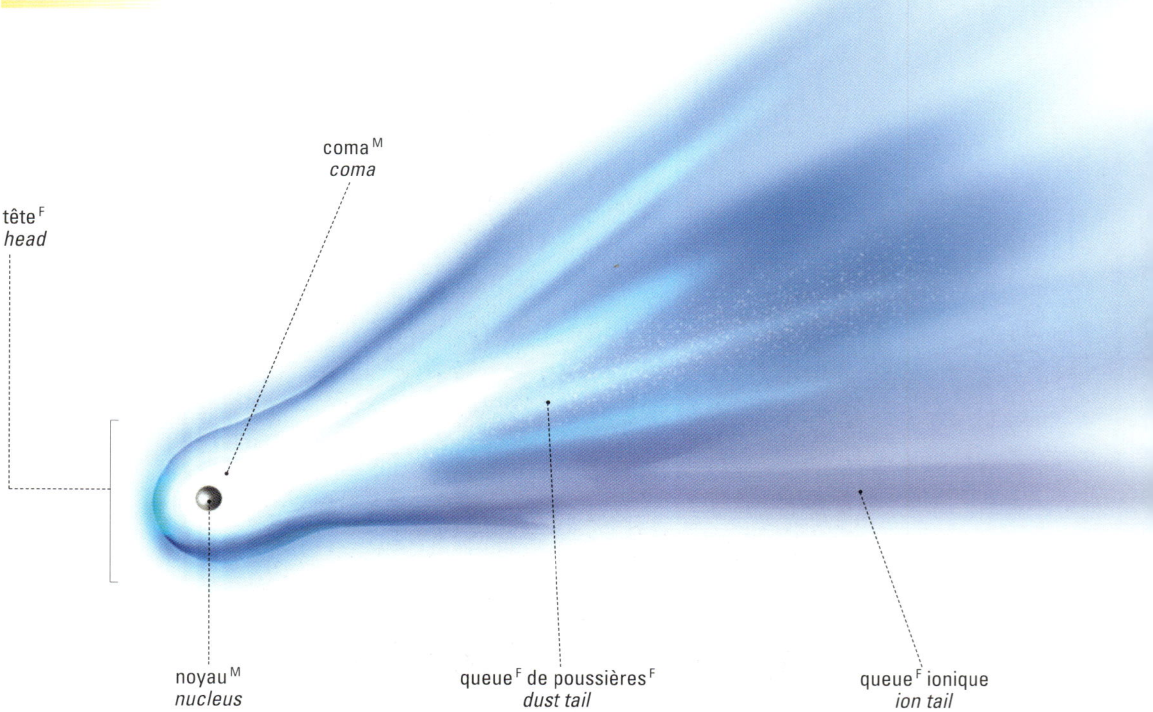

coma^M
coma

tête^F
head

noyau^M
nucleus

queue^F de poussières^F
dust tail

queue^F ionique
ion tail

GALAXIE^F | GALAXY

L'Univers compte environ 100 milliards de galaxies, elles-mêmes composées de plusieurs milliards d'étoiles, de gaz et de poussières. Le système solaire se situe au bord d'une galaxie qu'on appelle la Voie lactée. Vue de la Terre, notre Galaxie apparaît comme un ruban lumineux qui traverse le ciel nocturne. Cette traînée blanchâtre provient de la lumière des 200 à 300 milliards d'étoiles qui la composent.

VOIE^F LACTÉE | MILKY WAY

ASTRONOMIE

Voie^F lactée (vue^F de dessus^M)
Milky Way (seen from above)

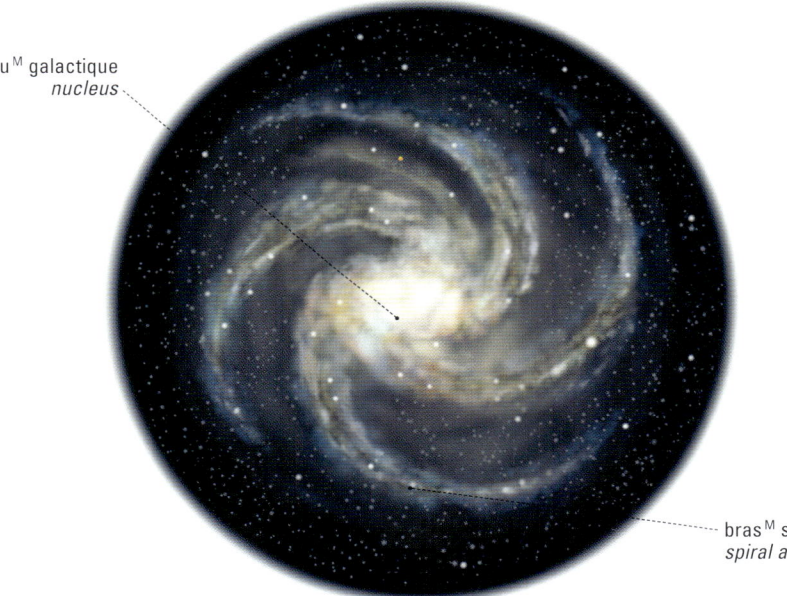

- noyau^M galactique / *nucleus*
- bras^M spiral / *spiral arm*

Voie^F lactée (vue^F de profil^M)
Milky Way (side view)

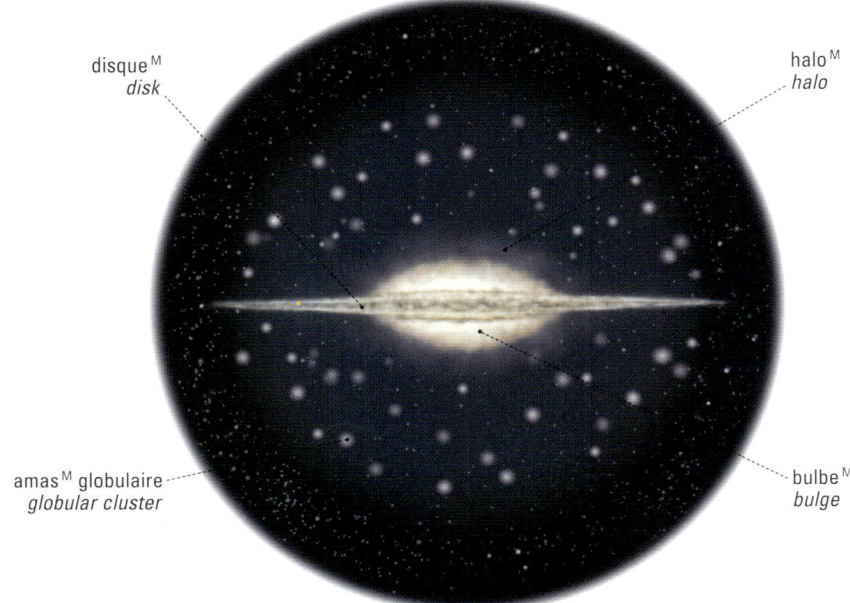

- disque^M / *disk*
- halo^M / *halo*
- amas^M globulaire / *globular cluster*
- bulbe^M / *bulge*

OBSERVATION ASTRONOMIQUE | ASTRONOMICAL OBSERVATION

L'invention de la lunette et du télescope a véritablement révolutionné notre vision de l'Univers. En recueillant la lumière provenant d'un objet céleste et en la concentrant à l'aide de lentilles ou de miroirs, ces instruments ont fourni les premières images grossies et détaillées des astres observés. Aujourd'hui, les spécialistes continuent de développer des modèles de télescopes de plus en plus perfectionnés.

LUNETTE ASTRONOMIQUE
REFRACTING TELESCOPE

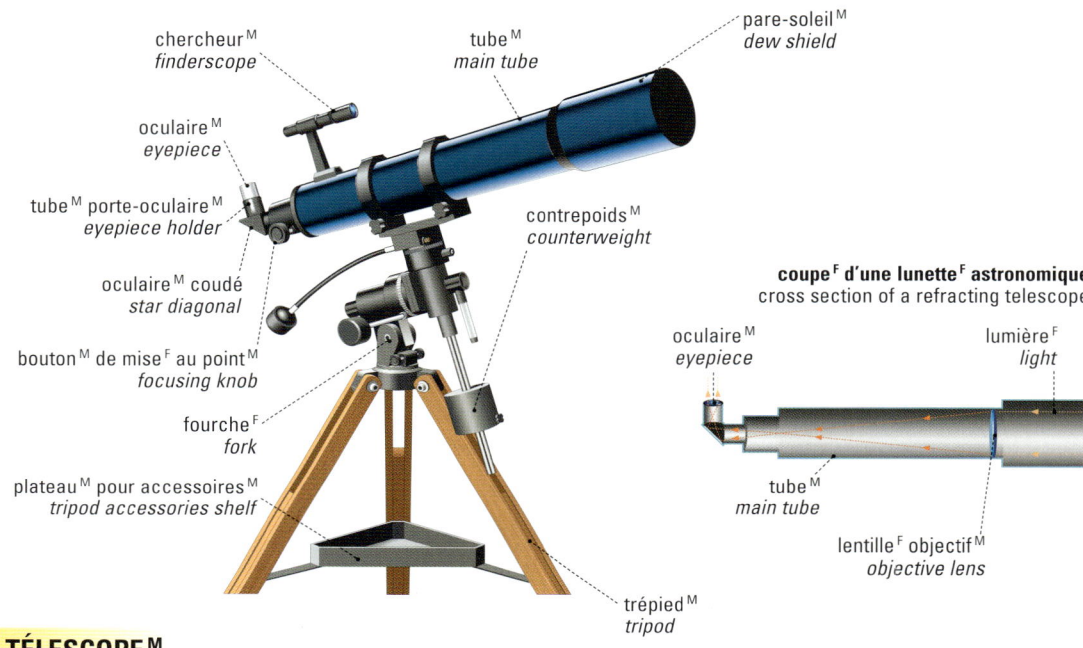

TÉLESCOPE
REFLECTING TELESCOPE

EXPLORATION^F SPATIALE | SPACE EXPLORATION

Les sondes spatiales explorent des astres et régions de l'espace où l'être humain ne peut aller. Envoyés par des lanceurs spatiaux ou par la navette spatiale, ces ingénieux robots sont les explorateurs des temps modernes.

Contrairement aux fusées qui ne servent qu'une fois, la navette est un véhicule réutilisable. Elle compte parmi ses nombreuses missions le transport des modules de la future station spatiale internationale.

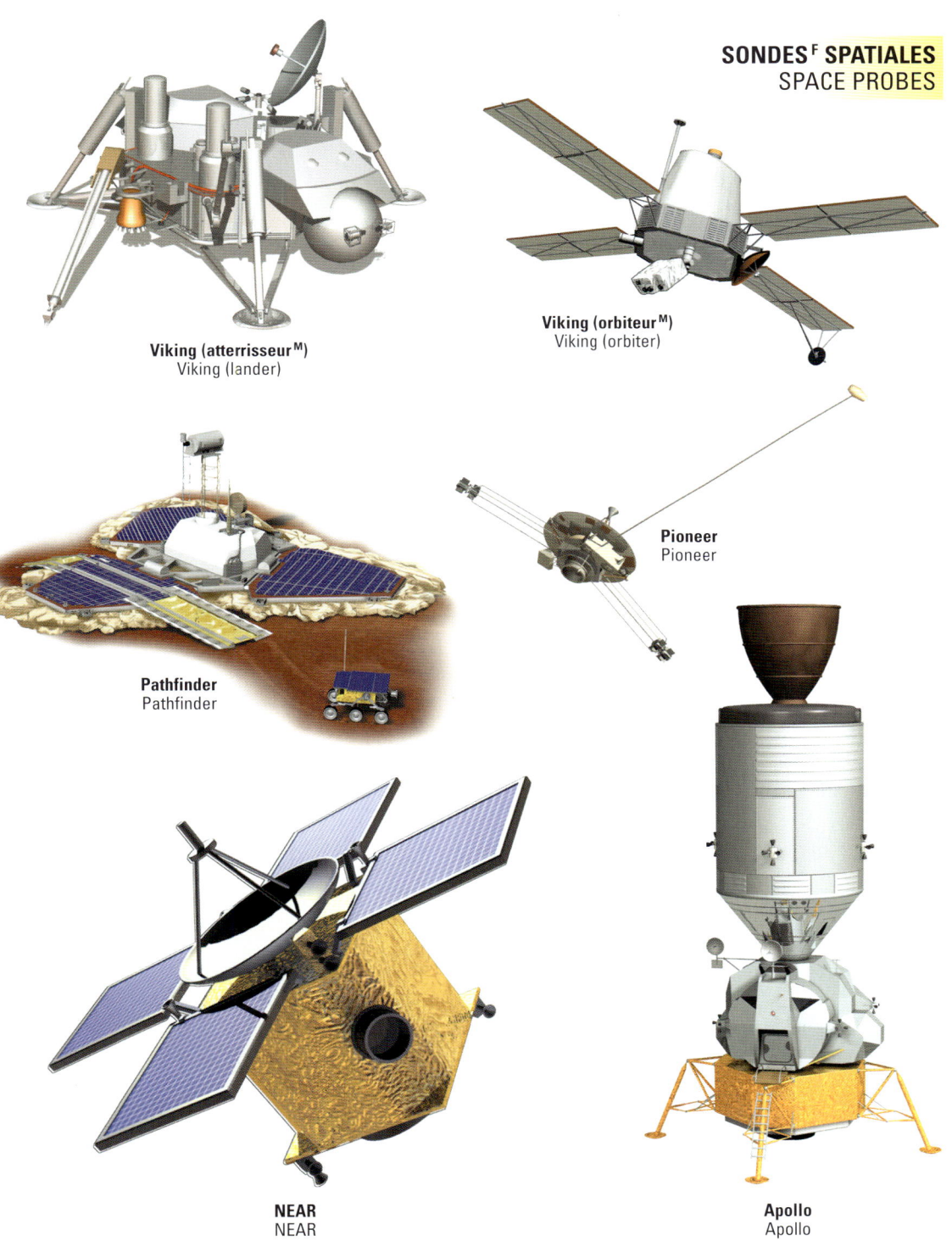

SONDES^F SPATIALES
SPACE PROBES

ASTRONOMIE

Viking (atterrisseur^M)
Viking (lander)

Viking (orbiteur^M)
Viking (orbiter)

Pathfinder
Pathfinder

Pioneer
Pioneer

NEAR
NEAR

Apollo
Apollo

EXPLORATION^F SPATIALE | SPACE EXPLORATION

STATION^F SPATIALE INTERNATIONALE
INTERNATIONAL SPACE STATION

NAVETTE^F SPATIALE
SPACE SHUTTLE

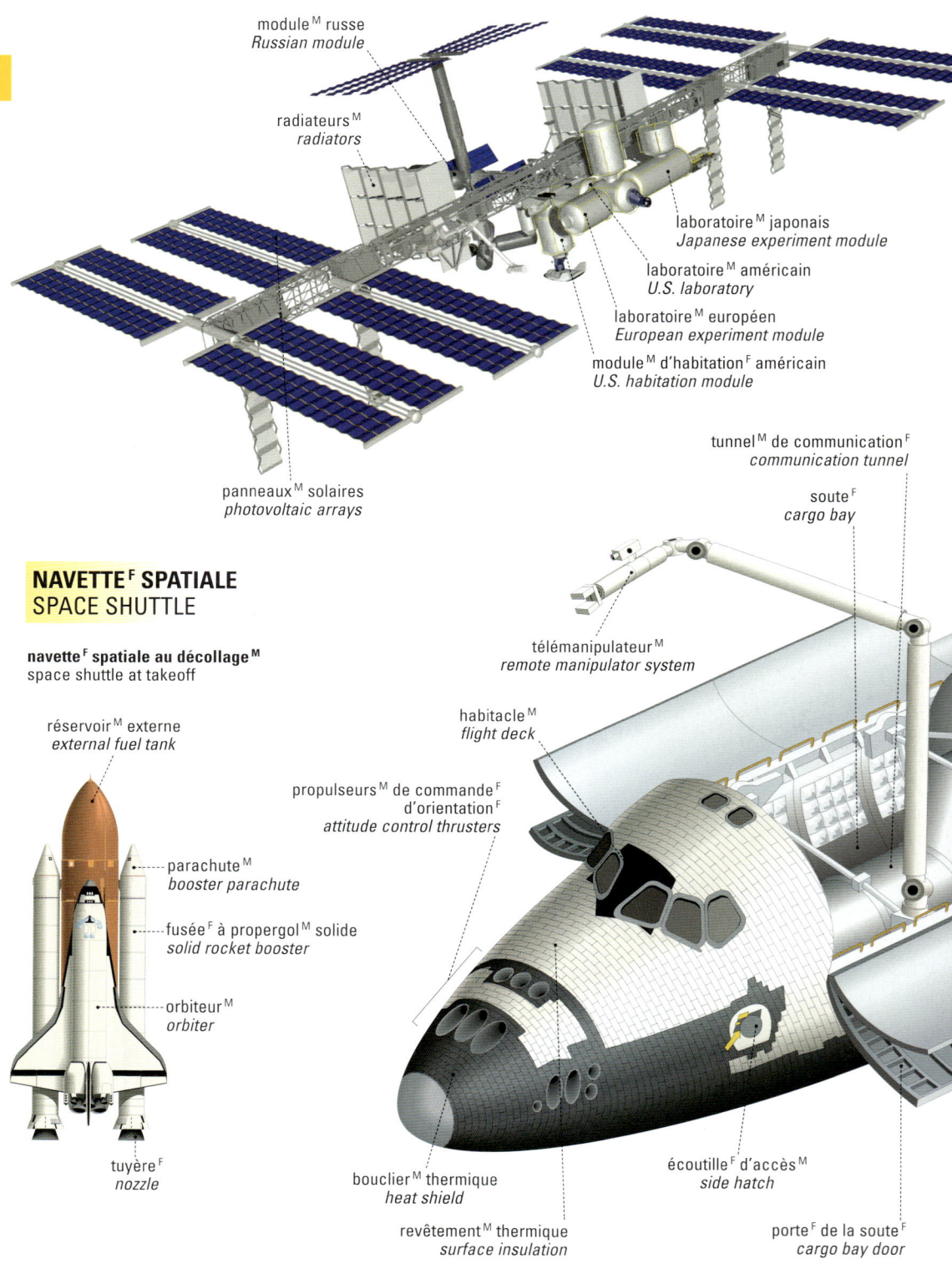

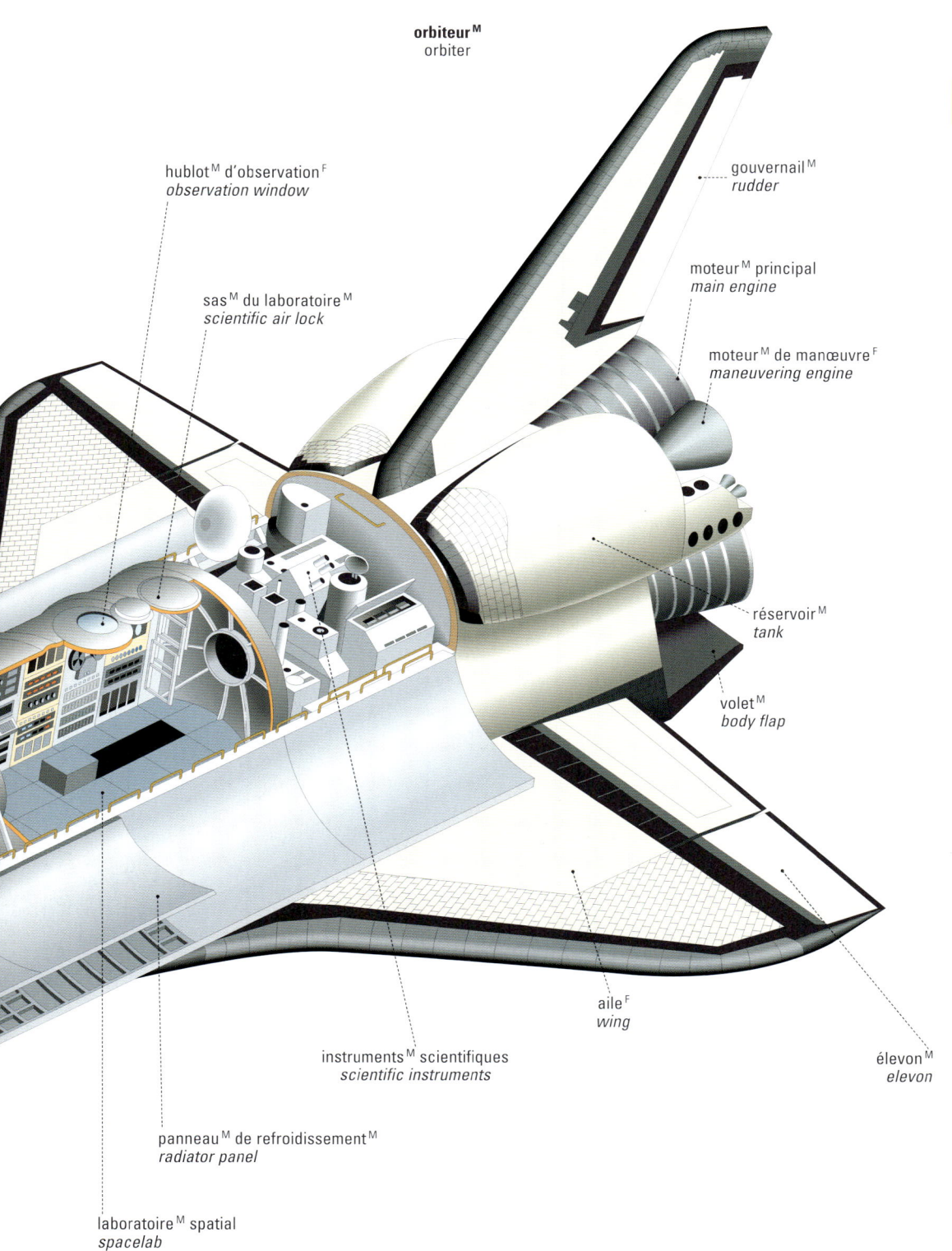

EXPLORATION^F SPATIALE | SPACE EXPLORATION

LANCEUR^M SPATIAL
SPACE LAUNCHER

coupe^F d'un lanceur^M spatial (Ariane V)
cross section of a space launcher (Ariane V)

exemples^M de lanceurs^M spatiaux
examples of space launchers

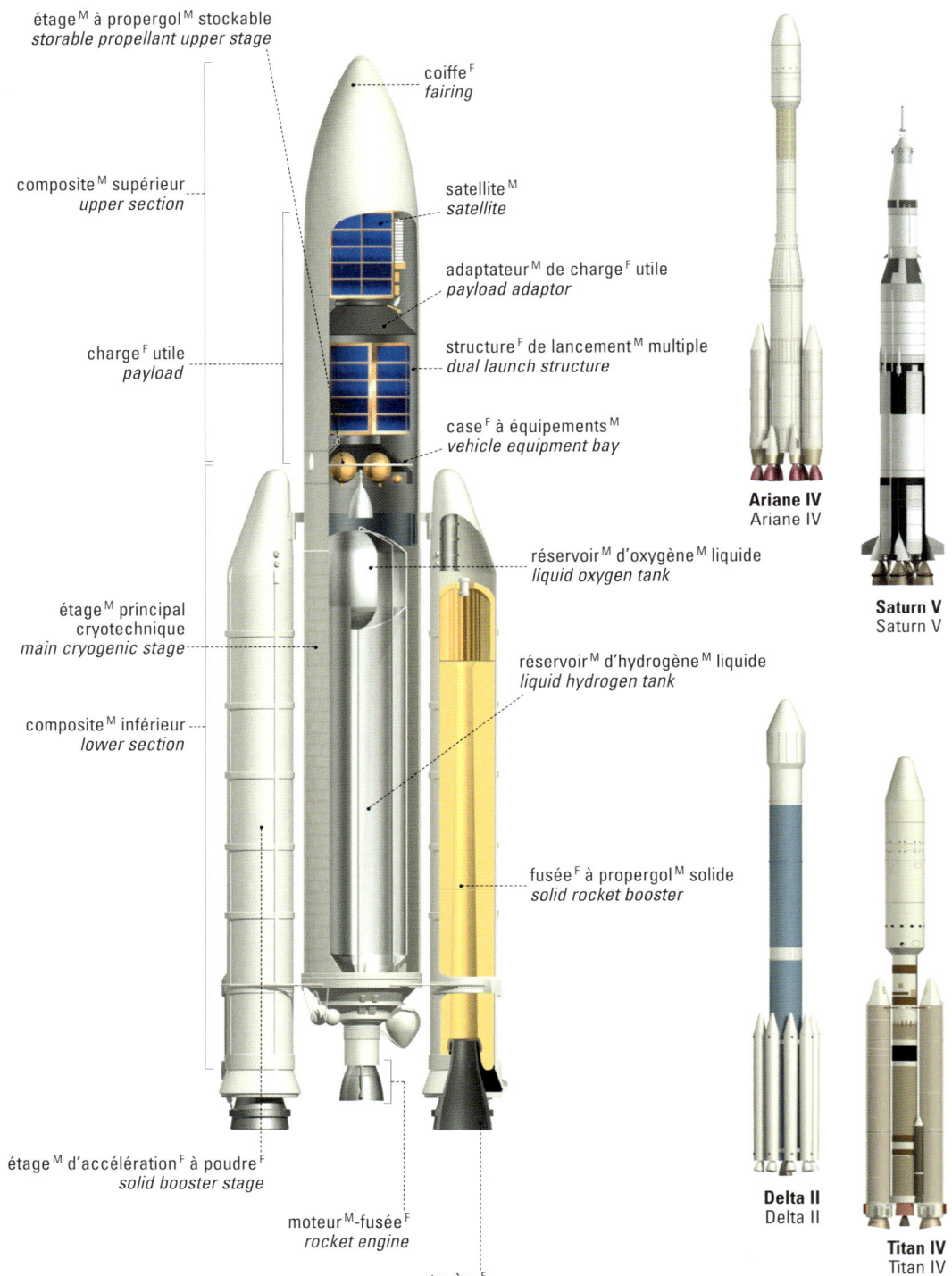

- étage^M à propergol^M stockable / storable propellant upper stage
- composite^M supérieur / upper section
- charge^F utile / payload
- étage^M principal cryotechnique / main cryogenic stage
- composite^M inférieur / lower section
- étage^M d'accélération^F à poudre / solid booster stage
- moteur^M-fusée^F / rocket engine
- tuyère^F / nozzle
- coiffe^F / fairing
- satellite^M / satellite
- adaptateur^M de charge^F utile / payload adaptor
- structure^F de lancement^M multiple / dual launch structure
- case^F à équipements^M / vehicle equipment bay
- réservoir^M d'oxygène^M liquide / liquid oxygen tank
- réservoir^M d'hydrogène^M liquide / liquid hydrogen tank
- fusée^F à propergol^M solide / solid rocket booster

Ariane IV
Saturn V
Delta II
Titan IV

ASTRONOMIE

EXPLORATION[F] SPATIALE | SPACE EXPLORATION

SCAPHANDRE[M] SPATIAL
SPACESUIT

ASTRONOMIE

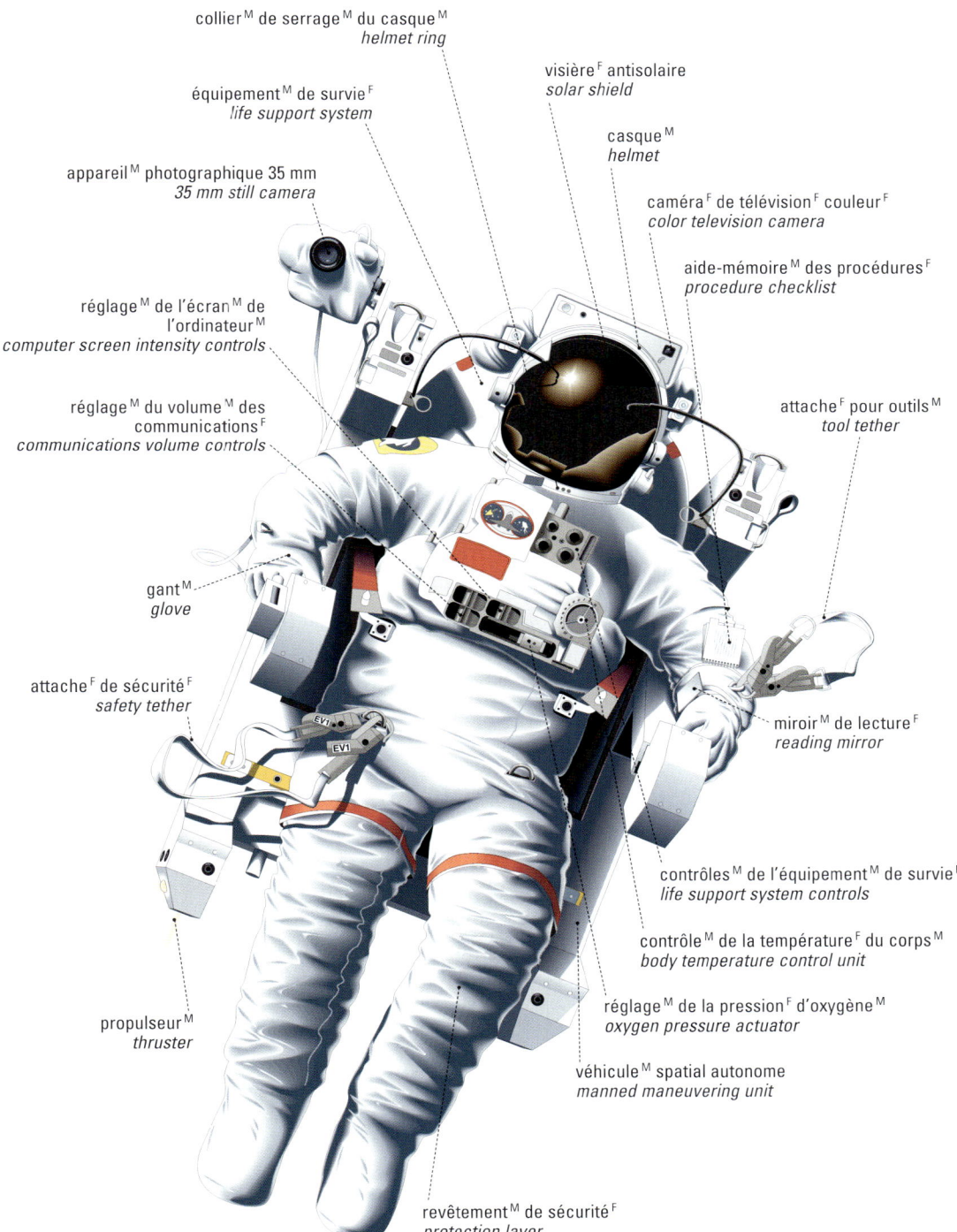

- collier[M] de serrage[M] du casque[M] / helmet ring
- visière[F] antisolaire / solar shield
- équipement[M] de survie[F] / life support system
- casque[M] / helmet
- appareil[M] photographique 35 mm / 35 mm still camera
- caméra[F] de télévision[F] couleur[F] / color television camera
- aide-mémoire[M] des procédures[F] / procedure checklist
- réglage[M] de l'écran[M] de l'ordinateur[M] / computer screen intensity controls
- attache[F] pour outils[M] / tool tether
- réglage[M] du volume[M] des communications[F] / communications volume controls
- gant[M] / glove
- attache[F] de sécurité[F] / safety tether
- miroir[M] de lecture[F] / reading mirror
- contrôles[M] de l'équipement[M] de survie[F] / life support system controls
- contrôle[M] de la température[F] du corps[M] / body temperature control unit
- propulseur[M] / thruster
- réglage[M] de la pression[F] d'oxygène[M] / oxygen pressure actuator
- véhicule[M] spatial autonome / manned maneuvering unit
- revêtement[M] de sécurité[F] / protection layer

17

CONFIGURATION[F] DES CONTINENTS[M] | CONFIGURATION OF THE CONTINENTS

Notre monde se divise en sept vastes étendues de terre entourées d'eau, les continents. L'Eurasie est le continent formé par l'Europe et l'Asie réunies. Même si ces deux territoires ne sont pas séparés par de l'eau, on les considère comme deux continents distincts pour des raisons historiques. L'ensemble des sept continents couvre environ le tiers de la surface du globe. Ils sont tous habités, à l'exception de l'Antarctique.

PLANISPHÈRE[M]
PLANISPHERE

GÉOGRAPHIE

Arctique[F] / Arctic

Océan[M] Arctique / Arctic Ocean

Amérique[F] du Nord[M] / North America

Océan[M] Atlantique / Atlantic Ocean

Océan[M] Pacifique / Pacific Ocean

Amérique[F] centrale / Central America

Mer[F] des Antilles[F] / Caribbean Sea

Amérique[F] du Sud[M] / South America

Eurasie[F] / Eurasia

CARTOGRAPHIE[F] | CARTOGRAPHY

Pour représenter la surface terrestre, les cartographes dessinent des cartes géographiques sur lesquelles ils transposent fidèlement les diverses caractéristiques d'une région. Pour fabriquer une carte, ils doivent d'abord effectuer un long travail de recherche et de codage d'informations. Ils choisissent ensuite un système de projection qui fait correspondre la réalité, en trois dimensions, à une carte plane, en deux dimensions.

COORDONNÉES[F] TERRESTRES ET DIVISIONS[F] CARTOGRAPHIQUES
EARTH'S COORDINATES AND GRID SYSTEMS

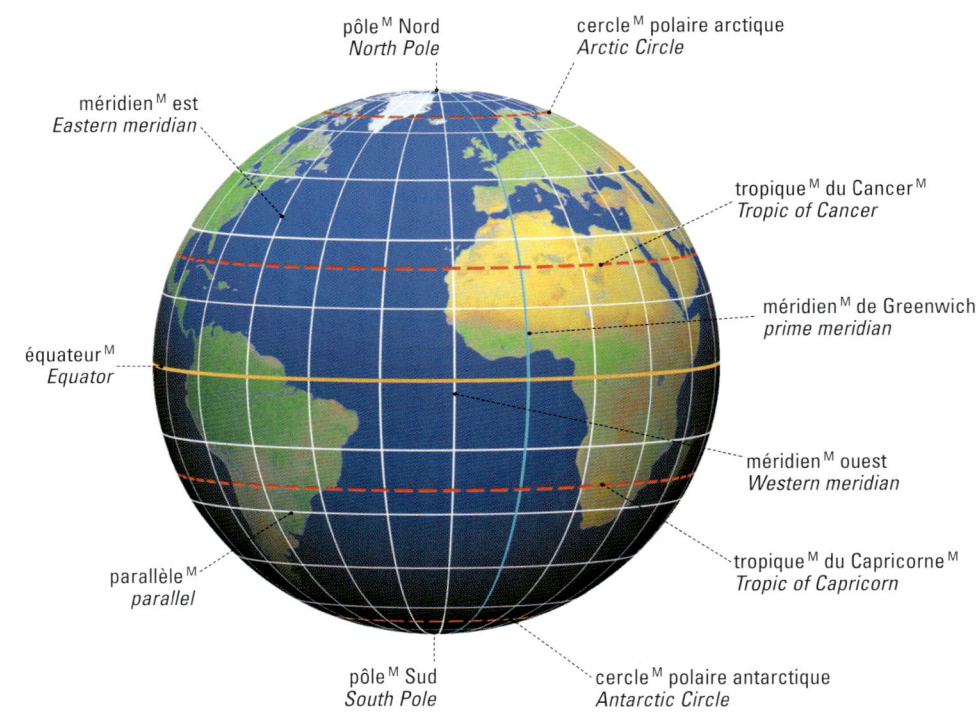

pôle[M] Nord / North Pole
cercle[M] polaire arctique / Arctic Circle
méridien[M] est / Eastern meridian
tropique[M] du Cancer[M] / Tropic of Cancer
méridien[M] de Greenwich / prime meridian
équateur[M] / Equator
méridien[M] ouest / Western meridian
parallèle[M] / parallel
tropique[M] du Capricorne[M] / Tropic of Capricorn
pôle[M] Sud / South Pole
cercle[M] polaire antarctique / Antarctic Circle

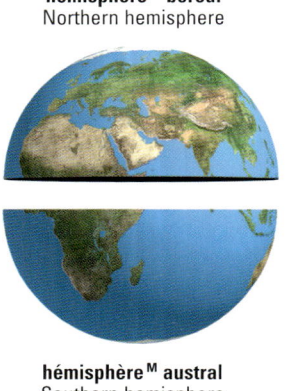

hémisphère[M] boréal / Northern hemisphere

hémisphère[M] austral / Southern hemisphere

hémisphère[M] occidental / Western hemisphere

hémisphère[M] oriental / Eastern hemisphere

GÉOGRAPHIE

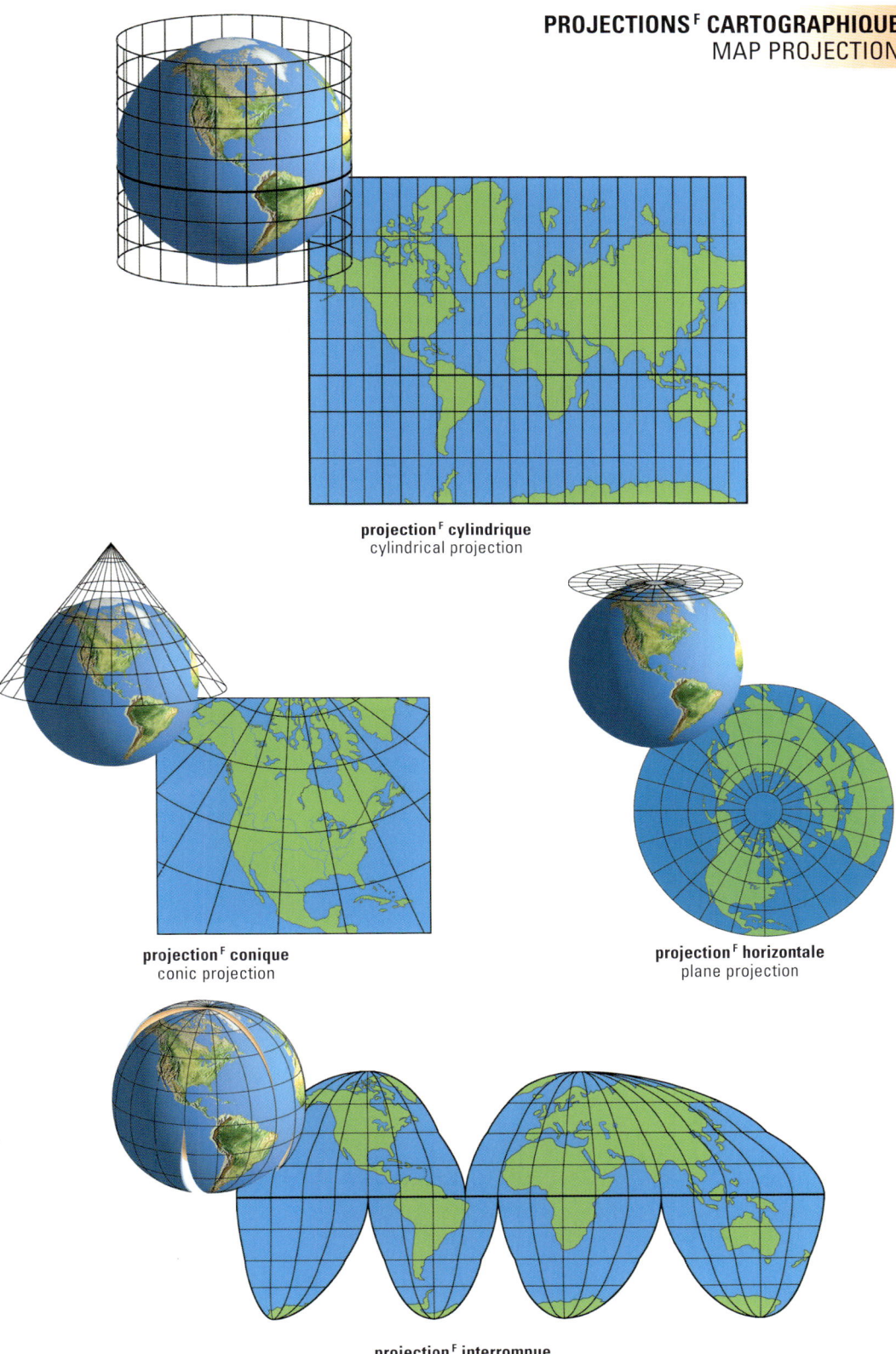

CARTOGRAPHIE | CARTOGRAPHY

CARTES | MAPS

carte physique
physical map

- mer / sea
- détroit / strait
- baie / bay
- estuaire / river estuary
- île / island
- chaîne de montagnes / mountain range
- océan / ocean
- massif montagneux / mountain mass
- lac / lake
- prairie / prairie
- péninsule / peninsula
- rivière / river
- archipel / archipelago
- plateau / plateau
- golfe / gulf
- cap / cape
- plaine / plain
- fleuve / river
- isthme / isthmus

carte politique
political map

- province / province
- division territoriale / internal boundary
- frontière / international boundary
- grande ville / city
- capitale / capital
- pays / country
- État / state

GÉOGRAPHIE

22

CARTOGRAPHIE | CARTOGRAPHY

carte routière
road map

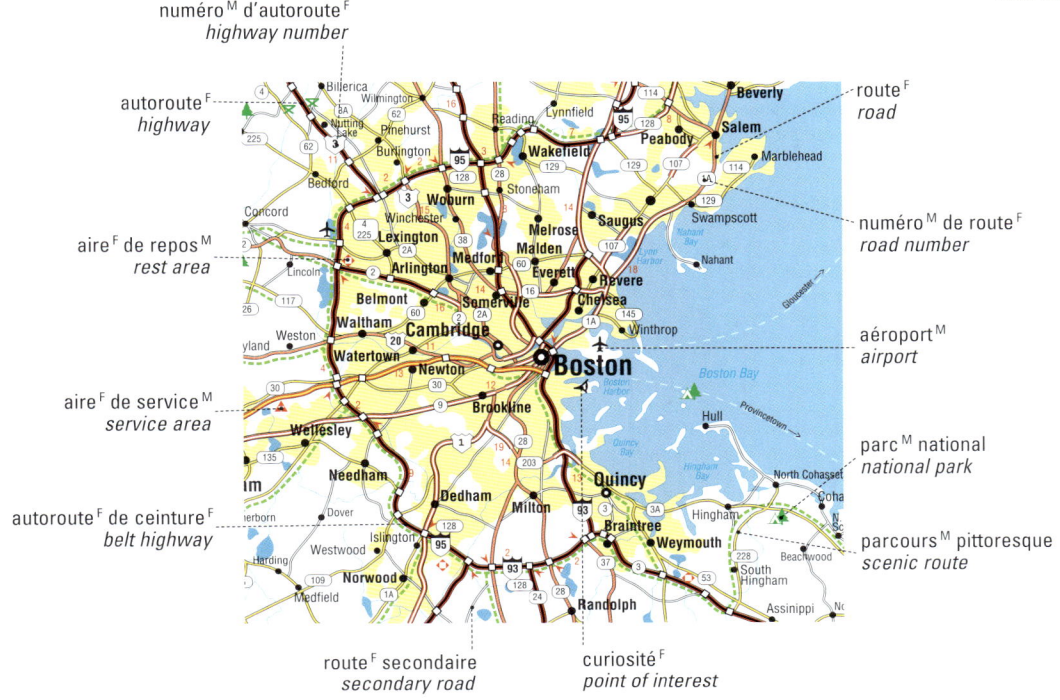

ROSE DES VENTS
COMPASS CARD

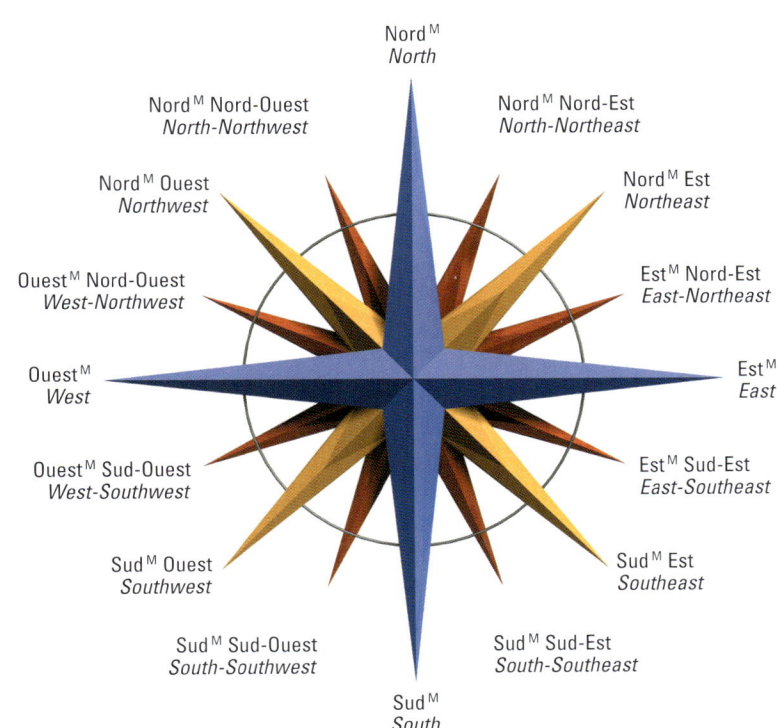

GÉOGRAPHIE

STRUCTURE(F) DE LA TERRE(F) | STRUCTURE OF THE EARTH

Même s'il est impossible d'explorer l'intérieur de notre planète, les géologues ont pu déterminer sa structure en étudiant la façon dont se propagent les ondes sismiques qui accompagnent les tremblements de terre. Puisque ces vibrations se propagent différemment selon les roches et les matériaux qu'elles traversent, ils ont pu déduire que la Terre était constituée de trois couches principales : la croûte, ou écorce, le manteau et le noyau.

GÉOLOGIE

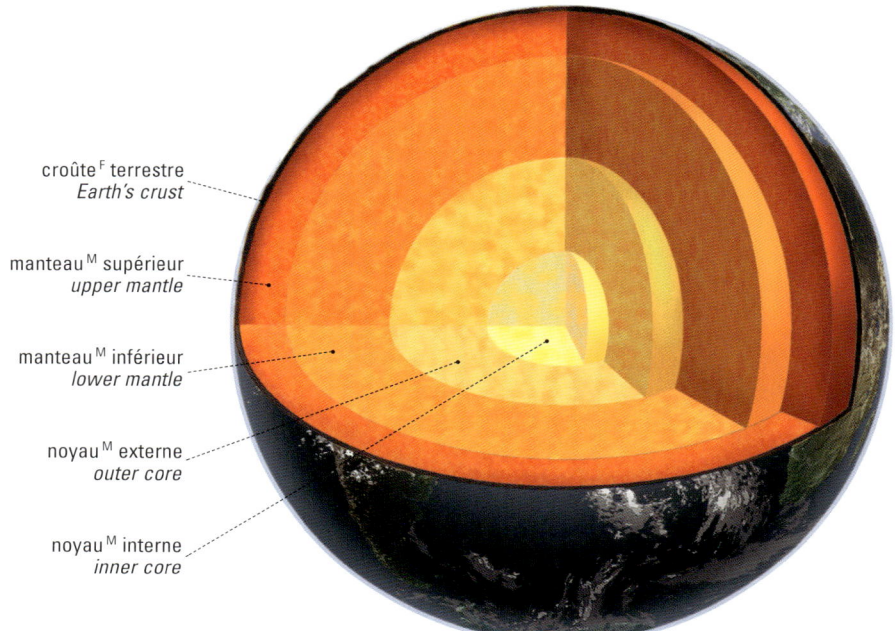

croûte(F) terrestre
Earth's crust

manteau(M) supérieur
upper mantle

manteau(M) inférieur
lower mantle

noyau(M) externe
outer core

noyau(M) interne
inner core

coupe(F) de la croûte(F) terrestre
section of the Earth's crust

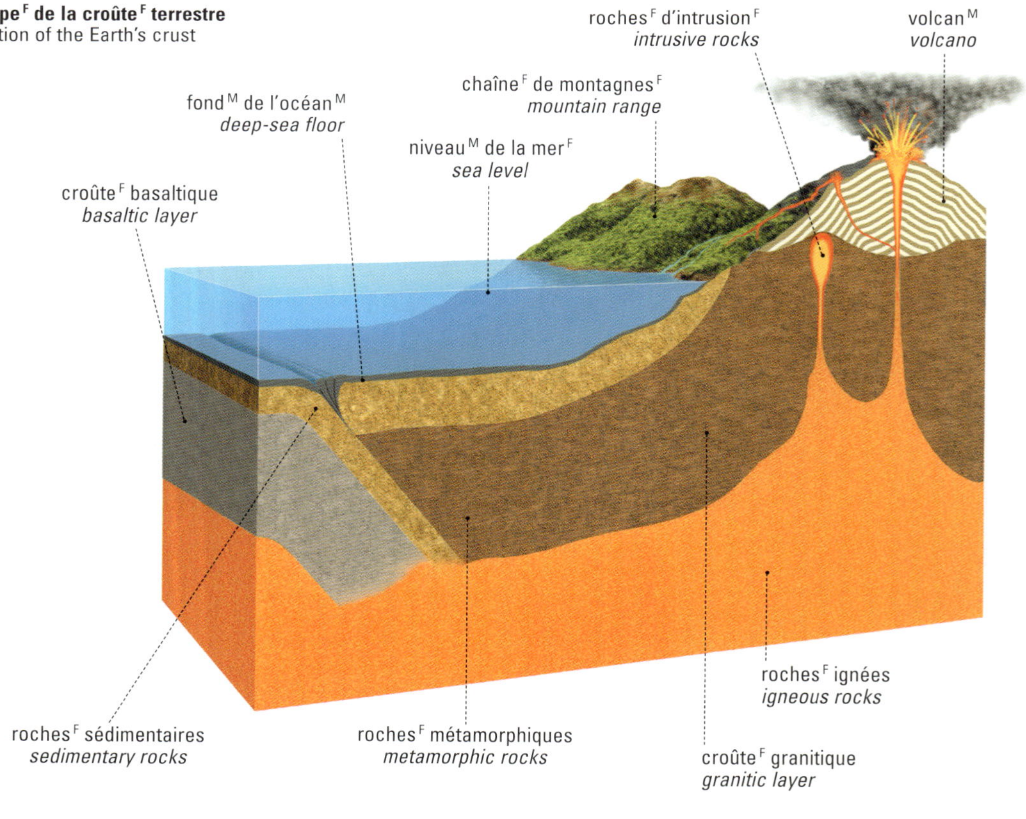

fond(M) de l'océan(M)
deep-sea floor

croûte(F) basaltique
basaltic layer

roches(F) d'intrusion(F)
intrusive rocks

chaîne(F) de montagnes(F)
mountain range

niveau(M) de la mer(F)
sea level

volcan(M)
volcano

roches(F) ignées
igneous rocks

roches(F) sédimentaires
sedimentary rocks

roches(F) métamorphiques
metamorphic rocks

croûte(F) granitique
granitic layer

24

ROCHES[F] ET MINÉRAUX[M] | ROCKS AND MINERALS

La croûte terrestre est constituée de roches d'origines différentes. Toutes les roches sont en fait des assemblages de minéraux. Le granite, par exemple, est une roche très dure composée de plusieurs minéraux dont le quartz. Il existe environ 3 500 minéraux différents qui se distinguent, entre autres, par leur couleur et leur dureté. Beaucoup de minéraux, comme l'or et le diamant, sont recherchés pour leur valeur.

minéraux[M] / minerals

- **quartz[M]** / quartz
- **argent[M]** / silver
- **or[M] massif** / gold
- **diamant[M]** / diamond
- **graphite[M]** / graphite
- **mica[M]** / mica
- **malachite[F]** / malachite

roches[F] / rocks

- **sel[M] gemme[F]** / rock salt
- **grès[M]** / sandstone
- **craie[F]** / chalk
- **houille[F]** / coal
- **calcaire[M]** / limestone
- **marbre[M]** / marble
- **ardoise[F]** / slate
- **basalte[M]** / basalt
- **granite[M]** / granite

GÉOLOGIE

PHÉNOMÈNES^M GÉOLOGIQUES | GEOLOGICAL PHENOMENA

Les volcans et les séismes, communément appelés tremblements de terre, sont des phénomènes géologiques spectaculaires qui témoignent de l'activité de notre planète. Comme un puzzle, la croûte terrestre est divisée en une douzaine de morceaux, les plaques tectoniques. Les séismes se produisent habituellement au point de rencontre de deux plaques en mouvement. Aux limites des plaques se situent aussi la plupart des volcans susceptibles de provoquer de violentes éruptions.

SÉISME^M
EARTHQUAKE

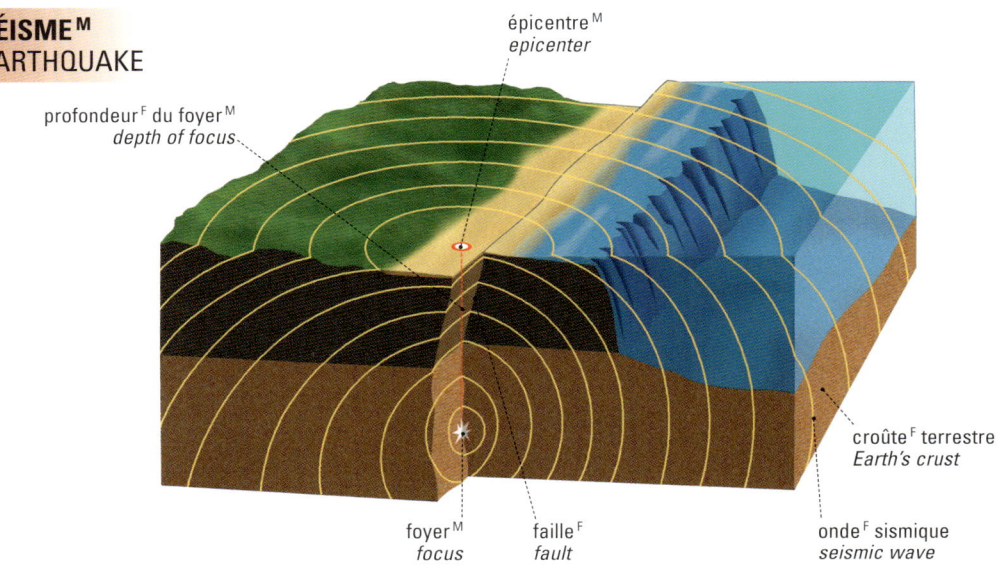

sismographes^M
seismographs

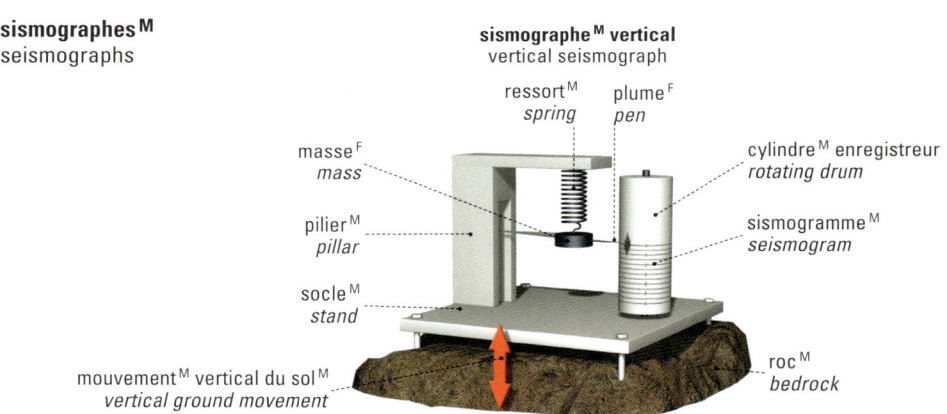

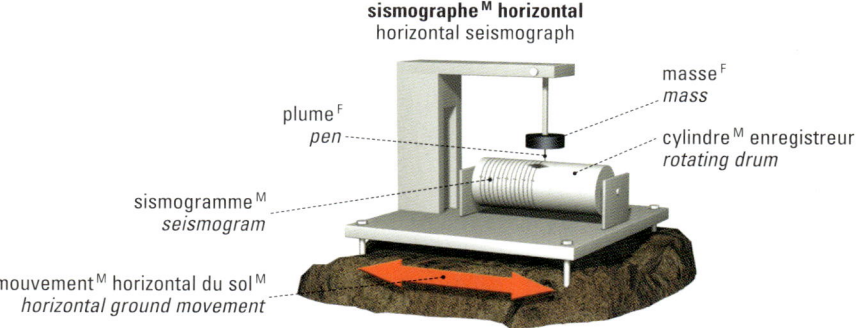

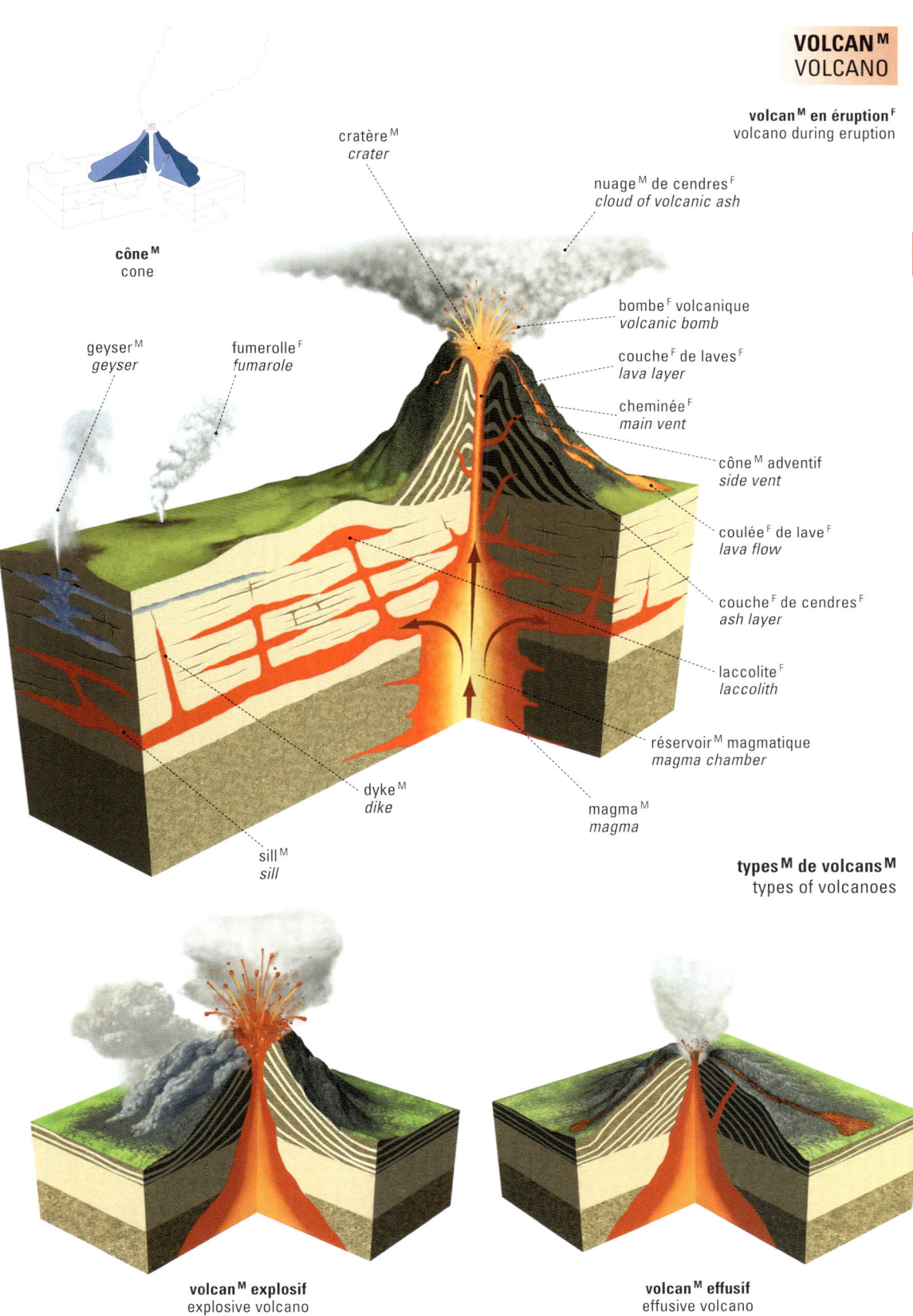

RELIEF^M DE LA TERRE^F | EARTH'S FEATURES

Depuis la naissance de la Terre, des océans se sont formés et d'autres ont disparu. Des chaînes de montagnes se sont élevées à sa surface pour ensuite s'aplanir. Bien que les paysages qui nous entourent semblent immuables, ils évoluent constamment. Leur transformation est parfois radicale, comme dans le cas d'un séisme, ou lente, comme dans le cas de l'eau de mer qui change peu à peu le littoral d'un pays.

MONTAGNE^F
MOUNTAIN

GÉOLOGIE

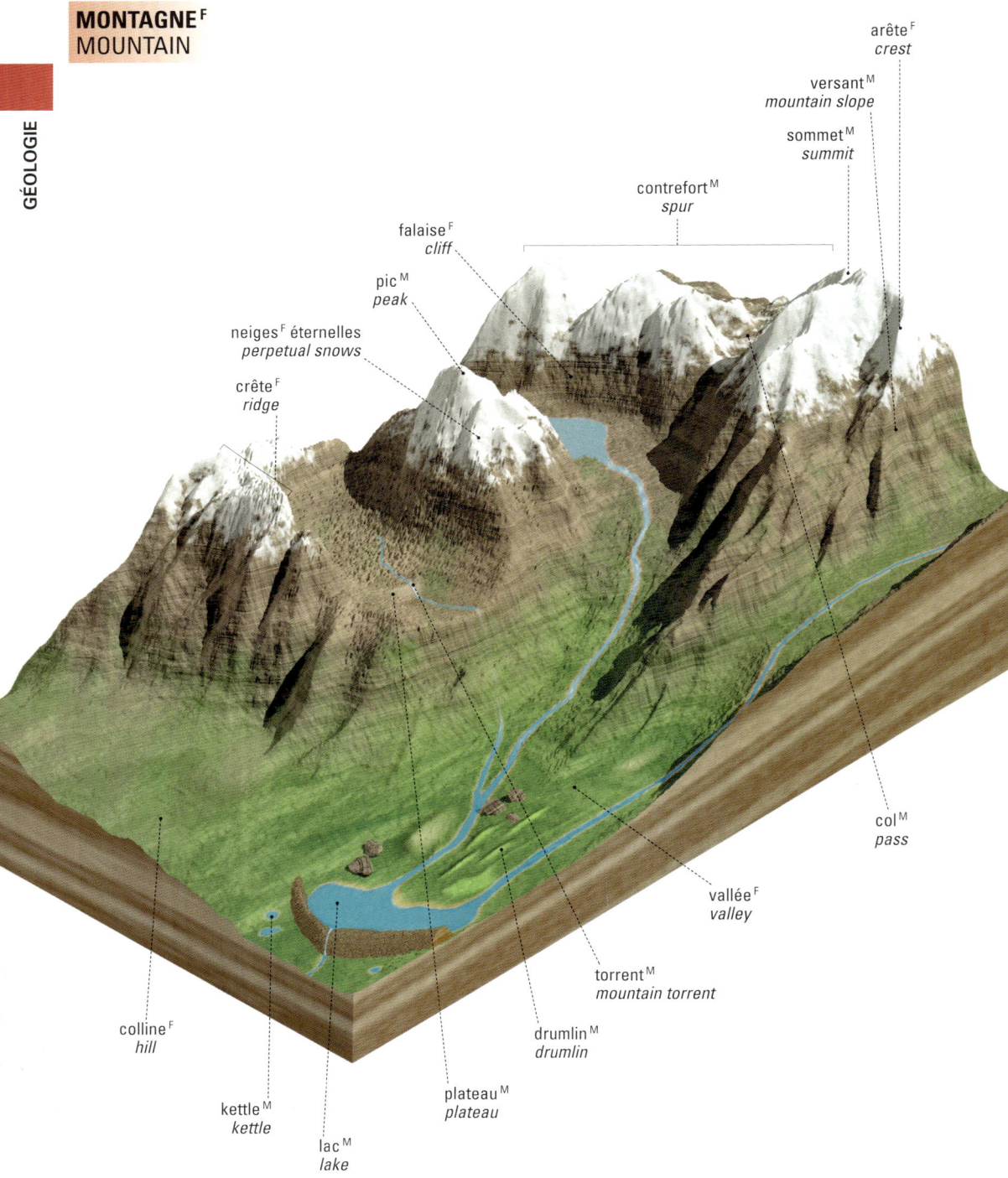

- arête^F / crest
- versant^M / mountain slope
- sommet^M / summit
- contrefort^M / spur
- falaise^F / cliff
- pic^M / peak
- neiges^F éternelles / perpetual snows
- crête^F / ridge
- col^M / pass
- vallée^F / valley
- torrent^M / mountain torrent
- drumlin^M / drumlin
- plateau^M / plateau
- colline^F / hill
- kettle^M / kettle
- lac^M / lake

RELIEF^M DE LA TERRE^F | EARTH'S FEATURES

GLACIER^M
GLACIER

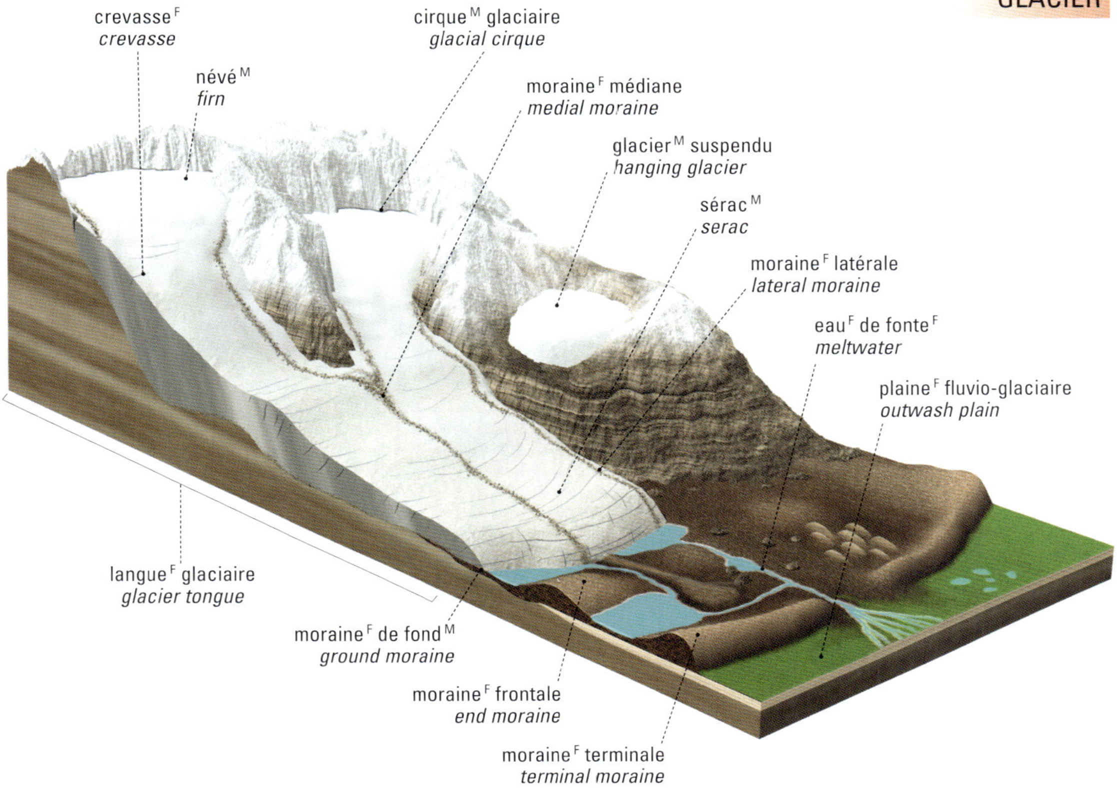

- crevasse^F / crevasse
- névé^M / firn
- cirque^M glaciaire / glacial cirque
- moraine^F médiane / medial moraine
- glacier^M suspendu / hanging glacier
- sérac^M / serac
- moraine^F latérale / lateral moraine
- eau^F de fonte^F / meltwater
- plaine^F fluvio-glaciaire / outwash plain
- langue^F glaciaire / glacier tongue
- moraine^F de fond^M / ground moraine
- moraine^F frontale / end moraine
- moraine^F terminale / terminal moraine

GÉOLOGIE

DÉSERT^M
DESERT

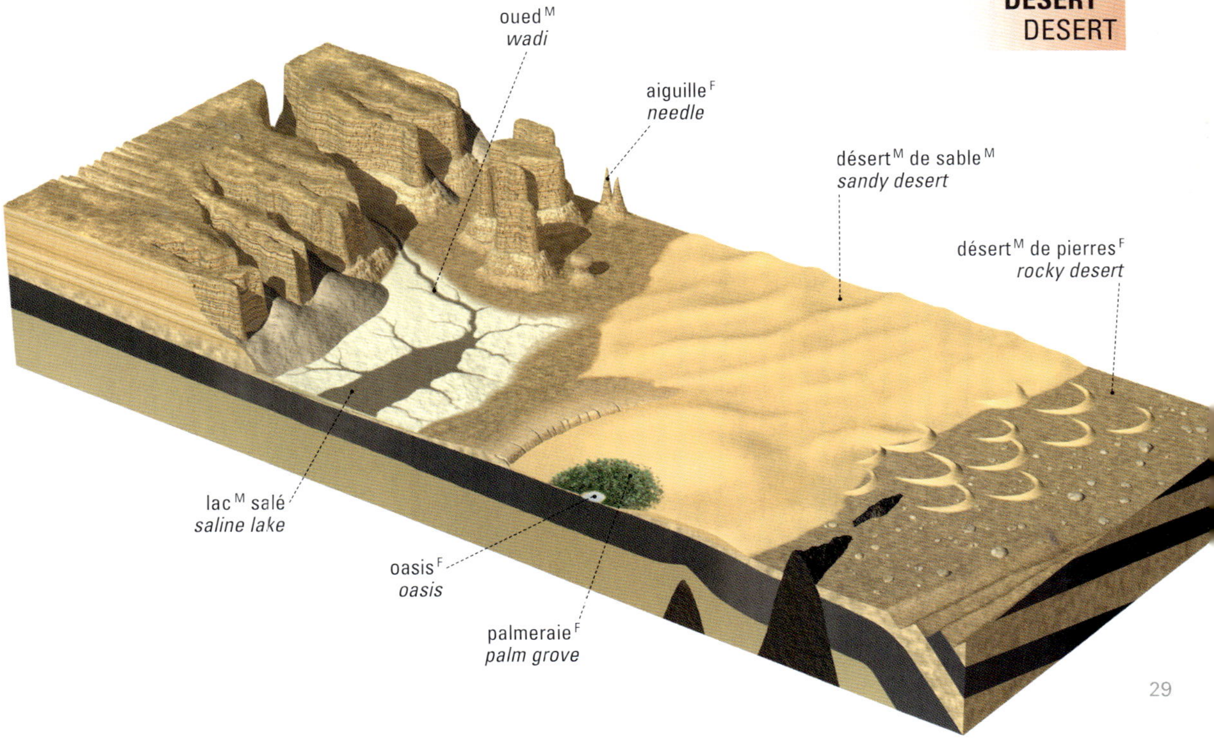

- oued^M / wadi
- aiguille^F / needle
- désert^M de sable^M / sandy desert
- désert^M de pierres^F / rocky desert
- lac^M salé / saline lake
- oasis^F / oasis
- palmeraie^F / palm grove

29

RELIEF DE LA TERRE | EARTH'S FEATURES

GÉOLOGIE

COURS D'EAU
WATERCOURSE

GROTTE
CAVE

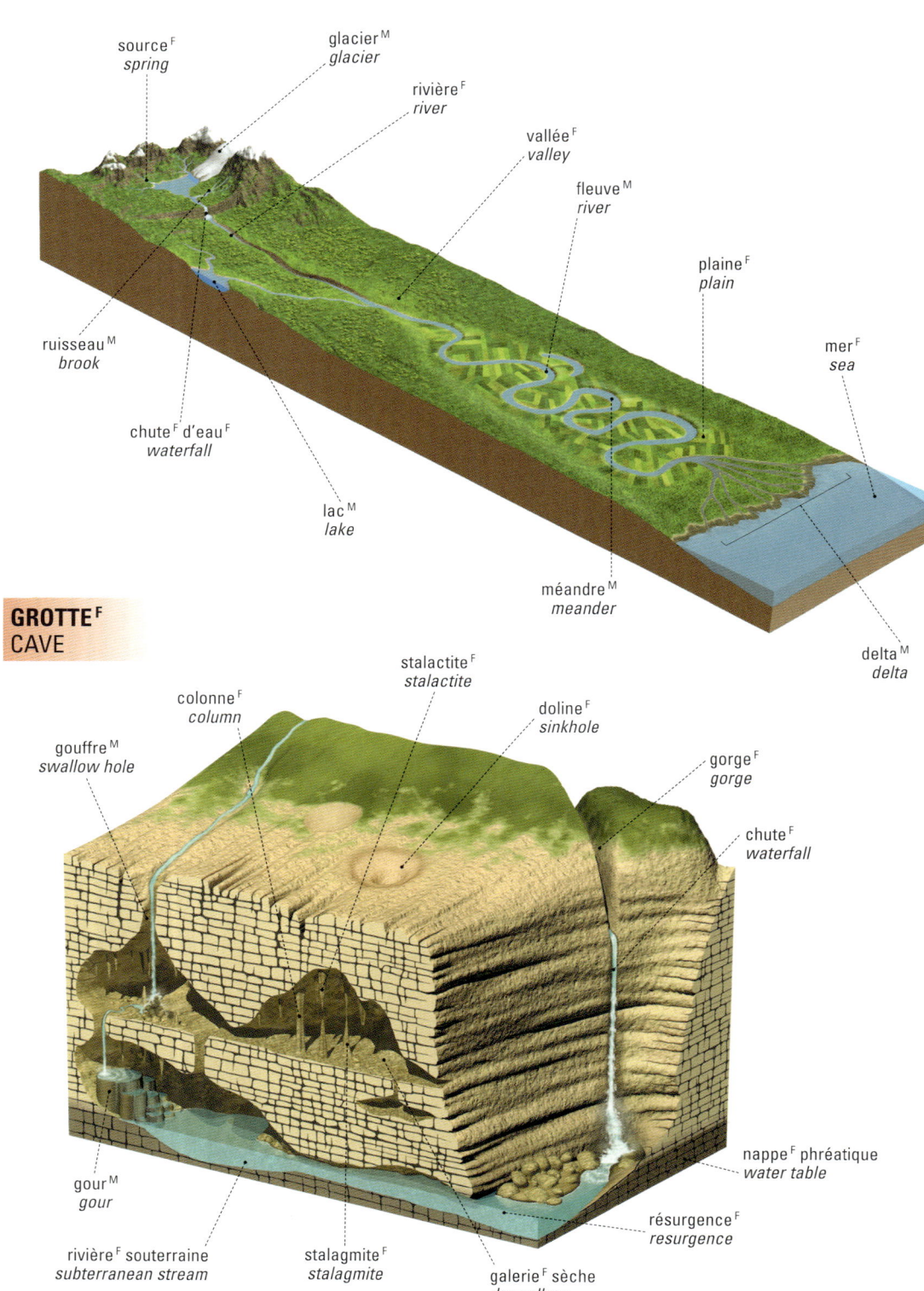

RELIEF^M DE LA TERRE^F | EARTH'S FEATURES

CONFIGURATION^F DU LITTORAL^M
COMMON COASTAL FEATURES

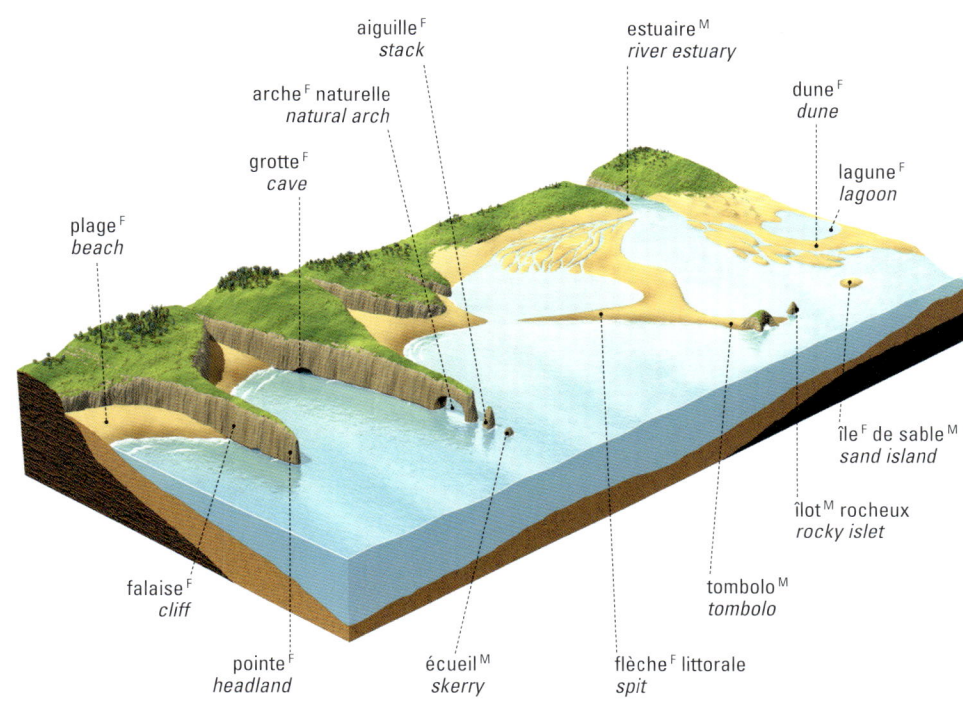

aiguille^F / stack
arche^F naturelle / natural arch
grotte^F / cave
estuaire^M / river estuary
dune^F / dune
lagune^F / lagoon
plage^F / beach
île^F de sable^M / sand island
îlot^M rocheux / rocky islet
falaise^F / cliff
tombolo^M / tombolo
pointe^F / headland
écueil^M / skerry
flèche^F littorale / spit

GÉOLOGIE

exemples^M de côtes^F
examples of shorelines

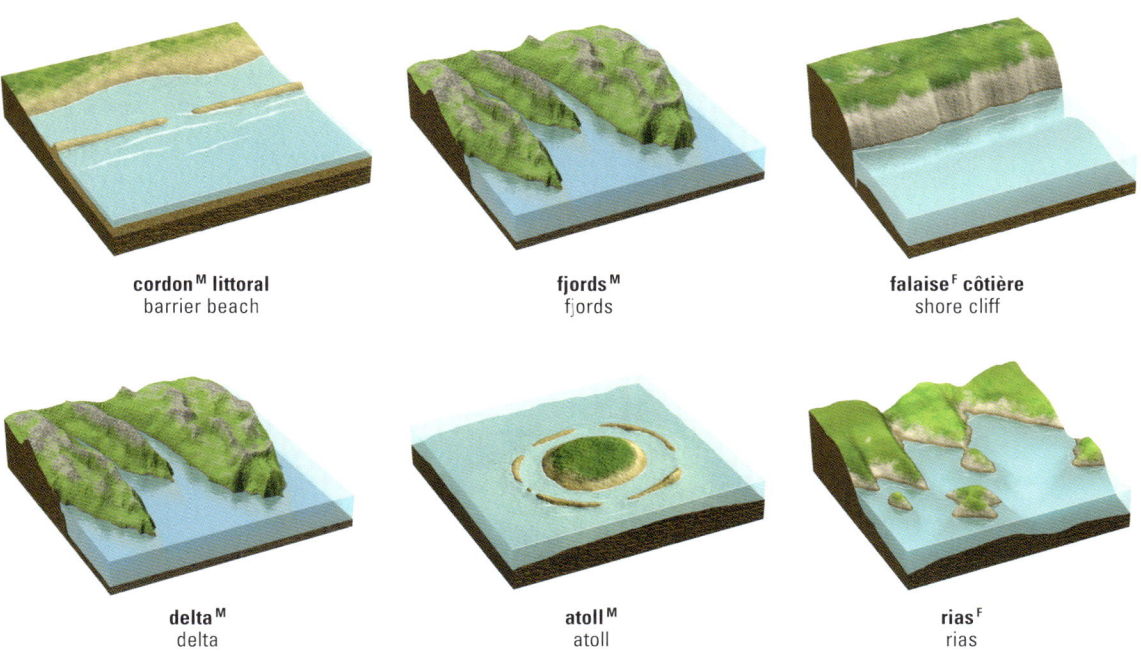

cordon^M littoral / barrier beach
fjords^M / fjords
falaise^F côtière / shore cliff
delta^M / delta
atoll^M / atoll
rias^F / rias

ATMOSPHÈRE[F] | ATMOSPHERE

L'atmosphère terrestre désigne l'enveloppe de gaz qui entoure la Terre. Elle est constituée de différentes couches successives qui, chacune à leur façon, jouent un rôle dans la protection de la vie sur notre planète. Par exemple, la couche située le plus près du sol, la troposphère, contient l'air que l'on respire. C'est aussi dans cette couche que se produisent la plupart des phénomènes météorologiques comme les vents et les tornades.

COUPE[F] DE L'ATMOSPHÈRE[F] TERRESTRE
PROFILE OF THE EARTH'S ATMOSPHERE

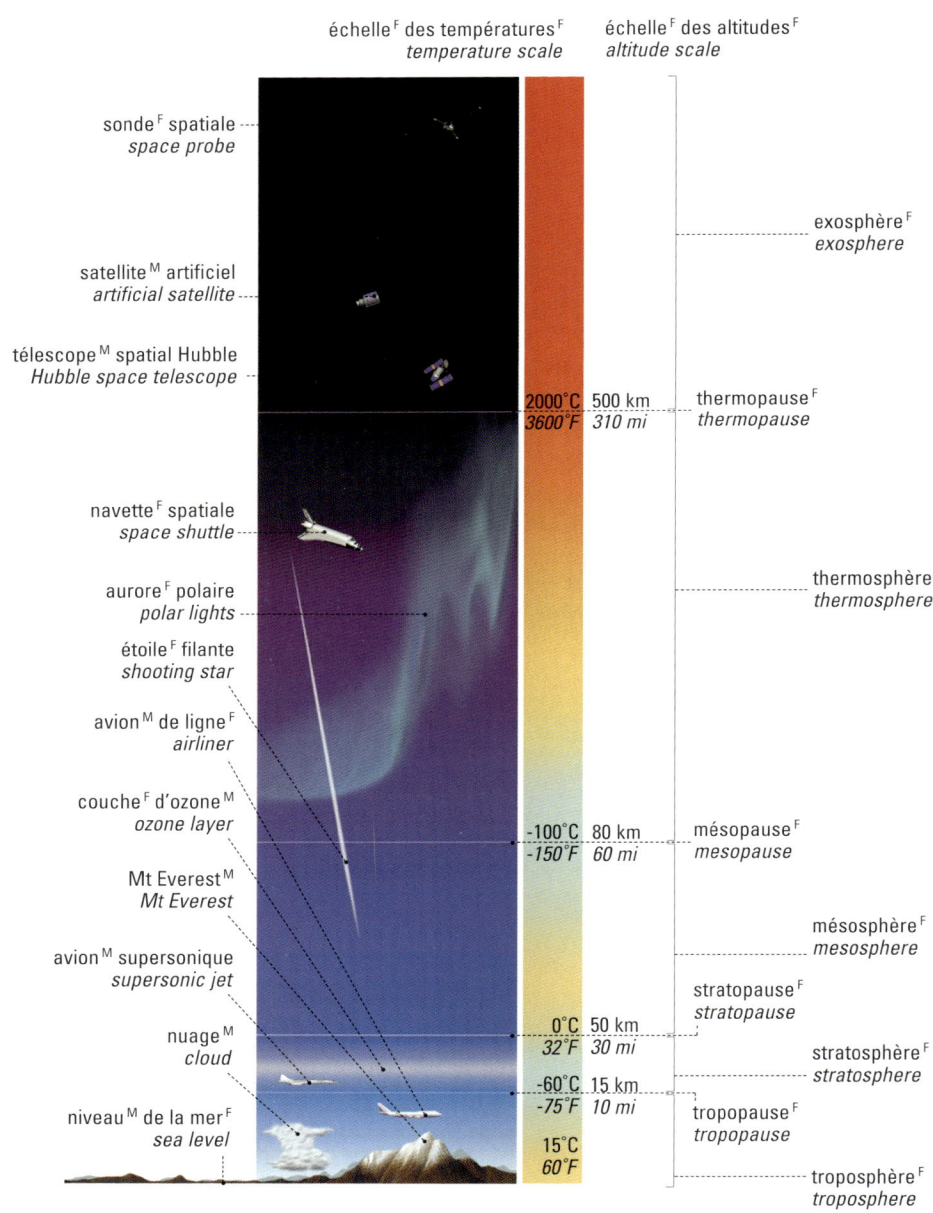

CLIMAT^M | CLIMATE

Le climat est l'ensemble des conditions météorologiques qui caractérisent un endroit donné. La quantité d'énergie solaire que reçoivent les différentes régions du globe est en grande partie responsable de leur climat. De plus, comme la Terre voyage autour du Soleil en étant légèrement inclinée, sa moitié nord ou sud est plus intensément réchauffée selon la période de l'année. Ce phénomène est à l'origine des saisons, inversées d'un hémisphère à l'autre.

CYCLE^M DES SAISONS^F
SEASONS OF THE YEAR

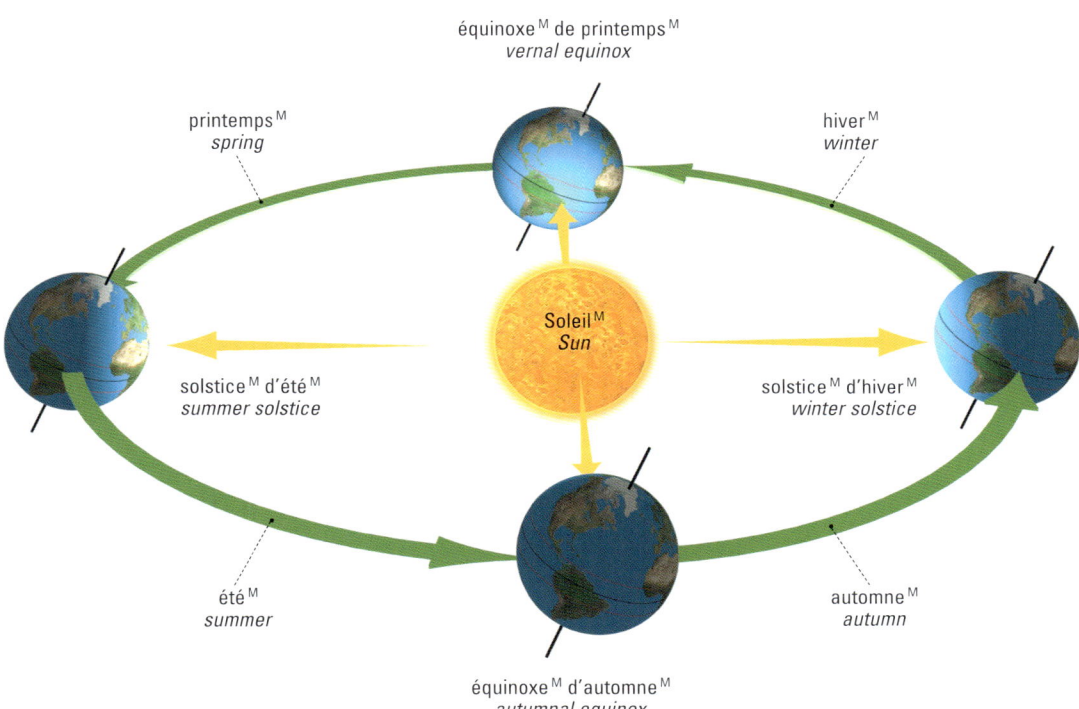

saisons^F des climats^M tempérés froids
seasons in the cold temperate climates

33

CLIMAT | CLIMATE

CLIMATS DU MONDE
CLIMATES OF THE WORLD

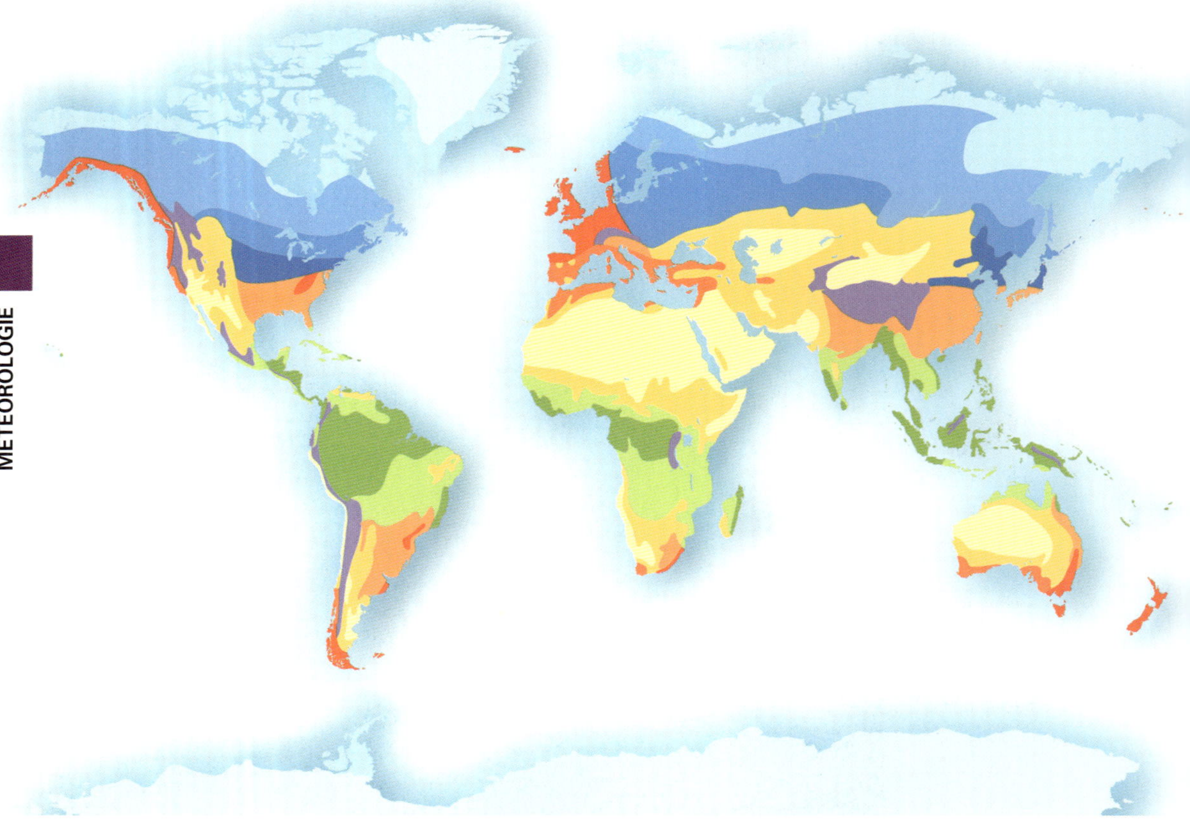

MÉTÉOROLOGIE

climats tempérés froids
cold temperate climates

- continental humide, à été chaud
  humid continental - hot summer
- continental humide, à été frais
  humid continental - warm summer
- subarctique
  subarctic

climats tropicaux
tropical climates

- tropical humide
  tropical rain forest
- tropical humide et sec (savane)
  tropical wet-and-dry (savanna)

climats arides
dry climates

- steppe
  steppe
- désert
  desert

climats tempérés chauds
warm temperate climates

- subtropical humide
  humid subtropical
- méditerranéen
  Mediterranean subtropical
- océanique
  marine

climats polaires
polar climates

- toundra
  polar tundra
- calotte glaciaire
  polar ice cap

climats de montagne
highland climates

- montagne
  highland

PHÉNOMÈNES M MÉTÉOROLOGIQUES | WEATHER PHENOMENA

Qu'elles soient liquides comme la pluie ou solides comme la neige, les précipitations accompagnent souvent les tempêtes. Certaines perturbations atmosphériques, comme les cyclones et les tornades, se distinguent par des vents violents, et peuvent ainsi causer des dégâts considérables. Malheureusement, les plus dévastatrices de ces tempêtes, les tornades, sont difficiles à prévoir puisque les mécanismes menant à leur formation demeurent mal connus.

NUAGES M
CLOUDS

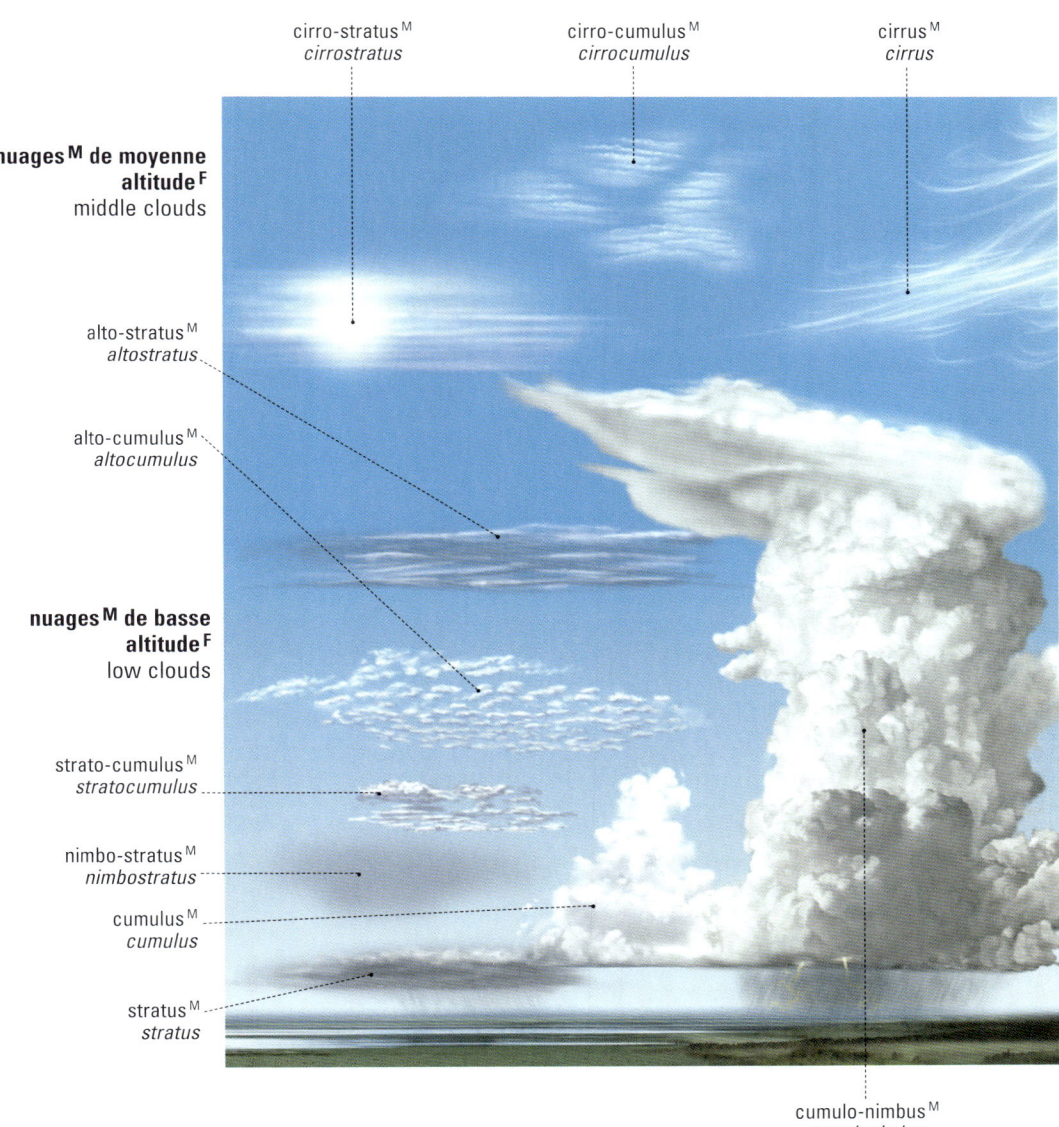

MÉTÉOROLOGIE

35

PHÉNOMÈNES MÉTÉOROLOGIQUES | WEATHER PHENOMENA

PRÉCIPITATIONS
PRECIPITATIONS

bruine
drizzle

pluie
rain

pluie forte
heavy rain

rosée
dew

grésil
sleet

neige
snow

pluie verglaçante
freezing rain

brume
mist

brouillard
fog

ORAGE
THUNDERSTORM

éclair / lightning

nuage / cloud

pluie / rain

arc-en-ciel / rainbow

MÉTÉOROLOGIE

PHÉNOMÈNES^M MÉTÉOROLOGIQUES | WEATHER PHENOMENA

CYCLONE^M TROPICAL
TROPICAL CYCLONE

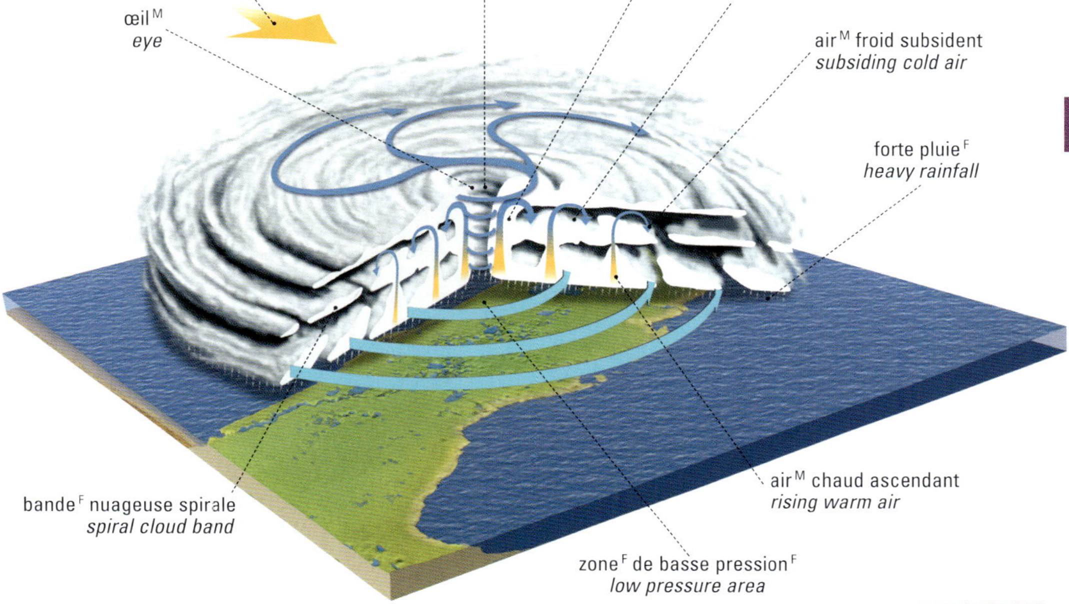

vent^M dominant / *prevailing wind*

zone^F de haute pression^F / *high pressure area*

mur^M de l'œil^M / *eye wall*

cellule^F convective / *convective cell*

œil^M / *eye*

air^M froid subsident / *subsiding cold air*

forte pluie^F / *heavy rainfall*

bande^F nuageuse spirale / *spiral cloud band*

air^M chaud ascendant / *rising warm air*

zone^F de basse pression^F / *low pressure area*

MÉTÉOROLOGIE

TORNADE^F
TORNADO

buisson^M / *debris*

nuage^M en entonnoir^M / *funnel cloud*

mur^M de nuages^M / *wall cloud*

PRÉVISION[F] MÉTÉOROLOGIQUE | METEOROLOGICAL FORECAST

On retrouve sur Terre environ 12 000 stations météorologiques équipées d'instruments qui prennent quotidiennement de nombreuses mesures dont la vitesse et la direction du vent, la température et la quantité de pluie. Tous ces résultats sont ensuite transmis à l'Organisation météorologique mondiale. Grâce à ces observations qui alimentent des modèles informatiques, les météorologues peuvent prévoir à plus ou moins long terme le temps qu'il fera.

MÉTÉOROLOGIE

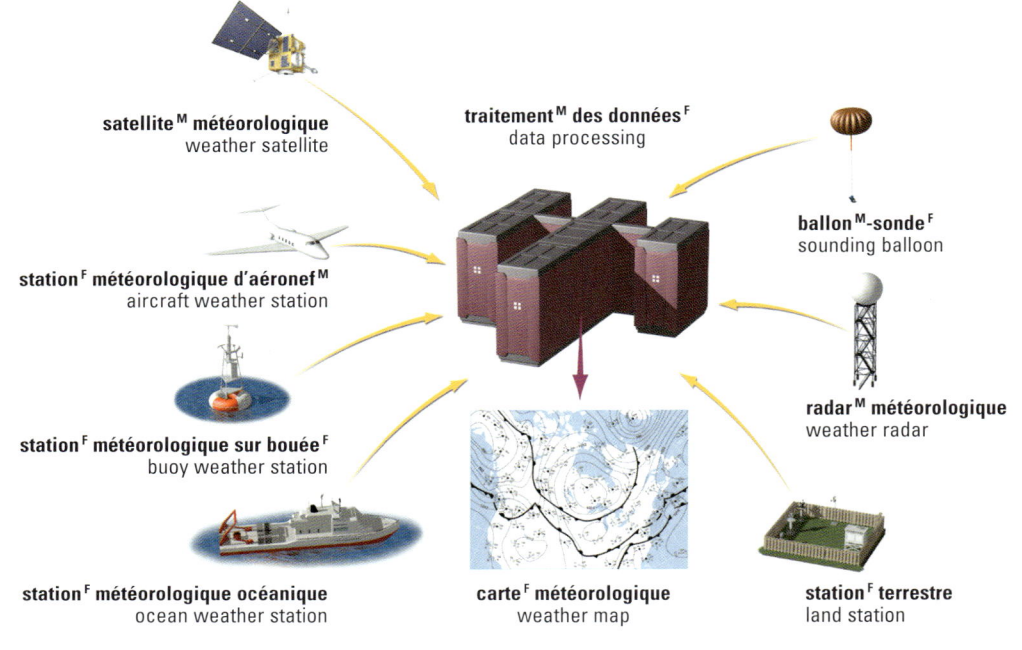

satellite[M] météorologique
weather satellite

traitement[M] des données[F]
data processing

ballon[M]-sonde[F]
sounding balloon

station[F] météorologique d'aéronef[M]
aircraft weather station

radar[M] météorologique
weather radar

station[F] météorologique sur bouée[F]
buoy weather station

station[F] météorologique océanique
ocean weather station

carte[F] météorologique
weather map

station[F] terrestre
land station

STATION[F] MÉTÉOROLOGIQUE
METEOROLOGICAL STATION

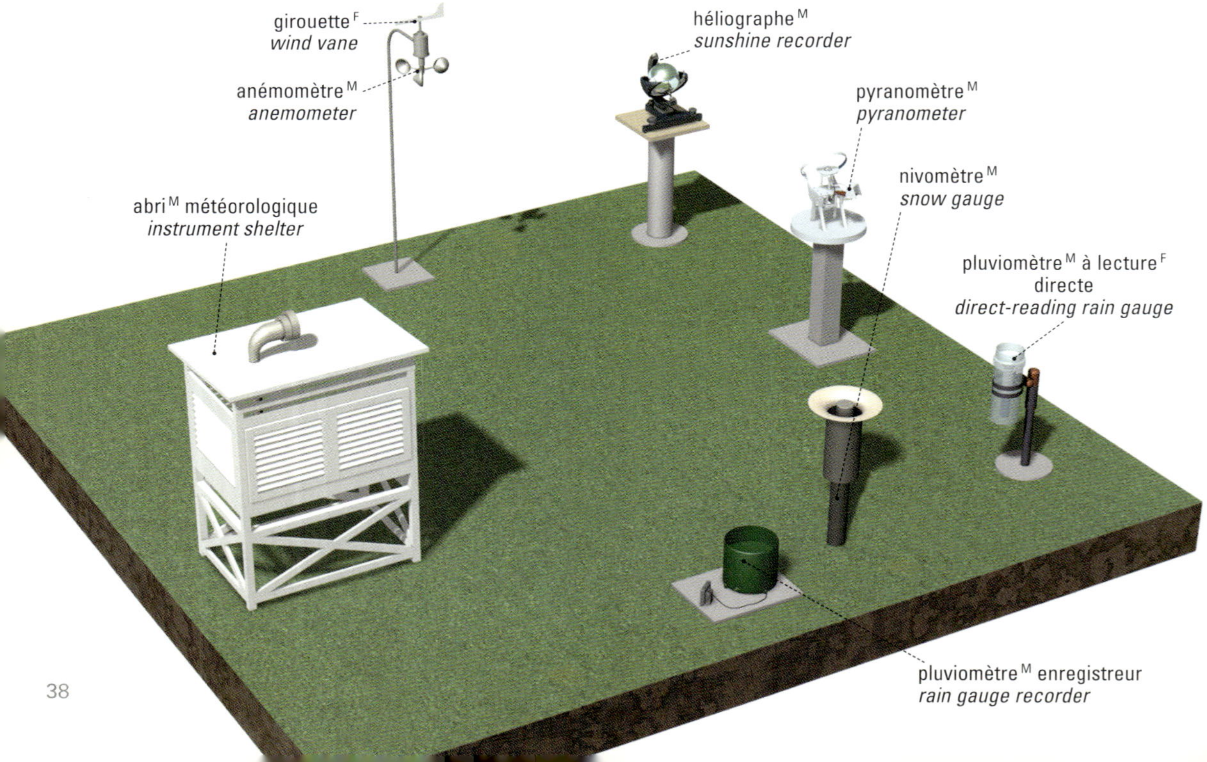

girouette[F]
wind vane

héliographe[M]
sunshine recorder

anémomètre[M]
anemometer

pyranomètre[M]
pyranometer

nivomètre[M]
snow gauge

abri[M] météorologique
instrument shelter

pluviomètre[M] à lecture[F] directe
direct-reading rain gauge

pluviomètre[M] enregistreur
rain gauge recorder

PRÉVISION[F] MÉTÉOROLOGIQUE | METEOROLOGICAL FORECAST

INSTRUMENTS[M] DE MESURE[F] MÉTÉOROLOGIQUE
METEOROLOGICAL MEASURING INSTRUMENTS

MÉTÉOROLOGIE

mesure[F] de la pluviosité[F]
measure of rainfall

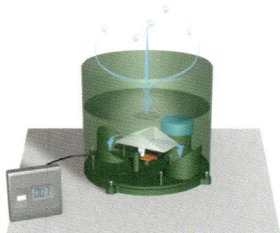

pluviomètre[M] enregistreur
rain gauge recorder

mesure[F] de la température[F]
measure of temperature

thermomètre[M] à maxima[M]
maximum thermometer

thermomètre[M] à minima[M]
minimum thermometer

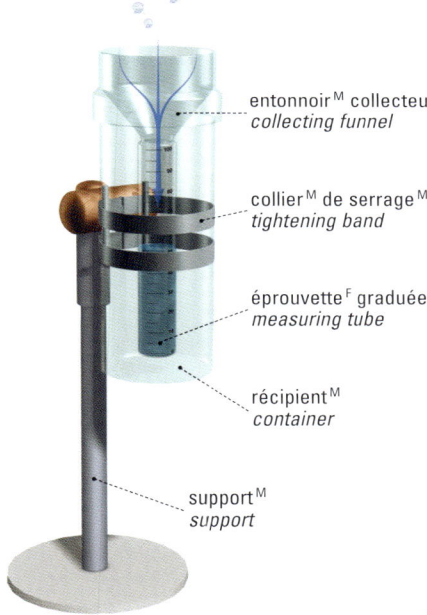

entonnoir[M] collecteur
collecting funnel

collier[M] de serrage[M]
tightening band

éprouvette[F] graduée
measuring tube

récipient[M]
container

support[M]
support

pluviomètre[M] à lecture[F] directe
direct-reading rain gauge

mesure[F] de la direction[F] du vent[M]
measure of wind direction

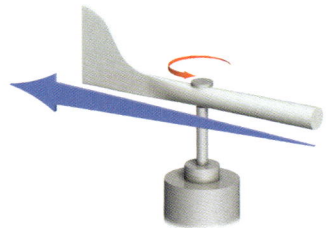

girouette[F]
wind vane

mesure[F] de la vitesse[F] du vent[M]
measure of wind strength

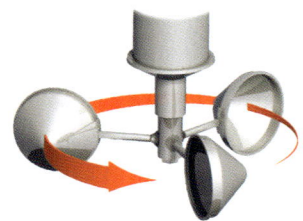

anémomètre[M]
anemometer

mesure[F] de la pression[F]
measure of air pressure

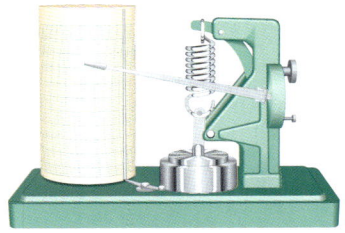

baromètre[M] enregistreur
barograph

mesure[F] de l'humidité[F]
measure of humidity

hygromètre[M] enregistreur
hygrograph

BIOSPHÈRE[F] | BIOSPHERE

La vie sur Terre ne se rencontre qu'à l'intérieur d'une mince couche de sol, d'air et d'eau qu'on appelle la biosphère. Cette partie habitable de notre planète constitue un monde complexe où les diverses espèces vivent en étroite relation avec leur milieu.

Tous les êtres vivants tirent l'énergie nécessaire à leur survie de la nourriture qu'ils absorbent. On peut considérer ces relations alimentaires comme une série de maillons dont l'ensemble forme une chaîne.

VÉGÉTATION[F] ET BIOSPHÈRE[F]
VEGETATION AND BIOSPHERE

ENVIRONNEMENT

distribution[F] de la végétation[F]
vegetation regions

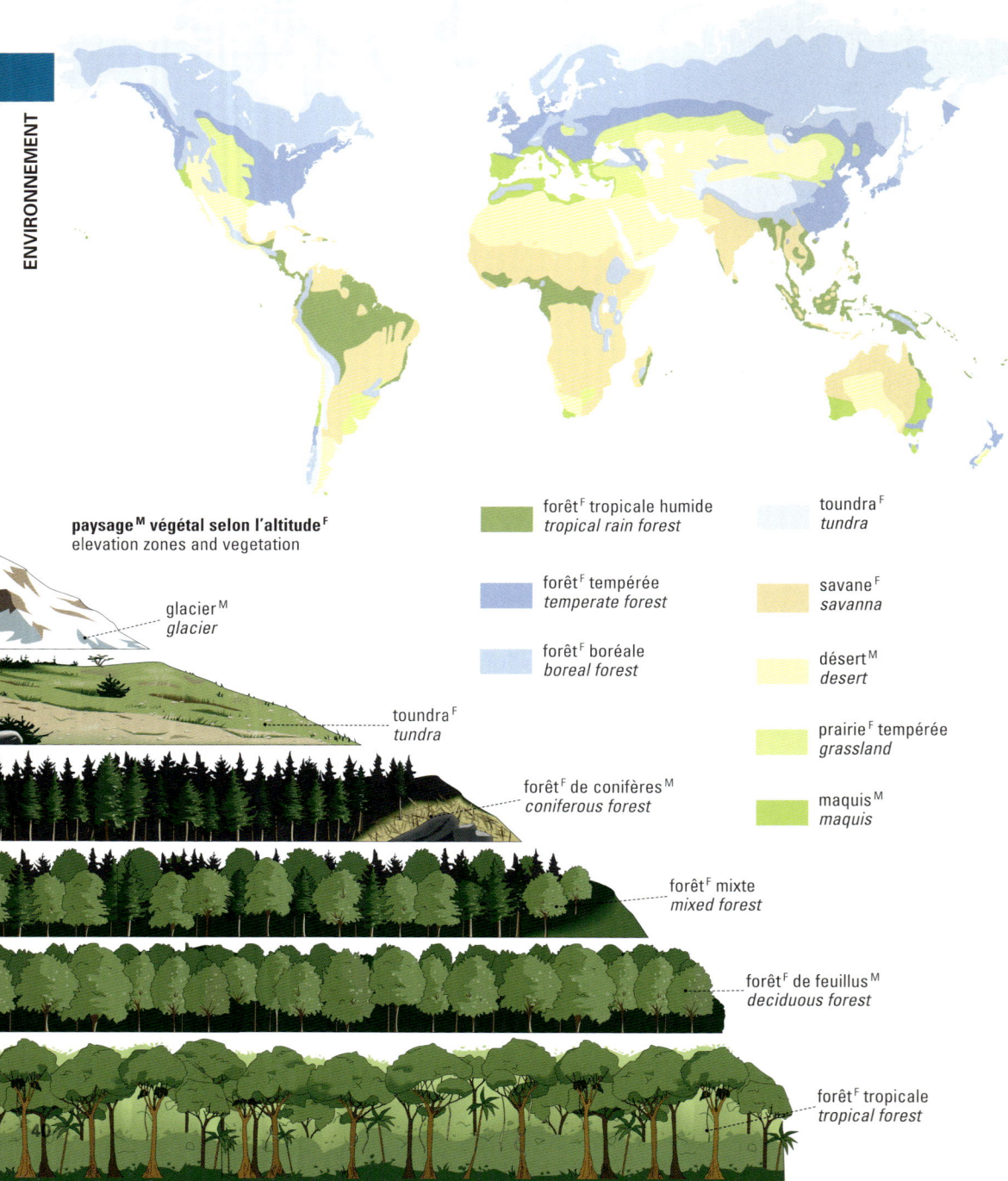

paysage[M] végétal selon l'altitude[F]
elevation zones and vegetation

- glacier[M] / *glacier*
- toundra[F] / *tundra*
- forêt[F] de conifères[M] / *coniferous forest*
- forêt[F] mixte / *mixed forest*
- forêt[F] de feuillus[M] / *deciduous forest*
- forêt[F] tropicale / *tropical forest*

Legend:
- forêt[F] tropicale humide / *tropical rain forest*
- forêt[F] tempérée / *temperate forest*
- forêt[F] boréale / *boreal forest*
- toundra[F] / *tundra*
- savane[F] / *savanna*
- désert[M] / *desert*
- prairie[F] tempérée / *grassland*
- maquis[M] / *maquis*

BIOSPHÈRE | BIOSPHERE

structure de la biosphère
structure of the biosphere

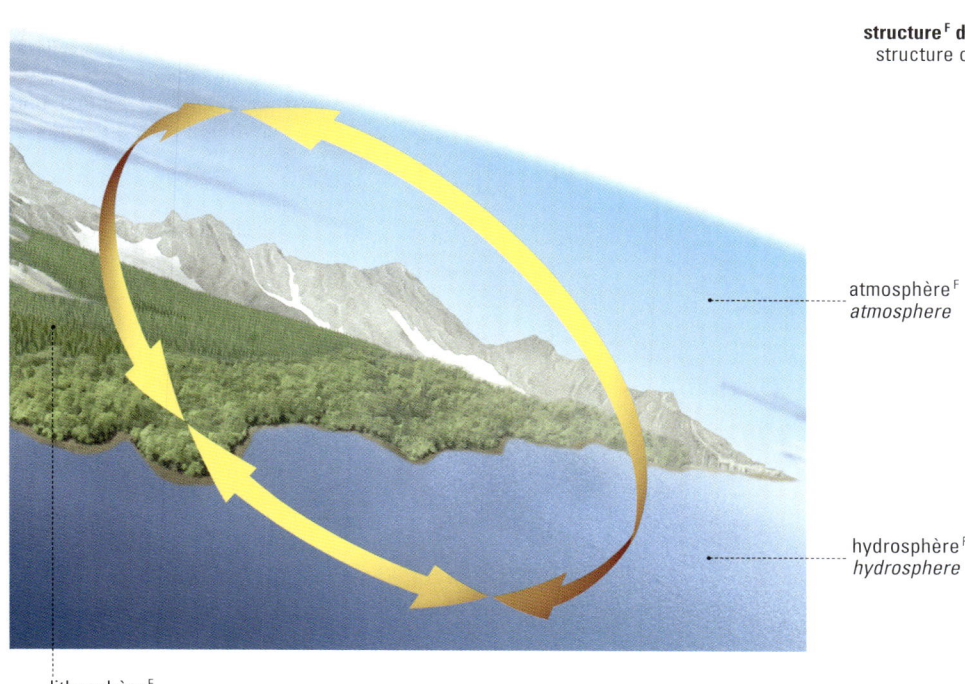

atmosphère
atmosphere

hydrosphère
hydrosphere

lithosphère
lithosphere

CHAÎNE ALIMENTAIRE
FOOD CHAIN

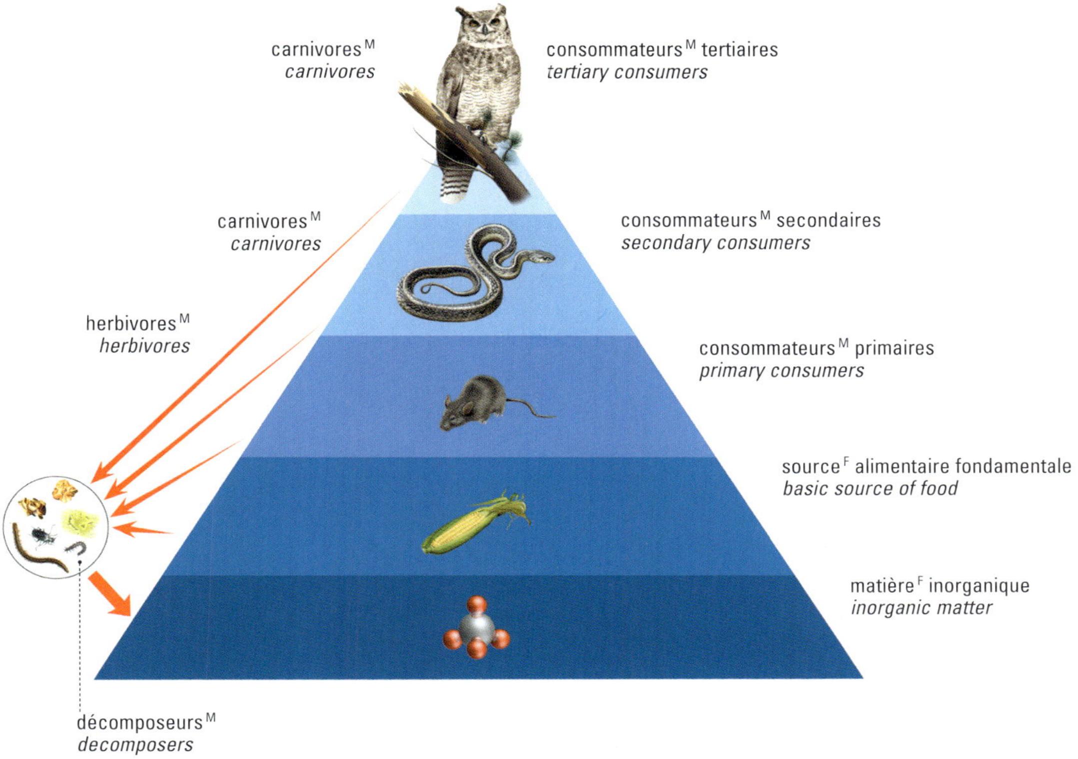

carnivores
carnivores

consommateurs tertiaires
tertiary consumers

carnivores
carnivores

consommateurs secondaires
secondary consumers

herbivores
herbivores

consommateurs primaires
primary consumers

source alimentaire fondamentale
basic source of food

matière inorganique
inorganic matter

décomposeurs
decomposers

ENVIRONNEMENT

CYCLE[M] DE L'EAU[F] | HYDROLOGIC CYCLE

La chaleur du Soleil est à la source d'échanges constants entre les océans et l'atmosphère. La vapeur d'eau atmosphérique, condensée en nuages, retombe sur Terre sous forme de précipitations. L'eau atteint les continents, pénètre dans le sol et s'écoule dans les lacs et les rivières pour atteindre enfin les océans. Une quantité d'eau s'évapore au-dessus des océans et retourne ainsi dans l'atmosphère. C'est ce qu'on appelle le cycle de l'eau.

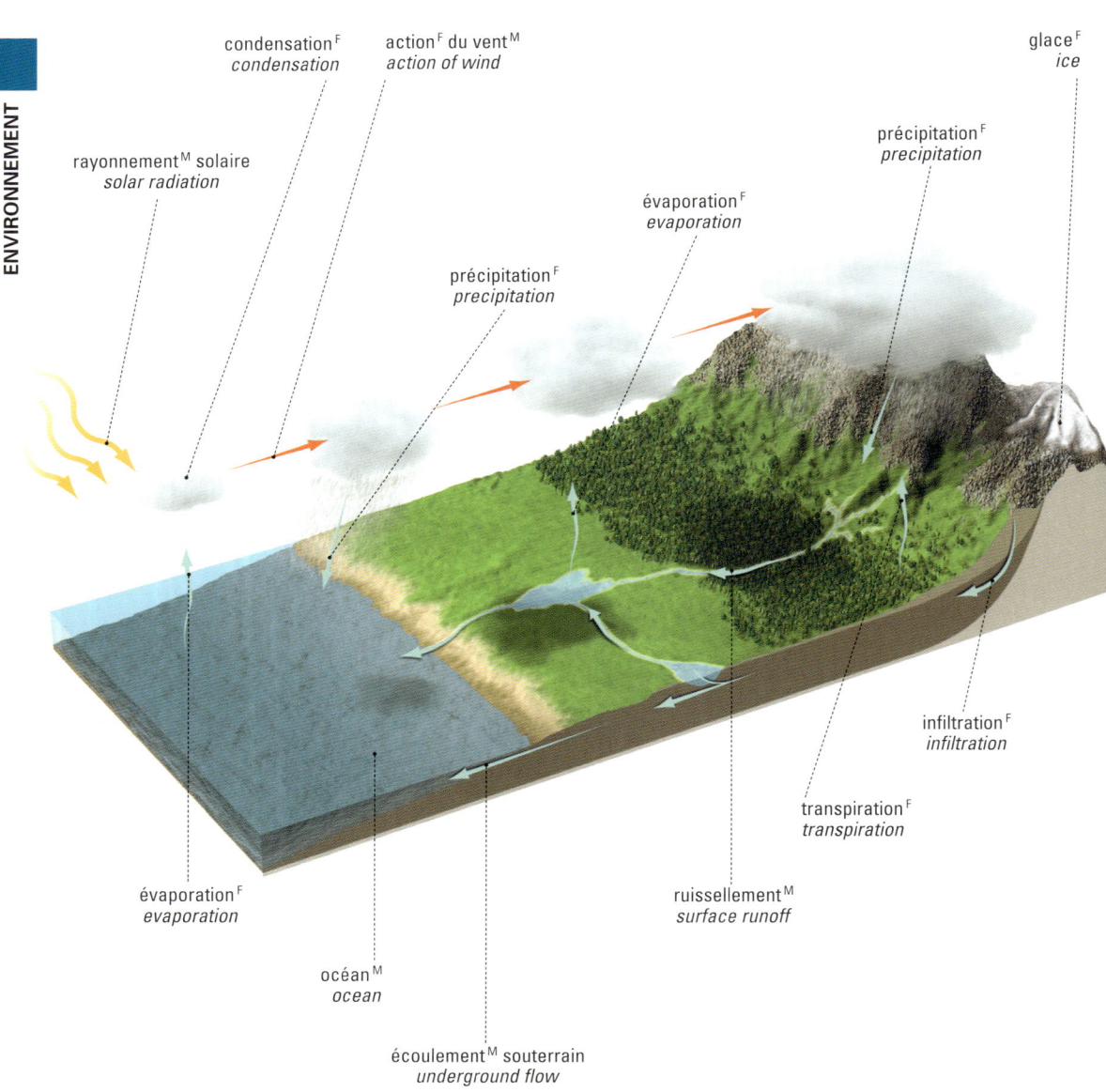

EFFET^M DE SERRE^F | GREENHOUSE EFFECT

Une partie du rayonnement solaire est absorbée par le sol et rejetée dans l'atmosphère sous forme de chaleur. Certains gaz de l'atmosphère ont la particularité d'emprisonner cette chaleur. Ce phénomène naturel, appelé « effet de serre », rend la température sur Terre propice à la vie. Certaines activités humaines émettent dans l'atmosphère des quantités croissantes de gaz à effet de serre, contribuant ainsi au réchauffement actuel de la planète.

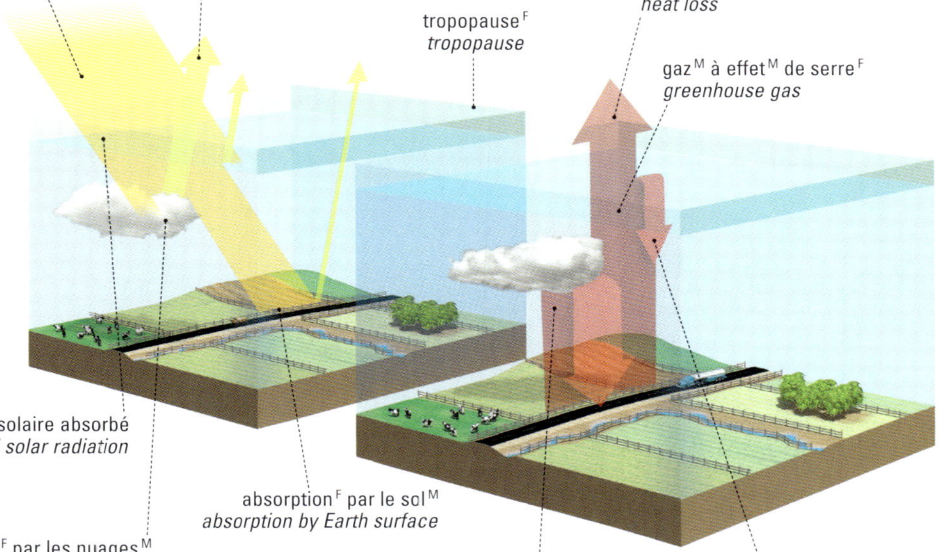

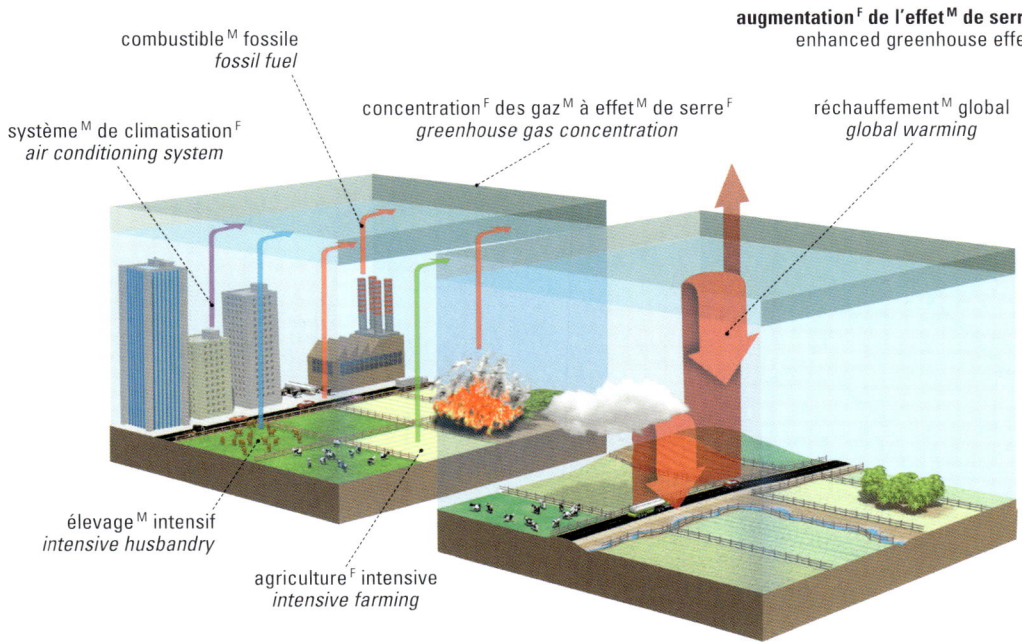

POLLUTION[F] | POLLUTION

Les industries rejettent dans l'environnement de grandes quantités de déchets chimiques, dont certains extrêmement toxiques. Les centrales thermiques et les véhicules motorisés apportent aussi leur lot de pollution. Heureusement, de plus en plus de gens commencent à réaliser que les ressources naturelles ne sont pas inépuisables et qu'on ne peut ainsi polluer l'air, le sol et l'eau sans affecter l'avenir de notre planète.

POLLUTION[F] DU SOL[M]
LAND POLLUTION

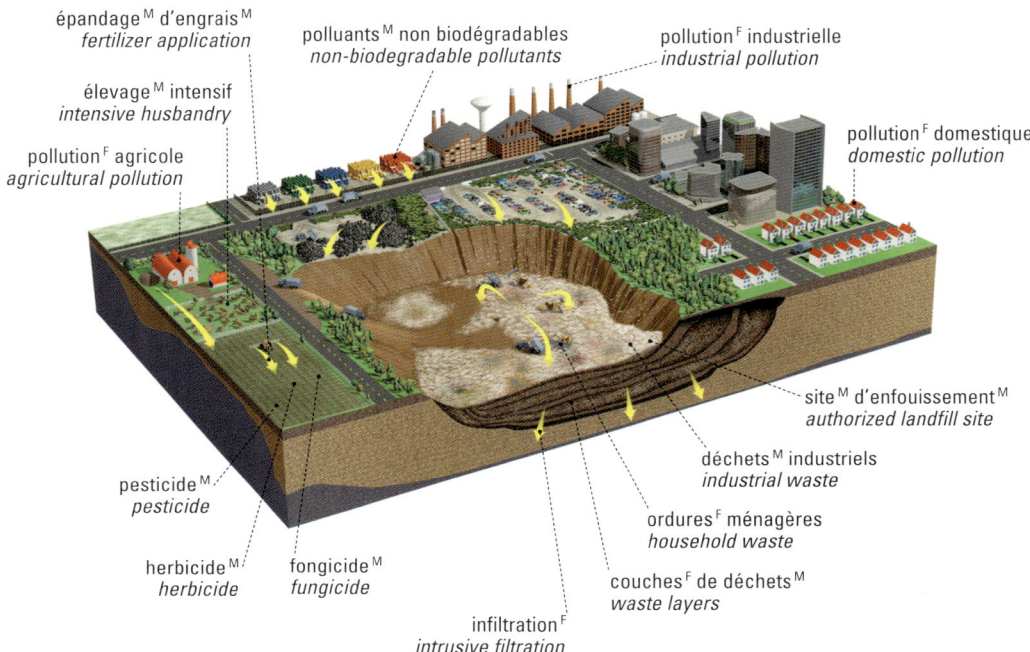

POLLUTION[F] DE L'AIR[M]
AIR POLLUTION

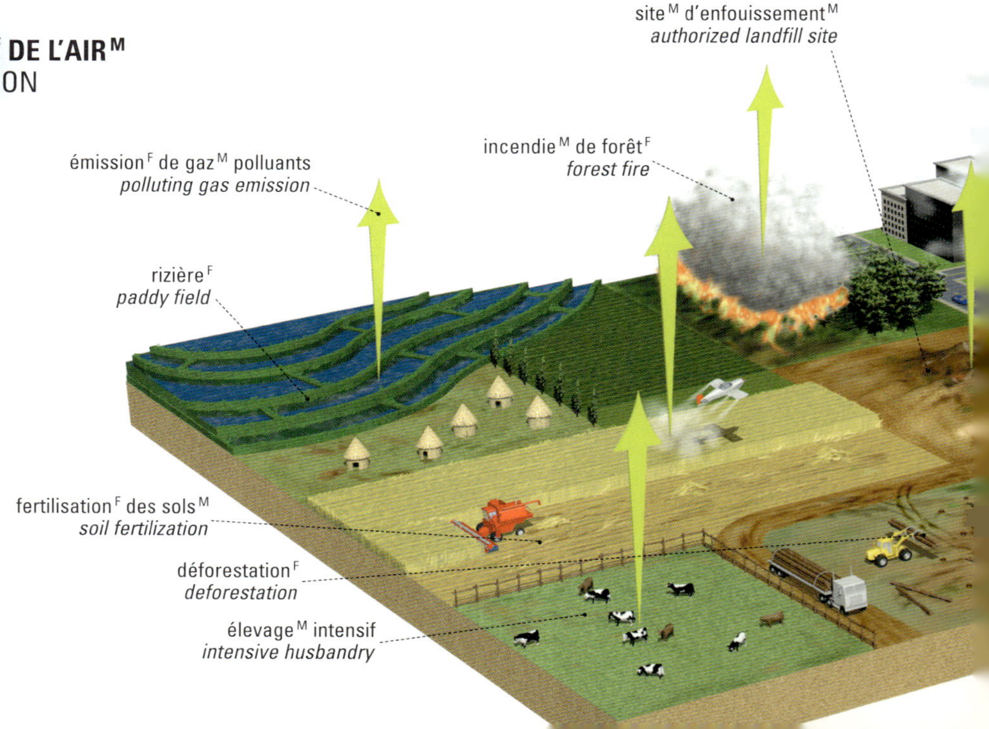

POLLUTION | POLLUTION

POLLUTION DE L'EAU
WATER POLLUTION

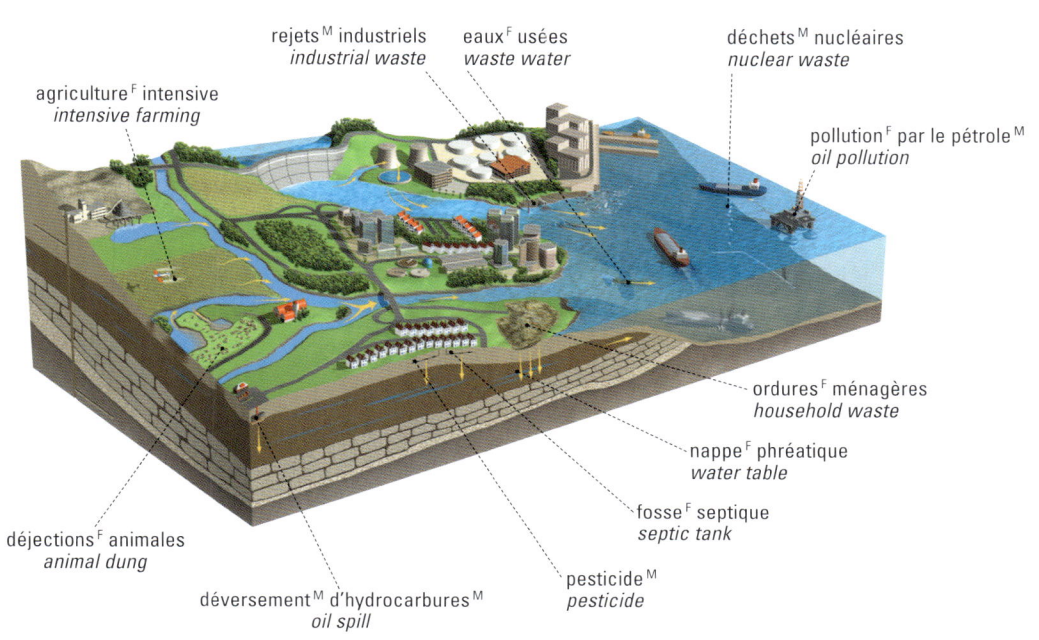

ENVIRONNEMENT

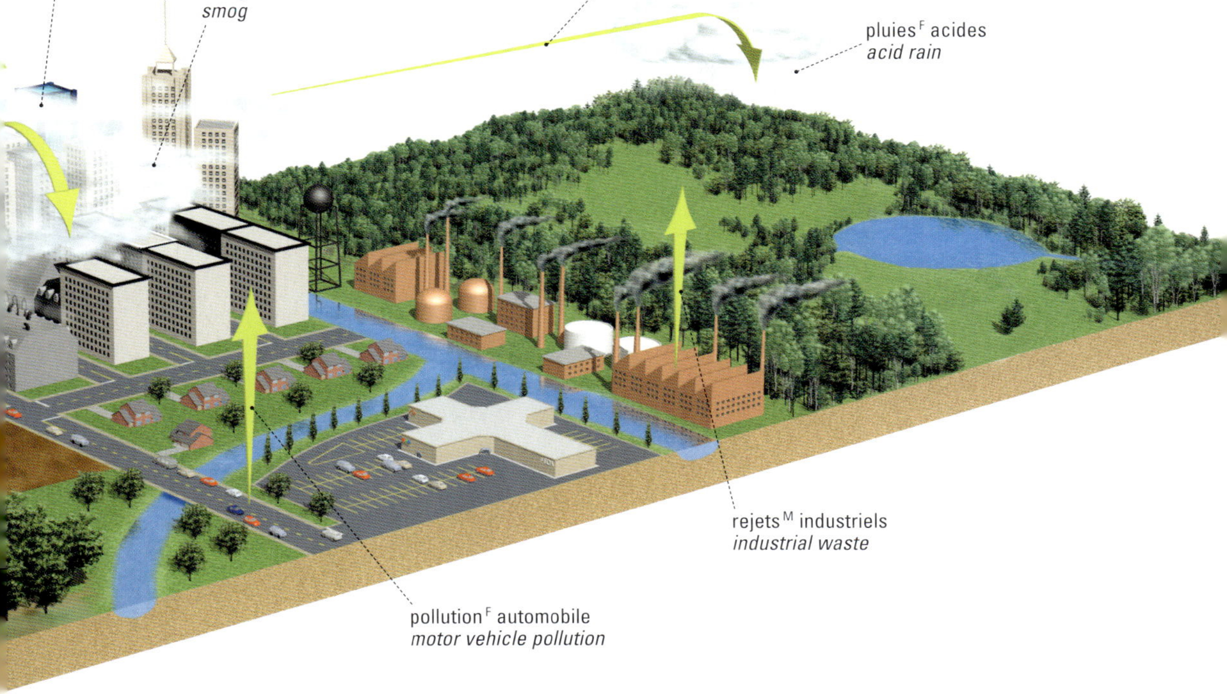

TRI^M SÉLECTIF DES DÉCHETS^M | SELECTIVE SORTING OF WASTE

Une grande portion des déchets domestiques produits dans les pays industrialisés peut être recyclée. De plus en plus de villes possèdent un système de collecte sélective des déchets. Ceux-ci sont acheminés vers des centres de tri où des employés et des machines sélectionnent les matières recyclables comme le verre, le métal, le plastique et le papier. Ces matières subissent ensuite un certain nombre d'opérations de nettoyage et de transformation.

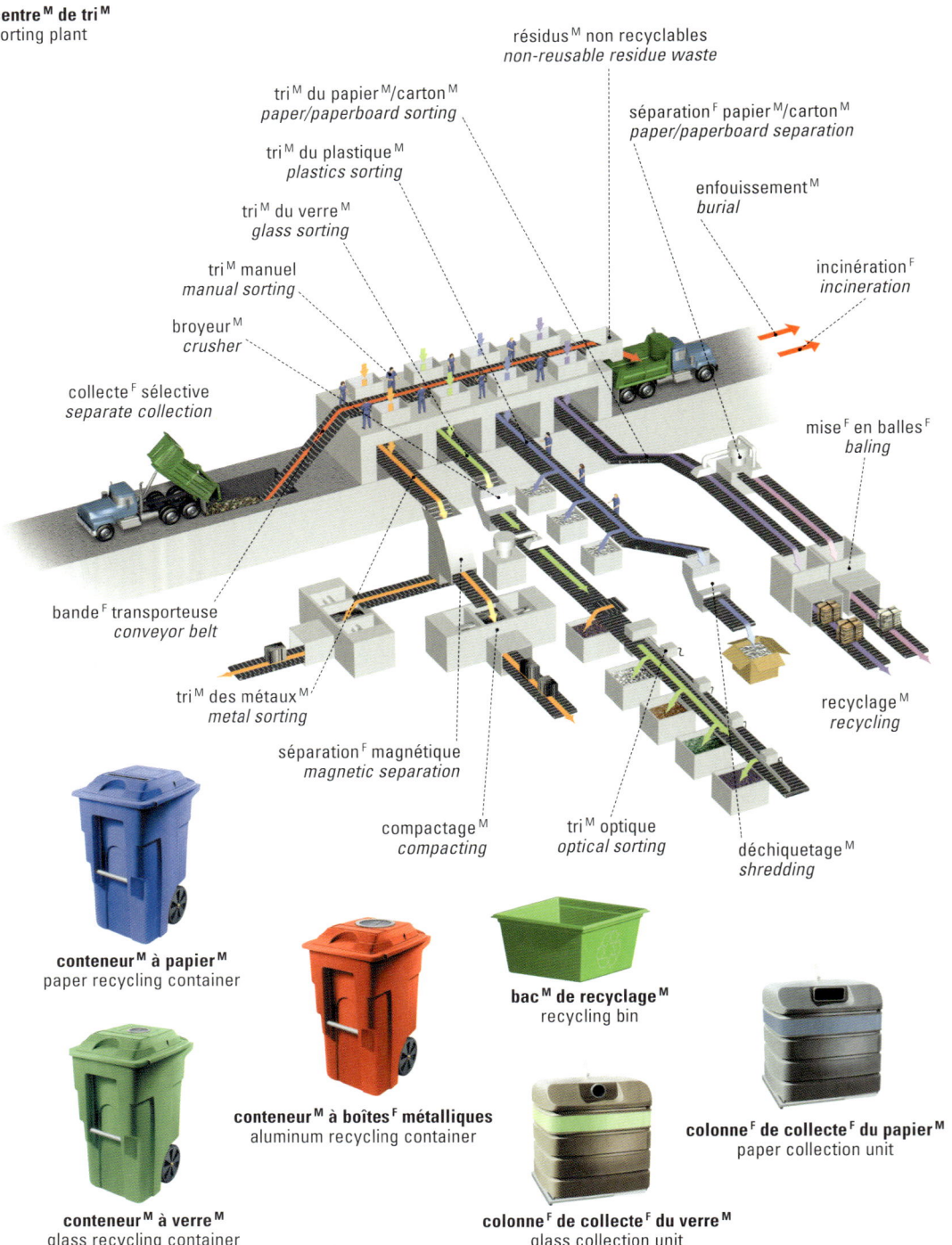

VÉGÉTAUX SIMPLES | SIMPLE VEGETABLES

Si tous les végétaux sont faits de cellules végétales, ils ne présentent pas tous la même structure. Les plus simples d'entre eux comme les algues, les lichens, les mousses, les fougères et les champignons n'ont ni feuilles, ni fleurs, ni graines. Les champignons sont même dépourvus de chlorophylle, ce pigment qui donne aux plantes leur couleur verte. C'est d'ailleurs pourquoi les biologistes les classent dans un règne à part.

structureF d'un **champignon**M
structure of a mushroom

- **chapeau**M / cap
- **anneau**M / ring
- **lamelle**F / gill
- **pied**M / stem
- **volve**F / volva
- **spores**F / spores
- **hyphe**M / hypha
- **mycélium**M / mycelium

CHAMPIGNON M
MUSHROOM

champignonM **mortel**
deadly poisonous mushroom

amaniteF **vireuse**
destroying angel

champignonM **vénéneux**
poisonous mushroom

fausse orongeF
fly agaric

ALGUE F, LICHEN M, MOUSSE F ET FOUGÈRE F
ALGA, LICHEN, MOSS AND FERN

structureF d'une **fougère**F
structure of a fern

- **sore**M / sorus
- **fronde**F / frond
- **limbe**M / blade
- **pinnule**F / pinna
- **pétiole**M / petiole
- **crosse**F / fiddlehead
- **rhizome**M / rhizome
- **racines**F **adventives** / adventitious roots

algueF / alga

mousseF / moss

lichenM / lichen

RÈGNE VÉGÉTAL

47

PLANTES F À FLEURS F | FLOWERING PLANTS

La reproduction des plantes à fleurs est assurée, entre autres, par la graine qui protège un petit embryon de plante. Lors de la germination, l'embryon se développe en s'alimentant des substances nutritives contenues dans la graine et devient vite un nouvel individu autonome. La majorité des plantes qui nous sont familières appartiennent à ce groupe très diversifié qui compte plus de 235 000 espèces.

STRUCTURE F D'UNE PLANTE F ET GERMINATION F
STRUCTURE OF A PLANT AND GERMINATION

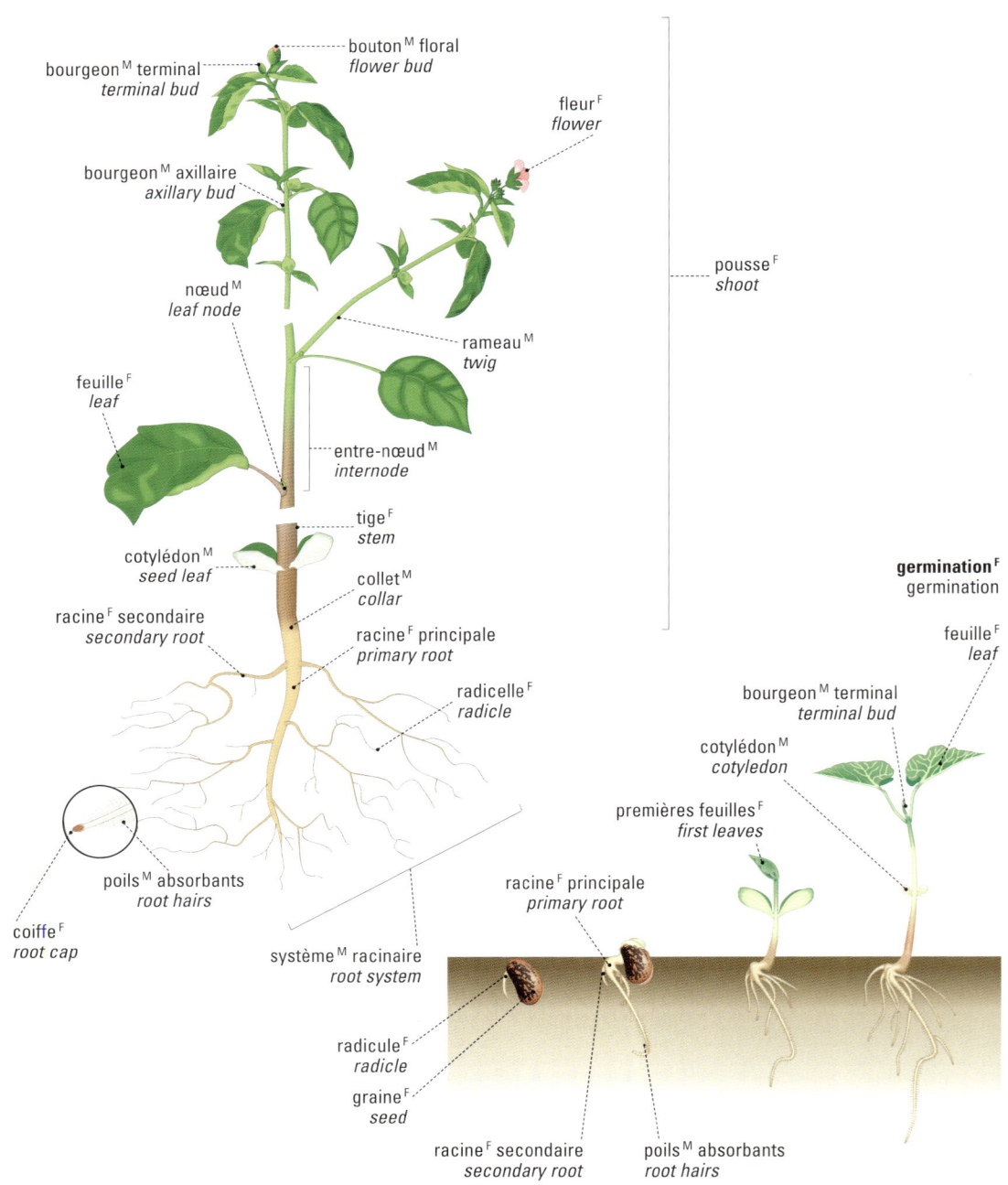

structure F d'une plante F
structure of a plant

RÈGNE VÉGÉTAL

PLANTES^F À FLEURS^F | FLOWERING PLANTS

FLEUR^F
FLOWER

structure^F d'une fleur^F
structure of a flower

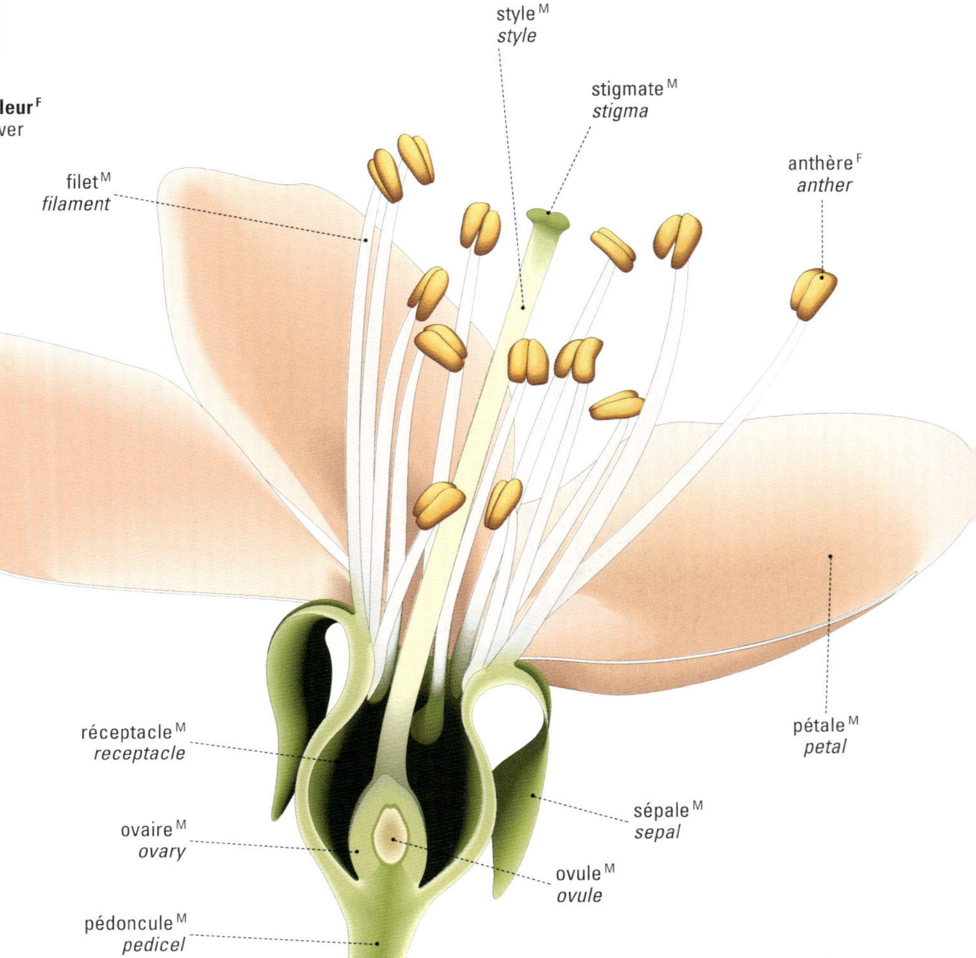

RÈGNE VÉGÉTAL

- style^M / *style*
- stigmate^M / *stigma*
- anthère^F / *anther*
- filet^M / *filament*
- pétale^M / *petal*
- réceptacle^M / *receptacle*
- sépale^M / *sepal*
- ovaire^M / *ovary*
- ovule^M / *ovule*
- pédoncule^M / *pedicel*

corolle^F / corolla

calice^M / calyx

pistil^M / pistil

étamine^F / stamen

exemples^M de fleurs^F
examples of flowers

orchidée^F / orchid

lis^M / lily

ARBRE[M] | TREE

Les arbres sont des plantes pouvant atteindre des dimensions considérables. On distingue deux grandes catégories d'arbres: les feuillus, qui portent des feuilles assez larges, et les conifères, qui ont des feuilles étroites en forme d'aiguilles ou d'écailles. Les feuilles des conifères sont dites persistantes car, à quelques exceptions près, elles persistent durant l'hiver. Celles des feuillus sont dites caduques, car elles tombent généralement avant l'hiver.

STRUCTURE[F] D'UN ARBRE[M]
STRUCTURE OF A TREE

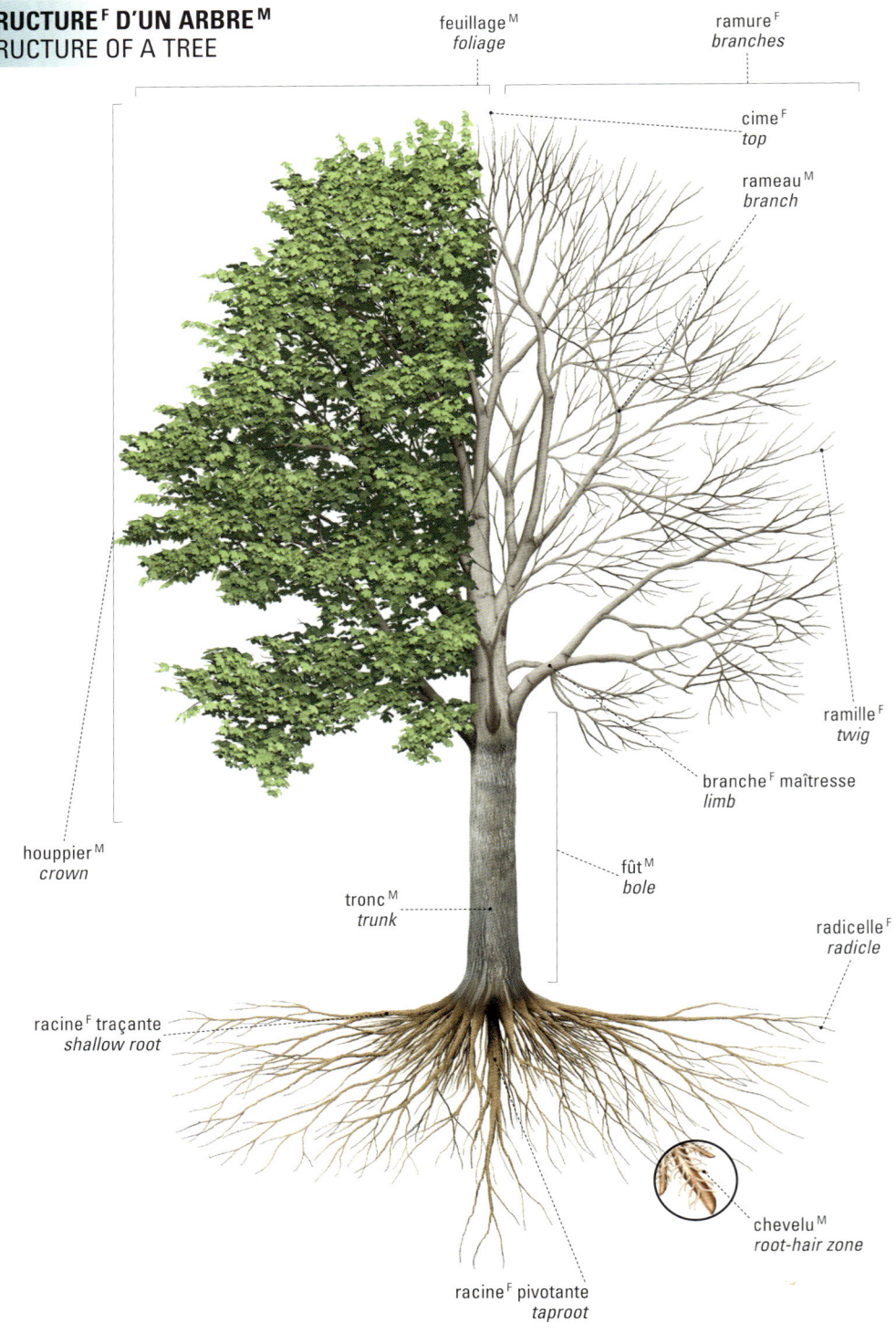

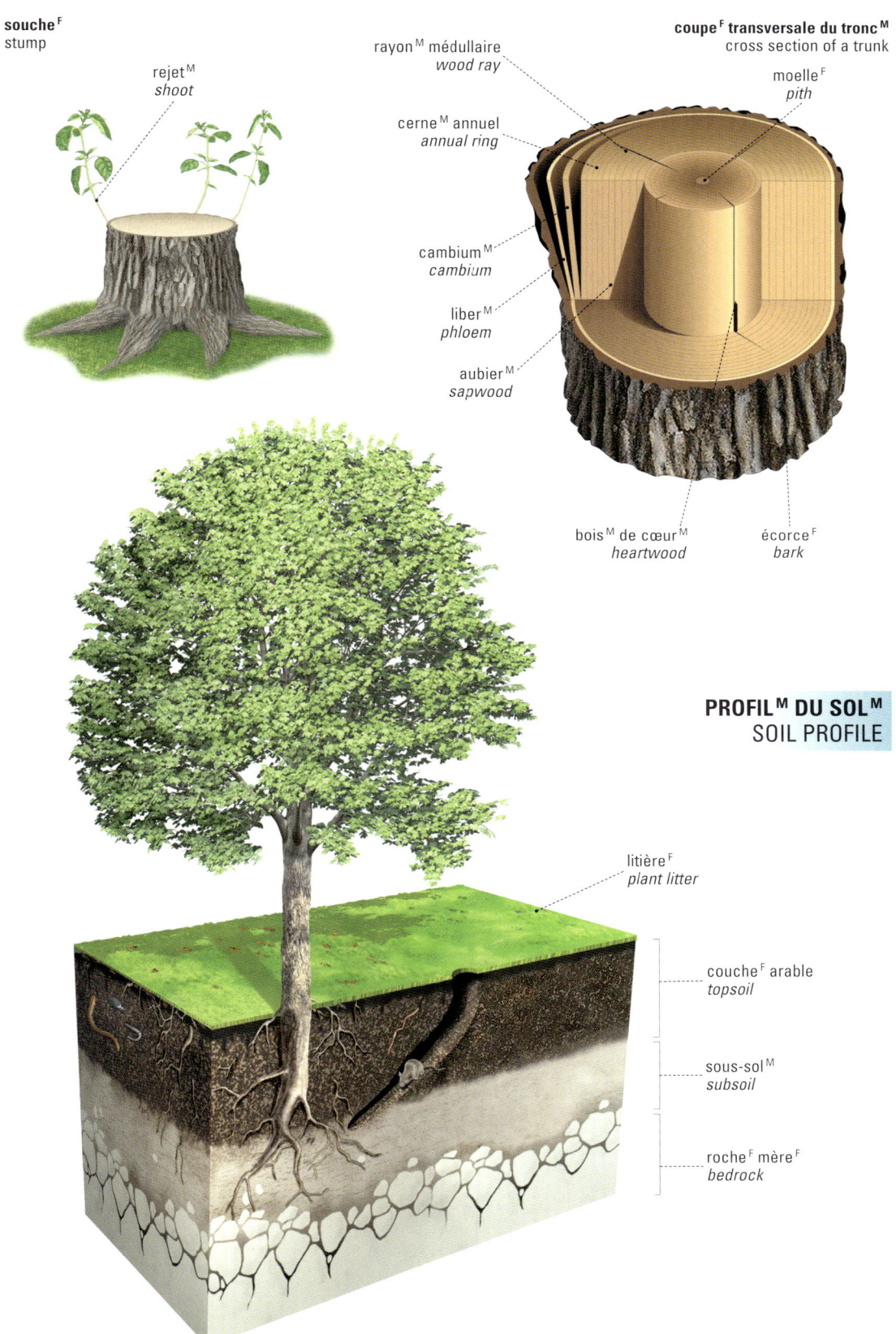

ARBRE M | TREE

EXEMPLES M DE CONIFÈRES M
EXAMPLES OF CONIFERS

rameau M
branch

pignons M
pine seeds

cône M
cone

cèdre M du Liban M
cedar of Lebanon

mélèze M
larch

épicéa M; épinette F
spruce

sapin M
fir

pin M
pine

RÈGNE VÉGÉTAL

55

ORGANISMES ᴹ SIMPLES ET ÉCHINODERMES ᴹ | SIMPLE ORGANISMS AND ECHINODERMS

Qu'ils comptent une seule cellule, comme l'amibe et la paramécie, ou des milliards, comme la baleine bleue, tous les animaux sont constitués de cellules animales. Si l'on exclut les unicellulaires, maintenant placés dans un règne à part, on distingue deux grands groupes selon qu'ils possèdent ou non une colonne vertébrale : les vertébrés et les invertébrés. Si les éponges sont les plus primitifs des invertébrés, les échinodermes sont parmi les plus évolués.

CELLULE ᶠ ANIMALE
ANIMAL CELL

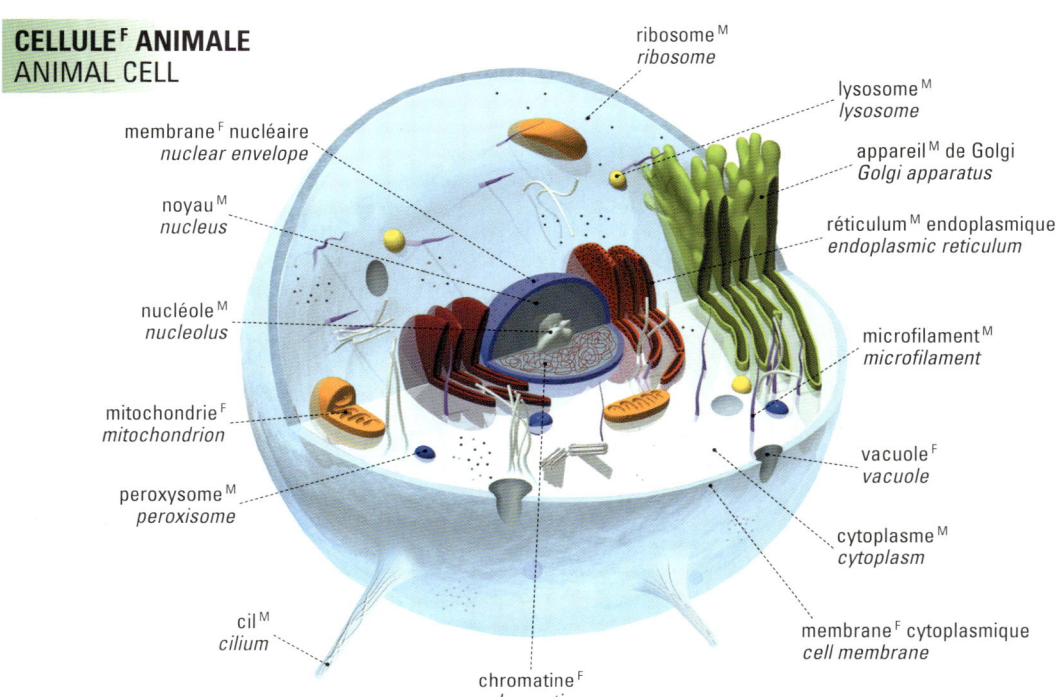

UNICELLULAIRES ᴹ, ÉPONGE ᶠ ET ÉCHINODERMES ᴹ
UNICELLULARS, SPONGE AND ECHINODERMS

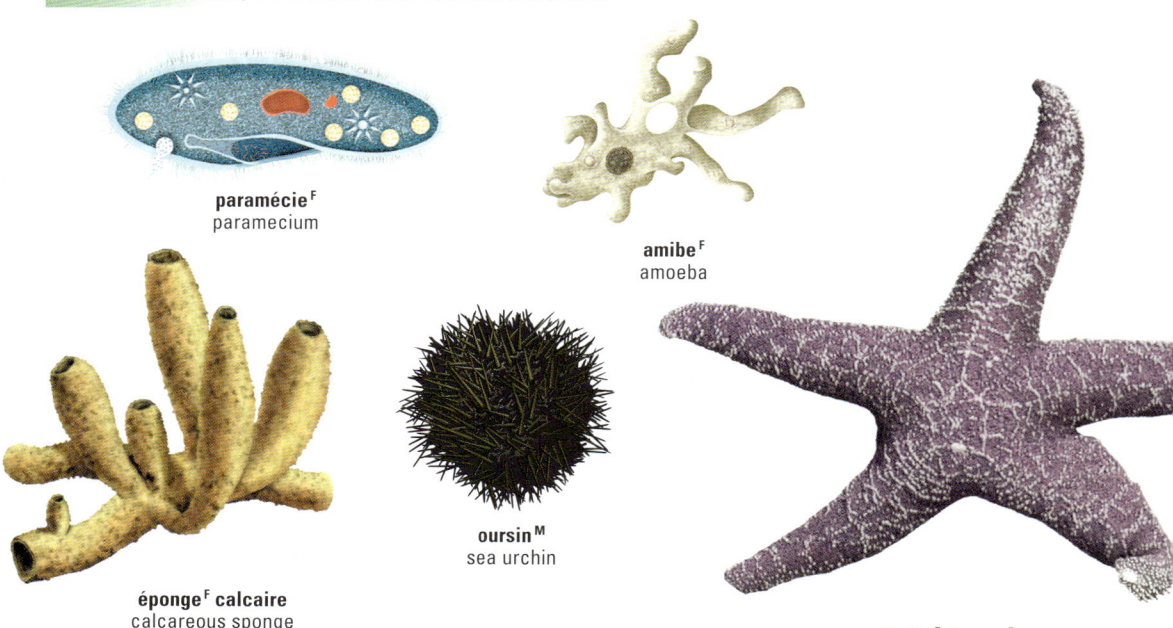

MOLLUSQUES | MOLLUSKS

Comme leur nom le suggère, les mollusques ont un corps mou. Cependant, leur corps sans squelette est souvent protégé par une coquille. La majorité des espèces sont aquatiques et respirent grâce à des branchies. Les mollusques terrestres, comme l'escargot ou la limace, respirent à l'aide de poumons. Plusieurs de ces invertébrés sont à la fois mâles et femelles. Ce sont des hermaphrodites.

ESCARGOT
SNAIL

morphologie F de l'escargot M
morphology of a snail

- tour M de coquille F / whorl
- apex M / apex
- ligne F de croissance F / growth line
- tête F / head
- œil M / eye
- tentacule M oculaire / eyestalk
- coquille F / shell
- tentacule M tactile / tentacle
- pied M / foot
- bouche F / mouth

EXEMPLES DE MOLLUSQUES
EXAMPLES OF MOLLUSKS

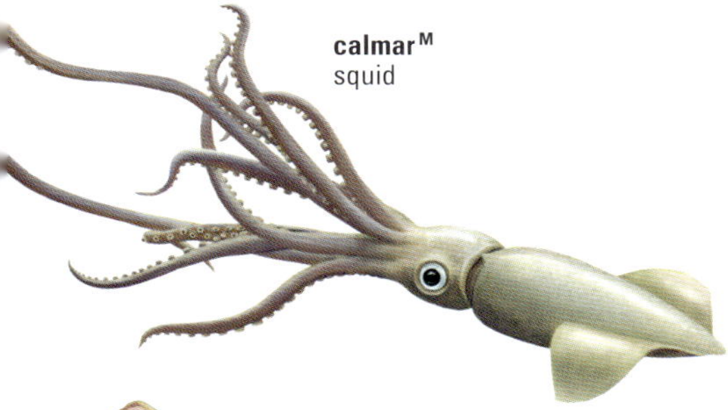

calmar M / squid

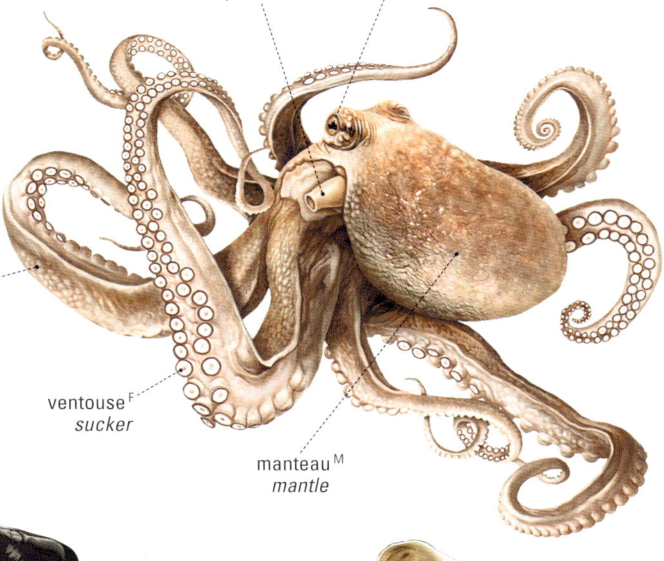

pieuvre F / octopus

- entonnoir M / siphon
- œil M / eye
- tentacule M / tentacle
- ventouse F / sucker
- manteau M / mantle

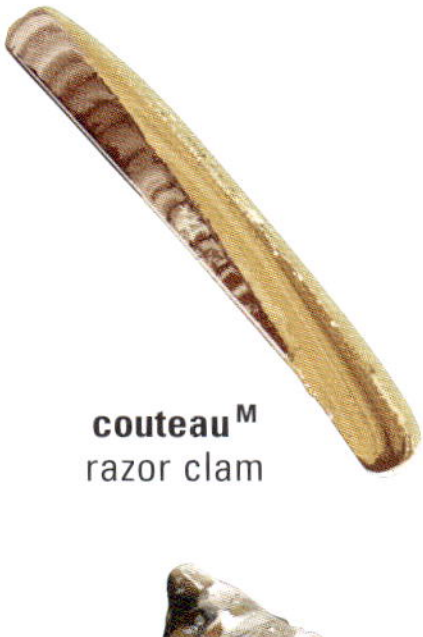

couteau M / razor clam

huître F plate / flat oyster

moule F / blue mussel

buccin M / whelk

RÈGNE ANIMAL

CRUSTACÉS ^M | CRUSTACEANS

Comme les insectes et les araignées, les crustacés appartiennent aux arthropodes, un important groupe d'invertébrés caractérisé par la présence de pattes articulées. Les 30 000 espèces de crustacés se distinguent, entre autres, par leurs deux paires d'antennes, leur corps recouvert d'une carapace protectrice et leurs dix pattes. À l'avant de ces pattes leur servant à nager ou à marcher se trouvent des pinces qui les aident à saisir les aliments.

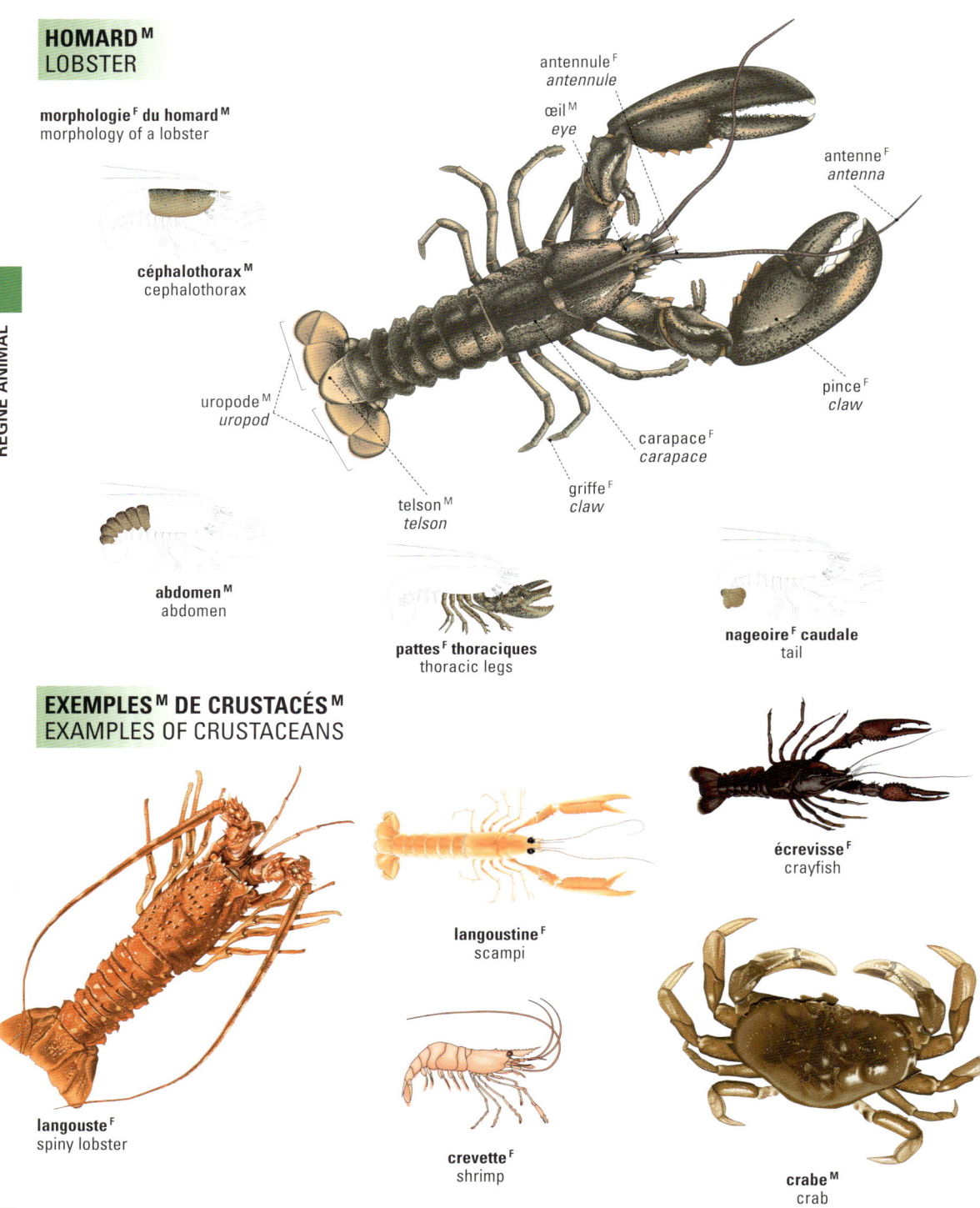

ARACHNIDES | ARACHNIDS

Les araignées sont les mieux connues des arachnides, un important groupe d'invertébrés regroupant plus de 50 000 espèces. Tous les représentants de ce groupe possèdent en avant de la bouche une paire de pinces avec laquelle ils retiennent leurs proies. Contrairement aux insectes et aux crustacés, les arachnides n'ont pas d'antennes. Ils se distinguent aussi par leurs quatre paires de pattes.

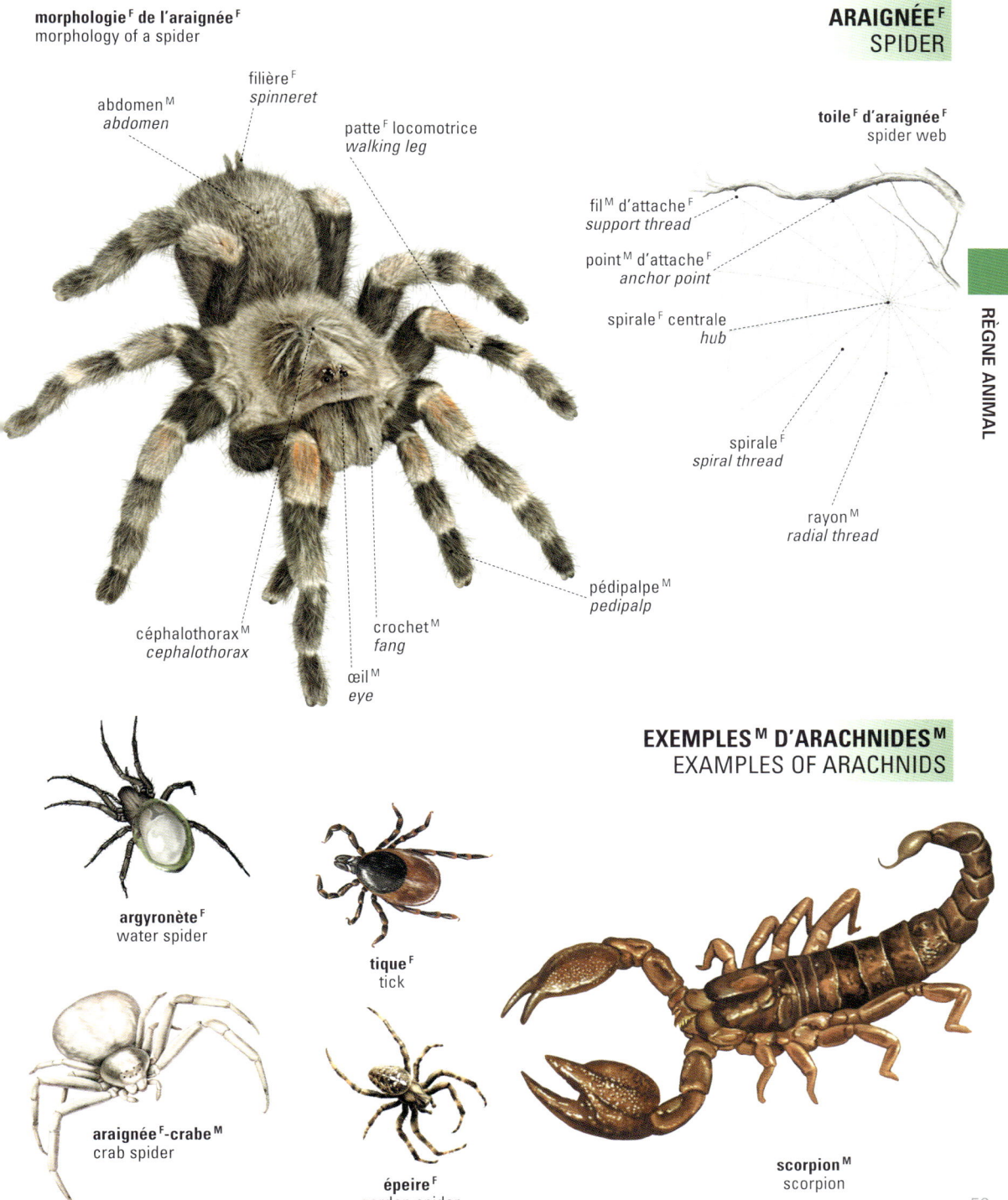

INSECTESᴹ | INSECTS

Les insectes constituent le groupe le plus nombreux et le plus diversifié d'animaux terrestres. On en compte à ce jour plus de 1 000 000 d'espèces qui abondent dans tous les milieux. Les insectes se distinguent des autres arthropodes par leurs pattes, au nombre de six, et, dans la majorité des cas, par la présence d'ailes. Ils sont les seuls invertébrés capables de voler.

ABEILLEᶠ
HONEYBEE

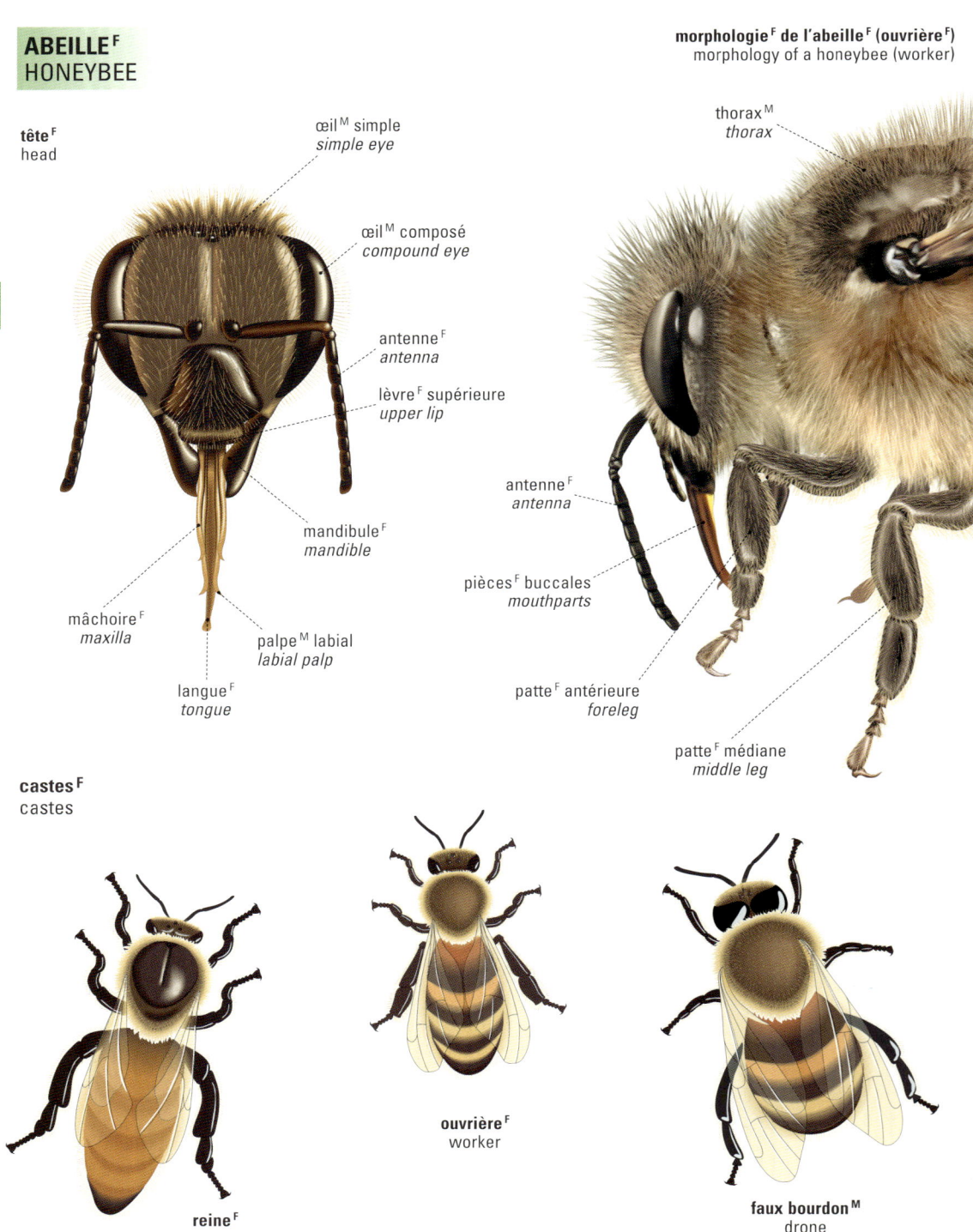

morphologieᶠ de l'abeilleᶠ (ouvrièreᶠ)
morphology of a honeybee (worker)

têteᶠ — head
œilᴹ simple — simple eye
œilᴹ composé — compound eye
antenneᶠ — antenna
lèvreᶠ supérieure — upper lip
mandibuleᶠ — mandible
mâchoireᶠ — maxilla
palpeᴹ labial — labial palp
langueᶠ — tongue

thoraxᴹ — thorax
antenneᶠ — antenna
piècesᶠ buccales — mouthparts
patteᶠ antérieure — foreleg
patteᶠ médiane — middle leg

castesᶠ
castes

reineᶠ — queen
ouvrièreᶠ — worker
faux bourdonᴹ — drone

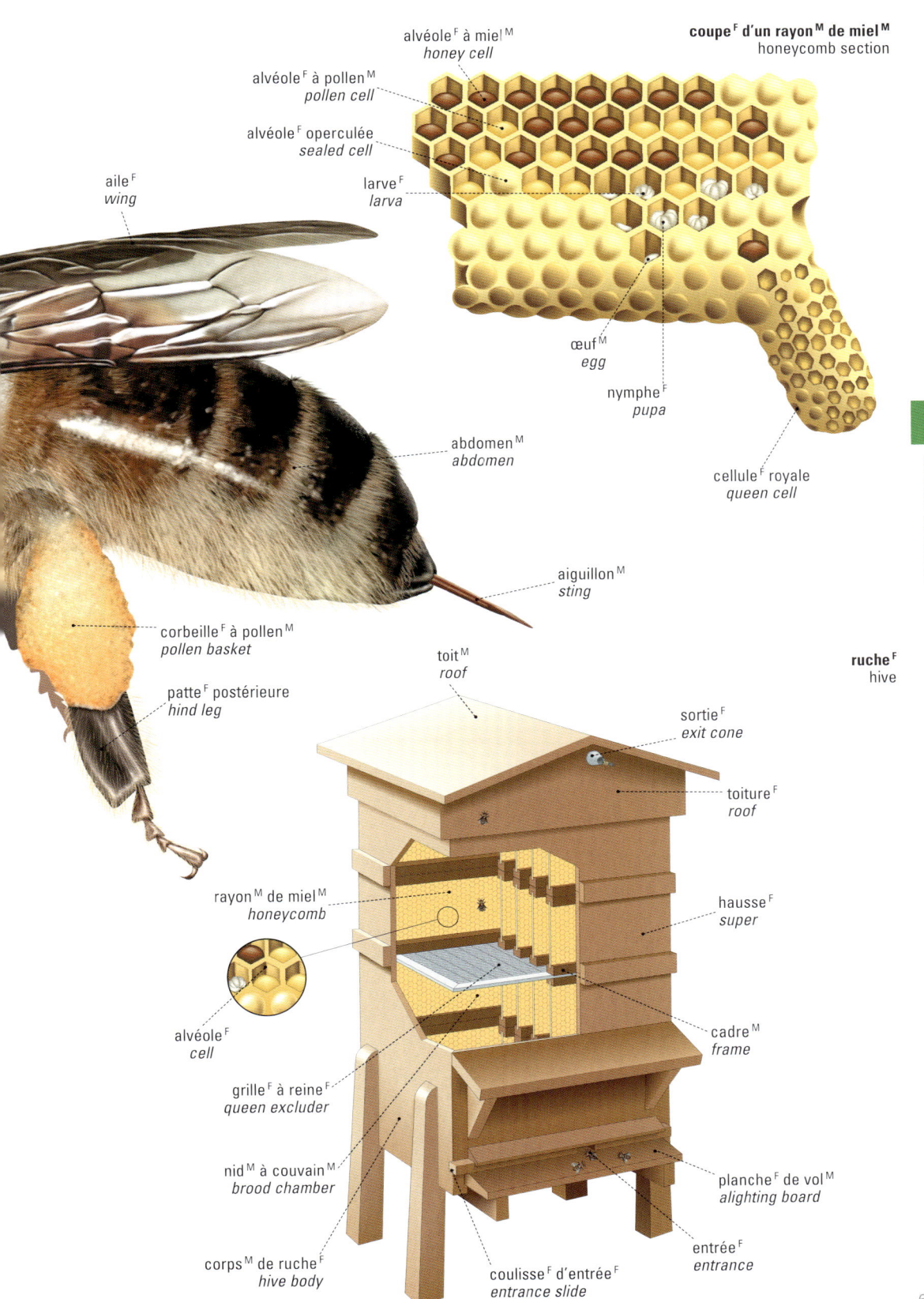

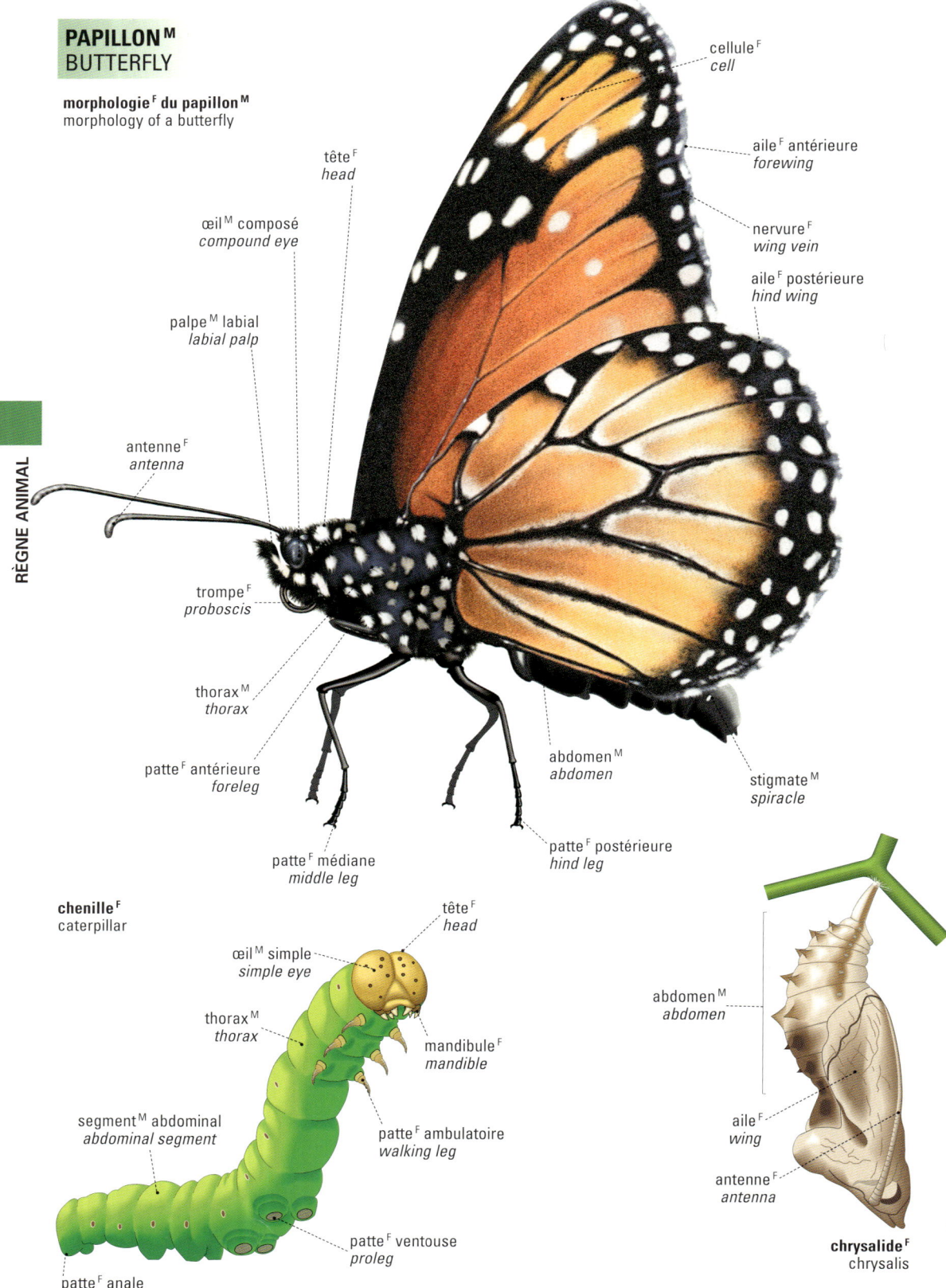

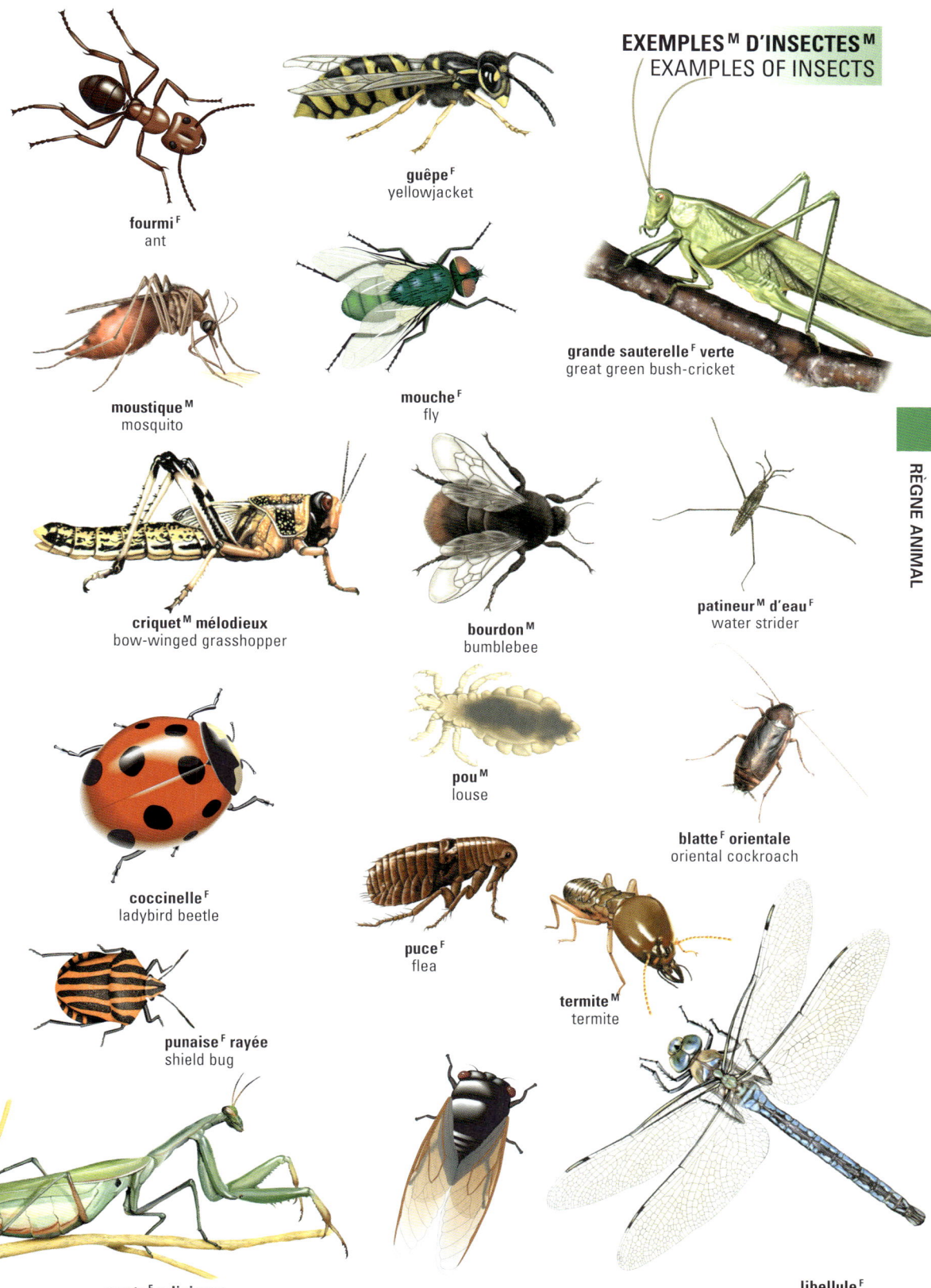

POISSONS^M CARTILAGINEUX | CARTILAGINOUS FISHES

Les poissons sont les animaux vertébrés les plus anciens. La majorité des espèces modernes se répartissent en deux groupes : les poissons osseux et les poissons cartilagineux. Ce dernier groupe, qui se distingue par la présence d'un squelette fait de cartilage, est surtout représenté par les raies et les requins. Tous les poissons, cartilagineux ou osseux, sont parfaitement adaptés à la vie aquatique avec leur corps fuselé, leurs nageoires et leurs branchies.

REQUIN^M
SHARK

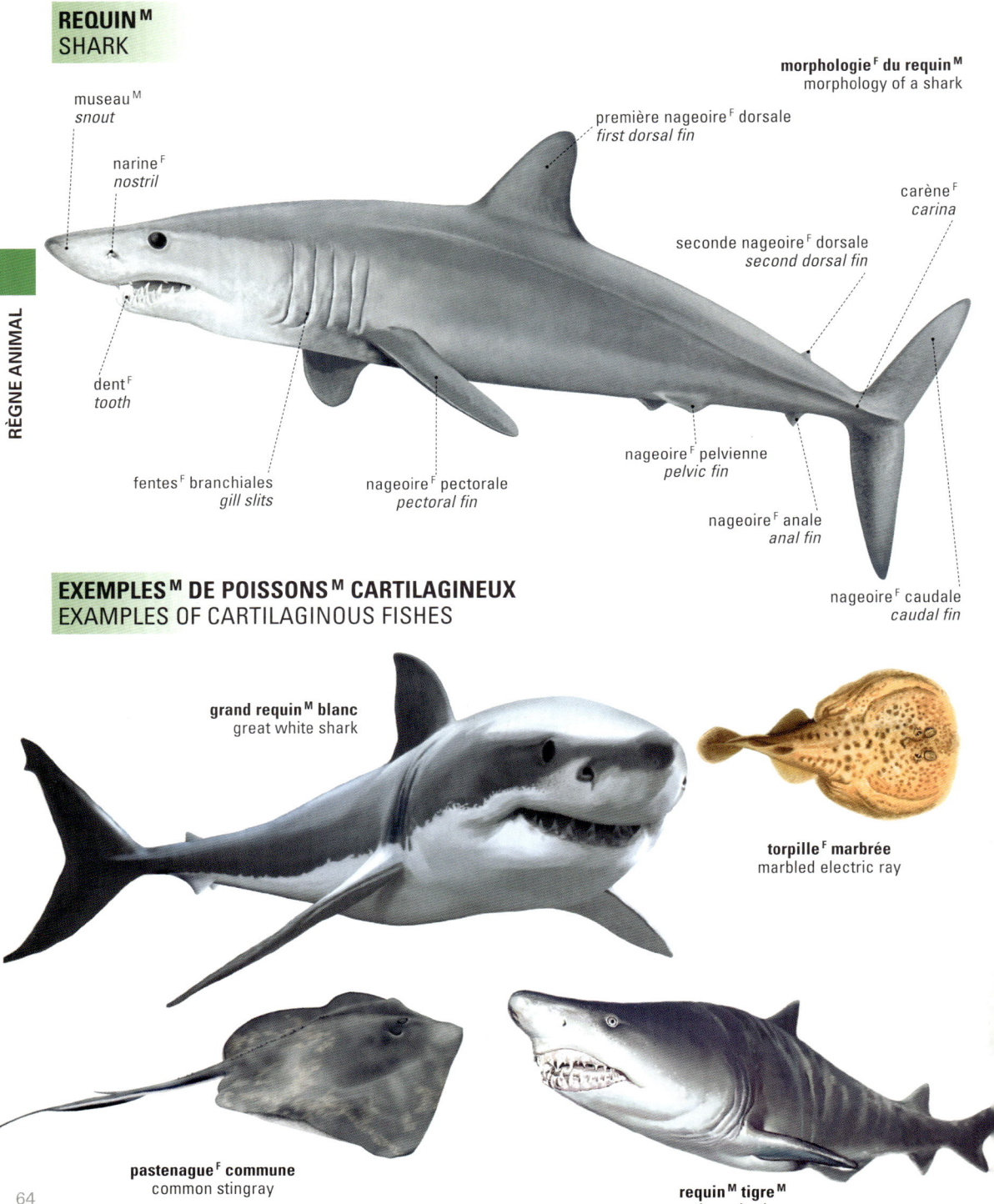

morphologie^F du requin^M
morphology of a shark

museau^M / *snout*
narine^F / *nostril*
dent^F / *tooth*
fentes^F branchiales / *gill slits*
nageoire^F pectorale / *pectoral fin*
première nageoire^F dorsale / *first dorsal fin*
seconde nageoire^F dorsale / *second dorsal fin*
carène^F / *carina*
nageoire^F pelvienne / *pelvic fin*
nageoire^F anale / *anal fin*
nageoire^F caudale / *caudal fin*

EXEMPLES^M DE POISSONS^M CARTILAGINEUX
EXAMPLES OF CARTILAGINOUS FISHES

grand requin^M blanc
great white shark

torpille^F marbrée
marbled electric ray

pastenague^F commune
common stingray

requin^M tigre^M
tiger shark

POISSONS OSSEUX | BONY FISHES

Comme leur nom le suggère, les poissons osseux possèdent un squelette fait entièrement ou en partie d'os. Apparus sur Terre après les poissons cartilagineux, ces poissons plus évolués sont aujourd'hui représentés par plus de 20 000 espèces aussi variées que l'anguille, l'hippocampe, la petite sardine ou la perche aux nageoires épineuses. On retrouve des poissons osseux dans la plupart des milieux aquatiques de la planète.

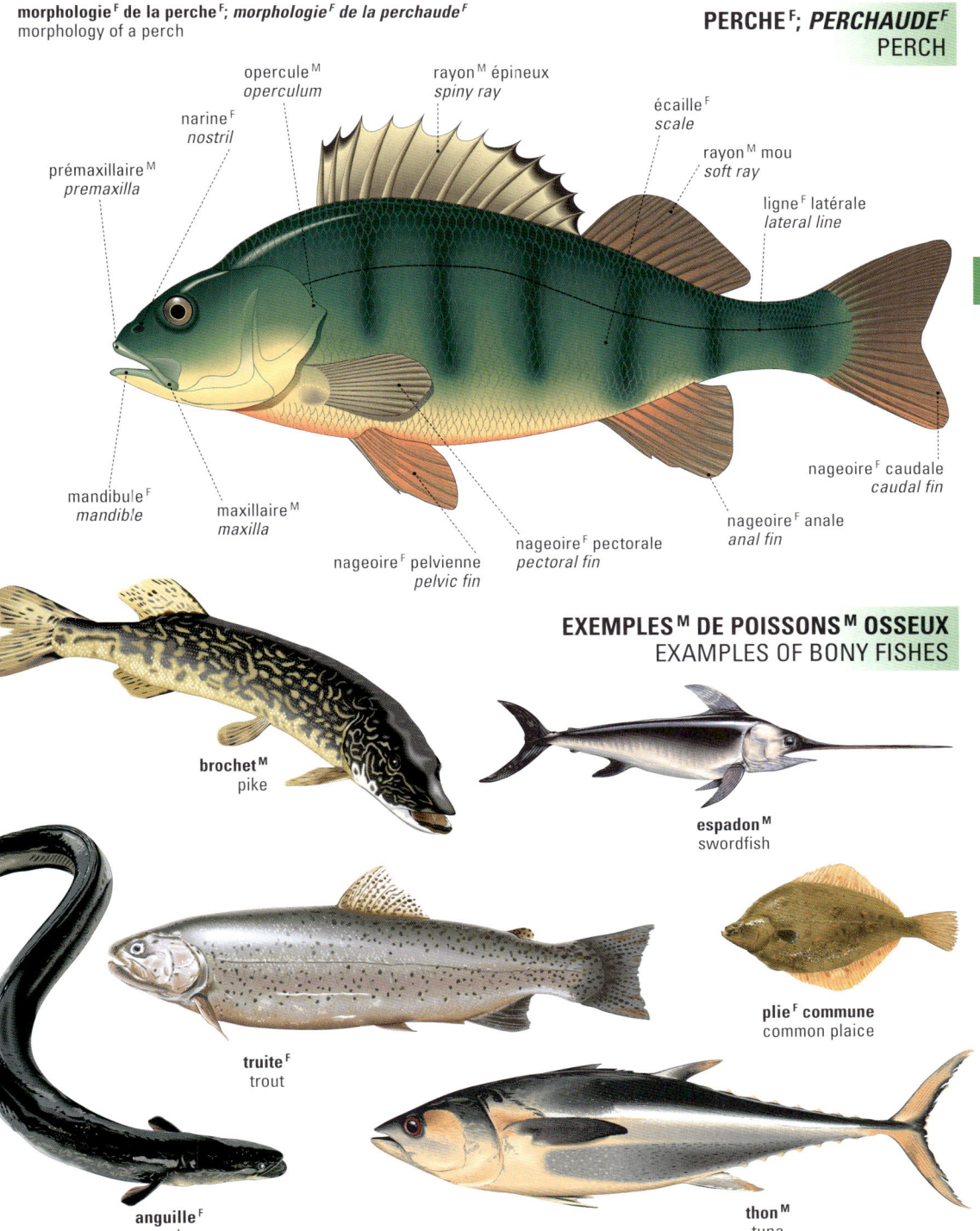

morphologie^F de la perche^F; morphologie^F de la perchaude^F
morphology of a perch

PERCHE^F; *PERCHAUDE^F*
PERCH

- opercule^M / operculum
- narine^F / nostril
- prémaxillaire^M / premaxilla
- rayon^M épineux / spiny ray
- écaille^F / scale
- rayon^M mou / soft ray
- ligne^F latérale / lateral line
- mandibule^F / mandible
- maxillaire^M / maxilla
- nageoire^F pelvienne / pelvic fin
- nageoire^F pectorale / pectoral fin
- nageoire^F anale / anal fin
- nageoire^F caudale / caudal fin

RÈGNE ANIMAL

EXEMPLES^M DE POISSONS^M OSSEUX
EXAMPLES OF BONY FISHES

- **brochet^M** / pike
- **espadon^M** / swordfish
- **truite^F** / trout
- **plie^F commune** / common plaice
- **anguille^F** / eel
- **thon^M** / tuna

65

AMPHIBIENS[M] | AMPHIBIANS

Les amphibiens se caractérisent par leur capacité de vivre autant dans l'eau que sur la terre. Sans perdre leur habileté à nager, ils ont été les premiers vertébrés à quitter leur milieu aquatique et à gagner la terre ferme grâce à leurs pattes et à leurs poumons. La grande majorité des 3 000 espèces connues fréquentent des milieux terrestres humides et des plans d'eau douce.

REPTILES | REPTILES

Les reptiles ont été les premiers vertébrés complètement adaptés à la vie terrestre grâce à leur carapace ou leur peau écailleuse évitant la perte d'eau, et à leurs poumons bien développés. Ces animaux à sang froid doivent leur popularité à certaines familles depuis longtemps disparues : les dinosaures. De nos jours, les quelque 6 500 espèces connues de reptiles abondent surtout dans les régions tropicales.

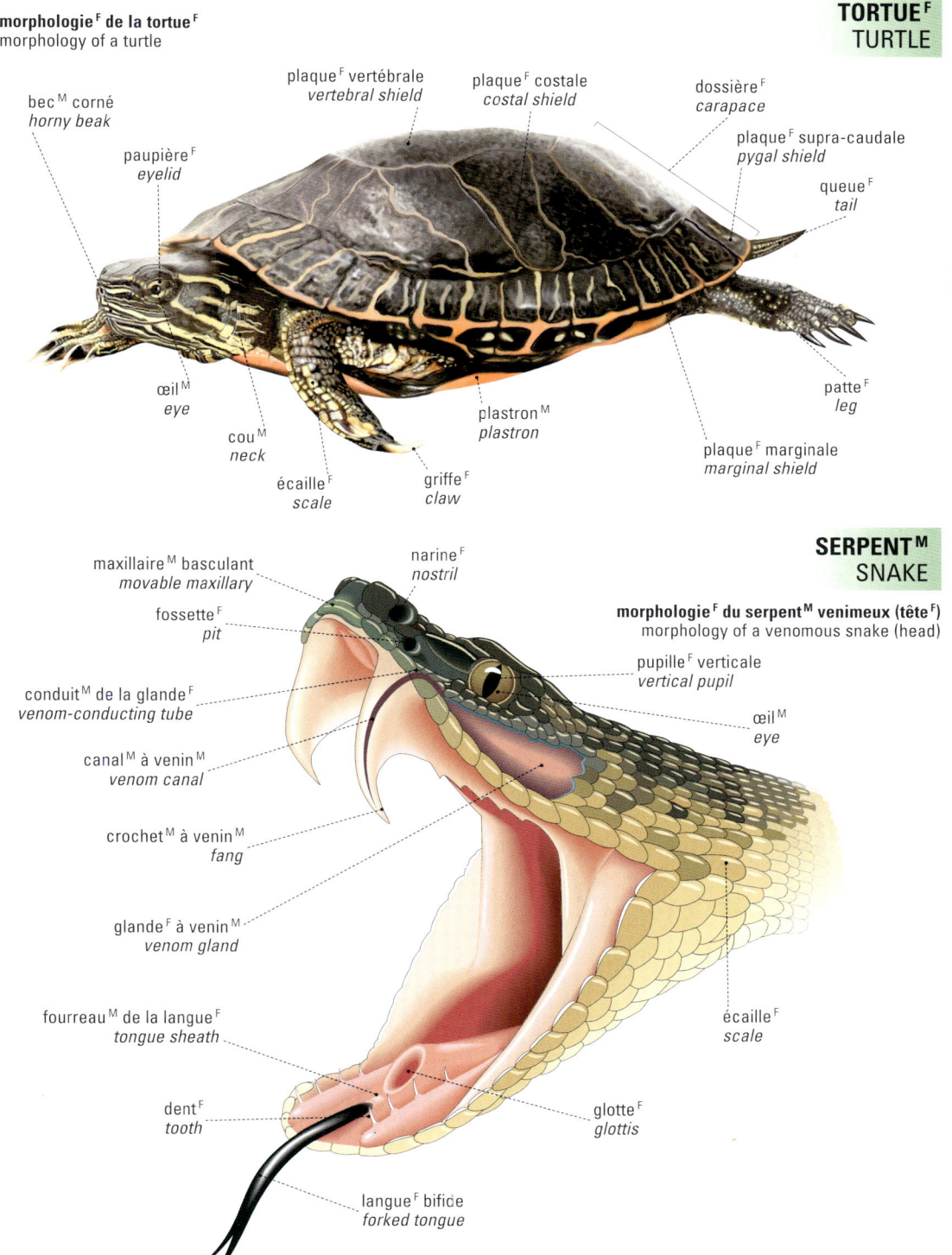

EXEMPLES DE REPTILES
EXAMPLES OF REPTILES

python — python
tortue-luth — leatherback turtle
cobra — cobra
couleuvre rayée — garter snake
serpent corail — coral snake
serpent à sonnette — rattlesnake
boa — boa
vipère — viper

REPTILES | REPTILES

DINOSAURES | DINOSAURS

stégosaure
stegosaurus

spinosaure
spinosaurus

allosaure
allosaurus

parasauroloph
parasauroloph

hadrosaure
hadrosaurus

diplodocus
diplodocus

RÈGNE ANIMAL

OISEAUX | BIRDS

À l'exception des chauves-souris, les oiseaux sont les seuls vertébrés capables de voler. Leur squelette léger et leurs ailes recouvertes de plumes en font les meilleurs aviateurs du règne animal. La classification scientifique des oiseaux est basée sur des caractères difficiles à reconnaître comme la structure des plumes, par exemple. C'est pourquoi on présente souvent les 10 000 espèces connues en distinguant simplement les oiseaux aquatiques des oiseaux terrestres.

OISEAUX^M | BIRDS

coq^M
rooster

poussin^M
chick

poule^F
hen

dindon^M
turkey

oie^F
goose

autruche^F
ostrich

RÈGNE ANIMAL

EXEMPLES^M D'OISEAUX^M AQUATIQUES ET DE RIVAGES^M
EXAMPLES OF AQUATIC AND SHOREBIRDS

flamant^M
flamingo

manchot^M
penguin

cigogne^F
stork

canard^M
duck

huîtrier^M pie^F
oystercatcher

martin-pêcheur^M
kingfisher

sterne^F
tern

pélican^M
pelican

75

MAMMIFÈRES^M | MAMMALS

La plupart des 4 600 espèces de mammifères se reconnaissent au premier coup d'œil à leur peau recouverte de poils. Toutes les femelles allaitent leurs petits à l'aide de mamelles, d'où leur nom de mammifères. Ce sont les plus évolués des vertébrés. Avec les oiseaux, ils sont les seuls animaux capables de maintenir leur température interne constante.

MAMMIFÈRES^M MARSUPIAUX
MARSUPIAL MAMMALS

morphologie^F du kangourou^M
morphology of a kangaroo

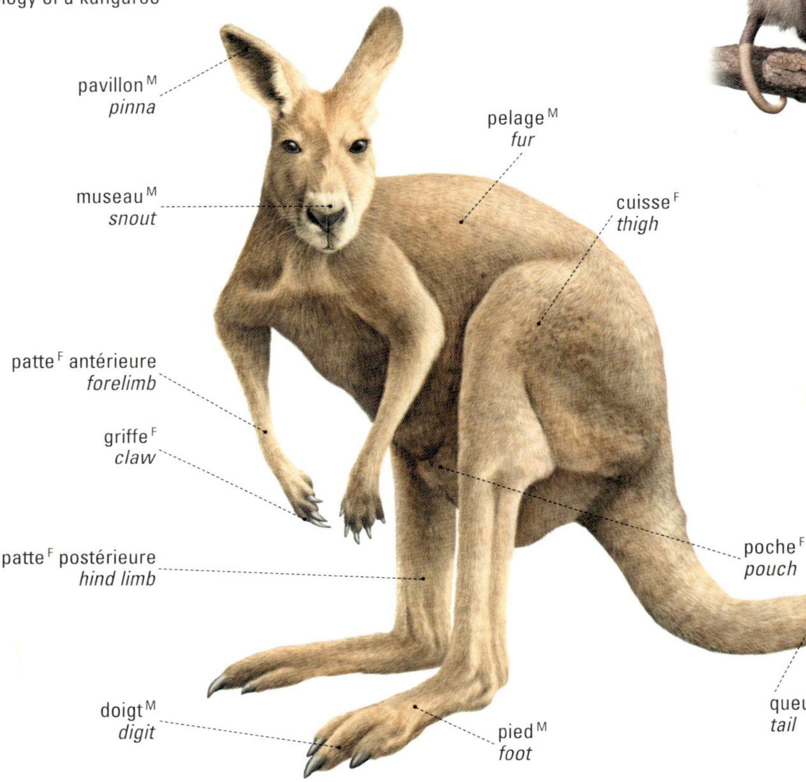

- pavillon^M / pinna
- museau^M / snout
- pelage^M / fur
- cuisse^F / thigh
- patte^F antérieure / forelimb
- griffe^F / claw
- patte^F postérieure / hind limb
- poche^F / pouch
- doigt^M / digit
- pied^M / foot
- queue^F / tail

exemples^M de marsupiaux^M
examples of marsupials

- opossum^M / opossum
- koala^M / koala 

EXEMPLES^M DE MAMMIFÈRES^M INSECTIVORES
EXAMPLES OF INSECTIVOROUS MAMMALS

- taupe^F / mole
- musaraigne^F / shrew
- hérisson^M / hedgehog

RÈGNE ANIMAL

MAMMIFÈRES CARNIVORES (CHIEN)
CARNIVOROUS MAMMALS (DOG)

MAMMIFÈRES ᴹ | MAMMALS

MAMMIFÈRES ᴹ CARNIVORES (CHAT ᴹ)
CARNIVOROUS MAMMALS (CAT)

morphologie F **du chat** M
morphology of a cat

tête F
head

oreille F — ear

pupille F — pupil

cils M — eyelashes

sourcils M — whiskers

queue F — tail

paupière F supérieure — upper eyelid

œil M — eye

paupière F interne — nictitating membrane

paupière F inférieure — lower eyelid

moustaches F — whiskers

truffe F — nose leather

lèvre F — lip

museau M — muzzle

fourrure F — fur

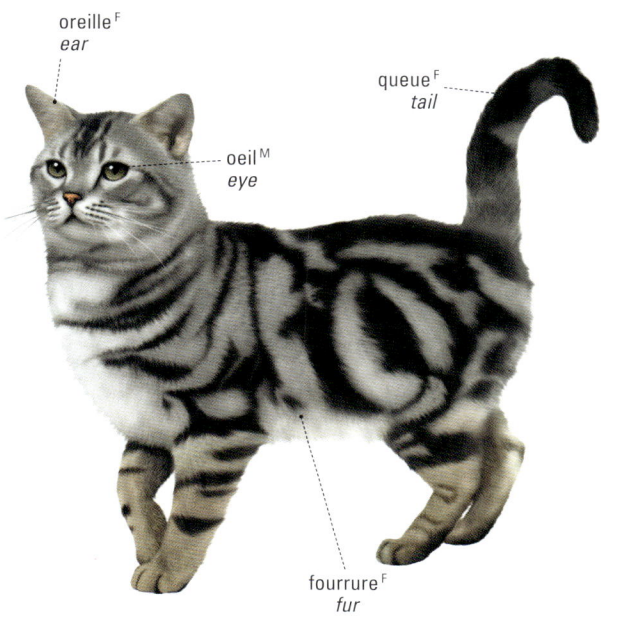
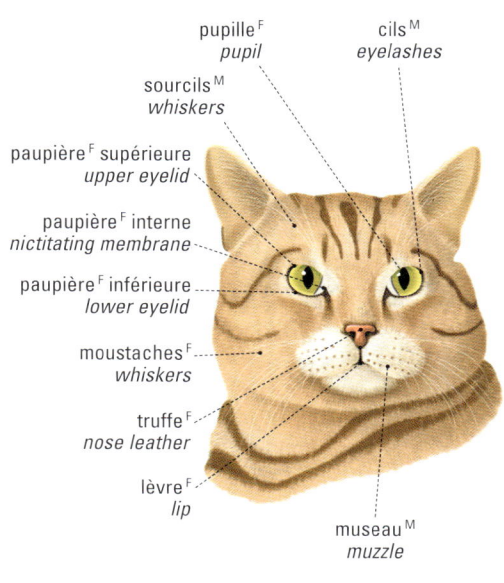

RÈGNE ANIMAL

races F **de chats** M
cat breeds

abyssin M
Abyssinian

chat M **de l'île** F **de Man**
Manx

Maine coon M
Maine coon

persan M
Persian

américain M **à poil** M **court**
American shorthair

siamois M
Siamese

79

MAMMIFÈRES | MAMMALS

EXEMPLES DE MAMMIFÈRES CARNIVORES
EXAMPLES OF CARNIVOROUS MAMMALS

blaireau
badger

loutre de rivière
river otter

belette
weasel

mangouste
mongoose

vison
mink

hyène
hyena

fennec
fennec

raton laveur
raccoon

loup
wolf

renard
fox

moufette
skunk

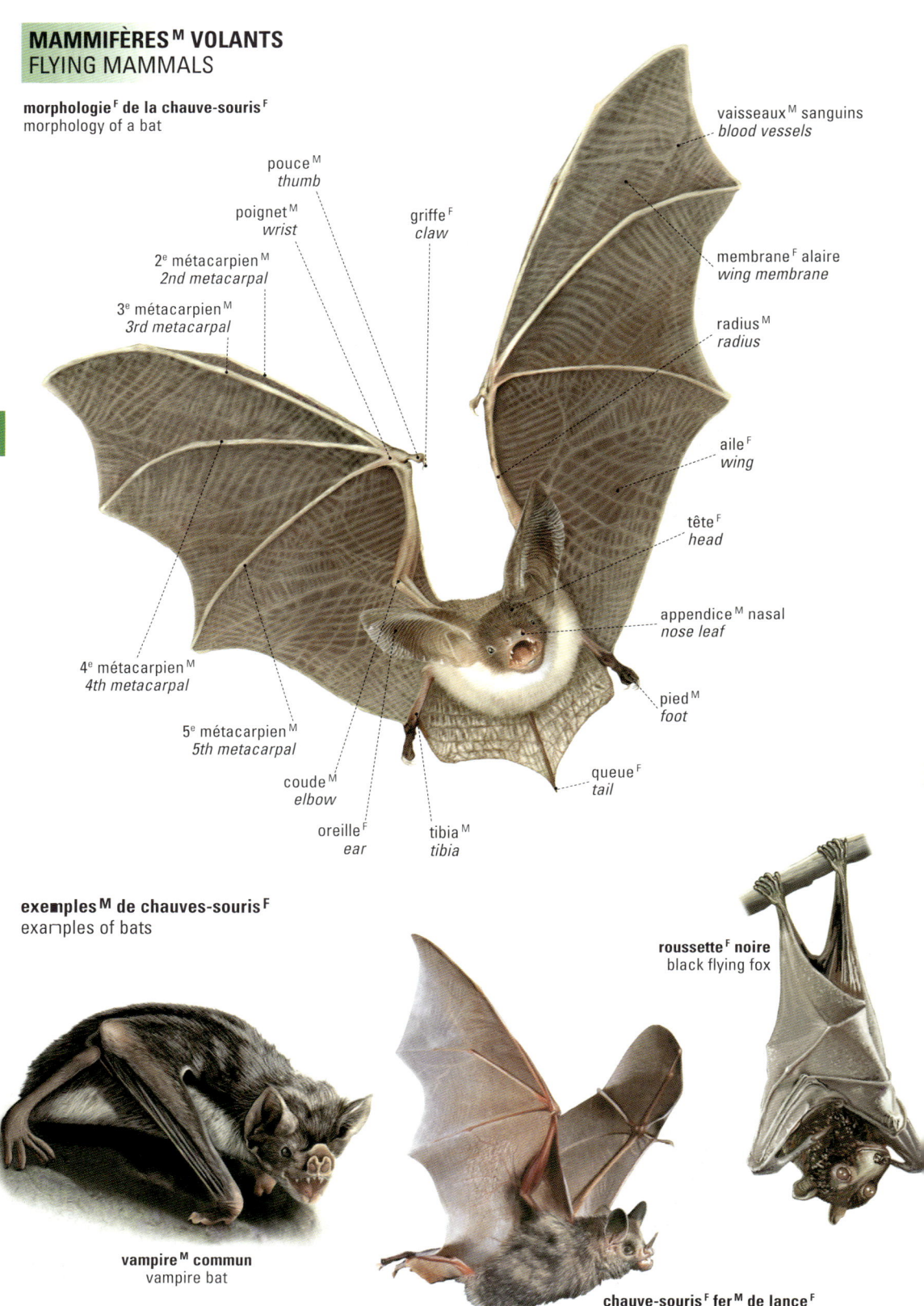

MAMMIFÈRES[M] | MAMMALS

MAMMIFÈRES[M] PRIMATES
PRIMATE MAMMALS

morphologie[F] **du gorille**[M]
morphology of a gorilla

face[F]
face

pelage[M]
fur

bras[M]
arm

main[F]
hand

doigt[M] préhensile
prehensile digit

jambe[F]
leg

pouce[M] opposable
opposable thumb

pied[M]
foot

exemples[M] **de mammifères**[M] **primates**
examples of primates

lémurien[M]
lemur

orang-outan[M]
orangutan

chimpanzé[M]
chimpanzee

gibbon[M]
gibbon

babouin[M]
baboon

macaque[M]
macaque

RÈGNE ANIMAL

MAMMIFÈRES | MAMMALS

MAMMIFÈRES^M ONGULÉS
UNGULATE MAMMALS

sabot^M de cheval^M
horse's hoof

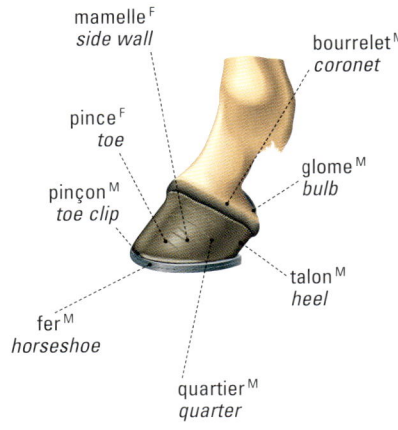

- mamelle^F / side wall
- bourrelet^M / coronet
- pince^F / toe
- glome^M / bulb
- pinçon^M / toe clip
- talon^M / heel
- fer^M / horseshoe
- quartier^M / quarter

morphologie^F du cheval^M
morphology of a horse

- reins^M / loin
- flanc^M / flank
- dos^M / back
- croupe^F / croup
- queue^F / tail
- cuisse^F / thigh
- grasset^M / stifle
- jambe^F / gaskin
- jarret^M / hock
- canon^M / cannon
- paturon^M / pastern
- sabot^M / hoof
- ventre^M / belly
- fanon^M / fetlock
- boulet^M / fetlock joint
- couronne^F / coronet

fer^M à cheval^M
horseshoe

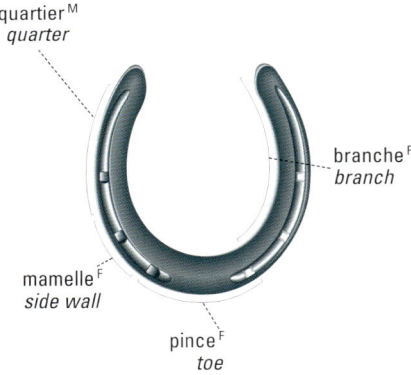

- quartier^M / quarter
- branche^F / branch
- mamelle^F / side wall
- pince^F / toe

allures^F
gaits

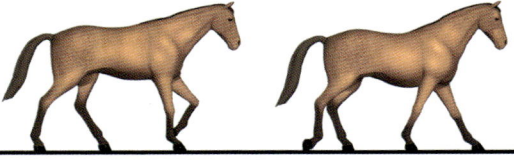 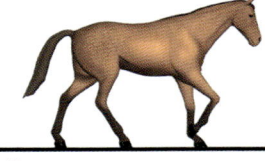 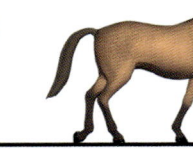

pas^M
walk

trot^M
trot

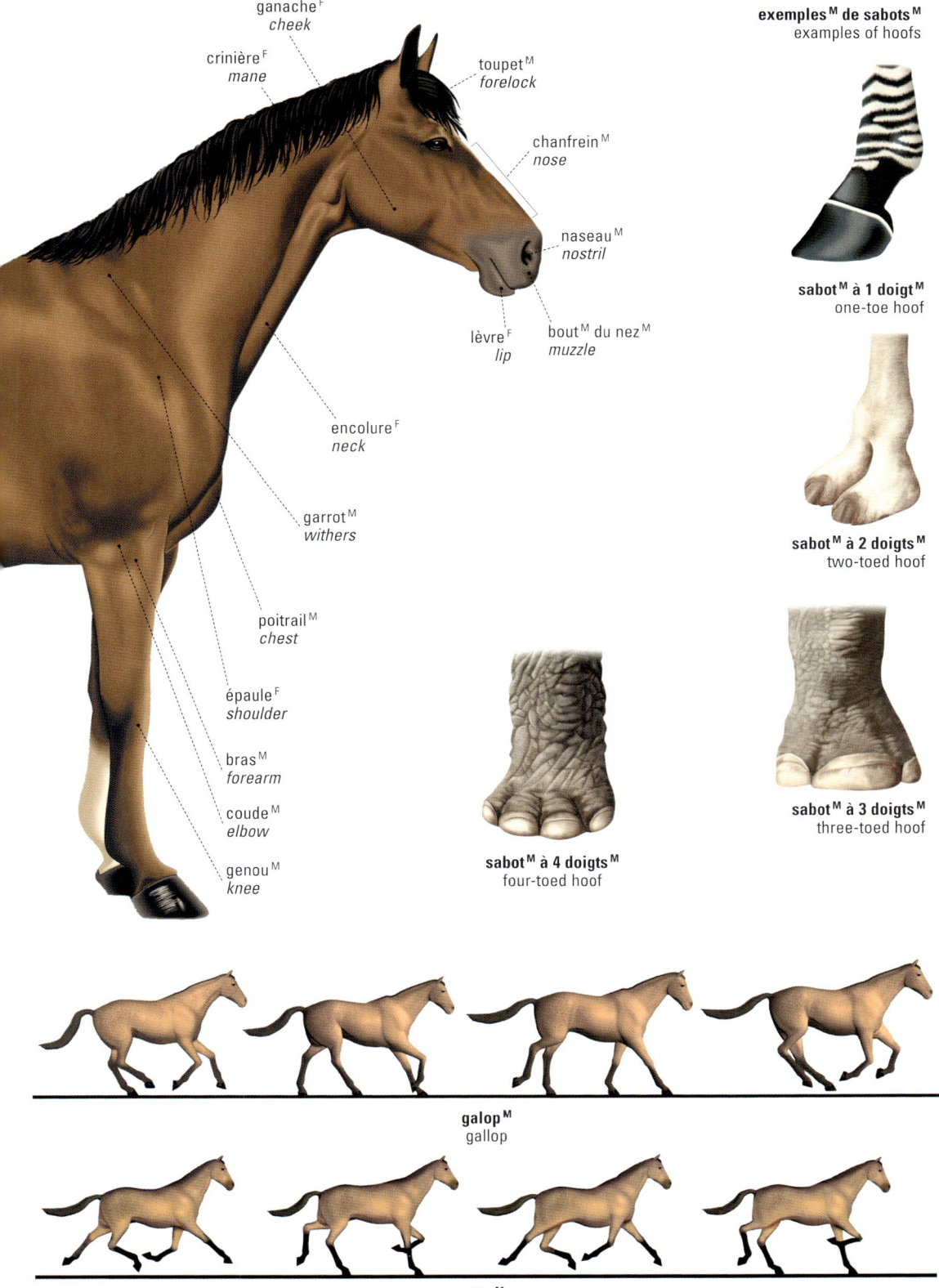

MAMMIFÈRES^M | MAMMALS

exemples^M de mammifères^M ongulés
examples of ungulate mammals

porc^M
pig

vache^F
cow

yack^M
yak

bison^M
bison

cerf^M de Virginie; *chevreuil*^M
white-tailed deer

mouflon^M
mouflon

chèvre^F
goat

mouton^M
sheep

rhinocéros^M
rhinoceros

MAMMIFÈRESᴹ | MAMMALS

MAMMIFÈRESᴹ MARINS
MARINE MAMMALS

morphologieᶠ du dauphinᴹ
morphology of a dolphin

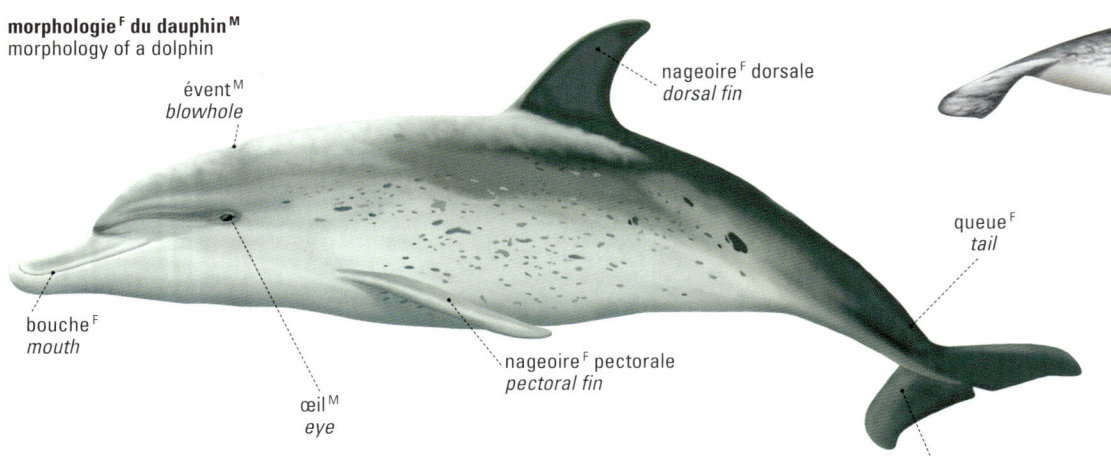

- éventᴹ / *blowhole*
- nageoireᶠ dorsale / *dorsal fin*
- queueᶠ / *tail*
- boucheᶠ / *mouth*
- œilᴹ / *eye*
- nageoireᶠ pectorale / *pectoral fin*
- nageoireᶠ caudale / *caudal fin*

exemplesᴹ de mammifèresᴹ marins
examples of marine mammals

phoqueᴹ
seal

otarieᶠ
sea lion

morseᴹ
walrus

baleineᶠ
northern right whale

MAMMIFÈRES^M | MAMMALS

narval^M
narwhal

dauphin^M
dolphin

marsouin^M
porpoise

rorqual^M
humpback whale

béluga^M
beluga whale

orque^F
killer whale

cachalot^M
sperm whale

RÈGNE ANIMAL

CORPS^M HUMAIN | HUMAN BODY

Comme le corps de nombreux animaux, celui des humains présente une symétrie bilatérale, c'est-à-dire que plusieurs parties se répètent de chaque côté. En effet, la moitié gauche et la moitié droite du corps sont symétriques. Même s'ils sont bâtis sur le même modèle, tous les corps sont uniques. Les formes, la taille et les proportions du corps humain varient énormément d'un individu à l'autre.

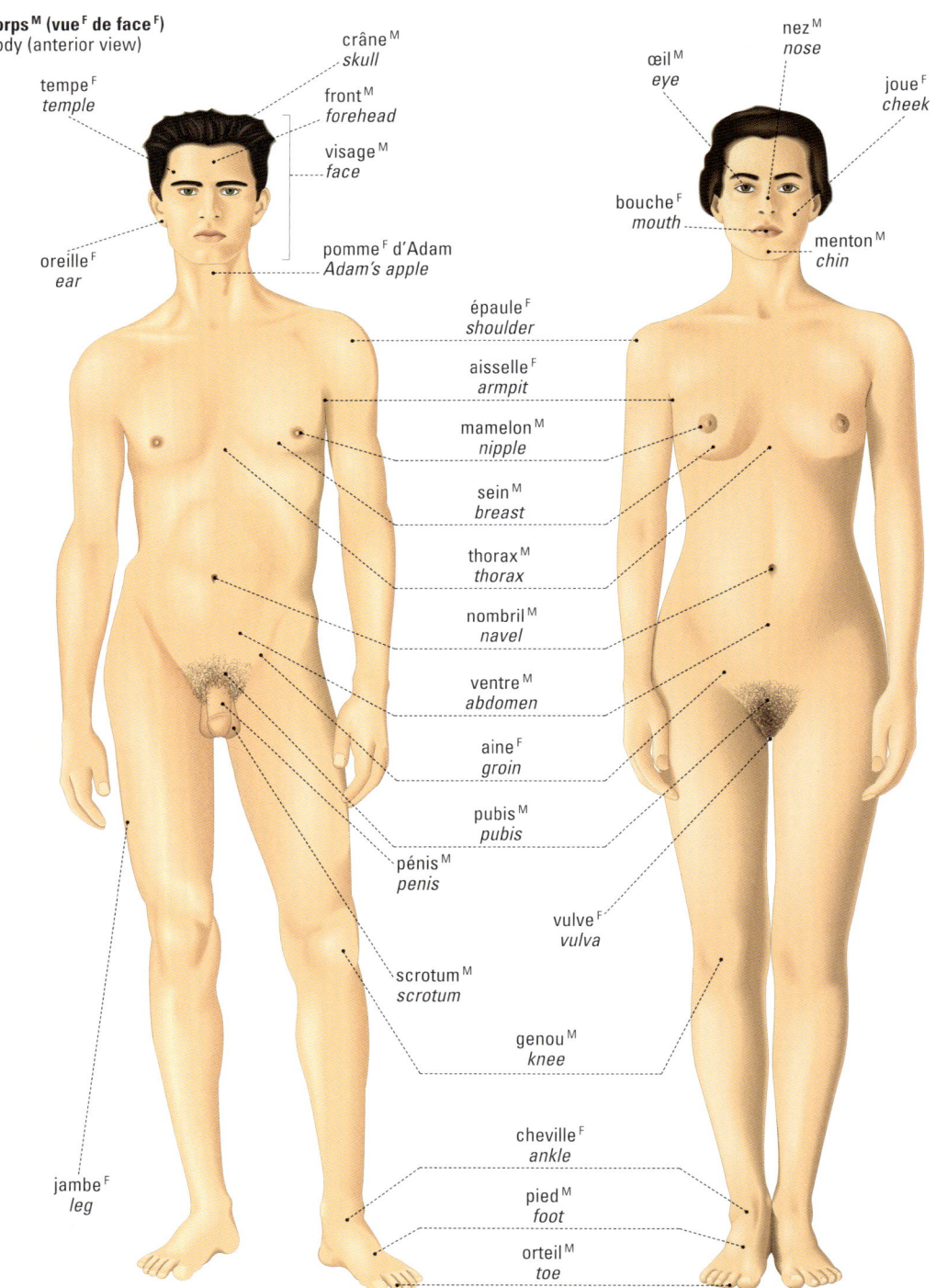

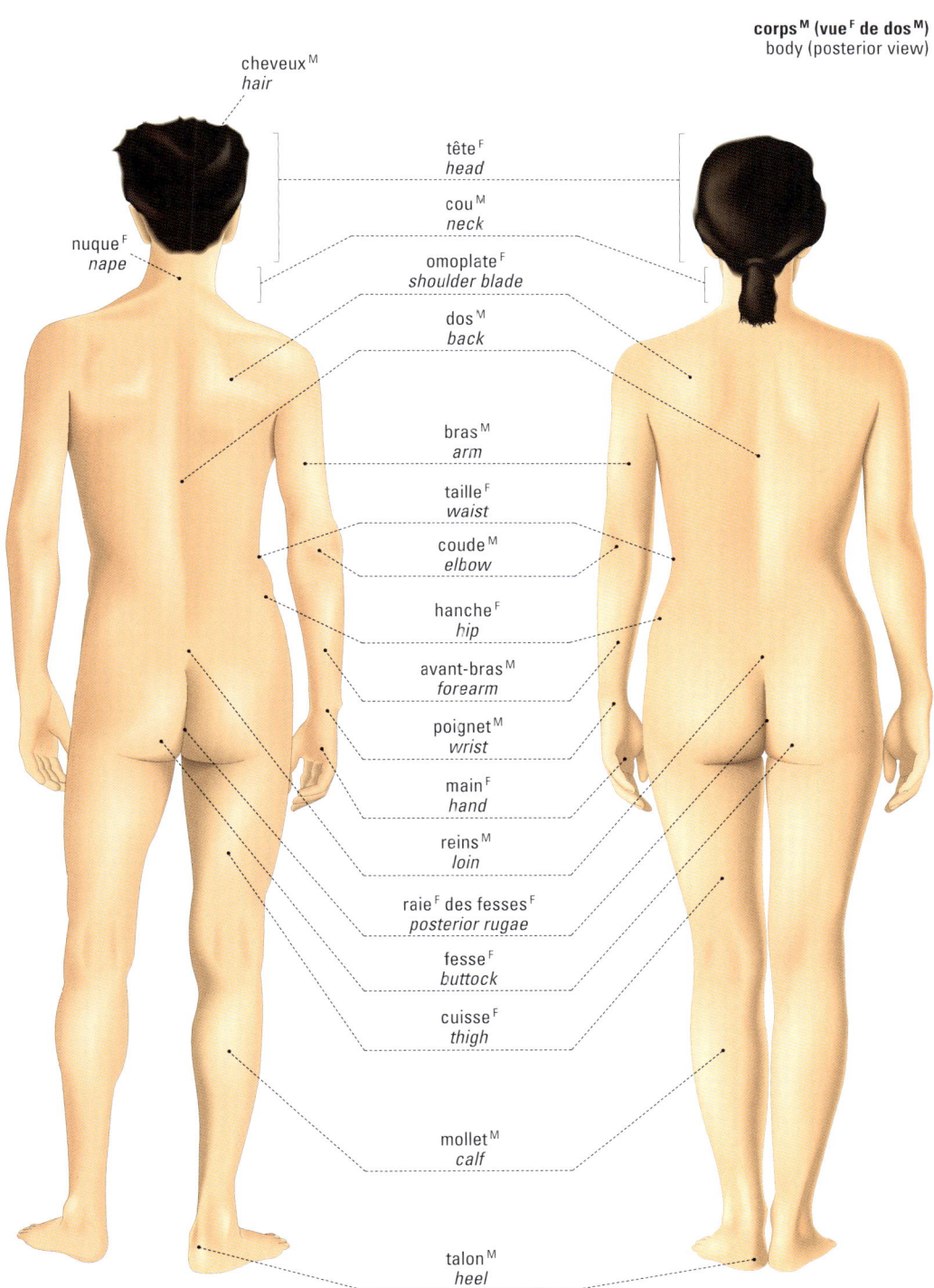

SQUELETTE[M] | SKELETON

Le squelette est la charpente du corps. Les 206 os qui le constituent soutiennent et protègent nos organes. Les os du crâne, par exemple, protègent le cerveau. On distingue trois types d'os d'après leur forme : courts, longs et plats. La majorité des os sont reliés entre eux par des articulations. Grâce aux muscles qui les actionnent, les os permettent au corps de rester debout et de se déplacer.

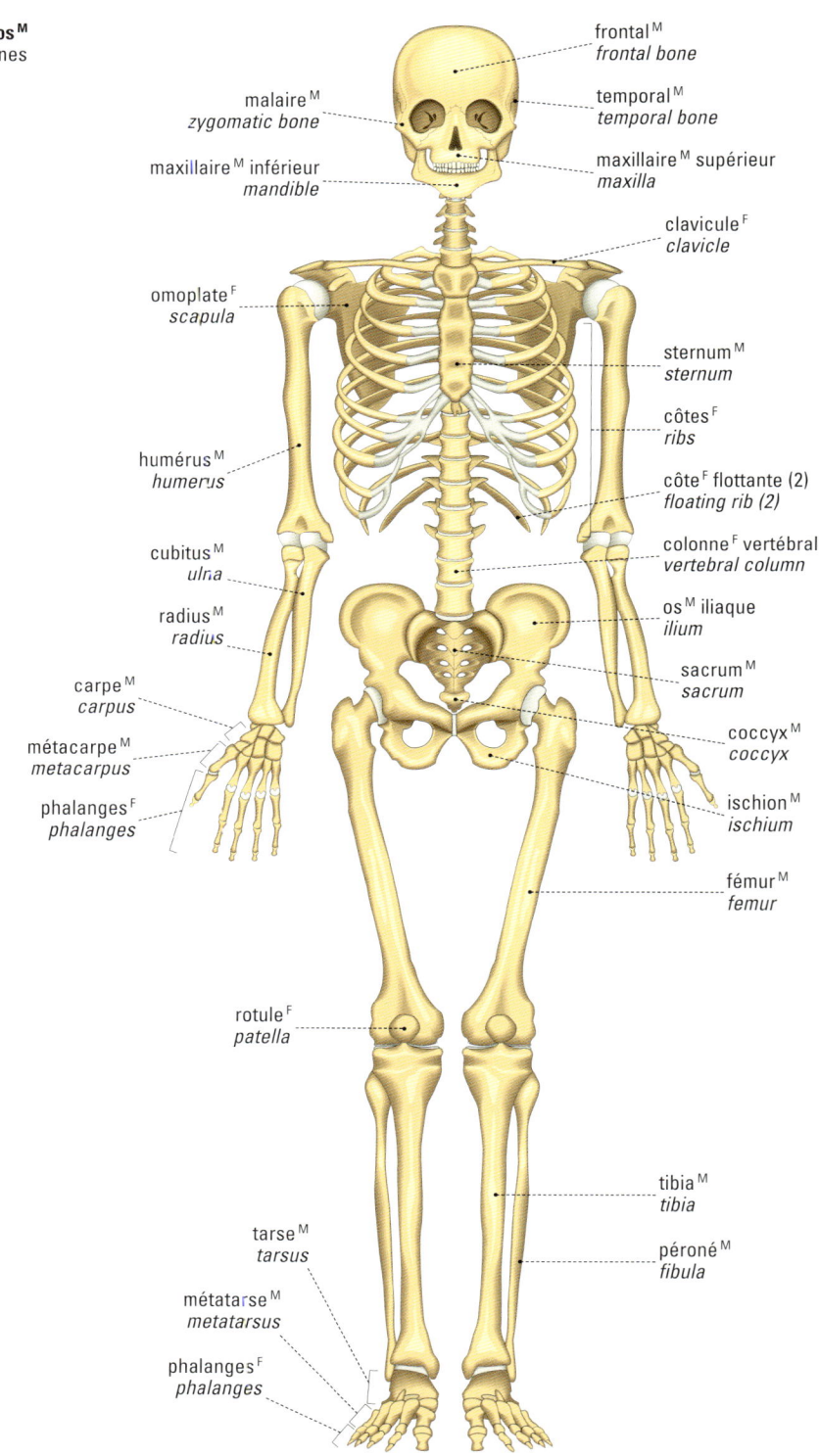

principaux os[M]
principal bones

- malaire[M] / zygomatic bone
- maxillaire[M] inférieur / mandible
- omoplate[F] / scapula
- humérus[M] / humerus
- cubitus[M] / ulna
- radius[M] / radius
- carpe[M] / carpus
- métacarpe[M] / metacarpus
- phalanges[F] / phalanges
- rotule[F] / patella
- tarse[M] / tarsus
- métatarse[M] / metatarsus
- phalanges[F] / phalanges
- frontal[M] / frontal bone
- temporal[M] / temporal bone
- maxillaire[M] supérieur / maxilla
- clavicule[F] / clavicle
- sternum[M] / sternum
- côtes[F] / ribs
- côte[F] flottante (2) / floating rib (2)
- colonne[F] vertébrale / vertebral column
- os[M] iliaque / ilium
- sacrum[M] / sacrum
- coccyx[M] / coccyx
- ischion[M] / ischium
- fémur[M] / femur
- tibia[M] / tibia
- péroné[M] / fibula

ÊTRE HUMAIN

SQUELETTE^M | SKELETON

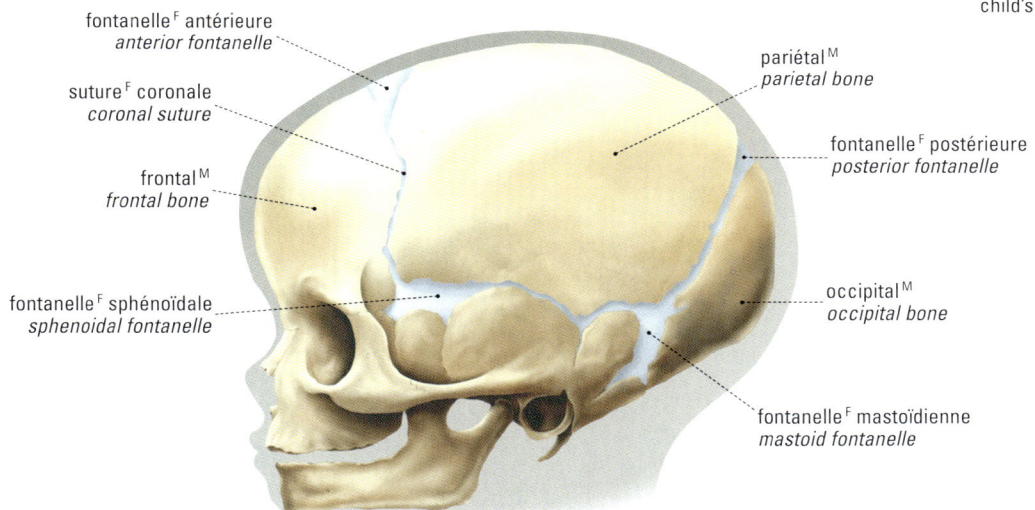

crâne^M d'adulte^M
adult's skull

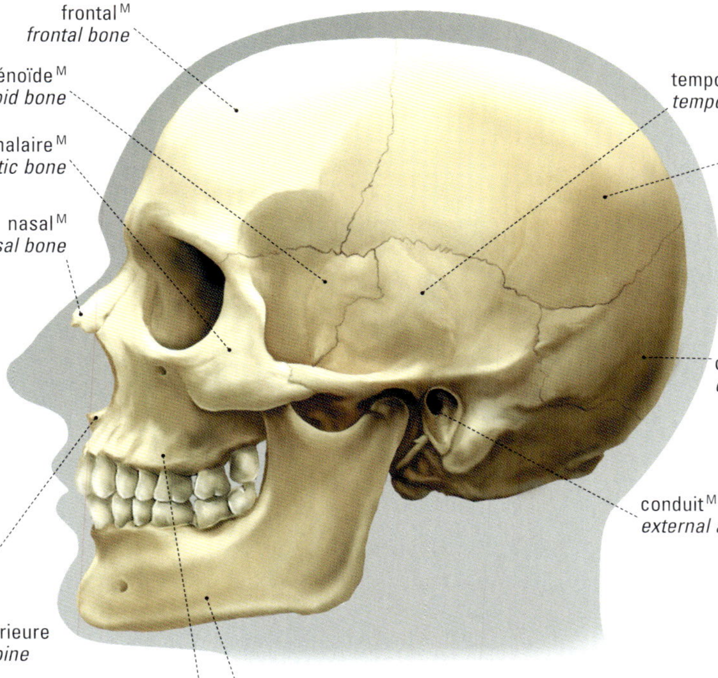

frontal^M
frontal bone

sphénoïde^M
sphenoid bone

malaire^M
zygomatic bone

nasal^M
nasal bone

temporal^M
temporal bone

pariétal^M
parietal bone

occipital^M
occipital bone

conduit^M auditif externe
external auditory meatus

épine^F nasale antérieure
anterior nasal spine

maxillaire^M supérieur
maxilla

maxillaire^M inférieur
mandible

crâne^M d'enfant^M
child's skull

fontanelle^F antérieure
anterior fontanelle

suture^F coronale
coronal suture

frontal^M
frontal bone

fontanelle^F sphénoïdale
sphenoidal fontanelle

pariétal^M
parietal bone

fontanelle^F postérieure
posterior fontanelle

occipital^M
occipital bone

fontanelle^F mastoïdienne
mastoid fontanelle

ÊTRE HUMAIN

types^M d'os^M
types of bones

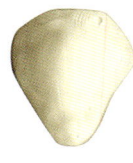

os^M court
short bone

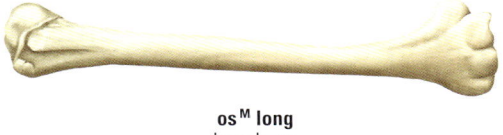

os^M long
long bone

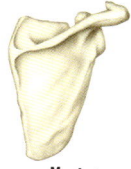

os^M plat
flat bone

DENTS[F] | TEETH

Solidement insérées dans les os de la mâchoire, les dents jouent un rôle primordial dans la mastication, première étape de la digestion. Chaque type de dents participe à la transformation des aliments en petits morceaux faciles à avaler : les incisives coupantes situées à l'avant de la bouche tranchent les aliments, les canines pointues les déchiquettent et les grosses prémolaires et molaires les broient.

denture[F] humaine
human denture

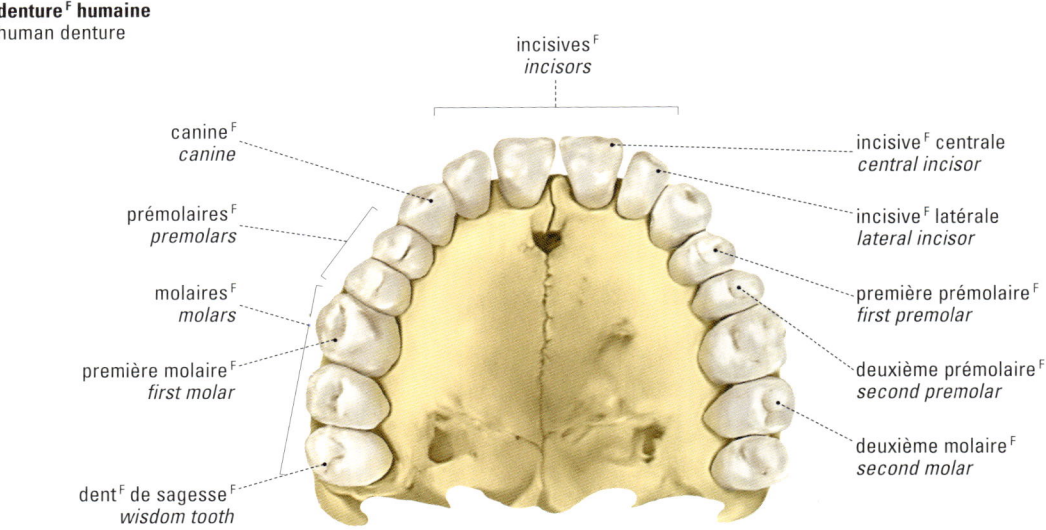

coupe[F] d'une molaire[F]
cross section of a molar

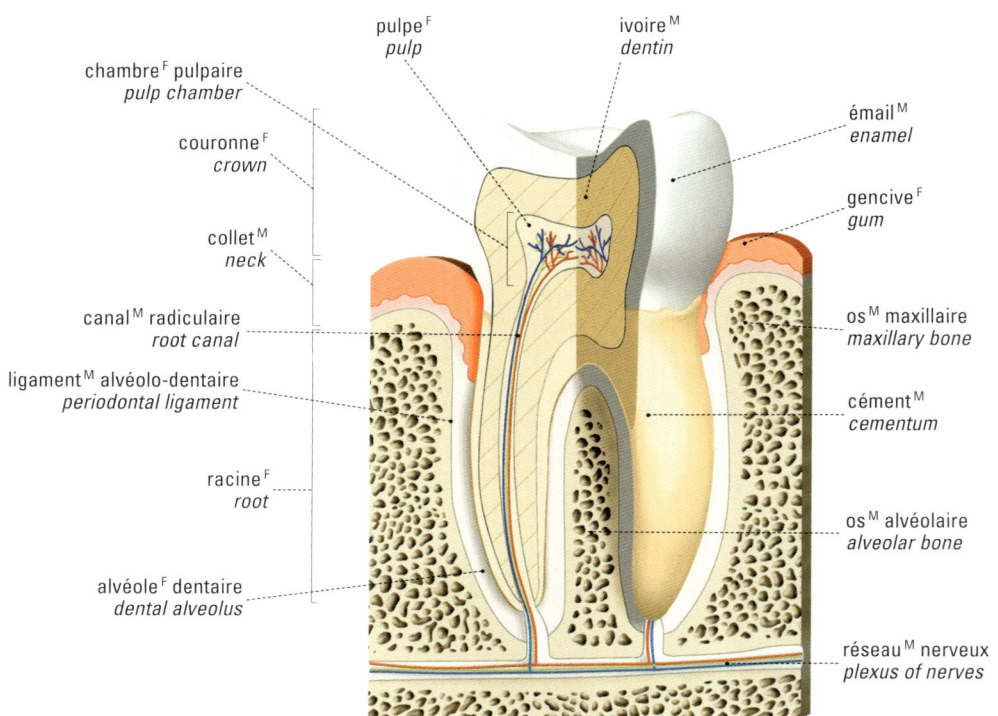

MUSCLES | MUSCLES

Sans les muscles, le corps ne serait qu'une masse immobile d'os et d'organes. Tous nos mouvements sont produits par des muscles squelettiques. Sous les ordres du cerveau, ces muscles se contractent et soulèvent les os, permettant ainsi au corps de bouger. Certains muscles, comme la quinzaine de muscles qui entrent en action quand on sourit, n'agissent pas sur les os mais sur la peau.

principaux muscles
principal muscles

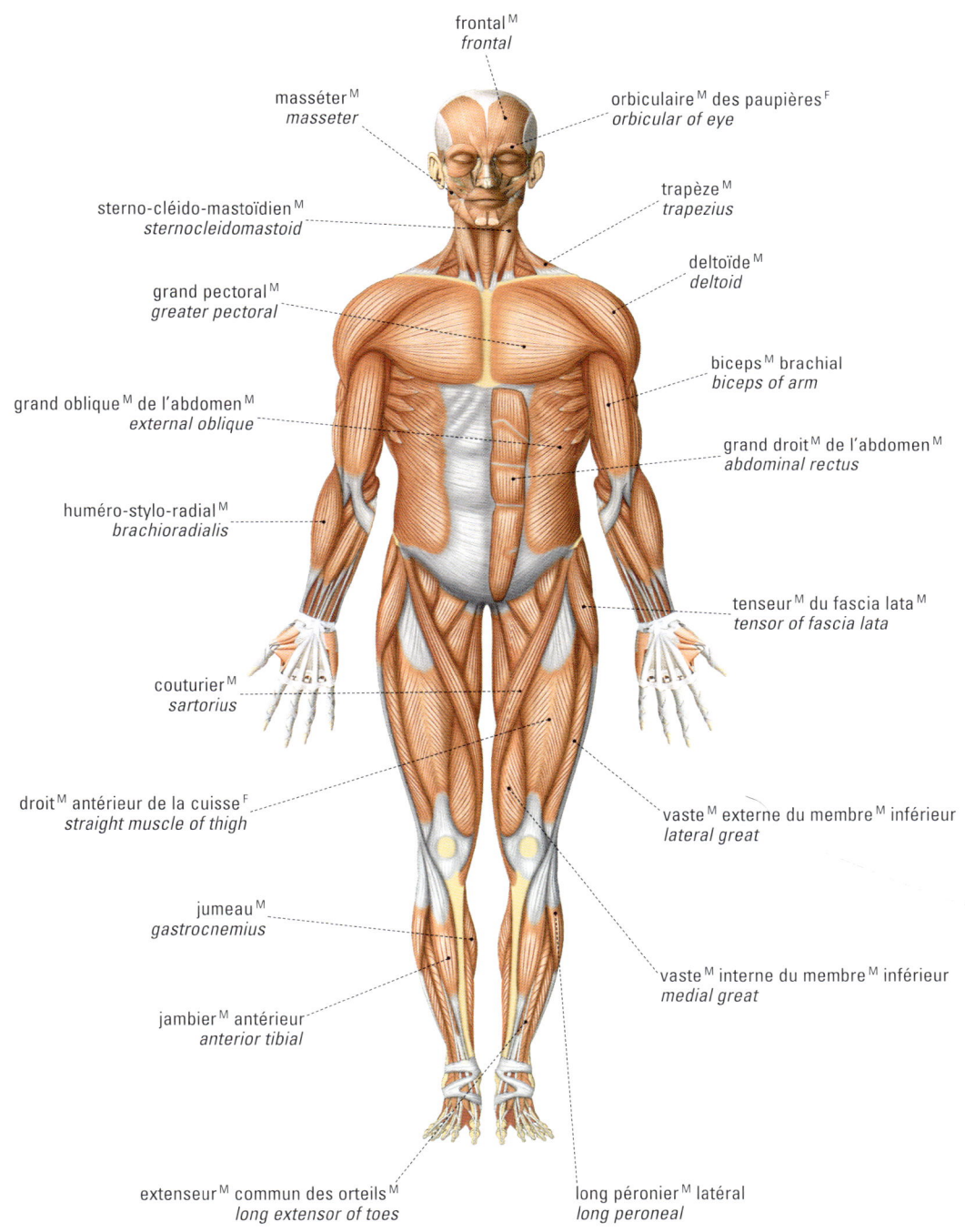

frontal
frontal

masséter
masseter

sterno-cléido-mastoïdien
sternocleidomastoid

grand pectoral
greater pectoral

grand oblique de l'abdomen
external oblique

huméro-stylo-radial
brachioradialis

couturier
sartorius

droit antérieur de la cuisse
straight muscle of thigh

jumeau
gastrocnemius

jambier antérieur
anterior tibial

extenseur commun des orteils
long extensor of toes

orbiculaire des paupières
orbicular of eye

trapèze
trapezius

deltoïde
deltoid

biceps brachial
biceps of arm

grand droit de l'abdomen
abdominal rectus

tenseur du fascia lata
tensor of fascia lata

vaste externe du membre inférieur
lateral great

vaste interne du membre inférieur
medial great

long péronier latéral
long peroneal

ÊTRE HUMAIN

95

ANATOMIE[F] | ANATOMY

Le corps humain possède une dizaine de systèmes, ou appareils, constitués d'organes. Même si tous les systèmes jouent un rôle particulier, certains doivent collaborer pour assurer le bon fonctionnement du corps. Par exemple, ce sont des organes de l'appareil respiratoire, les poumons, qui font le plein d'oxygène. Par ailleurs, ce sont des vaisseaux de l'appareil circulatoire qui en assurent la distribution à toutes les cellules du corps.

APPAREIL[M] DIGESTIF
DIGESTIVE SYSTEM

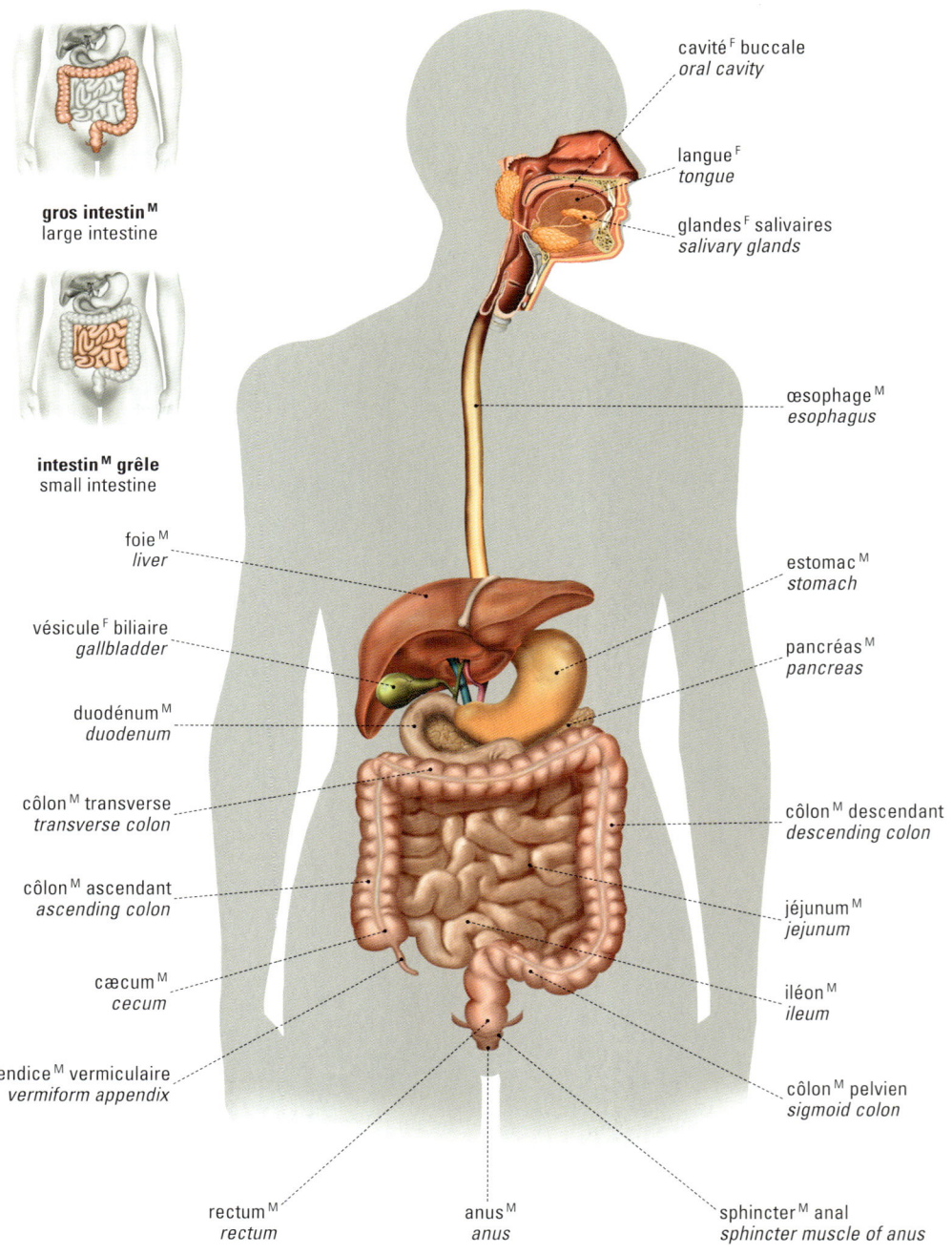

gros intestin[M]
large intestine

intestin[M] grêle
small intestine

- cavité[F] buccale / *oral cavity*
- langue[F] / *tongue*
- glandes[F] salivaires / *salivary glands*
- œsophage[M] / *esophagus*
- foie[M] / *liver*
- estomac[M] / *stomach*
- vésicule[F] biliaire / *gallbladder*
- pancréas[M] / *pancreas*
- duodénum[M] / *duodenum*
- côlon[M] transverse / *transverse colon*
- côlon[M] descendant / *descending colon*
- côlon[M] ascendant / *ascending colon*
- jéjunum[M] / *jejunum*
- cæcum[M] / *cecum*
- iléon[M] / *ileum*
- appendice[M] vermiculaire / *vermiform appendix*
- côlon[M] pelvien / *sigmoid colon*
- rectum[M] / *rectum*
- anus[M] / *anus*
- sphincter[M] anal / *sphincter muscle of anus*

ÊTRE HUMAIN

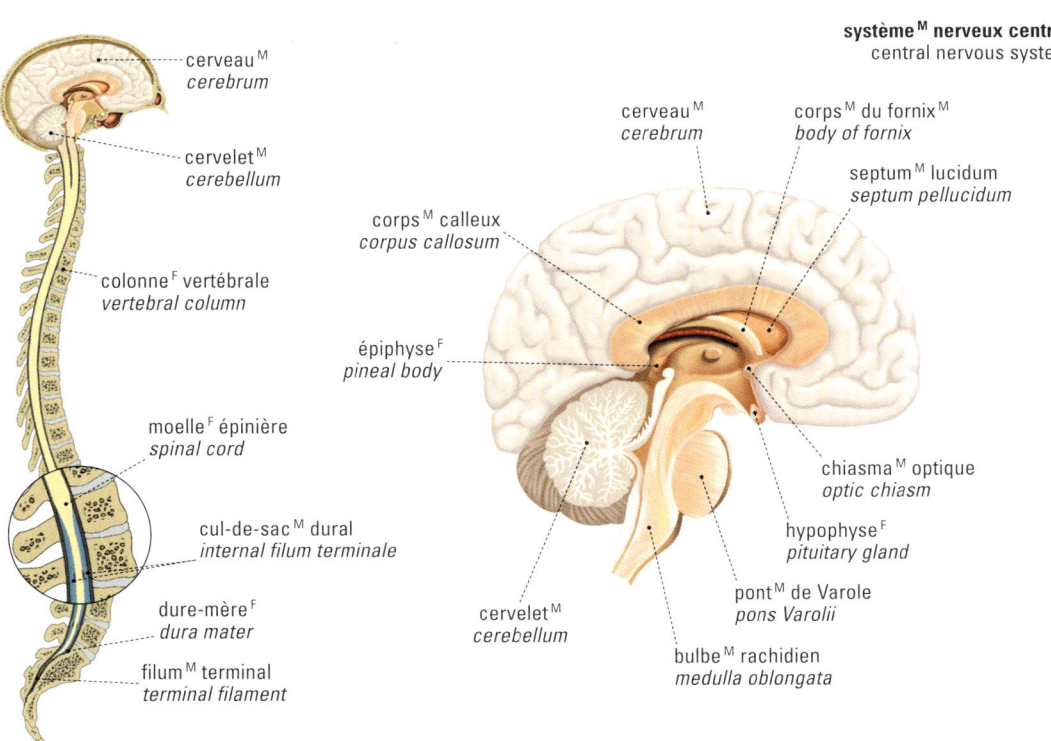

APPAREIL[M] CIRCULATOIRE
CIRCULATORY SYSTEM

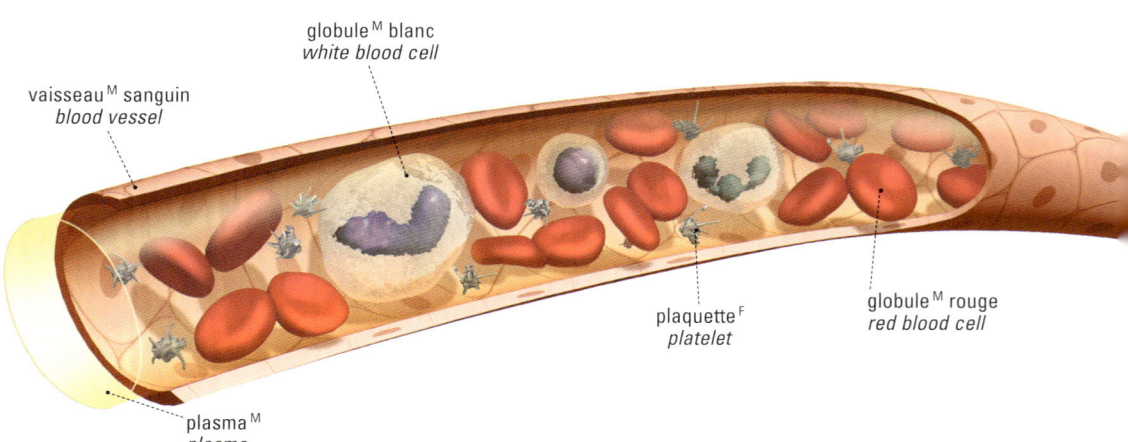

cœur[M]
heart

arc[M] de l'aorte[F]
arch of aorta
artère[F] pulmonaire
pulmonary trunk
veine[F] cave supérieure
superior vena cava
oreillette[F] gauche
left atrium
veine[F] pulmonaire droite
right pulmonary vein
veine[F] pulmonaire gauche
left pulmonary vein
oreillette[F] droite
right atrium
ventricule[M] gauche
left ventricle
veine[F] cave inférieure
inferior vena cava
aorte[F]
aorta
ventricule[M] droit
right ventricle

composition[F] **du sang**[M]
composition of the blood

globule[M] blanc
white blood cell
vaisseau[M] sanguin
blood vessel
plaquette[F]
platelet
globule[M] rouge
red blood cell
plasma[M]
plasma

ÊTRE HUMAIN

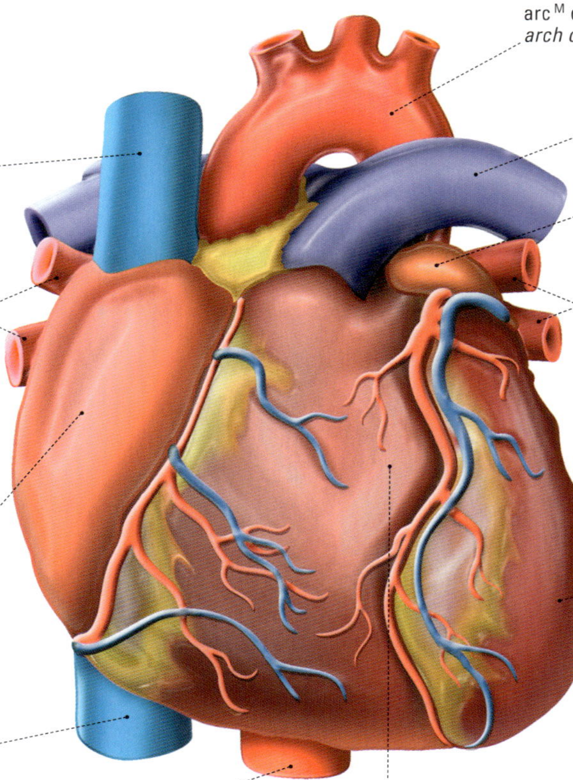

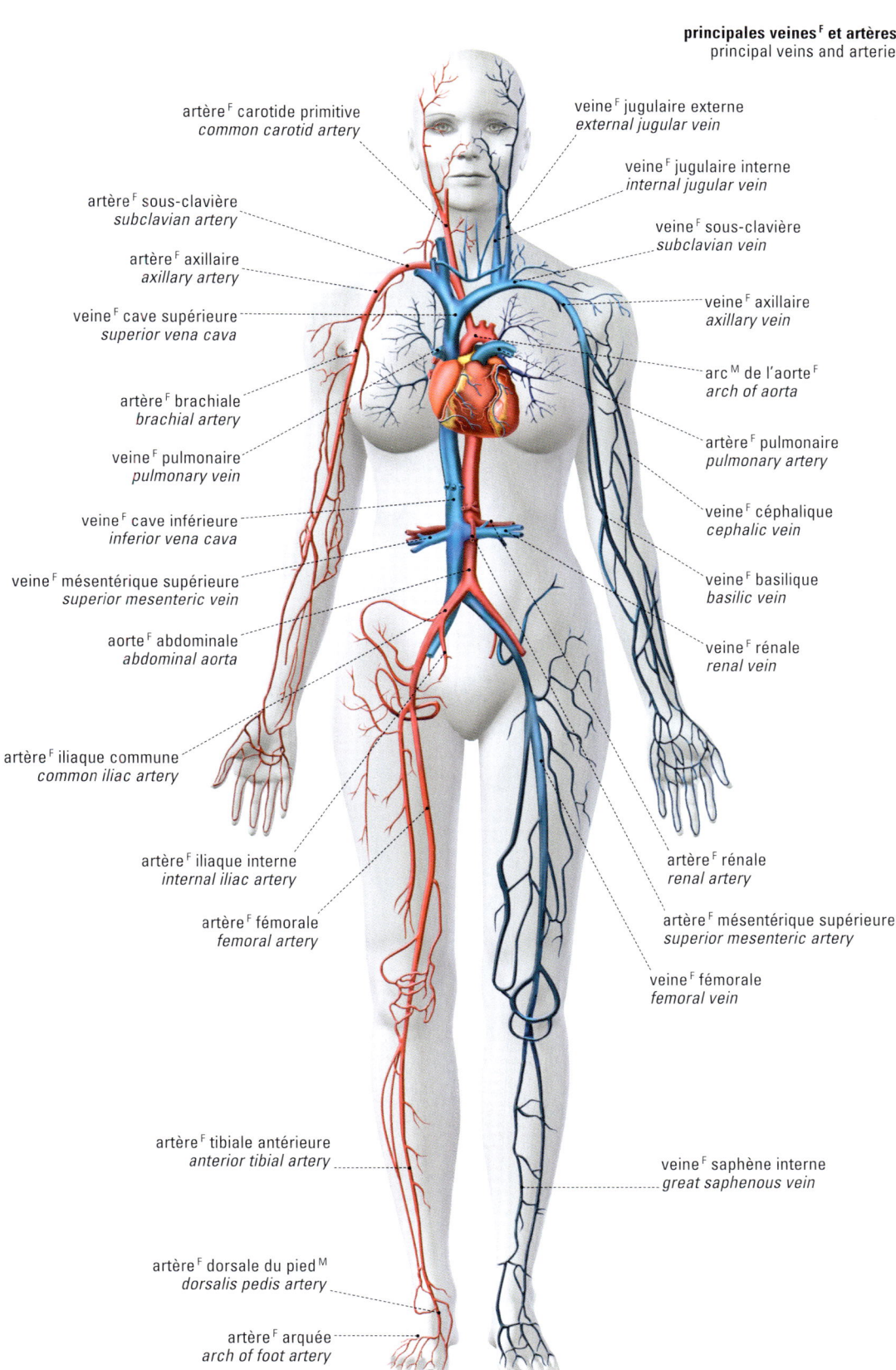

ORGANES^M DES SENS^M | SENSE ORGANS

Les cinq sens informent l'être humain de ce qui se passe autour de lui. Les organes des sens sont munis de cellules spéciales, les récepteurs sensoriels, qui recueillent des informations et les transmettent à des nerfs qui les acheminent à leur tour jusqu'au cerveau. En traduisant ces signaux en sensations comme des sons, des images ou des odeurs, le cerveau permet au corps de réagir au monde qui l'entoure.

OUÏE^F
HEARING

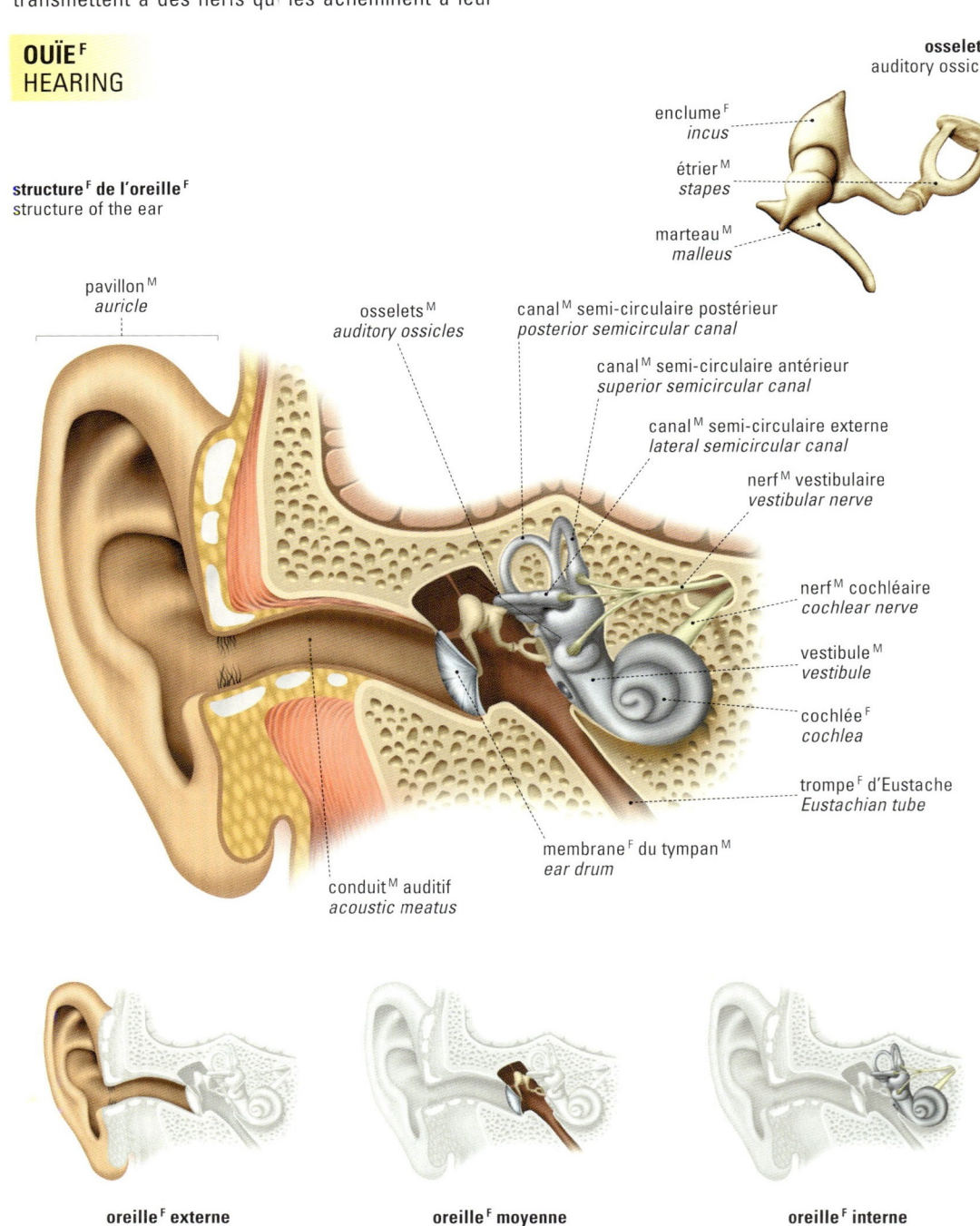

structure^F de l'oreille^F
structure of the ear

osselets^M
auditory ossicles

enclume^F / incus
étrier^M / stapes
marteau^M / malleus

pavillon^M / auricle
osselets^M / auditory ossicles
canal^M semi-circulaire postérieur / posterior semicircular canal
canal^M semi-circulaire antérieur / superior semicircular canal
canal^M semi-circulaire externe / lateral semicircular canal
nerf^M vestibulaire / vestibular nerve
nerf^M cochléaire / cochlear nerve
vestibule^M / vestibule
cochlée^F / cochlea
trompe^F d'Eustache / Eustachian tube
membrane^F du tympan^M / ear drum
conduit^M auditif / acoustic meatus

oreille^F externe
external ear

oreille^F moyenne
middle ear

oreille^F interne
internal ear

ORGANES^M DES SENS^M | SENSE ORGANS

TOUCHER^M
TOUCH

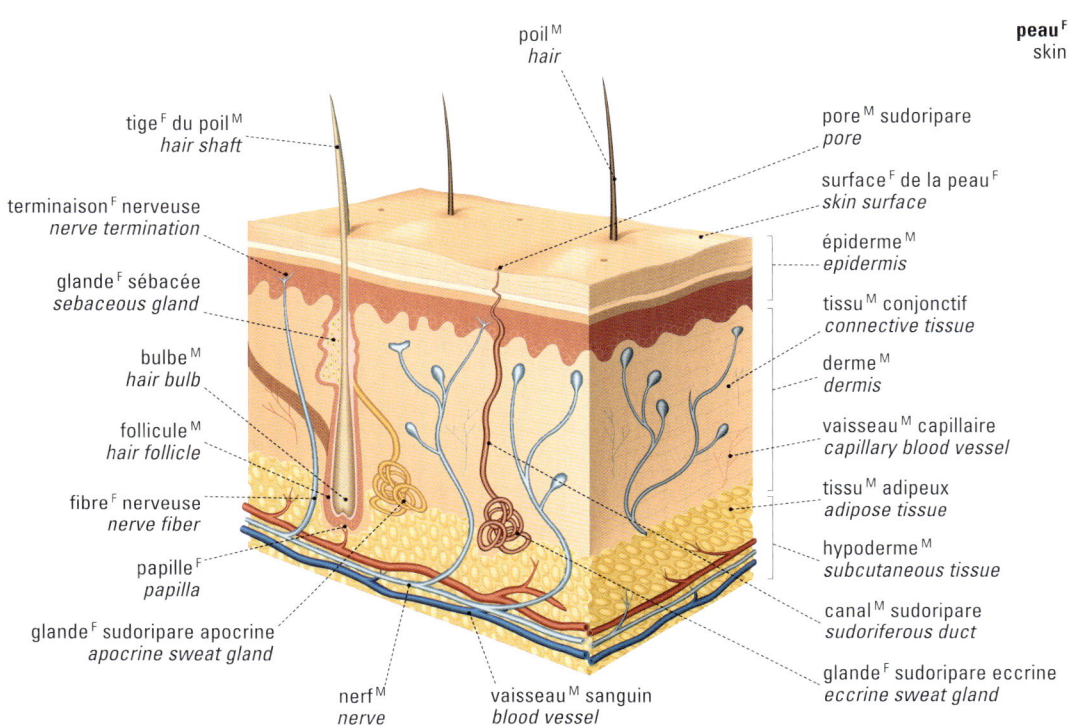

peau^F
skin

main^F
hand

paume^F
palm

dos^M
back

ÊTRE HUMAIN

101

ORGANES(M) DES SENS(M) | SENSE ORGANS

VUE(F)
SIGHT

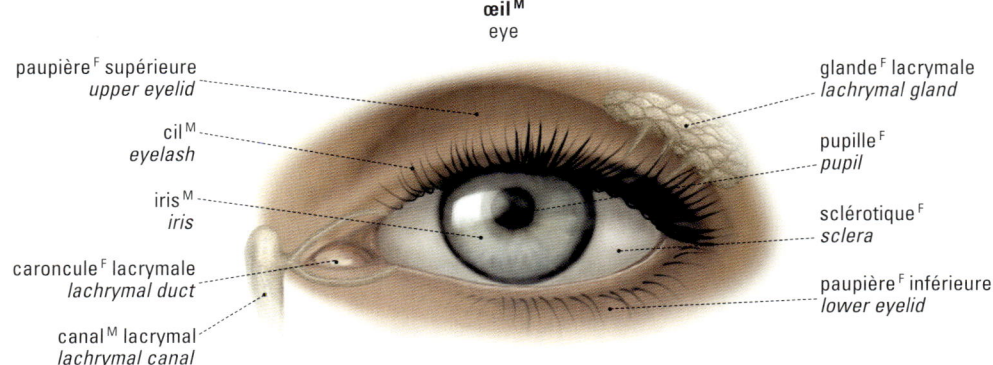

œil(M) — eye

- paupière(F) supérieure / upper eyelid
- cil(M) / eyelash
- iris(M) / iris
- caroncule(F) lacrymale / lachrymal duct
- canal(M) lacrymal / lachrymal canal
- glande(F) lacrymale / lachrymal gland
- pupille(F) / pupil
- sclérotique(F) / sclera
- paupière(F) inférieure / lower eyelid

ODORAT(M) ET GOÛT(M)
SMELL AND TASTE

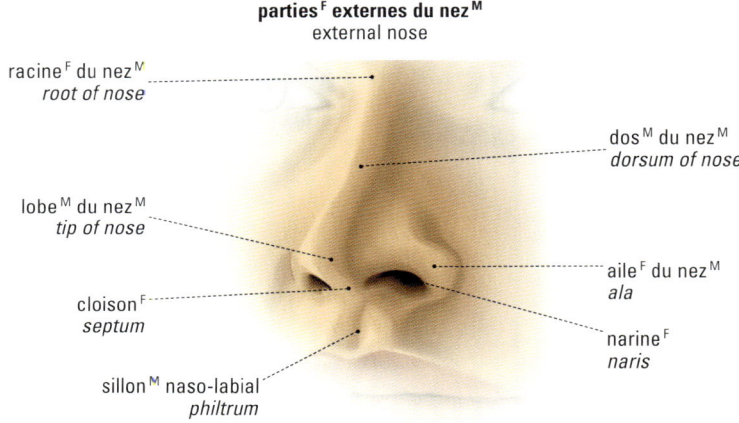

parties(F) externes du nez(M) — external nose

- racine(F) du nez(M) / root of nose
- lobe(M) du nez(M) / tip of nose
- cloison(F) / septum
- sillon(M) naso-labial / philtrum
- dos(M) du nez(M) / dorsum of nose
- aile(F) du nez(M) / ala
- narine(F) / naris

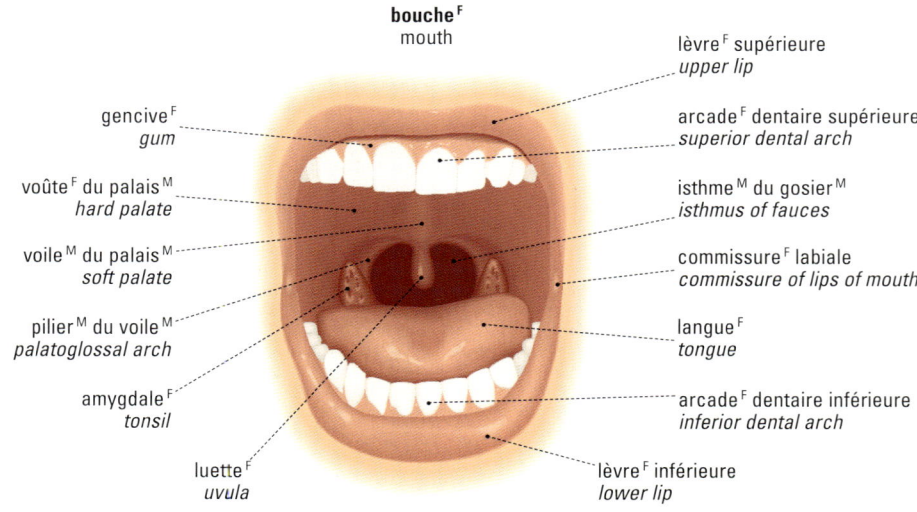

bouche(F) — mouth

- gencive(F) / gum
- voûte(F) du palais(M) / hard palate
- voile(M) du palais(M) / soft palate
- pilier(M) du voile(M) / palatoglossal arch
- amygdale(F) / tonsil
- luette(F) / uvula
- lèvre(F) supérieure / upper lip
- arcade(F) dentaire supérieure / superior dental arch
- isthme(M) du gosier(M) / isthmus of fauces
- commissure(F) labiale / commissure of lips of mouth
- langue(F) / tongue
- arcade(F) dentaire inférieure / inferior dental arch
- lèvre(F) inférieure / lower lip

ÊTRE HUMAIN

LÉGUMES | VEGETABLES

Les légumes correspondent à l'ensemble des plantes potagères utilisées en alimentation. Ils sont classés selon la partie de la plante qui est consommée. Ainsi, le poivron est un légume fruit, l'épinard un légume feuille et l'asperge un légume tige. Qu'on les mange en accompagnement ou qu'ils constituent l'essentiel du repas, les légumes font partie de l'alimentation humaine presque partout dans le monde.

LÉGUMES BULBES
BULB VEGETABLES

coupe d'un bulbe
section of a bulb

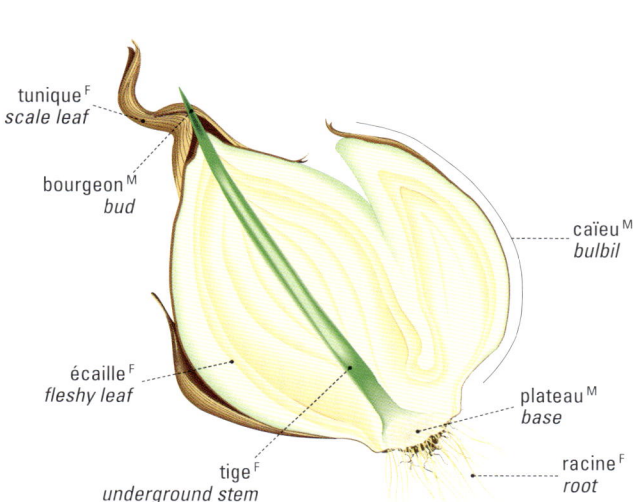

- tunique / scale leaf
- bourgeon / bud
- écaille / fleshy leaf
- tige / underground stem
- caïeu / bulbil
- plateau / base
- racine / root

EXEMPLES DE LÉGUMES BULBES
EXAMPLES OF BULB VEGETABLES

- châtaigne d'eau / water chestnut
- poireau / leek
- oignon à mariner / pickling onion
- oignon blanc / white onion
- oignon rouge / red onion
- oignon jaune / yellow onion
- oignon vert / green onion
- ciboule / scallion
- ciboulette / chive
- échalote / shallot
- ail / garlic

ALIMENTATION

103

LÉGUMES | VEGETABLES

LÉGUMES TUBERCULES
TUBER VEGETABLES

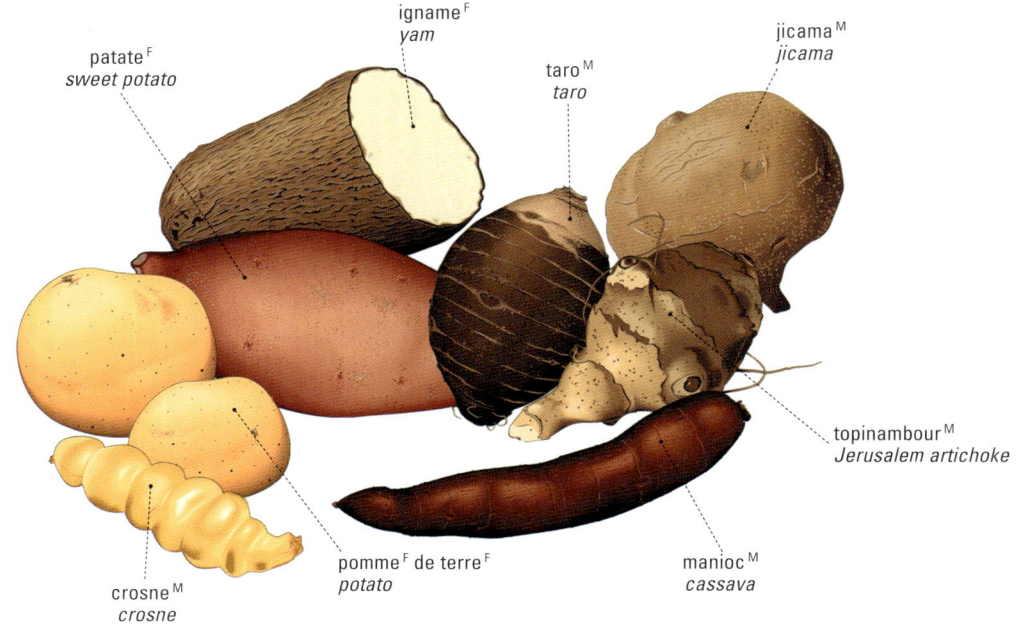

LÉGUMES RACINES
ROOT VEGETABLES

LÉGUMES^M | VEGETABLES

LÉGUMES^M TIGES^F
STALK VEGETABLES

bette^F à carde^F
Swiss chard

pousse^F de bambou^M
bamboo shoot

fenouil^M
fennel

chou^M-rave^F
kohlrabi

céleri^M
celery

rhubarbe^F
rhubarb

asperge^F
asparagus

crosse^F de fougère^F
fiddlehead fern

cardon^M
cardoon

LÉGUMES^M FLEURS^F
INFLORESCENT VEGETABLES

chou^M-fleur^F
cauliflower

brocoli^M
broccoli

Gai lon^M
Gai-lohn

artichaut^M
artichoke

brocoli^M italien
broccoli rabe

ALIMENTATION

LÉGUMES | VEGETABLES

LÉGUMES FEUILLES
LEAF VEGETABLES

LÉGUMES | VEGETABLES

LÉGUMES FRUITS
FRUIT VEGETABLES

LÉGUMINEUSES | LEGUMES

Environ 13 000 espèces de plantes composent la grande famille des légumineuses. Tous ces végétaux se distinguent par leurs fruits en forme de gousses renfermant plusieurs graines très nourrissantes. Les lentilles, les fèves et les arachides ne sont que quelques exemples de légumineuses. Dans plusieurs pays d'Amérique du Sud, ils sont considérés comme des aliments de base depuis fort longtemps.

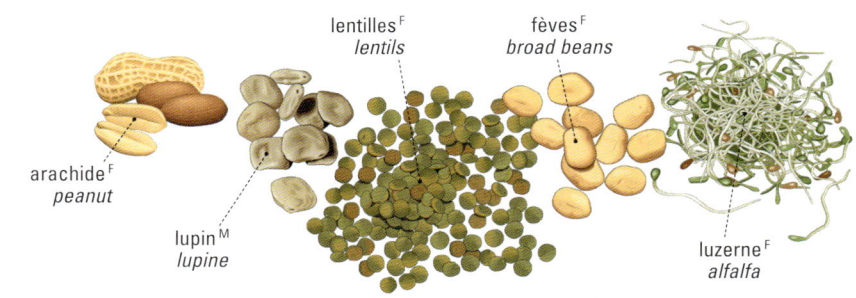

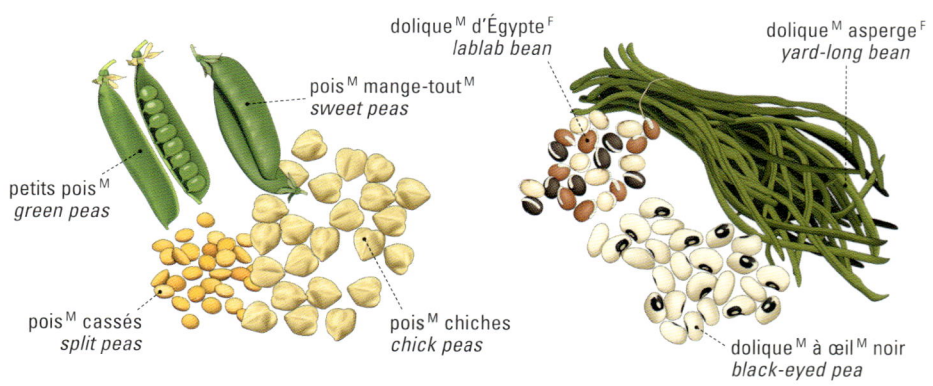

FRUITS[M] | FRUITS

Au sens botanique, le fruit est l'organe qui contient les petits embryons de plantes, les graines. Ainsi, l'olive, les noix, le concombre, par exemple, sont des fruits, sans compter tous ceux qui ne se mangent pas, comme les samares de l'érable. Dans le langage courant, les fruits correspondent aux aliments sucrés, comme les pommes et les cerises, que l'on consomme pour la collation ou le dessert.

BAIES[F]
BERRIES

coupe[F] **d'une fraise**[F]
section of a strawberry

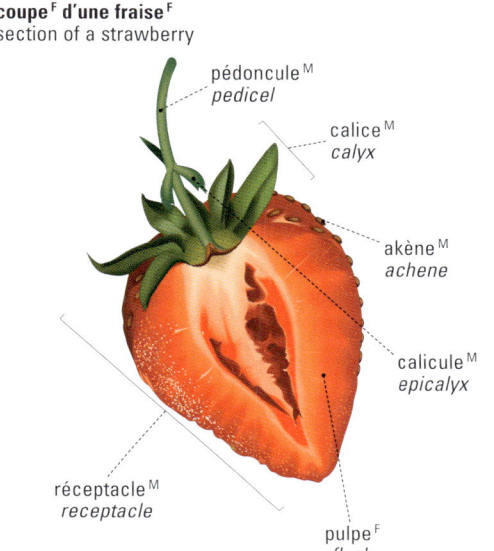

- pédoncule[M] / pedicel
- calice[M] / calyx
- akène[M] / achene
- calicule[M] / epicalyx
- réceptacle[M] / receptacle
- pulpe[F] / flesh

coupe[F] **d'un raisin**[M]
section of a grape

termes[M] familiers / usual terms
termes[M] techniques / technical terms

- queue[F] / stalk
- peau[F] / skin
- pulpe[F] / flesh
- pépin[M] / pip
- pédoncule[M] / pedicel
- épicarpe[M] / exocarp
- funicule[M] / funiculus
- graine[F] / seed
- mésocarpe[M] / mesocarp
- style[M] / style

EXEMPLES[M] DE BAIES[F]
EXAMPLES OF BERRIES

coupe[F] **d'une framboise**[F]
section of a raspberry

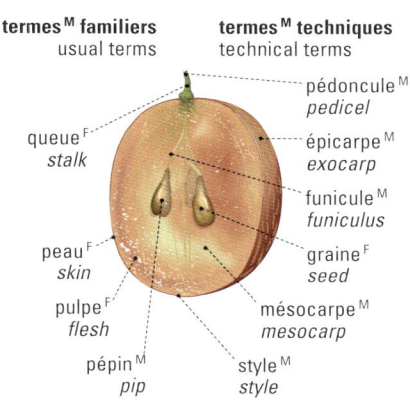

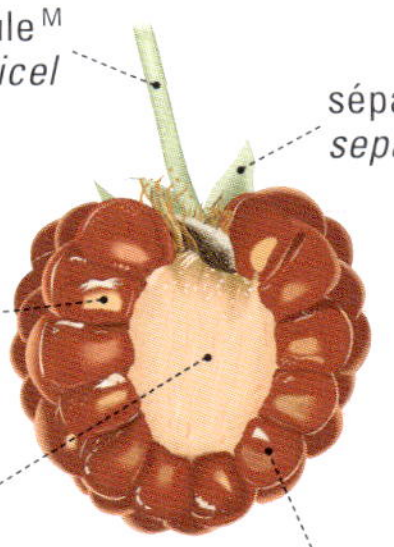

- pédoncule[M] / pedicel
- sépale[M] / sepal
- graine[F] / seed
- réceptacle[M] / receptacle
- drupéole[F] / drupelet

- groseille[F] à grappes[F]; gadelle[F] / currant
- cassis[M] / black currant
- raisin[M] / grape
- canneberge[F]; atoca[M] / cranberry
- alkékenge[M] / alkekengi
- myrtille[F] / bilberry
- fraise[F] / strawberry
- framboise[F] / raspberry
- mûre[F] / blackberry
- groseille[F] à maquereau[M] / gooseberry
- airelle[F] / red whortleberry
- bleuet[M] / blueberry

ALIMENTATION

FRUITS^M À NOYAU^M
STONE FRUITS

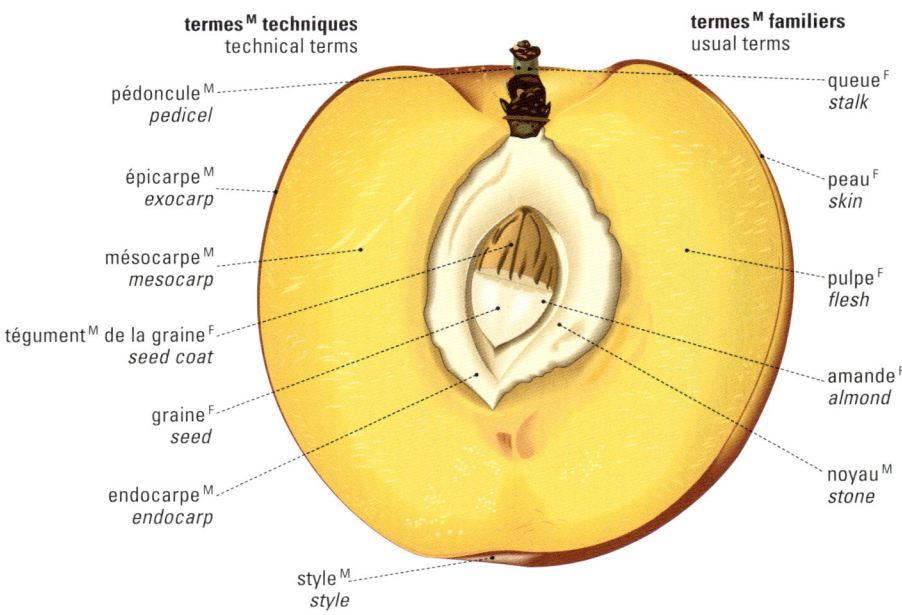

coupe^F d'une pêche^F
section of a peach

termes^M techniques / technical terms:
- pédoncule^M / pedicel
- épicarpe^M / exocarp
- mésocarpe^M / mesocarp
- tégument^M de la graine^F / seed coat
- graine^F / seed
- endocarpe^M / endocarp
- style^M / style

termes^M familiers / usual terms:
- queue^F / stalk
- peau^F / skin
- pulpe^F / flesh
- amande^F / almond
- noyau^M / stone

EXEMPLES^M DE FRUITS^M À NOYAU^M
EXAMPLES OF STONE FRUITS

- datte^F / date
- nectarine^F / nectarine
- pêche^F / peach
- prune^F / plum
- cerise^F / cherry
- abricot^M / apricot

FRUITS^M | FRUITS

FRUITS^M À PÉPINS^M
POME FRUITS

coupe^F d'une pomme^F
section of an apple

termes^M techniques
technical terms

termes^M familiers
usual terms

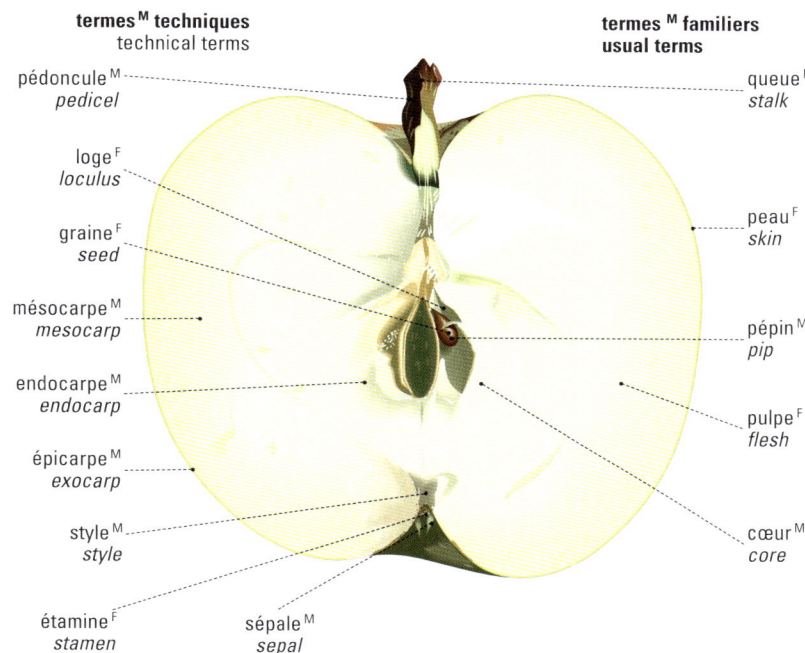

- pédoncule^M / pedicel
- loge^F / loculus
- graine^F / seed
- mésocarpe^M / mesocarp
- endocarpe^M / endocarp
- épicarpe^M / exocarp
- style^M / style
- étamine^F / stamen
- sépale^M / sepal
- queue^F / stalk
- peau^F / skin
- pépin^M / pip
- pulpe^F / flesh
- cœur^M / core

ALIMENTATION

EXEMPLES^M DE FRUITS^M À PÉPINS^M
EXAMPLES OF POME FRUITS

- coing^M / quince
- poire^F / pear
- pomme^F / apple
- nèfle^F du Japon^M / Japanese plum

111

FRUITS^M | FRUITS

AGRUMES^M
CITRUS FRUITS

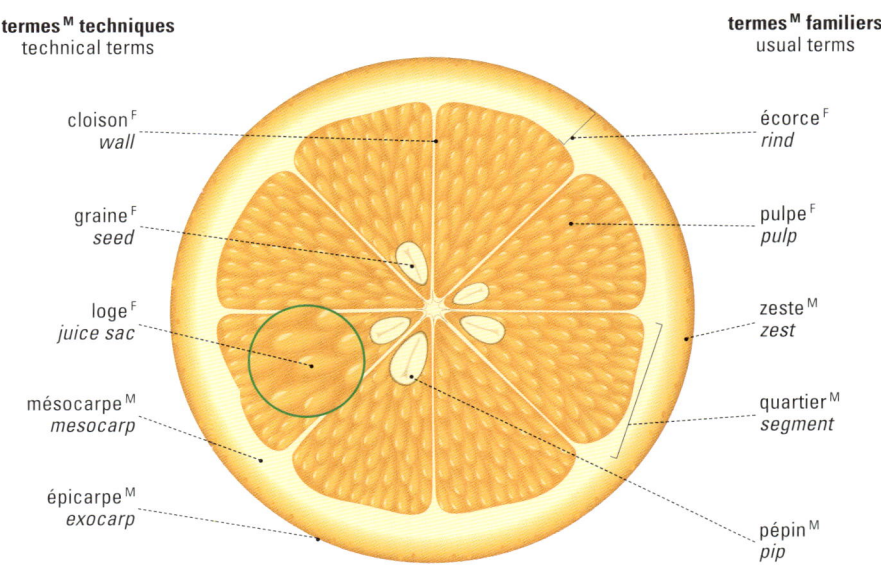

coupe^F d'une orange^F
section of an orange

termes^M techniques
technical terms

- cloison^F / wall
- graine^F / seed
- loge^F / juice sac
- mésocarpe^M / mesocarp
- épicarpe^M / exocarp

termes^M familiers
usual terms

- écorce^F / rind
- pulpe^F / pulp
- zeste^M / zest
- quartier^M / segment
- pépin^M / pip

EXEMPLES^M D'AGRUMES^M
EXAMPLES OF CITRUS FRUITS

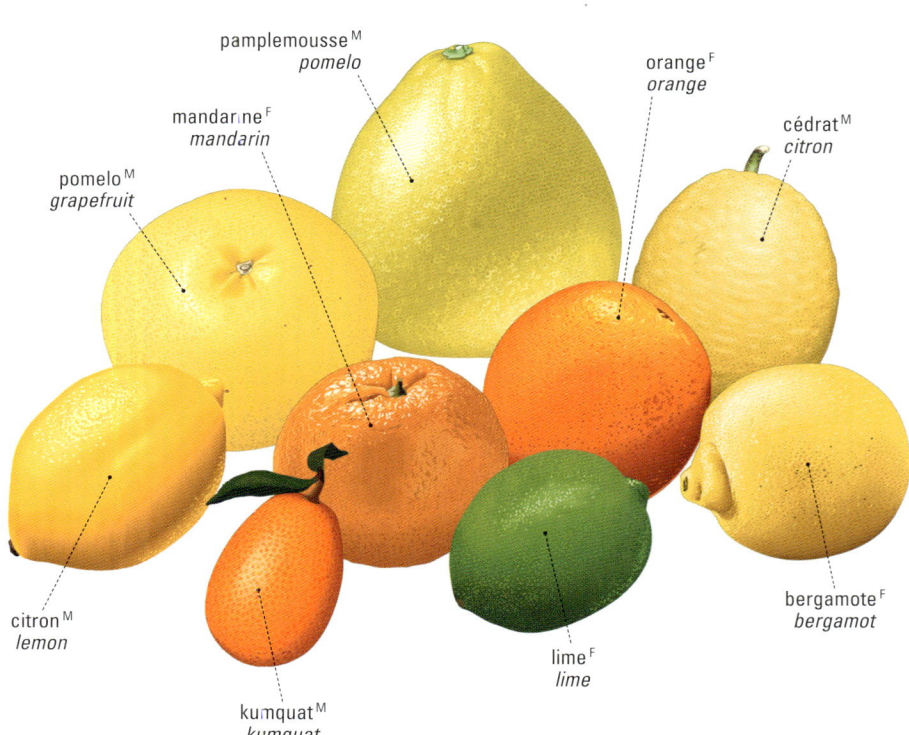

- pamplemousse^M / pomelo
- mandarine^F / mandarin
- orange^F / orange
- cédrat^M / citron
- pomelo^M / grapefruit
- citron^M / lemon
- kumquat^M / kumquat
- lime^F / lime
- bergamote^F / bergamot

MELONS^M / MELONS

- melon^M miel^M / *honeydew melon*
- pastèque^F / *watermelon*
- cantaloup^M / *cantaloupe*
- melon^M brodé / *muskmelon*

FRUITS^M SECS / DRY FRUITS

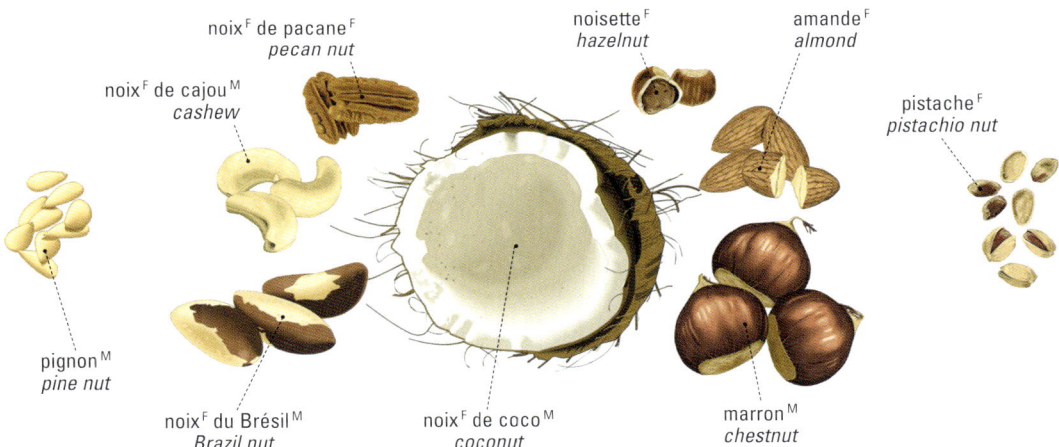

- noix^F de pacane^F / *pecan nut*
- noisette^F / *hazelnut*
- amande^F / *almond*
- noix^F de cajou^M / *cashew*
- pistache^F / *pistachio nut*
- pignon^M / *pine nut*
- noix^F du Brésil^M / *Brazil nut*
- noix^F de coco^M / *coconut*
- marron^M / *chestnut*

FRUITS^M TROPICAUX / TROPICAL FRUITS

- grenade^F / *pomegranate*
- papaye^F / *papaya*
- ananas^M / *pineapple*
- mangue^F / *mango*
- kiwi^M / *kiwi*
- litchi^M / *litchi*
- carambole^F / *carambola*
- banane^F / *banana*
- fruit^M de la Passion^F / *passion fruit*
- figue^F / *fig*

ALIMENTATION

ALIMENTS M DIVERS | MISCELLANEOUS FOODS

Les repas se composent d'aliments qui varient selon l'endroit du globe et le moment de la journée où ils sont consommés. La plupart des aliments appartiennent aux grandes familles alimentaires comme les fruits et les légumes, les produits céréaliers ou les produits laitiers. Puisque chaque aliment fournit au corps des éléments nutritifs différents, il est important d'avoir une alimentation variée pour rester en santé.

PRODUITS M CÉRÉALIERS
CEREAL PRODUCTS

pain M multicéréales
multigrain bread

pain M blanc
white bread

bagel M
bagel

croissant M
croissant

baguette F parisienne
baguette

pain M chapati indien
Indian chapati bread

riz M
rice

pâtes F alimentaires
pasta

pain M pita
pita bread

tortilla F
tortilla

ŒUFS M ET PRODUITS M LAITIERS
EGGS AND DAIRY PRODUCTS

yaourt M
yogurt

beurre M
butter

œuf M de caille F
quail egg

œuf M de poule F
hen egg

berlingot M de lait M
milk carton

crème F glacée
ice cream

fromages M
cheese

ALIMENTS^M DIVERS | MISCELLANEOUS FOODS

REPAS^M
MEALS

pepperoni^M
pepperoni

salade^F
salad

dinde^F
turkey

poisson^M
fish

jambon^M cuit
cooked ham

pizza^F
pizza

steak^M
steak

ragoût^M
stew

sandwich^M
sandwich

jus^M de fruits^M
fruit juice

spaghetti^M
spaghetti

biscuits^M
cookies

gâteau^M
cake

tarte^F
pie

petits pots^M
small jars

ALIMENTATION

VÊTEMENTS^M | CLOTHING

Qu'ils le réchauffent, le cachent, le parent ou le protègent, les vêtements servent à couvrir le corps humain. De nombreux facteurs comme le sexe, l'époque, l'âge, le pays ou le climat jouent un rôle déterminant dans la façon dont une personne est vêtue. Dans les pays développés, l'industrie de la mode influence la garde-robe saisonnière de bon nombre de gens.

VÊTEMENTS^M D'HOMME^M
MEN'S CLOTHING

VÊTEMENTS^M | CLOTHING

pyjama^M
pajamas

manteau^M
overcoat

peignoir^M
bathrobe

jupe^F-culotte^F
culottes

bas^M
hose

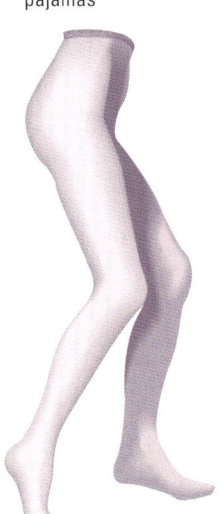
collant^M
panty hose

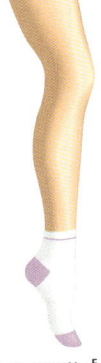
socquette^F
short sock

chaussette^F
sock

bas^M
stocking

SOUS-VÊTEMENTS^M DE FEMME^F
WOMEN'S UNDERWEAR

jupon^M
half-slip

body^M; *combiné-slip*^M
body suit

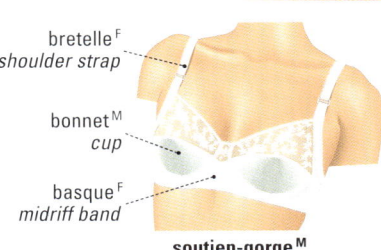
bretelle^F
shoulder strap

bonnet^M
cup

basque^F
midriff band

soutien-gorge^M
bra

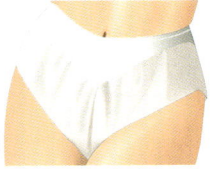
culotte^F
briefs

VÊTEMENTS^M | CLOTHING

VÊTEMENTS^M D'ENFANT^M
CHILDREN'S CLOTHING

robe^F **tee-shirt**^M
T-shirt dress

grenouillère^F
jumpsuit

jean^M
jeans

short^M
shorts

salopette^F **à dos**^M **montant**
high-back overalls

bretelle^F réglable
adjustable strap

bavette^F
bib

polojama^M
pajama

nid^M **d'ange**^M
bunting bag

braguette^F
fly

capuche^F coulissée
drawstring hood

fermeture^F **sous patte**^F
fly front closing

combinaison^F **de nuit**^F; **dormeuse**^F
sleepers

barboteuse^F
rompers

motif^M
screen print

pression^F devant
snap-fastening front

entrejambe^M pressionné
inside-leg snap-fastening

esquimau^M
snowsuit

VÊTEMENTS ET OBJETS PERSONNELS

VÊTEMENTS | CLOTHING

TENUE F D'EXERCICE M
SPORTSWEAR

débardeur M
tank top

maillot M **de bain** M
swimsuit

pull M **d'entraînement** M
sweat shirt

pull M **à capuche** F
hooded sweat shirt

short M **boxeur** M
boxer shorts

slip M **de bain** M
swimming trunks

pantalon M **molleton** M
sweat pants

anorak M
anorak

collant M **sans pied** M
footless tights

jambière F
leg-warmer

justaucorps M
leotard

pantalon M
pants

chaussure F **de sport** M
running shoe

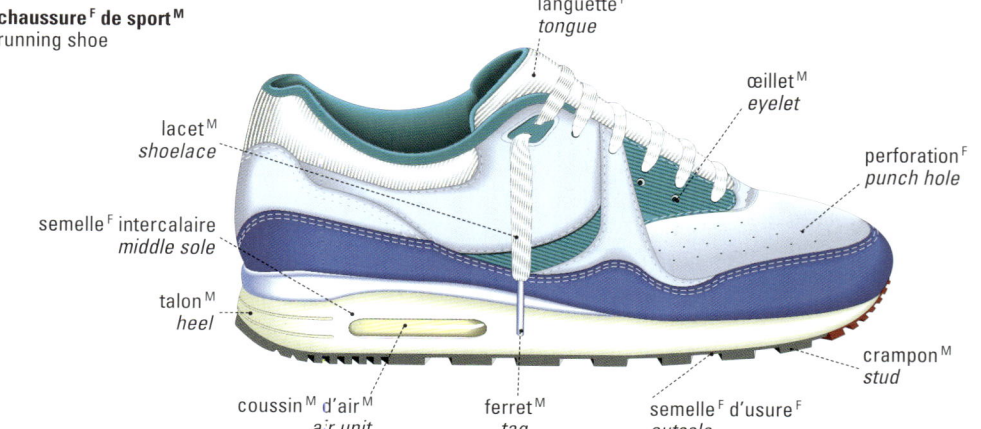

languette F
tongue

œillet M
eyelet

perforation F
punch hole

lacet M
shoelace

semelle F intercalaire
middle sole

talon M
heel

crampon M
stud

coussin M d'air M
air unit

ferret M
tag

semelle F d'usure F
outsole

122

OBJETS PERSONNELS | PERSONAL ARTICLES

Plusieurs accessoires ont une fonction bien pratique. Par exemple, un chapeau à large bord aide à se protéger la tête du soleil et une paire de gants ou de mitaines gardent les mains bien au chaud. D'autres, comme une ceinture et un sac à main assortis, servent plutôt à compléter une tenue vestimentaire de façon harmonieuse. S'ajoutent à ces accessoires une multitude d'objets utiles qui servent quotidiennement aux soins du corps.

OBJETS[M] PERSONNELS | PERSONAL ARTICLES

CHAUSSURES[F]
SHOES

parties[F] d'une chaussure[F]
parts of a shoe

- doublure[F] / lining
- languette[F] / tongue
- lacet[M] / shoelace
- claque[F] / vamp
- surpiqûre[F] / stitch
- perforation[F] / punch hole
- revers[M] / cuff
- glissoir[M] / heel grip
- talonnette[F] de dessus[M] / outside counter
- talon[M] / heel
- aile[F] de quartier[M] / nose of the quarter
- ferret[M] / tag
- garant[M] / eyelet tab
- œillet[M] / eyelet
- semelle[F] d'usure[F] / outsole
- bout[M] fleuri / perforated toe cap

escarpin[M] / pump

ballerine[F] / ballerina

tennis[M] / tennis shoe

sandale[F] / sandal

loafer[M]; flâneur[M] / loafer

espadrille[F] / espadrille

cuissarde[F] / thigh-boot

socque[M] / clog

mocassin[M] / moccasin

VÊTEMENTS ET OBJETS PERSONNELS

125

OBJETS^M PERSONNELS | PERSONAL ARTICLES

ARTICLES^M DE MAROQUINERIE^F
LEATHER GOODS

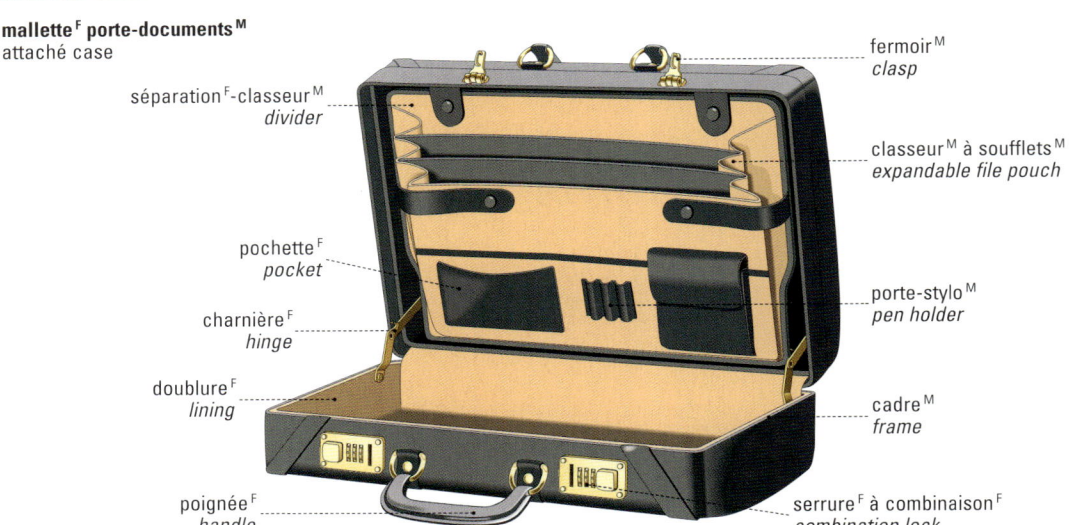

mallette^F porte-documents^M
attaché case

- séparation^F-classeur^M / divider
- pochette^F / pocket
- charnière^F / hinge
- doublure^F / lining
- poignée^F / handle
- fermoir^M / clasp
- classeur^M à soufflets^M / expandable file pouch
- porte-stylo^M / pen holder
- cadre^M / frame
- serrure^F à combinaison^F / combination lock

porte-documents^M à soufflet^M
bottom-fold portfolio

- poignée^F rentrante / retractable handle
- poche^F extérieure / exterior pocket

serviette^F
briefcase

- patte^F / tab
- serrure^F à clé^F / key lock
- soufflet^M / gusset

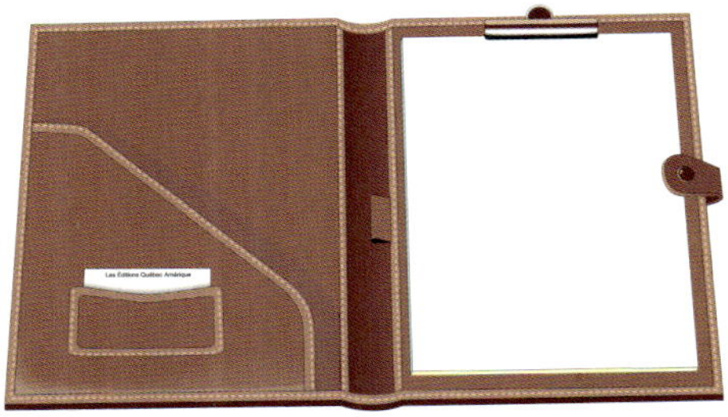

écritoire^F
writing case

porte-monnaie^M
coin purse

porte-documents^M plat
underarm portfolio

bourse^F à monnaie^F
purse

porte-clés^M
key case

étui^M à lunettes^F
eyeglasses case

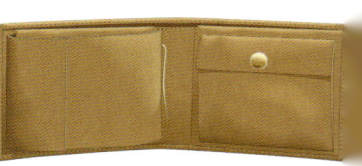

portefeuille^M
wallet

OBJETS PERSONNELS | PERSONAL ARTICLES

LUNETTES / EYEGLASSES

parties des lunettes
eyeglasses parts

- pont / bridge
- verre / glass lens
- branche / temple
- coude / bend
- cambre / earpiece
- bras de plaquette / pad arm
- cercle / rim
- barre / bar

demi-lune / half-glasses

lunettes de soleil / sunglasses

monocle / monocle

PARAPLUIES ET CANNE / UMBRELLA AND WALKING STICK

- rayon / spreader
- parapluie / umbrella
- toile / canopy
- attache / tie
- baleine / rib
- embout de baleine / tip
- manche / shank
- coulant / ring
- poignée / handle
- ferret / tab

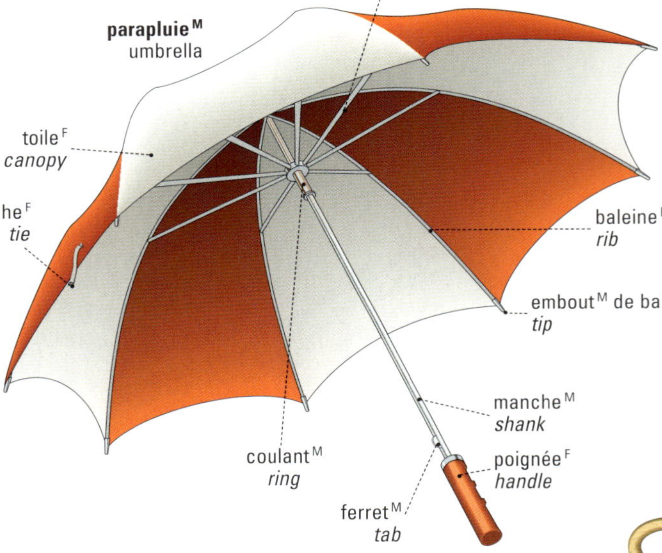

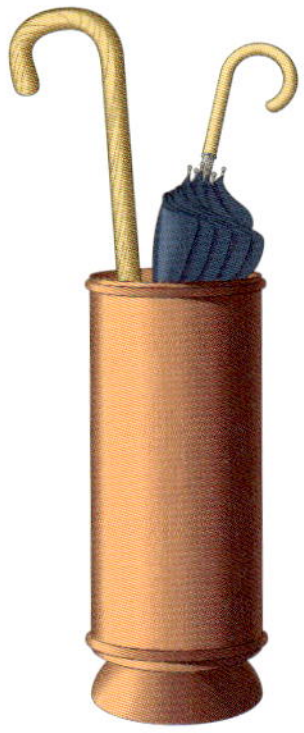

porte-parapluies / umbrella stand

parapluie-canne / stick umbrella

parapluie télescopique / telescopic umbrella
- fourreau / cover
- poussoir d'ouverture / push button

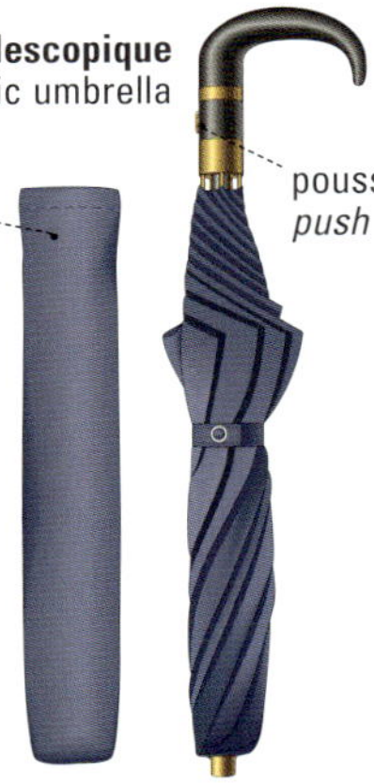

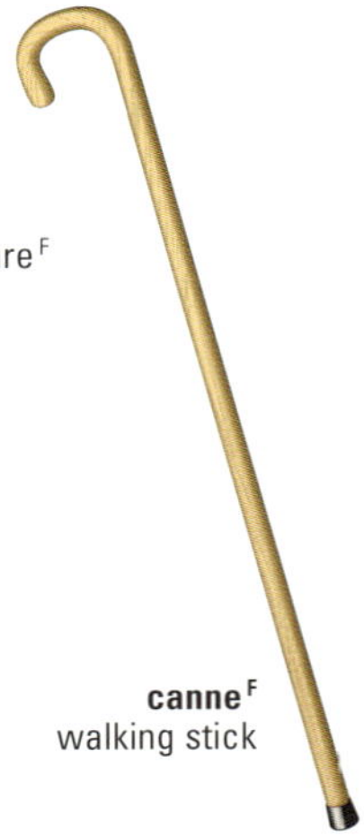

canne / walking stick

OBJETS^M PERSONNELS | PERSONAL ARTICLES

BIJOUTERIE^F
JEWELRY

anneaux^M
hoop earrings

jonc^M
band ring

boucles^F d'oreille^F à tige^F
pierced earrings

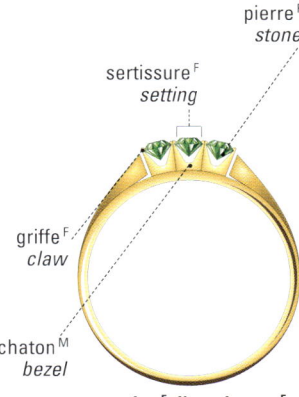
pierre^F / stone
sertissure^F / setting
griffe^F / claw
chaton^M / bezel
parties^F d'une bague^F
parts of a ring

sautoir^M
rope

médaillon^M
locket

broche^F
brooch

gourmette^F
charm bracelet

bracelet^M tubulaire
bangle

collier^M de perles^F, longueur^F matinée^F
matinee-length necklace

pendentif^M
pendant

chevalière^F
signet ring

pierres^F fines
semiprecious stones

améthyste^F
amethyst

lapis-lazuli^M
lapis lazuli

aigue-marine^F
aquamarine

topaze^F
topaz

tourmaline^F
tourmaline

opale^F
opal

turquoise^F
turquoise

grenat^M
garnet

pierres^F précieuses
precious stones

émeraude^F
emerald

saphir^M
sapphire

diamant^M
diamond

rubis^M
ruby

VÊTEMENTS ET OBJETS PERSONNELS

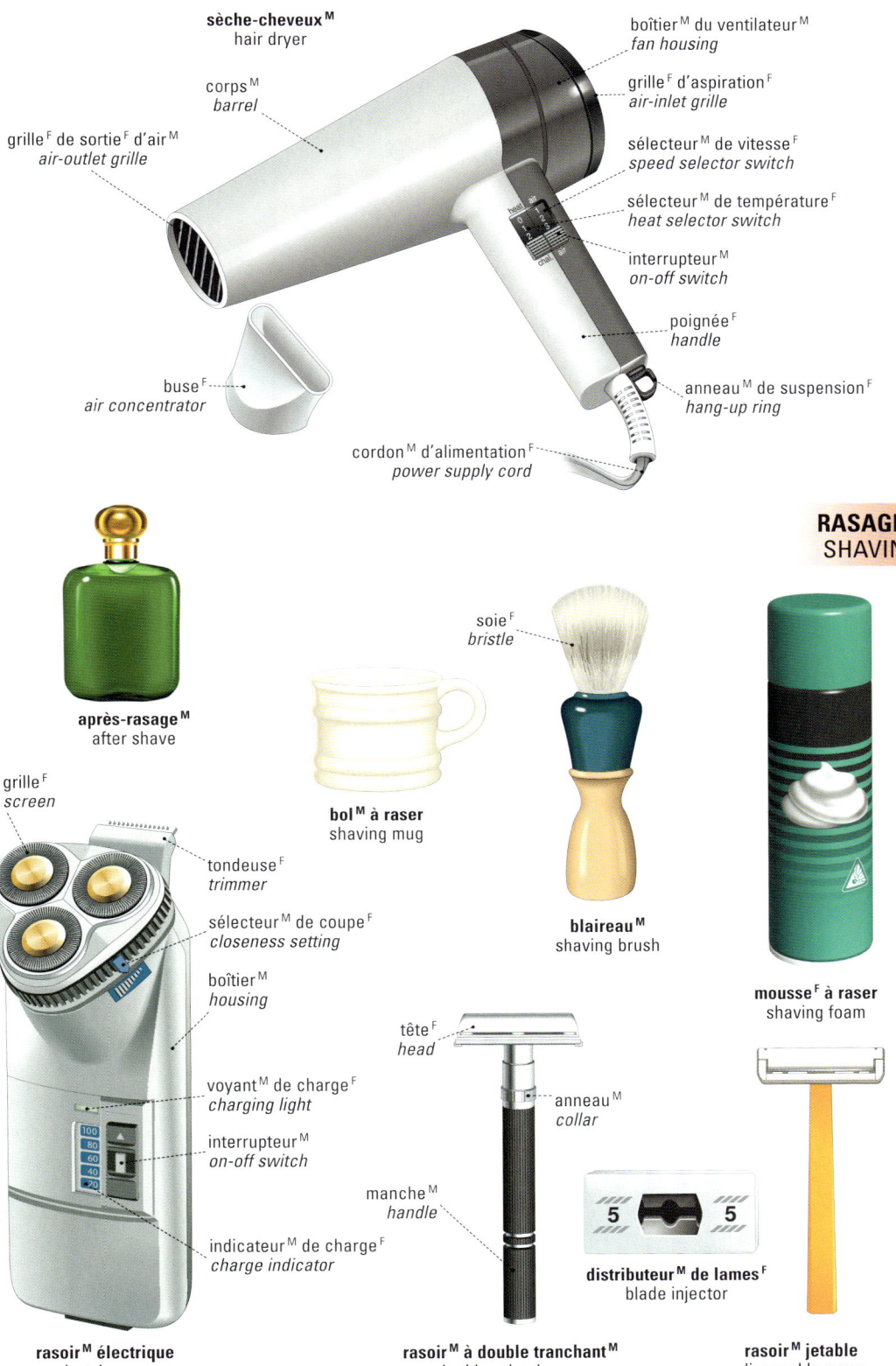

EXTÉRIEUR[M] D'UNE MAISON[F] | EXTERIOR OF A HOUSE

Les matériaux de revêtement, la forme plate ou en pignon d'un toit, la présence d'un garage ou le nombre d'étages sont autant de facteurs déterminant l'aspect extérieur d'une maison. Le terrain entourant la maison est aussi un élément important, qu'il se résume à une toute petite plate-bande de fleurs ou qu'il soit assez vaste pour accueillir une piscine, un jardin potager et une remise.

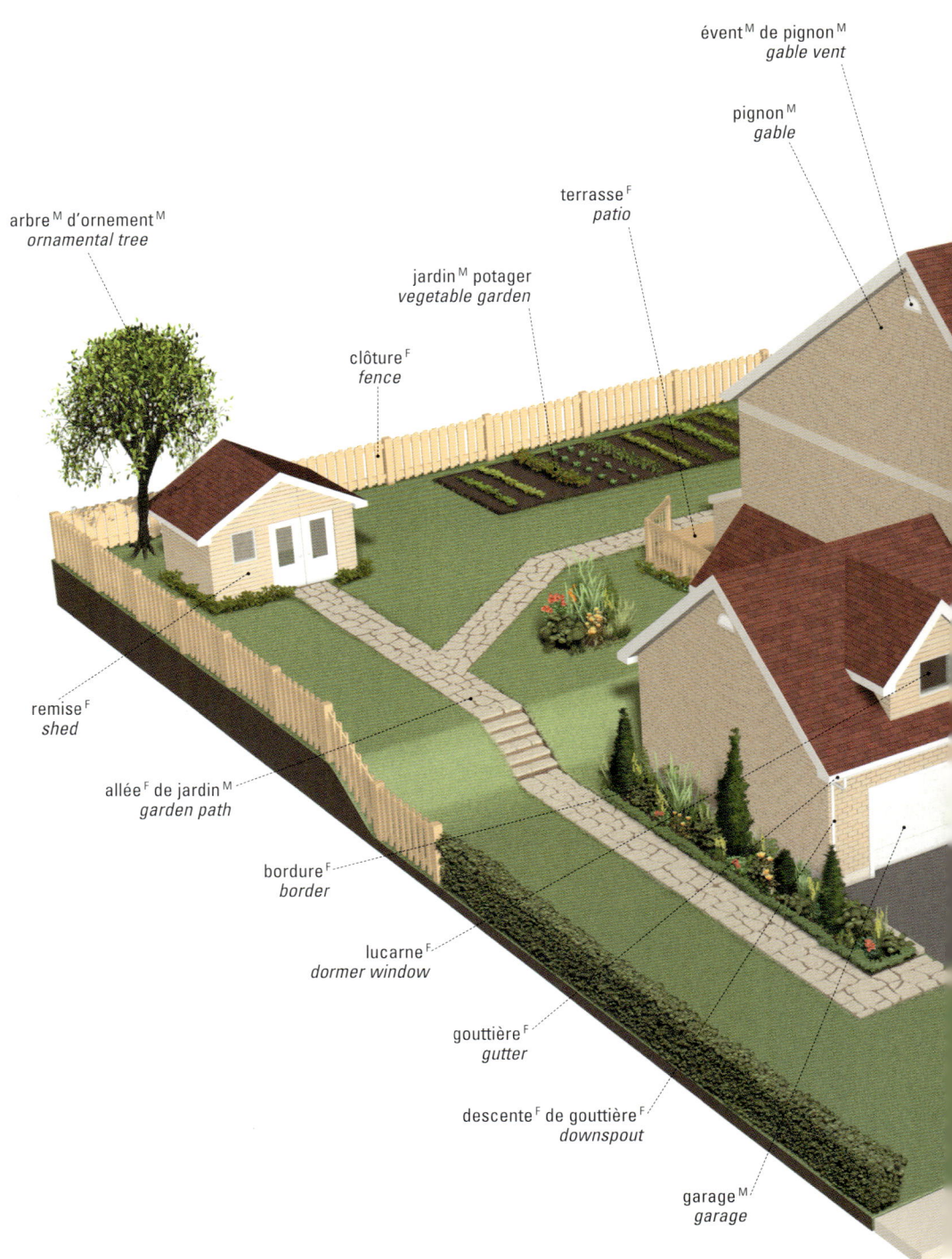

évent[M] de pignon[M] / gable vent
pignon[M] / gable
terrasse[F] / patio
jardin[M] potager / vegetable garden
clôture[F] / fence
arbre[M] d'ornement[M] / ornamental tree
remise[F] / shed
allée[F] de jardin[M] / garden path
bordure[F] / border
lucarne[F] / dormer window
gouttière[F] / gutter
descente[F] de gouttière[F] / downspout
garage[M] / garage

ÉLÉMENTS^M DE LA MAISON^F | ELEMENTS OF A HOUSE

Qu'elles soient faites en bois, en brique ou en paille, toutes les maisons sont constituées d'éléments de base dont un toit et quatre murs. Ces derniers sont toujours percés d'une porte extérieure qui permet aux gens d'entrer ou de quitter les lieux. D'autres ouvertures, comme les fenêtres, sont aussi aménagées pour laisser pénétrer la lumière et l'air frais. Les maisons modernes comportent de nombreuses portes et fenêtres de styles variés.

PORTE^F
DOOR

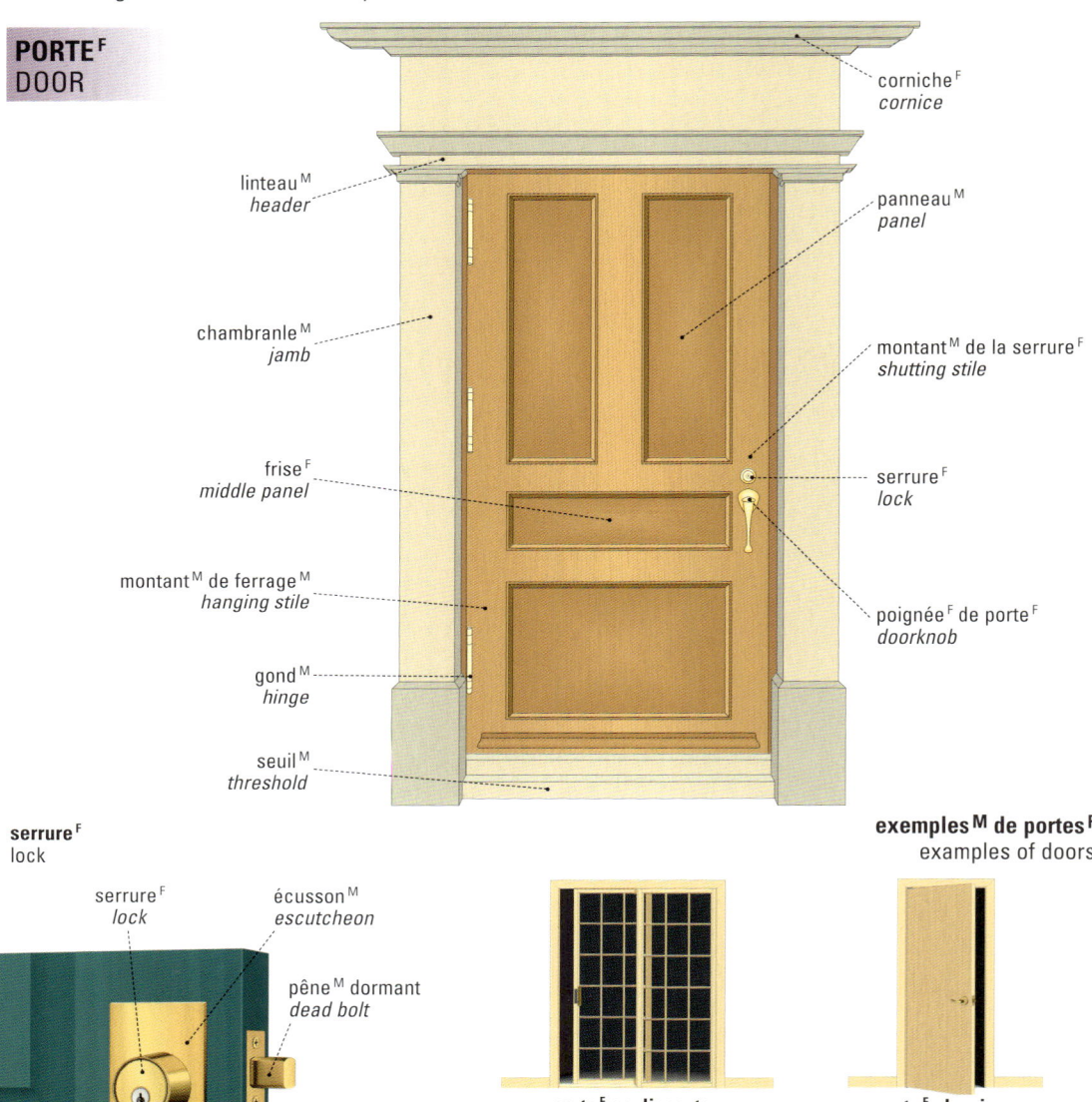

ÉLÉMENTS DE LA MAISON | ELEMENTS OF A HOUSE

FENÊTRE
WINDOW

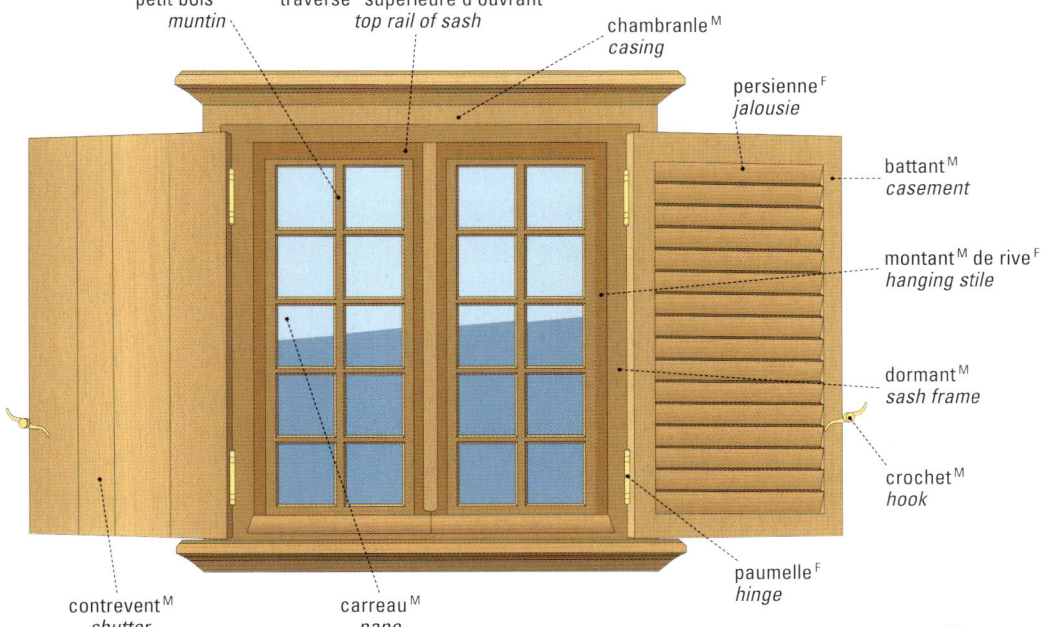

petit bois / muntin
traverse supérieure d'ouvrant / top rail of sash
chambranle / casing
persienne / jalousie
battant / casement
montant de rive / hanging stile
dormant / sash frame
crochet / hook
paumelle / hinge
contrevent / shutter
carreau / pane

exemples de fenêtres
examples of windows

fenêtre à la française
French window

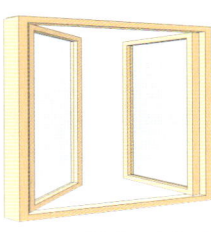

fenêtre à l'anglaise
casement window

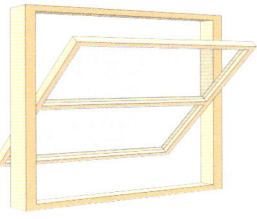

fenêtre basculante
horizontal pivoting window

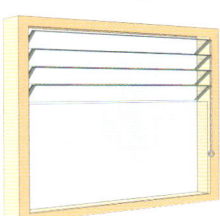

fenêtre à jalousies
louvered window

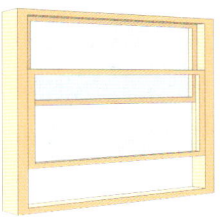

fenêtre à guillotine
sash window

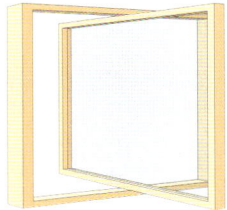

fenêtre pivotante
vertical pivoting window

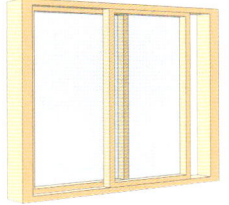

fenêtre coulissante
sliding window

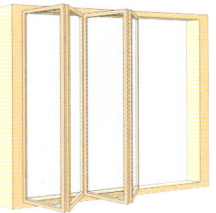

fenêtre en accordéon
sliding folding window

MAISON

137

PRINCIPALES PIÈCES[F] D'UNE MAISON[F] | MAIN ROOMS

Les pièces d'une maison sont ou bien situées sur un même niveau ou réparties sur plusieurs. Dans notre monde moderne, le nombre de pièces varie beaucoup d'une maison à l'autre selon les besoins et le budget de la famille. Toute maison de taille importante compte parmi ses pièces principales une cuisine, une salle à manger, un salon, une salle de bains et au moins une chambre.

ÉLÉVATION[F]
ELEVATION

mezzanine[F] / *mezzanine floor*
étage[M] / *second floor*
rez-de-chaussée[M] / *first floor*
sous-sol[M] / *basement*

REZ-DE-CHAUSSÉE[M]
FIRST FLOOR

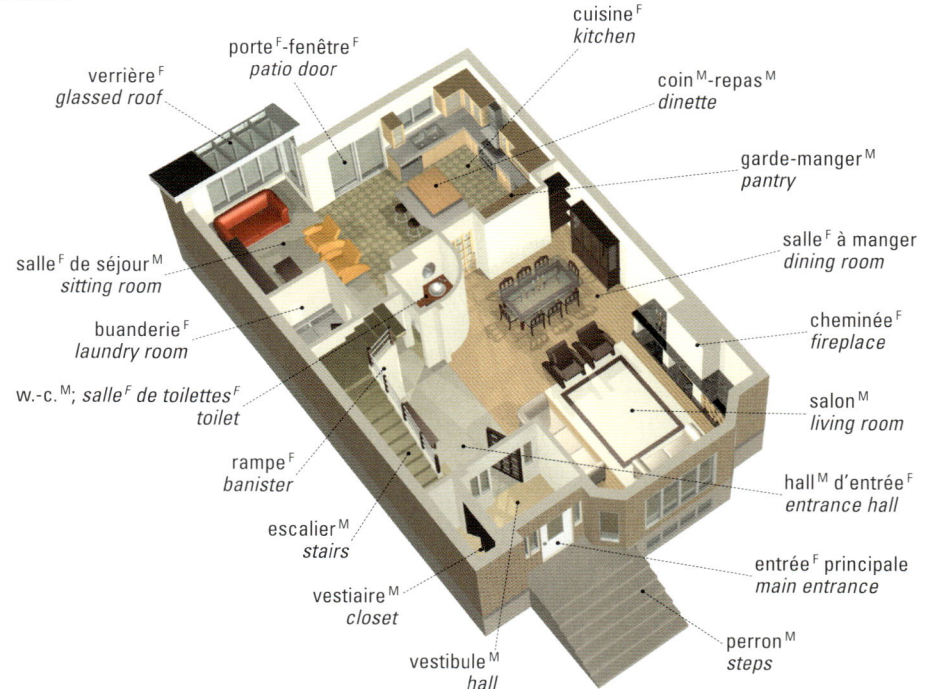

verrière[F] / *glassed roof*
porte[F]-fenêtre[F] / *patio door*
cuisine[F] / *kitchen*
coin[M]-repas[M] / *dinette*
garde-manger[M] / *pantry*
salle[F] à manger / *dining room*
cheminée[F] / *fireplace*
salon[M] / *living room*
hall[M] d'entrée[F] / *entrance hall*
entrée[F] principale / *main entrance*
perron[M] / *steps*
salle[F] de séjour[M] / *sitting room*
buanderie[F] / *laundry room*
w.-c.[M]; salle[F] de toilettes[F] / *toilet*
rampe[F] / *banister*
escalier[M] / *stairs*
vestiaire[M] / *closet*
vestibule[M] / *hall*

PRINCIPALES PIÈCES F D'UNE MAISON F | MAIN ROOMS

ÉTAGE M
SECOND FLOOR

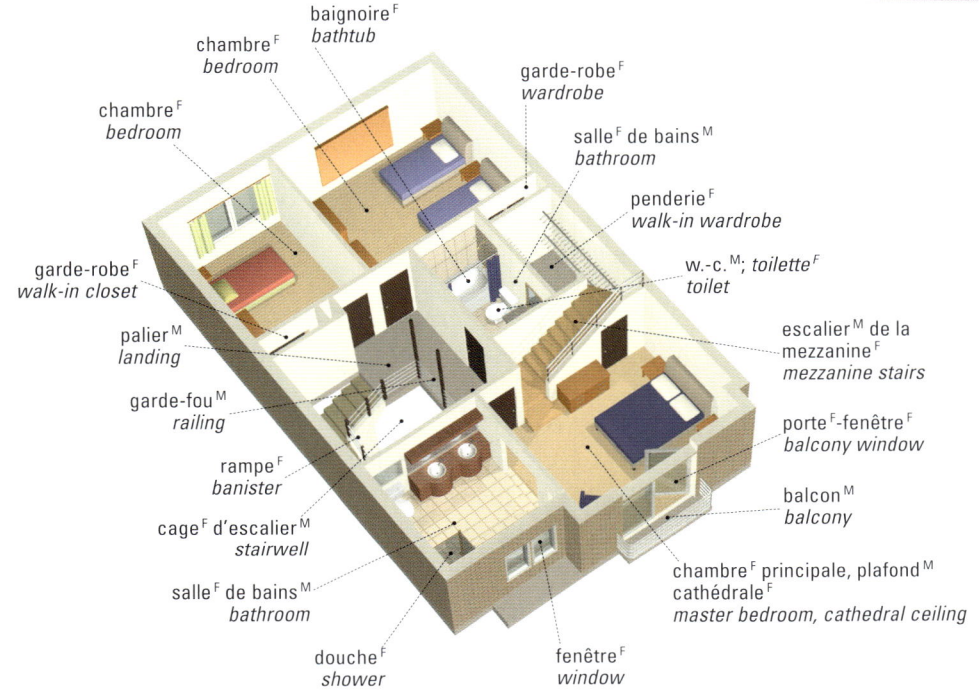

MEZZANINE F
MEZZANINE FLOOR

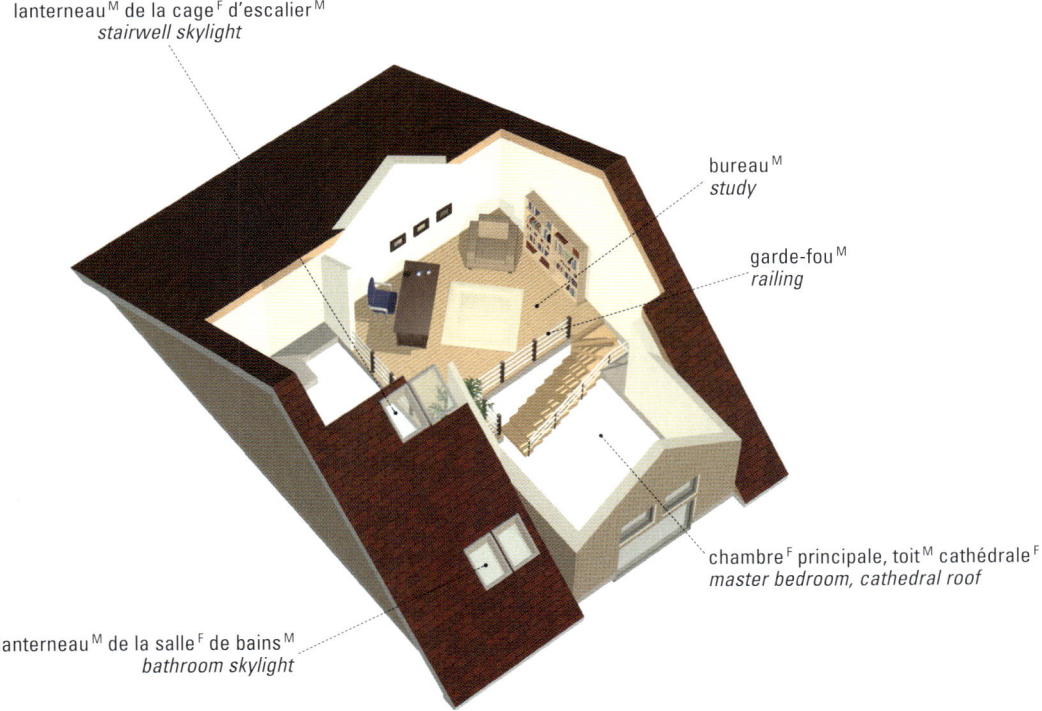

AMEUBLEMENT^M DE LA MAISON^F | HOUSE FURNITURE

L'ameublement est l'ensemble des meubles d'un appartement ou d'une maison. Qu'ils servent à s'asseoir, à s'allonger ou à ranger des objets, les meubles sont le reflet d'une culture et d'une époque. Ils doivent aussi s'accorder au mode de vie. Les nomades, par exemple, ne s'embarrassent pas de meubles superflus. Par ailleurs, dans les pays non développés, de nombreuses personnes sont trop pauvres pour posséder la moindre pièce de mobilier.

SIÈGES^M, CHAISES^F ET FAUTEUILS^M
SEATS, SIDE CHAIRS AND ARMCHAIRS

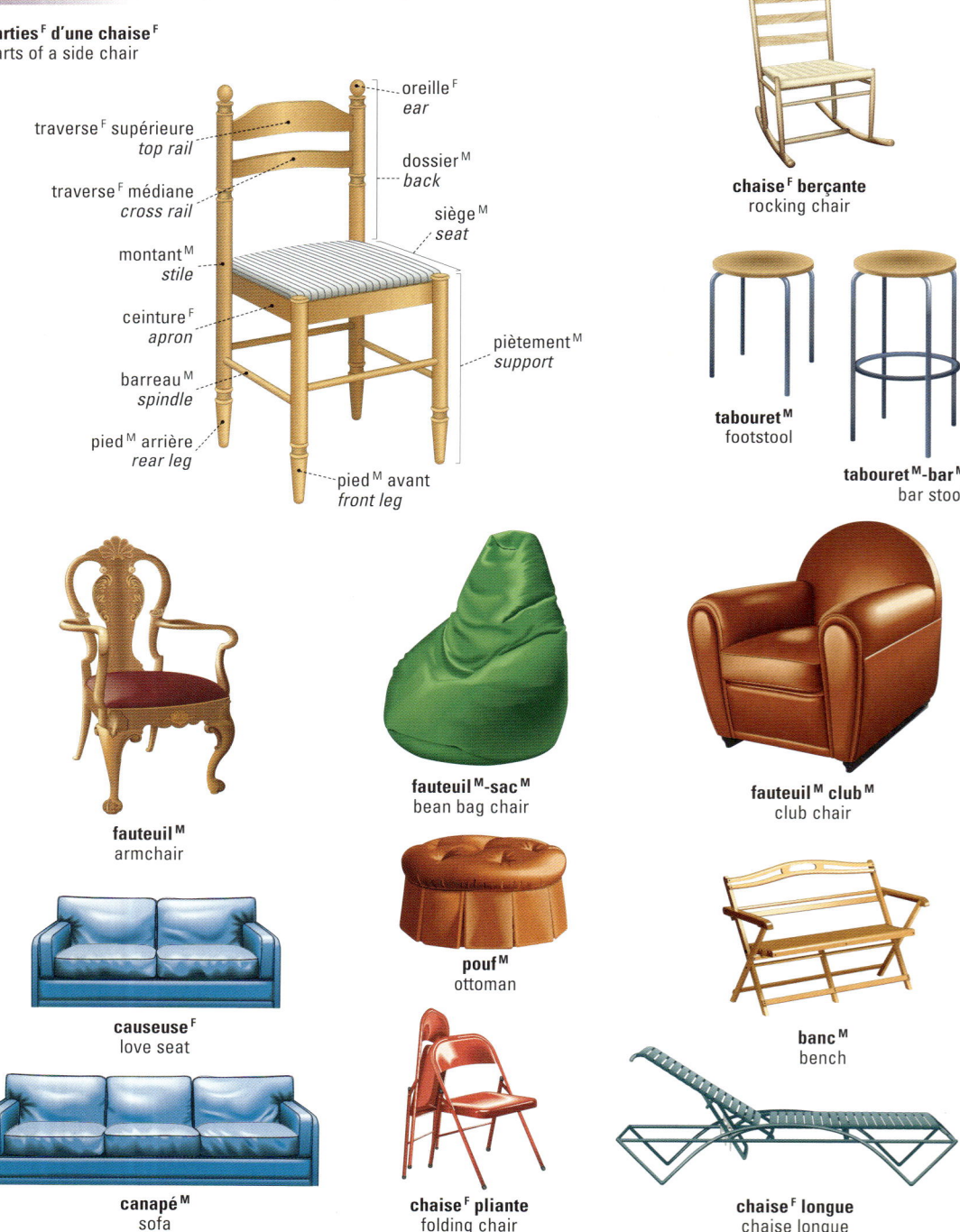

parties^F d'une chaise^F
parts of a side chair

- traverse^F supérieure / top rail
- traverse^F médiane / cross rail
- montant^M / stile
- ceinture^F / apron
- barreau^M / spindle
- pied^M arrière / rear leg
- oreille^F / ear
- dossier^M / back
- siège^M / seat
- piètement^M / support
- pied^M avant / front leg

chaise^F berçante — rocking chair

tabouret^M — footstool

tabouret^M-bar^M — bar stool

fauteuil^M — armchair

fauteuil^M-sac^M — bean bag chair

fauteuil^M club^M — club chair

causeuse^F — love seat

pouf^M — ottoman

banc^M — bench

canapé^M — sofa

chaise^F pliante — folding chair

chaise^F longue — chaise longue

MAISON

AMEUBLEMENT^M DE LA MAISON^F | HOUSE FURNITURE

armoire^F
armoire

- corniche^F / cornice
- frise^F / frieze
- dormant^M / center post
- serrure^F / lock
- montant^M de bâti^M / frame stile
- gond^M / hinge
- pied^M / foot
- soubassement^M / bracket base

MEUBLES^M DE RANGEMENT^M
STORAGE FURNITURE

commode^F
dresser

chiffonnier^M
chiffonier

table^F à langer
changing table

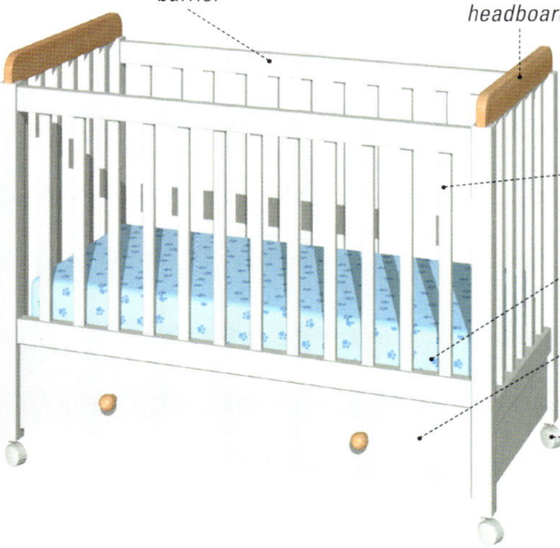

MEUBLES^M D'ENFANTS^M
CHILDREN'S FURNITURE

chaise^F haute
high chair

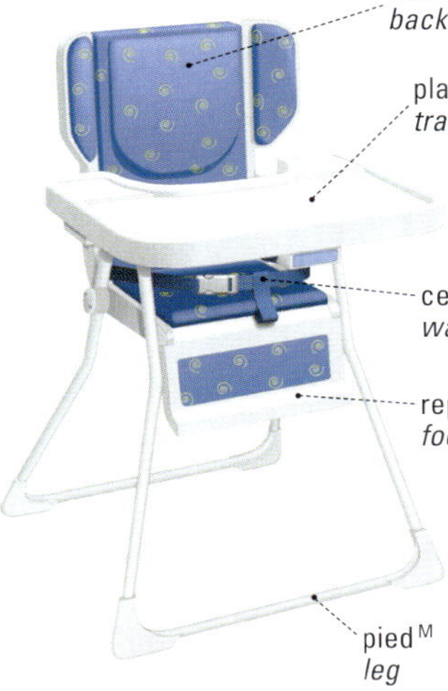

- dossier^M / back
- plateau^M / tray
- ceinture^F ventrale / waist belt
- repose-pieds^M / footrest
- pied^M / leg

lit^M à barreaux^M
crib

- barrière^F / barrier
- tête^F de lit^M / headboard
- barreau^M / slat
- matelas^M / mattress
- tiroir^M / drawer
- roulette^F / caster

rehausseur^M
booster seat

MAISON

141

AMEUBLEMENT[M] DE LA MAISON[F] | HOUSE FURNITURE

LIT[M]
BED

parties[F]
parts

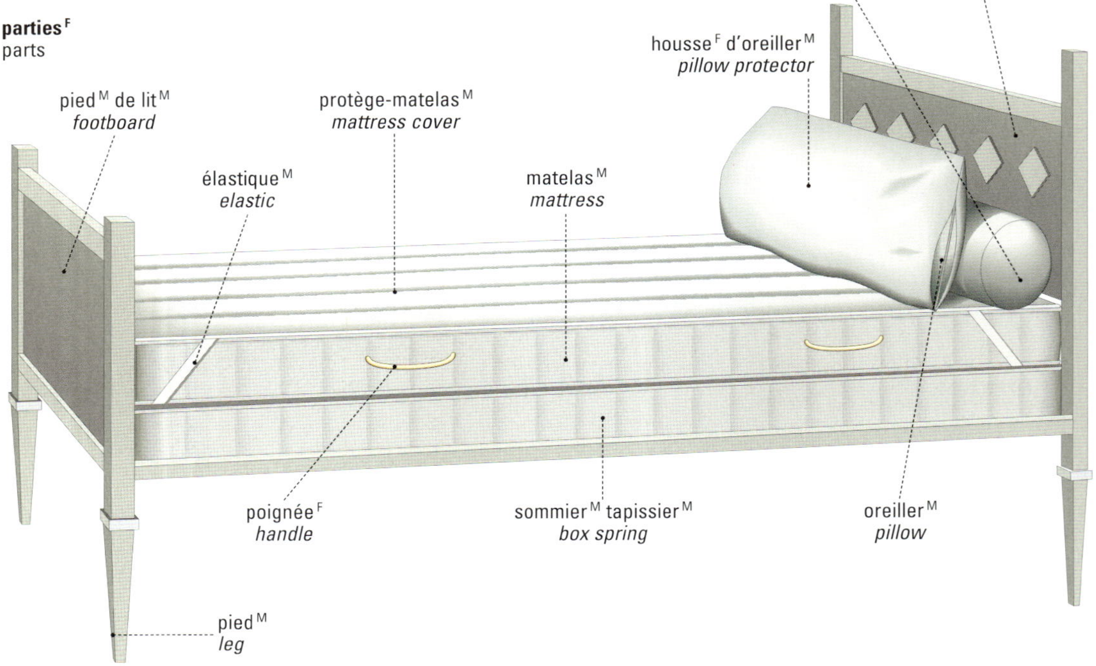

- pied[M] de lit[M] / footboard
- protège-matelas[M] / mattress cover
- élastique[M] / elastic
- matelas[M] / mattress
- traversin[M] / bolster
- tête[F] de lit[M] / headboard
- housse[F] d'oreiller[M] / pillow protector
- poignée[F] / handle
- sommier[M] tapissier[M] / box spring
- oreiller[M] / pillow
- pied[M] / leg

literie[F]
linen

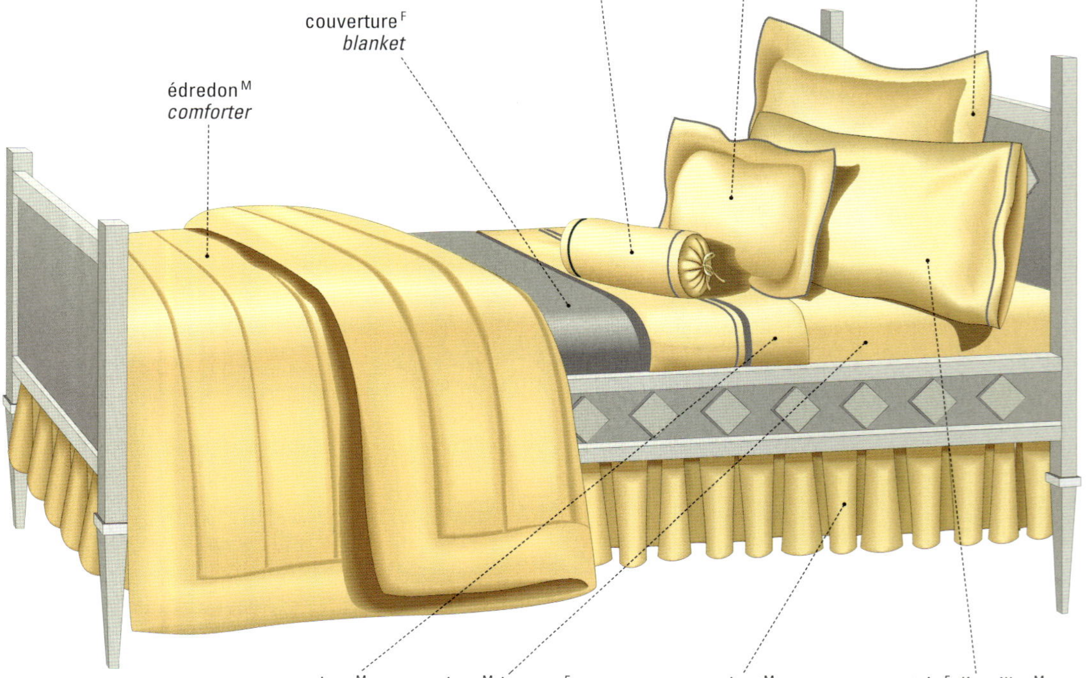

- édredon[M] / comforter
- couverture[F] / blanket
- polochon[M] / neckroll
- coussin[M] carré / scatter cushion
- couvre-oreiller[M] / sham
- drap[M] / flat sheet
- drap[M]-housse[F] / fitted sheet
- volant[M] / valance
- taie[F] d'oreiller[M] / pillowcase

MAISON

CUISINE[F] | KITCHEN

Qu'elle se limite à un coin repas ou qu'elle occupe une vaste pièce, la cuisine est l'endroit où l'on prépare les repas. La cuisine moderne est équipée d'un réfrigérateur, d'une cuisinière et de toute une gamme de petits appareils électroménagers et ustensiles divers. Les cuisiniers ont maintenant à leur disposition des outils variés les aidant à préparer et à cuire des aliments de façon rapide et efficace.

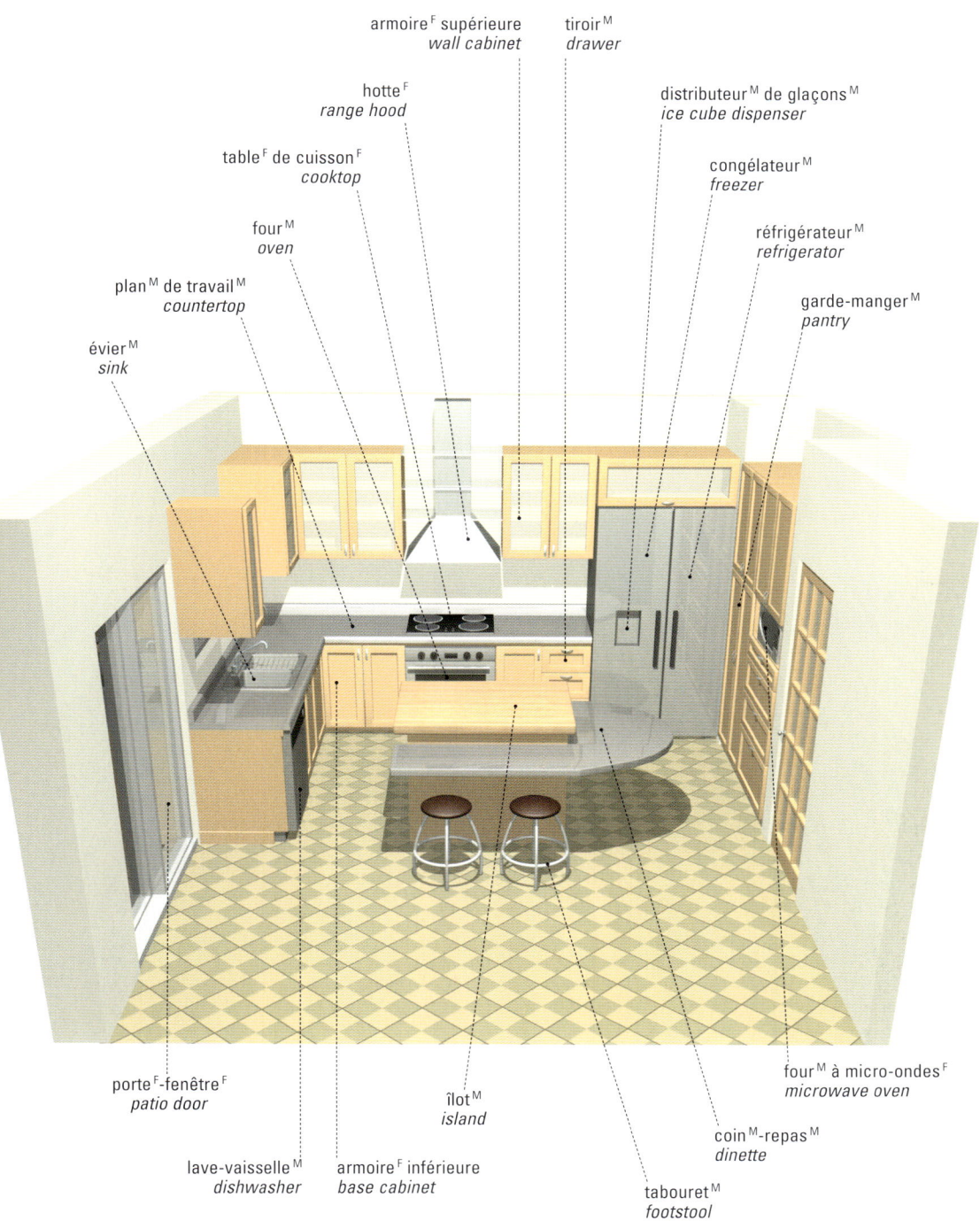

armoire[F] supérieure / wall cabinet
tiroir[M] / drawer
hotte[F] / range hood
distributeur[M] de glaçons[M] / ice cube dispenser
table[F] de cuisson[F] / cooktop
congélateur[M] / freezer
four[M] / oven
réfrigérateur[M] / refrigerator
plan[M] de travail[M] / countertop
garde-manger[M] / pantry
évier[M] / sink
porte[F]-fenêtre[F] / patio door
îlot[M] / island
four[M] à micro-ondes[F] / microwave oven
lave-vaisselle[M] / dishwasher
armoire[F] inférieure / base cabinet
tabouret[M] / footstool
coin[M]-repas[M] / dinette

MAISON

CUISINE^F | KITCHEN

VERRES^M
GLASSWARE

verre^M ordinaire
tumbler; glass

verre^M à bourgogne^M
burgundy glass

verre^M à vin^M blanc
white wine glass

coupe^F à mousseux^M
sparkling wine glass

flûte^F à champagne^M
champagne flute

carafe^F
decanter

carafon^M
small decanter

chope^F à bière^F
beer mug

MAISON

VAISSELLE^F
DINNERWARE

tasse^F à thé^M
cup

tasse^F à café^M
demitasse

beurrier^M
butter dish

sucrier^M
sugar bowl

crémier^M
creamer

chope^F à café^M
coffee mug

salière^F
salt shaker

ramequin^M
ramekin

poivrière^F
pepper shaker

saucière^F
gravy boat

144

CUISINE F | KITCHEN

bol M
soup bowl

assiette F **creuse**
rim soup bowl

assiette F **plate**
dinner plate

assiette F **à salade** F
salad plate

assiette F **à dessert** M
bread and butter plate

bol M **à salade** F
salad dish

plat M **ovale**
platter

saladier M
salad bowl

plat M **à poisson** M
fish platter

légumier M
vegetable bowl

pichet M
water pitcher

théière F
teapot

soupière F
soup tureen

MAISON

145

CUISINE^F | KITCHEN

COUVERT^M
SILVERWARE

CUISINE^F | KITCHEN

USTENSILES^M DE CUISINE^F
KITCHEN UTENSILS

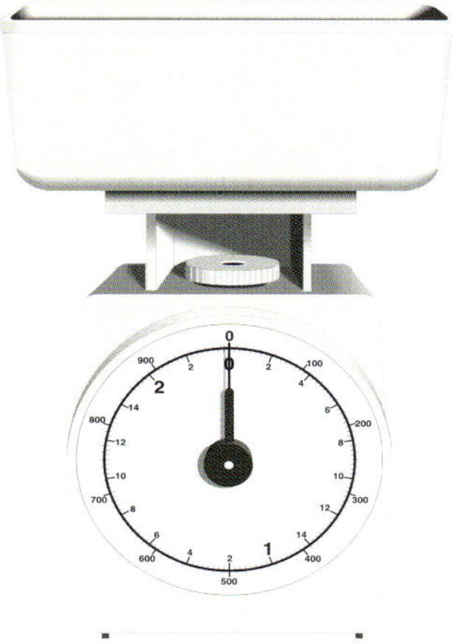

balance^F de cuisine^F
kitchen scale

presse-agrumes^M
citrus juicer

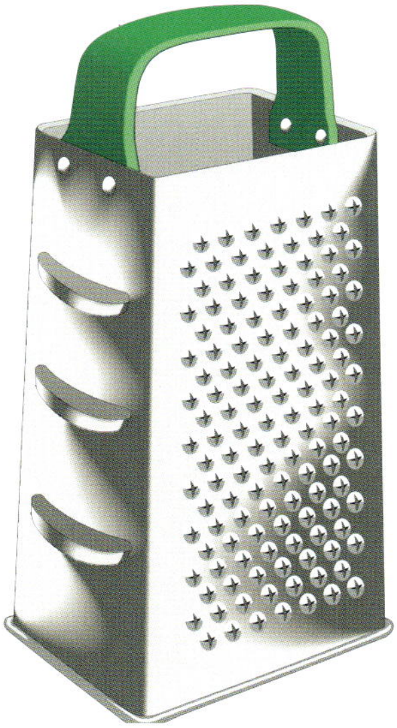

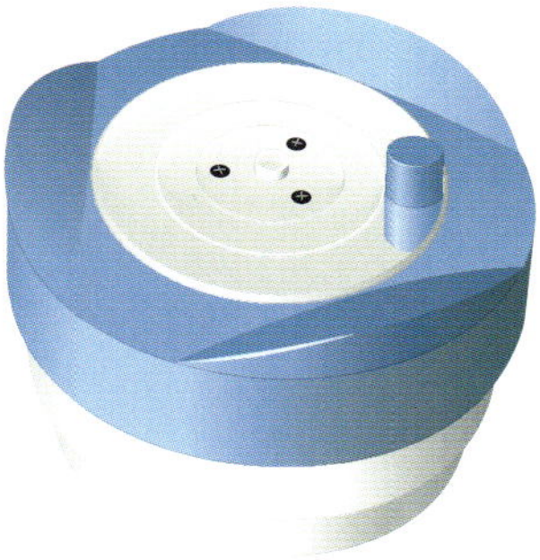

essoreuse^F à salade^F
salad spinner

passoire^F
colander

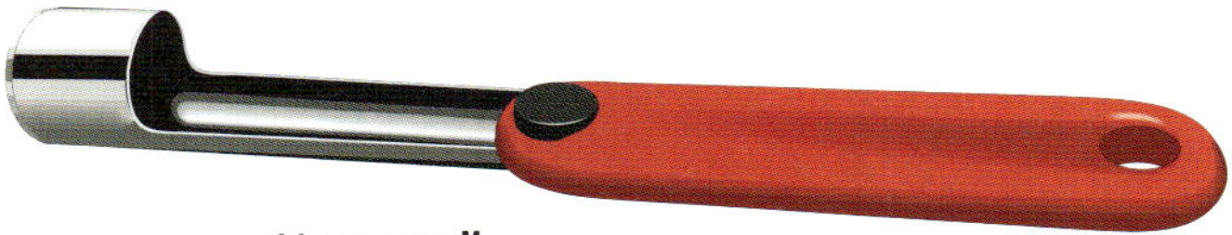

râpe^F
grater

vide-pomme^M
apple corer

éplucheur^M
peeler

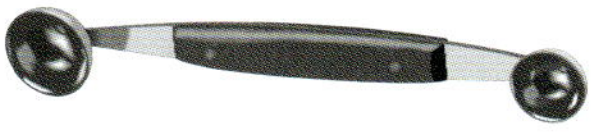

cuiller^F parisienne
melon baller

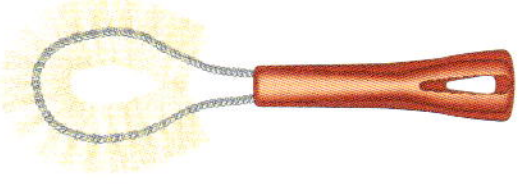

brosse^F à légumes^M
vegetable brush

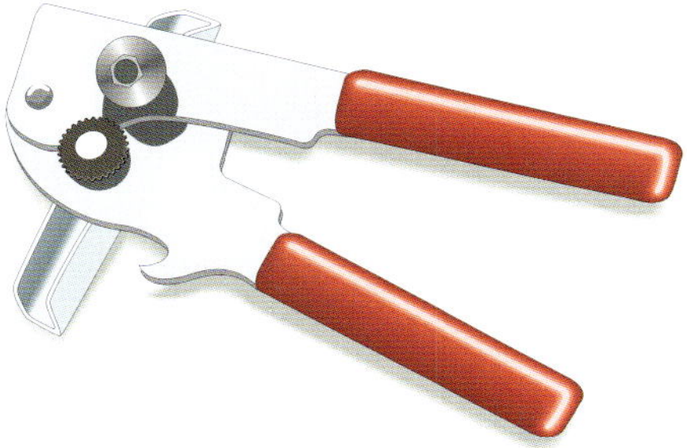

ouvre-boîtes^M
can opener

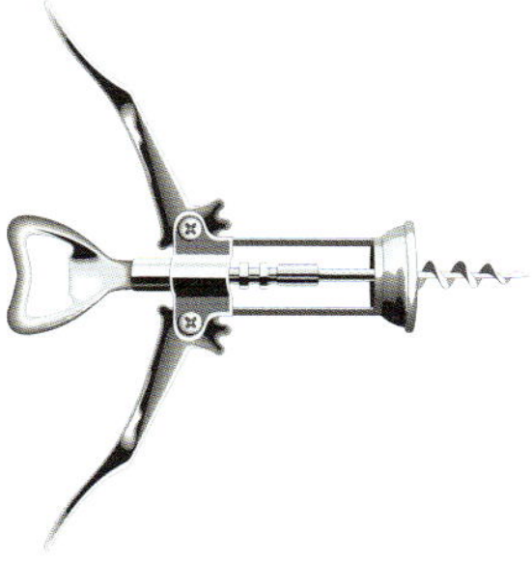

tire-bouchon^M à levier^M
lever corkscrew

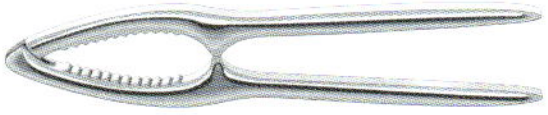

casse-noix^M
nutcracker

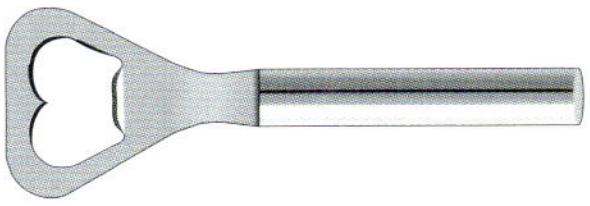

décapsuleur^M
bottle opener

MAISON

147

CUISINE[F] | KITCHEN

APPAREILS[M] ÉLECTROMÉNAGERS
DOMESTIC APPLIANCES

mélangeur[M]
blender

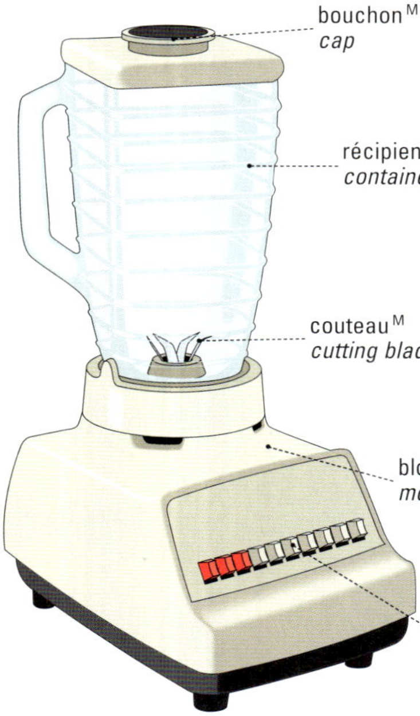

- **bouchon**[M] / *cap*
- **récipient**[M] / *container*
- **couteau**[M] / *cutting blade*
- **bloc**[M]-**moteur**[M] / *motor unit*
- **bouton**[M]-**poussoir**[M] / *push button*

robot[M] **de cuisine**[F]
food processor

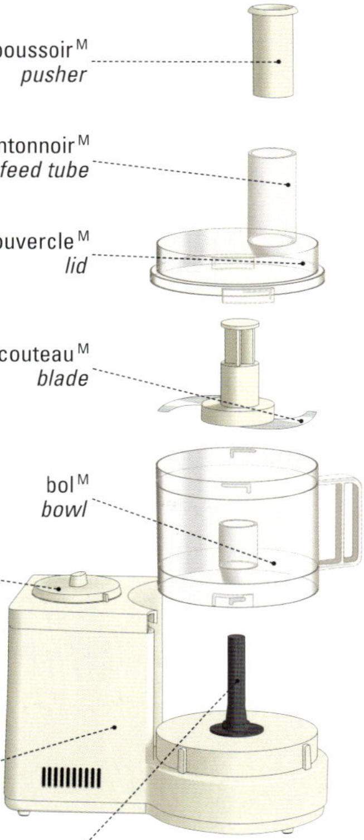

- **poussoir**[M] / *pusher*
- **entonnoir**[M] / *feed tube*
- **couvercle**[M] / *lid*
- **couteau**[M] / *blade*
- **bol**[M] / *bowl*
- **sélecteur**[M] **de vitesse**[F] / *speed selector*
- **bloc**[M]-**moteur**[M] / *motor unit*
- **arbre**[M] / *spindle*

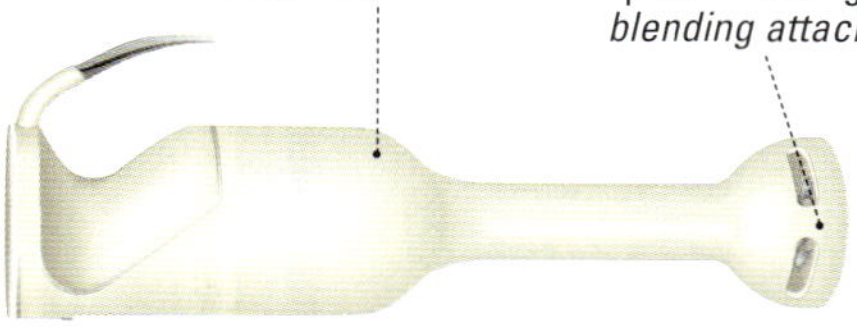

bloc[M]-**moteur**[M] / *motor unit*
pied[M]-**mélangeur**[M] / *blending attachment*

mélangeur[M] **à main**[F]
hand blender

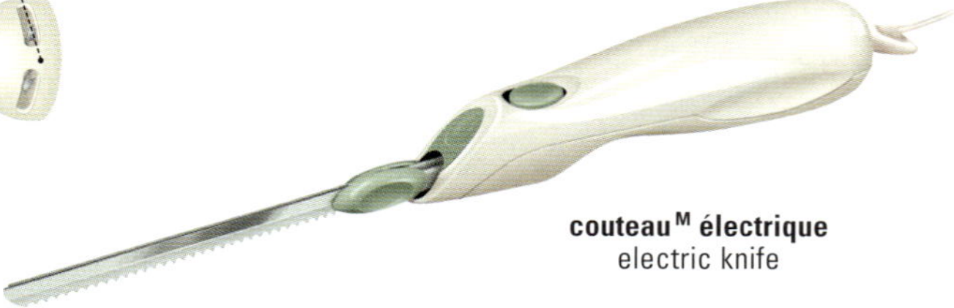

couteau[M] **électrique**
electric knife

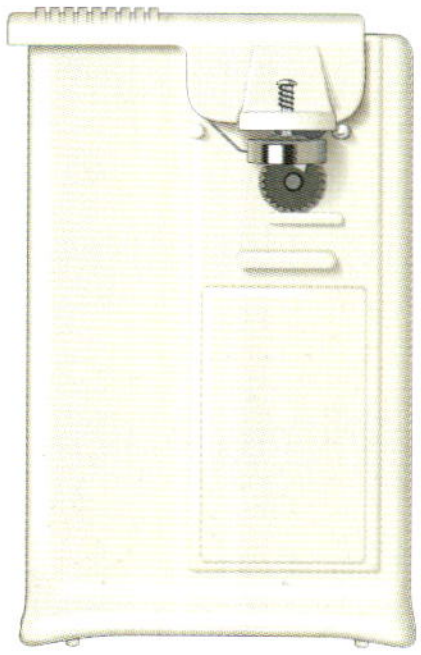

ouvre-boîtes[M]
can opener

batteur[M] **à main**[F]
hand mixer

gaufrier[M]-**gril**[M]
waffle iron

MAISON

150

CUISINE[F] | KITCHEN

réfrigérateur[M]
refrigerator

- congélateur[M] / freezer compartment
- bac[M] à glaçons[M] / ice cube tray
- butée[F] de porte[F] / door stop
- porte[F] / freezer door
- joint[M] magnétique / magnetic gasket
- poignée[F] / handle
- commande[F] de température[F] / thermostat control
- interrupteur[M] / switch
- œufrier[M] / egg tray
- casier[M] à beurre[M] / butter compartment
- casier[M] laitier / dairy compartment
- porte[F] étagère[F] / storage door
- balconnet[M] / door shelf
- barre[F] de retenue[F] / guard rail
- bac[M] à viande[F] / meat keeper
- clayette[F] / shelf
- crémaillère[F] / shelf channel
- bac[M] à légumes[M] / crisper
- tablette[F] de verre[M] / glass cover
- réfrigérateur[M] / refrigerator compartment

four[M] à micro-ondes[F]
microwave oven

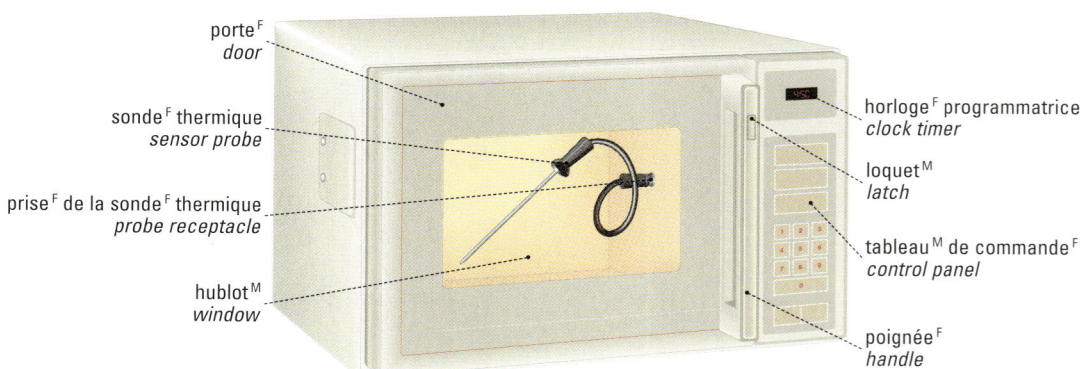

- porte[F] / door
- sonde[F] thermique / sensor probe
- prise[F] de la sonde[F] thermique / probe receptacle
- hublot[M] / window
- horloge[F] programmatrice / clock timer
- loquet[M] / latch
- tableau[M] de commande[F] / control panel
- poignée[F] / handle

MAISON

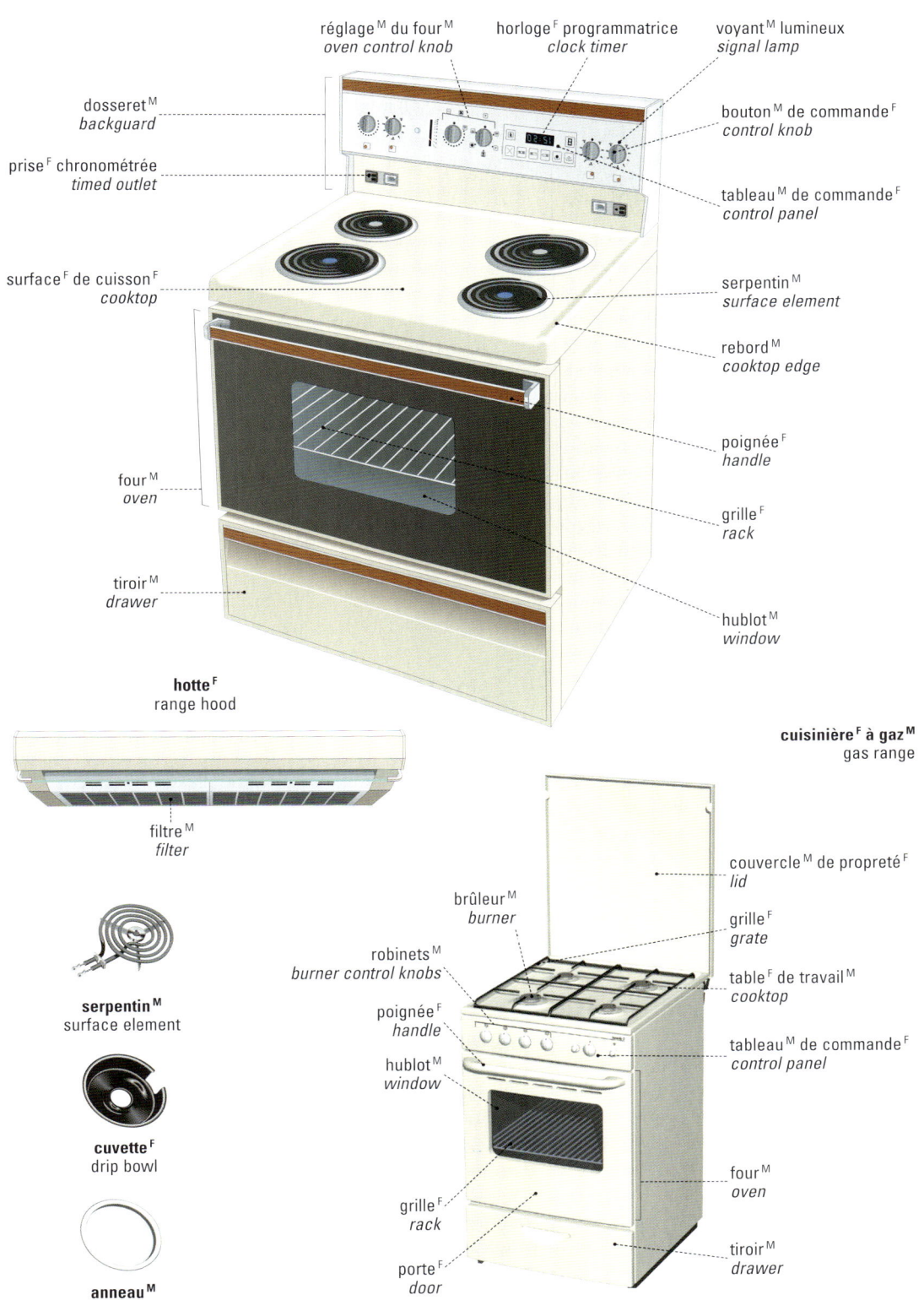

SALLE^F DE BAINS^M | BATHROOM

Prendre un bain est une activité vieille comme le monde. Il a toutefois fallu attendre jusqu'au 19e siècle pour voir apparaître la première salle de bains avec eau courante. Dans les maisons modernes, cette pièce est souvent équipée d'une toilette, d'un lavabo, d'une douche et d'une baignoire. Petite ou grande, simple ou luxueuse, la salle de bains est avant tout un endroit consacré à l'hygiène.

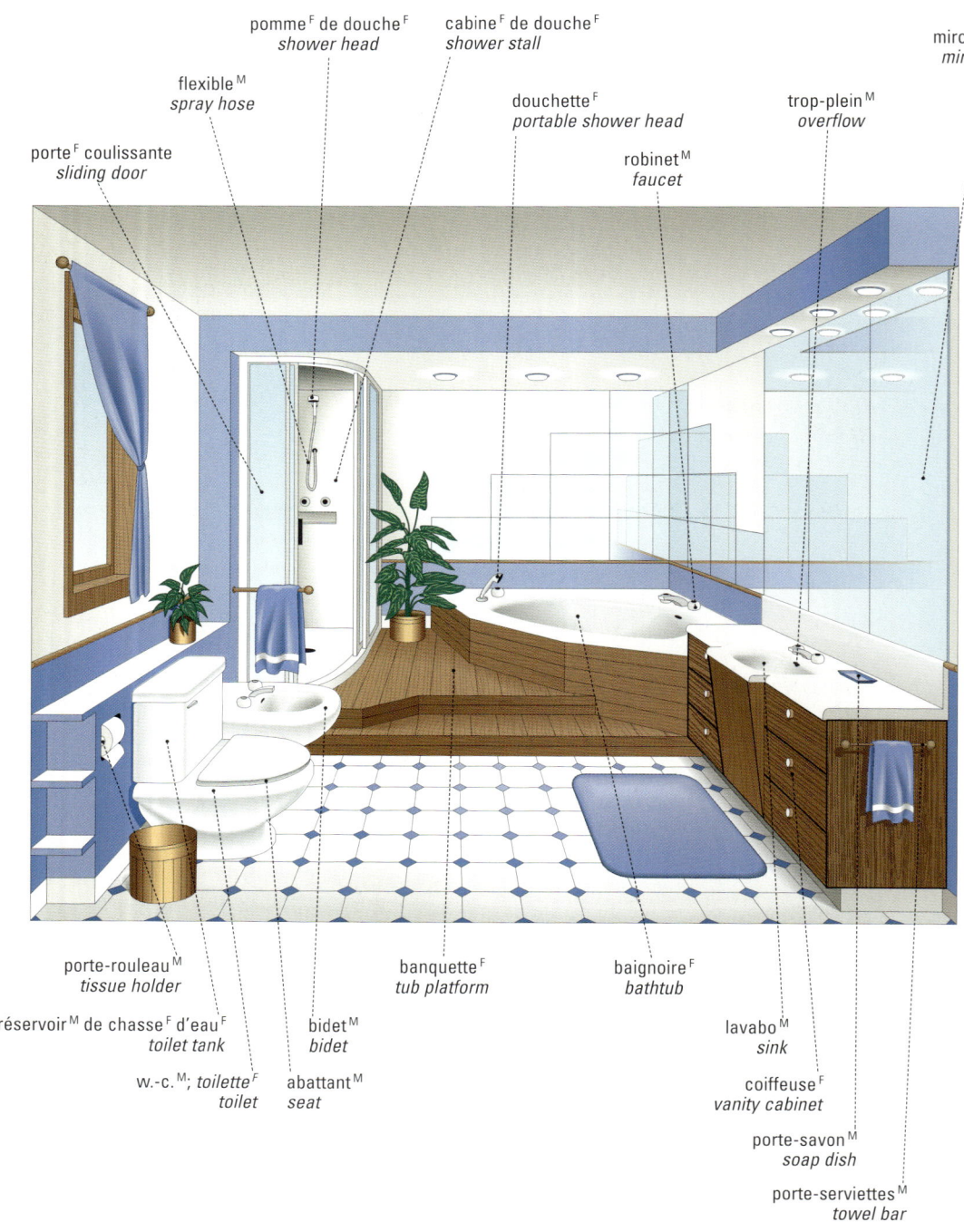

ÉCLAIRAGE ET CHAUFFAGE | LIGHTING AND HEATING

Les conditions de lumière et de température contribuent au confort d'une habitation. Avec des luminaires et des lampes diverses, l'éclairage peut s'adapter à la vocation de chaque pièce. Le chauffage doit maintenir une température agréable, qu'il soit direct, comme dans le cas de la cheminée, ou indirect, comme dans le cas d'un système central qui distribue la chaleur dans toutes les pièces à partir d'un point unique.

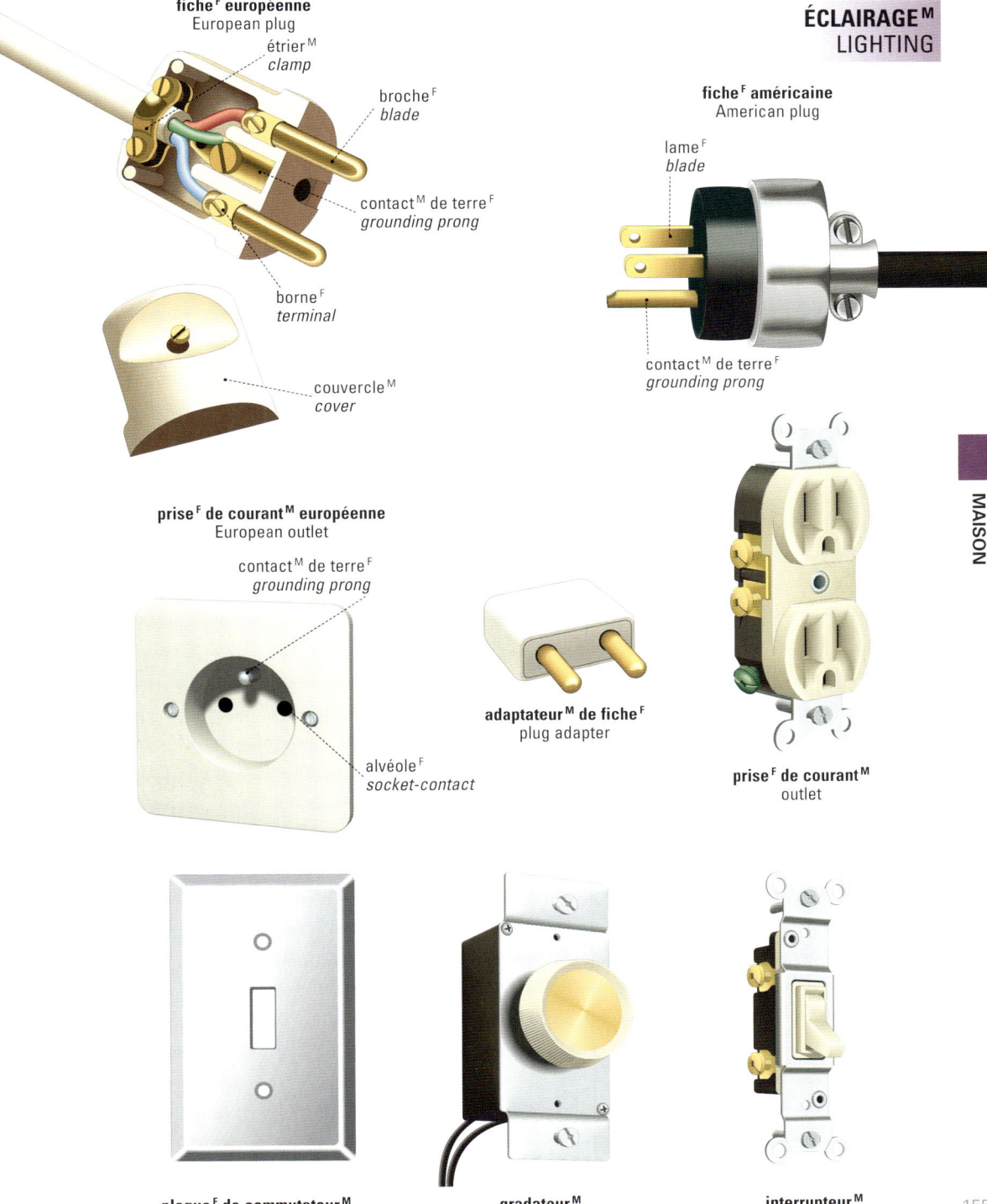

ÉCLAIRAGE / LIGHTING

fiche européenne / European plug
étrier / clamp
broche / blade
contact de terre / grounding prong
borne / terminal
couvercle / cover

prise de courant européenne / European outlet
contact de terre / grounding prong
alvéole / socket-contact

fiche américaine / American plug
lame / blade
contact de terre / grounding prong

adaptateur de fiche / plug adapter

prise de courant / outlet

plaque de commutateur / switch plate

gradateur / dimmer switch

interrupteur / switch

ÉCLAIRAGE^M ET CHAUFFAGE^M | LIGHTING AND HEATING

ampe^F à incandescence^F
ncandescent lamp

- filament^M / *filament*
- gaz^M inerte / *inert gas*
- entrée^F de courant^M / *lead-in wire*
- culot^M / *base*

lampe^F à économie^F d'énergie^F
energy saving bulb

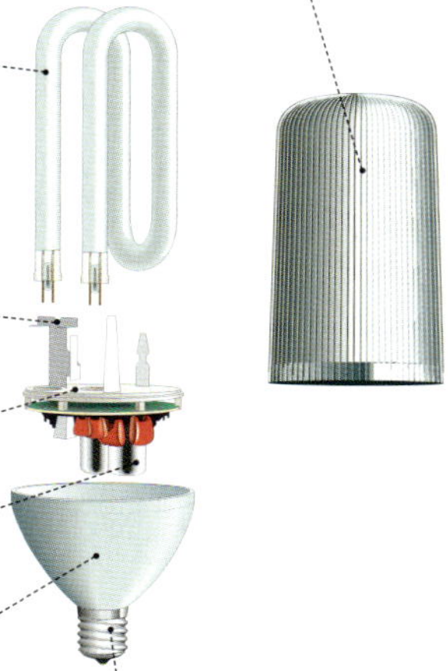

- ampoule^F / *bulb*
- tube^M fluorescent / *fluorescent tube*
- attache^F du tube^M / *tube retention clip*
- plaque^F de montage^M / *mounting plate*
- ballast^M électronique / *electronic ballast*
- boîtier^M / *housing*
- culot^M / *base*

ampoule^F
bulb

culot^M à vis^F
screw base

culot^M à baïonnette^F
bayonet base

douille^F de lampe^F
lamp socket

tube^M fluorescent
fluorescent tube

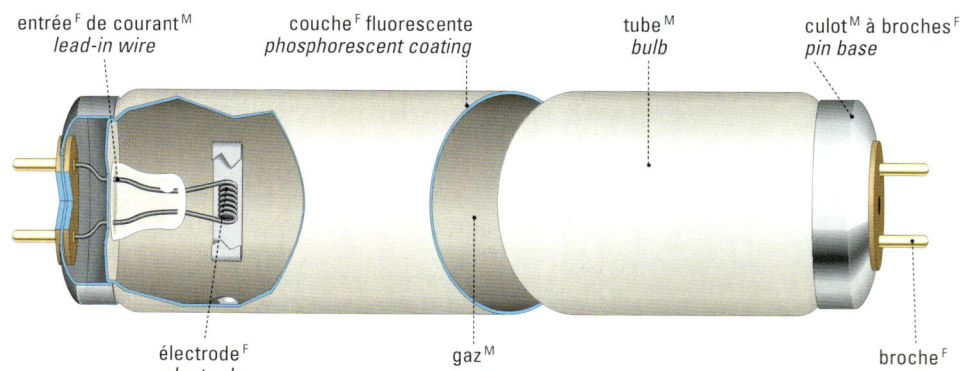

- entrée^F de courant^M / *lead-in wire*
- couche^F fluorescente / *phosphorescent coating*
- tube^M / *bulb*
- culot^M à broches^F / *pin base*
- électrode^F / *electrode*
- gaz^M / *gas*
- broche^F / *pin*

MAISON

ÉCLAIRAGE^M ET CHAUFFAGE^M | LIGHTING AND HEATING

CHAUFFAGE^M
HEATING

cheminée^F **à foyer**^M **ouvert**
fireplace

- hotte^F / hood
- corbeau^M / corbel piece
- linteau^M / lintel
- tablette^F / mantel shelf
- manteau^M / mantel
- jambage^M / jamb
- encadrement^M / frame
- socle^M / base
- cœur^M / firebrick back
- âtre^M / inner hearth
- bûcher^M / woodbox

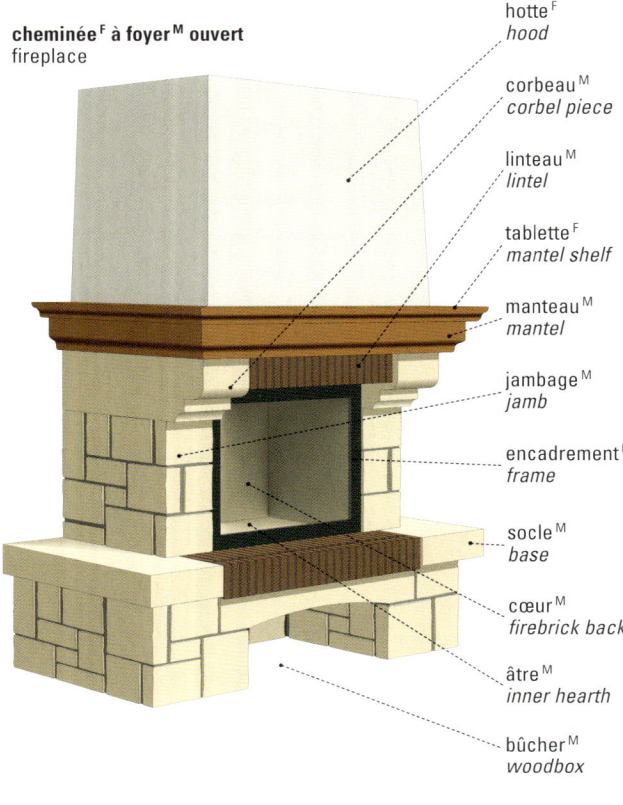

accessoires^M **de foyer**^M
fire irons

porte-bûches^M
log carrier

pare-feu^M
fireplace screen

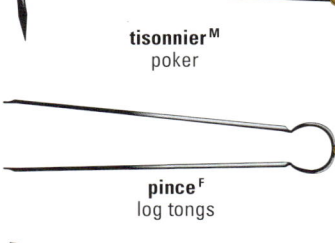

tisonnier^M
poker

pince^F
log tongs

balai^M
broom

pelle^F
shovel

radiateur^M **rayonnant**
radiant heater

radiateur^M **soufflant**
fan heater

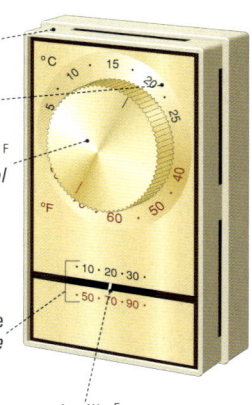

thermostat^M **d'ambiance**^F
room thermostat

- couvercle^M / cover
- température^F désirée / desired temperature
- réglage^M de la température^F / temperature control
- température^F ambiante / actual temperature
- aiguille^F / pointer

plinthe^F **chauffante électrique**
electric baseboard radiator

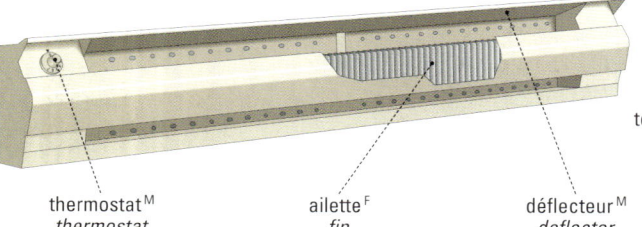

- thermostat^M / thermostat
- ailette^F / fin
- déflecteur^M / deflector

ARTICLES^M ET APPAREILS^M MÉNAGERS | HOUSEHOLD EQUIPMENT AND APPLIANCES

Jusqu'à l'invention de l'électricité, l'exécution des tâches ménagères dépendait de la force musculaire. On balayait, lavait et époussetait à la main. Les tout premiers appareils ménagers électriques transformaient l'électricité en chaleur. Le fer électrique a été le premier à voir le jour. En transformant l'électricité en mouvement, le moteur électrique a permis de développer une nouvelle génération d'appareils électroménagers, comme le lave-linge et le sèche-linge.

éponge^F à récurer
scouring pad

torchon^M
kitchen towel

bec^M verseur
pouring spout

anse^F
handle

seau^M
pail

brosse^F
brush

fer^M à vapeur^F
steam iron

balai^M à franges^F; vadrouille^F
mop

aspirateur^M à main^F
hand vacuum cleaner

couvercle^M
lid

poignée^F
handle

aspirateur^M-traîneau^M
cylinder vacuum cleaner

aspirateur^M-balai^M
upright vacuum cleaner

poubelle^F
refuse container

pelle^F à poussière^F; porte-poussière^M
dustpan

balai^M
broom

ARTICLES^M ET APPAREILS^M MÉNAGERS | HOUSEHOLD EQUIPMENT AND APPLIANCES

lave-linge^M; *laveuse^F*
washer

dosseret^M
backguard

tableau^M de commande^F
control panel

sélecteur^M de niveau^M d'eau^F
water-level selector

sélecteur^M de température^F
temperature selector

programmateur^M
control knob

couvercle^M
lid

pied^M de nivellement^M
leveling foot

sèche-linge^M électrique; *sécheuse^F*
electric dryer

interrupteur^M de démarrage^M
start switch

sélecteur^M de température^F
temperature selector

tableau^M de commande^F
control panel

dosseret^M
backguard

programmateur^M
control knob

pied^M de nivellement^M
leveling foot

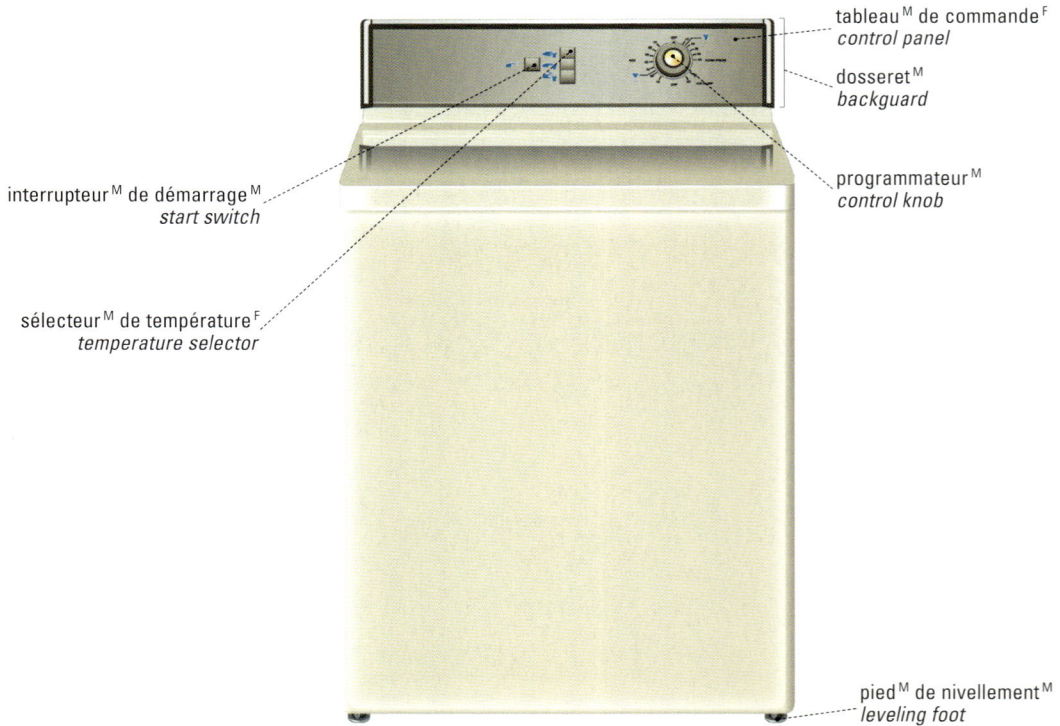

BRICOLAGE^M | DO-IT-YOURSELF

Peinturer une pièce, changer un fusible ou réparer un robinet qui fuit n'exigent pas les services d'un professionnel. Toute personne astucieuse et inventive peut exécuter ces petits travaux manuels et s'adonner au bricolage. Même si le bricoleur peut se débrouiller avec des moyens de fortune, le choix des matériaux appropriés, de la bonne méthode et des bons outils lui facilitera la tâche.

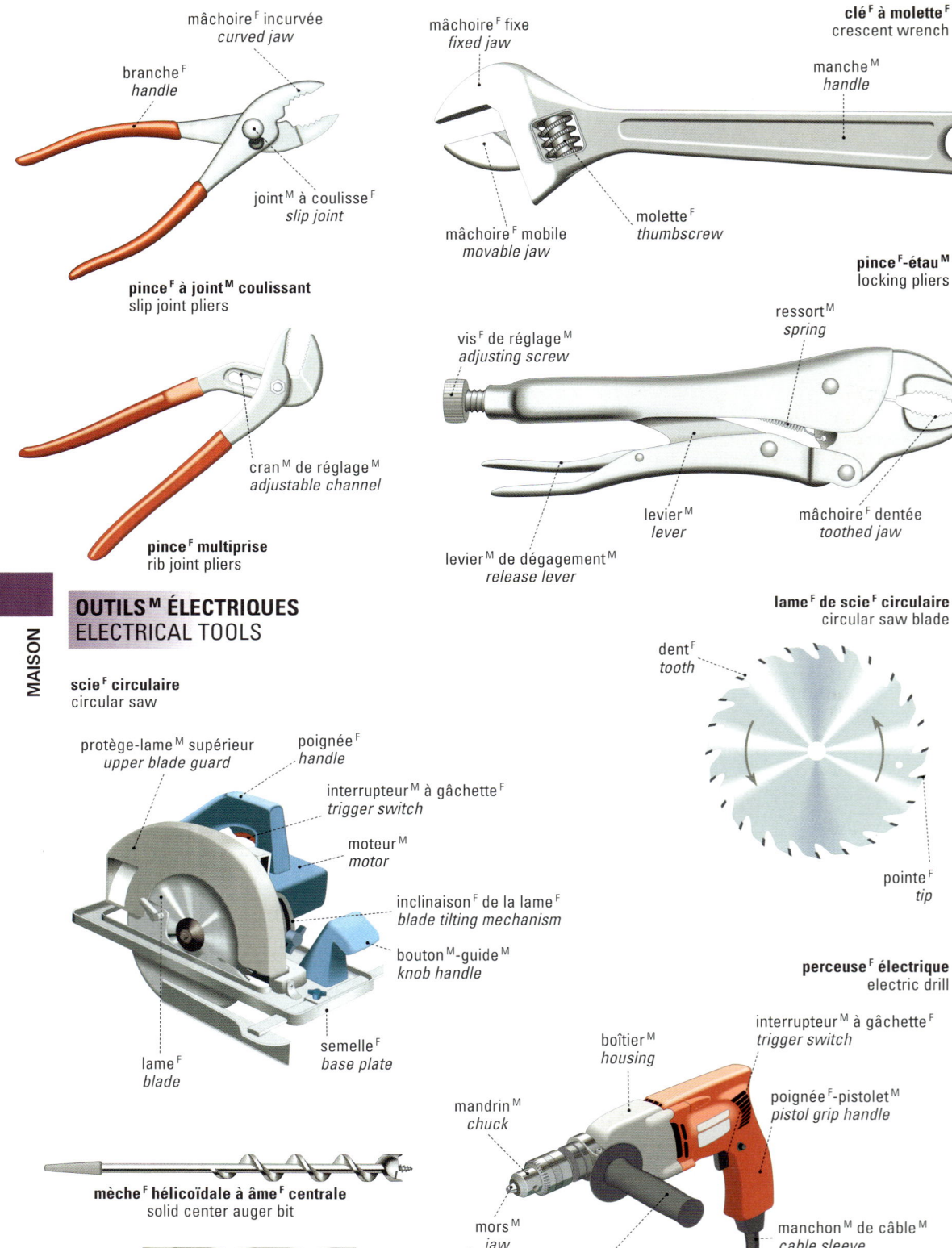

JARDINAGE^M | GARDENING

Qu'il s'agisse de la culture d'un jardin ornemental, d'un potager ou d'une modeste jardinière, le jardinage est un passe-temps de plus en plus populaire. Selon les goûts du jardinier, l'espace disponible et les conditions du milieu, le jardin prendra différents aspects. Une bonne connaissance des plantes cultivées et un choix judicieux d'outils de jardinage l'aideront à tirer le meilleur parti de son bout de terrain.

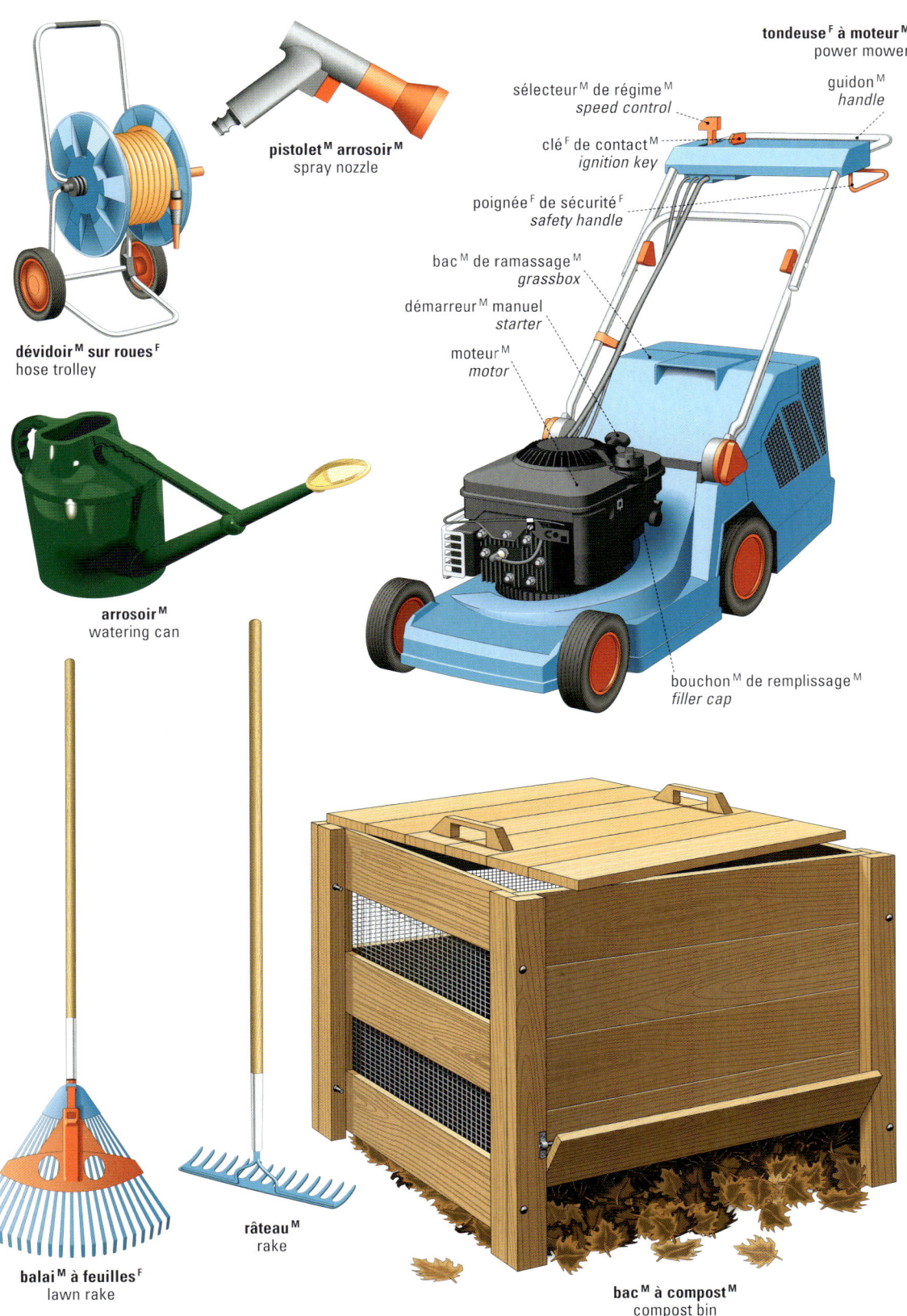

MATÉRIEL^M DE LABORATOIRE^M | LABORATORY EQUIPMENT

Selon la nature de leurs travaux pratiques en laboratoire, les chercheurs scientifiques utilisent du matériel spécialisé. Par exemple, le microbiologiste observe au microscope les microorganismes qui se sont développés dans des boîtes de Pétri alors que le chimiste mélange ses produits dans divers contenants gradués, comme des béchers, des erlenmeyers et des pipettes.

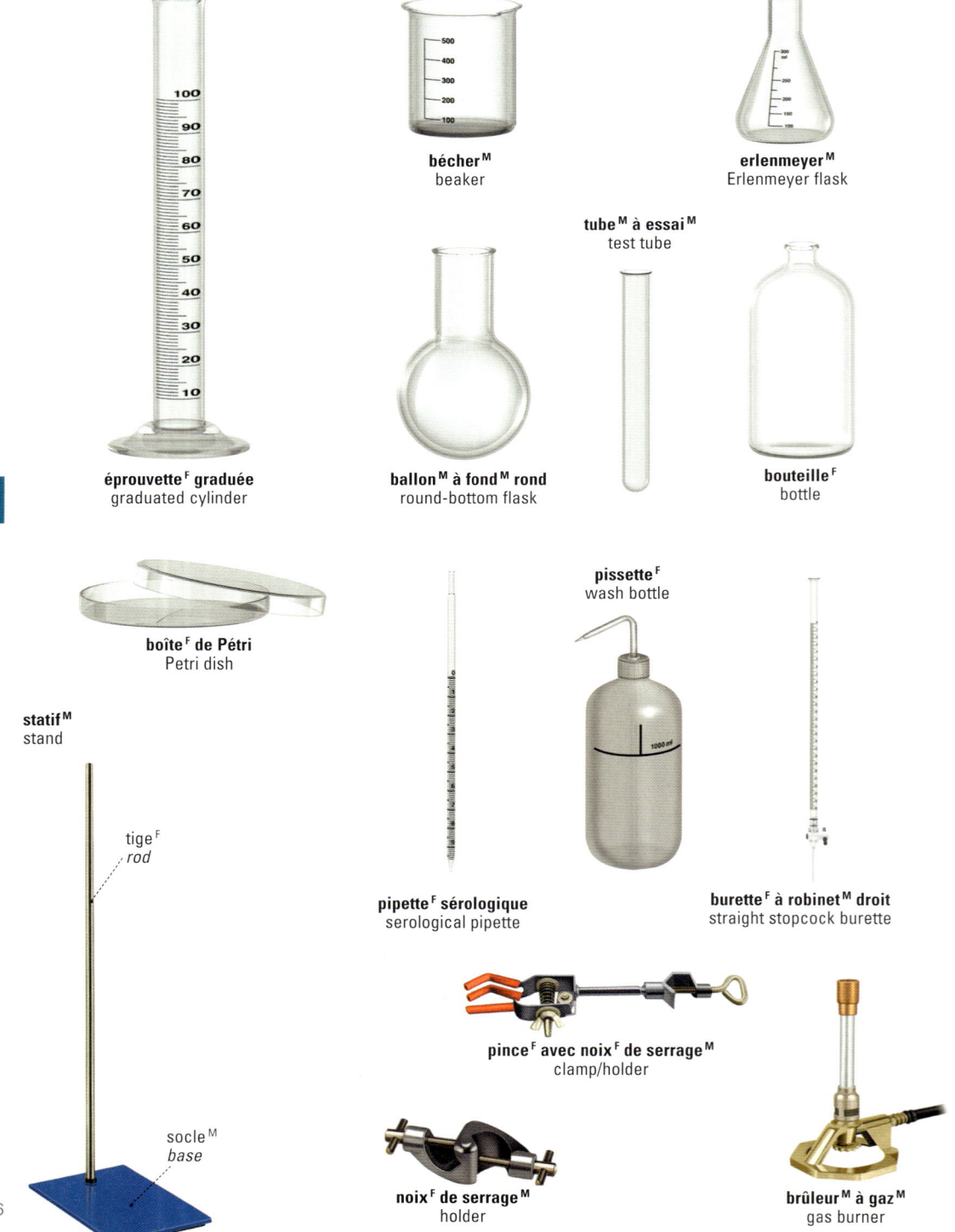

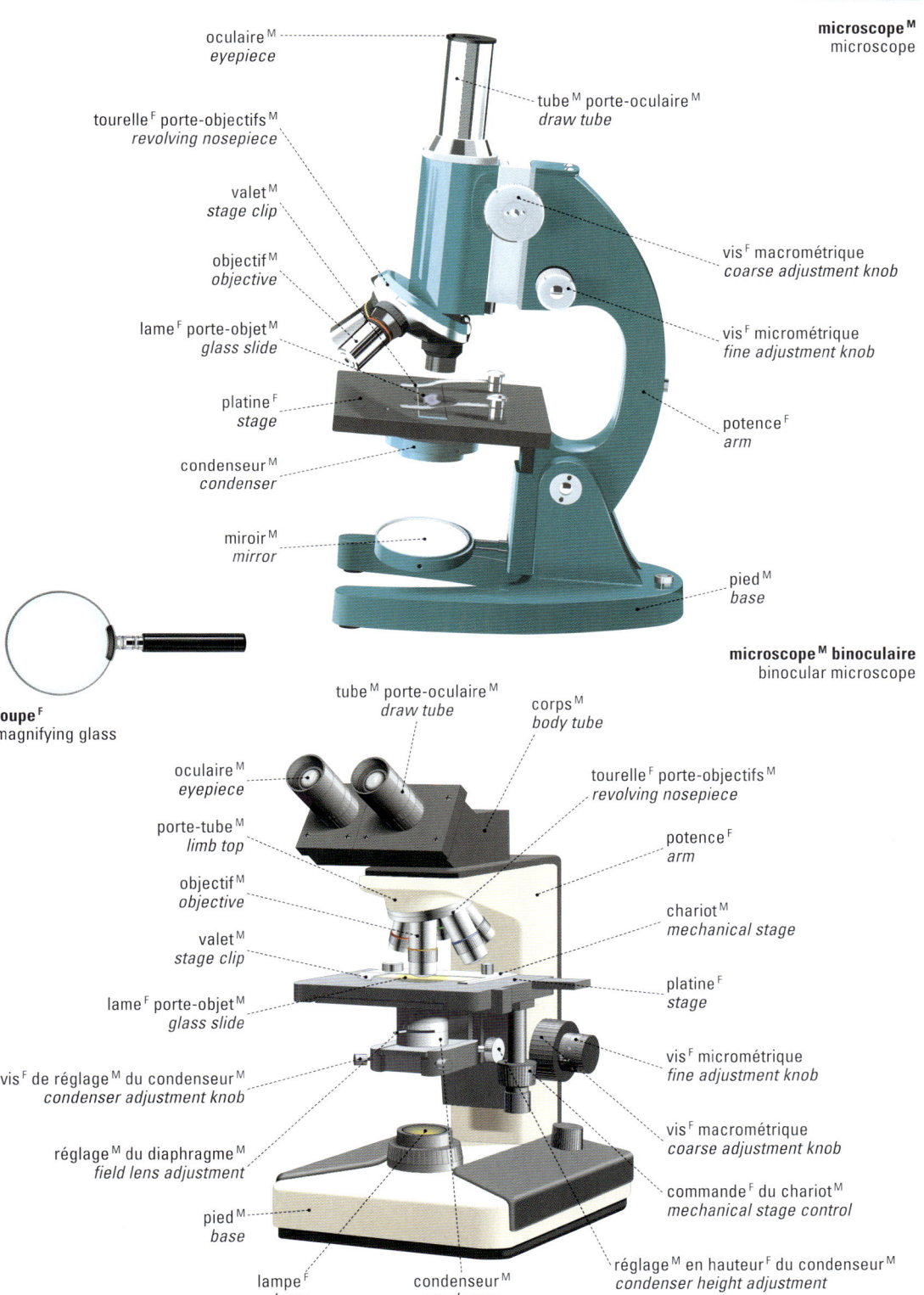

APPAREILS^M DE MESURE^F | MEASURING DEVICES

Depuis la nuit des temps, les hommes ont mis au point des appareils servant à prendre diverses mesures. Par exemple, les premiers instruments pour mesurer le passage du temps, les cadrans solaires, datent d'au moins 3 000 ans. Dans les sciences dites exactes comme la physique, la chimie ou les mathématiques, la précision des diverses mesures joue un rôle important. Pour ce faire, de nombreux appareils spécialisés ont vu le jour.

MESURE^F DU TEMPS^M
MEASURE OF TIME

cadran^M solaire
sundial

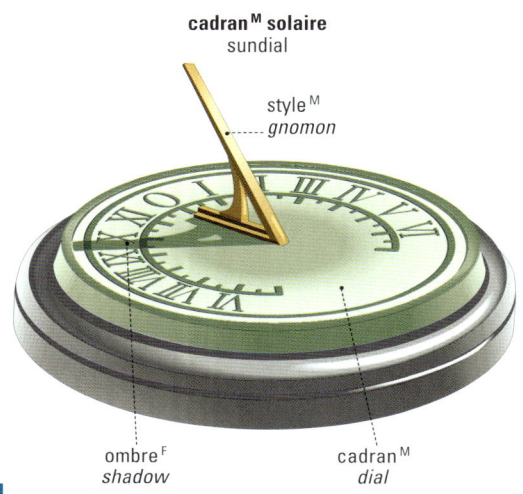

style^M / gnomon
ombre^F / shadow
cadran^M / dial

chronomètre^M
stopwatch

anneau^M / ring
poussoir^M d'arrêt^M / stop button
poussoir^M de mise^F en marche^F / start button
aiguille^F des minutes^F / minute hand
poussoir^M de remise^F à zéro^M / reset button
trotteuse^F / second hand
boîtier^M / case
aiguille^F des dixièmes^M de seconde^F / 1/10th second hand

montre^F à affichage^M numérique
digital watch

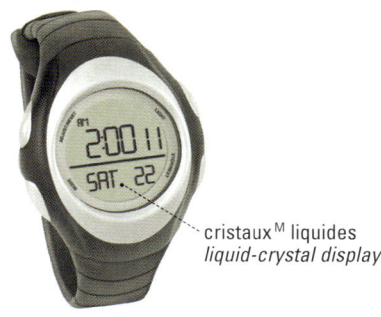

cristaux^M liquides / liquid-crystal display

montre^F à affichage^M analogique
analog watch

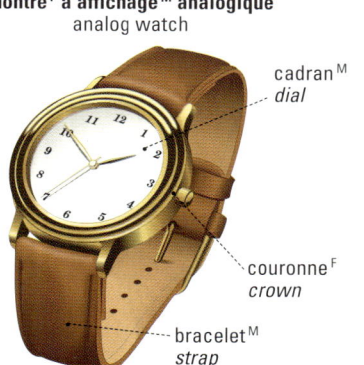

cadran^M / dial
couronne^F / crown
bracelet^M / strap

horloge^F de parquet^M
grandfather clock

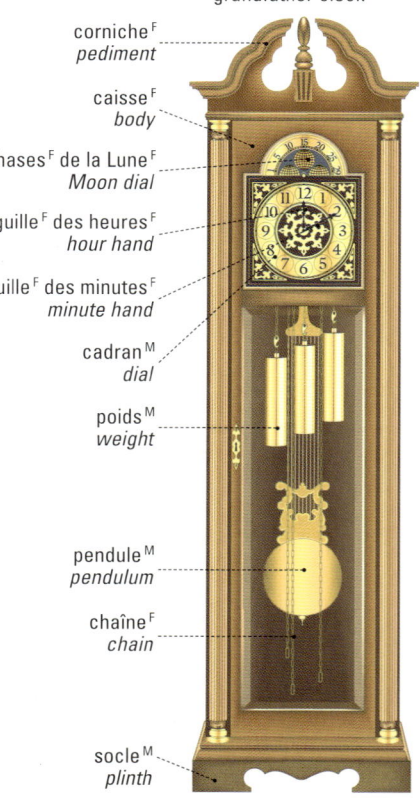

corniche^F / pediment
caisse^F / body
cadran^M des phases^F de la Lune^F / Moon dial
aiguille^F des heures^F / hour hand
aiguille^F des minutes^F / minute hand
cadran^M / dial
poids^M / weight
pendule^M / pendulum
chaîne^F / chain
socle^M / plinth

SCIENCE

APPAREILS^M **DE MESURE**^F | MEASURING DEVICES

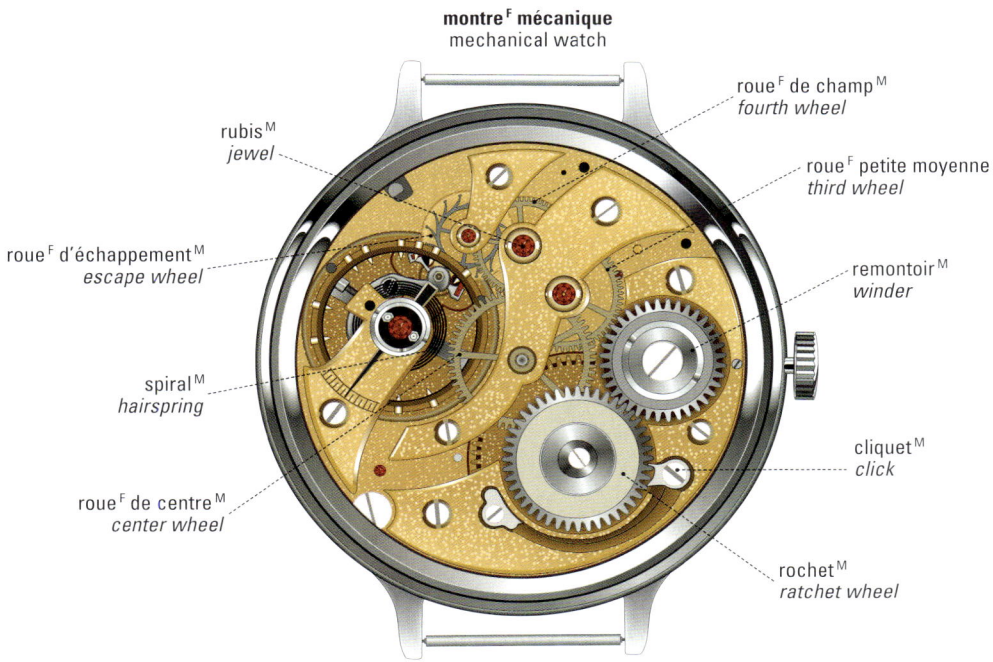

MESURE^F **DE LA TEMPÉRATURE**^F
MEASURE OF TEMPERATURE

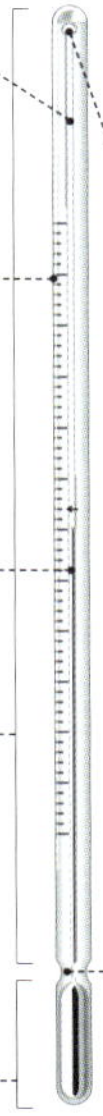

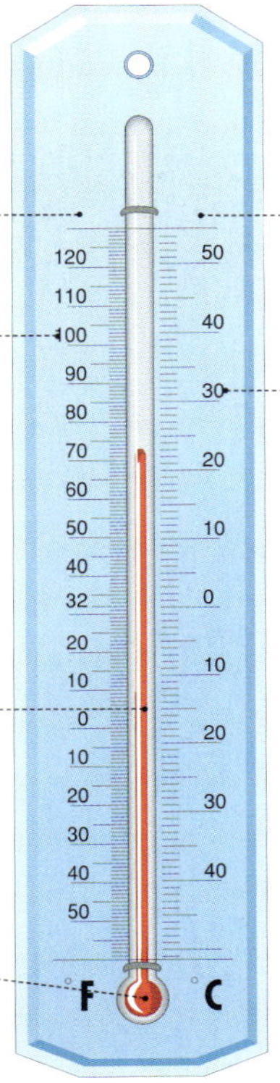

MESURE[F] DE LA MASSE[F]
MEASURE OF WEIGHT

balance[F] romaine
steelyard

peson[M]
spring balance

balance[F] de Roberval
Roberval's balance

pèse-personne[M]
bathroom scale

balance[F] électronique
electronic scale

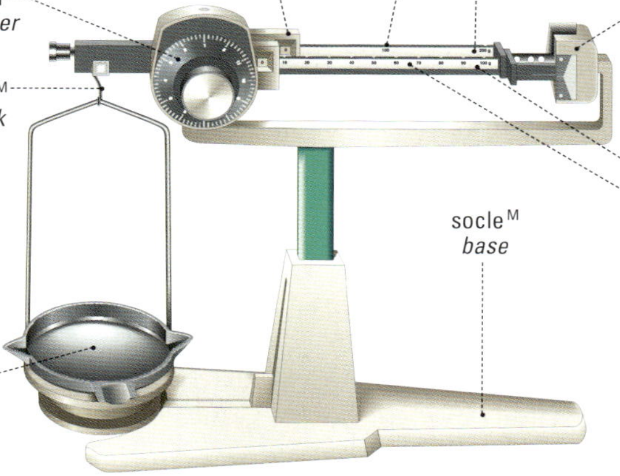

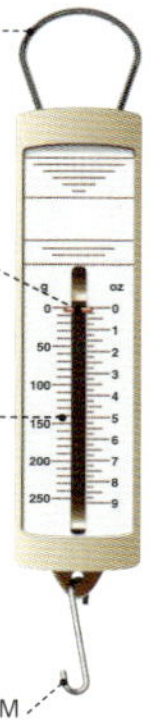

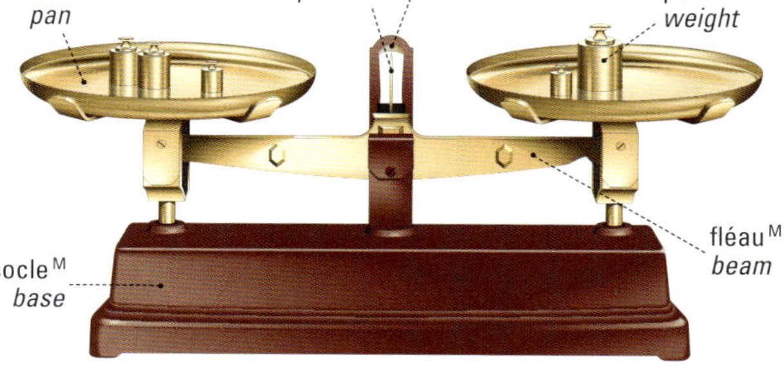

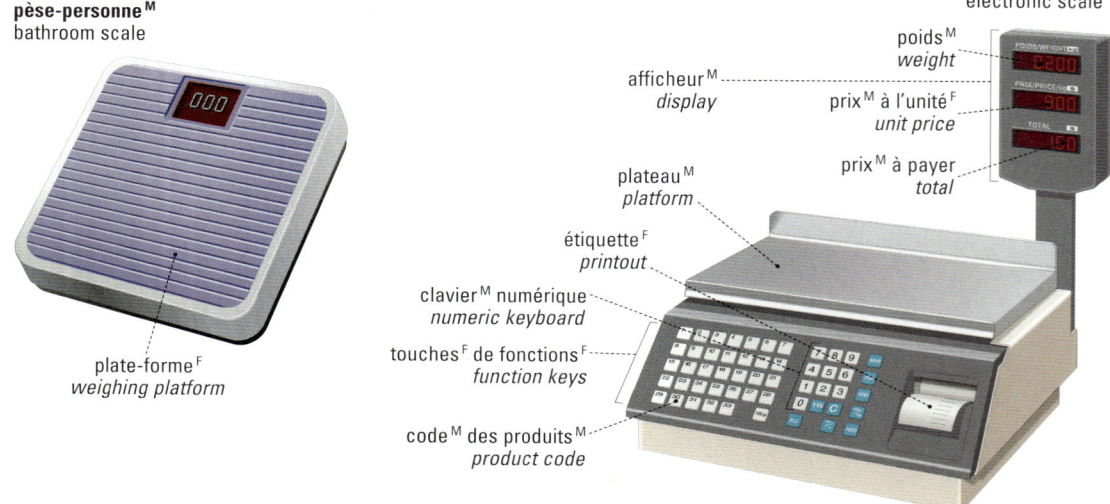

GÉOMÉTRIE[F] | GEOMETRY

La géométrie est une branche des mathématiques qui étudie les points, les lignes, les surfaces planes, comme le cercle ou le carré, ainsi que les solides, comme la sphère et le cube. Elle offre des méthodes astucieuses pour mesurer toutes sortes de formes à deux ou trois dimensions. En étudiant les objets dans le plan et l'espace, la géométrie est au cœur de nombreuses disciplines dont l'ingénierie et l'architecture.

FORMES[F] GÉOMÉTRIQUES
GEOMETRICAL SHAPES

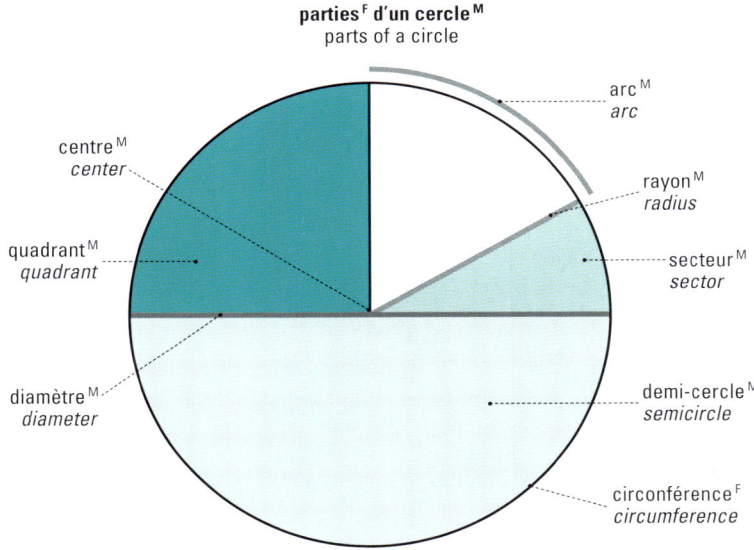

parties[F] d'un cercle[M]
parts of a circle

- centre[M] / *center*
- quadrant[M] / *quadrant*
- diamètre[M] / *diameter*
- arc[M] / *arc*
- rayon[M] / *radius*
- secteur[M] / *sector*
- demi-cercle[M] / *semicircle*
- circonférence[F] / *circumference*

exemples[M] d'angles[M]
examples of angles

- 90° / *90°*
- angle[M] obtus / *obtuse angle*
- 130° / *130°*
- angle[M] rentrant / *reentrant angle*
- 240° / *240°*
- angle[M] droit / *right angle*
- 45° / *45°*
- angle[M] aigu / *acute angle*
- 360° / *360°*
- 0° / *0°*

GÉOMÉTRIE | GEOMETRY

polygones
polygons

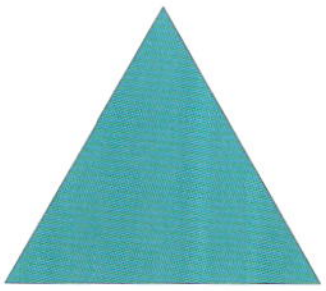

triangle / triangle

carré / square

rectangle / rectangle

losange / rhombus

trapèze / trapezoid

parallélogramme / parallelogram

quadrilatère / quadrilateral

pentagone régulier / regular pentagon

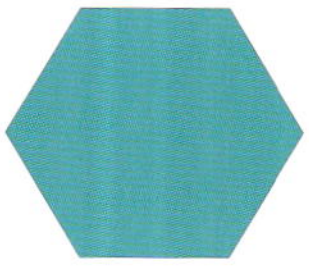

hexagone régulier / regular hexagon

heptagone régulier / regular heptagon

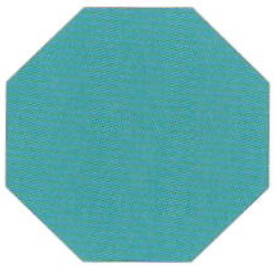

octogone régulier / regular octagon

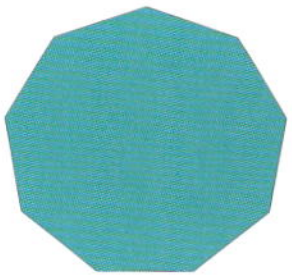

ennéagone régulier / regular nonagon

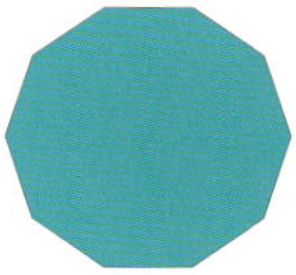

décagone régulier / regular decagon

volumes
solids

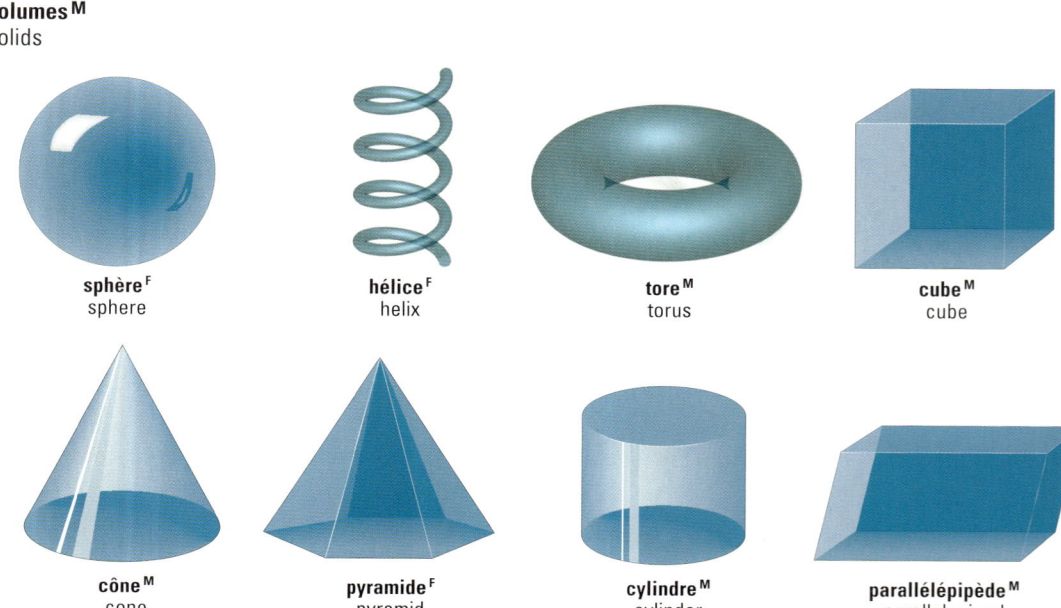

sphère / sphere

hélice / helix

tore / torus

cube / cube

cône / cone

pyramide / pyramid

cylindre / cylinder

parallélépipède / parallelepiped

ÉNERGIE SOLAIRE | SOLAR ENERGY

Beau temps, mauvais temps, notre planète reçoit chaque jour une immense quantité d'énergie en provenance du Soleil. Indispensable à la vie sur Terre, l'énergie solaire peut être en partie récupérée par des capteurs spéciaux pour notamment chauffer l'eau et l'intérieur des habitations. On peut aussi transformer cette forme d'énergie inépuisable et non polluante en électricité à l'aide de photopiles, ou piles solaires.

CIRCUIT DE PHOTOPILES
SOLAR-CELL SYSTEM

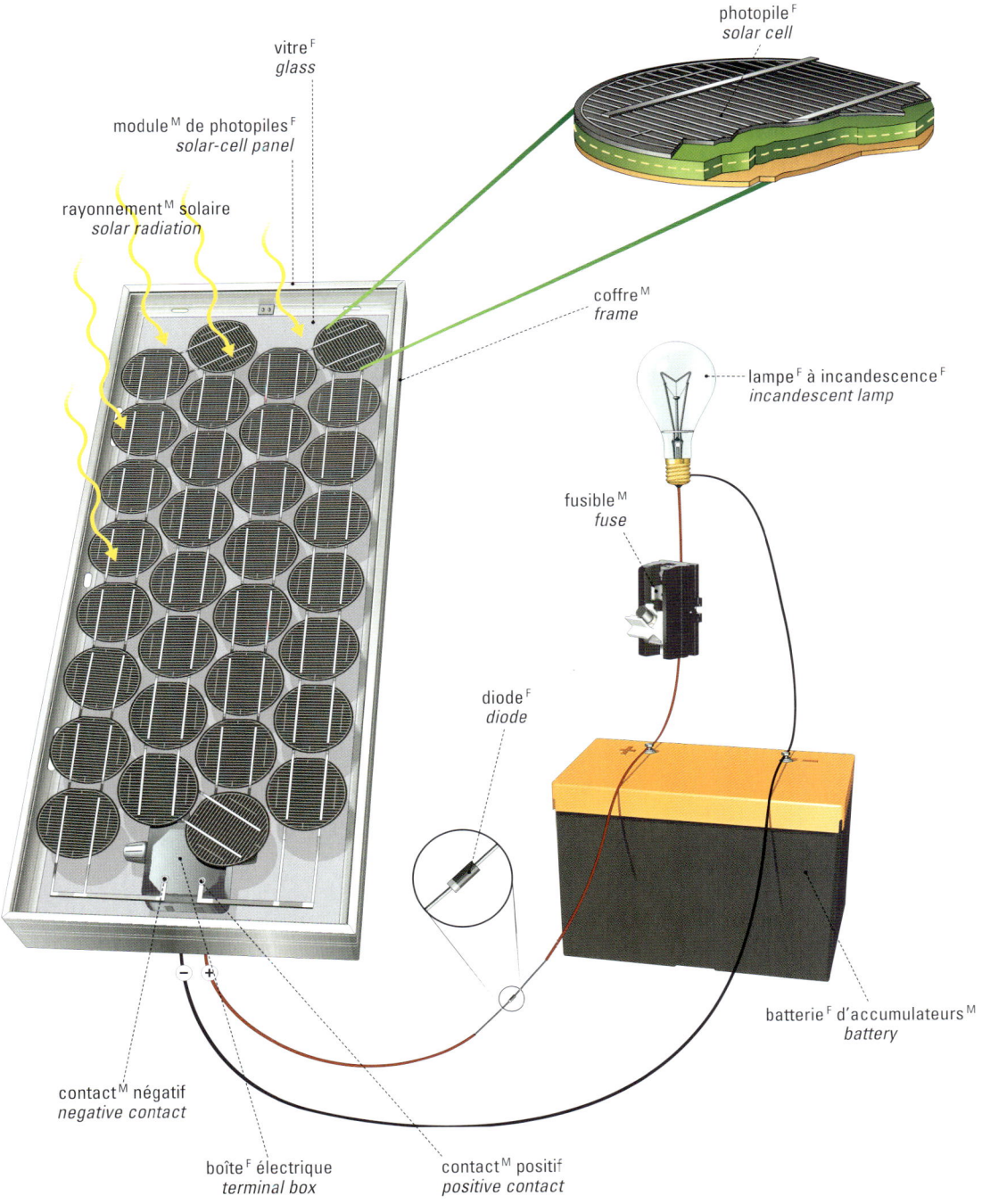

ÉNERGIE

HYDROÉLECTRICITÉ^F | HYDROELECTRICITY

Comme tout ce qui est en mouvement, l'eau courante possède de l'énergie. Le complexe hydroélectrique exploite cette énergie en la transformant en électricité. Plusieurs types de barrages ont pour but d'accumuler l'eau ou d'augmenter sa pression. L'eau est ensuite acheminée jusqu'à la centrale où elle fait tourner des turbines entraînant à leur tour un alternateur qui produit du courant électrique.

COMPLEXE^M HYDROÉLECTRIQUE
HYDROELECTRIC COMPLEX

vanne^F
spillway gate

déversoir^M
spillway

coursier^M d'évacuateur^M
spillway chute

crête^F
top of dam

réservoir^M
reservoir

conduite^F forcée
penstock

portique^M
gantry crane

barrage^M
dam

traversée^F de transformateur^M
bushing

salle^F de commande^F
control room

canal^M de dérivation^F
diversion canal

passe^F à billes^F
log chute

centrale^F
power plant

salle^F des machines^F
machine hall

exemples^M de barrages^M
examples of dams

barrage^M en remblai^M
embankment dam

barrage^M-poids^M
gravity dam

barrage^M-voûte^F
arch dam

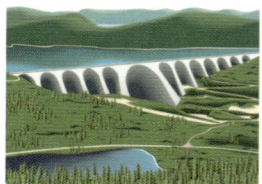

barrage^M à contreforts^M
buttress dam

HYDROÉLECTRICITÉ | HYDROELECTRICITY

coupe d'une centrale hydroélectrique
cross section of a hydroelectric power plant

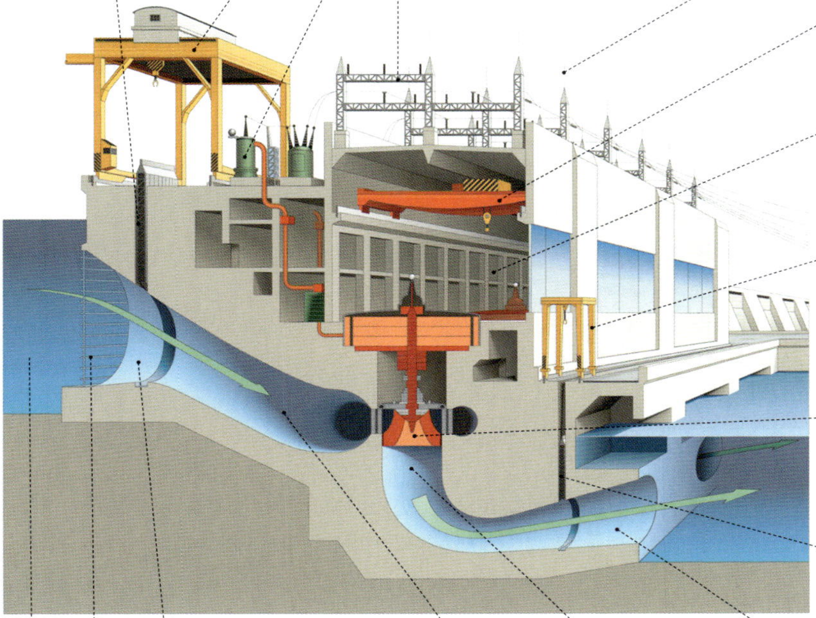

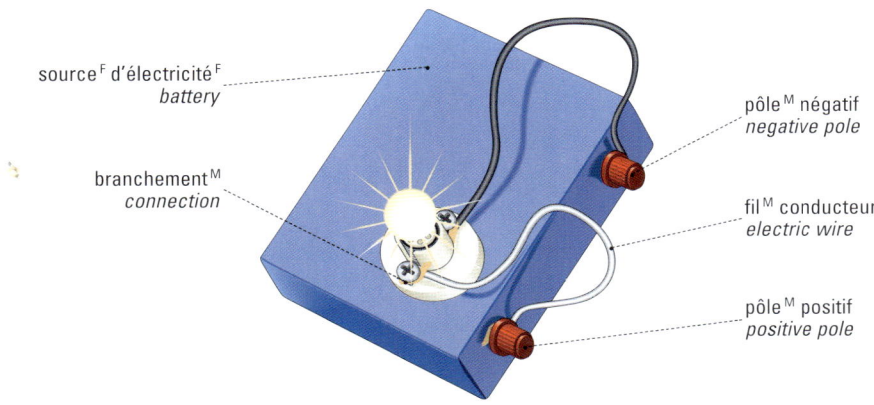

CIRCUIT ÉLECTRIQUE
ELECTRIC CIRCUIT

175

HYDROÉLECTRICITÉ | HYDROELECTRICITY

ÉTAPES DE PRODUCTION DE L'ÉLECTRICITÉ
STEPS IN PRODUCTION OF ELECTRICITY

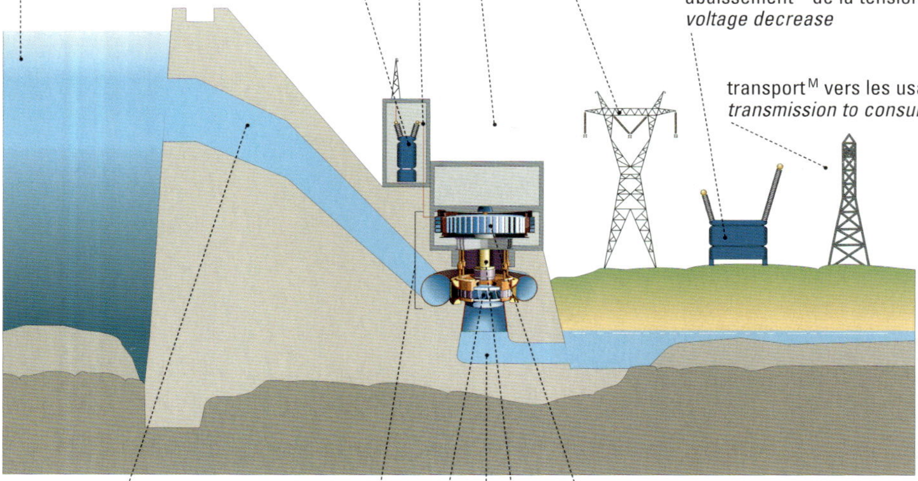

transport de l'énergie à la tension de l'alternateur
energy transmission at the generator voltage

intégration de l'électricité au réseau de transport
energy integration to the transmission network

provision d'eau
supply of water

transport de l'électricité à haute tension
high-tension electricity transmission

élévation de la tension
voltage increase

abaissement de la tension
voltage decrease

transport vers les usagers
transmission to consumers

eau sous pression
water under pressure

production d'électricité par l'alternateur
production of electricity by the generator

conversion du travail mécanique en électricité
transformation of mechanical work into electricity

transmission du mouvement au rotor
transmission of the rotative movement to the rotor

mouvement rotatif de la turbine
rotation of the turbine

évacuation de l'eau turbinée
turbined water draining

TRANSPORT DE L'ÉLECTRICITÉ
ELECTRICITY TRANSMISSION

branchement aérien
overhead connection

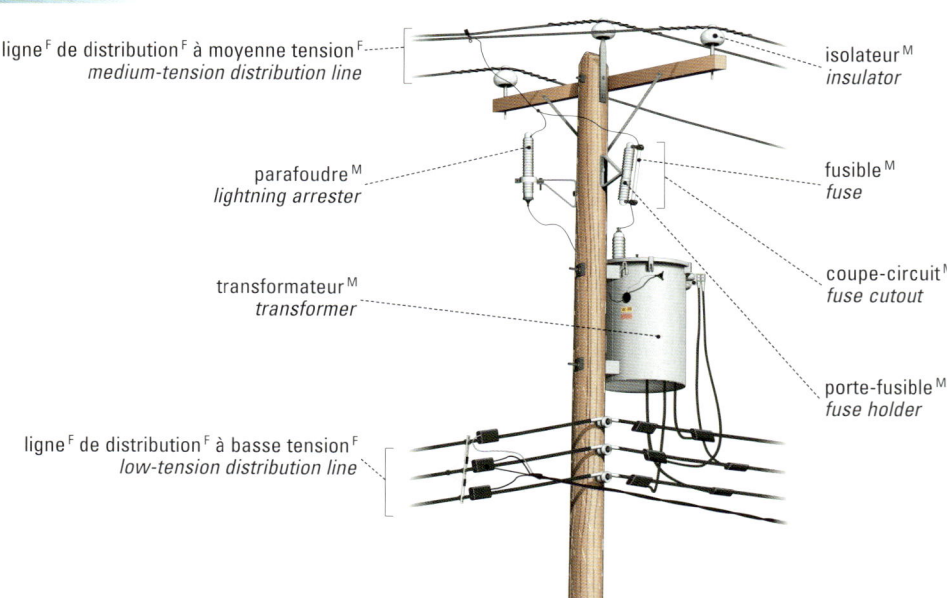

ligne de distribution à moyenne tension
medium-tension distribution line

isolateur
insulator

parafoudre
lightning arrester

fusible
fuse

transformateur
transformer

coupe-circuit
fuse cutout

porte-fusible
fuse holder

ligne de distribution à basse tension
low-tension distribution line

ÉNERGIE[F] NUCLÉAIRE | NUCLEAR ENERGY

L'énergie nucléaire est produite par la fission du noyau de certains atomes. Lorsqu'il est scindé en deux, le noyau d'uranium, par exemple, libère une énorme quantité d'énergie que l'on peut transformer en électricité dans une centrale nucléaire. Les centrales sont munies de dispositifs de sécurité qui empêchent que des substances radioactives dangereuses ne s'échappent dans l'environnement.

CENTRALE[F] NUCLÉAIRE
NUCLEAR GENERATING STATION

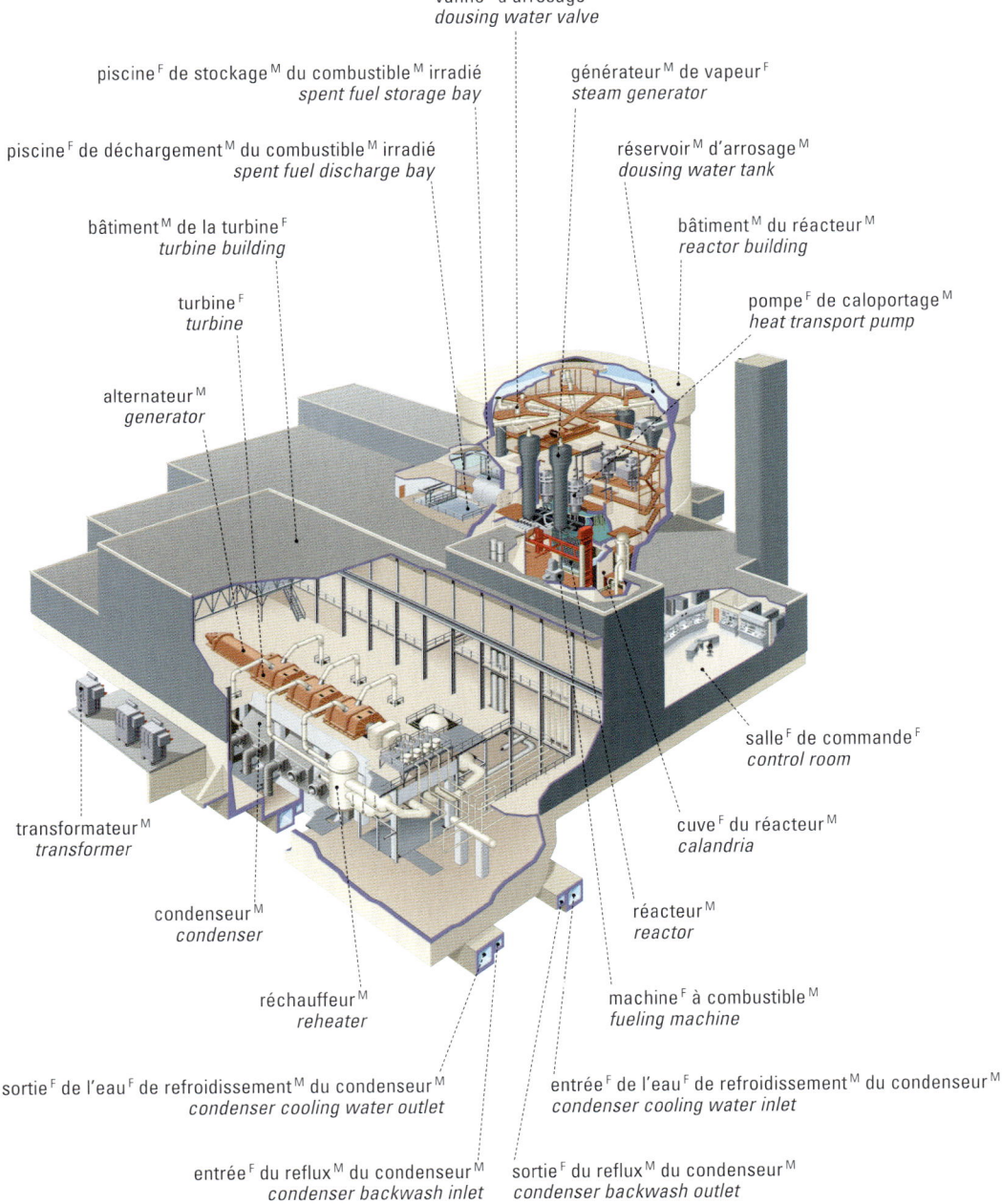

vanne[F] d'arrosage[M] / dousing water valve
piscine[F] de stockage[M] du combustible[M] irradié / spent fuel storage bay
générateur[M] de vapeur[F] / steam generator
piscine[F] de déchargement[M] du combustible[M] irradié / spent fuel discharge bay
réservoir[M] d'arrosage[M] / dousing water tank
bâtiment[M] de la turbine[F] / turbine building
bâtiment[M] du réacteur[M] / reactor building
pompe[F] de caloportage[M] / heat transport pump
turbine[F] / turbine
alternateur[M] / generator
salle[F] de commande[F] / control room
transformateur[M] / transformer
cuve[F] du réacteur[M] / calandria
condenseur[M] / condenser
réacteur[M] / reactor
réchauffeur[M] / reheater
machine[F] à combustible[M] / fueling machine
sortie[F] de l'eau[F] de refroidissement[M] du condenseur[M] / condenser cooling water outlet
entrée[F] de l'eau[F] de refroidissement[M] du condenseur[M] / condenser cooling water inlet
entrée[F] du reflux[M] du condenseur[M] / condenser backwash inlet
sortie[F] du reflux[M] du condenseur[M] / condenser backwash outlet

ÉNERGIE NUCLÉAIRE | NUCLEAR ENERGY

PRODUCTION D'ÉLECTRICITÉ PAR ÉNERGIE NUCLÉAIRE
PRODUCTION OF ELECTRICITY FROM NUCLEAR ENERGY

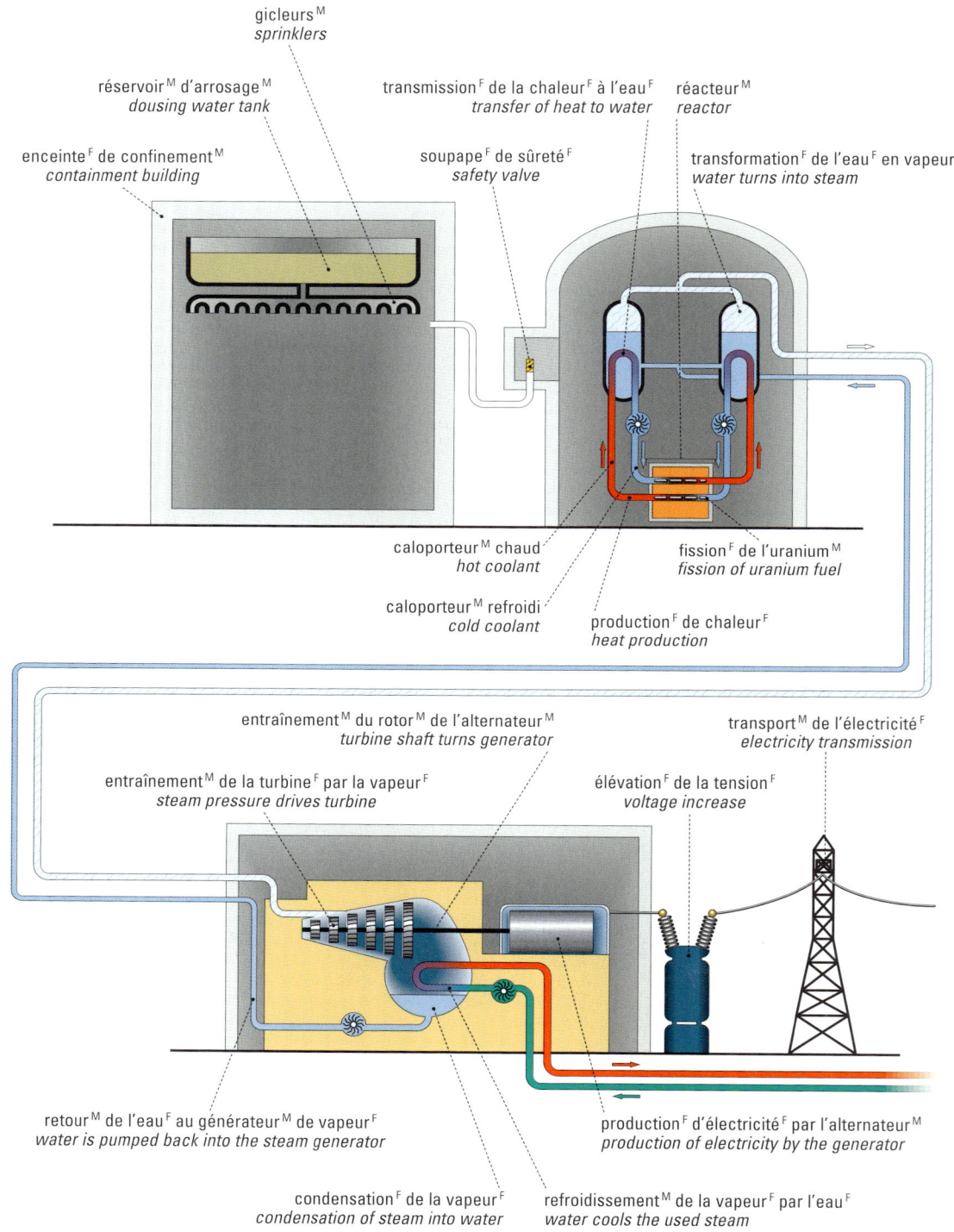

ÉNERGIE^F ÉOLIENNE | WIND ENERGY

L'énergie éolienne doit son nom au dieu grec des vents, Éole. Bien avant l'invention du moteur, l'énergie du vent servait à faire avancer les bateaux, à faire tourner le mécanisme des moulins à vent pour moudre le grain ou à pomper l'eau. Depuis plus d'un siècle, on arrive à transformer cette force naturelle en énergie électrique grâce à l'éolienne. En tournant sous l'effet du vent, ses pales entraînent un générateur qui produit de l'électricité.

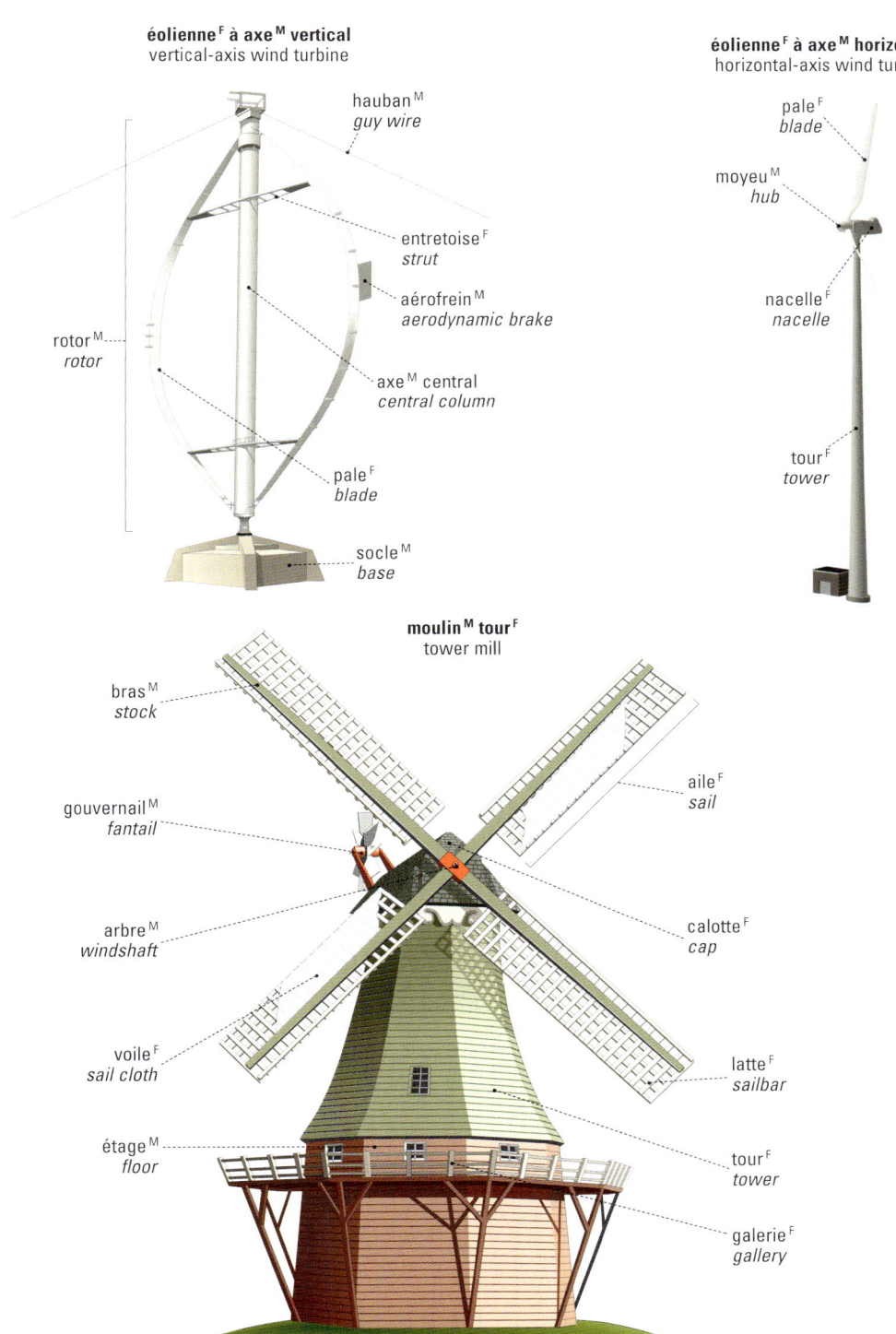

ÉNERGIE[F] FOSSILE | FOSSIL ENERGY

Le pétrole, le charbon et le gaz naturel tirent leur origine de résidus d'organismes en partie fossilisés qui vivaient il y a des millions d'années. On retrouve ces combustibles fossiles dans le sous-sol de la planète en quantité limitée. Le raffinage permet de transformer le pétrole brut en plus de 500 produits de consommation, dont la précieuse essence utilisée comme carburant dans les moteurs. C'est pourquoi on qualifie le pétrole d'or noir.

PÉTROLE[M]
OIL

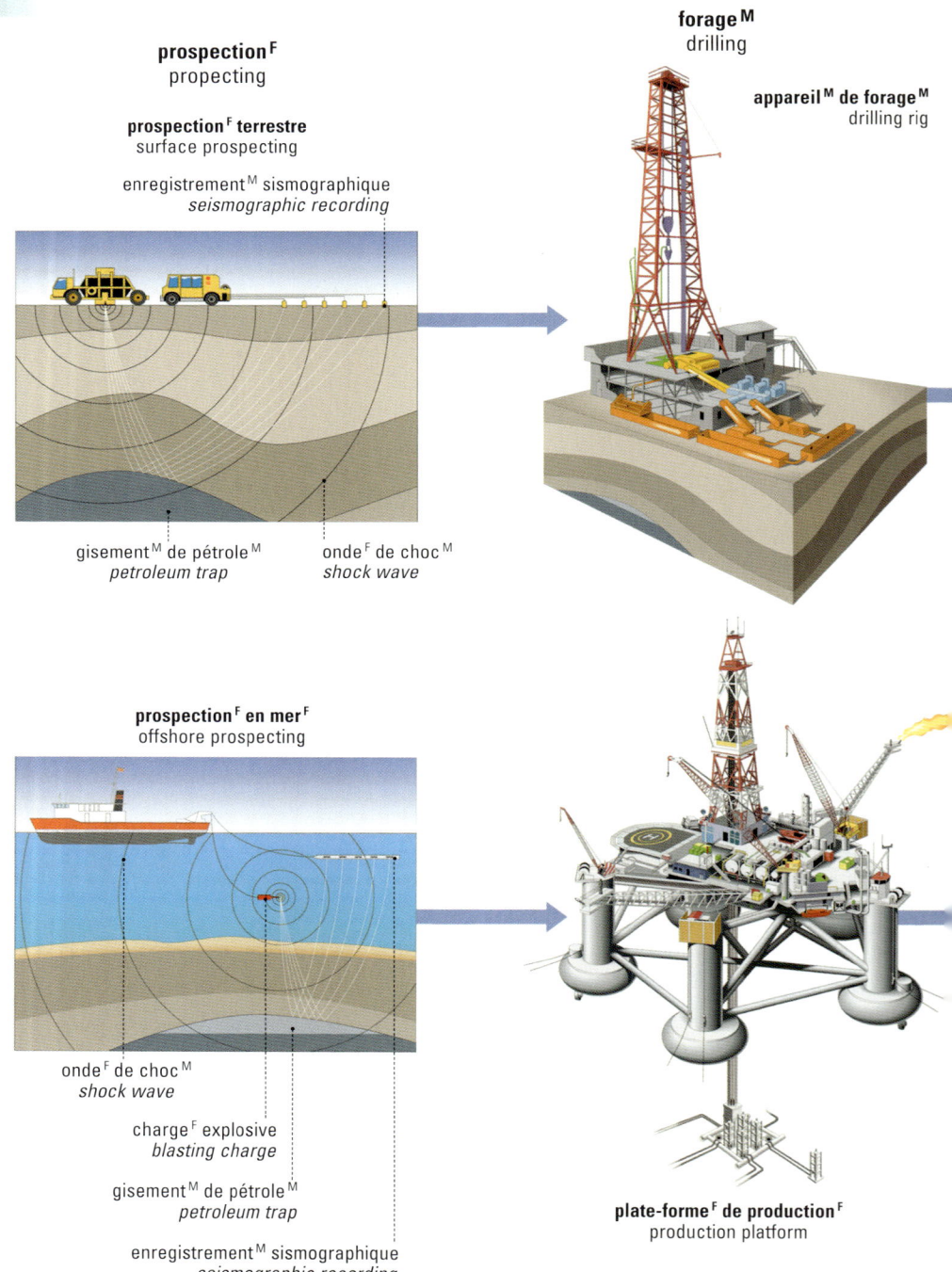

prospection[F]
propecting

prospection[F] terrestre
surface prospecting

enregistrement[M] sismographique
seismographic recording

gisement[M] de pétrole[M]
petroleum trap

onde[F] de choc[M]
shock wave

forage[M]
drilling

appareil[M] de forage[M]
drilling rig

prospection[F] en mer[F]
offshore prospecting

onde[F] de choc[M]
shock wave

charge[F] explosive
blasting charge

gisement[M] de pétrole[M]
petroleum trap

enregistrement[M] sismographique
seismographic recording

plate-forme[F] de production[F]
production platform

ÉNERGIE

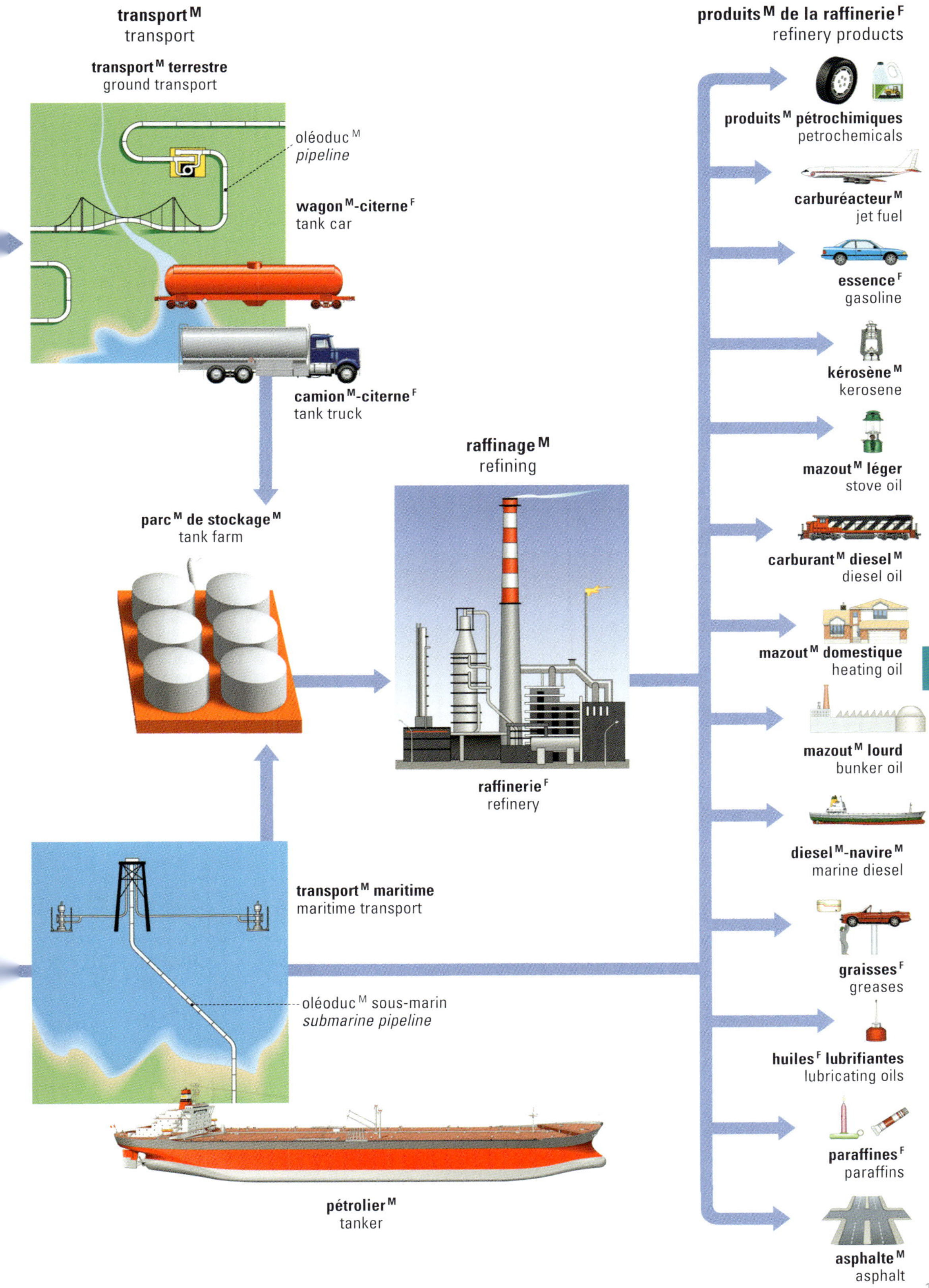

ÉNERGIE^F FOSSILE | FOSSIL ENERGY

transport^M
transport

transport^M **terrestre**
ground transport

oléoduc^M
pipeline

wagon^M**-citerne**^F
tank car

camion^M**-citerne**^F
tank truck

parc^M **de stockage**^M
tank farm

raffinage^M
refining

raffinerie^F
refinery

transport^M **maritime**
maritime transport

oléoduc^M sous-marin
submarine pipeline

pétrolier^M
tanker

produits^M **de la raffinerie**^F
refinery products

produits^M **pétrochimiques**
petrochemicals

carburéacteur^M
jet fuel

essence^F
gasoline

kérosène^M
kerosene

mazout^M **léger**
stove oil

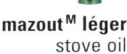

carburant^M **diesel**^M
diesel oil

mazout^M **domestique**
heating oil

mazout^M **lourd**
bunker oil

diesel^M**-navire**^M
marine diesel

graisses^F
greases

huiles^F **lubrifiantes**
lubricating oils

paraffines^F
paraffins

asphalte^M
asphalt

ÉNERGIE

181

TRANSPORT ROUTIER | ROAD TRANSPORT

En permettant l'apparition de la bicyclette, suivie de la moto et de l'automobile, l'invention de la roue a donné la possibilité à l'homme de se déplacer sur terre de plus en plus loin et de plus en plus vite. Depuis l'arrivée du premier modèle, au 19ᵉ siècle, l'automobile n'a cessé d'évoluer et de gagner en popularité. Les millions de véhicules motorisés en circulation de nos jours ont imposé la création de systèmes routiers de plus en plus développés.

SYSTÈME ROUTIER
ROAD SYSTEM

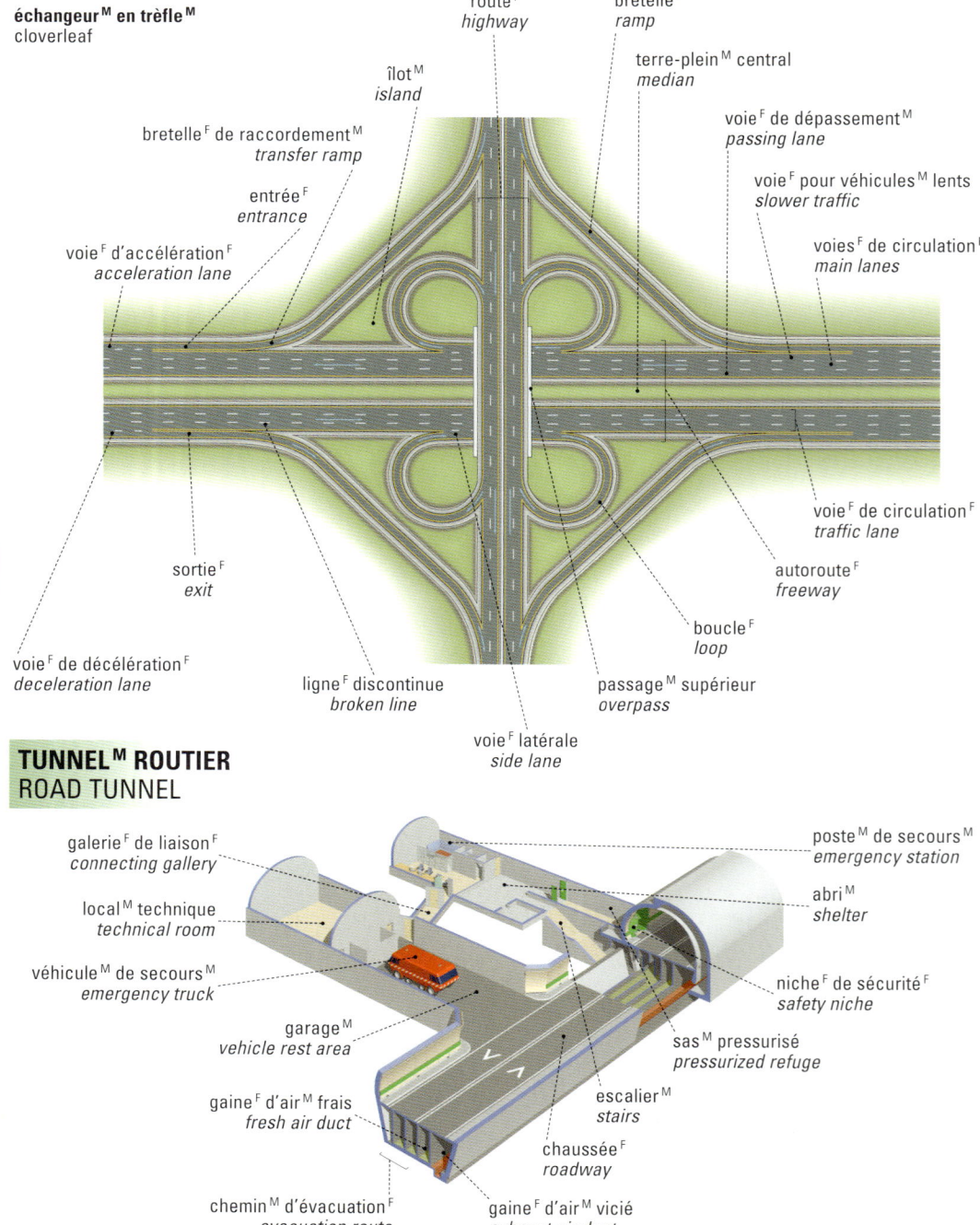

échangeur en trèfle / cloverleaf
route / highway
bretelle / ramp
îlot / island
terre-plein central / median
bretelle de raccordement / transfer ramp
voie de dépassement / passing lane
entrée / entrance
voie pour véhicules lents / slower traffic
voie d'accélération / acceleration lane
voies de circulation / main lanes
voie de circulation / traffic lane
autoroute / freeway
sortie / exit
boucle / loop
voie de décélération / deceleration lane
passage supérieur / overpass
ligne discontinue / broken line
voie latérale / side lane

TUNNEL ROUTIER
ROAD TUNNEL

galerie de liaison / connecting gallery
poste de secours / emergency station
abri / shelter
local technique / technical room
véhicule de secours / emergency truck
niche de sécurité / safety niche
garage / vehicle rest area
sas pressurisé / pressurized refuge
gaine d'air frais / fresh air duct
escalier / stairs
chaussée / roadway
chemin d'évacuation / evacuation route
gaine d'air vicié / exhaust air duct

TRANSPORT^M ROUTIER | ROAD TRANSPORT

PONTS^M FIXES
FIXED BRIDGES

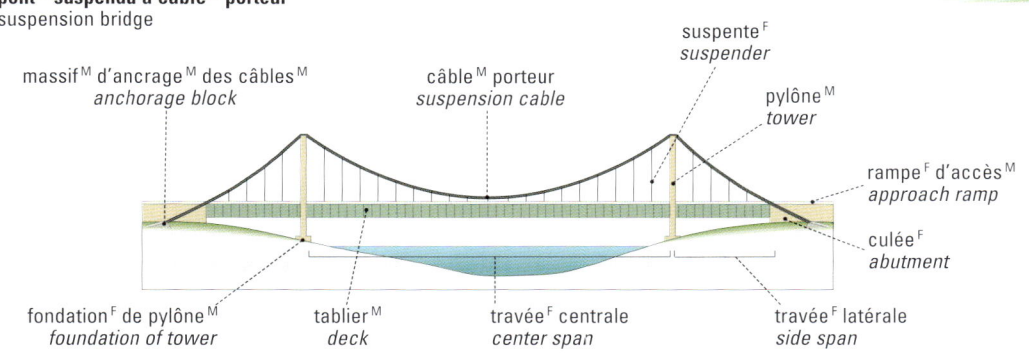

pont^M suspendu à câble^M porteur
suspension bridge

massif^M d'ancrage^M des câbles^M
anchorage block

câble^M porteur
suspension cable

suspente^F
suspender

pylône^M
tower

rampe^F d'accès^M
approach ramp

culée^F
abutment

fondation^F de pylône^M
foundation of tower

tablier^M
deck

travée^F centrale
center span

travée^F latérale
side span

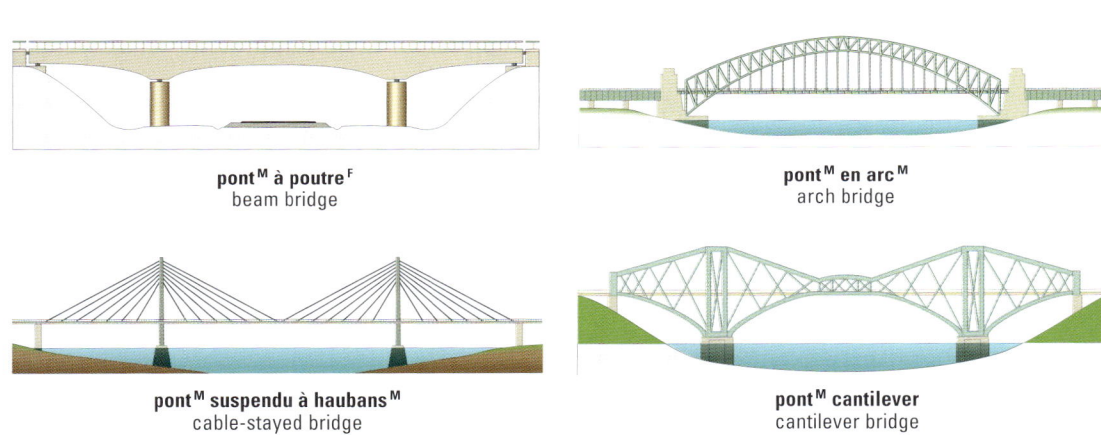

pont^M à poutre^F
beam bridge

pont^M en arc^M
arch bridge

pont^M suspendu à haubans^M
cable-stayed bridge

pont^M cantilever
cantilever bridge

PONTS^M MOBILES
MOVABLE BRIDGES

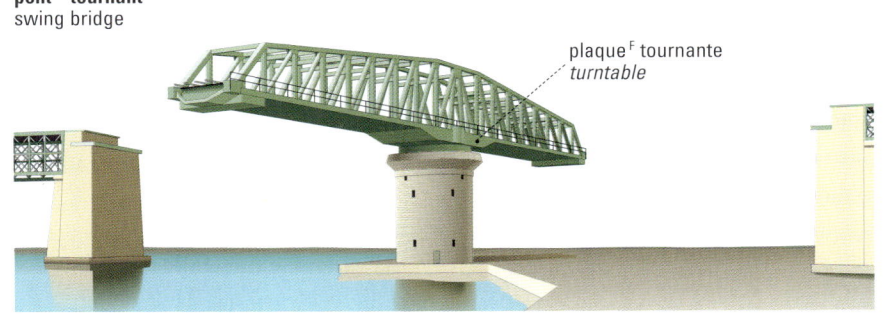

pont^M tournant
swing bridge

plaque^F tournante
turntable

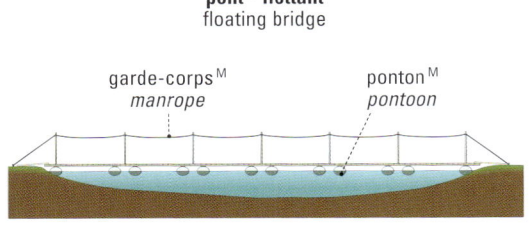

pont^M flottant
floating bridge

garde-corps^M
manrope

ponton^M
pontoon

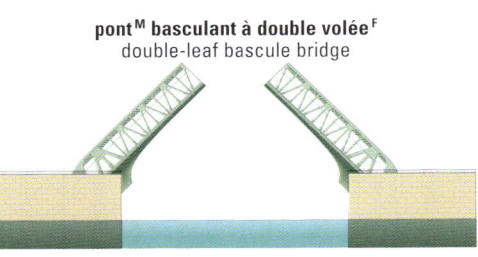

pont^M basculant à double volée^F
double-leaf bascule bridge

TRANSPORT ET MACHINERIE LOURDE

TRANSPORT ROUTIER | ROAD TRANSPORT

AUTOMOBILE^F
AUTOMOBILE

carrosserie^F
body

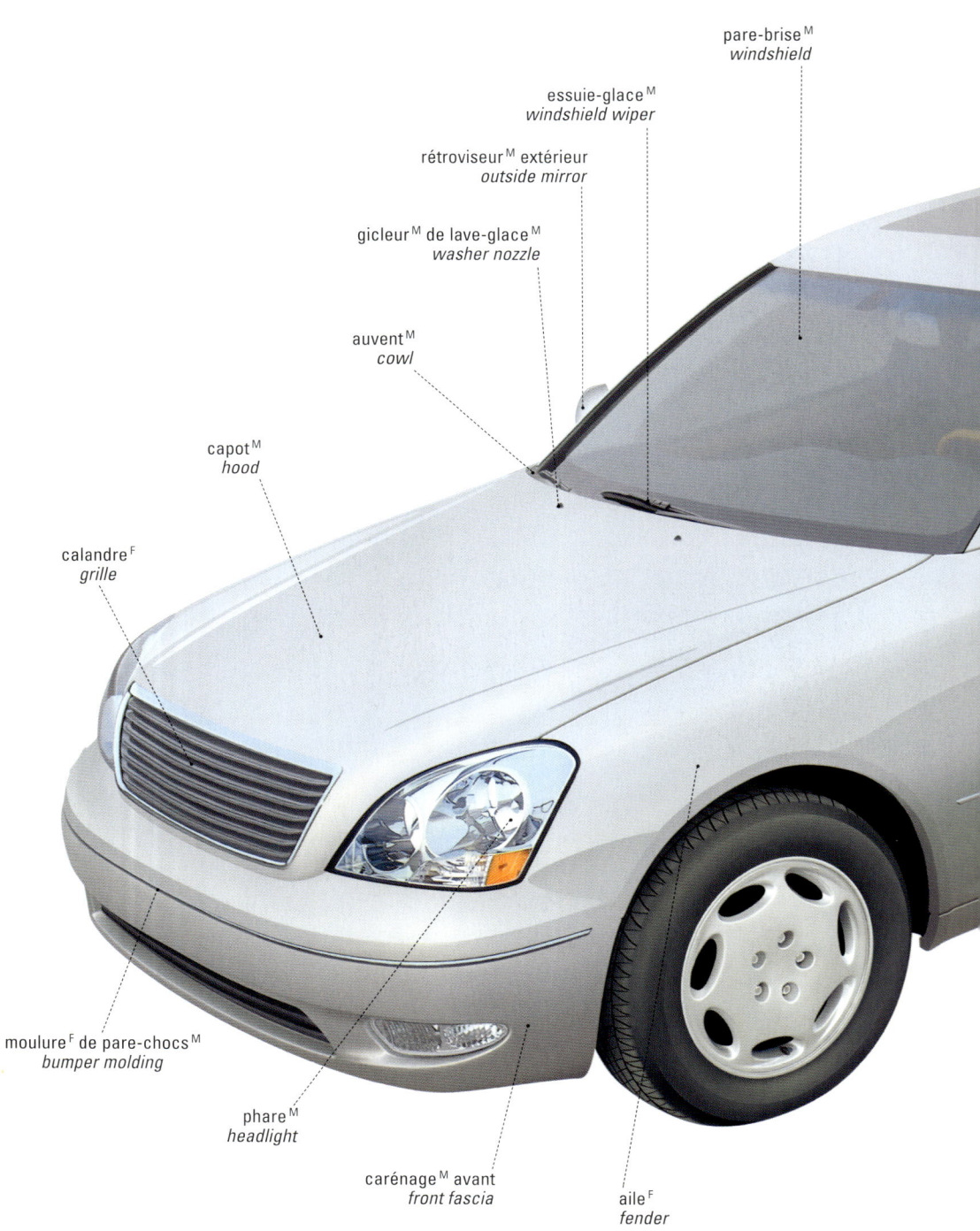

pare-brise^M
windshield

essuie-glace^M
windshield wiper

rétroviseur^M extérieur
outside mirror

gicleur^M de lave-glace^M
washer nozzle

auvent^M
cowl

capot^M
hood

calandre^F
grille

moulure^F de pare-chocs^M
bumper molding

phare^M
headlight

carénage^M avant
front fascia

aile^F
fender

TRANSPORT^M ROUTIER | ROAD TRANSPORT

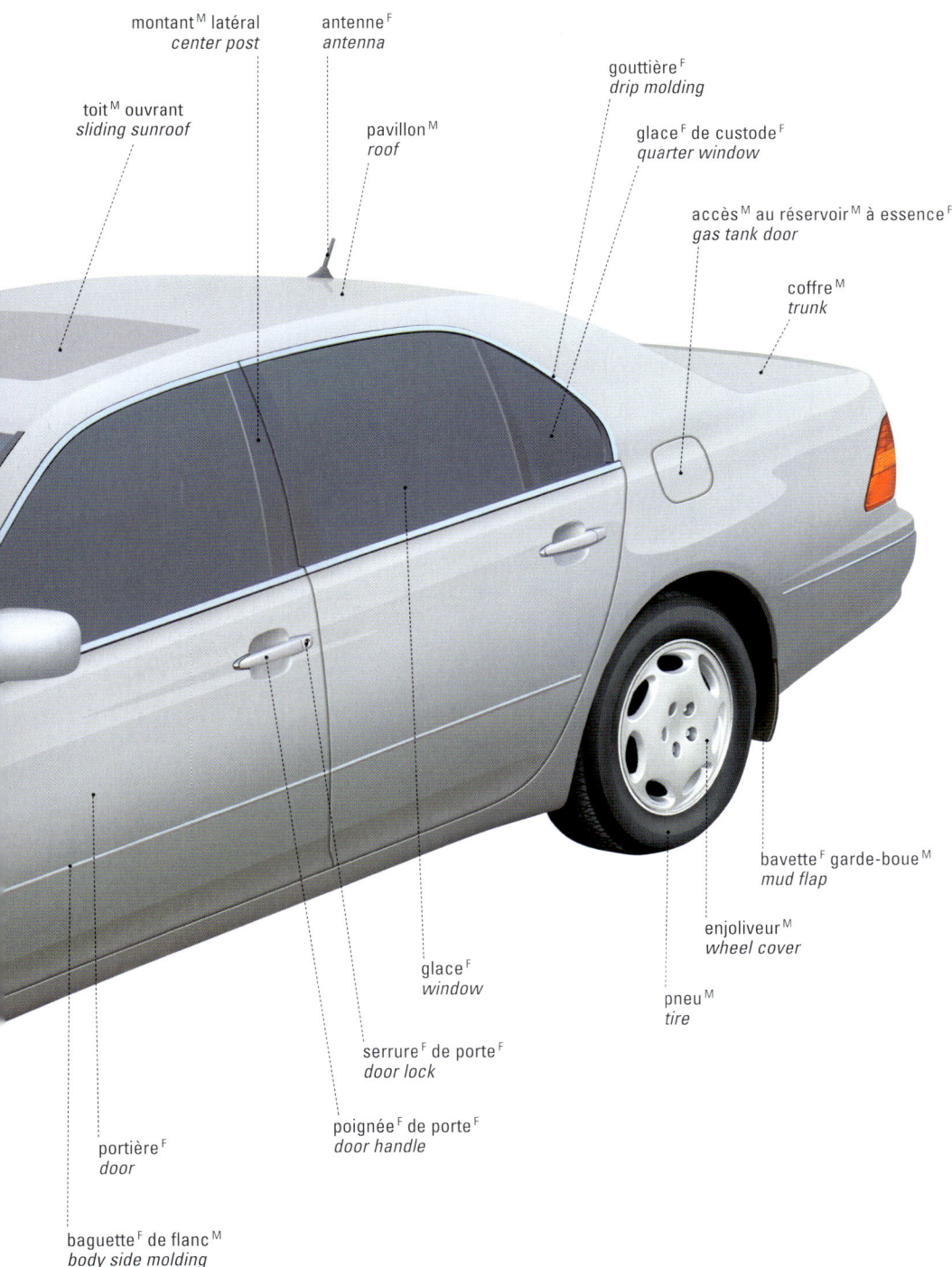

TRANSPORT^M ROUTIER | ROAD TRANSPORT

exemples^M de carrosseries^F
examples of bodies

voiture^F sport^M
sports car

voiture^F micro-compacte
micro compact car

trois-portes^F
hatchback

coach^M
two-door sedan

cabriolet^M
convertible

berline^F
four-door sedan

break^M
station wagon

fourgonnette^F
minivan

véhicule^M tout-terrain^M
sport-utility vehicle

camionnette^F
pickup truck

limousine^F
limousine

TRANSPORT M ROUTIER | ROAD TRANSPORT

feux M avant
headlights

feu M de route F
high beam

feu M de croisement M
low beam

feu M clignotant
turn signal

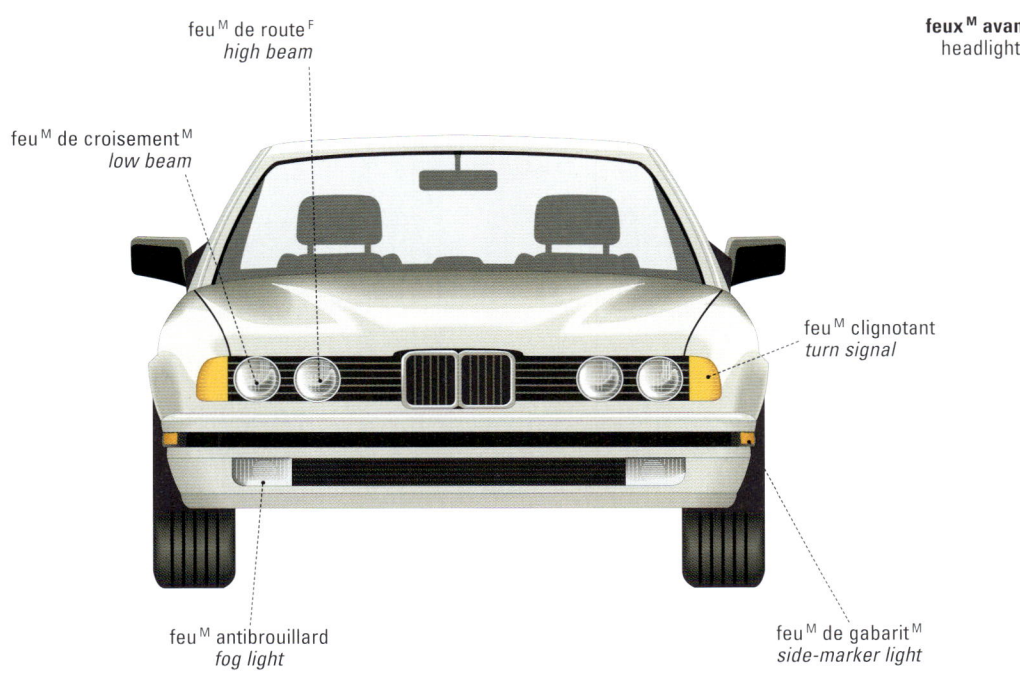

feu M antibrouillard
fog light

feu M de gabarit M
side-marker light

feux M arrière
taillights

feu M clignotant
turn signal

feu M stop M
brake light

feu M de plaque F
license plate light

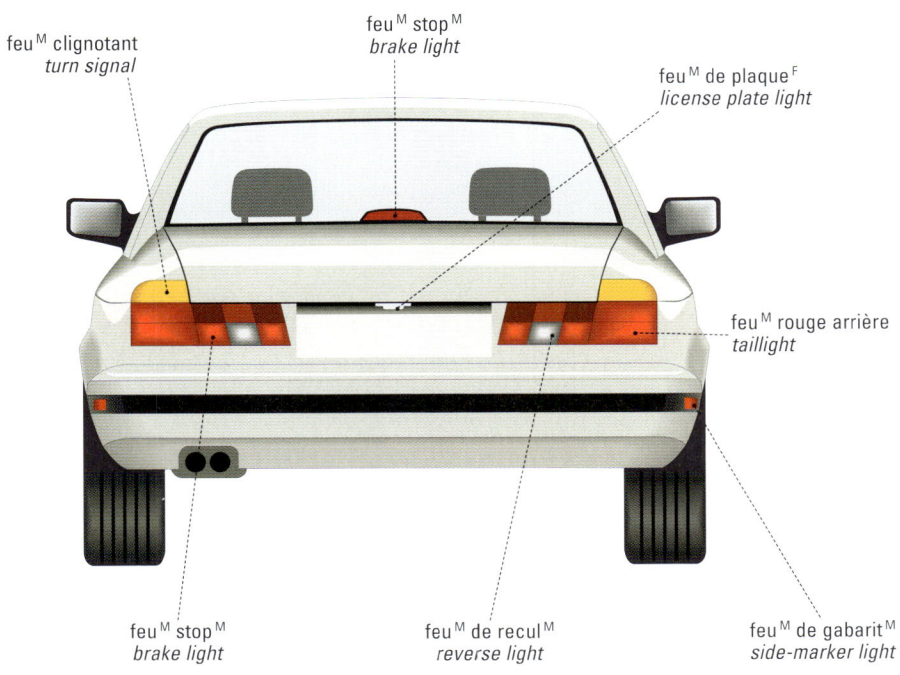

feu M rouge arrière
taillight

feu M stop M
brake light

feu M de recul M
reverse light

feu M de gabarit M
side-marker light

TRANSPORT ET MACHINERIE LOURDE

TRANSPORT^M ROUTIER | ROAD TRANSPORT

tableau^M de bord^M
dashboard

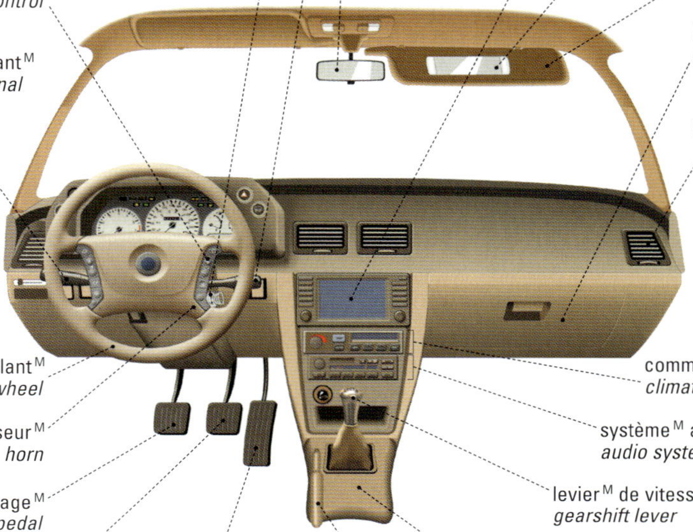

instruments^M de bord^M
instrument panel

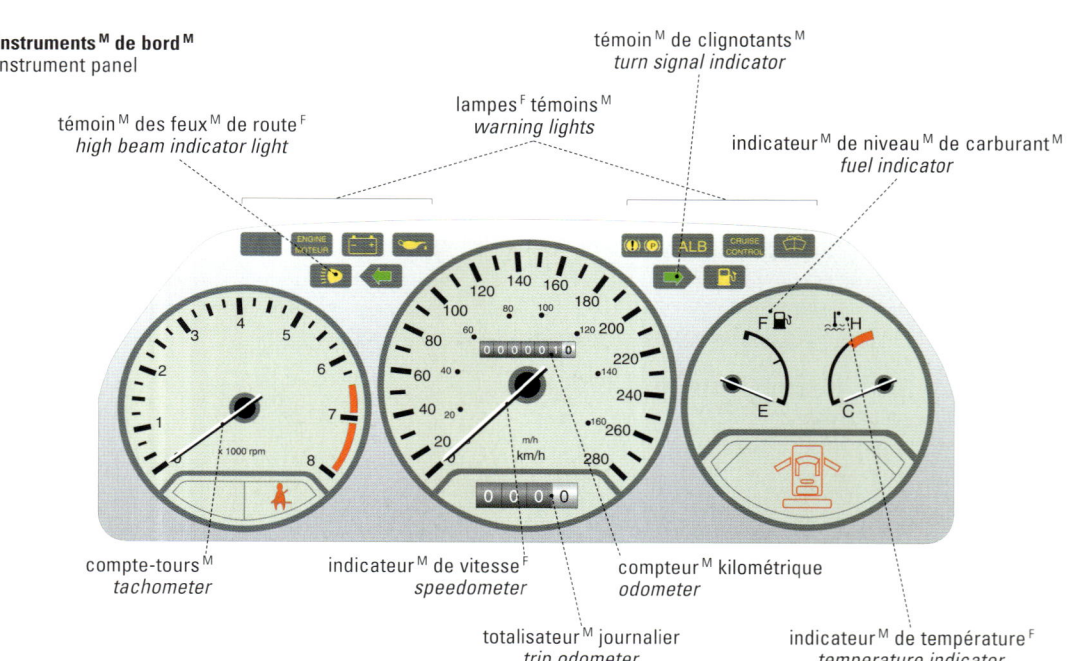

- rétroviseur^M / rearview mirror
- commande^F d'essuie-glace^M / wiper switch
- commutateur^M de démarrage^M / ignition switch
- régulateur^M de vitesse^F / cruise control
- éclairage^M/clignotant^M / headlight/turn signal
- volant^M / steering wheel
- avertisseur^M / horn
- pédale^F de débrayage^M / clutch pedal
- pédale^F de frein^M / brake pedal
- pédale^F d'accélérateur^M / gas pedal
- ordinateur^M de bord^M / on-board computer
- miroir^M de courtoisie^F / vanity mirror
- pare-soleil^M / sun visor
- boîte^F à gants^M / glove compartment
- bouche^F d'air^M / vent
- commande^F de chauffage^M / climate control
- système^M audio / audio system
- levier^M de vitesse^F / gearshift lever
- console^F centrale / center console
- levier^M de frein^M à main^F / parking brake lever

- témoin^M de clignotants^M / turn signal indicator
- lampes^F témoins^M / warning lights
- témoin^M des feux^M de route^F / high beam indicator light
- indicateur^M de niveau^M de carburant^M / fuel indicator
- compte-tours^M / tachometer
- indicateur^M de vitesse^F / speedometer
- compteur^M kilométrique / odometer
- totalisateur^M journalier / trip odometer
- indicateur^M de température^F / temperature indicator

TRANSPORT^M ROUTIER | ROAD TRANSPORT

CARAVANES^F
CAVARANS

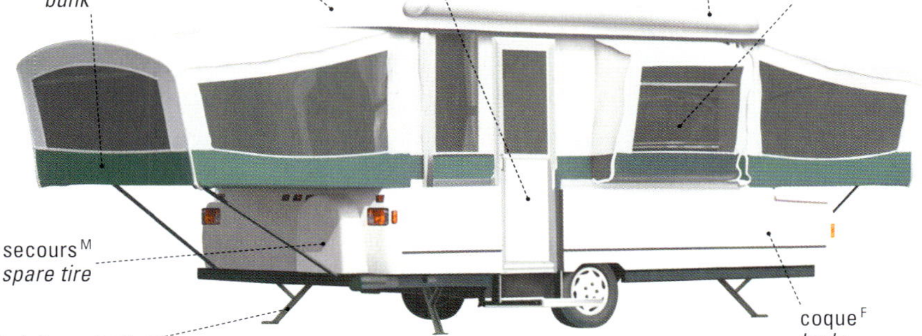

porte^F moustiquaire^F / screen door
toit^M / roof
auvent^M / canopy
fenêtre^F / window
lit^M / bunk
roue^F de secours^M / spare tire
coque^F / body
béquille^F d'appoint^M / stabilizer jack
tente^F-caravane^F / tent trailer

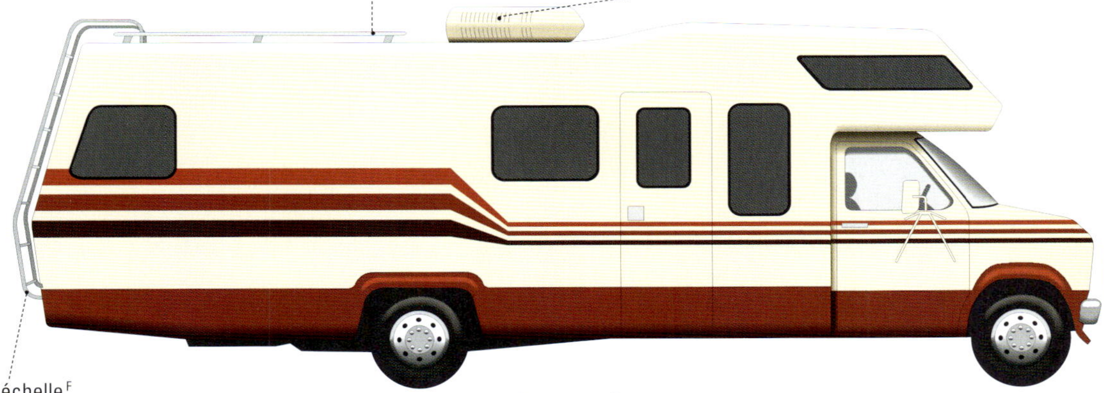

porte-bagages^M / luggage rack
climatiseur^M / air conditioner
échelle^F / ladder
auto^F-caravane^F / motor home

TRANSPORT ET MACHINERIE LOURDE

caravane^F tractée / trailer

TRANSPORTᴹ ROUTIER | ROAD TRANSPORT

AUTOBUSᴹ
BUSES

autobusᴹ scolaire
school bus

autobusᴹ à impérialeᶠ
double-deck bus

autobusᴹ
city bus

minibusᴹ
minibus

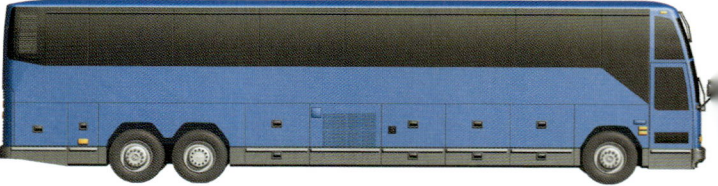
autocarᴹ
coach

autobusᴹ articulé
articulated bus

TRANSPORT^M ROUTIER | ROAD TRANSPORT

MOTO^F
MOTORCYCLE

casque^M de protection^F
protective helmet

coque^F
bubble

visière^F
visor

mentonnière^F
chin protector

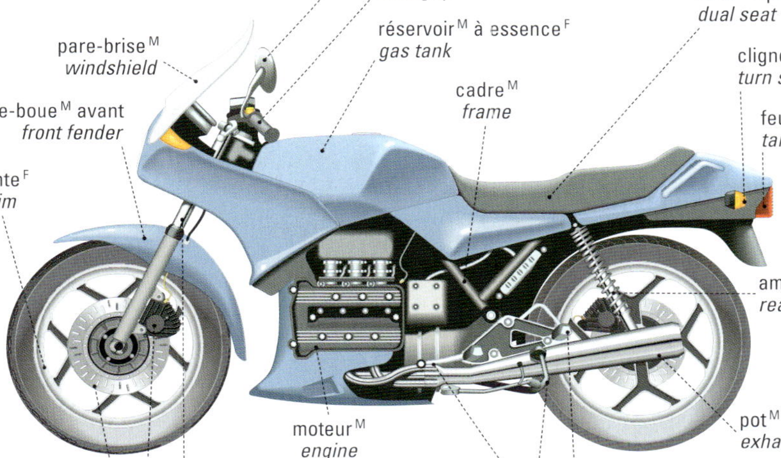

rétroviseur^M
mirror

poignée^F
handgrip

réservoir^M à essence^F
gas tank

cadre^M
frame

selle^F biplace
dual seat

clignotant^M arrière
turn signal

feu^M arrière
taillight

pare-brise^M
windshield

garde-boue^M avant
front fender

jante^F
rim

amortisseur^M arrière
rear shock absorber

frein^M à disque^M
disk brake

étrier^M
brake caliper

moteur^M
engine

sélecteur^M de vitesses^F
gearshift lever

fourche^F télescopique hydraulique
telescopic front fork

pot^M d'échappement^M
exhaust pipe

repose-pied^M du passager^M
pillion footrest

béquille^F centrale
main stand

exemples^M de motos^F
examples of motorcycles

moto^F tout-terrain
off-road motorcycle

cyclomoteur^M
moped

tablier^M
apron

rétroviseur^M
mirror

selle^F
seat

porte-bagages^M
luggage rack

plancher^M
floorboard

moto^F de tourisme^M
touring motorcycle

scooter^M
motor scooter

TRANSPORT ET MACHINERIE LOURDE

TRANSPORT^M ROUTIER | ROAD TRANSPORT

CAMIONNAGE^M
TRUCKING

tracteur^M routier
truck tractor

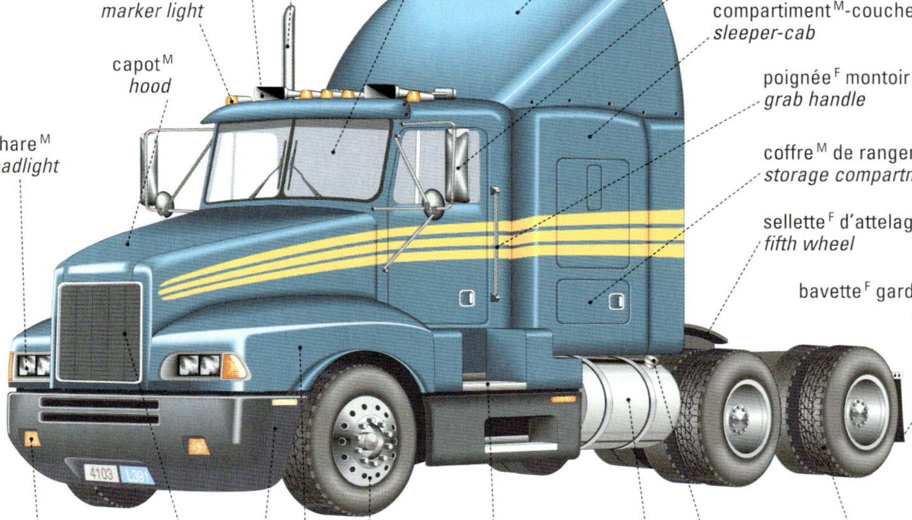

- cheminée^F d'échappement^M / exhaust stack
- avertisseur^M pneumatique / air horn
- pare-brise^M / windshield
- déflecteur^M / wind deflector
- rétroviseur^M / West Coast mirror
- feu^M de gabarit^M / marker light
- compartiment^M-couchette^F / sleeper-cab
- capot^M / hood
- poignée^F montoir^M / grab handle
- phare^M / headlight
- coffre^M de rangement^M / storage compartment
- sellette^F d'attelage^M / fifth wheel
- bavette^F garde-boue^M / mud flap
- feu^M antibrouillard / fog light
- pneu^M / tire
- calandre^F / radiator grille
- bouchon^M du réservoir^M / filler cap
- pare-chocs^M / bumper
- marchepied^M / step
- roue^F / wheel
- aile^F / fender
- réservoir^M à carburant^M / fuel tank

exemples^M de camions^M
examples of trucks

camion^M de vidange^F
cesspit emptier

camion^M-benne^F
dump truck

carrosserie^F amovible
detachable body

tracteur^M
truck tractor

semi-remorque^F
semitrailer

TRANSPORT^M ROUTIER | ROAD TRANSPORT

dépanneuse^F
tow truck

poutre^F de levage^M
boom

treuil^M
winch

câble^M
cable

crochet^M
hook

dispositif^M de remorquage^M
towing device

commandes^F du treuil^M
winch controls

vérin^M
elevating cylinder

benne^F **à ordures**^F; **camion**^M **à ordures**^F
collection truck

camion^M**-citerne**^F
tank truck

chasse-neige^M **à soufflerie**^F; **souffleuse**^F **à neige**^F
snowblower

camion^M**-toupie**^F; **camion**^M**-bétonnière**^F
concrete mixer truck

camion^M **porteur**^M **fourgon**^M
van straight truck

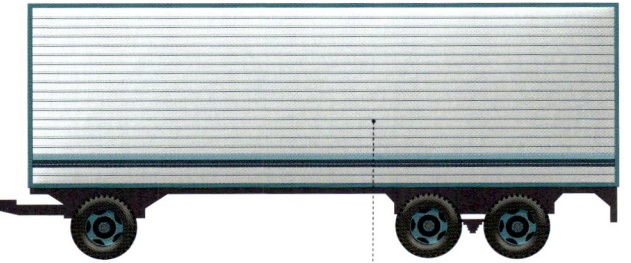

train^M **routier**
tandem tractor trailer

remorque^F
truck trailer

balayeuse^F
street sweeper

TRANSPORT ET MACHINERIE LOURDE

TRANSPORT^M ROUTIER | ROAD TRANSPORT

BICYCLETTE^F
BICYCLE

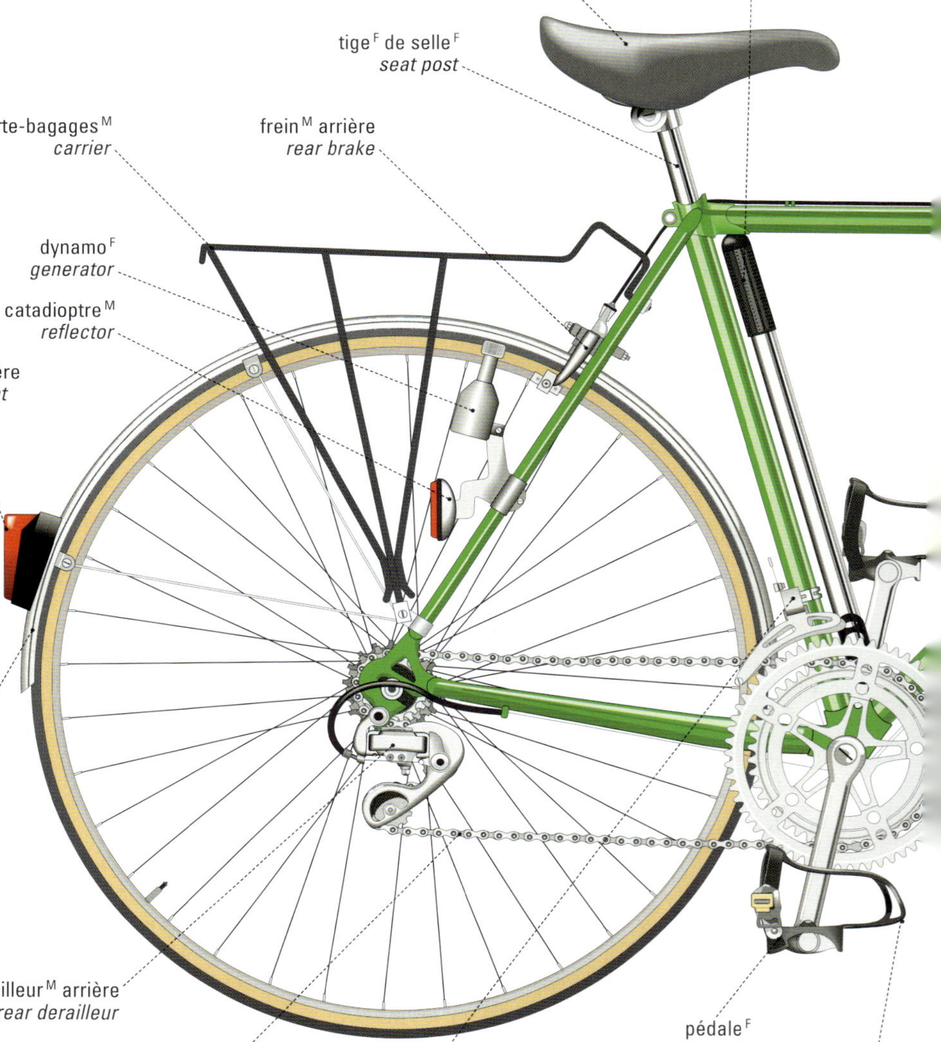

TRANSPORT ET MACHINERIE LOURDE

selle^F
seat

pompe^F
tire pump

tige^F de selle^F
seat post

porte-bagages^M
carrier

frein^M arrière
rear brake

dynamo^F
generator

catadioptre^M
reflector

feu^M arrière
rear light

garde-boue^M
fender

dérailleur^M arrière
rear derailleur

chaîne^F
drive chain

dérailleur^M avant
front derailleur

pédale^F
pedal

cale-pied^M
toe clip

accessoires^M
accessories

siège^M de vélo^M pour enfant^M
child carrier

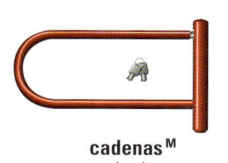

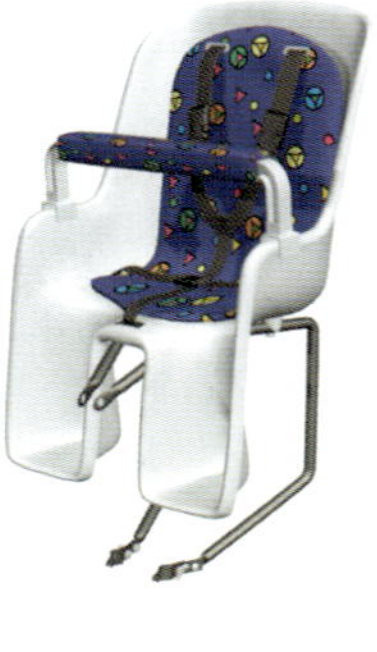

cadenas^M
lock

casque^M de protection^F
protective helmet

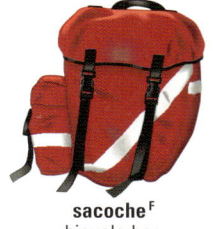

sacoche^F
bicycle bag

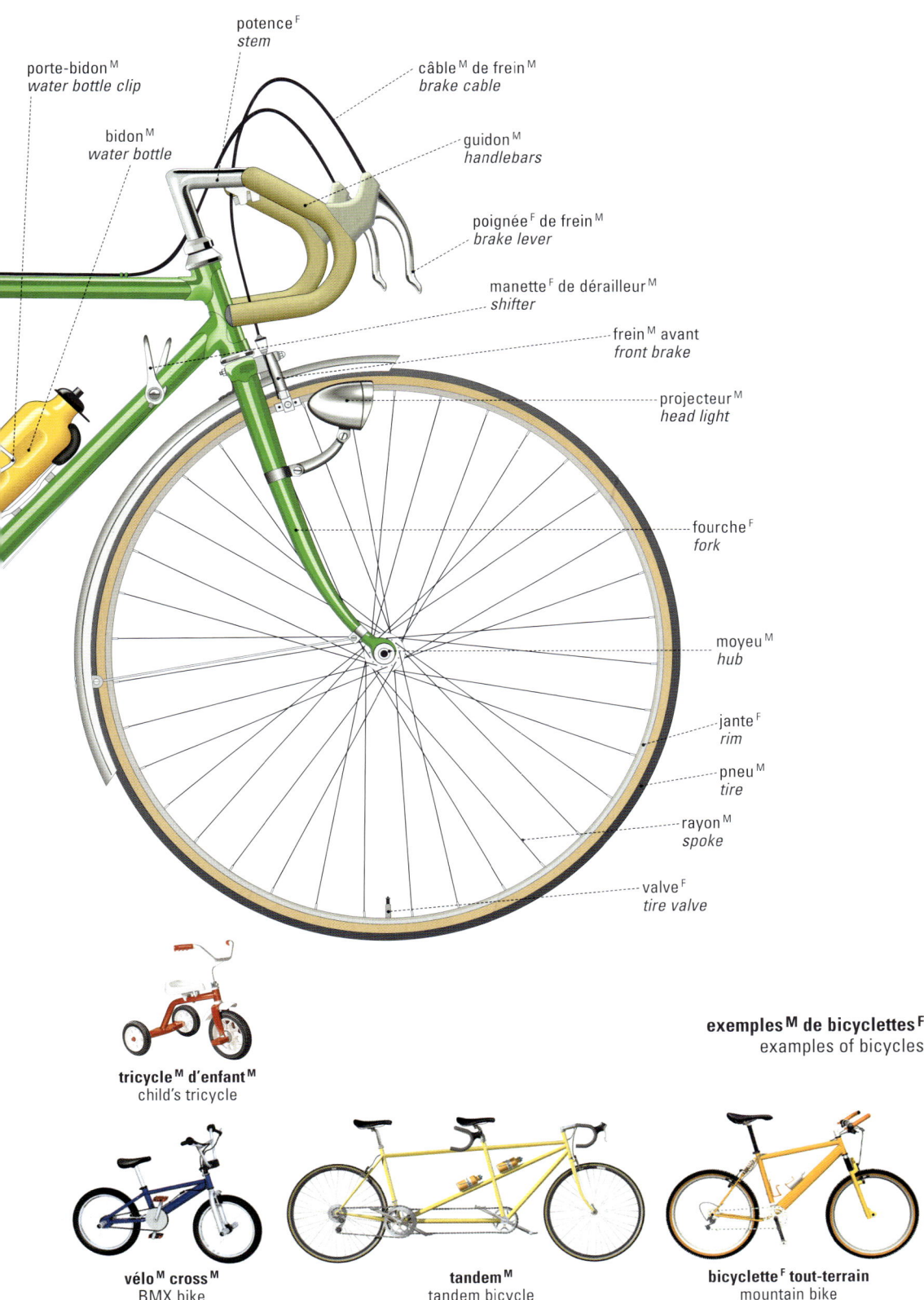

TRANSPORT^M FERROVIAIRE | RAIL TRANSPORT

Au 19e siècle, les chemins de fer constituaient un moyen de transport de choix. De nos jours, de nombreux voyageurs continuent de préférer le train à l'automobile ou à l'avion. Des modèles de plus en plus performants de trains à grande vitesse (T.G.V.) filent à plus de 300 km/h sur les rails d'Europe, d'Amérique ou d'Asie. En milieu urbain, le transport ferroviaire prend plutôt l'allure des métros et des tramways.

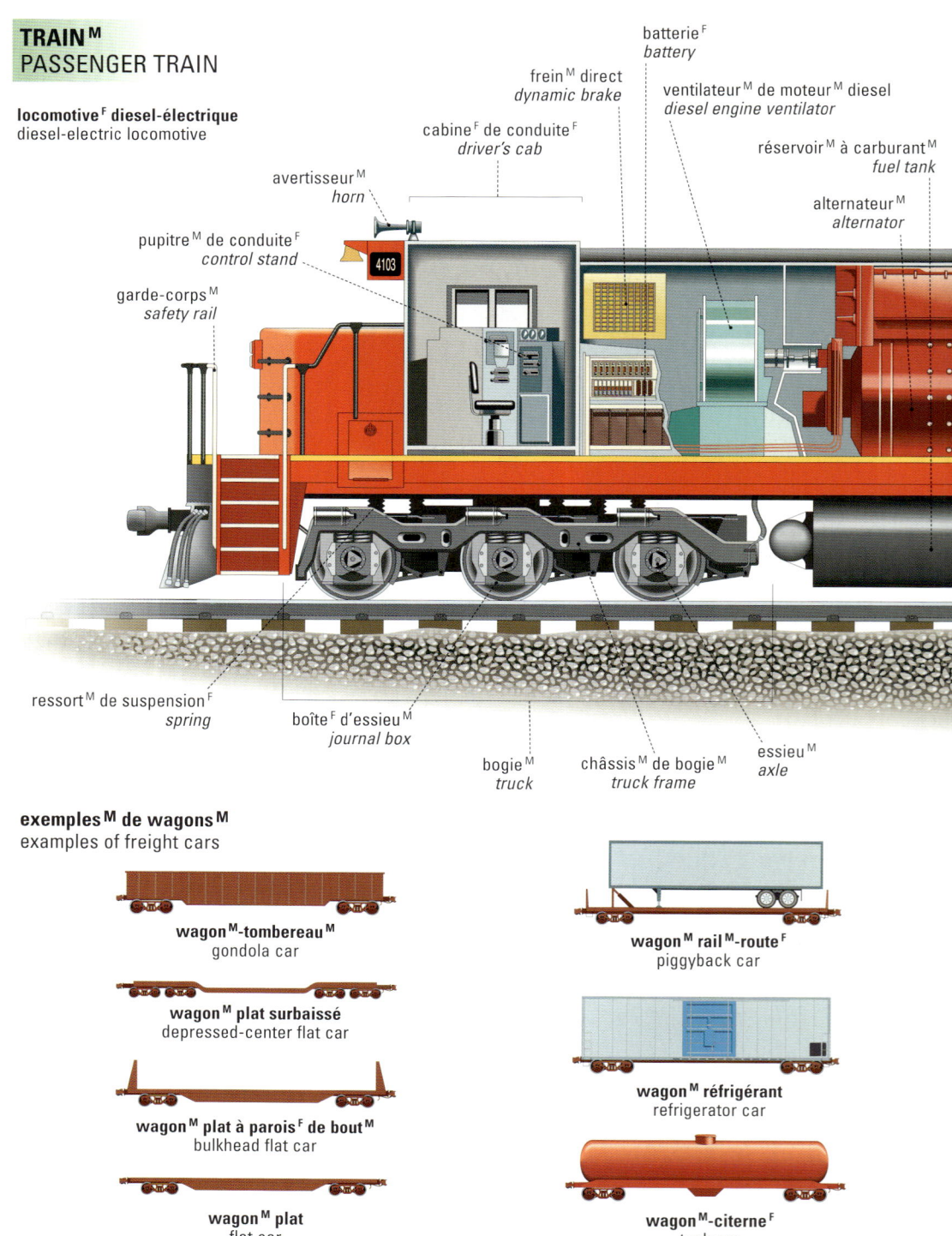

TRAIN^M
PASSENGER TRAIN

locomotive^F diesel-électrique
diesel-electric locomotive

batterie^F / battery
frein^M direct / dynamic brake
ventilateur^M de moteur^M diesel / diesel engine ventilator
cabine^F de conduite^F / driver's cab
réservoir^M à carburant^M / fuel tank
avertisseur^M / horn
alternateur^M / alternator
pupitre^M de conduite^F / control stand
garde-corps^M / safety rail
ressort^M de suspension^F / spring
boîte^F d'essieu^M / journal box
bogie^M / truck
châssis^M de bogie^M / truck frame
essieu^M / axle

exemples^M de wagons^M
examples of freight cars

wagon^M-tombereau^M / gondola car
wagon^M plat surbaissé / depressed-center flat car
wagon^M plat à parois^F de bout^M / bulkhead flat car
wagon^M plat / flat car

wagon^M rail^M-route^F / piggyback car
wagon^M réfrigérant / refrigerator car
wagon^M-citerne^F / tank car

TRANSPORT ET MACHINERIE LOURDE

196

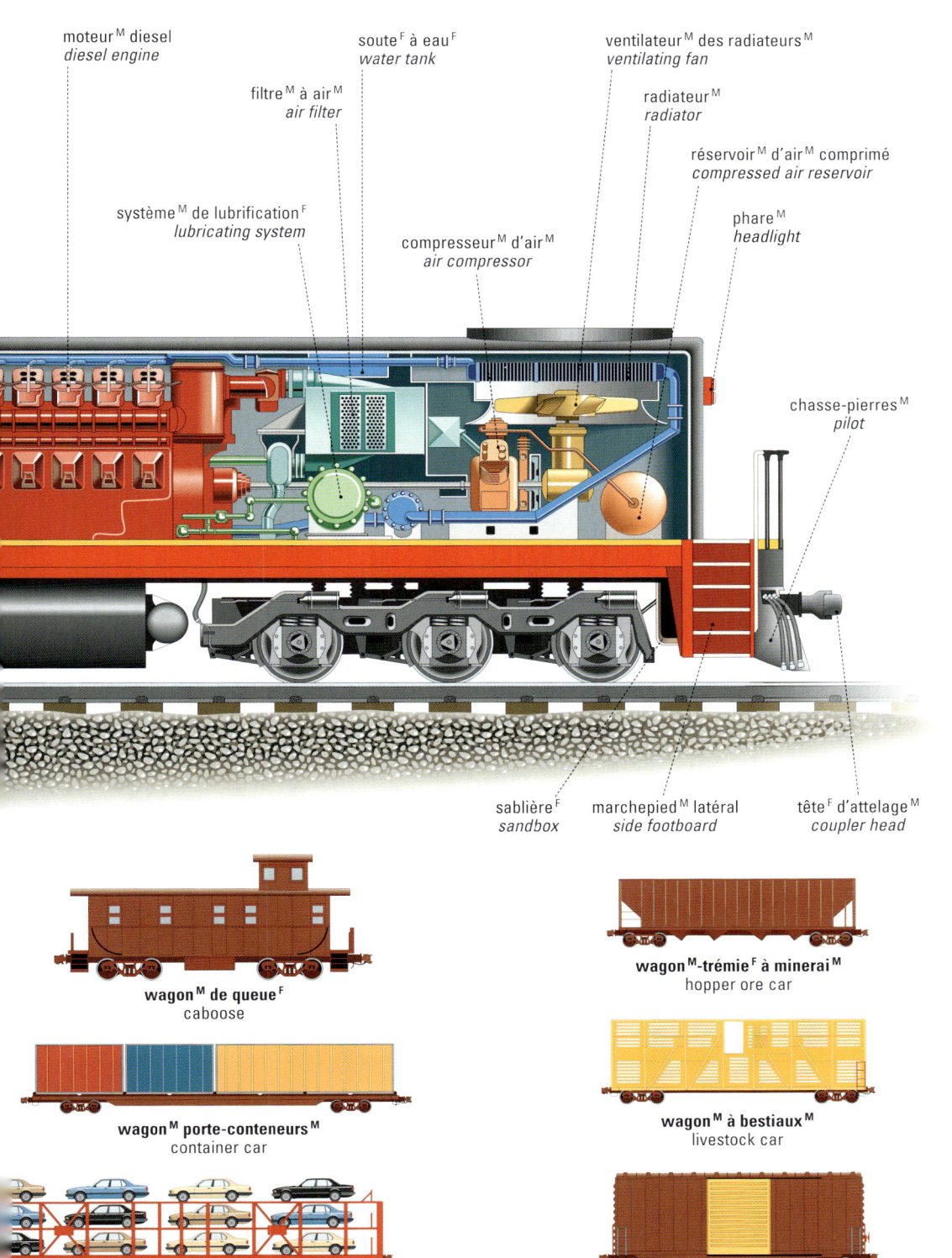

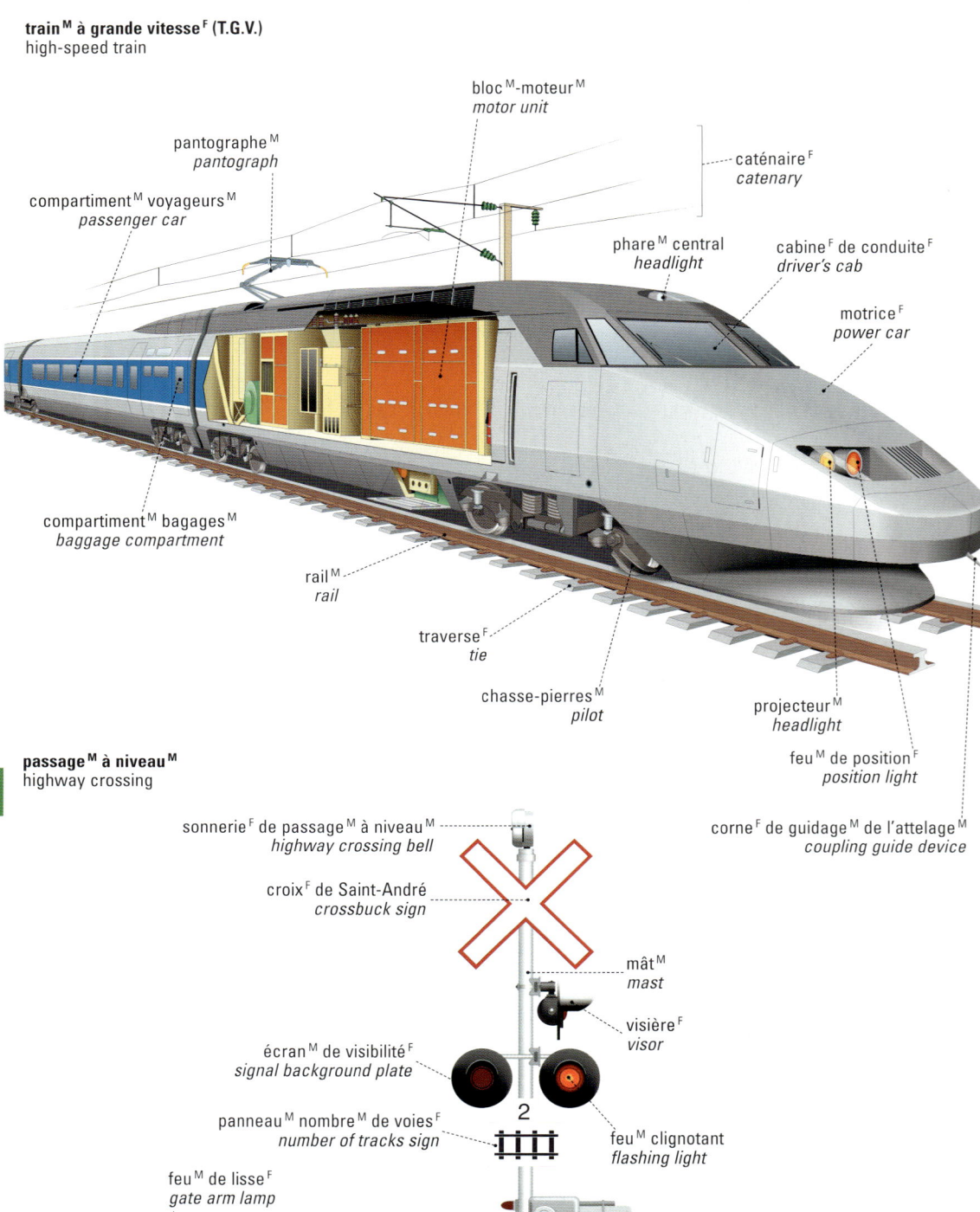

TRANSPORT^M FERROVIAIRE | RAIL TRANSPORT

CHEMIN^M DE FER^M MÉTROPOLITAIN
SUBWAY

voiture^F
passenger car

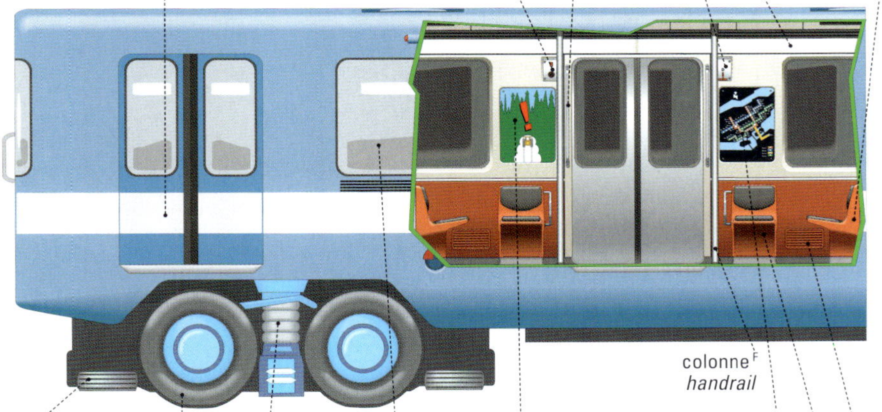

porte^F latérale
side door

poste^M de communication^F
communication set

poignée^F
side handrail

frein^M d'urgence^F
emergency brake

éclairage^M
light

siège^M double
double seat

pneumatique^M de guidage^M
inflated guiding tire

pneumatique^M porteur
inflated carrying tire

fenêtre^F
window

affiche^F publicitaire
advertising sign

suspension^F
suspension

colonne^F
handrail

carte^F de réseau^M
subway map

siège^M simple
single seat

grille^F de chauffage^M
heating grille

rame^F de métro^M
subway train

motrice^F
motor car

remorque^F
trailer car

motrice^F
motor car

TRAMWAY^M
STREETCAR

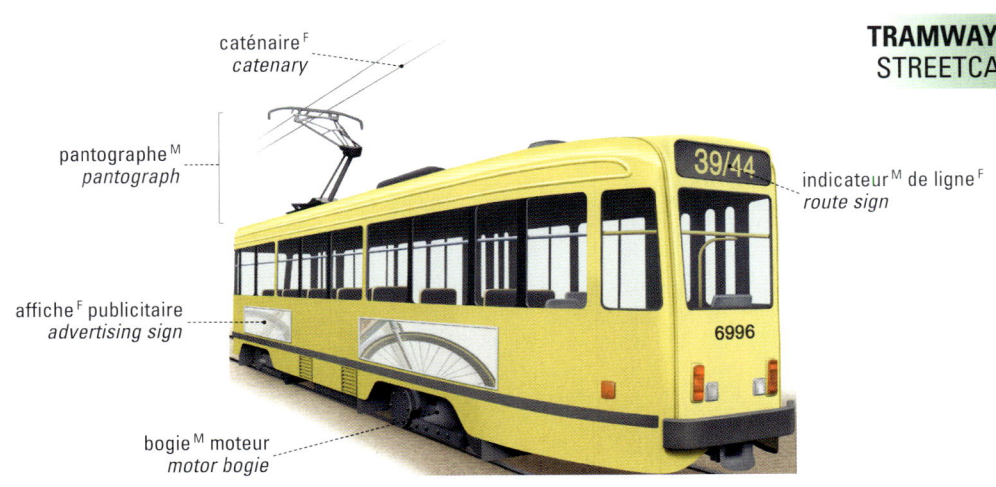

caténaire^F
catenary

pantographe^M
pantograph

affiche^F publicitaire
advertising sign

indicateur^M de ligne^F
route sign

bogie^M moteur
motor bogie

TRANSPORT ET MACHINERIE LOURDE

TRANSPORT^M MARITIME | MARITIME TRANSPORT

Après l'âne et le chameau, les embarcations sont les plus anciens modes de transport. À partir du 14ᵉ siècle, la possibilité d'échanges commerciaux en terres inconnues motive le développement de grands voiliers performants. En s'affranchissant de la force du vent, les immenses paquebots à vapeur connaissent au 19ᵉ siècle un essor important. De nos jours, les voies navigables sont utilisées principalement pour transporter à peu de frais des marchandises.

PORT^M MARITIME / HARBOR

- écluse^F / canal lock
- bassin^M de radoub^M / dry dock
- grue^F à flèche^F / quayside crane
- terminal^M de vrac^M / bulk terminal
- quai^M / quay
- hangar^M de transit^M / transit shed
- entrepôt^M frigorifique / cold shed
- gare^F maritime / passenger terminal
- transbordeur^M / ferryboat
- pétrolier^M / tanker
- terminal^M pétrolier / oil terminal
- bassin^M / dock
- grue^F sur ponton^M / floating crane
- terminal^M à céréales^F / grain terminal
- silos^M / silos
- portique^M de chargement^M de conteneurs^M / container-loading bridge
- navire^M porte-conteneurs^M / container ship
- terminal^M à conteneurs^M / container terminal
- bâtiment^M administratif / office building
- bureau^M des douanes^F / customs house

PAQUEBOT^M / PASSENGER LINER

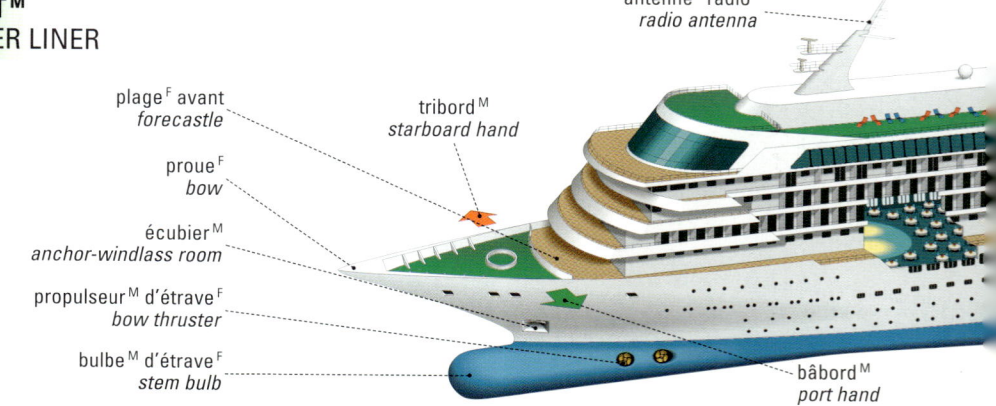

- plage^F avant / forecastle
- proue^F / bow
- écubier^M / anchor-windlass room
- propulseur^M d'étrave^F / bow thruster
- bulbe^M d'étrave^F / stem bulb
- tribord^M / starboard hand
- antenne^F radio^F / radio antenna
- bâbord^M / port hand

TRANSPORT^M MARITIME | MARITIME TRANSPORT

QUATRE-MÂTS^M BARQUE^F
FOUR-MASTED BARK

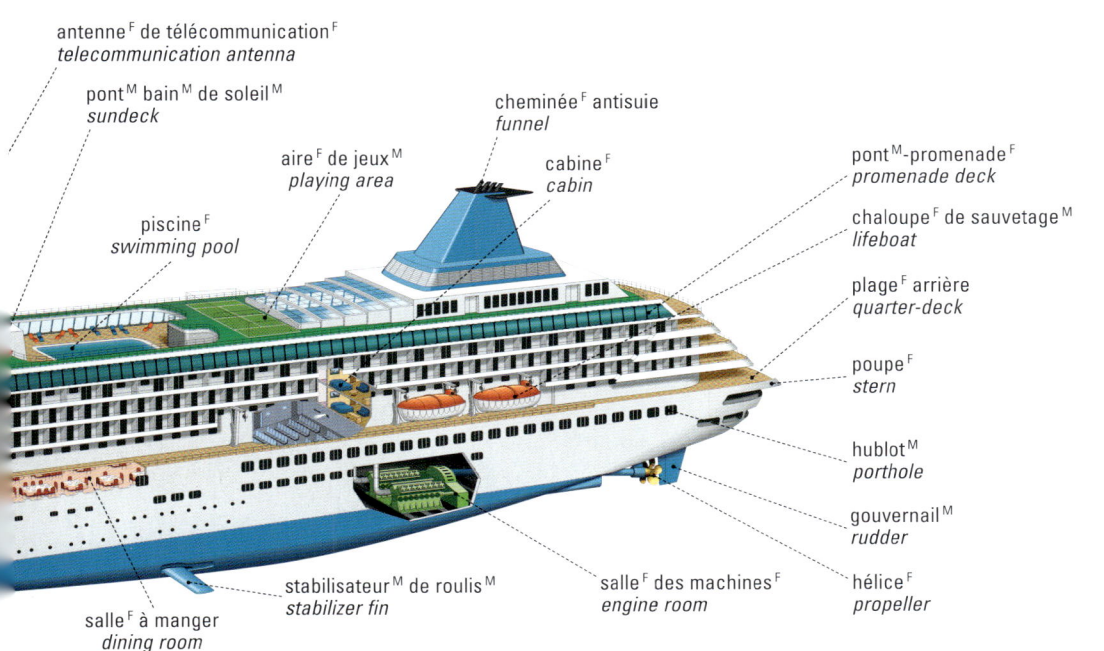

TRANSPORT ET MACHINERIE LOURDE

201

TRANSPORT^M MARITIME | MARITIME TRANSPORT

EXEMPLES^M DE BATEAUX^M ET D'EMBARCATIONS^F
EXAMPLES OF BOATS AND SHIPS

canot^M automobile
runabout

yacht^M à moteur^M
motor yacht

caravane^F flottante
houseboat

remorqueur^M
tug

aéroglisseur^M
hovercraft

hydroptère^M
hydrofoil boat

transbordeur^M
ferry

brise-glace^M
ice breaker

chalutier^M
trawler

TRANSPORT^M AÉRIEN | AIR TRANSPORT

Avant l'arrivée de l'hélicoptère et de l'avion, prendre le train ou le paquebot était le seul moyen de parcourir de grandes distances. Dans les années 1950, les avions à réaction révolutionnent le transport aérien en accueillant de nombreux passagers pour des vols plus longs et plus rapides. Comme ils peuvent décoller et atterrir dans des endroits inaccessibles aux avions, les hélicoptères servent particulièrement aux opérations de sauvetage.

HÉLICOPTÈRE^M / HELICOPTER

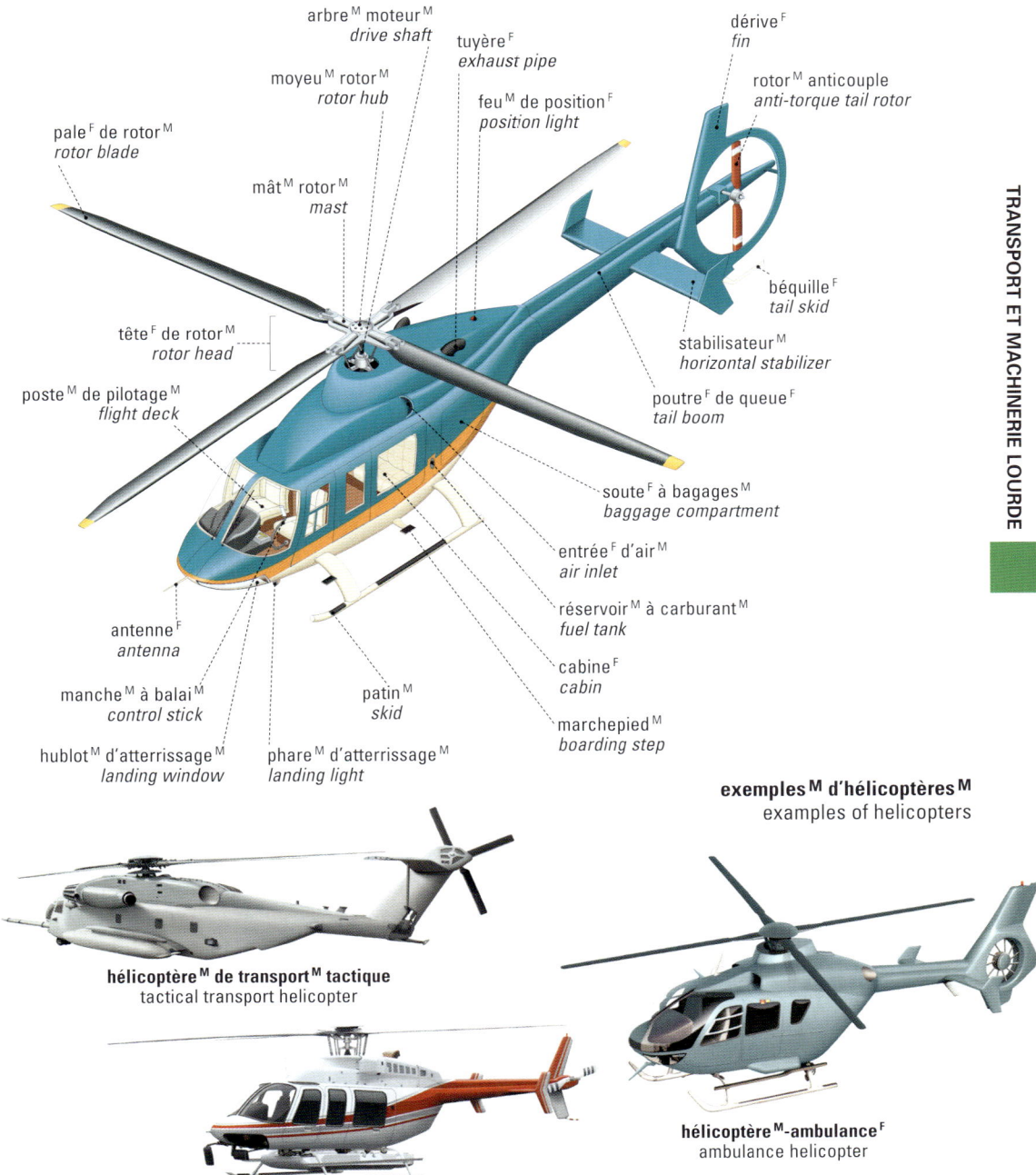

TRANSPORT ET MACHINERIE LOURDE

203

TRANSPORT^M AÉRIEN | AIR TRANSPORT

AÉROPORT^M
AIRPORT

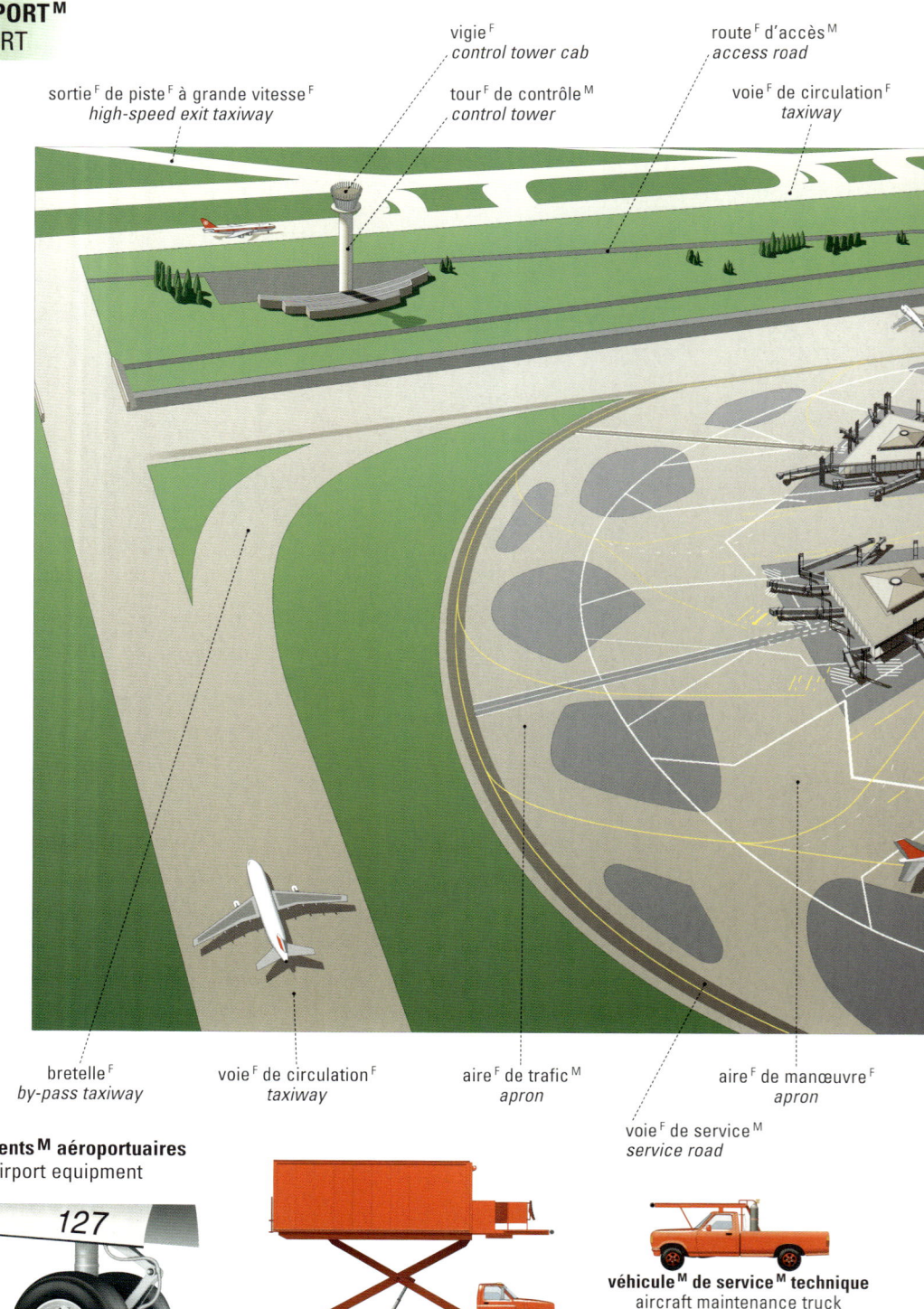

sortie^F de piste^F à grande vitesse^F
high-speed exit taxiway

vigie^F
control tower cab

tour^F de contrôle^M
control tower

route^F d'accès^M
access road

voie^F de circulation^F
taxiway

bretelle^F
by-pass taxiway

voie^F de circulation^F
taxiway

aire^F de trafic^M
apron

aire^F de manœuvre^F
apron

voie^F de service^M
service road

équipements^M aéroportuaires
ground airport equipment

cale^F
wheel chock

camion^M commissariat^M
catering vehicle

véhicule^M de service^M technique
aircraft maintenance truck

barre^F de tractage^M
tow bar

TRANSPORT ET MACHINERIE LOURDE

204

TRANSPORT^M AÉRIEN | AIR TRANSPORT

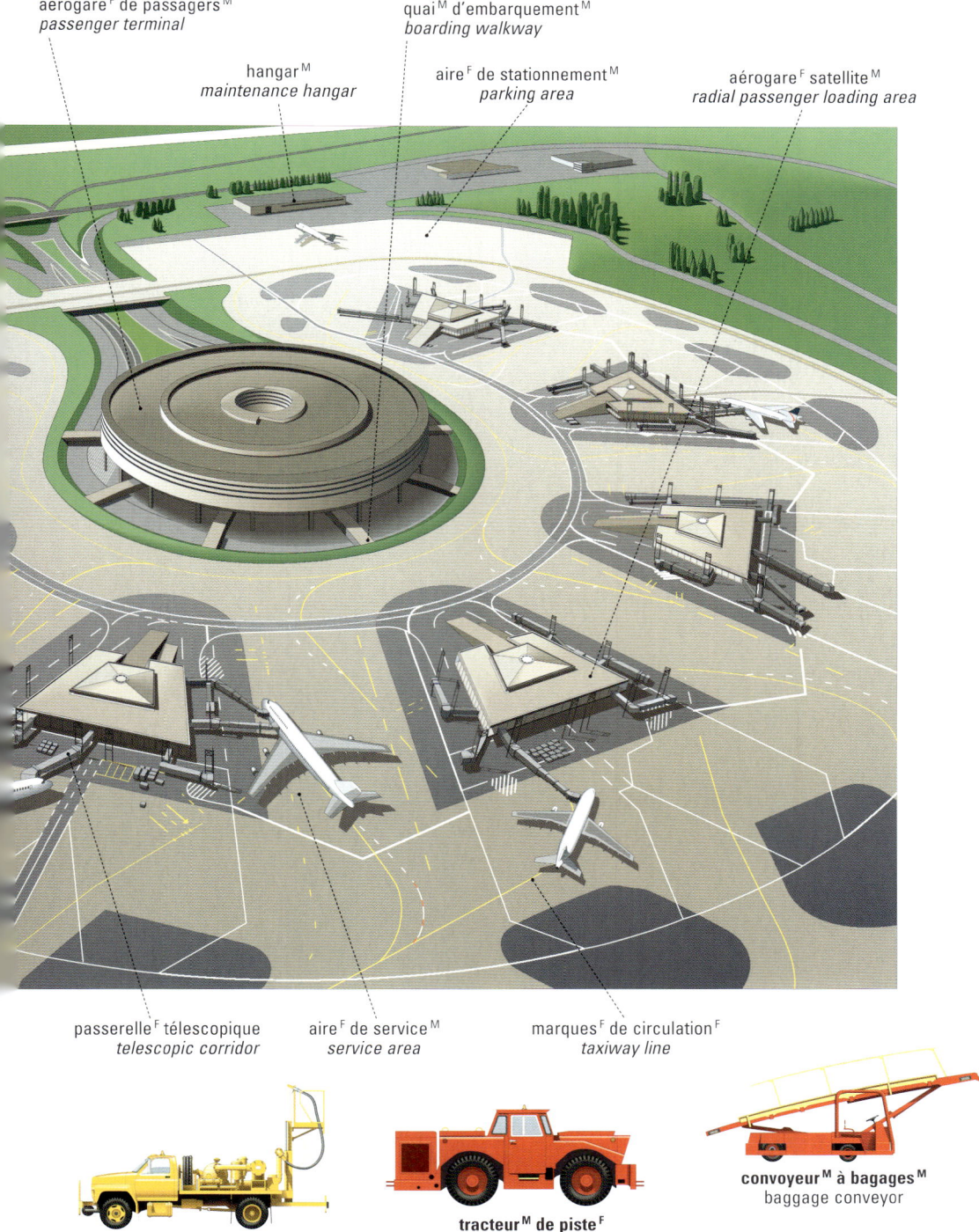

aérogare^F de passagers^M
passenger terminal

quai^M d'embarquement^M
boarding walkway

hangar^M
maintenance hangar

aire^F de stationnement^M
parking area

aérogare^F satellite^M
radial passenger loading area

passerelle^F télescopique
telescopic corridor

aire^F de service^M
service area

marques^F de circulation^F
taxiway line

camion^M avitailleur
jet refueler

tracteur^M de piste^F
tow tractor

convoyeur^M à bagages^M
baggage conveyor

remorque^F à bagages^M
baggage trailer

tracteur^M
tow tractor

plate-forme^F élévatrice automotrice
container/pallet loader

TRANSPORT ET MACHINERIE LOURDE

205

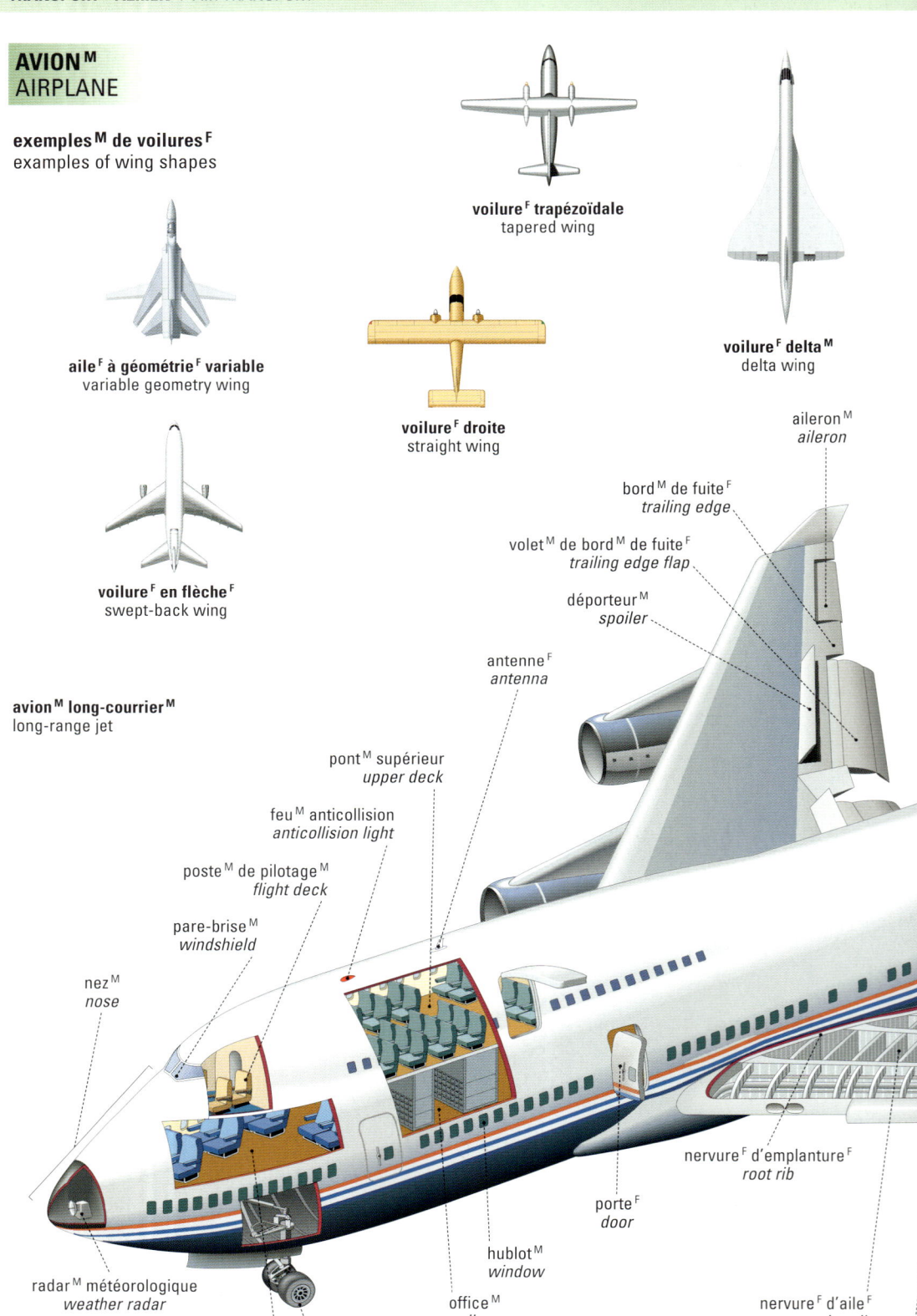

TRANSPORT^M AÉRIEN | AIR TRANSPORT

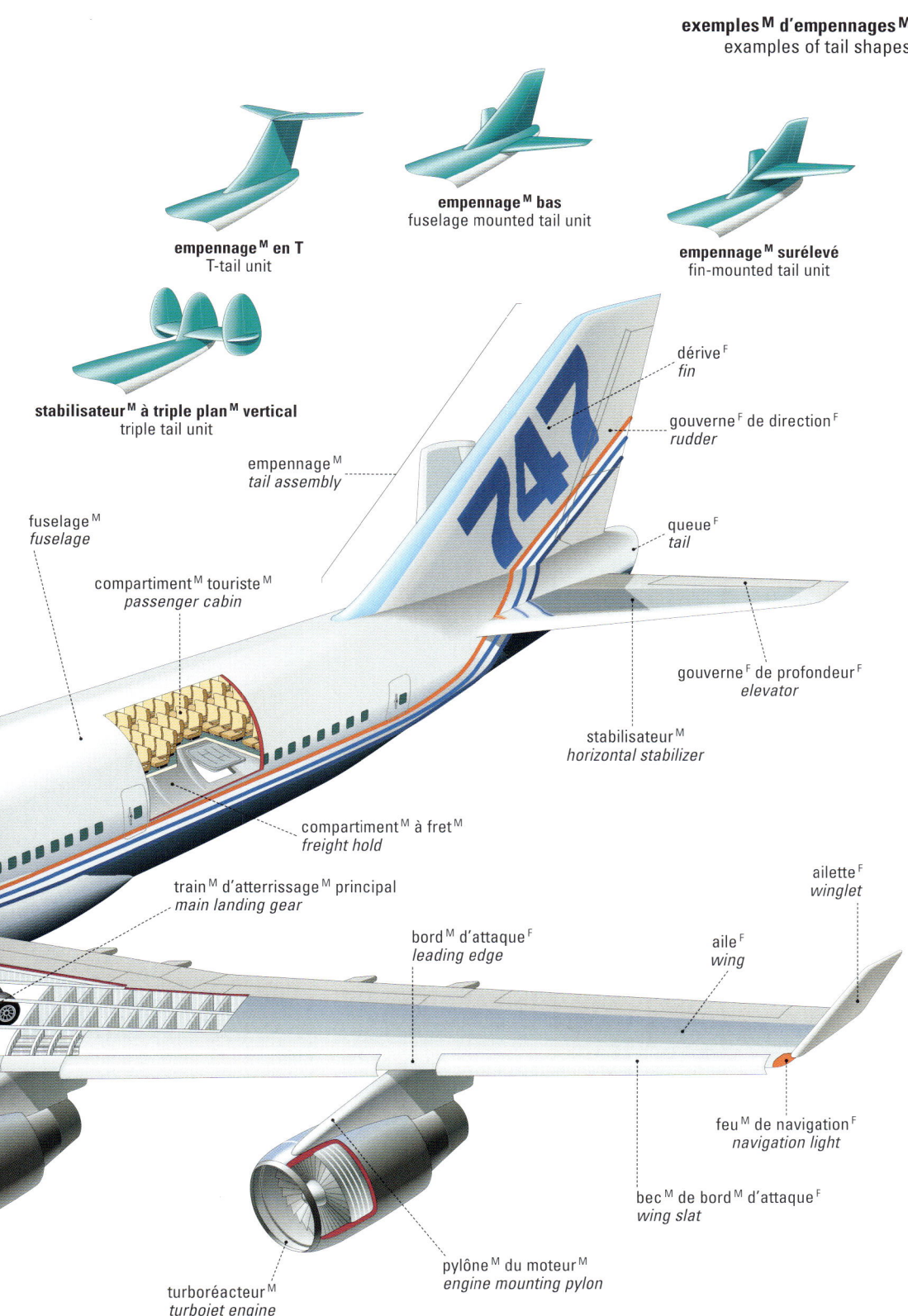

exemples^M d'empennages^M
examples of tail shapes

empennage^M bas
fuselage mounted tail unit

empennage^M surélevé
fin-mounted tail unit

empennage^M en T
T-tail unit

stabilisateur^M à triple plan^M vertical
triple tail unit

empennage^M
tail assembly

dérive^F
fin

gouverne^F de direction^F
rudder

queue^F
tail

fuselage^M
fuselage

compartiment^M touriste^M
passenger cabin

gouverne^F de profondeur^F
elevator

stabilisateur^M
horizontal stabilizer

compartiment^M à fret^M
freight hold

train^M d'atterrissage^M principal
main landing gear

ailette^F
winglet

bord^M d'attaque^F
leading edge

aile^F
wing

feu^M de navigation^F
navigation light

bec^M de bord^M d'attaque^F
wing slat

turboréacteur^M
turbojet engine

pylône^M du moteur^M
engine mounting pylon

TRANSPORT ET MACHINERIE LOURDE

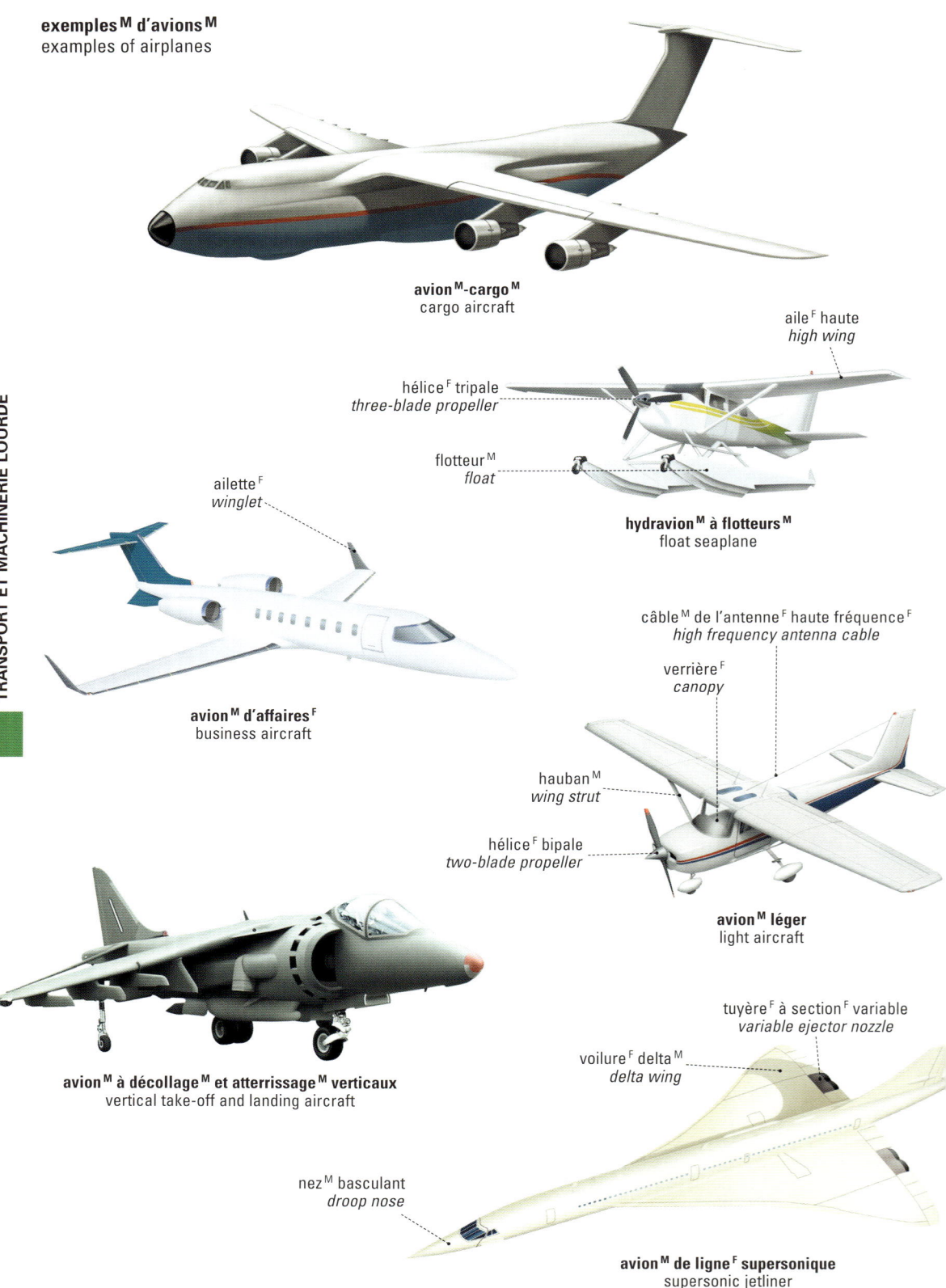

MACHINERIEF LOURDE | HEAVY MACHINERY

La machinerie lourde constitue une famille à part de véhicules motorisés. S'il est rare d'apercevoir ces véhicules à tout faire sillonner les routes et les autoroutes, ils dominent toutefois les chantiers de construction, les carrières et les mines. Souvent équipés de chenilles leur permettant d'avancer sans effort sur des terrains accidentés, ces poids lourds sont dotés de puissants moteurs pour creuser la terre ou déplacer des charges importantes.

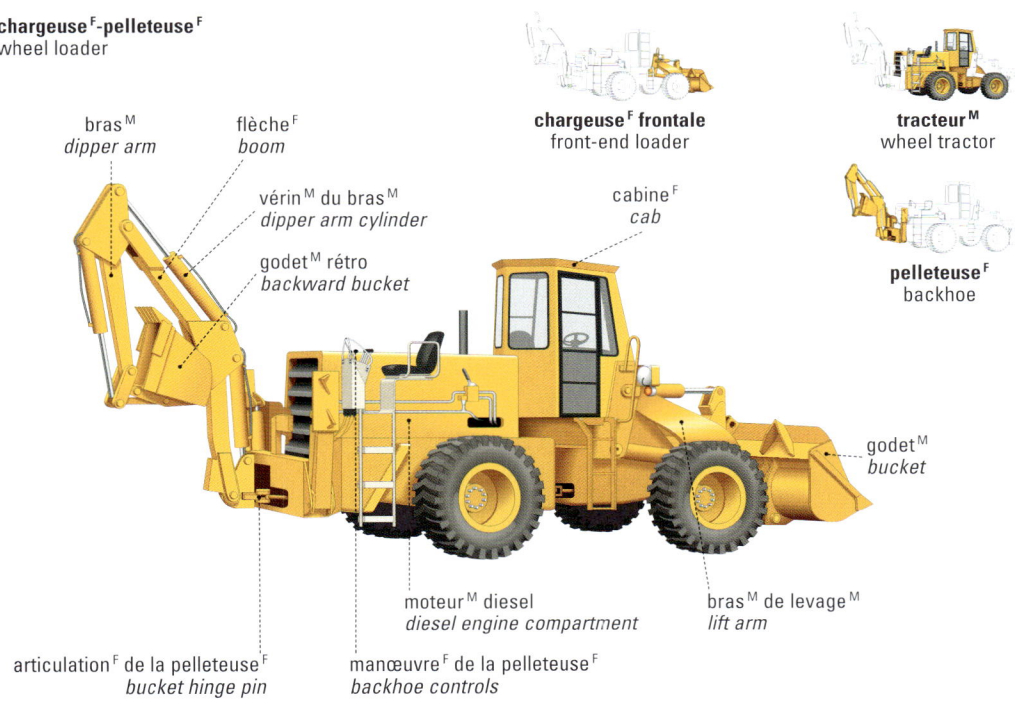

chargeuseF-pelleteuseF
wheel loader

- brasM / *dipper arm*
- flècheF / *boom*
- vérinM du brasM / *dipper arm cylinder*
- godetM rétro / *backward bucket*
- chargeuseF frontale / *front-end loader*
- cabineF / *cab*
- tracteurM / *wheel tractor*
- pelleteuseF / *backhoe*
- godetM / *bucket*
- moteurM diesel / *diesel engine compartment*
- brasM de levageM / *lift arm*
- articulationF de la pelleteuseF / *bucket hinge pin*
- manœuvreF de la pelleteuseF / *backhoe controls*

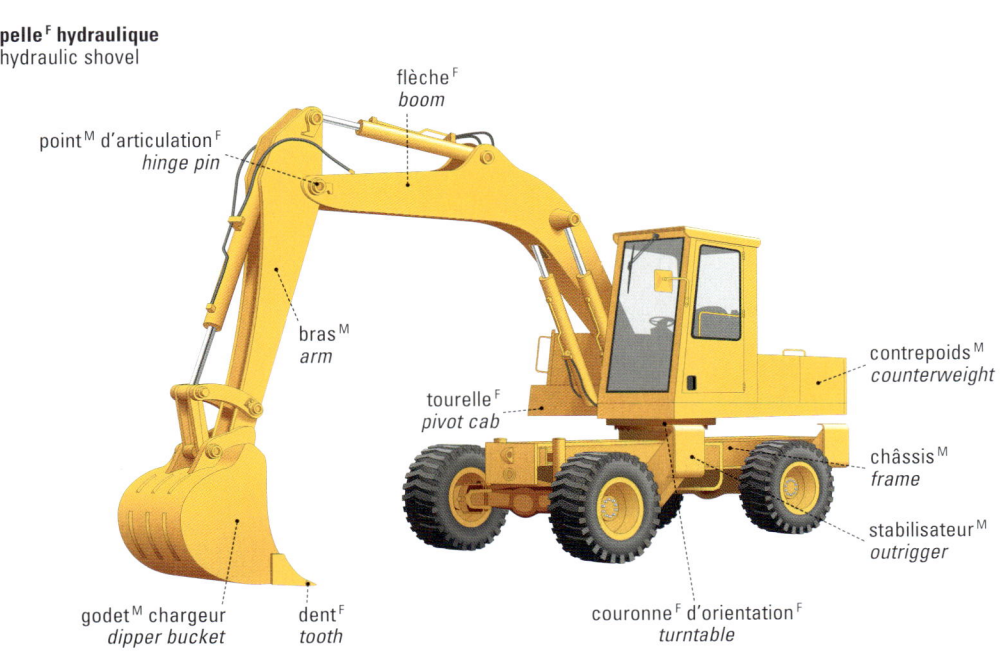

pelleF hydraulique
hydraulic shovel

- pointM d'articulationF / *hinge pin*
- flècheF / *boom*
- brasM / *arm*
- contrepoidsM / *counterweight*
- tourelleF / *pivot cab*
- châssisM / *frame*
- stabilisateurM / *outrigger*
- godetM chargeur / *dipper bucket*
- dentF / *tooth*
- couronneF d'orientationF / *turntable*

TRANSPORT ET MACHINERIE LOURDE

MACHINERIE^F LOURDE | HEAVY MACHINERY

bouteur^M
bulldozer

tuyau^M d'échappement^M
exhaust pipe stack

filtre^M à air^M
air pre-cleaner filter

moteur^M diesel
diesel motor compartment

vérin^M de levage^M de la lame^F
blade lift cylinder

bras^M du longeron^M
push frame

dent^F de défonceuse^F
ripper shank

lame^F
blade

bord^M tranchant
cutting edge

chenille^F
track

barbotin^M
final drive

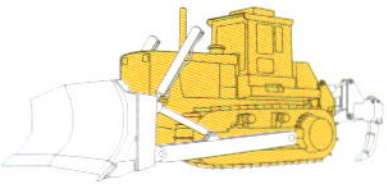

tracteur^M à chenilles^F
crawler tractor

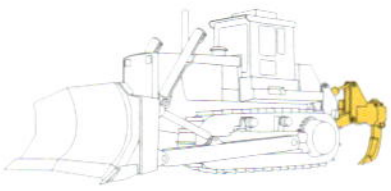

défonceuse^F
ripper

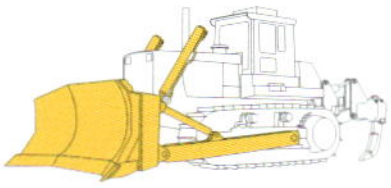

lame^F
blade

TRANSPORT ET MACHINERIE LOURDE

camion^M-benne^F
dump truck

cabine^F
cab

auvent^M
canopy

nervure^F
rib

benne^F basculante
dump body

moteur^M diesel
diesel engine compartment

échelle^F
ladder

châssis^M
frame

210

BEAUX-ARTSᴹ | FINE ARTS

De nos jours, le terme beaux-arts est réservé aux arts graphiques et plastiques. Depuis le début de l'humanité, l'homme exprime ses sentiments et traduit sa perception du monde, entre autres, par les arts comme la peinture et la sculpture. Les peintres et les sculpteurs ont à leur disposition une grande variété de matériaux et techniques dont le choix donne à leurs œuvres un style bien personnel.

PEINTUREᶠ ET DESSINᴹ
PAINTING AND DRAWING

cercleᴹ des couleursᶠ
color circle

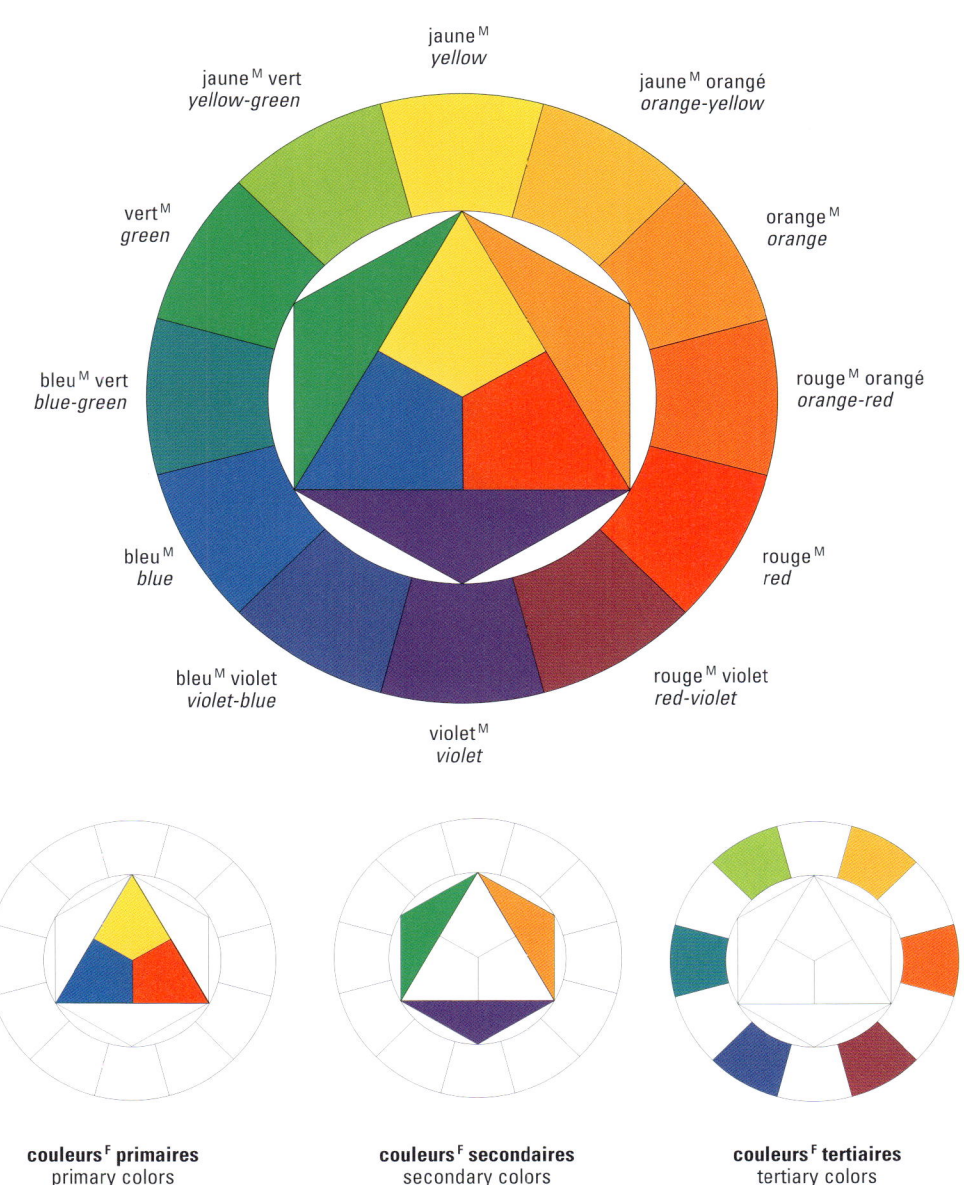

jauneᴹ
yellow

jauneᴹ vert
yellow-green

jauneᴹ orangé
orange-yellow

vertᴹ
green

orangeᴹ
orange

bleuᴹ vert
blue-green

rougeᴹ orangé
orange-red

bleuᴹ
blue

rougeᴹ
red

bleuᴹ violet
violet-blue

rougeᴹ violet
red-violet

violetᴹ
violet

couleursᶠ primaires
primary colors

couleursᶠ secondaires
secondary colors

couleursᶠ tertiaires
tertiary colors

ARTS

BEAUX-ARTS M | FINE ARTS

matériel M **de dessin** M
drawing supplies

pastels M **secs**
soft pastel

feutre M
felt tip pen

fusain M
charcoal

pastels M **gras**
oil pastel

crayons M **de cire** F
wax crayons

crayons M **de couleur** F
colored pencils

matériel M **de peinture** F
painting supplies

pinceau M
brush

pastilles F **d'aquarelle** F **/ gouache** F
watercolor/gouache cakes

couteau M **à peindre**
painting knife

couleur F **à l'huile** F
oil paint

brosse F **éventail** M
fan brush

tube M **d'aquarelle** F **/ gouache** F
watercolor/gouache tube

BEAUX-ARTS^M | FINE ARTS

SCULPTURE^F SUR BOIS^M
WOOD CARVING

étapes^F
steps

exemples^M **d'outils**^M
examples of tools

rifloir^M
riffler

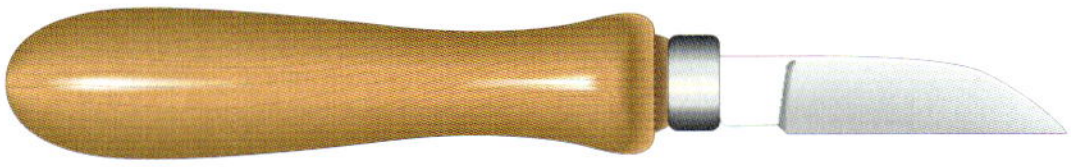

traçage^M
drawing

couteau^M
knife

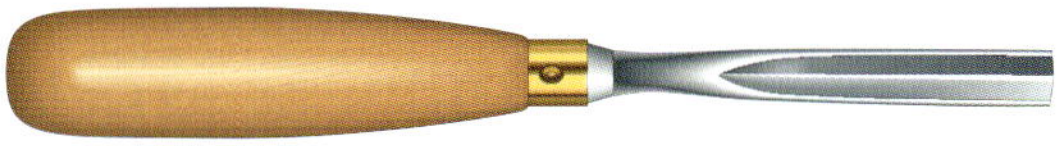

burin^M
block cutter

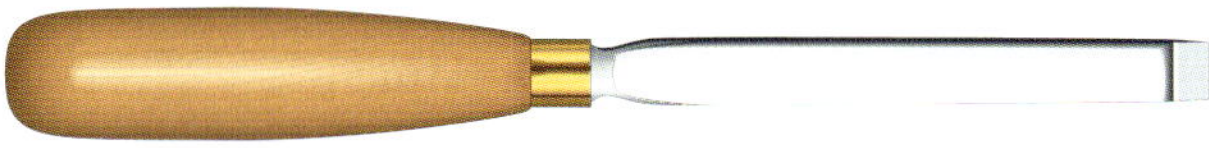

dégrossissage^M
roughing out

fermoir^M
firmer chisel

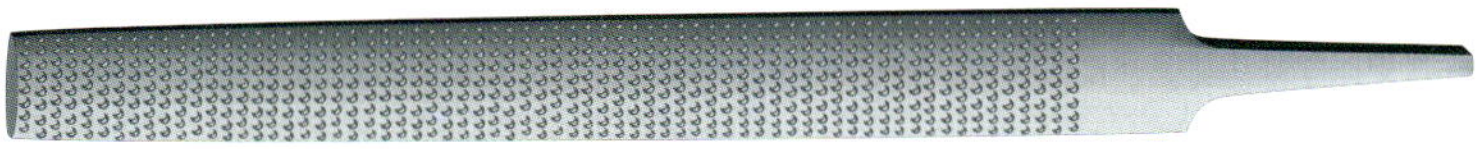

sculpture^F
carving

râpe^F
rasp

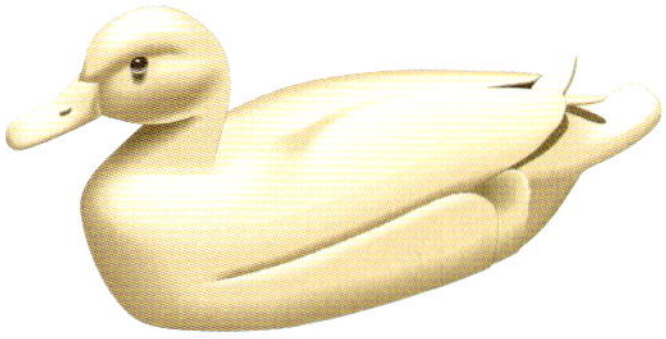

finition^F
finishing

ARTS

213

ARTISANAT^M | CRAFTS

La couture et le tricot sont des activités très anciennes. Jusqu'à tout récemment, la réalisation de ces travaux manuels était réservée aux femmes. À une époque où les vêtements étaient tous fabriqués à la main, la couture et le tricot avaient une fonction totalement utilitaire. Dans la société moderne, ces métiers d'art sont devenus le plus souvent des passe-temps auxquels s'adonnent les doigts habiles.

COUTURE^F ET TRICOT^M
SEWING AND KNITTING

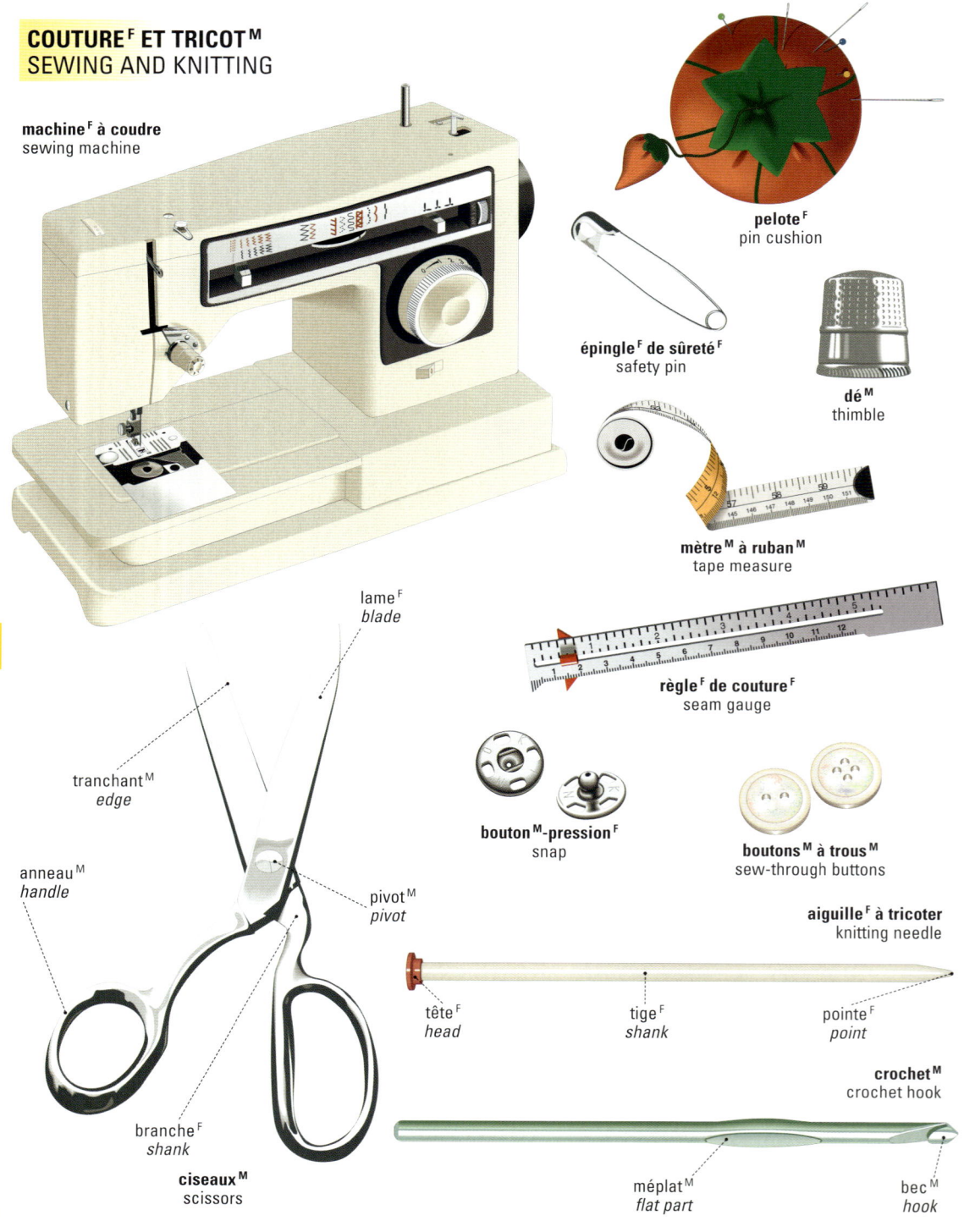

MAISONS[F] | HOUSES

Dans le monde entier, les gens se construisent des abris à partir des matériaux disponibles. Ainsi, les maisons traditionnelles peuvent être fabriquées en tôle, en boue, en pierre, en branches, en paille, en gazon ou en neige gelée. Même si le style des habitations locales est souvent typique, beaucoup d'habitations modernes se ressemblent, qu'elles soient construites en Orient ou en Occident.

MAISONS[F] TRADITIONNELLES
TRADITIONAL HOUSES

igloo[M]
igloo

isba[F]
isba

yourte[F]
yurt

case[F]
hut

wigwam[M]
wigwam

hutte[F]
hut

tipi[M]
tepee

maison[F] **sur pilotis**[M]
pile dwelling

poutre[F]
beam

échelle[F]
ladder

maison[F] **en adobe**[M]
adobe house

ARCHITECTURE

215

MAISONS[F] | HOUSES

MAISONS[F] DE VILLE[F]
CITY HOUSES

maison[F] jumelée
semi-detached cottage

maison[F] de plain-pied[M]
one-storey house

maison[F] à deux étages[M]
two-storey house

maisons[F] en rangée[F]
town houses

tour[F] d'habitation[F]
high-rise apartment

appartements[M] en copropriété[F]
condominiums

ARCHITECTURE

ŒUVRES^F ARCHITECTURALES | ARCHITECTURAL WORKS

On peut retracer l'histoire du monde en comparant les différents styles d'architecture et en admirant les nombreux chefs-d'œuvre qui ont marqué les époques. Qu'ils soient utilitaires, comme le donjon du château fort, ou symboliques, comme le clocher de la cathédrale qui s'élève vers Dieu, tous les éléments des œuvres architecturales tiennent compte de la fonction à laquelle elles sont destinées.

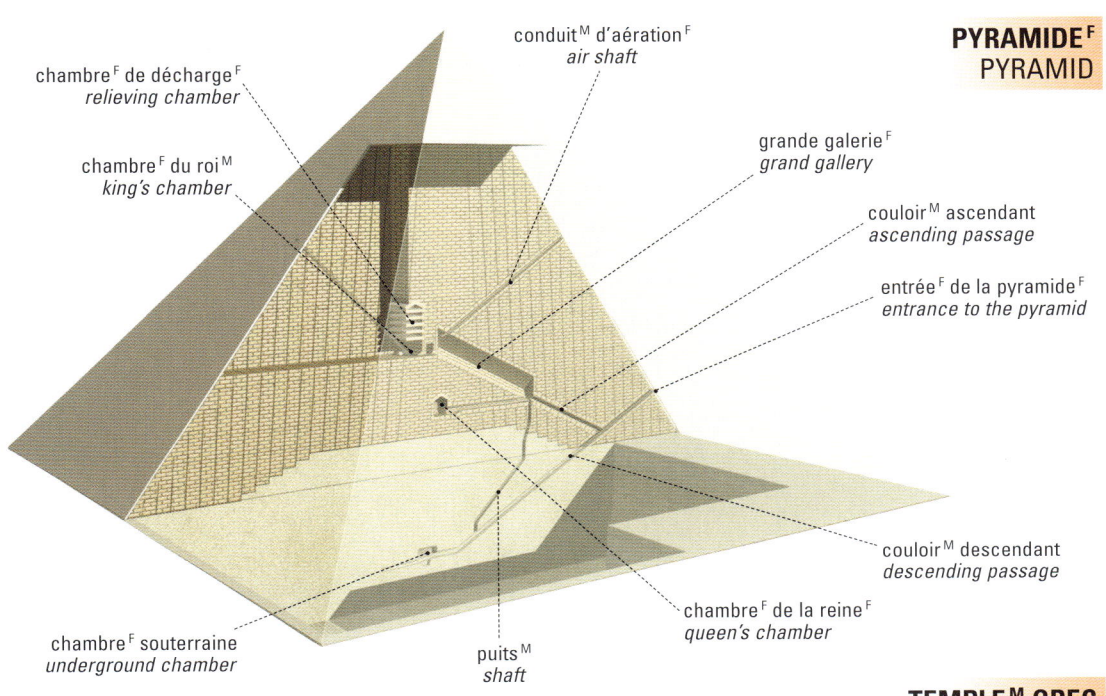

PYRAMIDE^F
PYRAMID

- chambre^F de décharge^F / *relieving chamber*
- conduit^M d'aération^F / *air shaft*
- chambre^F du roi^M / *king's chamber*
- grande galerie^F / *grand gallery*
- couloir^M ascendant / *ascending passage*
- entrée^F de la pyramide^F / *entrance to the pyramid*
- couloir^M descendant / *descending passage*
- chambre^F de la reine^F / *queen's chamber*
- chambre^F souterraine / *underground chamber*
- puits^M / *shaft*

TEMPLE^M **GREC**
GREEK TEMPLE

- tympan^M / *tympanum*
- acrotère^M / *acroterion*
- antéfixe^F / *antefix*
- fronton^M / *pediment*
- charpente^F / *timber*
- tuile^F / *tile*
- rampant^M / *sloping cornice*
- corniche^F / *cornice*
- frise^F / *frieze*
- architrave^F / *architrave*
- colonne^F / *column*
- crépis^F / *crepidoma*
- entablement^M / *entablature*
- naos^M / *naos*
- pronaos^M / *pronaos*
- rampe^F / *ramp*
- grille^F / *grille*

ŒUVRES ARCHITECTURALES | ARCHITECTURAL WORKS

MAISON ROMAINE
ROMAN HOUSE

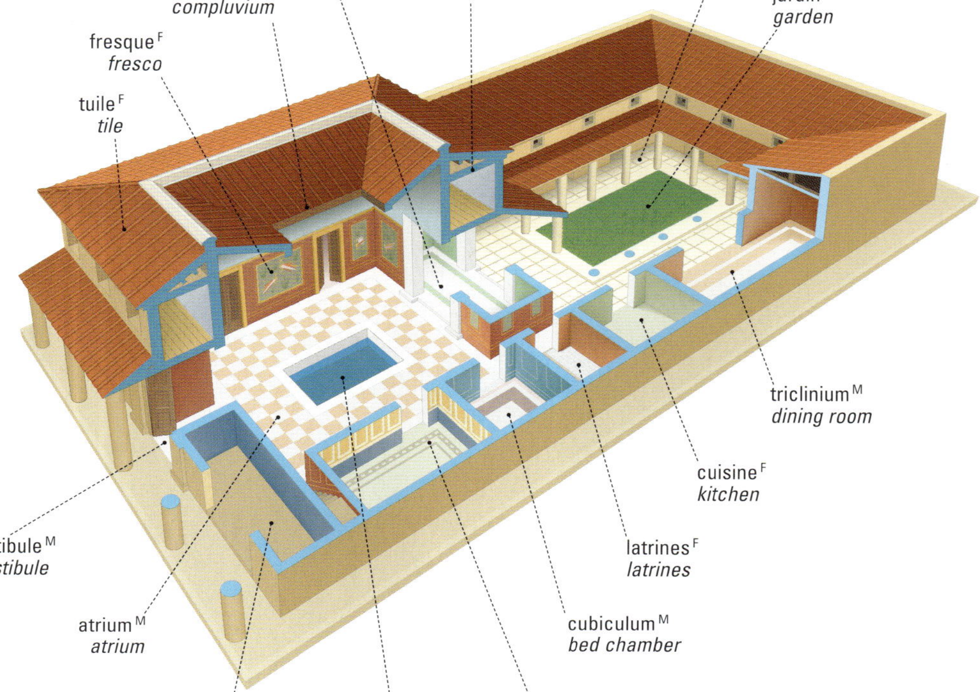

AMPHITHÉÂTRE ROMAIN
ROMAN AMPHITHEATER

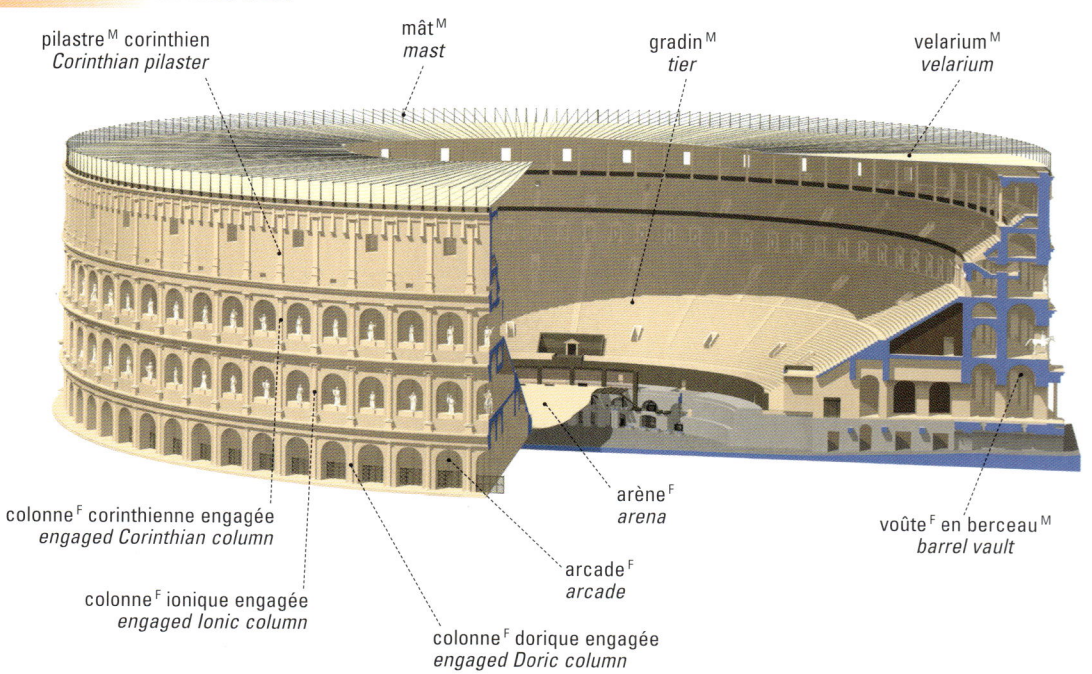

MOSQUÉE F
MOSQUE

TEMPLE M AZTÈQUE
AZTEC TEMPLE

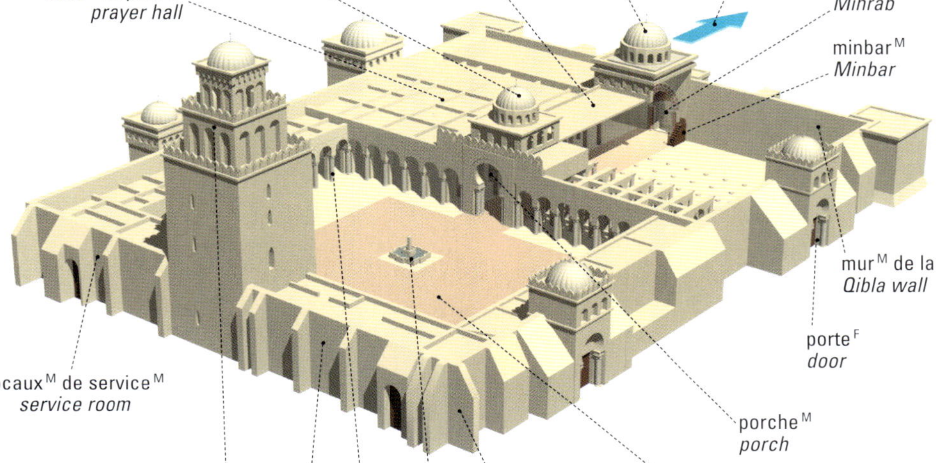

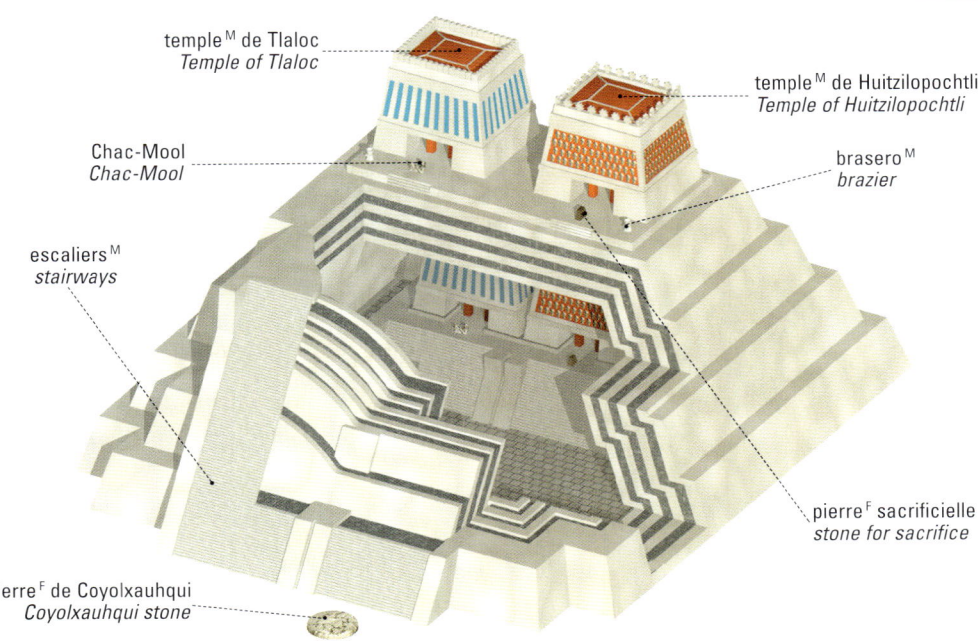

ŒUVRES ARCHITECTURALES | ARCHITECTURAL WORKS

CHÂTEAU FORT
CASTLE

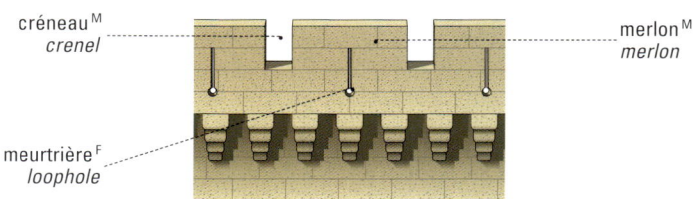

mâchicoulis / machicolation

créneau / crenel
merlon / merlon
meurtrière / loophole

château fort / castle

tourelle / turret
cour / bailey
chemin de ronde / parapet walk
chemin de ronde couvert / covered parapet walk
demeure seigneuriale / castle
parapet / battlement
tour d'angle / corner tower
bretèche / brattice
tour de flanquement / flanking tower
chapelle / chapel
courtine / curtain wall
corbeau / corbel
corps de garde / guardhouse
palissade / stockade
rempart / rampart
passerelle / footbridge
douve / moat
pont-levis / drawbridge
donjon / keep
chemise du donjon / chemise

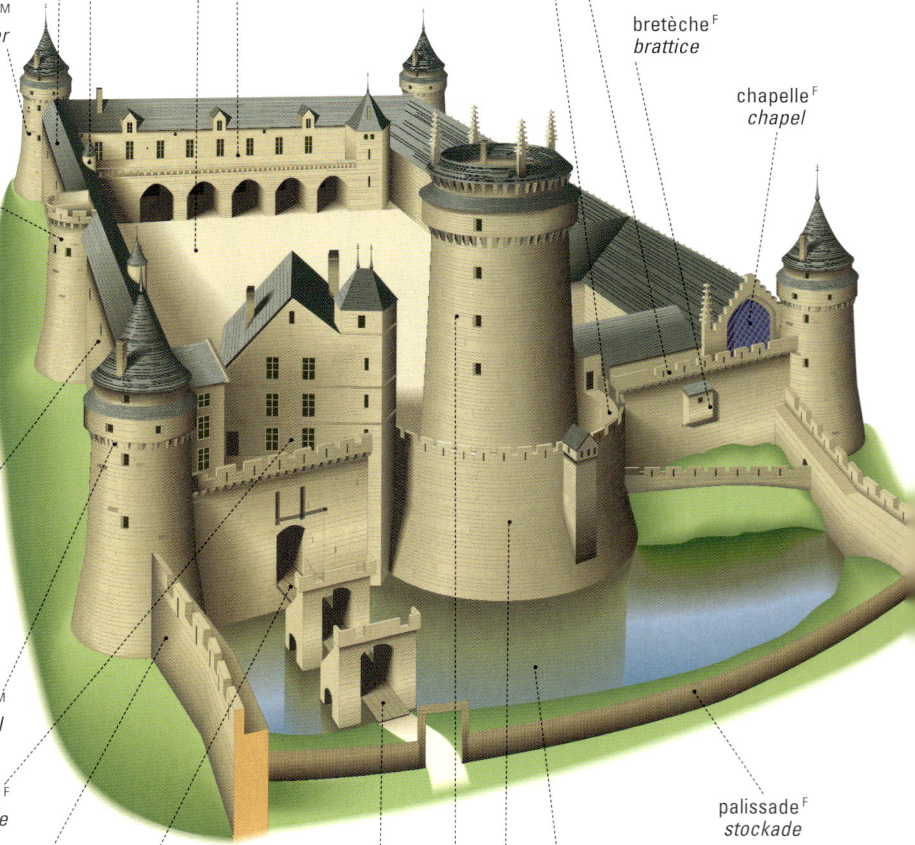

220

ŒUVRES ARCHITECTURALES | ARCHITECTURAL WORKS

CATHÉDRALE
CATHEDRAL

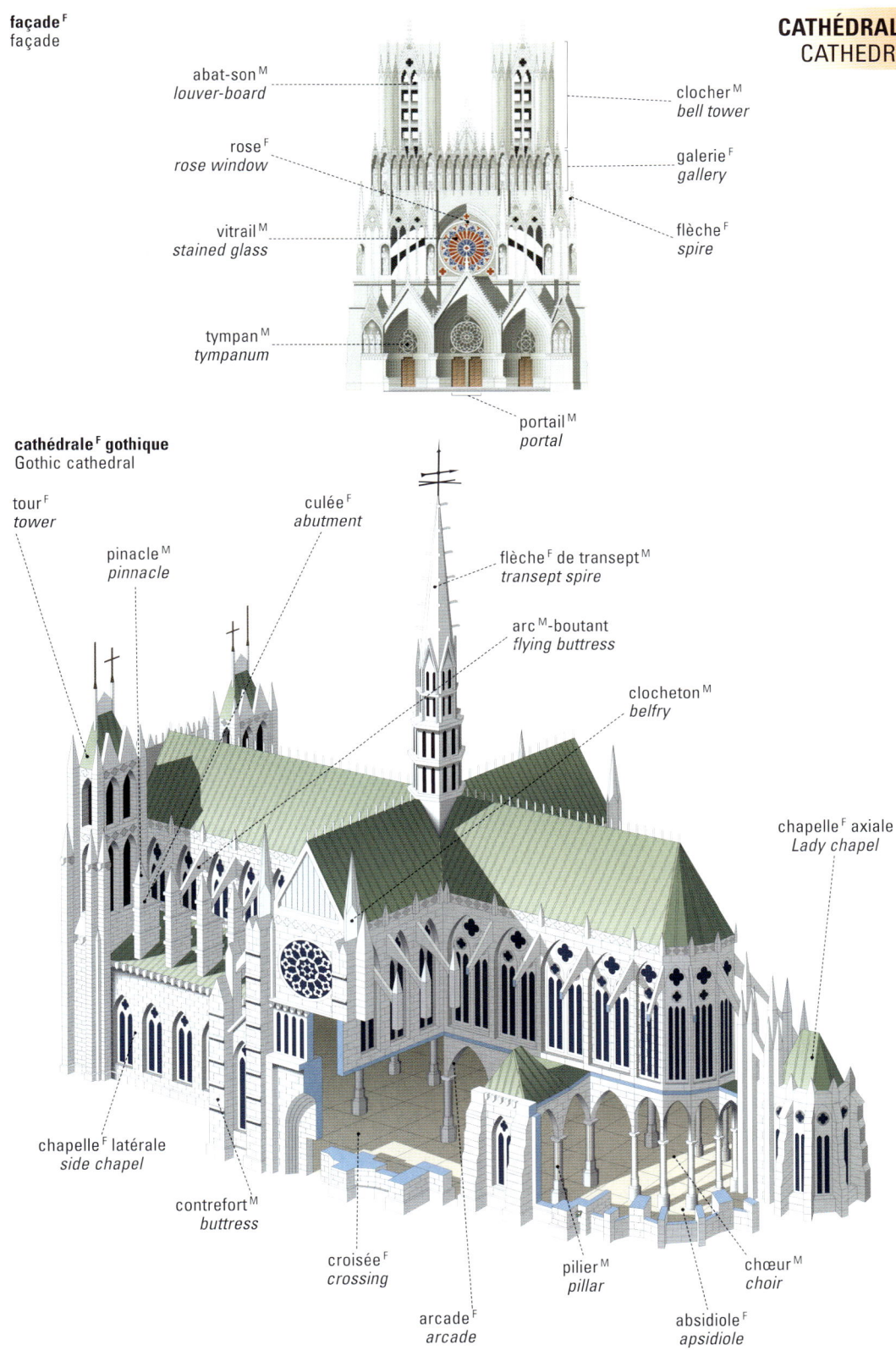

façade^F / façade
- abat-son^M / louver-board
- rose^F / rose window
- vitrail^M / stained glass
- tympan^M / tympanum
- clocher^M / bell tower
- galerie^F / gallery
- flèche^F / spire
- portail^M / portal

cathédrale^F gothique / Gothic cathedral
- tour^F / tower
- pinacle^M / pinnacle
- culée^F / abutment
- flèche^F de transept^M / transept spire
- arc^M-boutant / flying buttress
- clocheton^M / belfry
- chapelle^F axiale / Lady chapel
- chapelle^F latérale / side chapel
- contrefort^M / buttress
- croisée^F / crossing
- arcade^F / arcade
- pilier^M / pillar
- absidiole^F / apsidiole
- chœur^M / choir

ARCHITECTURE

NOTATION[F] MUSICALE | MUSICAL NOTATION

La notation musicale permet de transcrire sur une portée de cinq lignes tous les éléments nécessaires à l'interprétation d'une pièce de musique. Avec mille et une indications comme les sons, leur durée et leur hauteur représentées de façon symbolique, la partition musicale est un outil précieux. Son langage universel permet aux musiciens de toutes les langues d'avoir accès à un vaste répertoire musical.

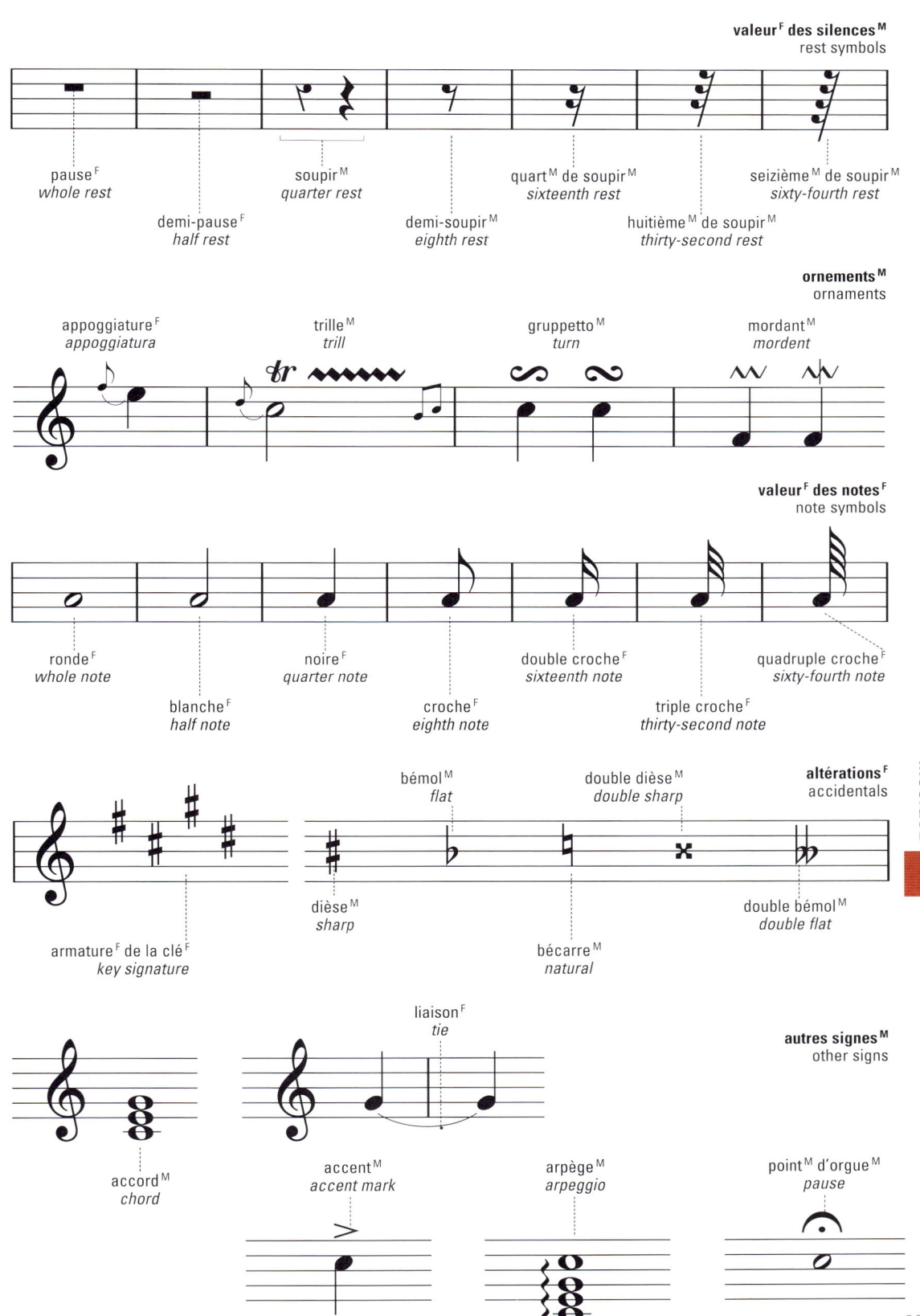

INSTRUMENTS^M DE MUSIQUE^F | MUSICAL INSTRUMENTS

Dans toutes les civilisations, les êtres humains ont utilisé divers objets pour faire de la musique et en ont fabriqué de toutes les formes. Il existe aujourd'hui des milliers d'instruments de musique, traditionnels ou électroniques, adaptés à tous les styles de musique.

On peut classer ces instruments en trois groupes, soit en instruments à vent, à cordes et à percussion, ou les regrouper selon d'autres critères comme la présence de claviers, par exemple.

INSTRUMENTS^M TRADITIONNELS
TRADITIONAL MUSICAL INSTRUMENTS

INSTRUMENTS^M DE MUSIQUE^F | MUSICAL INSTRUMENTS

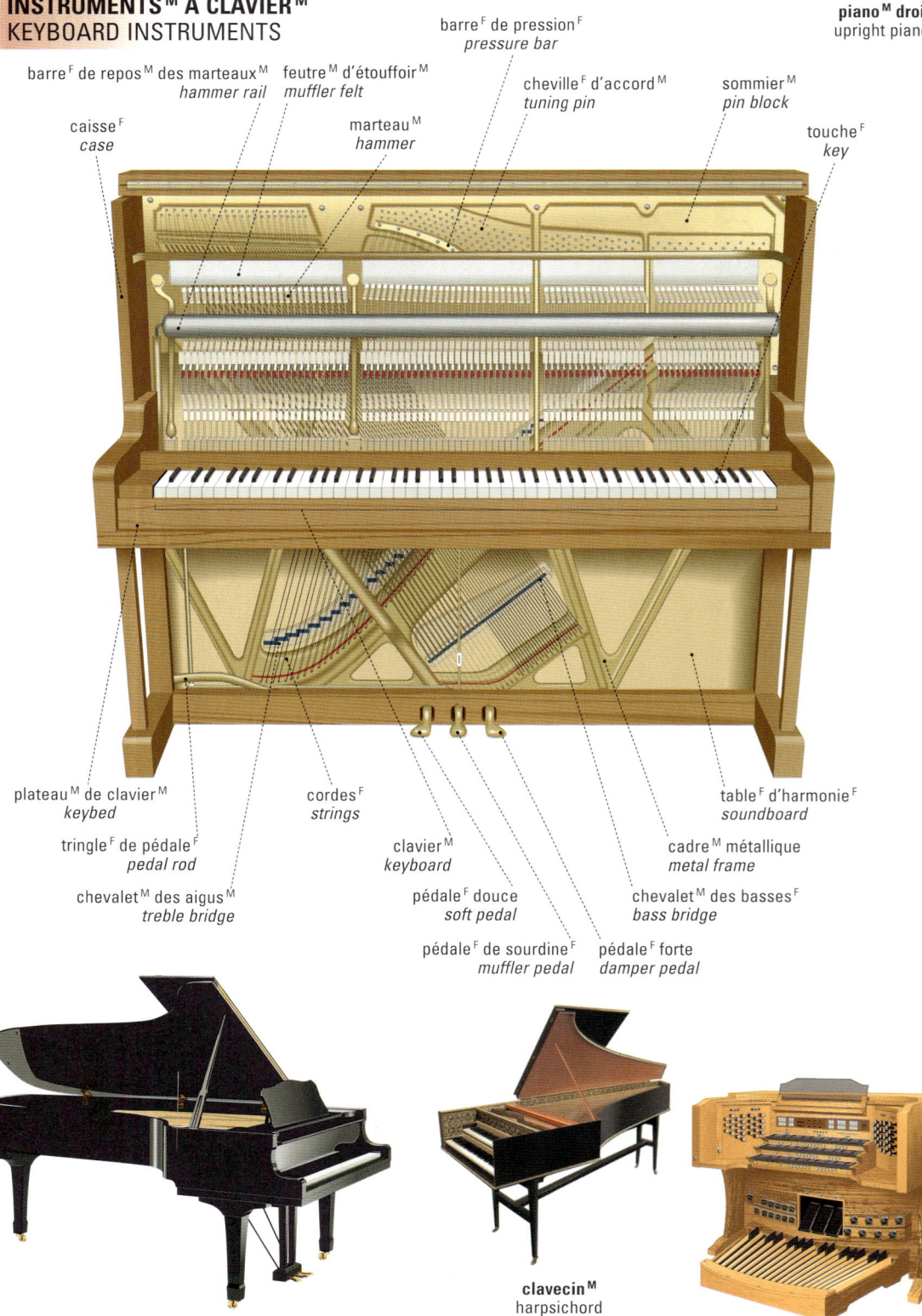

INSTRUMENTS^M DE MUSIQUE^F | MUSICAL INSTRUMENTS

INSTRUMENTS^M À CORDES^F
STRINGED INSTRUMENTS

violon^M
violin

- mentonnière^F / chin rest
- échancrure^F / waist
- corde^F / string
- volute^F / scroll
- manche^M / neck
- cheville^F / peg
- touche^F / fingerboard
- sillet^M / nut
- bouton^M / end button
- cordier^M / tailpiece
- ouïe^F / sound hole
- chevalet^M / bridge
- table^F d'harmonie^F / soundboard
- chevillier^M / peg box

archet^M
bow

- tête^F / head
- hausse^F / frog
- talon^M / heel
- pointe^F / point
- baguette^F / stick
- poignée^F / handle
- vis^F / screw
- mèche^F / hair

harpe^F
harp

- chapiteau^M / crown
- crosse^F / shoulder
- corde^F / string
- colonne^F / pillar
- pédale^F / pedal

violon^M
violin

alto^M
viola

violoncelle^M
cello

contrebasse^F
double bass

MUSIQUE

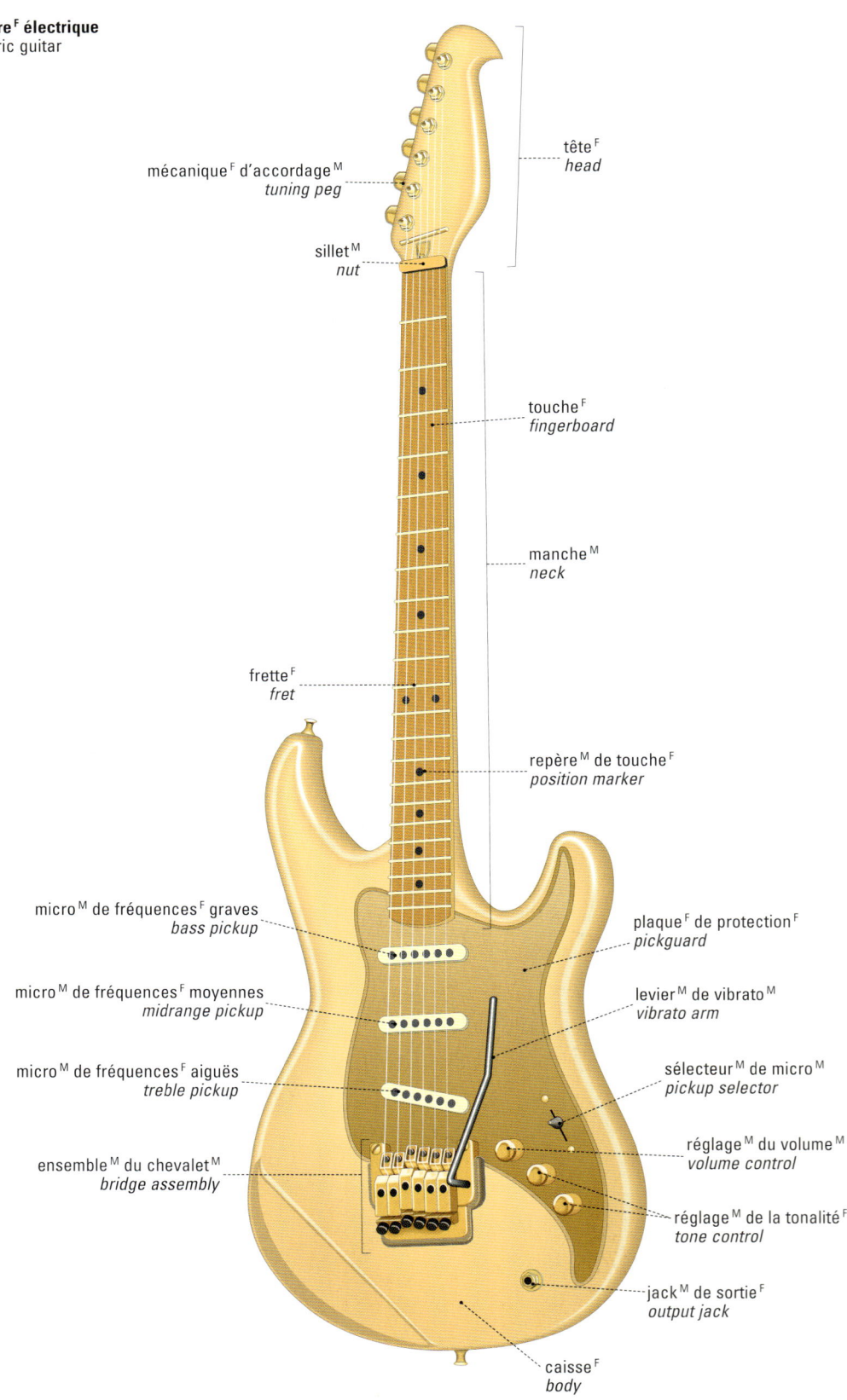

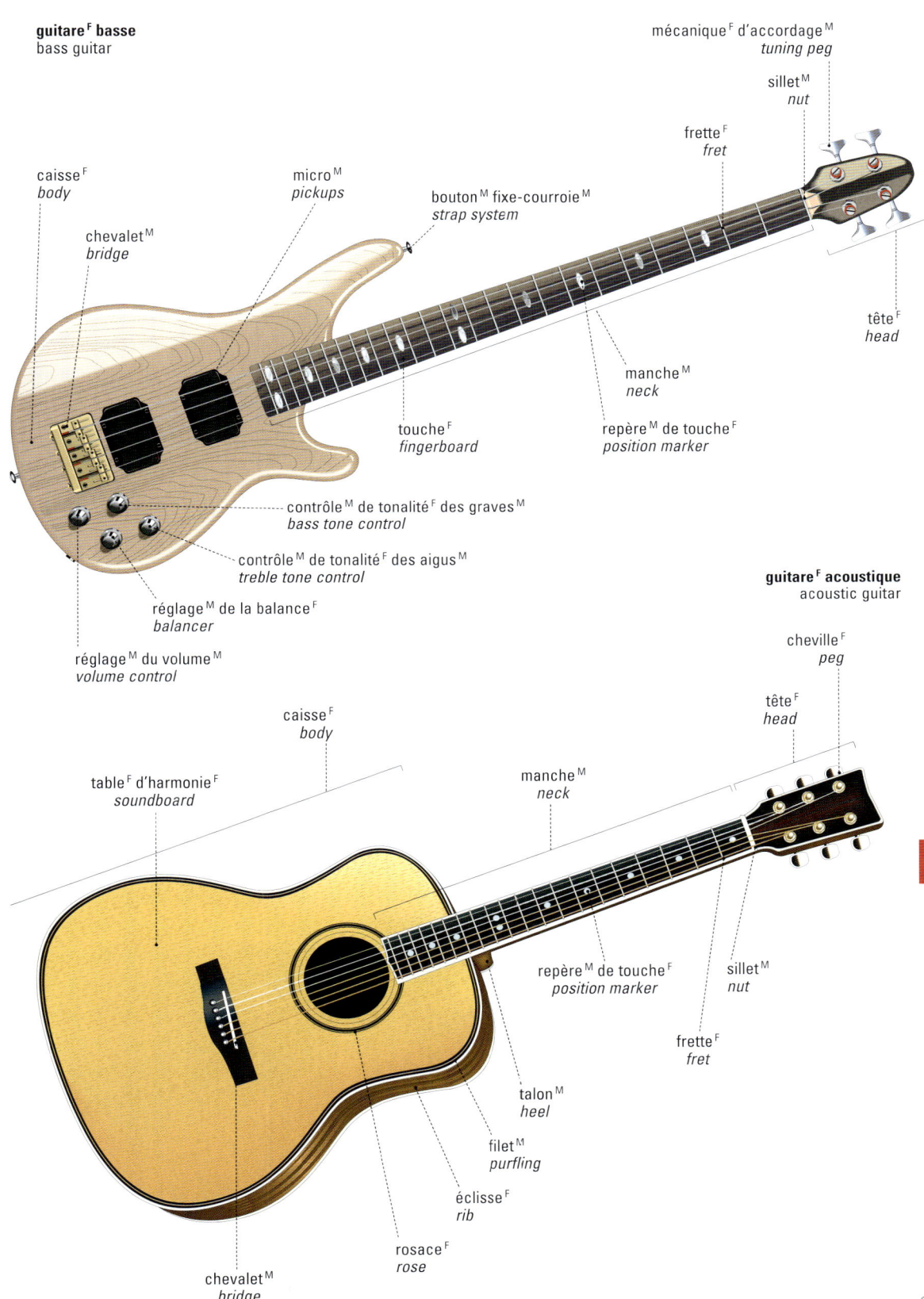

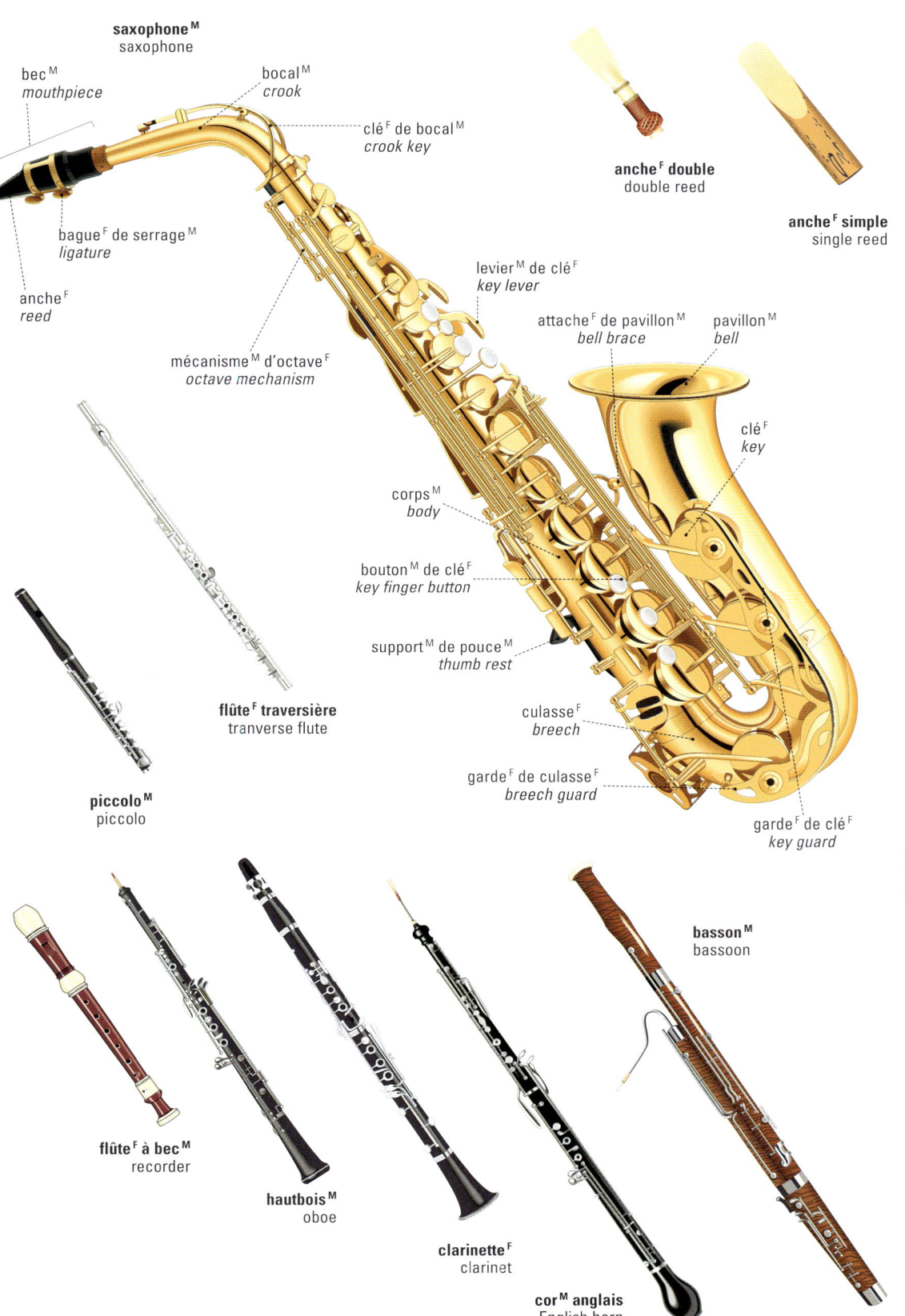

INSTRUMENTS^M DE MUSIQUE^F | MUSICAL INSTRUMENTS

INSTRUMENTS^M À PERCUSSION^F
PERCUSSION INSTRUMENTS

batterie^F
drums

cymbale^F **suspendue**
cymbal

cymbale^F **charleston**
high-hat cymbal

peau^F **de batterie**^F
batter head

caisse^F **claire**
snare drum

grosse caisse^F
bass drum

trépied^M
tripod stand

tam-tam^M
tom-tom

caisse^F **roulante**
tenor drum

baguettes^F
sticks

balai^M **métallique**
wire brush

mailloche^F
mallet

pédale^F
pedal

mailloches^F
mallets

battant^M
metal rod

triangle^M
triangle

grelots^M
sleigh bells

clochettes^F
set of bells

castagnettes^F
castanets

sistre^M
sistrum

timbale^F
kettledrum

bongo^M
bongos

cymbalette^F
jingle

tambour^M **de basque**^M
tambourine

xylophone^M
xylophone

MUSIQUE

232

INSTRUMENTS^M DE MUSIQUE^F | MUSICAL INSTRUMENTS

INSTRUMENTS^M ÉLECTRONIQUES
ELECTRONIC INSTRUMENTS

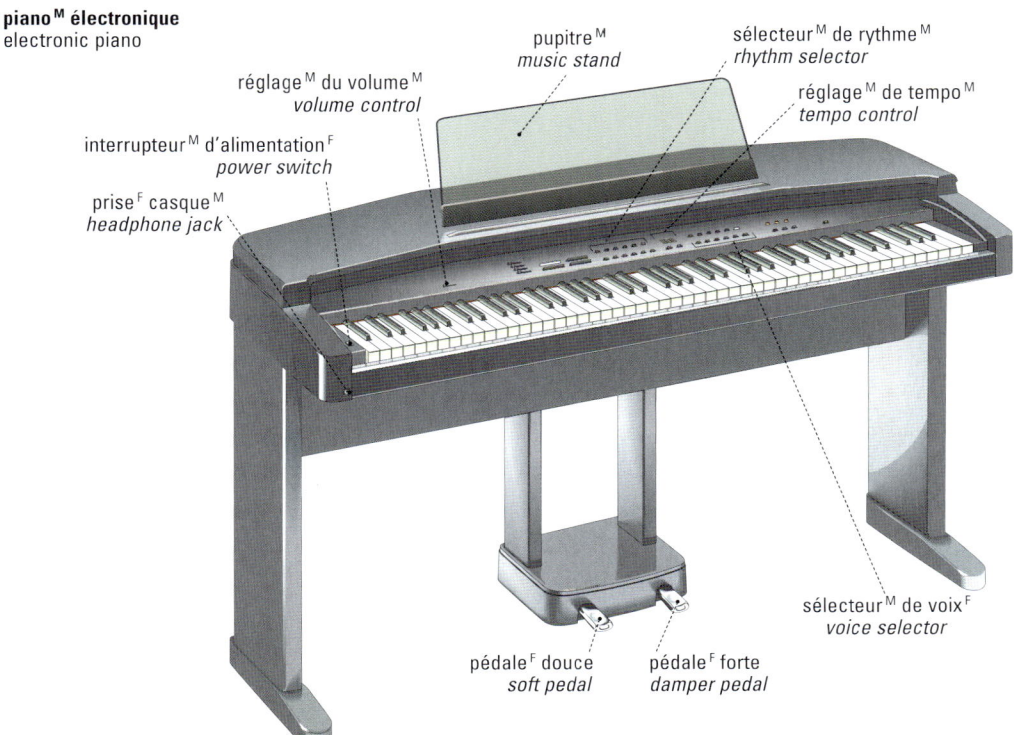

synthétiseur^M
synthesizer

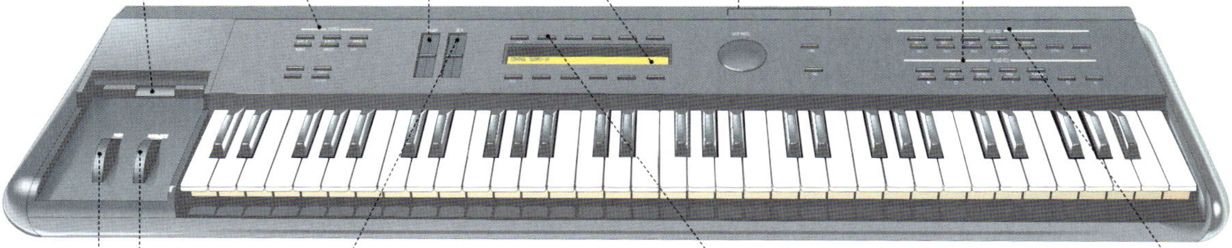

fonctions^F système^M
system buttons

contrôle^M du volume^M
volume control

modification^F fine des variables^F
fine data entry control

lecteur^M de disquette^F
disk drive

affichage^M des fonctions^F
function display

contrôle^M du séquenceur^M
sequencer control

modification^F rapide des variables^F
fast data entry control

sélecteur^M de programme^M
program selector

programmation^F des voix^F
voice edit buttons

modulation^F du timbre^M du son^M
modulation wheel

clavier^M
keyboard

modulation^F de la hauteur^F du son^M
pitch wheel

contrôleur^M à vent^M de synthétiseur^M
wind synthesizer controller

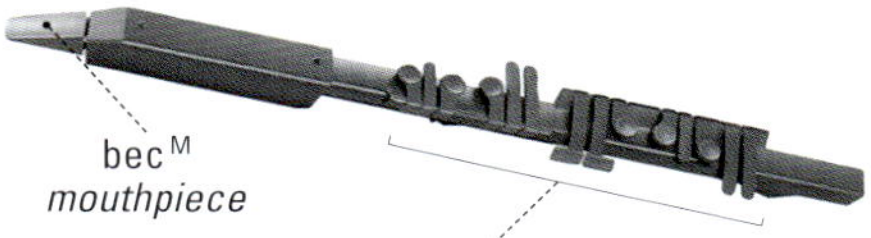

bec^M
mouthpiece

caisse^F de batterie^F électronique
electronic drum pad

clés^F
keys

piano^M électronique
electronic piano

pupitre^M
music stand

sélecteur^M de rythme^M
rhythm selector

réglage^M du volume^M
volume control

réglage^M de tempo^M
tempo control

interrupteur^M d'alimentation^F
power switch

prise^F casque^M
headphone jack

sélecteur^M de voix^F
voice selector

pédale^F douce
soft pedal

pédale^F forte
damper pedal

MUSIQUE

233

ORCHESTREᴹ SYMPHONIQUE | SYMPHONY ORCHESTRA

L'orchestre est une réunion de musiciens formant un ensemble musical. Il existe différents types d'ensembles, selon la quantité et la nature des instruments de musique réunis. Avec ses 100 à 150 instruments répartis en quatre sections, soit les cordes, les bois, les cuivres et les percussions, l'orchestre symphonique est le plus vaste de tous. Les instrumentistes jouent sous la conduite d'un chef d'orchestre.

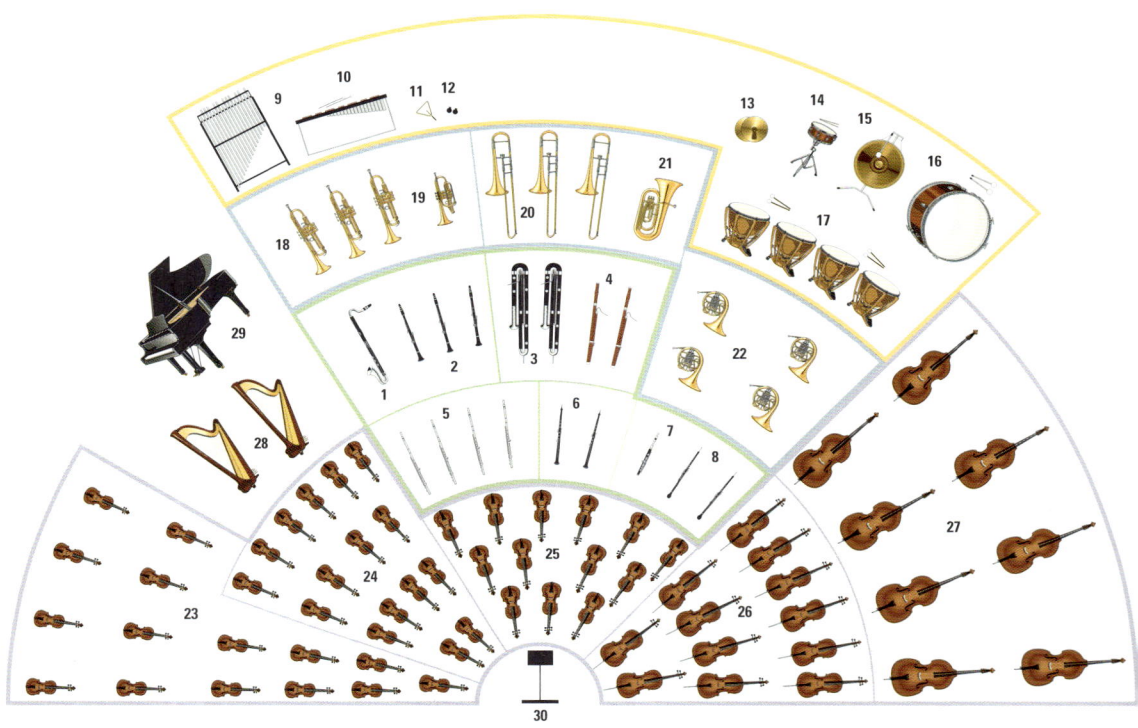

familleᶠ des boisᴹ
woodwind family

1. clarinetteᶠ basse / bass clarinet
2. clarinettesᶠ / clarinets
3. contrebassonsᴹ / contrabassoons
4. bassonsᴹ / bassoons
5. flûtesᶠ / flutes
6. hautboisᴹ / oboes
7. piccoloᴹ / piccolo
8. corsᴹ anglais / English horns

instrumentsᴹ à percussionᶠ
percussion instruments

9. carillonᴹ tubulaire / tubular bells
10. xylophoneᴹ / xylophone
11. triangleᴹ / triangle
12. castagnettesᶠ / castanets
13. cymbalesᶠ / cymbals
14. caisseᶠ claire / snare drum
15. gongᴹ / gong
16. grosse caisseᶠ / bass drum
17. timbalesᶠ / timpani

familleᶠ des cuivresᴹ
brass family

18. trompettesᶠ / trumpets
19. cornetᴹ à pistonsᴹ / cornet
20. trombonesᴹ / trombones
21. tubaᴹ / tuba
22. corsᴹ d'harmonieᶠ / French horns

familleᶠ du violonᴹ
violin family

23. premiers violonsᴹ / first violins
24. seconds violonsᴹ / second violins
25. altosᴹ / violas
26. violoncellesᴹ / cellos
27. contrebassesᶠ / double basses

28. harpesᶠ / harps
29. pianoᴹ / piano
30. pupitreᴹ du chefᴹ d'orchestreᴹ / conductor's podium

PHOTOGRAPHIE^F | PHOTOGRAPHY

Lorsque l'on prend une photo avec un appareil, une image se forme sur la pellicule, un film sensible à la lumière. Une fois impressionné par la lumière, le film est ensuite développé et on obtient un négatif. Projetée sur du papier photo blanc à partir du négatif, l'image de la scène photographiée apparaît alors fidèlement. Il existe de nos jours plusieurs modèles d'appareils photo dont le tout dernier, numérique.

appareil^M à visée^F reflex mono-objectif^M
single-lens reflex (SLR) camera

- rebobinage^M / film rewind knob
- écran^M de contrôle^M / control panel
- sélecteur^M de fonctions^F / command control dial
- capuchon^M d'objectif^M / lens cap 
- griffe^F porte-accessoires^M / accessory shoe
- contact^M électrique / hot-shoe contact
- mode^M d'entraînement^M du film^M / film advance mode
- sensibilité^F du film^M / film speed
- mode^M d'exposition^F / exposure mode
- prise^F de télécommande^F / remote control terminal
- objectif^M zoom^M / zoom lens
- boîtier^M / camera body
- déclencheur^M / shutter release button
- objectif^M / objective lens
- mode^M de mise^F au point^M / focus mode selector

COMMUNICATIONS

accessoires^M photographiques
photographic accessories

flash^M électronique
electronic flash

- réflecteur^M / flashtube
- cellule^F photoélectrique / photoelectric cell
- pied^M de fixation^F / mounting foot

carte^F de mémoire^F flash compacte
compact flash memory card

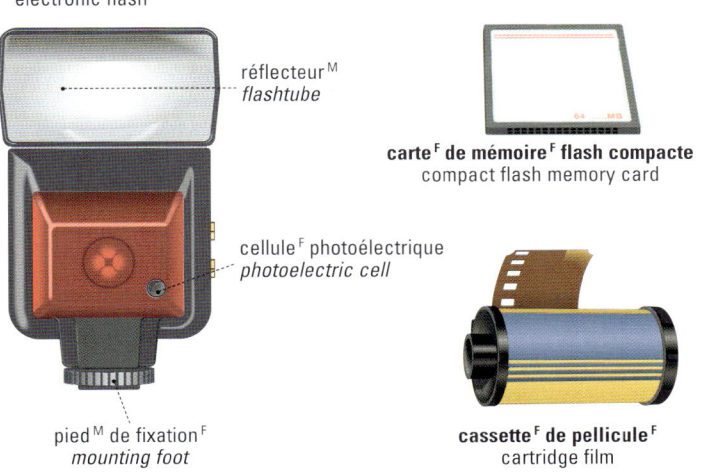

cassette^F de pellicule^F
cartridge film

disque^M vidéophoto^F
still video film disk

film^M-disque^M
film disk

PHOTOGRAPHIEF | PHOTOGRAPHY

exemplesM d'appareilsM photographiques
examples of still cameras

appareilM petit-formatM
pocket camera

Polaroid®M
Polaroid® camera

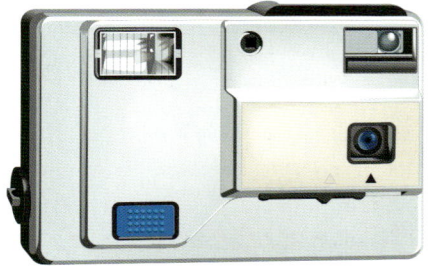
appareilM pour photodisqueM
disk camera

appareilM à télémètreM couplé
rangefinder

appareilM de plongéeF
underwater camera

appareilM numérique
digital camera

appareilM jetable
disposable camera

chambreF photographique
view camera

COMMUNICATIONS

236

RADIO^F | RADIO

La radio permet de transmettre en direct des événements importants se déroulant à des kilomètres de distance. Lors d'une émission de radio, la voix de l'animateur est transformée en signaux électriques par l'intermédiaire d'un microphone. Ces signaux sont ensuite convertis en ondes radio par la station radio. Un poste ou récepteur radio capte finalement ces ondes et les transforme en sons.

radio^F (studio^M et régie^F)
radio (studio and control room)

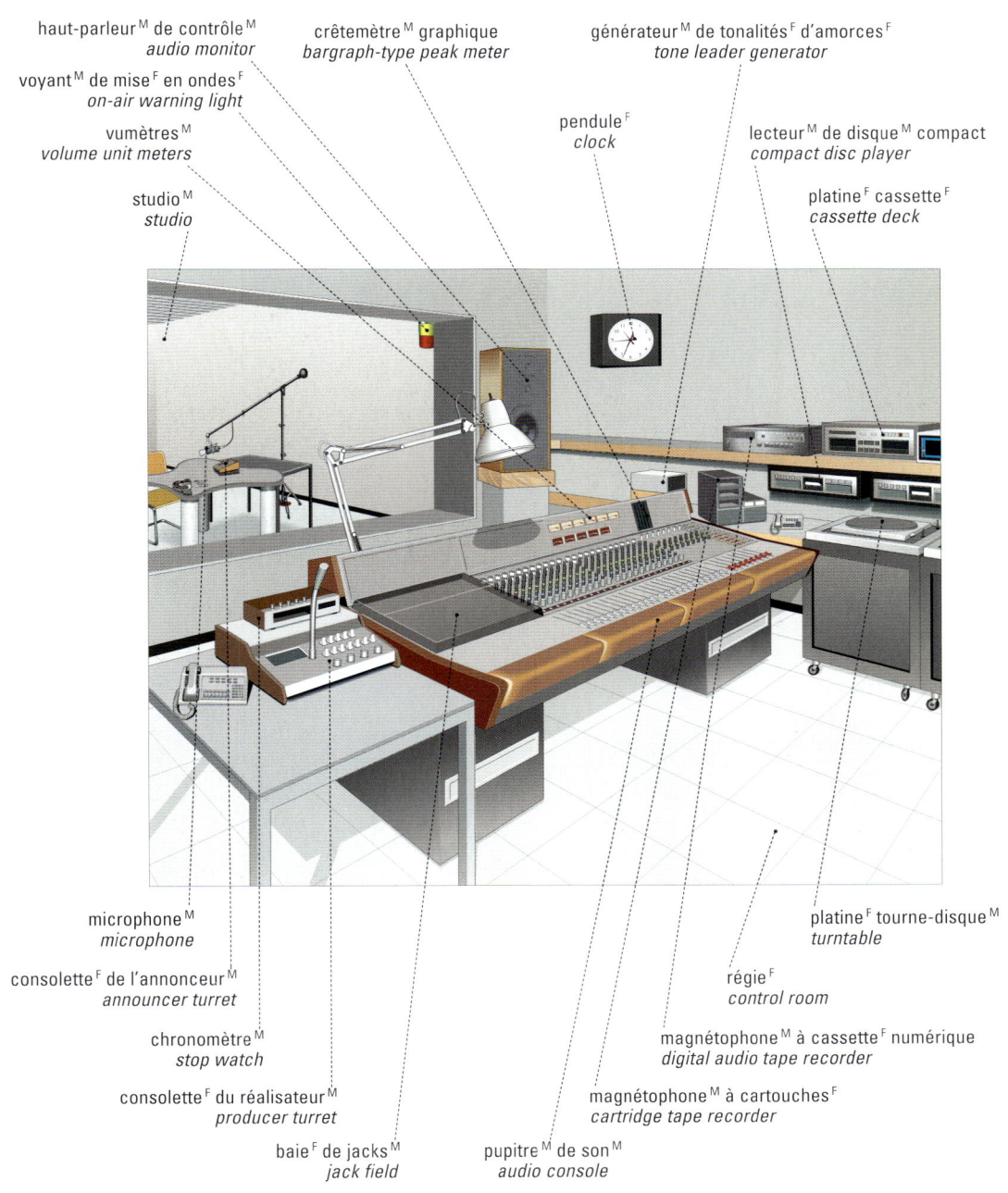

haut-parleur^M de contrôle^M — audio monitor
crêtemètre^M graphique — bargraph-type peak meter
générateur^M de tonalités^F d'amorces^F — tone leader generator
voyant^M de mise^F en ondes^F — on-air warning light
pendule^F — clock
lecteur^M de disque^M compact — compact disc player
vumètres^M — volume unit meters
platine^F cassette^F — cassette deck
studio^M — studio
microphone^M — microphone
platine^F tourne-disque^M — turntable
consolette^F de l'annonceur^M — announcer turret
régie^F — control room
chronomètre^M — stop watch
magnétophone^M à cassette^F numérique — digital audio tape recorder
consolette^F du réalisateur^M — producer turret
magnétophone^M à cartouches^F — cartridge tape recorder
baie^F de jacks^M — jack field
pupitre^M de son^M — audio console

COMMUNICATIONS

TÉLÉVISION[F] | TELEVISION

Les caméras et les micros du studio de télévision transforment en signaux électriques les images et les sons. Ces signaux sont ensuite convertis en ondes radio par la station de télévision qui les diffuse. L'émission de télévision est alors transmise, par satellite, câble souterrain ou directement, jusqu'au téléviseur. Ce poste récepteur peut aussi recevoir les signaux en provenance d'un magnétoscope à cassette ou d'un lecteur de DVD vidéo.

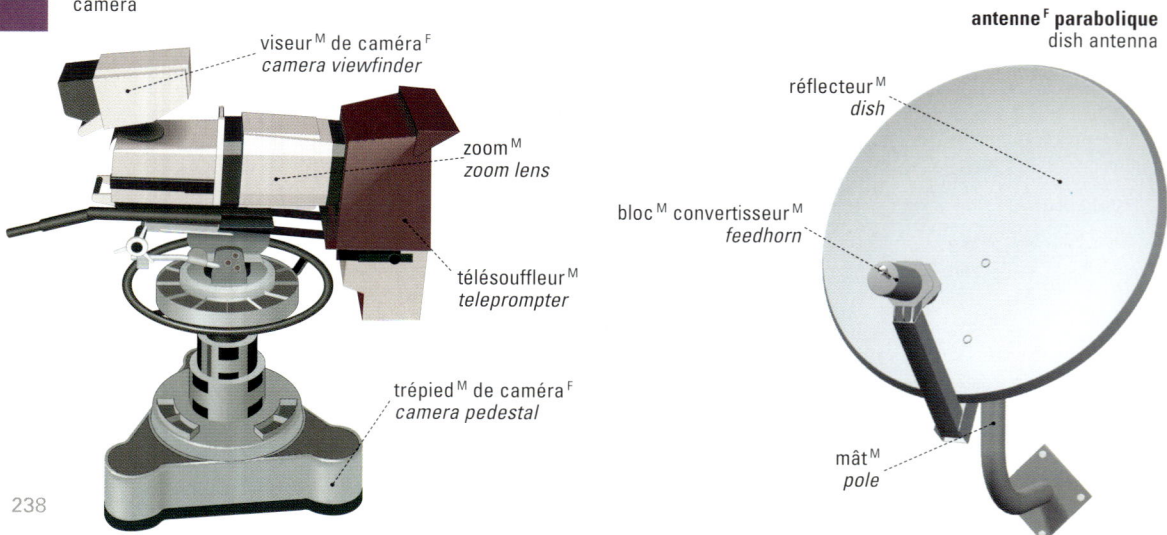

plateau[M]
studio floor

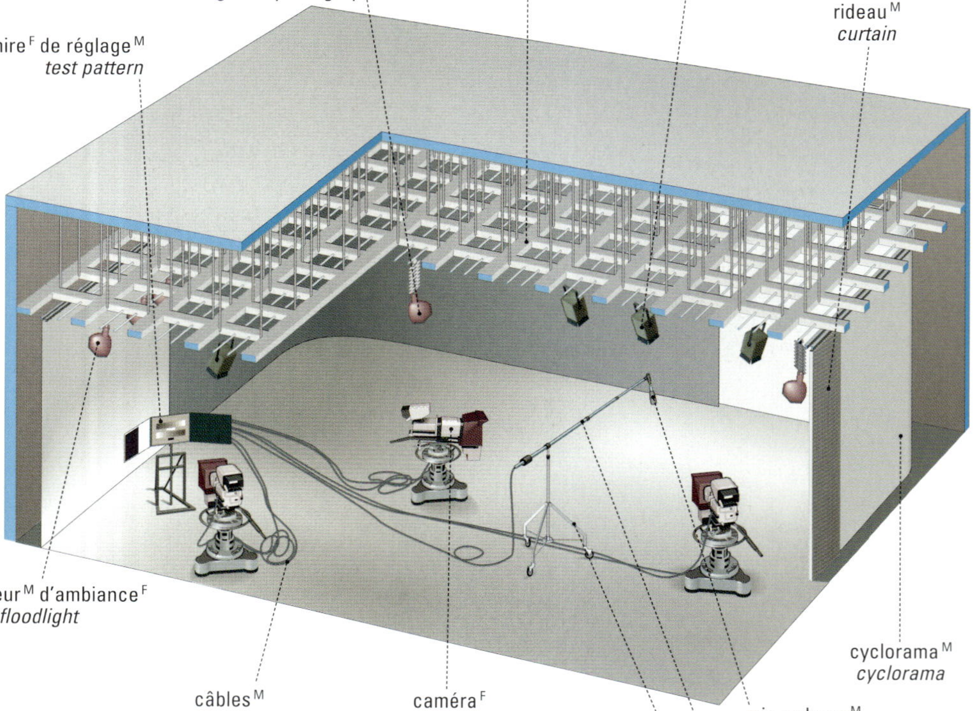

projecteur[M] d'ambiance[F] sur pantographe[M]
floodlight on pantograph

grille[F] d'éclairage[M]
lighting grid

projecteur[M] à faisceau[M] concentré
spotlight

mire[F] de réglage[M]
test pattern

rideau[M]
curtain

projecteur[M] d'ambiance[F]
floodlight

cyclorama[M]
cyclorama

câbles[M]
cables

caméra[F]
camera

microphone[M]
microphone

trépied[M] de perche[F]
microphone boom tripod

perche[F]
microphone boom

caméra[F]
camera

viseur[M] de caméra[F]
camera viewfinder

zoom[M]
zoom lens

télésouffleur[M]
teleprompter

trépied[M] de caméra[F]
camera pedestal

antenne[F] **parabolique**
dish antenna

réflecteur[M]
dish

bloc[M] convertisseur[M]
feedhorn

mât[M]
pole

COMMUNICATIONS

TÉLÉVISION^F | TELEVISION

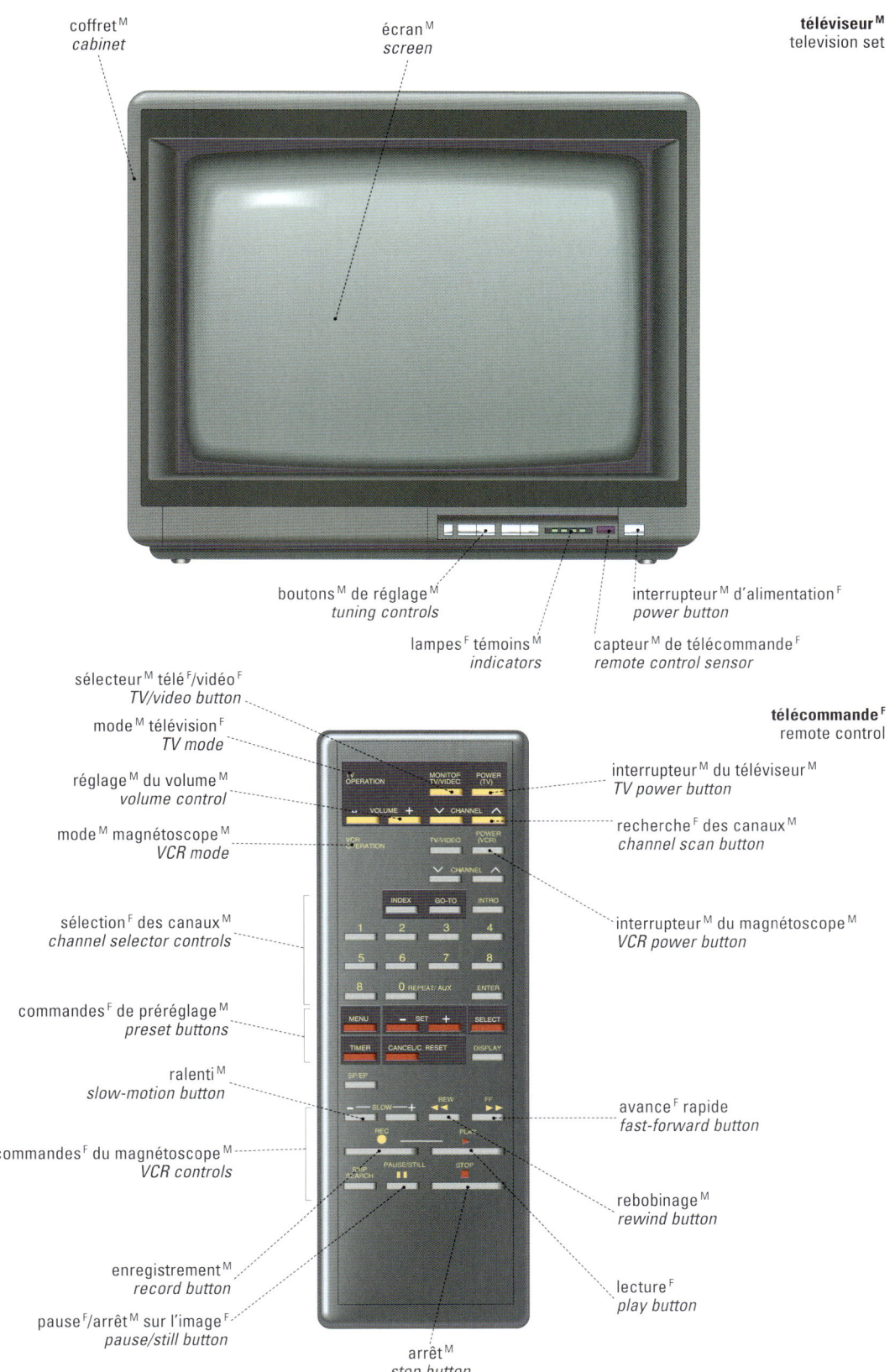

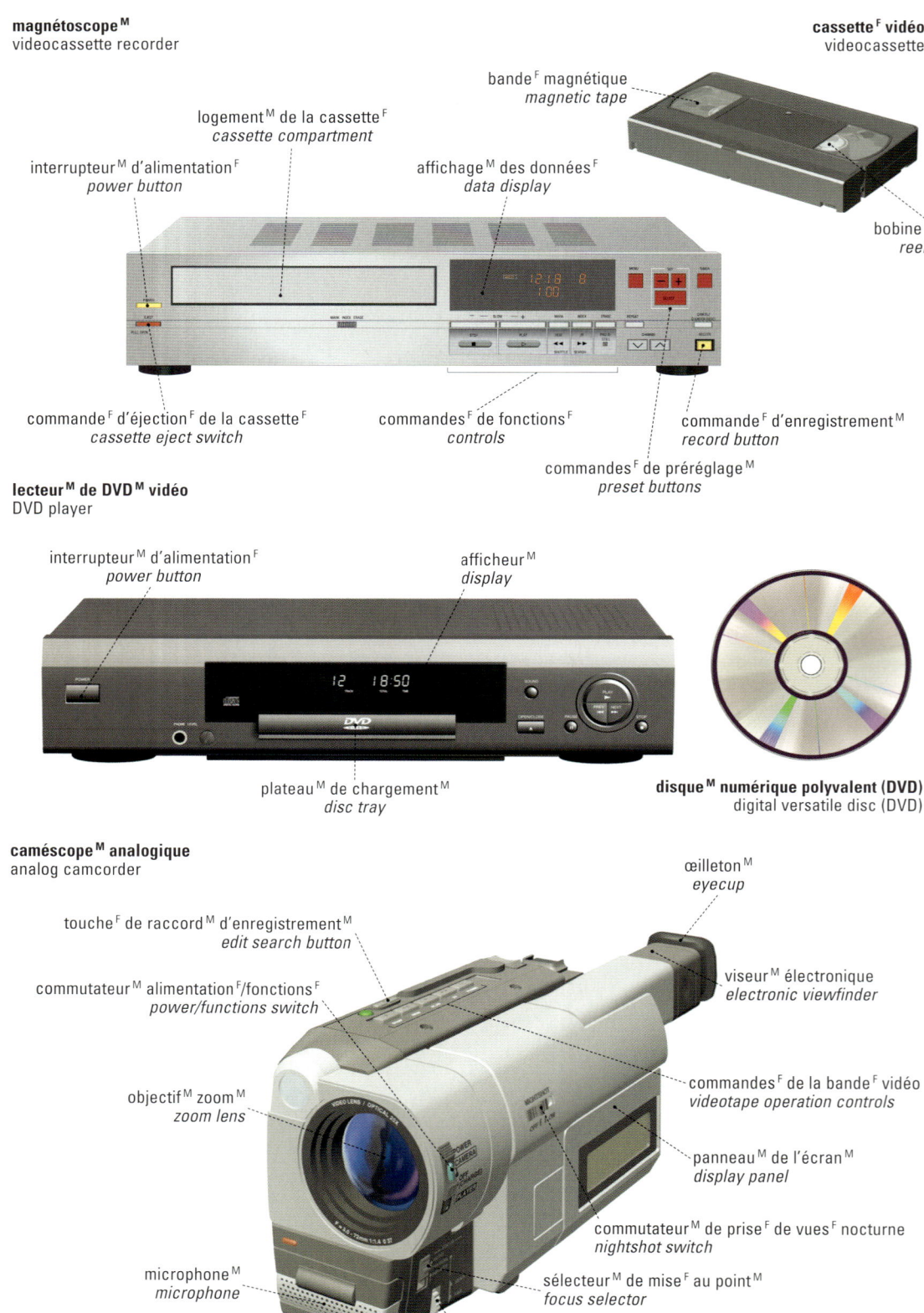

CHAÎNE^F STÉRÉO | SOUND REPRODUCING SYSTEM

Au siècle dernier, plusieurs avancées technologiques ont permis d'enregistrer et de reproduire des pièces musicales de plus en plus fidèlement. L'amateur de musique dispose maintenant d'un large choix en matière d'équipement musical. Pour écouter ses cassettes et disques compacts préférés, il peut choisir différents éléments indépendants ou se procurer une mini-chaîne stéréo complète. Certains foyers possèdent une platine tourne-disque pour écouter de vieux disques en vinyle.

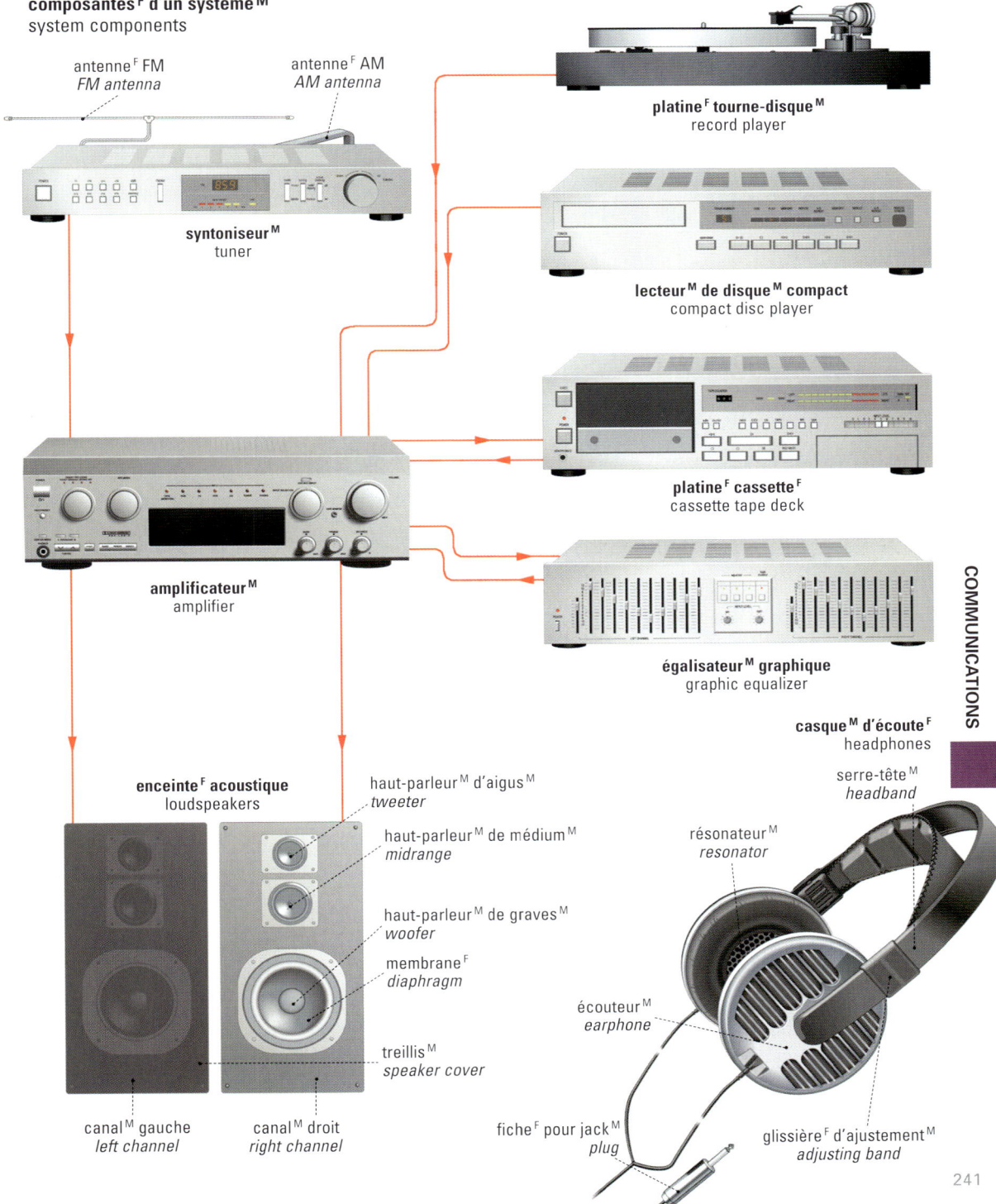

APPAREILS[M] DE SON[M] PORTATIFS | PORTABLE SOUND SYSTEMS

Avec la miniaturisation des composantes électroniques, on peut dorénavant se balader en écoutant de la musique. Certains appareils de son portatifs comme le baladeur pour disque compact, par exemple, ont une fonction unique, alors que d'autres ressemblent à des chaînes stéréo miniatures. La radiocassette laser, par exemple, permet d'écouter une pièce musicale, qu'elle soit enregistrée sur une cassette, un disque compact ou diffusée à la radio.

radiocassette[F] laser[M]
portable CD radio cassette recorder

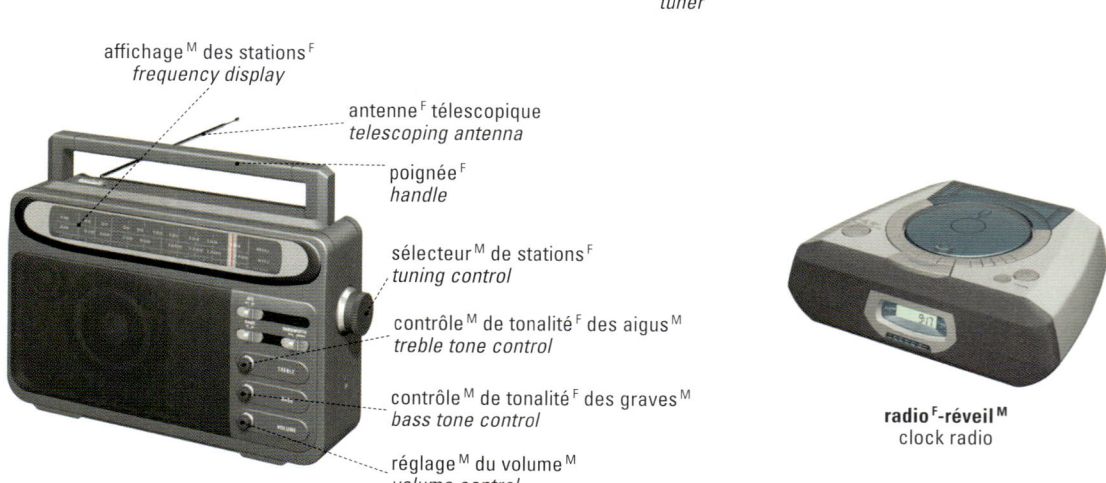

antenne[F]
antenna

poignée[F]
handle

sélecteurs[M] de mode[M]
mode selectors

lecteur[M] de disque[M] compact
compact disc player

marche[F]/arrêt[M]/volume[M]
on-off/volume

haut-parleur[M]
speaker

contrôles[M] du lecteur[M] de cassette[F]
cassette player controls

contrôle[M] de la stéréophonie[F]
stereo control

prise[F] casque[M]
headphone jack

alimentation[F] sur secteur[M]
power plug

sélecteur[M] de stations[F]
tuning control

lecteur[M] de cassette[F]
cassette player

contrôles[M] du lecteur[M] laser[M]
compact disc player controls

radio[F]
tuner

affichage[M] des stations[F]
frequency display

antenne[F] télescopique
telescoping antenna

poignée[F]
handle

sélecteur[M] de stations[F]
tuning control

contrôle[M] de tonalité[F] des aigus[M]
treble tone control

contrôle[M] de tonalité[F] des graves[M]
bass tone control

réglage[M] du volume[M]
volume control

radio[F] portable
portable radio

radio[F]-réveil[M]
clock radio

COMMUNICATIONS

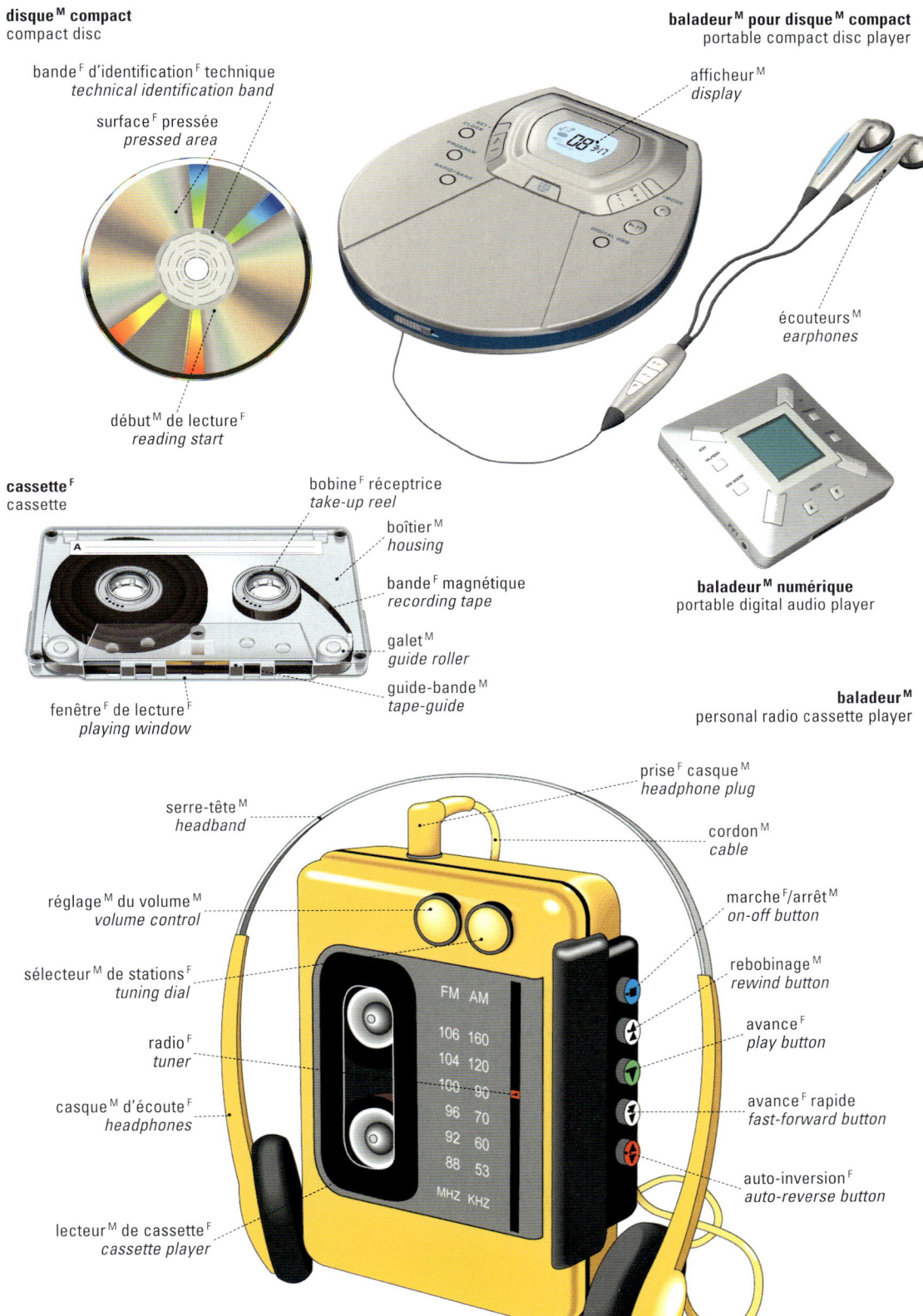

COMMUNICATION[F] PAR TÉLÉPHONE[M] | COMMUNICATION BY TELEPHONE

Portatif ou sans fil, le téléphone demeure, avec la télévision et la radio, un des plus importants modes de télécommunications. Deux interlocuteurs séparés par des milliers de kilomètres peuvent maintenant avoir une conversation, communiquer par écrit sur Internet ou se télécopier des documents écrits. Ces échanges d'informations s'effectuent de plus en plus rapidement grâce, entre autres, aux satellites de communications.

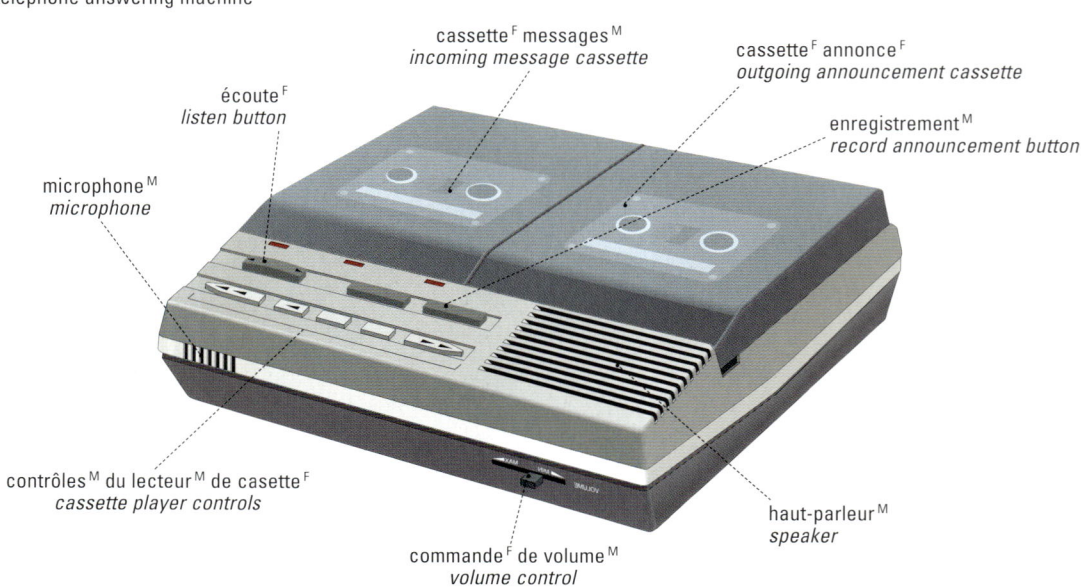

poste[M] téléphonique
telephone set

combiné[M]
handset

récepteur[M]
receiver

afficheur[M]
display

réglage[M] de l'afficheur[M]
display setting

commande[F] de volume[M] du récepteur[M]
receiver volume control

voyant[M] de mise[F] en circuit[M]
on-off light

microphone[M]
transmitter

cordon[M] de combiné[M]
handset cord

sélecteurs[M] de fonctions[F]
function selectors

commande[F] de volume[M] de la sonnerie[F]
ringing volume control

commande[F] mémoire[F]
memory button

clavier[M]
push buttons

répertoire[M] téléphonique
telephone index

index[M] de composition[F] automatique
automatic dialer index

répondeur[M] téléphonique
telephone answering machine

cassette[F] messages[M]
incoming message cassette

cassette[F] annonce[F]
outgoing announcement cassette

écoute[F]
listen button

enregistrement[M]
record announcement button

microphone[M]
microphone

contrôles[M] du lecteur[M] de cassette[F]
cassette player controls

haut-parleur[M]
speaker

commande[F] de volume[M]
volume control

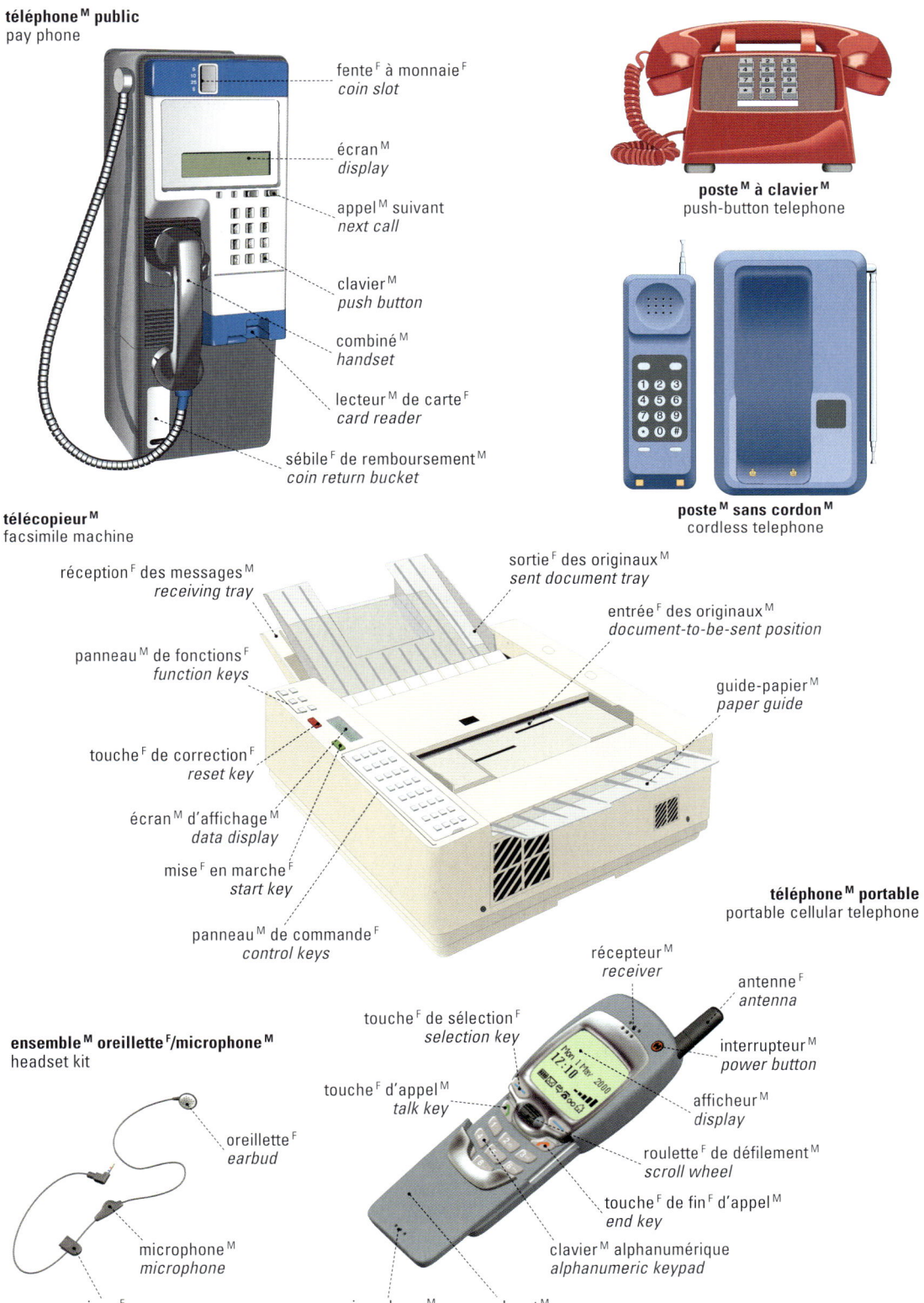

MICRO-ORDINATEUR^M | PERSONAL COMPUTER

Un ordinateur est une machine électronique capable de transformer, stocker et transmettre des informations codées à une vitesse prodigieuse. Le micro-ordinateur personnel comprend plusieurs éléments principaux. Il s'agit le plus souvent du boîtier central auquel s'ajoutent des unités appelées périphériques, dont la souris, le clavier, le moniteur et l'imprimante. Qu'ils soient bien visibles ou dissimulés, les ordinateurs sont maintenant présents partout.

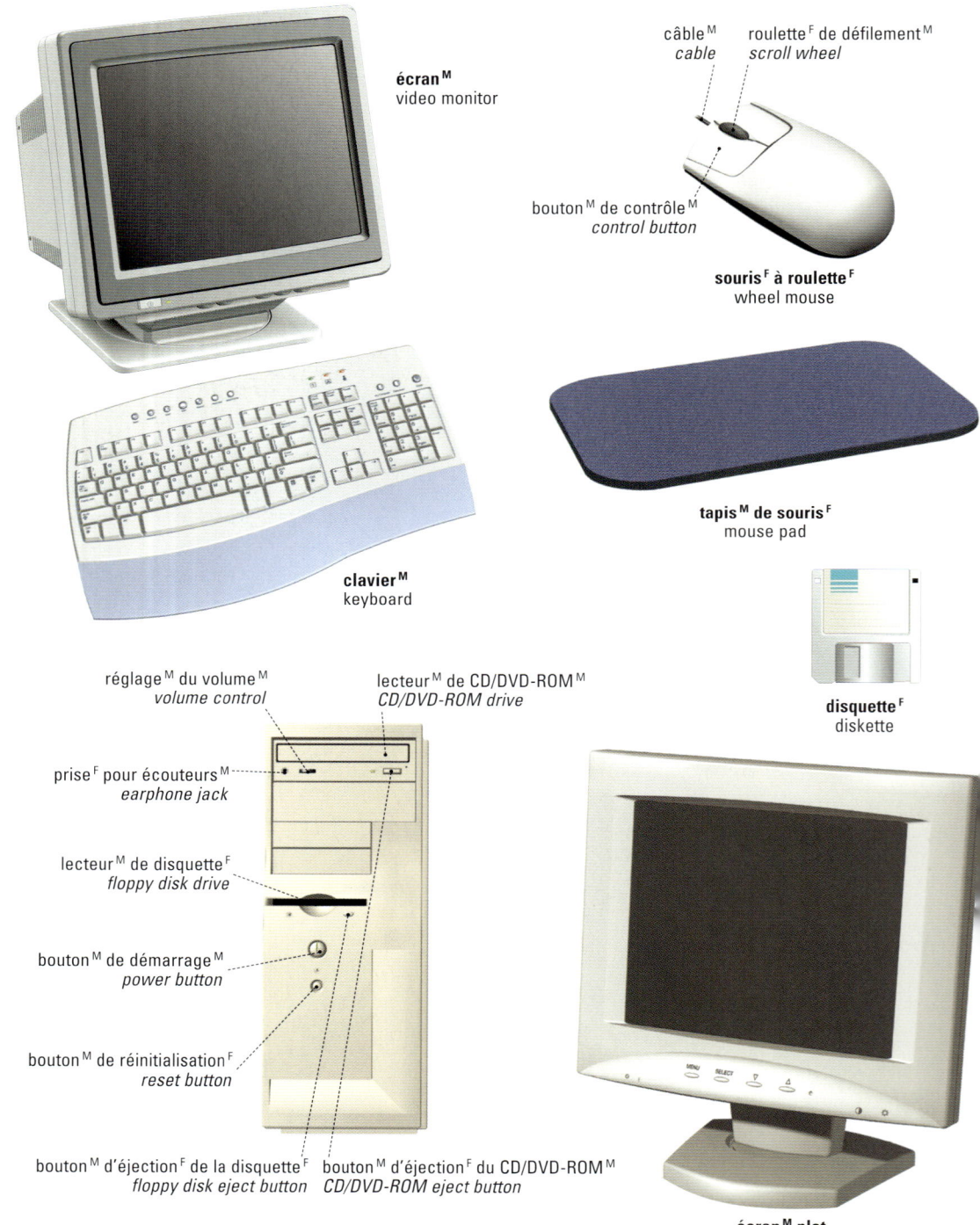

MICRO-ORDINATEURM | PERSONAL COMPUTER

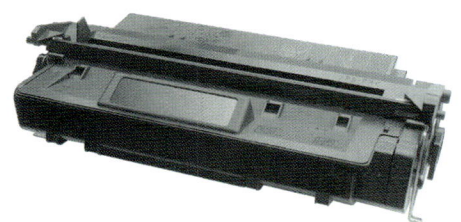

cartoucheF **d'encre**F **en poudre**F
toner cartridge

scanneurM
optical scanner

imprimanteF **laser**M
laser printer

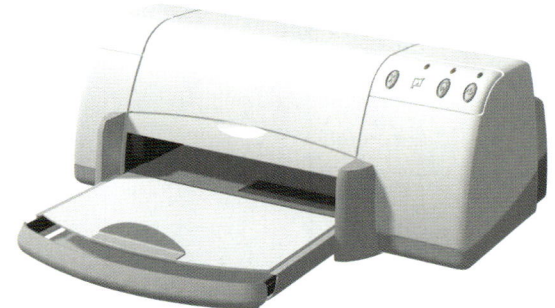

imprimanteF **à jet**M **d'encre**F
inkjet printer

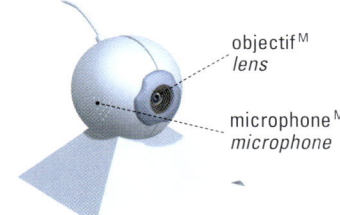

objectif M
lens

microphone M
microphone

webcaméraF
Webcam

lecteurM **de disque**M **compact**
CD/ROM player

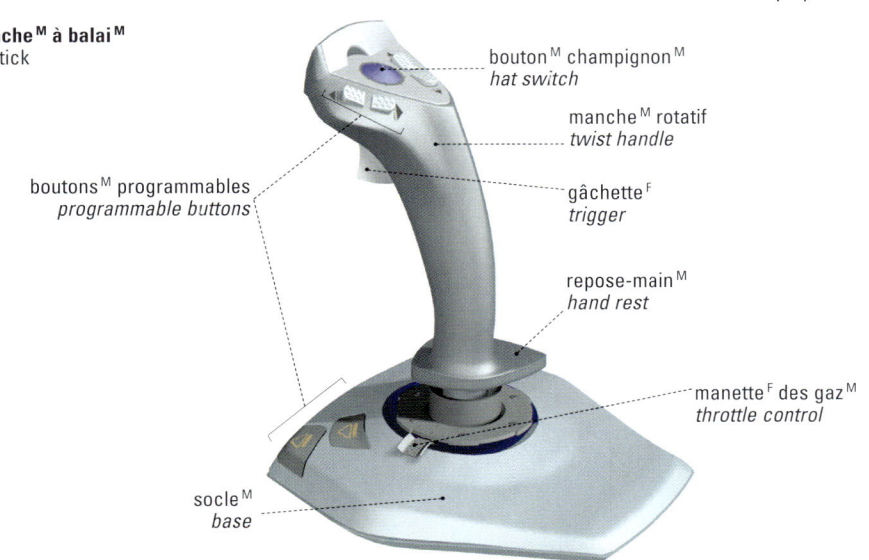

mancheM **à balai**M
joystick

bouton M champignon M
hat switch

manche M rotatif
twist handle

boutons M programmables
programmable buttons

gâchette F
trigger

repose-main M
hand rest

manette F des gaz M
throttle control

socle M
base

COMMUNICATIONS

247

INTERNET^M | INTERNET

Internet est un vaste système de communication international qui a révolutionné le monde des médias. Il regroupe un ensemble de réseaux informatiques connectés entre eux au moyen de lignes téléphoniques ou câblées et communiquant grâce à un langage identique. Créé en 1991 aux États-Unis, le WWW (World Wide Web) a permis de relier des millions d'ordinateurs et d'utilisateurs à travers le monde, facilitant la communication et l'échange d'informations.

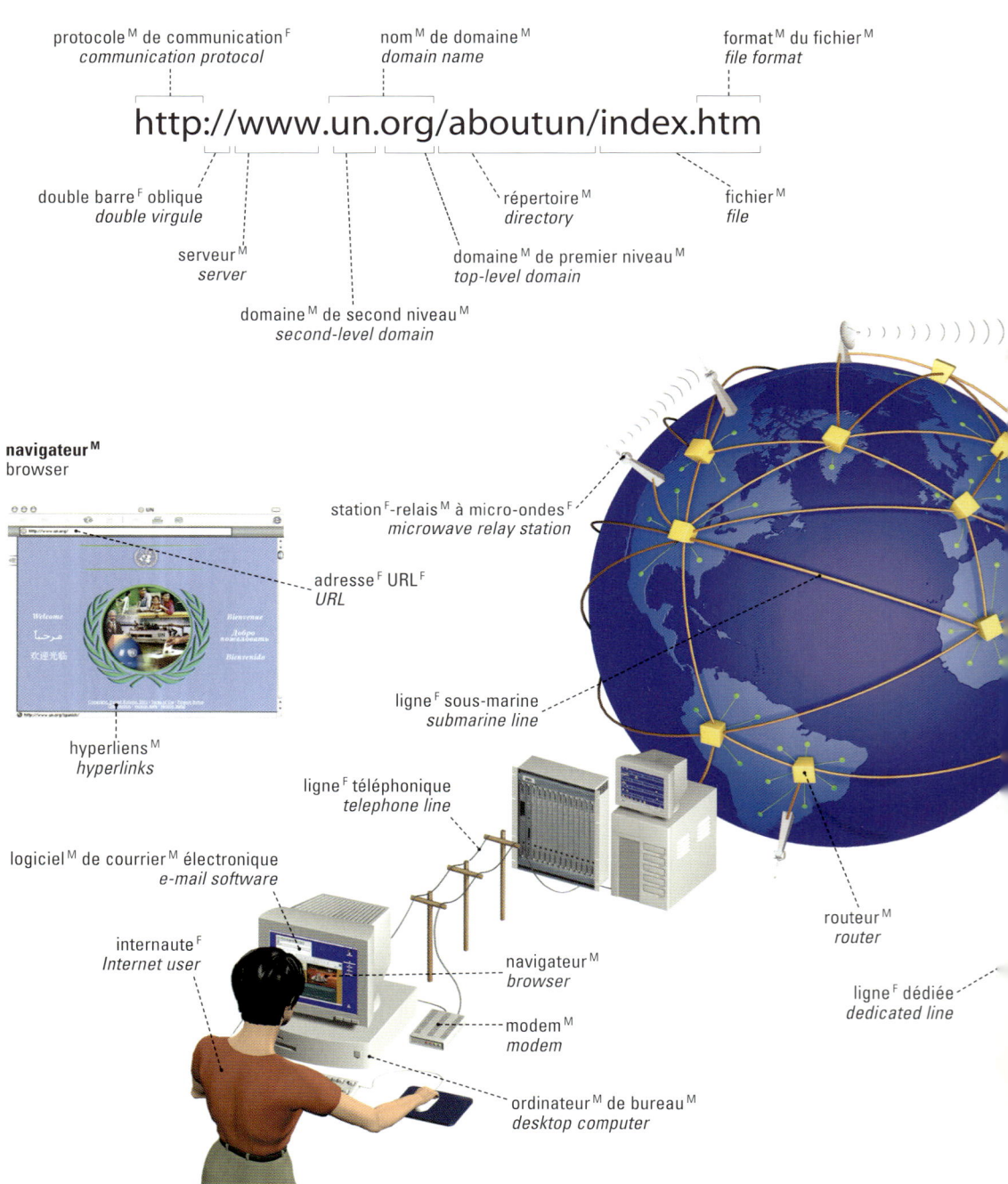

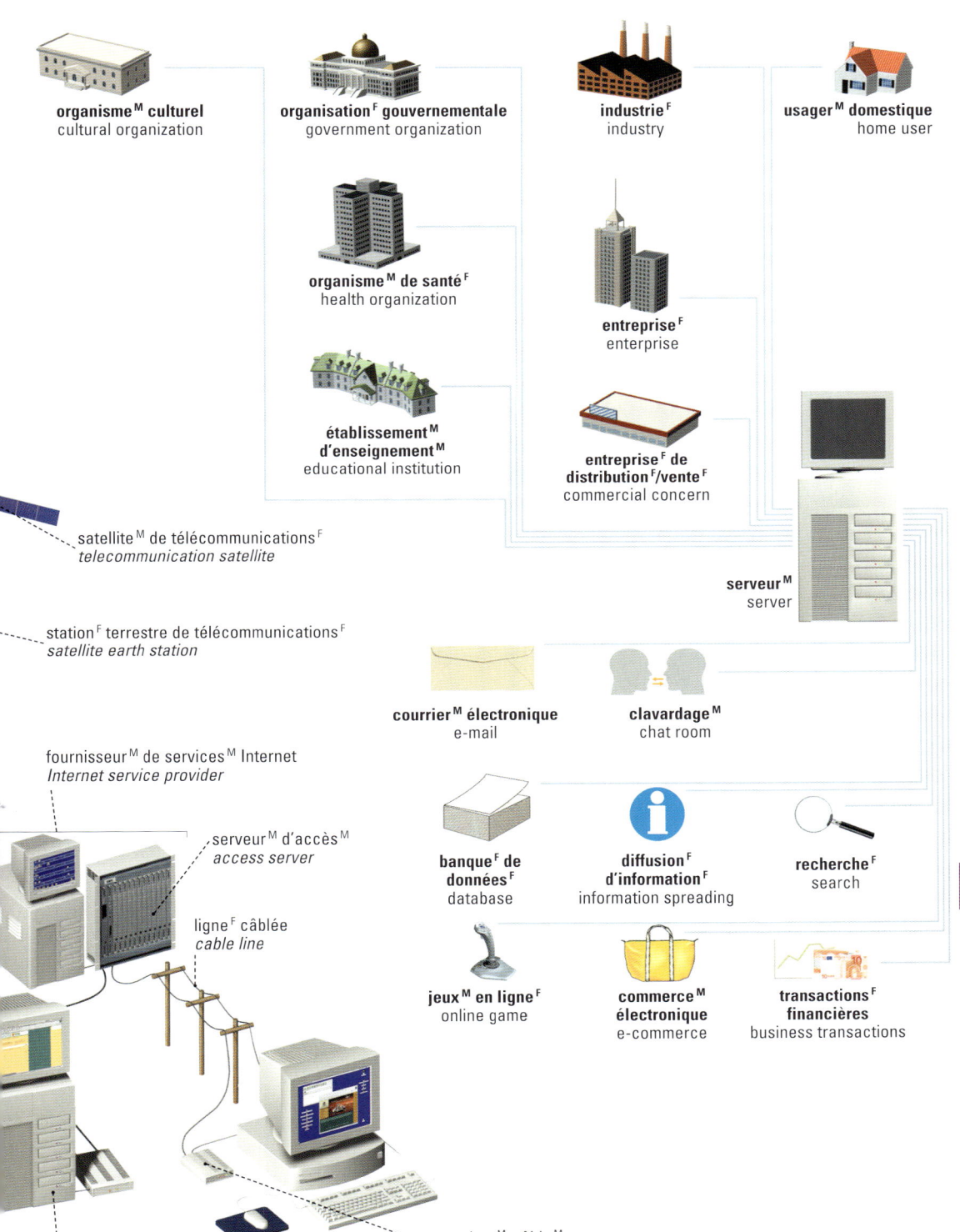

CENTRE-VILLE | DOWNTOWN

Les villes sont des agglomérations regroupant un grand nombre d'habitants. La majorité d'entre eux habitent dans les quartiers résidentiels, et travaillent dans les zones industrielles entourant la ville et dans les grands édifices à bureaux du centre-ville. Le cœur de la ville accueille aussi le quartier des affaires ainsi que divers établissements, comme l'hôtel de ville, l'université ou des musées, offrant une gamme variée de biens et services.

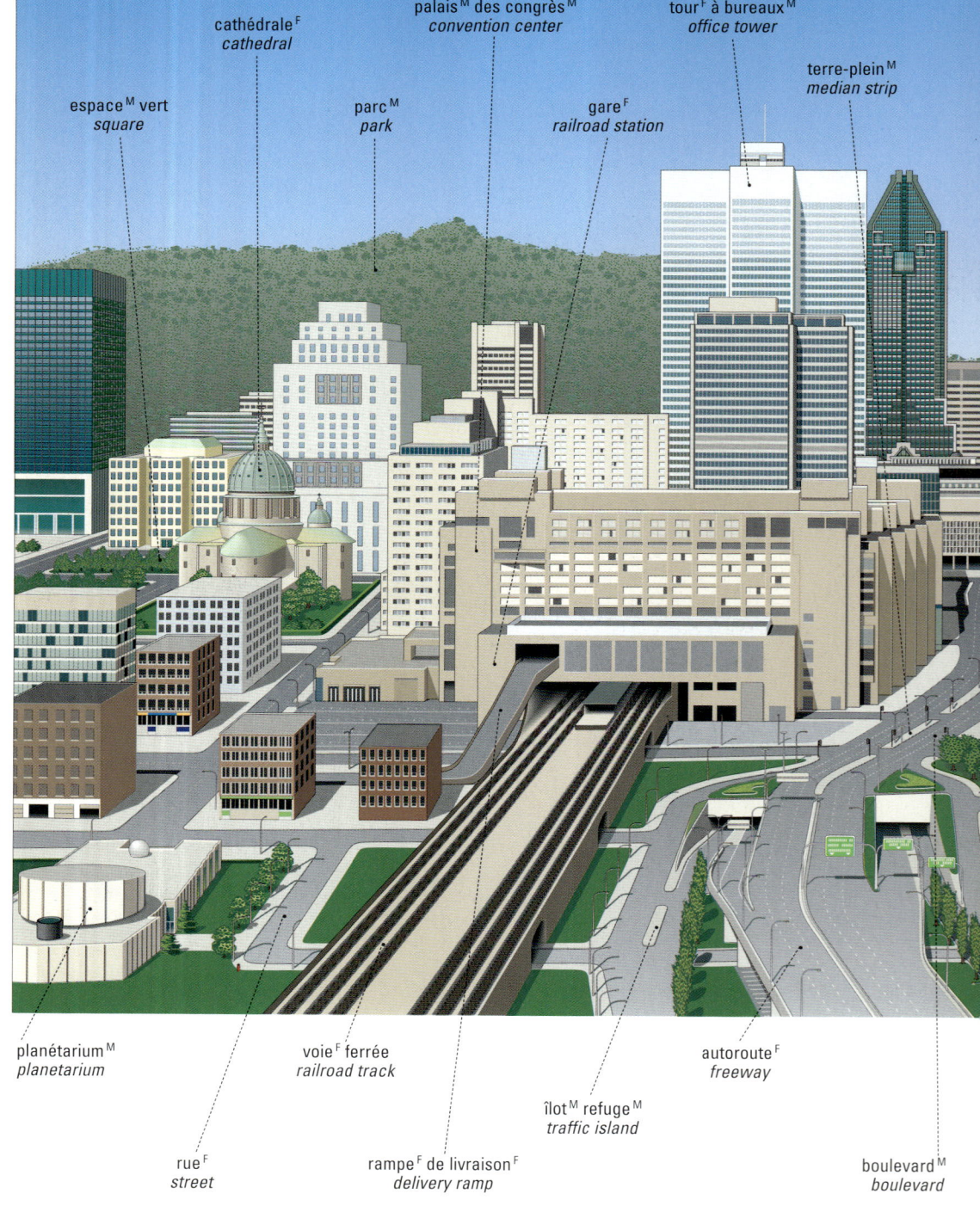

CENTRE^M-VILLE^F | DOWNTOWN

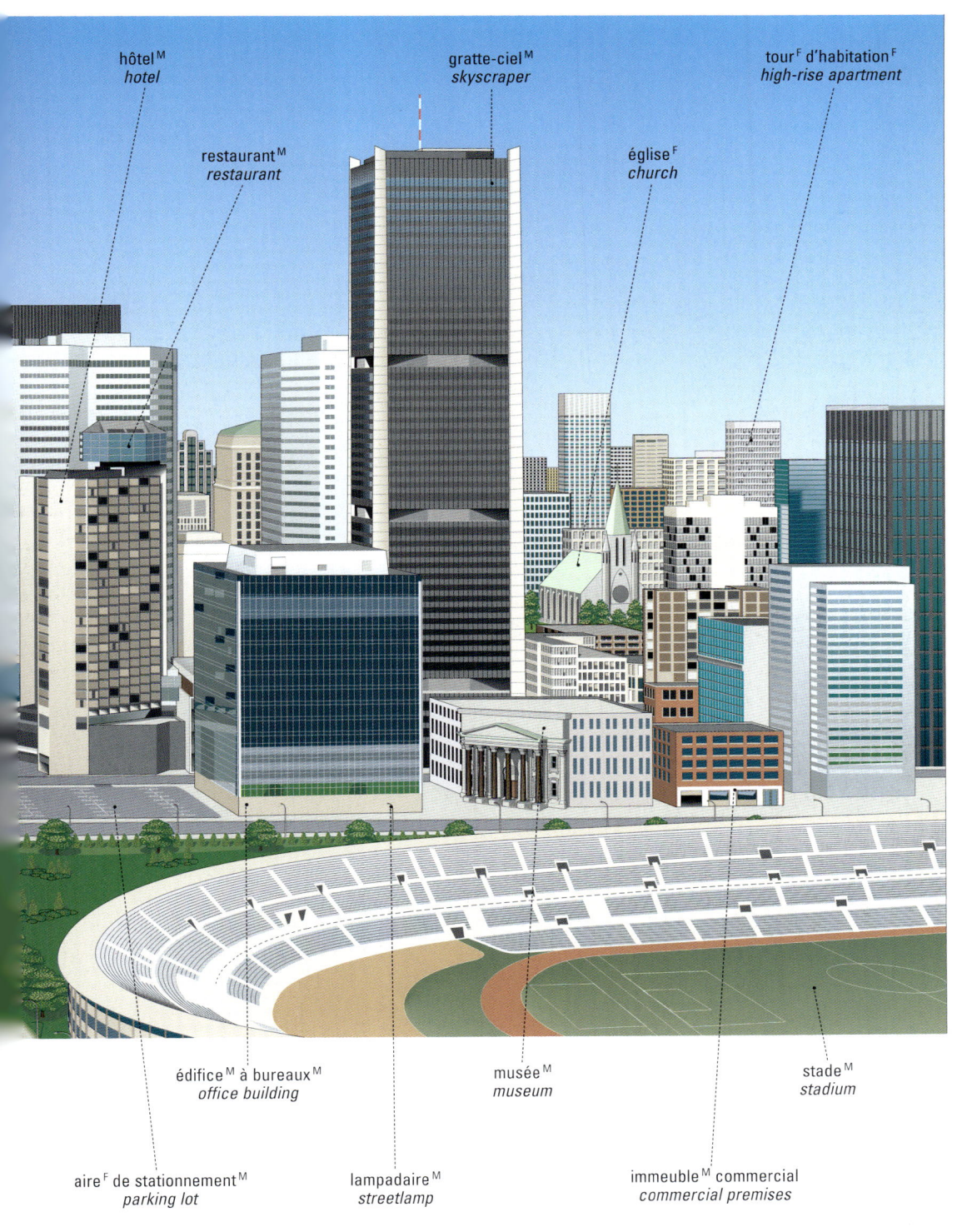

GARES F ET STATION F | TERMINAL AND STATIONS

Dans toutes les villes se trouvent des lieux spécifiquement aménagés pour l'arrêt des véhicules comme les trains, les avions et les métros. Si l'aérogare se trouve toujours en dehors des grands centres, les stations de métro sont pour la plupart des aménagements typiquement urbains. Quant aux gares où ont lieu les départs et les arrivées des trains, elles font partie de tous les décors.

AÉROGARE F
PASSENGER TERMINAL

comptoir M d'enregistrement M
baggage check-in counter

comptoir M de vente F des billets M
ticket counter

zone F de retrait M des bagages M
baggage claim area

bureau M de réservation F de chambres F d'hôtel M
hotel reservation desk

porte F automatique
automatically-controlled door

hall M public
lobby

navette F ferroviaire
railway shuttle service

parc M à voitures F
parking lot

comptoir M de renseignements M
information counter

débarcadère M
platform

tapis M roulant
conveyor belt

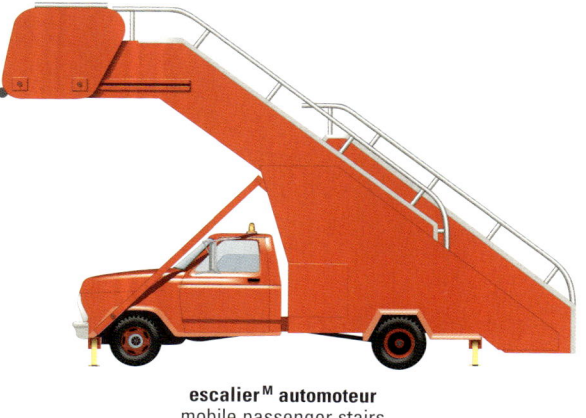

escalier M automoteur
mobile passenger stairs

escalier M d'accès M
universal step

GARES^F ET STATION^F | TERMINAL AND STATIONS

transbordeur^M
passenger transfer vehicle

contrôle^M de sécurité^F
security check

terrasse^F
observation deck

contrôle^M des passeports^M
passport control

tableau^M d'affichage^M des vols^M
flight information board

salle^F d'embarquement^M
boarding room

transbordeur^M
passenger transfer vehicle

contrôle^M douanier
customs control

boutique^F hors taxe^F
duty-free shop

expédition^F du fret^M
freight expedition

réception^F du fret^M
freight reception

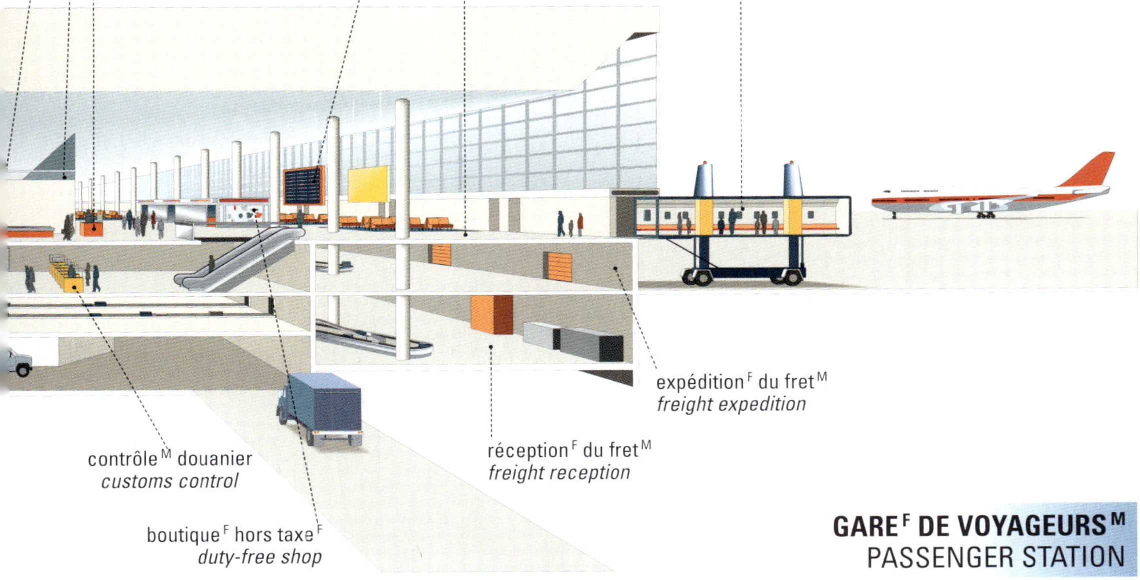

GARE^F DE VOYAGEURS^M
PASSENGER STATION

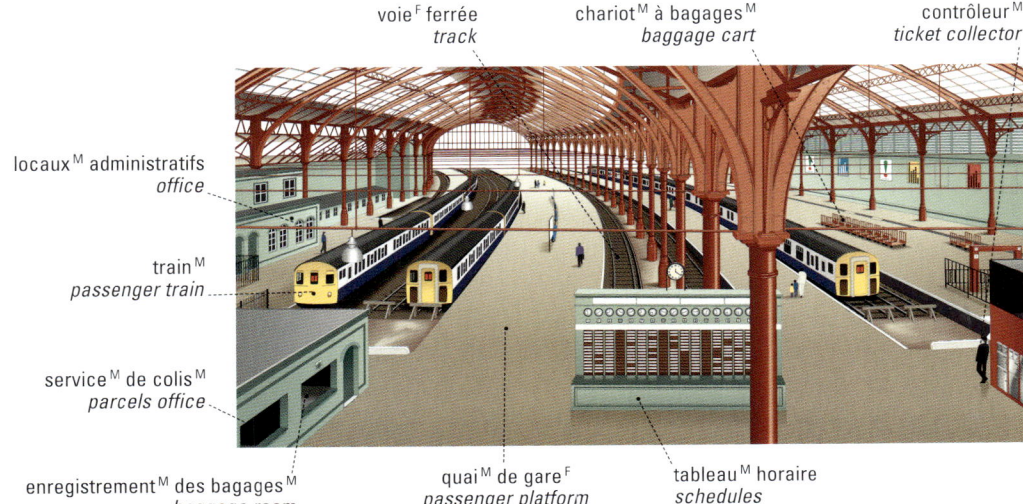

voie^F ferrée
track

chariot^M à bagages^M
baggage cart

contrôleur^M
ticket collector

locaux^M administratifs
office

train^M
passenger train

service^M de colis^M
parcels office

enregistrement^M des bagages^M
baggage room

quai^M de gare^F
passenger platform

tableau^M horaire
schedules

SOCIÉTÉ

253

GARES ET STATION | TERMINAL AND STATIONS

STATION DE MÉTRO
SUBWAY STATION

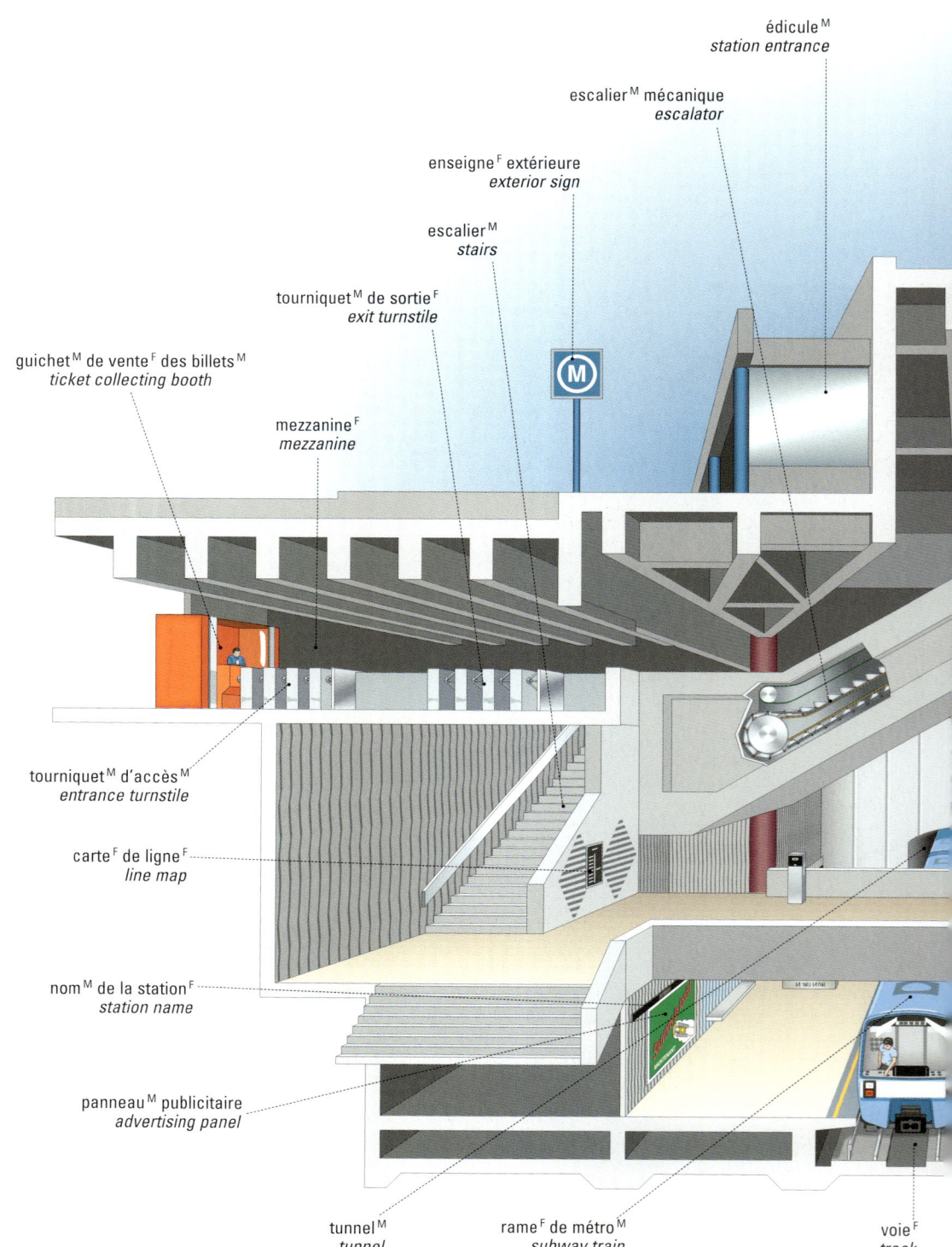

GARES F ET STATION F | TERMINAL AND STATIONS

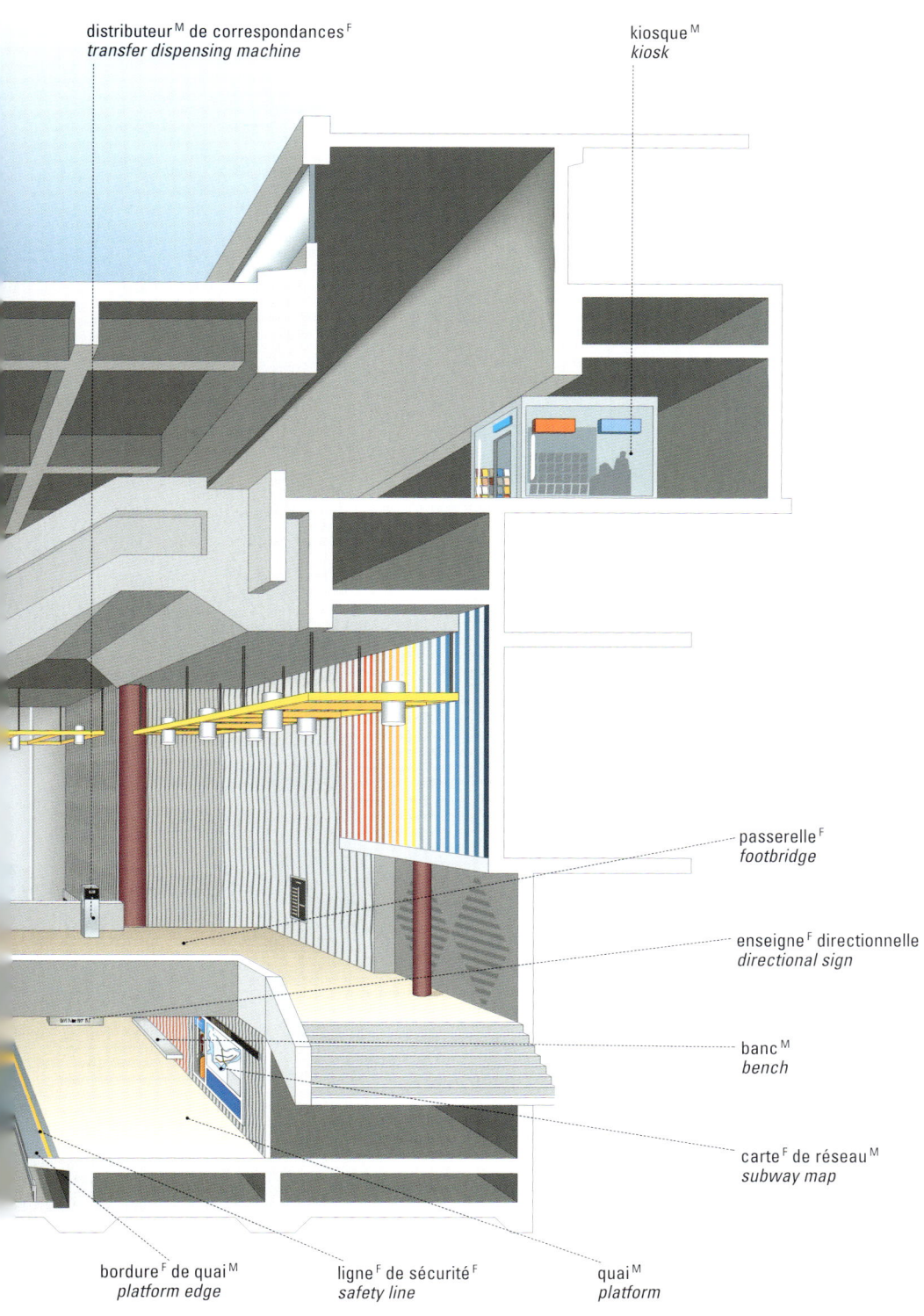

SERVICES^M COMMERCIAUX | COMMERCIAL SERVICES

Toutes les villes comptent de nombreux établissements proposant leurs services. Les supermarchés, les centres commerciaux avec leurs nombreux magasins, les restaurants et les stations-service, pour ne nommer que quelques commerces, offrent à leur clientèle des services spécialisés. On peut s'y procurer toutes sortes de biens de consommation comme de la nourriture, des vêtements, des repas préparés ou de l'essence.

SUPERMARCHÉ^M
SUPERMARKET

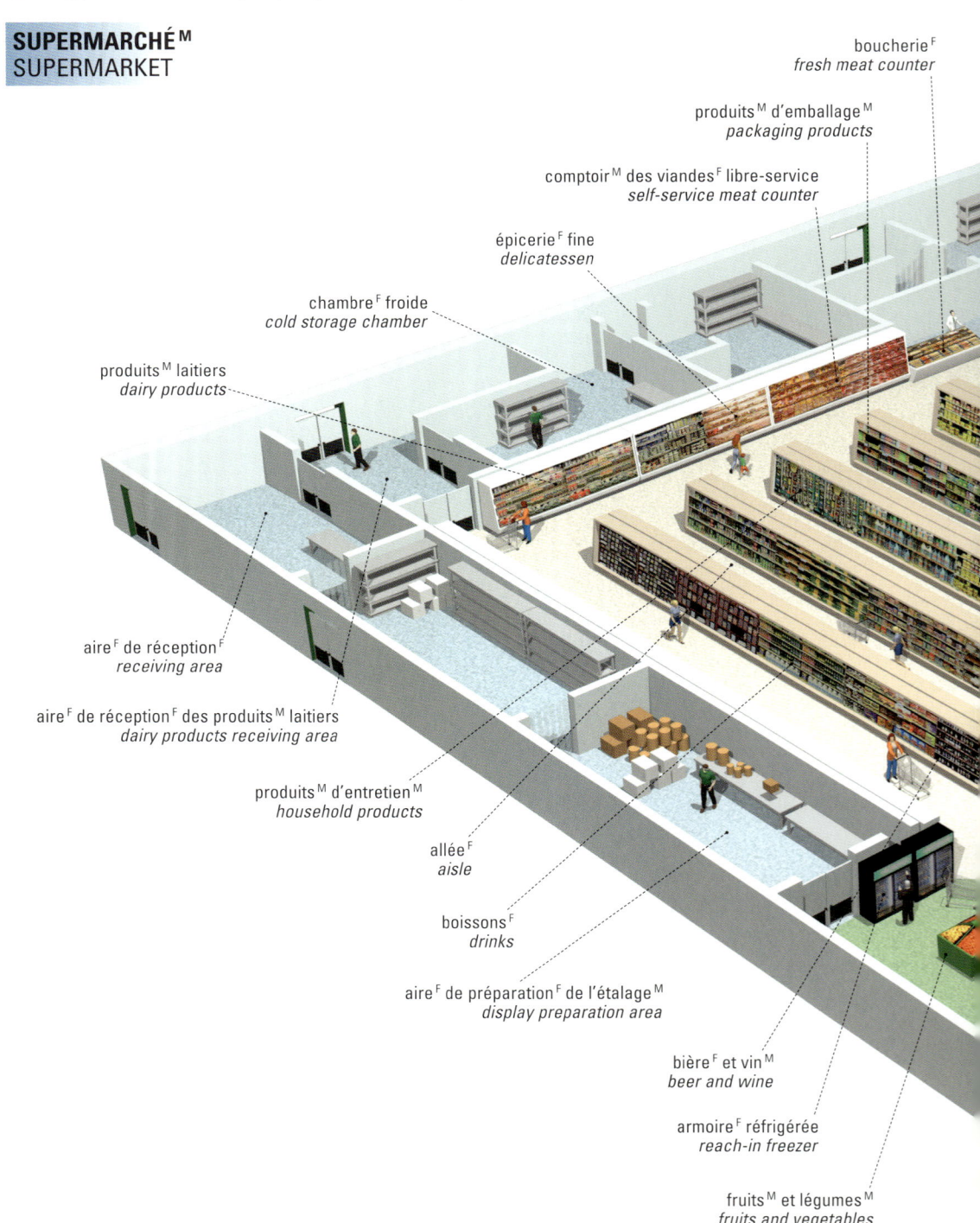

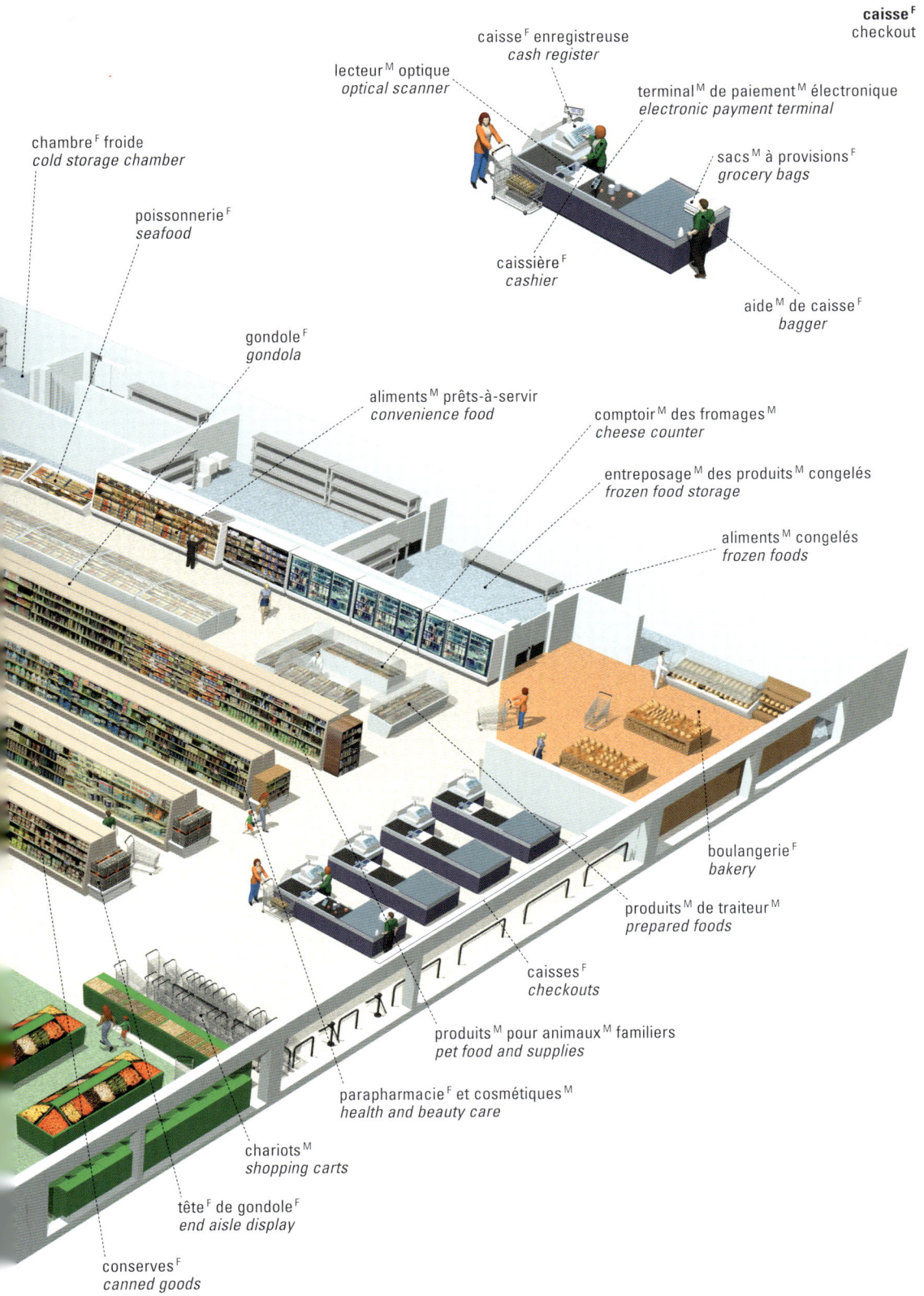

SERVICES COMMERCIAUX | COMMERCIAL SERVICES

CENTRE COMMERCIAL
SHOPPING CENTER

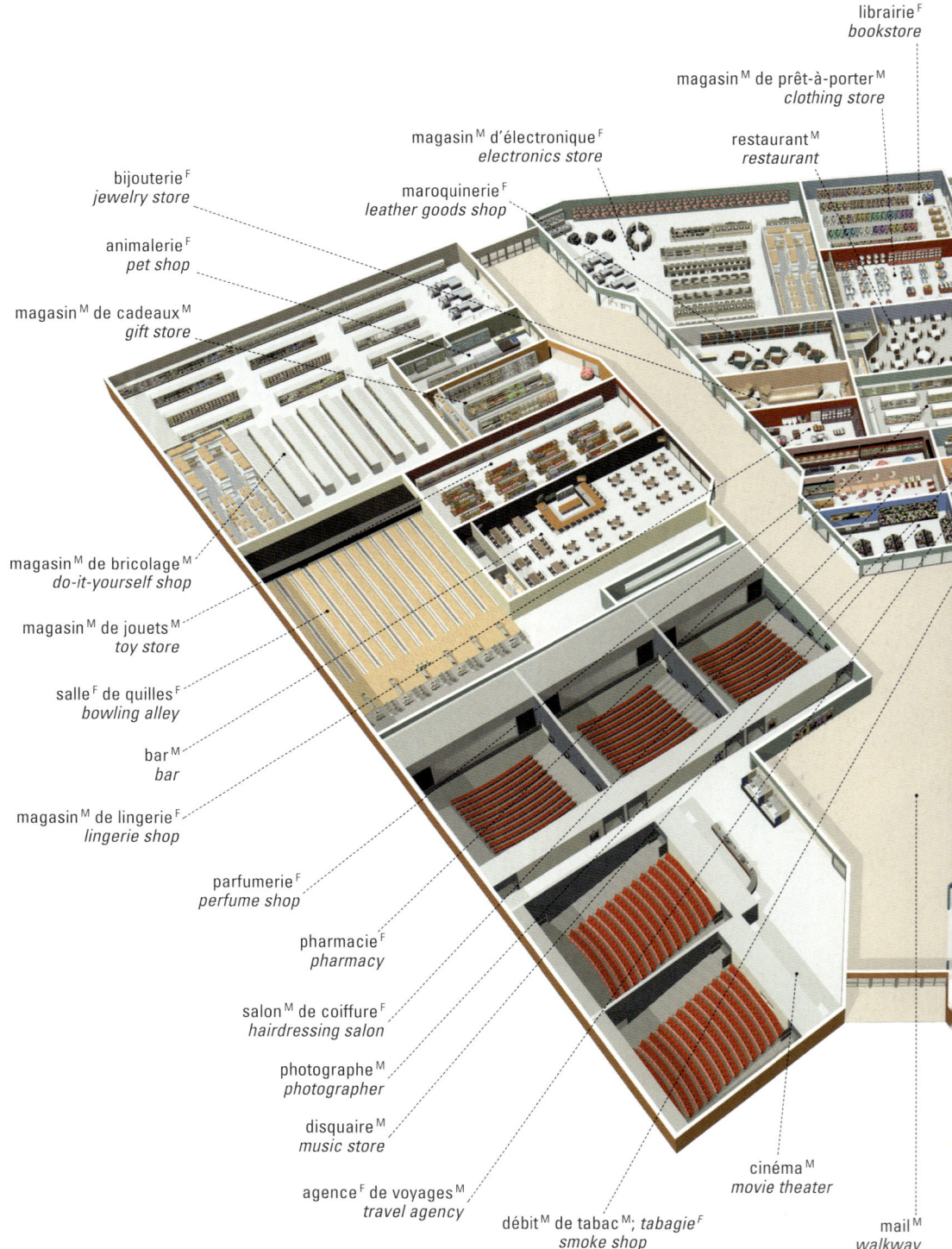

- librairie / bookstore
- magasin de prêt-à-porter / clothing store
- magasin d'électronique / electronics store
- restaurant / restaurant
- bijouterie / jewelry store
- maroquinerie / leather goods shop
- animalerie / pet shop
- magasin de cadeaux / gift store
- magasin de bricolage / do-it-yourself shop
- magasin de jouets / toy store
- salle de quilles / bowling alley
- bar / bar
- magasin de lingerie / lingerie shop
- parfumerie / perfume shop
- pharmacie / pharmacy
- salon de coiffure / hairdressing salon
- photographe / photographer
- disquaire / music store
- agence de voyages / travel agency
- débit de tabac; tabagie / smoke shop
- cinéma / movie theater
- mail / walkway

SOCIÉTÉ

SERVICES COMMERCIAUX | COMMERCIAL SERVICES

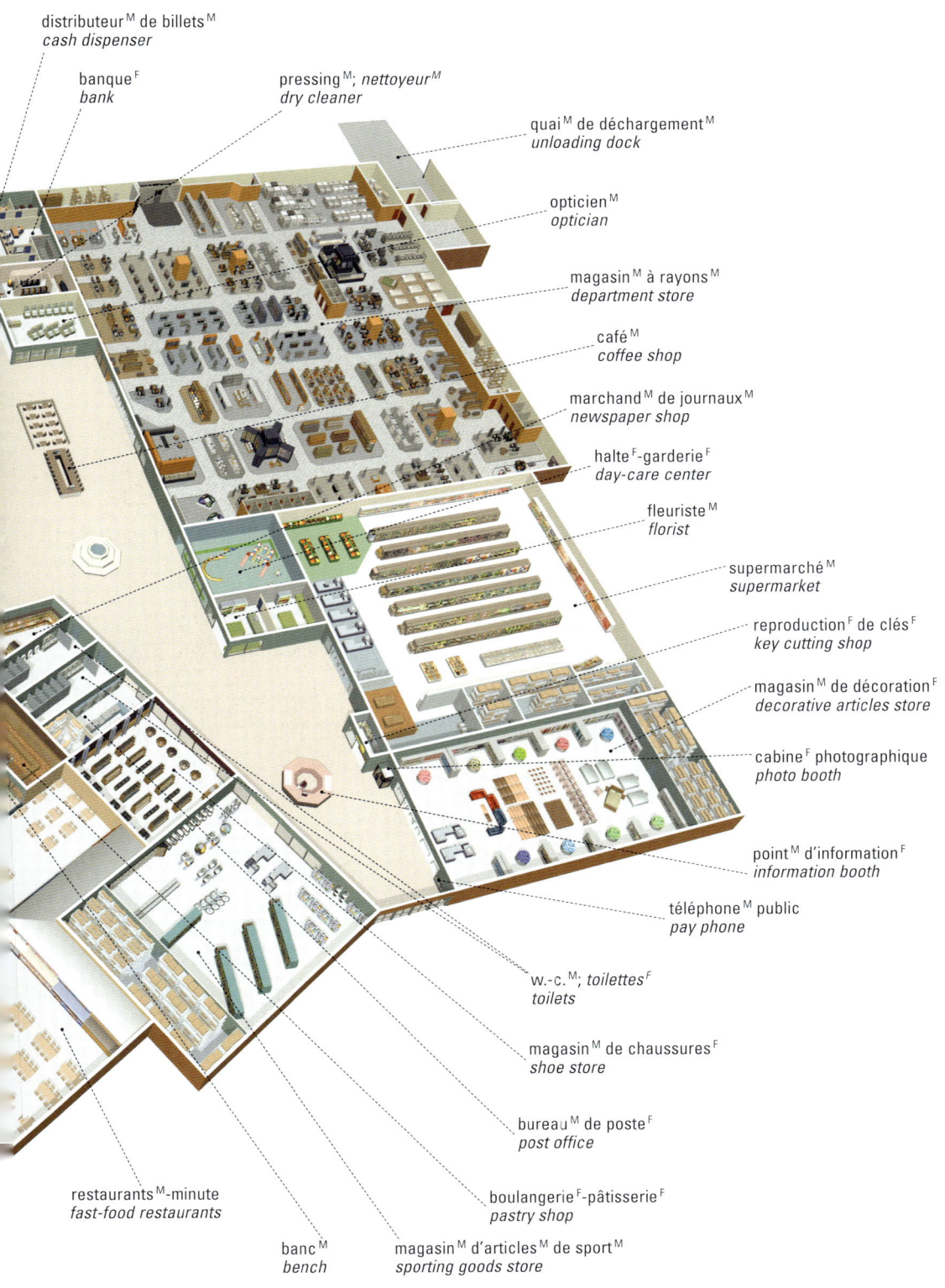

distributeur^M de billets^M / cash dispenser
banque^F / bank
pressing^M; nettoyeur^M / dry cleaner
quai^M de déchargement^M / unloading dock
opticien^M / optician
magasin^M à rayons^M / department store
café^M / coffee shop
marchand^M de journaux^M / newspaper shop
halte^F-garderie^F / day-care center
fleuriste^M / florist
supermarché^M / supermarket
reproduction^F de clés^F / key cutting shop
magasin^M de décoration^F / decorative articles store
cabine^F photographique / photo booth
point^M d'information^F / information booth
téléphone^M public / pay phone
w.-c.^M; toilettes^F / toilets
magasin^M de chaussures^F / shoe store
bureau^M de poste^F / post office
boulangerie^F-pâtisserie^F / pastry shop
restaurants^M-minute / fast-food restaurants
banc^M / bench
magasin^M d'articles^M de sport^M / sporting goods store

SOCIÉTÉ

SERVICES^M COMMERCIAUX | COMMERCIAL SERVICES

RESTAURANT^M
RESTAURANT

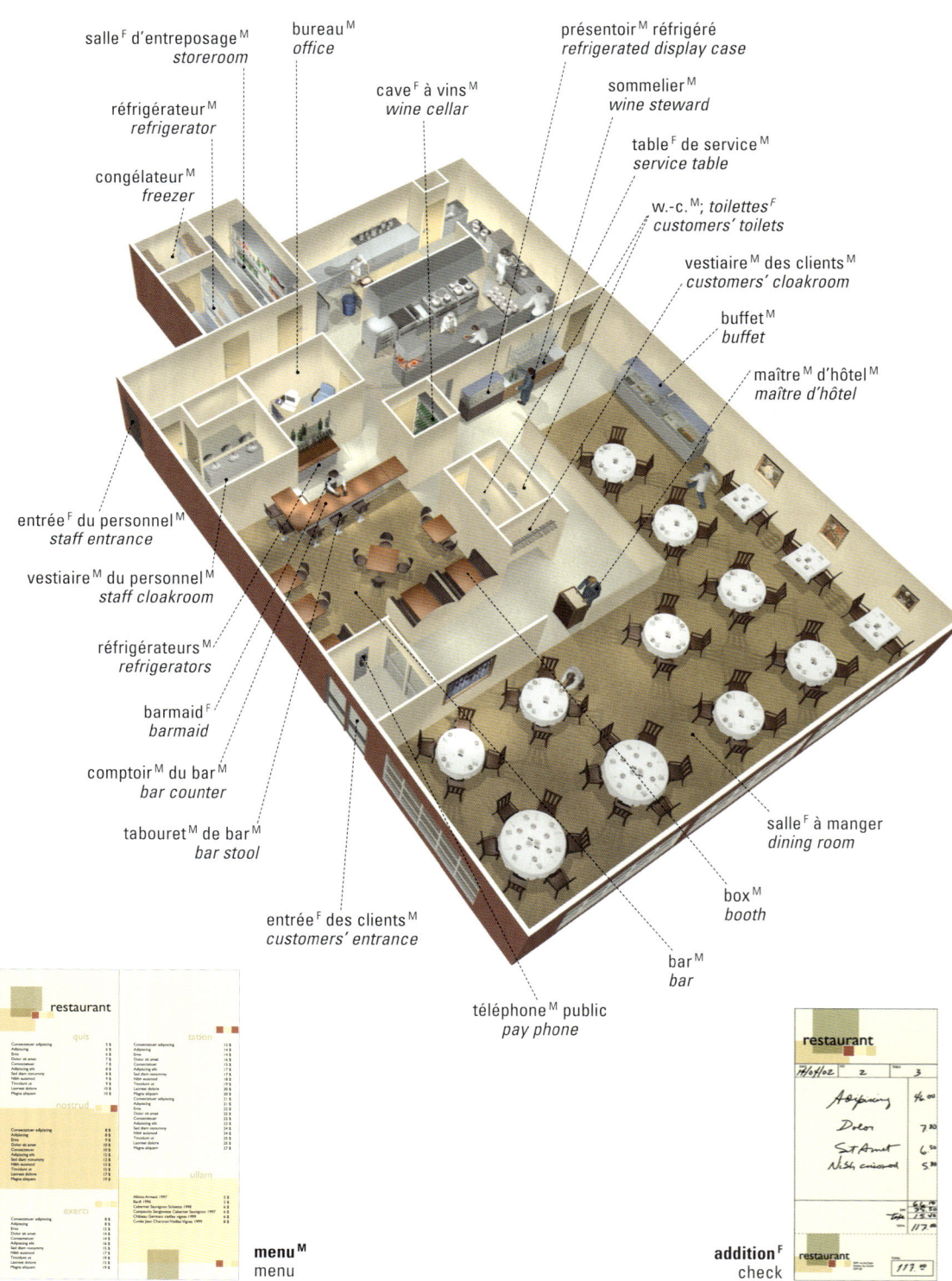

- salle^F d'entreposage^M / storeroom
- bureau^M / office
- présentoir^M réfrigéré / refrigerated display case
- réfrigérateur^M / refrigerator
- cave^F à vins^M / wine cellar
- sommelier^M / wine steward
- congélateur^M / freezer
- table^F de service^M / service table
- w.-c.^M; toilettes^F / customers' toilets
- vestiaire^M des clients^M / customers' cloakroom
- buffet^M / buffet
- maître^M d'hôtel^M / maître d'hôtel
- entrée^F du personnel^M / staff entrance
- vestiaire^M du personnel^M / staff cloakroom
- réfrigérateurs^M / refrigerators
- barmaid^F / barmaid
- comptoir^M du bar^M / bar counter
- tabouret^M de bar^M / bar stool
- salle^F à manger / dining room
- box^M / booth
- entrée^F des clients^M / customers' entrance
- bar^M / bar
- téléphone^M public / pay phone
- menu^M / menu
- addition^F / check

SERVICES^M COMMERCIAUX | COMMERCIAL SERVICES

STATION^F-SERVICE^M
SERVICE STATION

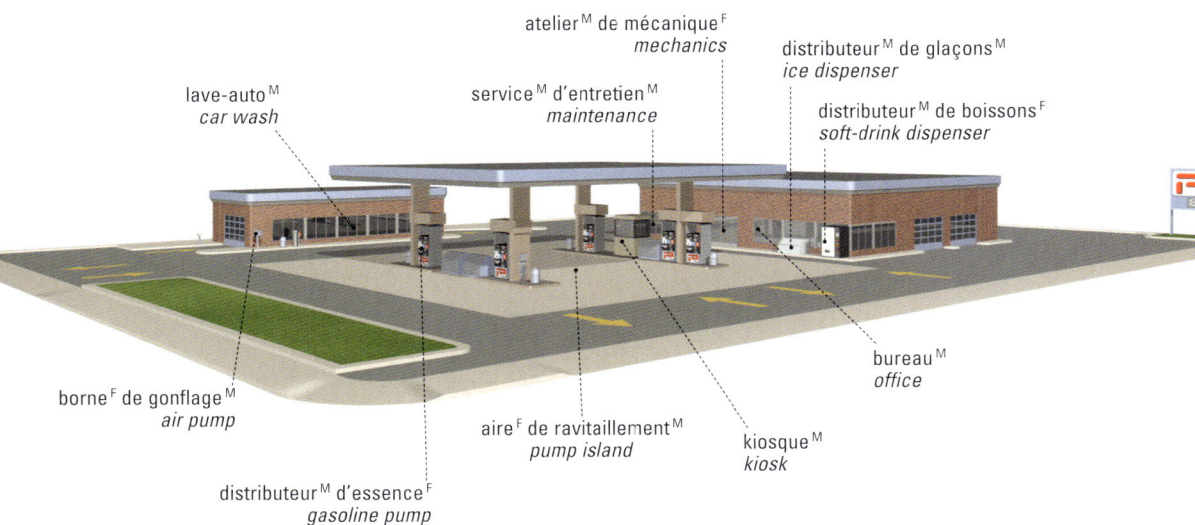

- atelier^M de mécanique^F / mechanics
- distributeur^M de glaçons^M / ice dispenser
- lave-auto^M / car wash
- service^M d'entretien^M / maintenance
- distributeur^M de boissons^F / soft-drink dispenser
- bureau^M / office
- borne^F de gonflage^M / air pump
- aire^F de ravitaillement^M / pump island
- kiosque^M / kiosk
- distributeur^M d'essence^F / gasoline pump

distributeur^M d'essence^F
gasoline pump

- écran^M / display
- afficheur^M totaliseur / total sale display
- fente^F du lecteur^M de carte^F / card reader slot
- afficheur^M volume^M / volume display
- clavier^M alphanumérique / alphanumeric keyboard
- afficheur^M prix^M / price per gallon/liter
- sortie^F des tickets^M / slip presenter
- type^M de carburant^M / type of fuel
- numéro^M de la pompe^F / pump number
- pistolet^M de distribution^F / pump nozzle
- mode^M d'emploi^M / operating instructions
- flexible^M de distribution^F / gasoline pump hose

SOCIÉTÉ

SÉCURITÉ^F | SAFETY

En plus de lutter contre les incendies et de sauver les victimes, les pompiers assurent notre sécurité de plusieurs façons. Qu'il s'agisse d'un accident de la route ou d'une inondation, ils sont parmi les premiers à accourir sur les lieux. Les policiers aussi veillent à notre sécurité. En plus de faire régner l'ordre, ces hommes de loi préviennent la criminalité en assurant, par exemple, une surveillance dissuasive dans les lieux publics.

PRÉVENTION^F DES INCENDIES^M
FIRE PREVENTION

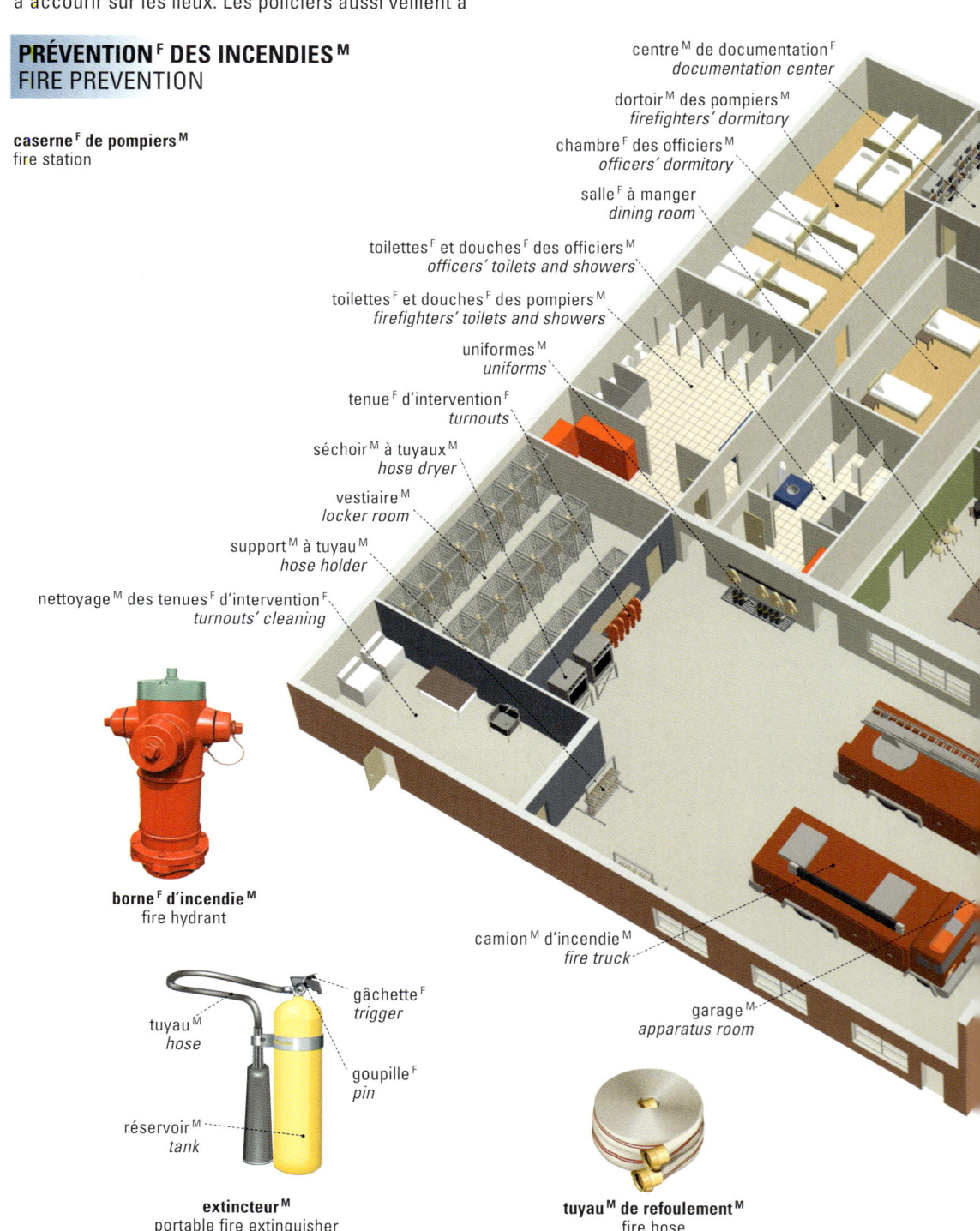

caserne^F de pompiers^M
fire station

centre^M de documentation^F
documentation center

dortoir^M des pompiers^M
firefighters' dormitory

chambre^F des officiers^M
officers' dormitory

salle^F à manger
dining room

toilettes^F et douches^F des officiers^M
officers' toilets and showers

toilettes^F et douches^F des pompiers^M
firefighters' toilets and showers

uniformes^M
uniforms

tenue^F d'intervention^F
turnouts

séchoir^M à tuyaux^M
hose dryer

vestiaire^M
locker room

support^M à tuyau^M
hose holder

nettoyage^M des tenues^F d'intervention^F
turnouts' cleaning

borne^F d'incendie^M
fire hydrant

gâchette^F
trigger

tuyau^M
hose

goupille^F
pin

réservoir^M
tank

extincteur^M
portable fire extinguisher

camion^M d'incendie^M
fire truck

garage^M
apparatus room

tuyau^M de refoulement^M
fire hose

SOCIÉTÉ

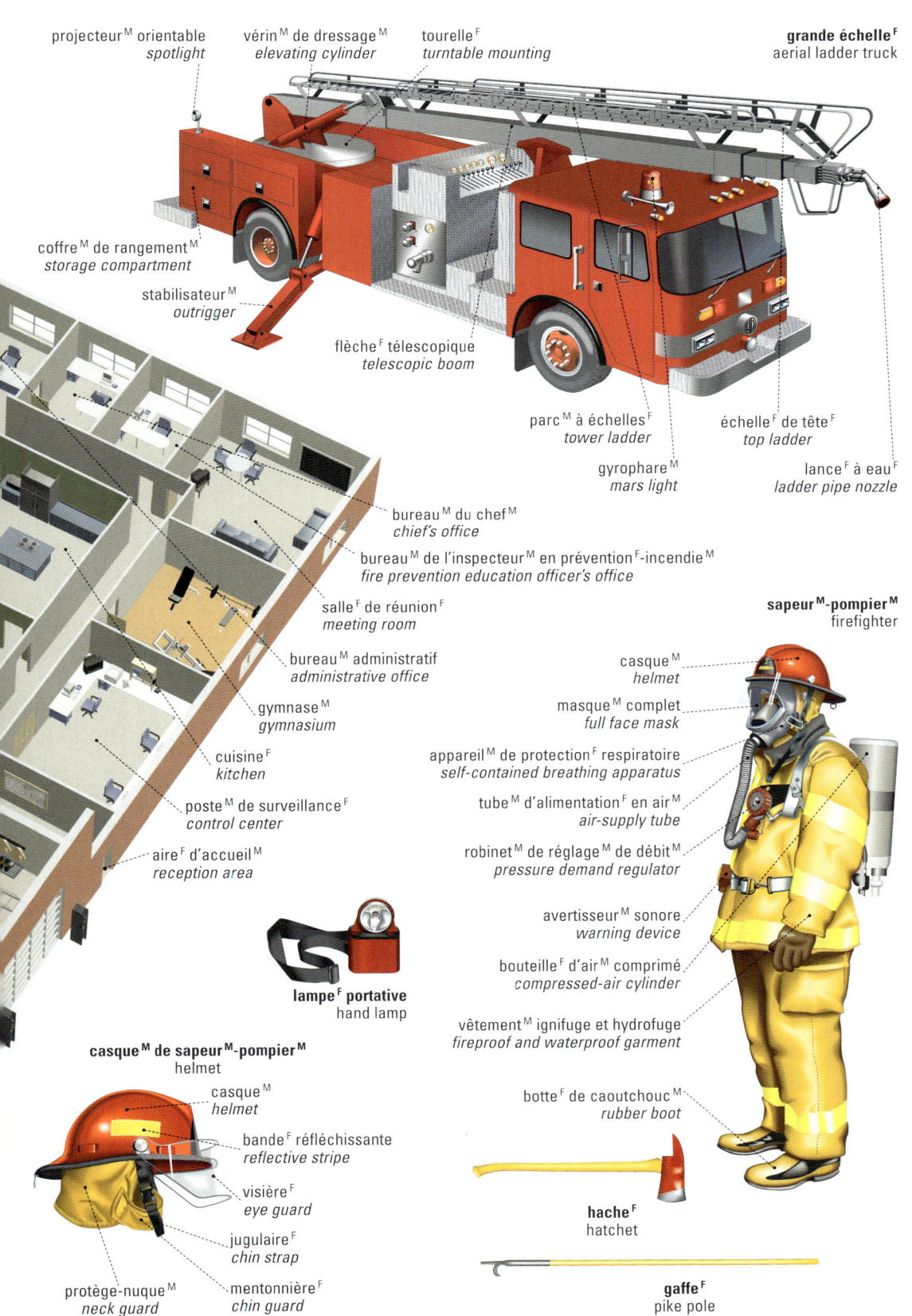

SÉCURITÉ | SAFETY

PRÉVENTION DE LA CRIMINALITÉ
CRIME PREVENTION

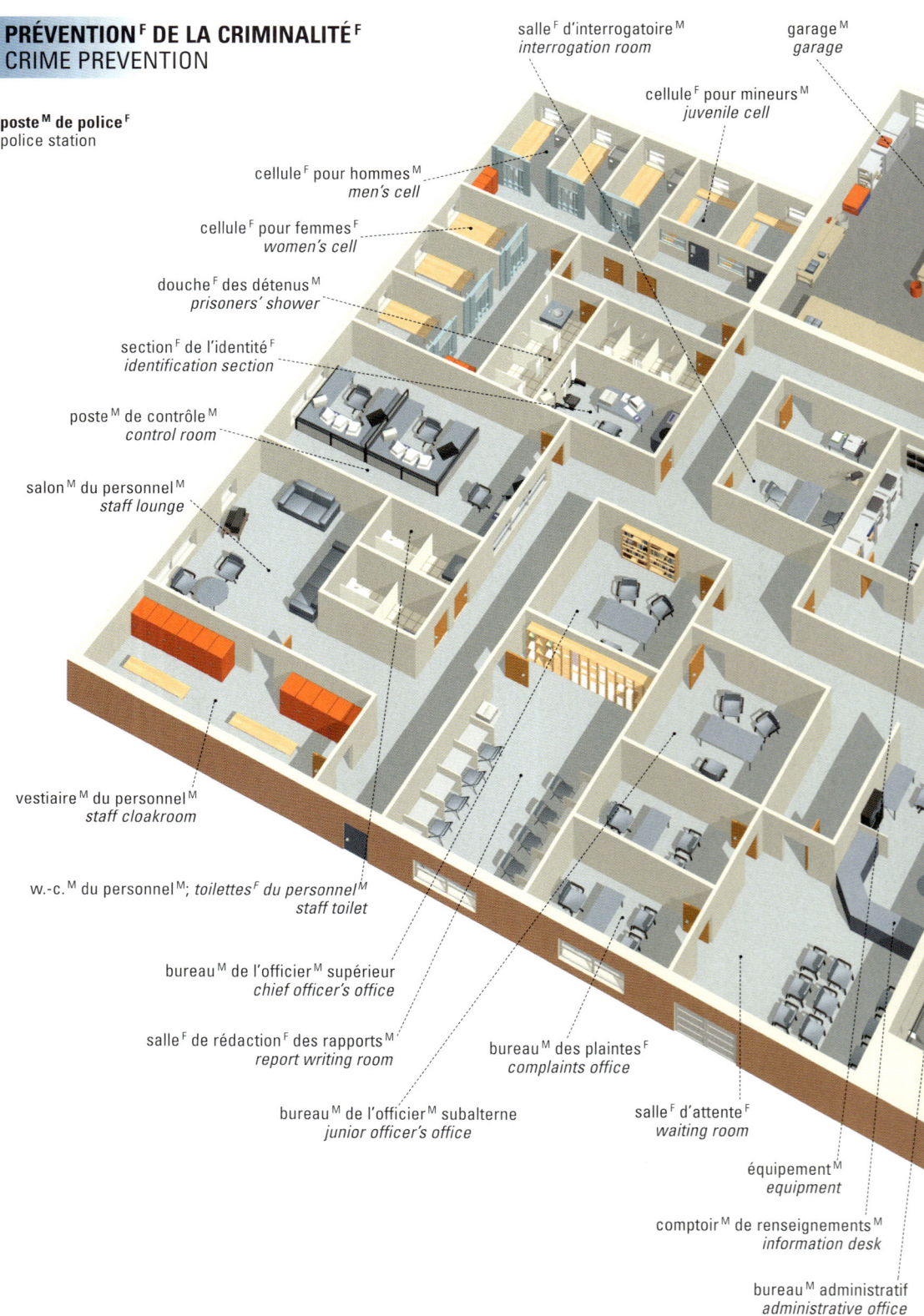

poste de police
police station

salle d'interrogatoire
interrogation room

garage
garage

cellule pour mineurs
juvenile cell

cellule pour hommes
men's cell

cellule pour femmes
women's cell

douche des détenus
prisoners' shower

section de l'identité
identification section

poste de contrôle
control room

salon du personnel
staff lounge

vestiaire du personnel
staff cloakroom

w.-c. du personnel; toilettes du personnel
staff toilet

bureau de l'officier supérieur
chief officer's office

salle de rédaction des rapports
report writing room

bureau des plaintes
complaints office

bureau de l'officier subalterne
junior officer's office

salle d'attente
waiting room

équipement
equipment

comptoir de renseignements
information desk

bureau administratif
administrative office

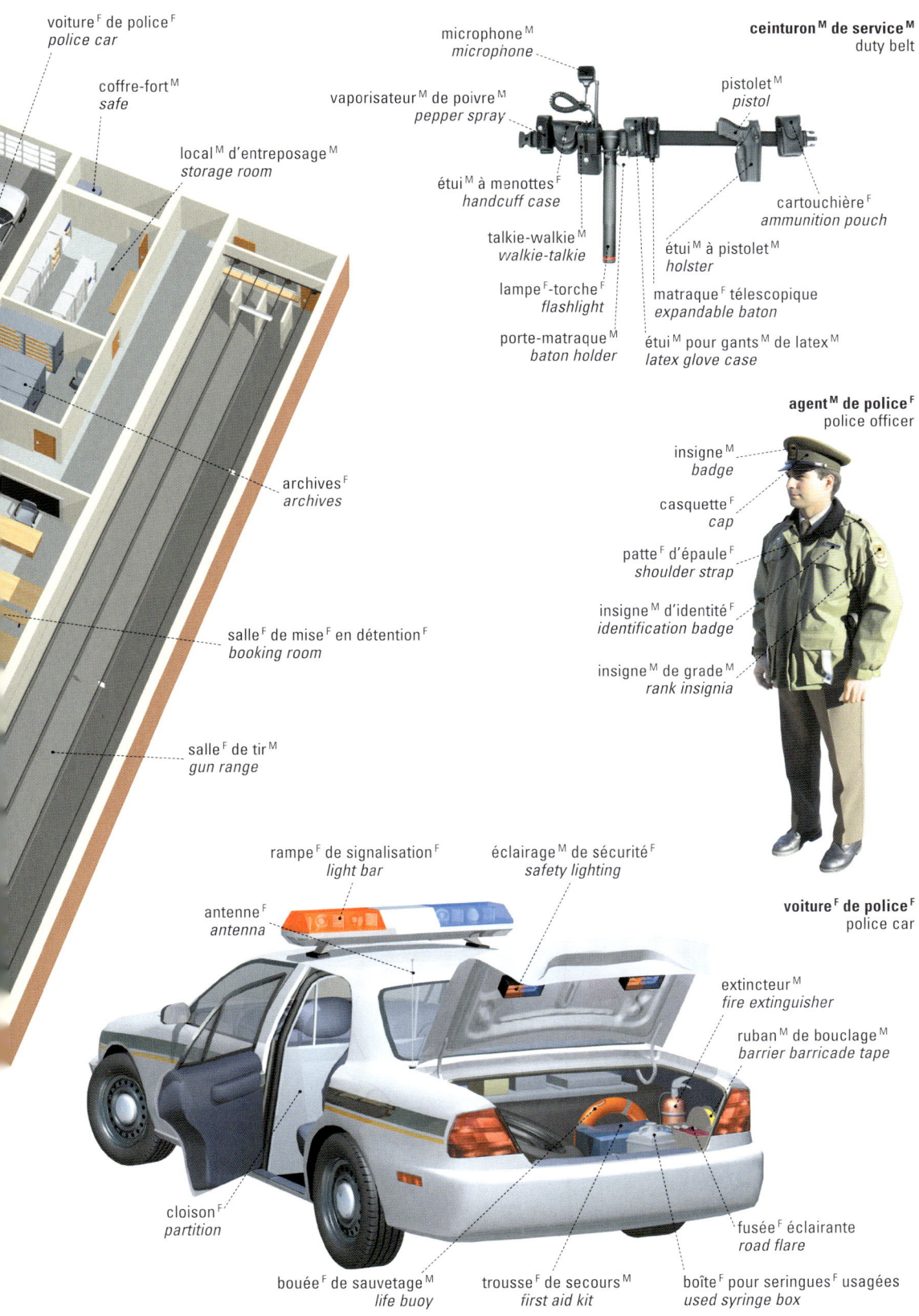

SANTÉ[F] | HEALTH

Parmi tous les établissements qui offrent au public des services de santé, les hôpitaux sont les plus complets, ceux qui offrent les services les plus diversifiés. Dans les grandes villes, ces établissements de santé sont devenus de gigantesques centres médicaux où du personnel spécialisé dans tous les domaines de la santé prodigue aux malades et blessés des soins de qualité à toute heure du jour et de la nuit.

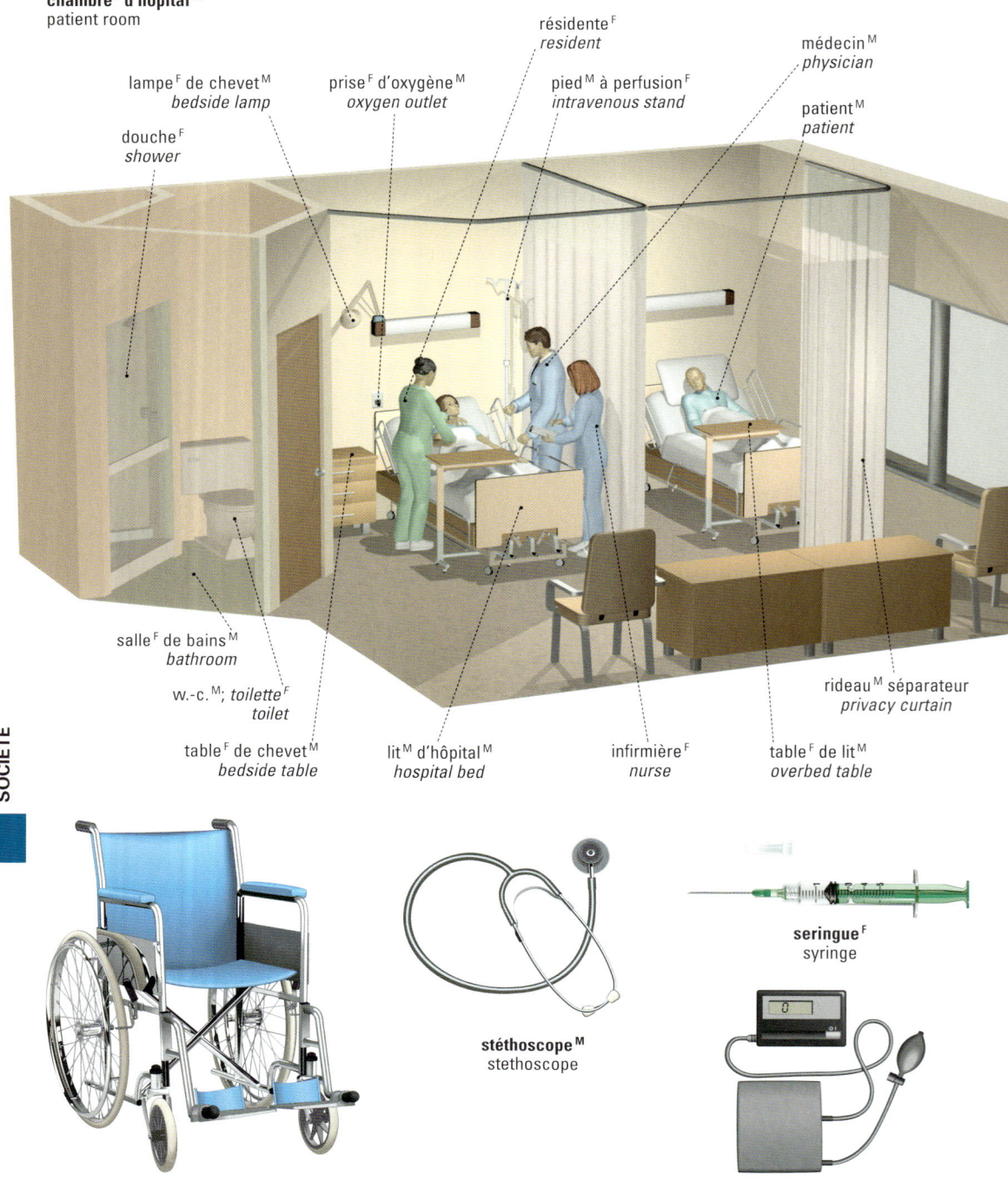

chambre[F] d'hôpital[M] / patient room
lampe[F] de chevet[M] / bedside lamp
prise[F] d'oxygène[M] / oxygen outlet
résidente[F] / resident
pied[M] à perfusion[F] / intravenous stand
médecin[M] / physician
patient[M] / patient
douche[F] / shower
salle[F] de bains[M] / bathroom
w.-c.[M]; toilette[F] / toilet
table[F] de chevet[M] / bedside table
lit[M] d'hôpital[M] / hospital bed
infirmière[F] / nurse
table[F] de lit[M] / overbed table
rideau[M] séparateur / privacy curtain

fauteuil[M] roulant / wheelchair
stéthoscope[M] / stethoscope
seringue[F] / syringe
tensiomètre[M] / blood pressure monitor

SANTÉ[F] | HEALTH

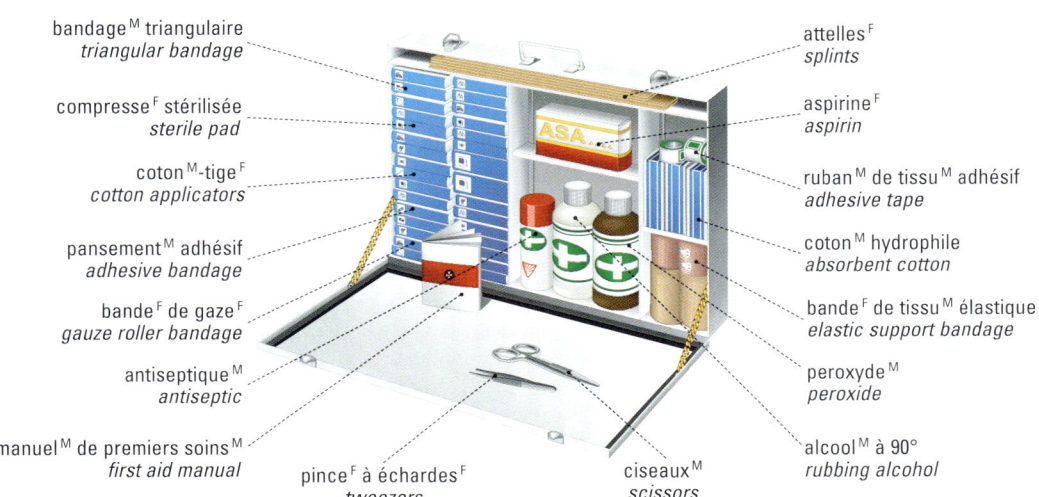

manomètre[M]
manometer

aspirateur[M]
aspirator

caméra[F]
camera

ambulance[F]
ambulance

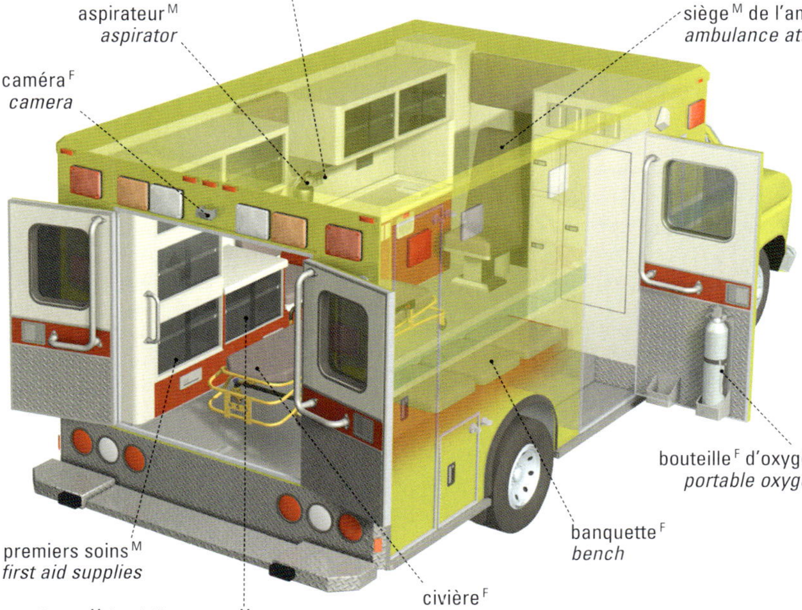

siège[M] de l'ambulancier[M]
ambulance attendant's seat

bouteille[F] d'oxygène[M] portable
portable oxygen cylinder

banquette[F]
bench

fournitures[F] de premiers soins[M]
first aid supplies

compartiment[M] à médicaments[M]
drug storage

civière[F]
stretcher

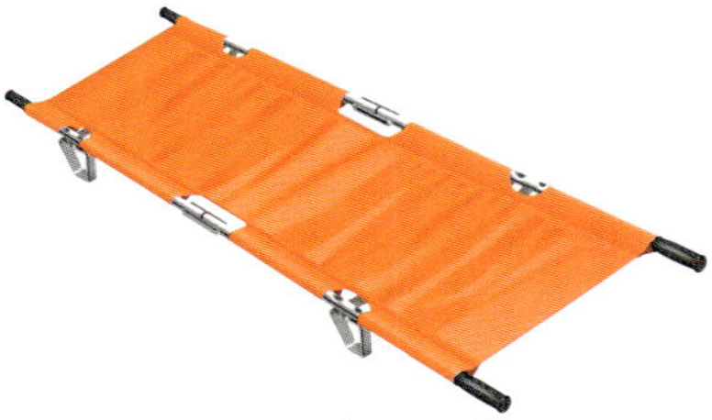

brancard[M]
stretcher

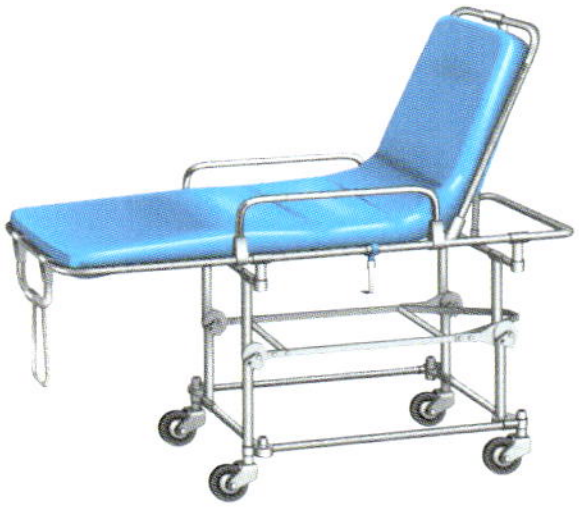

civière[F]
cot

trousse[F] de secours[M]
first aid kit

bandage[M] triangulaire
triangular bandage

compresse[F] stérilisée
sterile pad

coton[M]-tige[F]
cotton applicators

pansement[M] adhésif
adhesive bandage

bande[F] de gaze[F]
gauze roller bandage

antiseptique[M]
antiseptic

manuel[M] de premiers soins[M]
first aid manual

pince[F] à échardes[F]
tweezers

ciseaux[M]
scissors

attelles[F]
splints

aspirine[F]
aspirin

ruban[M] de tissu[M] adhésif
adhesive tape

coton[M] hydrophile
absorbent cotton

bande[F] de tissu[M] élastique
elastic support bandage

peroxyde[M]
peroxide

alcool[M] à 90°
rubbing alcohol

SOCIÉTÉ

ÉDUCATION | EDUCATION

Dans la plupart des pays développés, l'éducation est obligatoire jusqu'à un âge déterminé. L'enseignement primaire, qui commence autour de l'âge de quatre à sept ans, est généralement offert gratuitement. En plus d'y apprendre à lire, à écrire et à compter, l'enfant développe à l'école ses qualités intellectuelles, physiques et morales. Toutefois, de nombreux enfants des pays en voie de développement ne reçoivent pas d'enseignement formel, faute de ressources.

ÉCOLE | SCHOOL

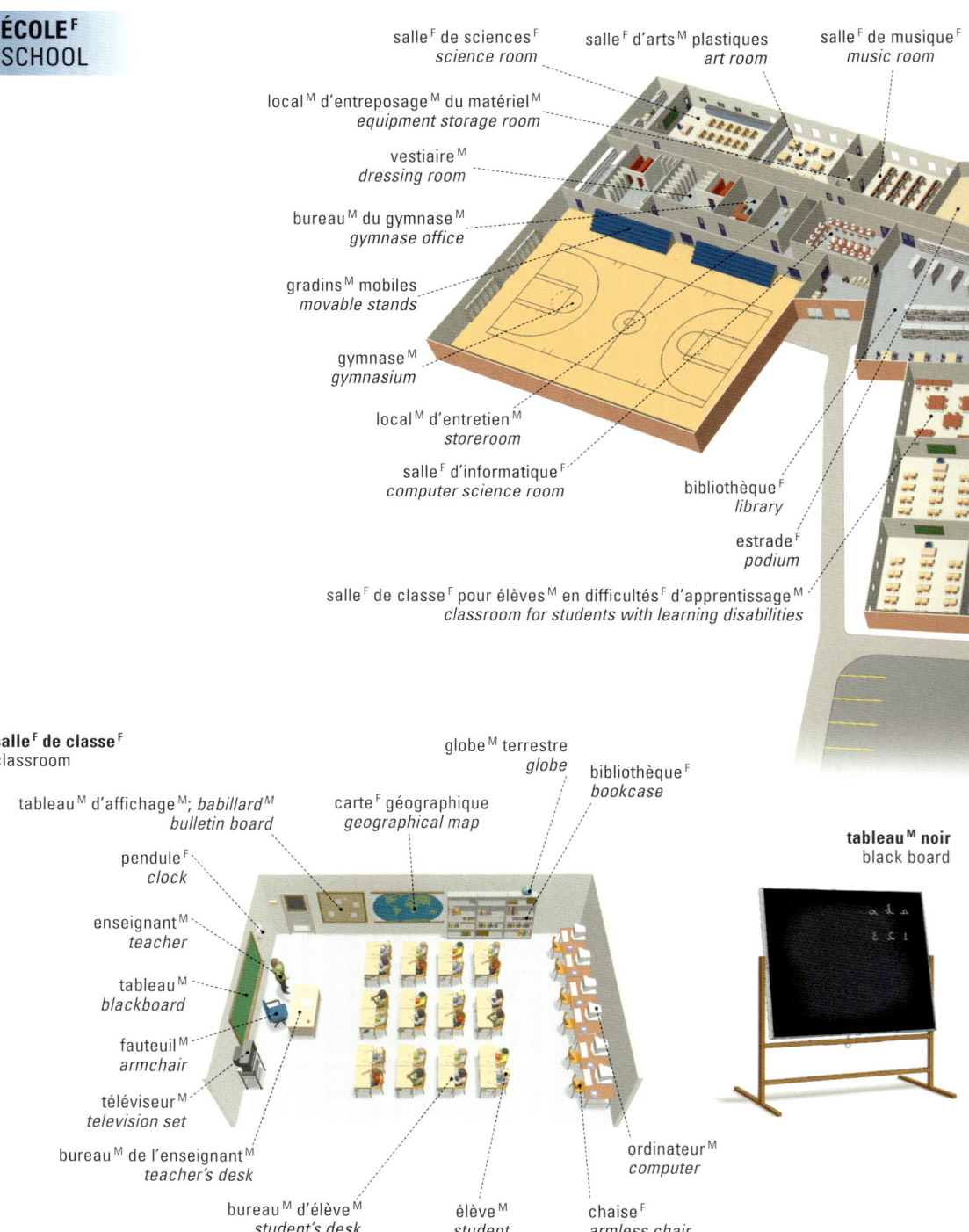

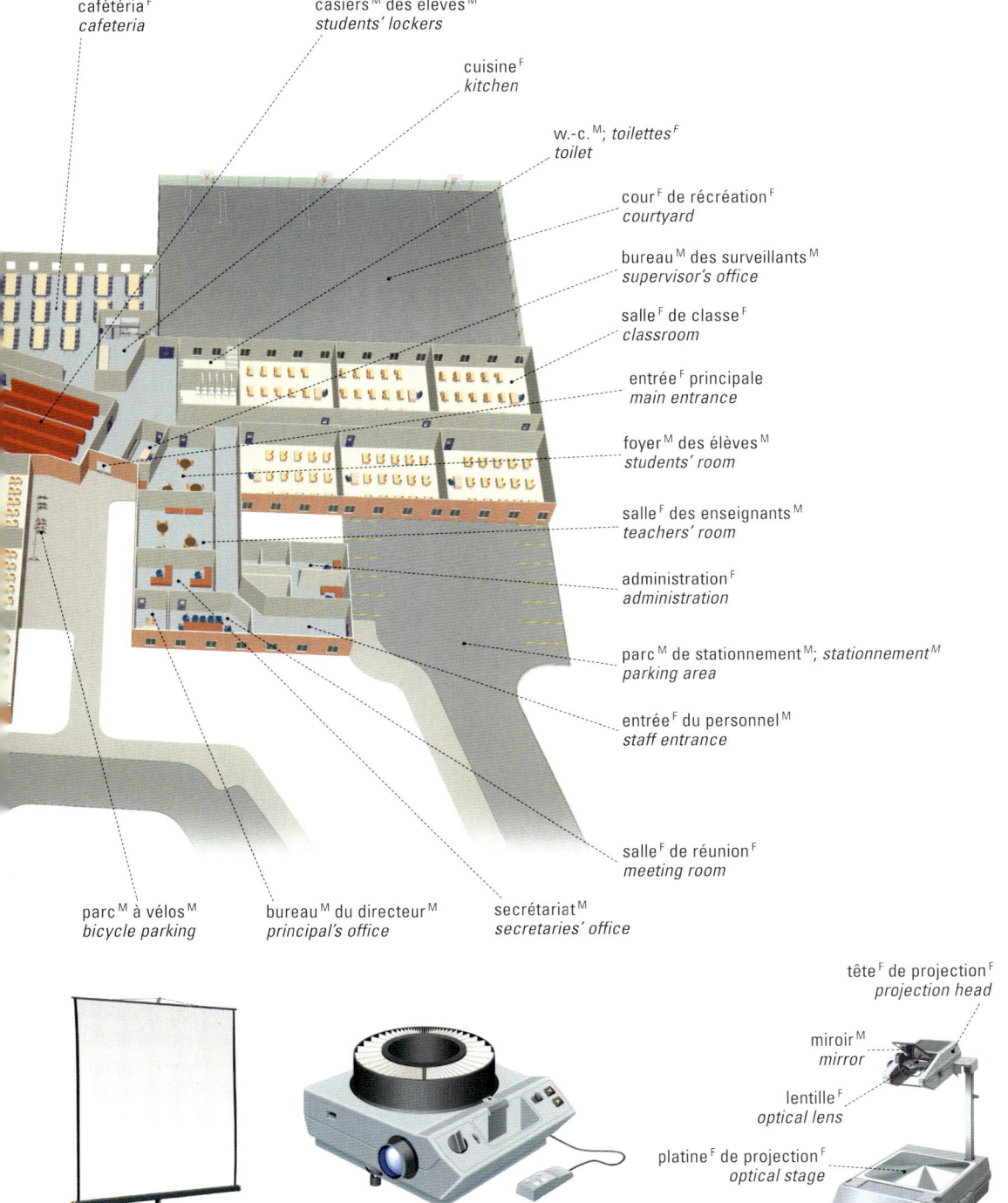

ÉDUCATION[F] | EDUCATION

fournitures[F] scolaires
school supplies

stylo[M]-bille[F]
ballpoint pen

- ressort[M] / *spring*
- cartouche[F] / *cartridge*
- joint[M] / *joint*
- agrafe[F] / *clip*
- bouton[M]-poussoir[M] / *push-button*
- pointe[F] / *point*
- dispositif[M] de poussée[F] / *thrust device*
- tube[M] de poussée[F] / *thrust tube*

pince-notes[M]
clip

stylo[M]-plume[F]
fountain pen

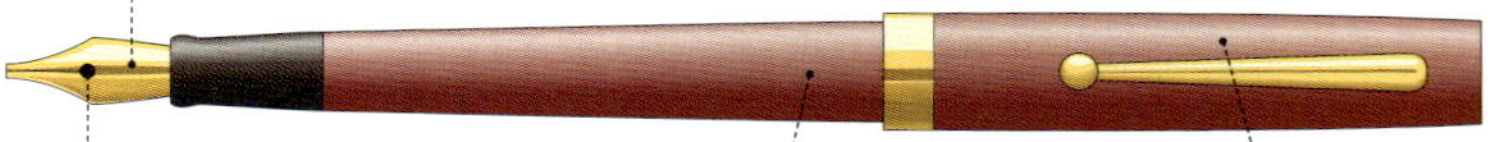

- plume[F] / *nib*
- évent[M] / *air hole*
- corps[M] / *barrel*
- capuchon[M] / *cap*

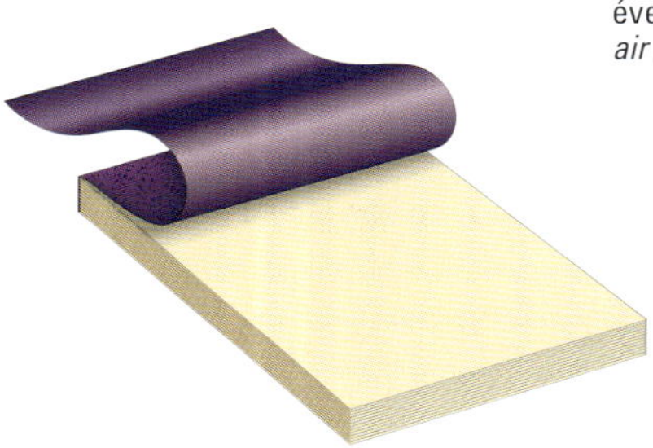

bloc[M]-notes[F]
memo pad

agrafeuse[F]
stapler

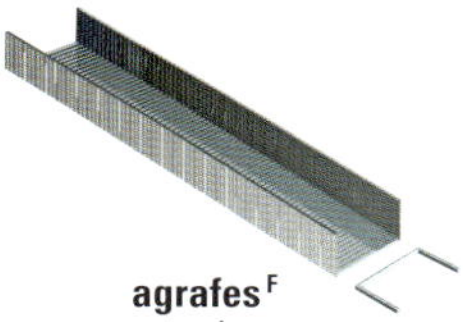

agrafes[F]
staples

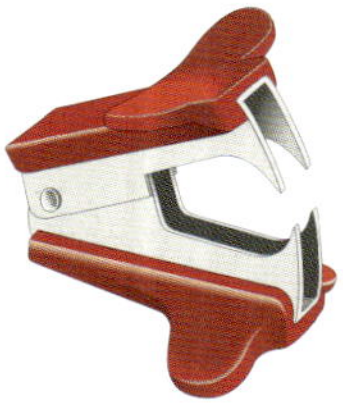

dégrafeuse[F]
staple remover

bâtonnet[M] de colle[F]
glue stick

taille-crayon[M]
pencil sharpener

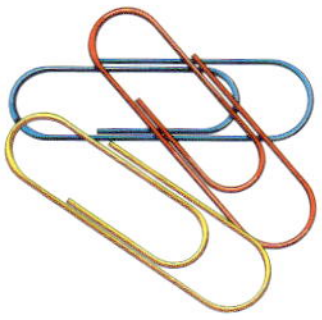

trombones[M]
paper clips

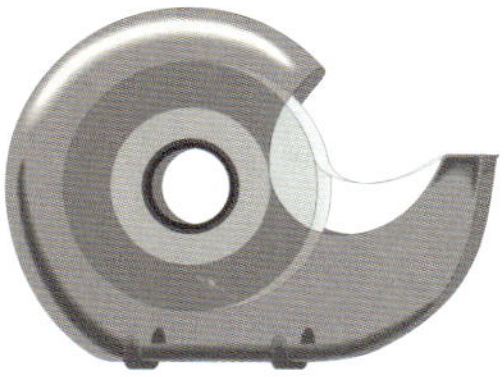

dévidoir[M] de ruban[M] adhésif
tape dispenser

punaises[F]
thumb tacks

gomme[F]
eraser

SOCIÉTÉ

270

DIVERTISSEMENTᴹ | ENTERTAINMENT

Qu'ils travaillent sur des plateaux de tournage où se déroule la scène à filmer, ou qu'ils visitent les salles de cinéma pour se divertir, les amoureux du cinéma sont nombreux. Pour tous les cinéphiles, le septième art est beaucoup plus qu'un divertissement ou un procédé permettant d'enregistrer photographiquement et de projeter des images animées. Le cinéma permet de vivre de grandes émotions et aventures en restant assis confortablement sur son siège.

CINÉMAᴹ
CINEMA

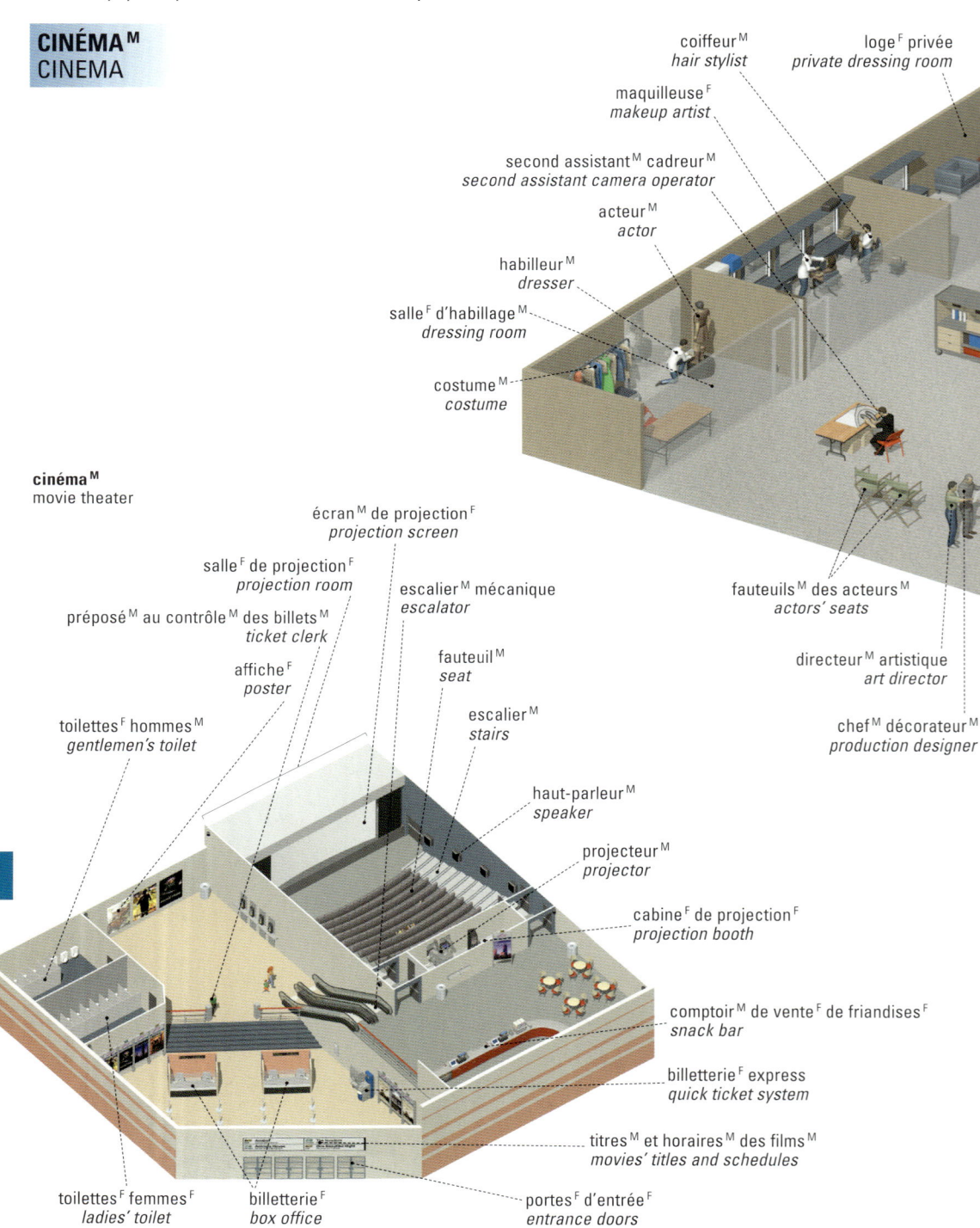

coiffeurᴹ / hair stylist
logeᶠ privée / private dressing room
maquilleuseᶠ / makeup artist
second assistantᴹ cadreurᴹ / second assistant camera operator
acteurᴹ / actor
habilleurᴹ / dresser
salleᶠ d'habillageᴹ / dressing room
costumeᴹ / costume

cinémaᴹ / movie theater
écranᴹ de projectionᶠ / projection screen
salleᶠ de projectionᶠ / projection room
escalierᴹ mécanique / escalator
préposéᴹ au contrôleᴹ des billetsᴹ / ticket clerk
fauteuilᴹ / seat
fauteuilsᴹ des acteursᴹ / actors' seats
afficheᶠ / poster
escalierᴹ / stairs
directeurᴹ artistique / art director
toilettesᶠ hommesᴹ / gentlemen's toilet
haut-parleurᴹ / speaker
chefᴹ décorateurᴹ / production designer
projecteurᴹ / projector
cabineᶠ de projectionᶠ / projection booth
comptoirᴹ de venteᶠ de friandisesᶠ / snack bar
billetterieᶠ express / quick ticket system
titresᴹ et horairesᴹ des filmsᴹ / movies' titles and schedules
toilettesᶠ femmesᶠ / ladies' toilet
billetterieᶠ / box office
portesᶠ d'entréeᶠ / entrance doors

SOCIÉTÉ

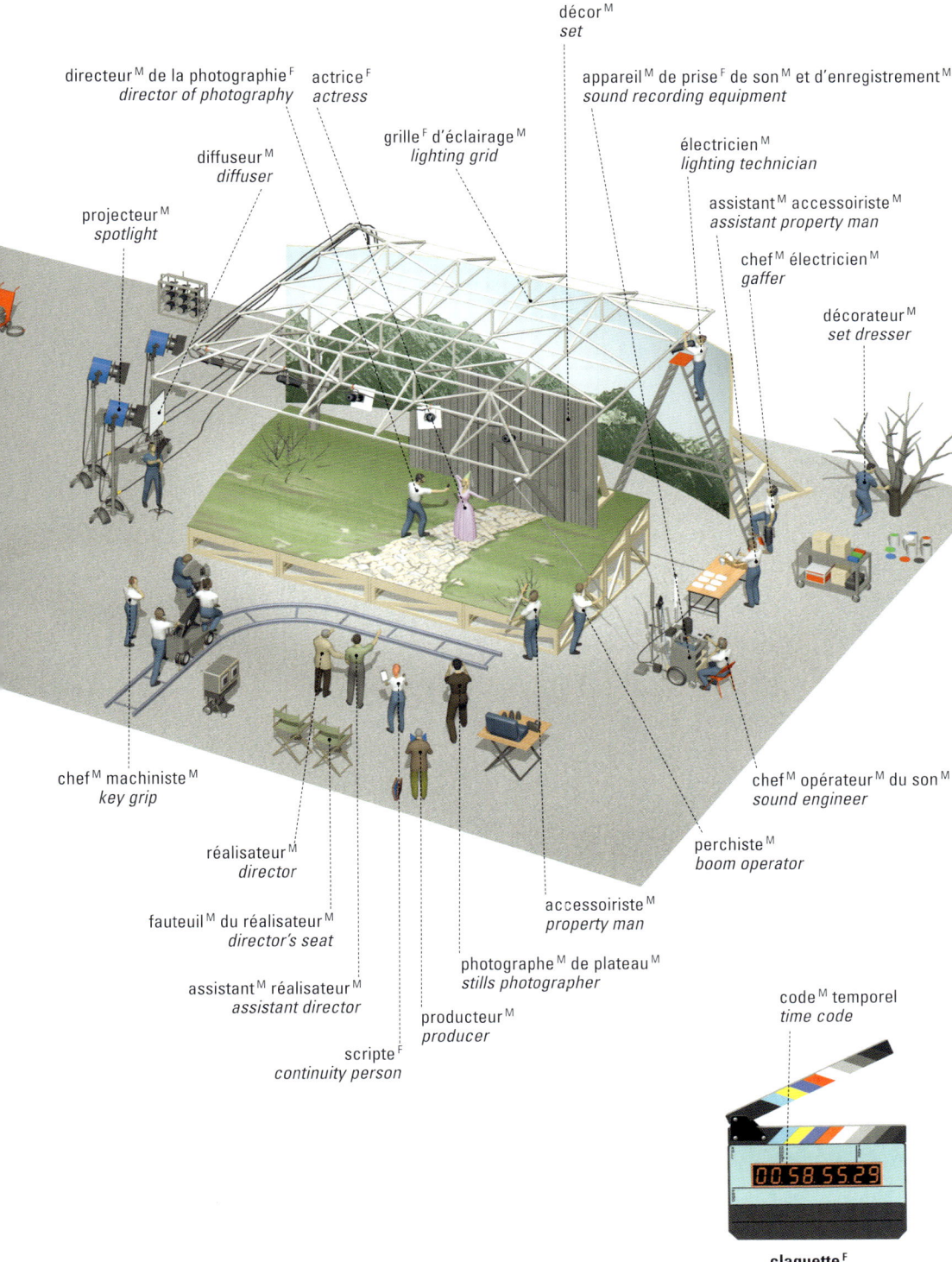

SPORTS^M GYMNIQUES | GYMNASTICS

L'objectif principal des sports de gymnastique est l'exécution de mouvements le plus parfaitement possible. La gymnastique artistique demande une grande agilité, de la force et de la souplesse. En gymnastique rythmique, qui comprend des épreuves uniquement féminines, il faut ajouter à ces qualités un bon sens de la chorégraphie. Quant aux gymnastes qui se spécialisent en trampoline, ils font dans les airs des figures acrobatiques très compliquées.

GYMNASTIQUE^F
GYMNASTICS

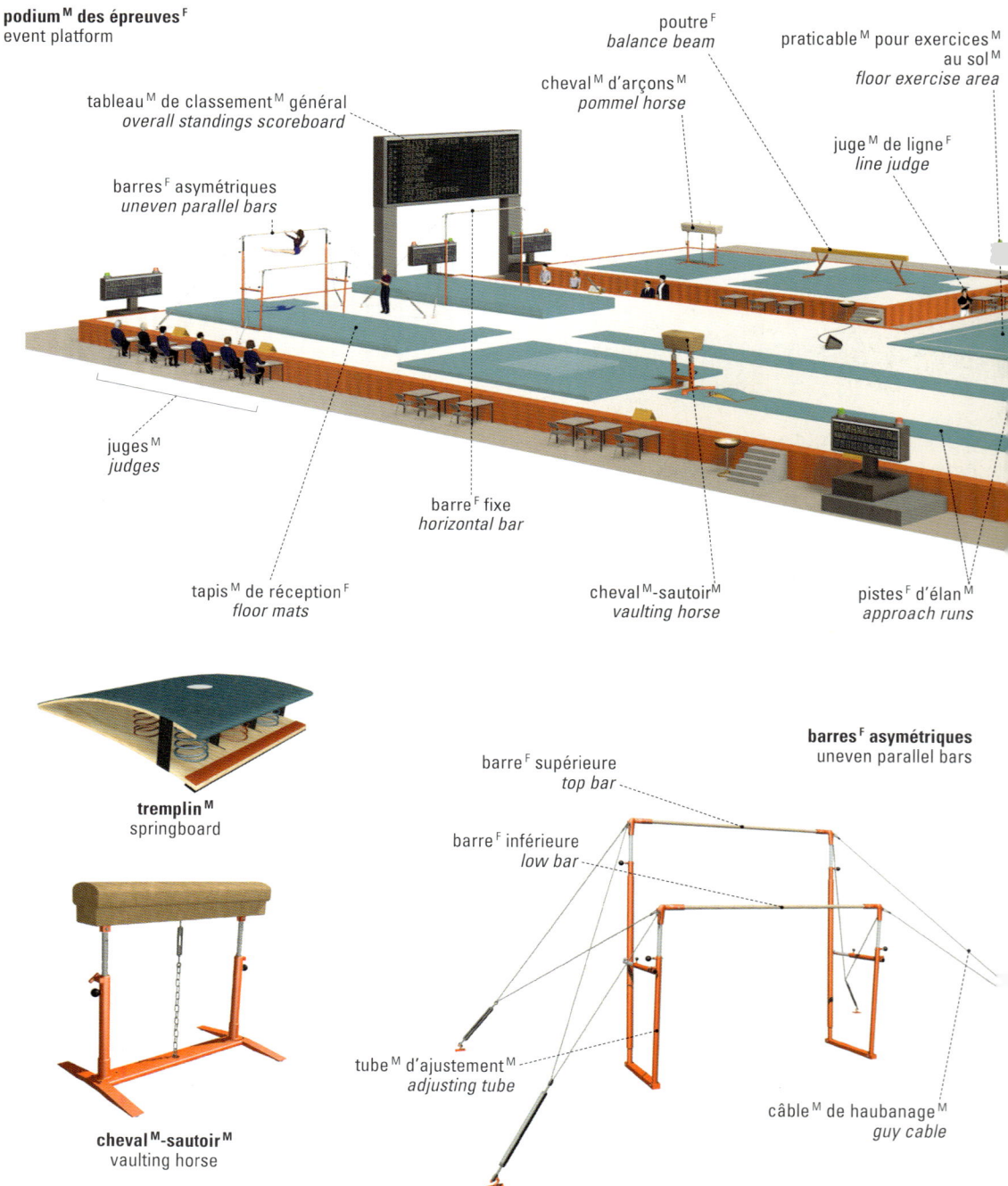

SPORTS^M GYMNIQUES | GYMNASTICS

poutre^F d'équilibre^M
balance beam

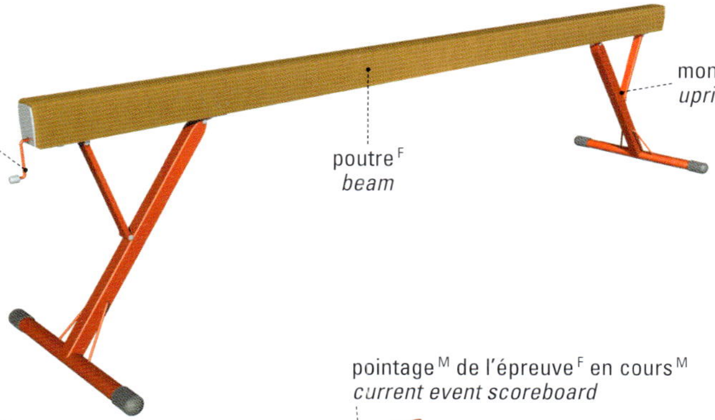

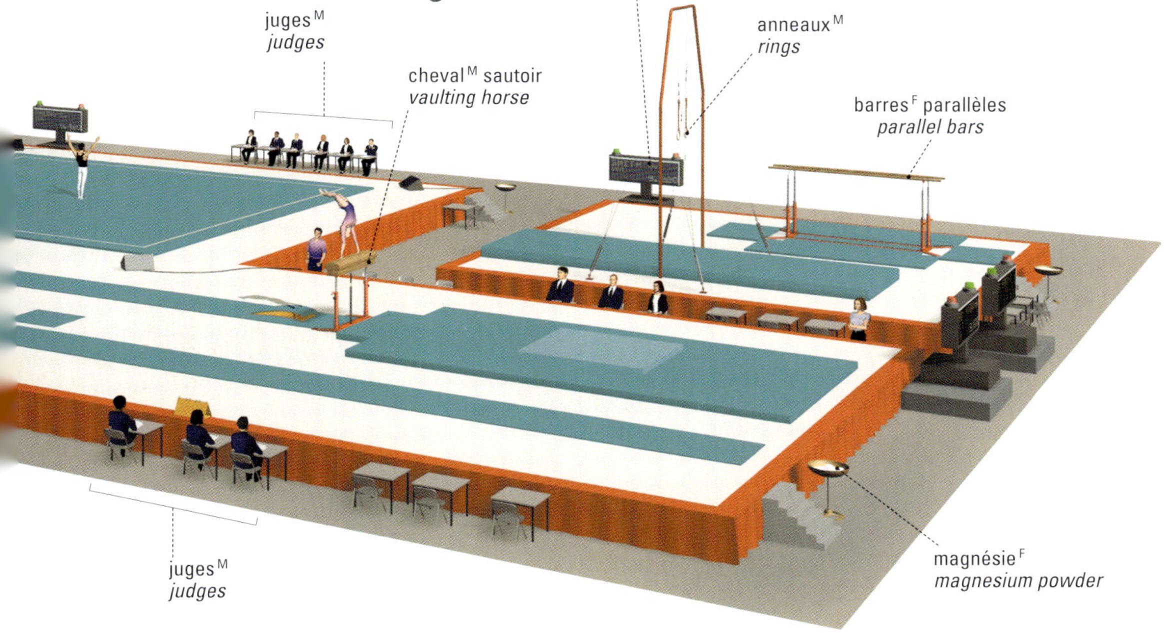

- réglage^M de la hauteur^F / *height adjustment*
- montant^M / *upright*
- poutre^F / *beam*
- pointage^M de l'épreuve^F en cours^M / *current event scoreboard*
- anneaux^M / *rings*
- juges^M / *judges*
- cheval^M sautoir / *vaulting horse*
- barres^F parallèles / *parallel bars*
- magnésie^F / *magnesium powder*
- juges^M / *judges*

TRAMPOLINE^M
TRAMPOLINE

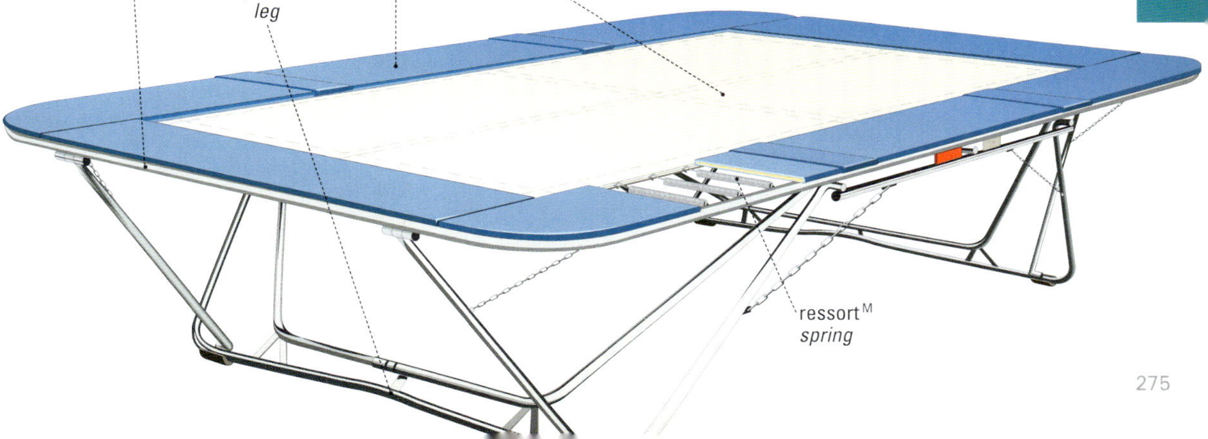

- cadre^M / *frame*
- coussin^M de protection^F / *safety pad*
- pied^M / *leg*
- toile^F de saut^M / *bed*
- ressort^M / *spring*

SPORTS

275

NATATION[F] | SWIMMING

Le principal objectif du nageur est de se glisser dans l'eau le plus rapidement possible et avec un minimum d'effort. Il doit pour cela s'entraîner de façon intensive et constante pour perfectionner sa technique. L'athlète se spécialise habituellement dans un des quatre styles de nages reconnus, soit le crawl, la brasse, le papillon ou la nage sur le dos.

plot[M] de départ[M]
starting block

- bonnet[M] / cap
- maillot[M] de bain[M] / swimsuit
- lunettes[F] de nage[F] / swimming goggles
- plate-forme[F] / platform
- poignée[F] de départ[M] (dos[M]) / starting grip (backstroke)

bassin[M] de compétition[F]
competitive course

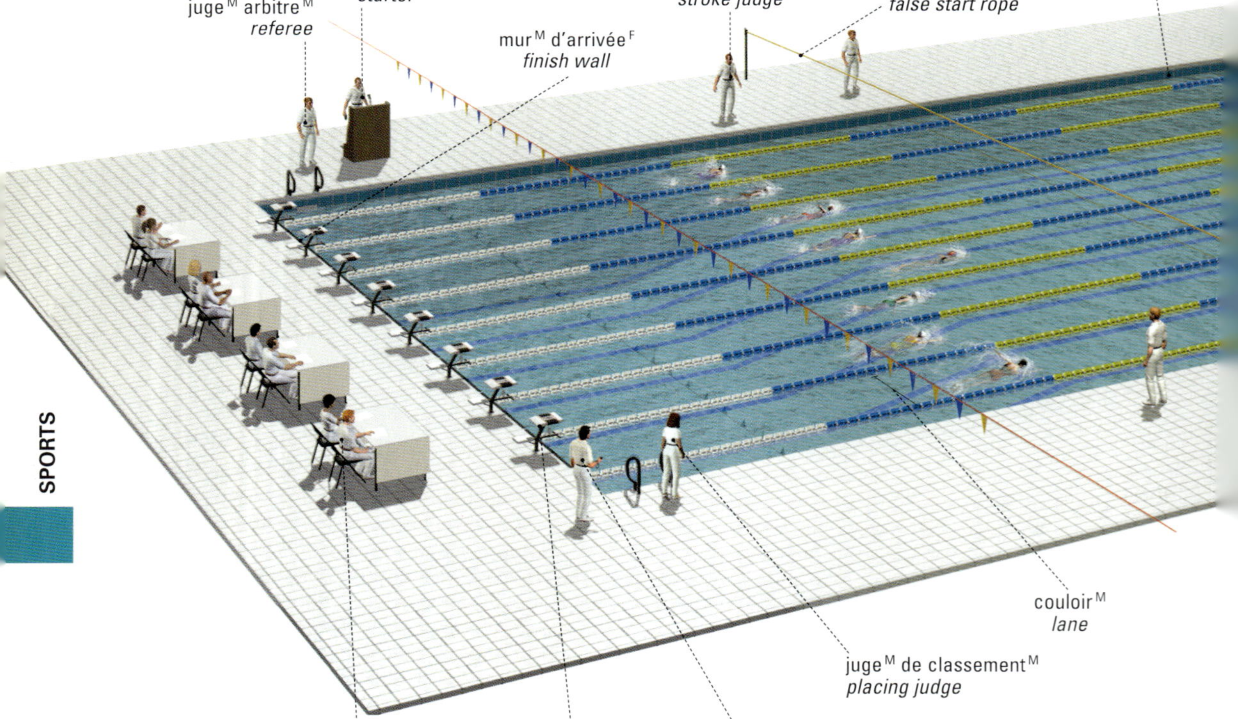

- juge[M] arbitre[M] / referee
- juge[M] de départ[M] / starter
- mur[M] d'arrivée[F] / finish wall
- juge[M] de nage[F] / stroke judge
- corde[F] de faux départ[M] / false start rope
- mur[M] latéral / sidewall
- couloir[M] / lane
- juge[M] de classement[M] / placing judge
- chronométreur[M] de couloir[M] / lane timekeeper
- plot[M] de départ[M] / starting block
- chronométreur[M] en chef[M] / chief timekeeper

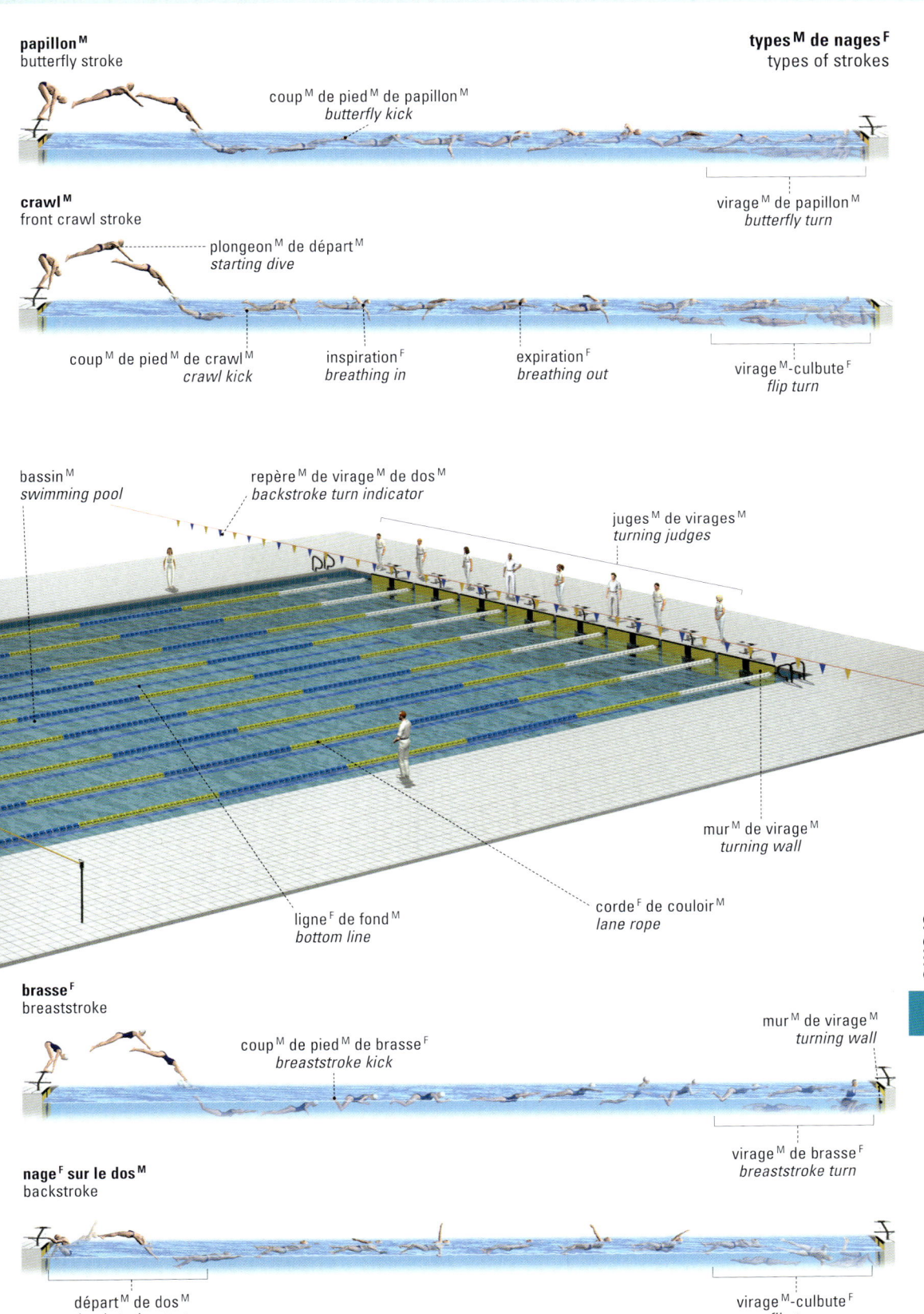

SPORTS^M NAUTIQUES | NAUTICAL SPORTS

Parmi les sports qui se pratiquent sur l'eau, certains, comme l'aviron, exigent la participation de plusieurs personnes qui doivent unir et synchroniser leurs efforts pour franchir la ligne d'arrivée. Dans d'autres, comme le surf, le canoë-kayak et la planche à voile, l'individu est seul pour réaliser ses prouesses. Mais presque toujours, ces sports, où la vitesse entre en ligne de compte, nécessitent des réflexes rapides et un excellent équilibre.

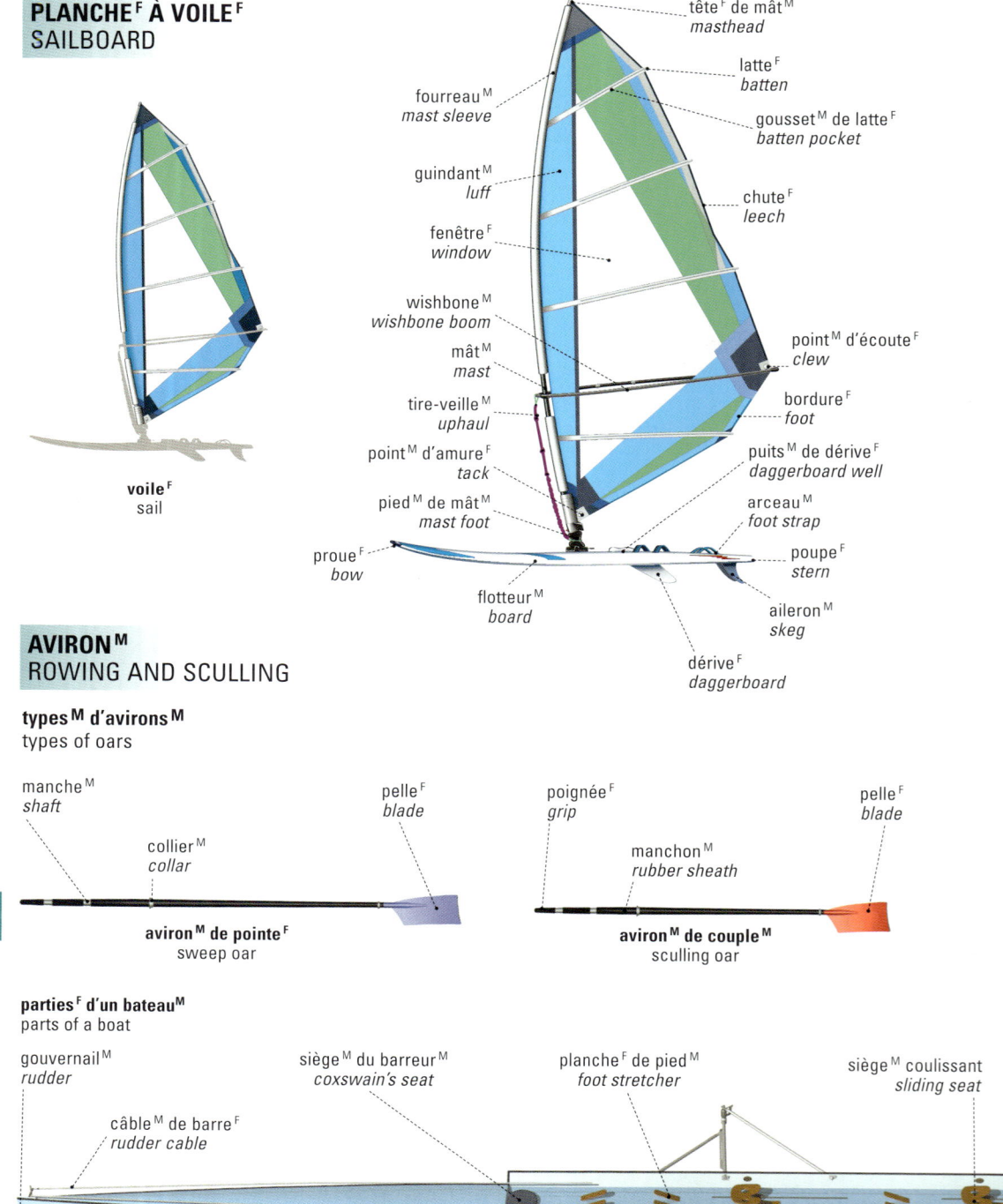

PLANCHE^F À VOILE^F
SAILBOARD

- voile^F / sail
- tête^F de mât^M / masthead
- fourreau^M / mast sleeve
- latte^F / batten
- gousset^M de latte^F / batten pocket
- guindant^M / luff
- chute^F / leech
- fenêtre^F / window
- wishbone^M / wishbone boom
- point^M d'écoute^F / clew
- mât^M / mast
- tire-veille^M / uphaul
- bordure^F / foot
- point^M d'amure^F / tack
- puits^M de dérive^F / daggerboard well
- pied^M de mât^M / mast foot
- arceau^M / foot strap
- proue^F / bow
- poupe^F / stern
- flotteur^M / board
- aileron^M / skeg
- dérive^F / daggerboard

AVIRON^M
ROWING AND SCULLING

types^M d'avirons^M / types of oars

- manche^M / shaft
- pelle^F / blade
- collier^M / collar
- poignée^F / grip
- pelle^F / blade
- manchon^M / rubber sheath

aviron^M de pointe^F / sweep oar

aviron^M de couple^M / sculling oar

parties^F d'un bateau^M / parts of a boat

- gouvernail^M / rudder
- siège^M du barreur^M / coxswain's seat
- planche^F de pied^M / foot stretcher
- siège^M coulissant / sliding seat
- câble^M de barre^F / rudder cable

SPORTS^M NAUTIQUES | NAUTICAL SPORTS

CANOË^M-KAYAK^M
CANOE-KAYAK

eaux^F vives
whitewater

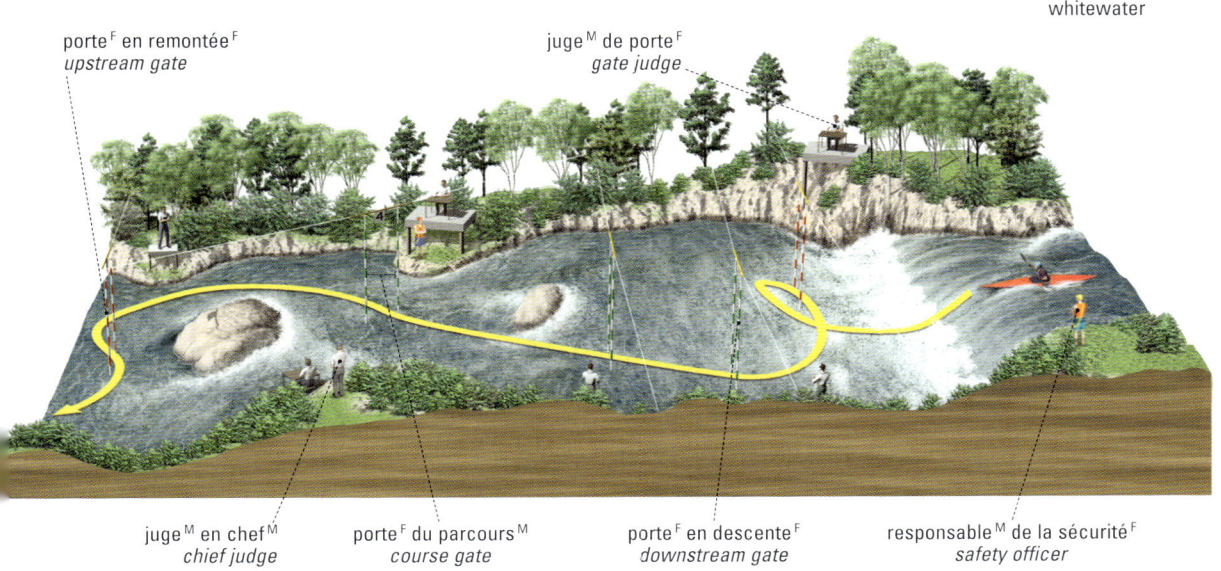

porte^F en remontée^F — upstream gate
juge^M de porte^F — gate judge
juge^M en chef^M — chief judge
porte^F du parcours^M — course gate
porte^F en descente^F — downstream gate
responsable^M de la sécurité^F — safety officer

pagaie^F simple
single-bladed paddle

canoë^M
canoe

jupe^F
spray skirt

kayak^M
kayak

pagaie^F double
double-bladed paddle

PLONGÉE^F SOUS-MARINE
SCUBA DIVING

plongeur^M
scuba diver

cagoule^F — hood
masque^M — mask
tuba^M — snorkel
gilet^M de stabilisation^F — buoyancy compensator
tuyau^M d'air^M — air hose
console^F d'instruments^M — information console
bouteille^F d'air^M comprimé — compressed-air cylinder
détendeur^M de secours^M — emergency regulator
gant^M de plongée^F — diving glove
palme^F — fin
vêtement^M isothermique — wet suit
bottillon^M — boot
boule^F de protection^F — bow ball

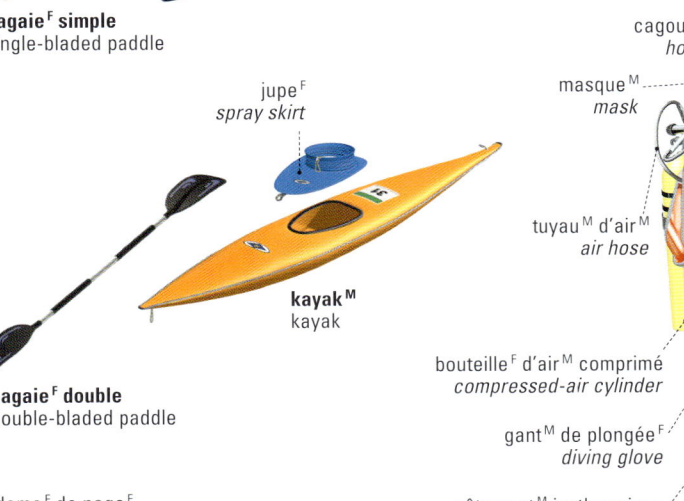

dame^F de nage^F — oarlock
portant^M — outrigger

279

SPORTS M ÉQUESTRES | EQUESTRIAN SPORTS

La course à cheval, comme tous les autres sports équestres, exige que l'homme et l'animal forment une bonne équipe. Pour être les premiers à franchir la ligne d'arrivée, les deux coéquipiers doivent absolument s'entendre à la perfection. C'est le jockey qui, durant la course, prend toutes les décisions. Pour contrôler et diriger le cheval, il se sert principalement de ses jambes et de ses mains.

COURSE F DE CHEVAUX M (TURF M)
HORSE RACING (TURF)

jockey M
jockey

casque M
riding cap
mouton M
shadow roll
selle F
saddle
rêne F
rein
tapis M de selle F
saddlecloth
cravache F
riding crop
sangle F
girth

hippodrome M
racetrack

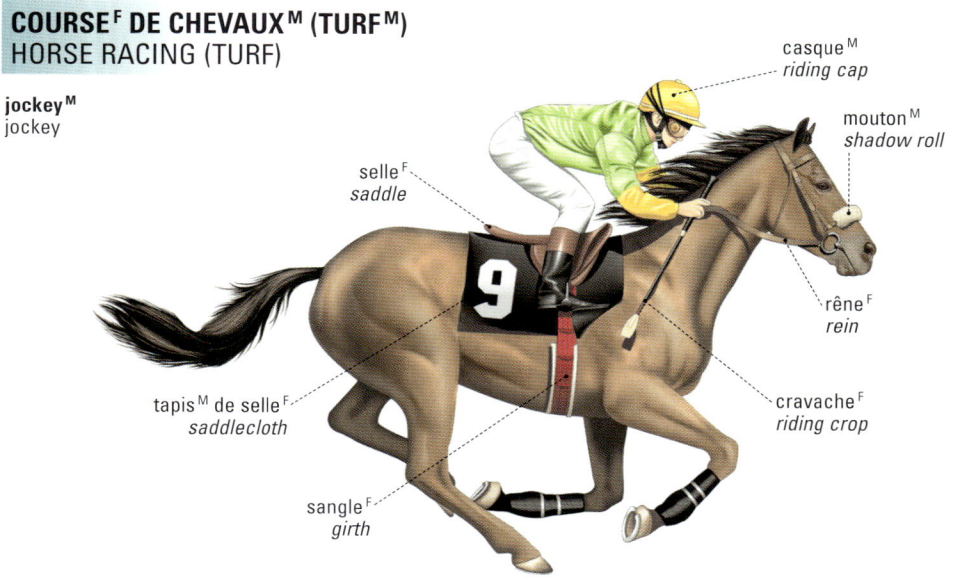

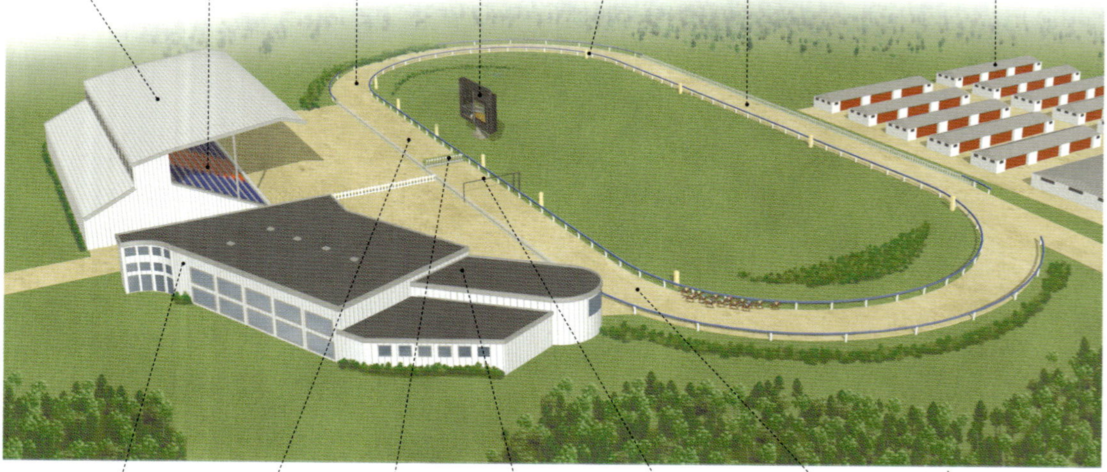
tribune F des juges M
judge's stand
grand tournant M
far turn
repère M de distance F
length post
tribune F du public M
grandstand
tableau M indicateur M
tote board
montée F arrière
backstretch
écurie F
stable
club-house M
clubhouse
stalle F de départ M
starting gate
fil M d'arrivée F
finish line
tournant M de club-house M
clubhouse turn
dernier droit M
homestretch
paddock M
paddock

SPORTS DE PRÉCISION | PRECISION AND ACCURACY SPORTS

Comme leur nom le suggère, ces sports nécessitent une parfaite maîtrise des mouvements et une très grande concentration. En effet, qu'il s'agisse de lancer une flèche, de faire glisser une pierre, de projeter une boule ou de frapper une petite balle, il faut procéder avec beaucoup d'exactitude, car chacun de ces objets doit atteindre une cible bien précise et souvent éloignée.

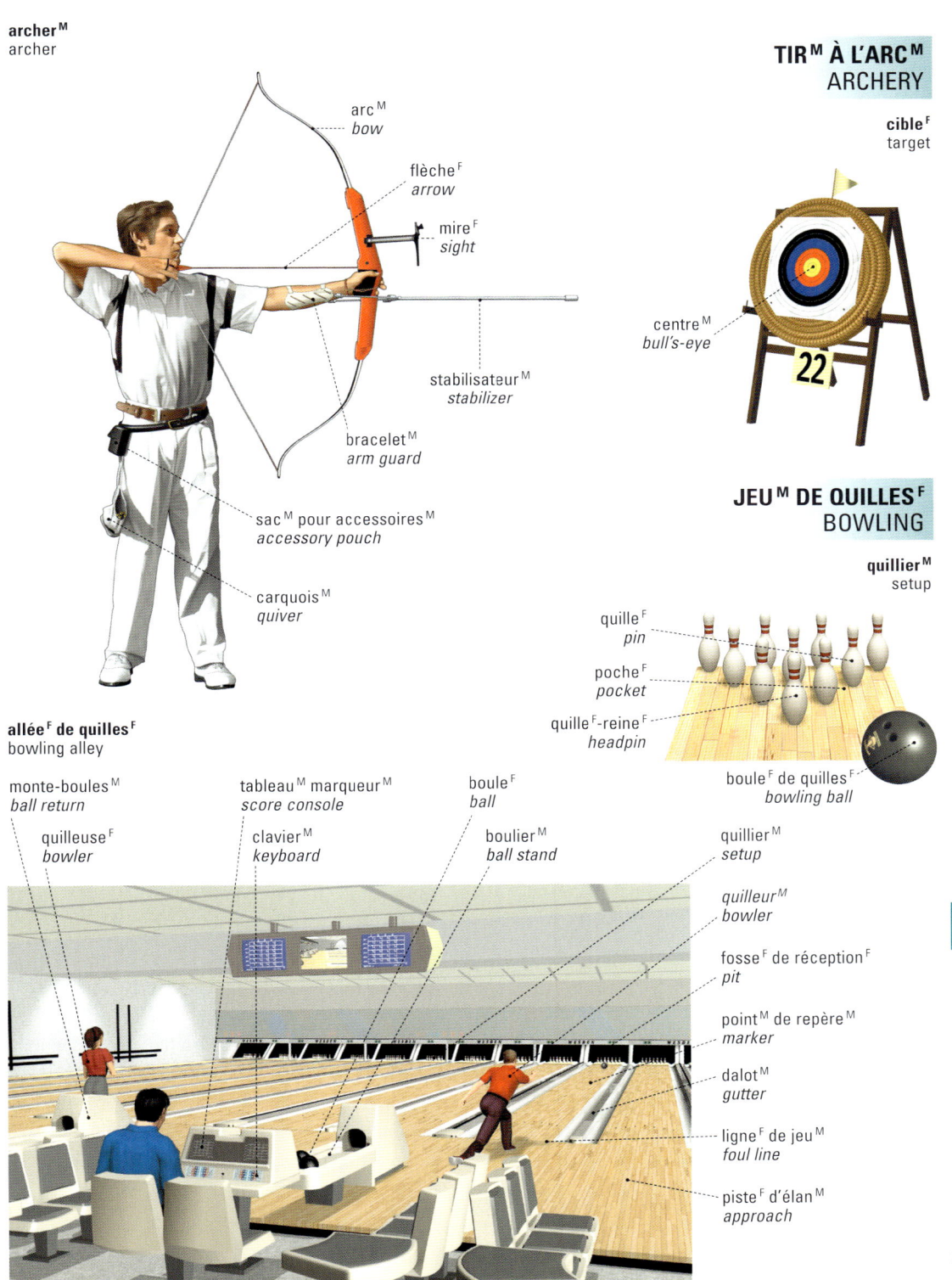

TIR À L'ARC | ARCHERY

archer — archer
arc — bow
flèche — arrow
mire — sight
stabilisateur — stabilizer
bracelet — arm guard
sac pour accessoires — accessory pouch
carquois — quiver
cible — target
centre — bull's-eye

JEU DE QUILLES | BOWLING

quillier — setup
quille — pin
poche — pocket
quille-reine — headpin
boule de quilles — bowling ball

allée de quilles — bowling alley
monte-boules — ball return
quilleuse — bowler
tableau marqueur — score console
clavier — keyboard
boule — ball
boulier — ball stand
quillier — setup
quilleur — bowler
fosse de réception — pit
point de repère — marker
dalot — gutter
ligne de jeu — foul line
piste d'élan — approach

281

SPORTS DE PRÉCISION | PRECISION AND ACCURACY SPORTS

GOLF
GOLF

parcours
course

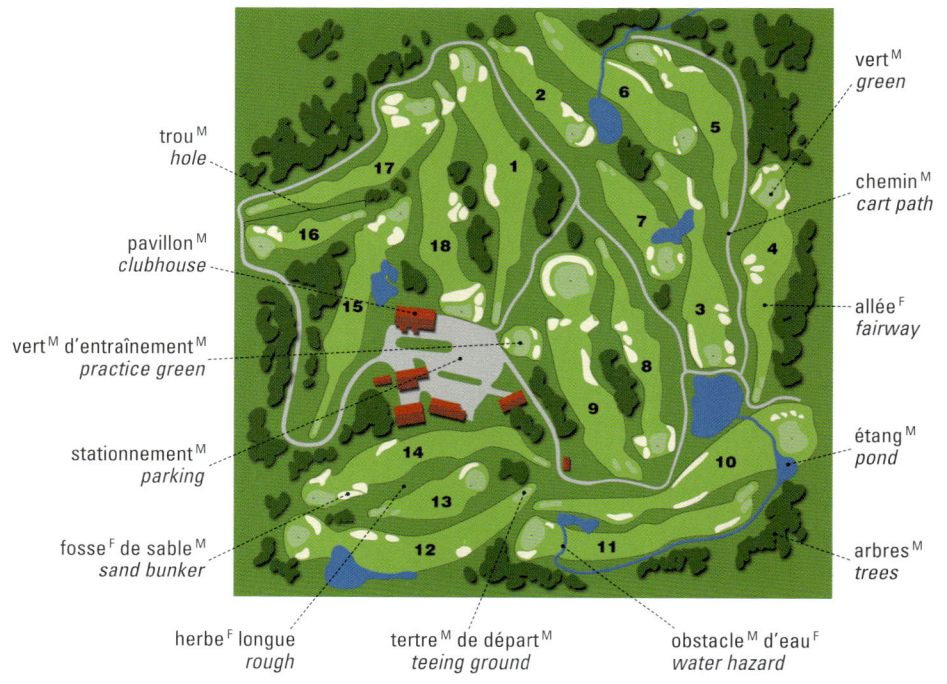

équipement et accessoires de golf
golf equipment and accessories

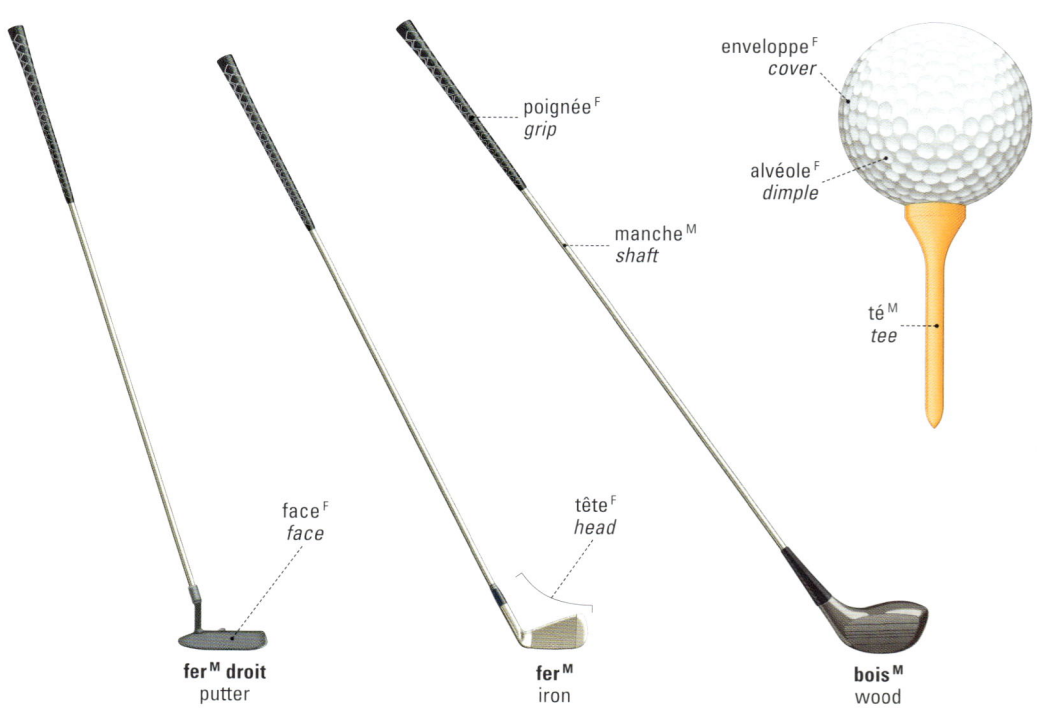

SPORTS^M DE PRÉCISION^F | PRECISION AND ACCURACY SPORTS

capuchon^M
head cover

chariot^M
golf cart

gant^M de golf^M
golf glove

sangle^F
shoulder strap

poche^F
pocket

chaussures^F de golf^M
golf shoes

sac^M de golf^M
golf bag

porte-sac^M
bag well

voiturette^F de golf^M électrique
electric golf cart

SPORTS

283

SPORTS D'HIVER | WINTER SPORTS

Sur une patinoire, une piste glacée, ou une pente enneigée, les sports d'hiver comptent parmi leurs rangs les sports non motorisés les plus rapides du monde. Pratiqués seul ou en équipe, comme loisir ou pour la compétition, ces sports requièrent tous un équipement particulier qu'il s'agisse de skis, de patins, de raquettes ou d'une luge.

HOCKEY SUR GLACE
ICE HOCKEY

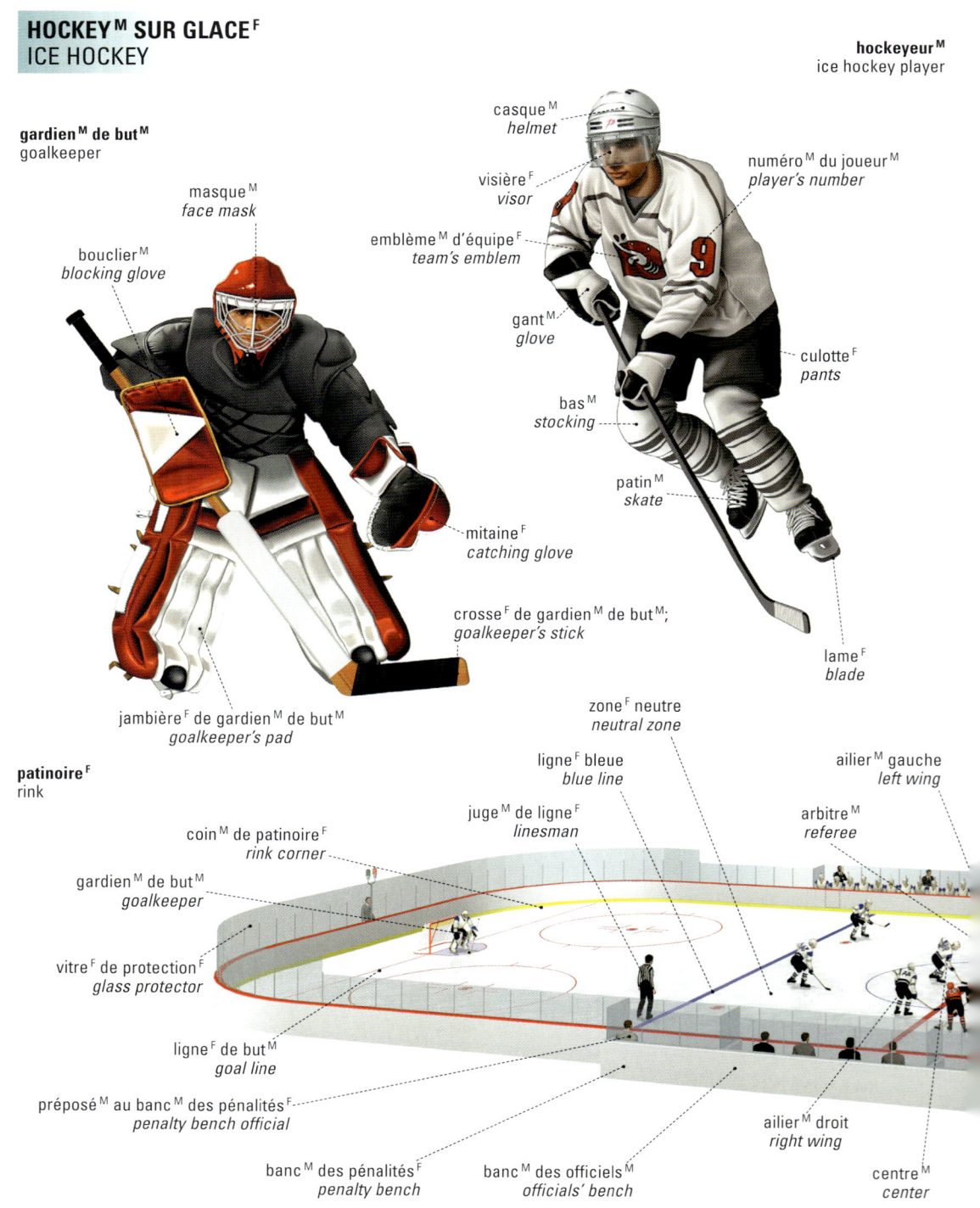

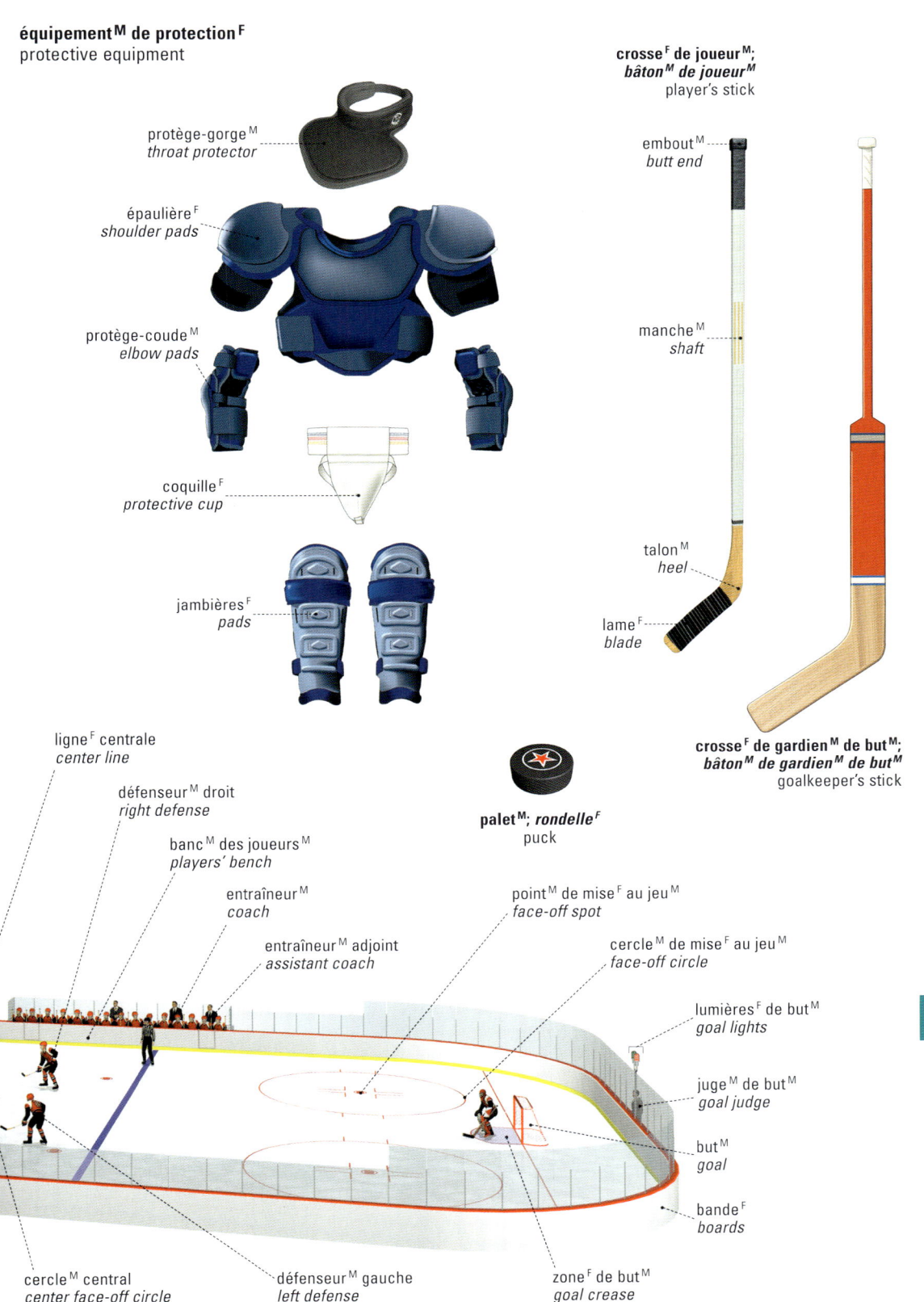

SPORTS D'HIVER | WINTER SPORTS

PATINAGE
SKATING

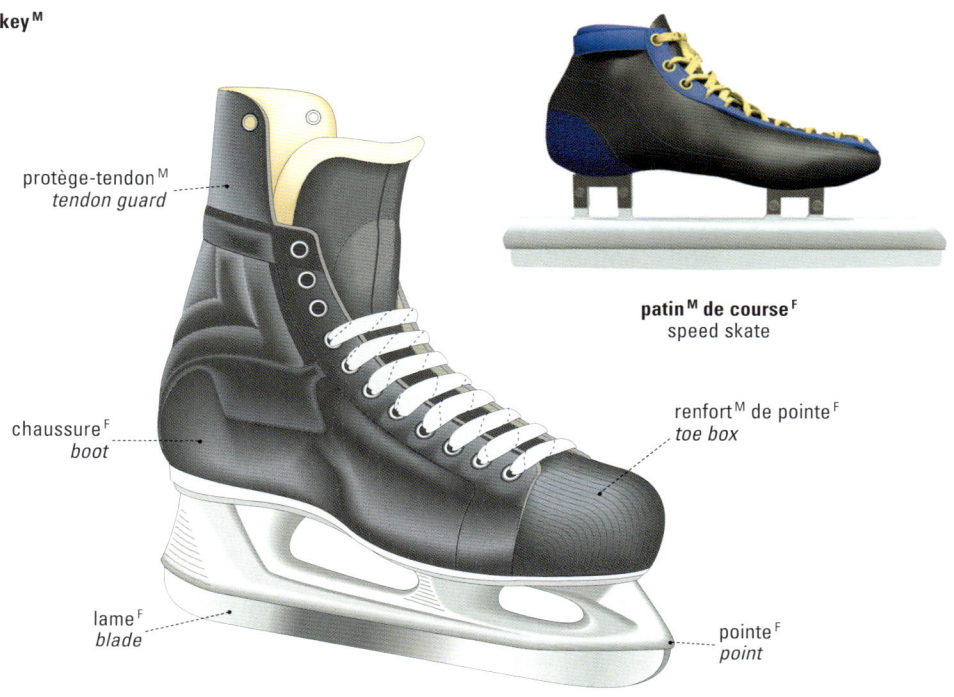

pat n^M de hockey^M
hockey skate

protège-tendon^M / tendon guard

chaussure^F / boot

lame^F / blade

patin^M de course^F
speed skate

renfort^M de pointe^F / toe box

pointe^F / point

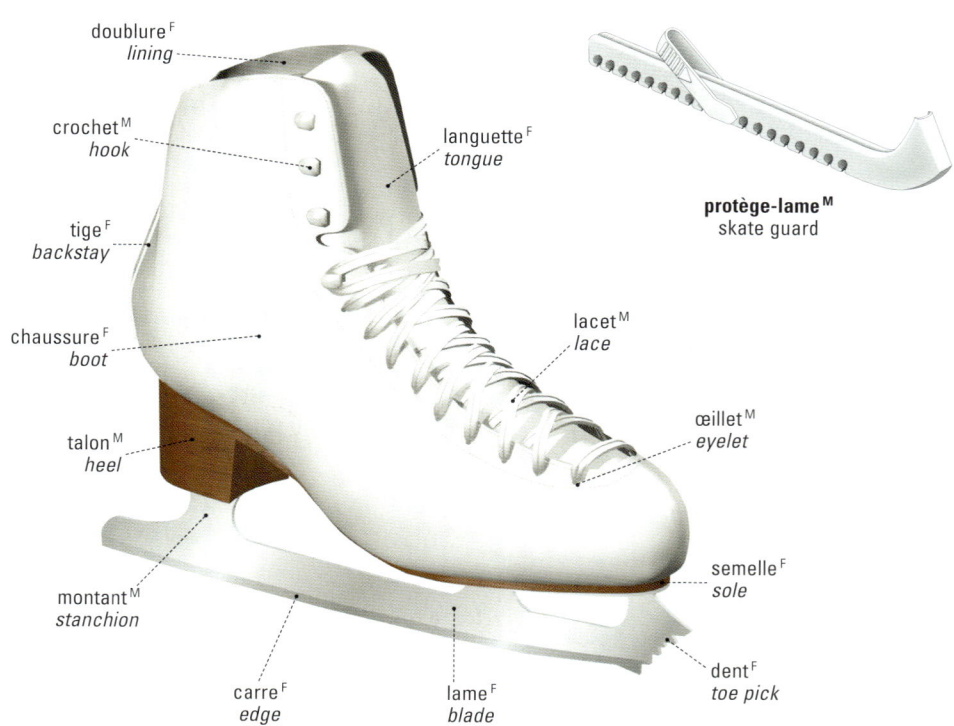

patin^M de figure^F
figure skate

doublure^F / lining

crochet^M / hook

tige^F / backstay

chaussure^F / boot

talon^M / heel

montant^M / stanchion

carre^F / edge

languette^F / tongue

lacet^M / lace

œillet^M / eyelet

semelle^F / sole

dent^F / toe pick

lame^F / blade

protège-lame^M
skate guard

SPORTS^M D'HIVER^M | WINTER SPORTS

SURF^M DES NEIGES^F
SNOWBOARDING

surfeur^M
snowboarder

- casque^M / helmet
- lunettes^F / goggles
- gant^M / glove
- combinaison^F / coveralls
- protège-tibia^M / shin guard
- surf^M des neiges^F / snowboard

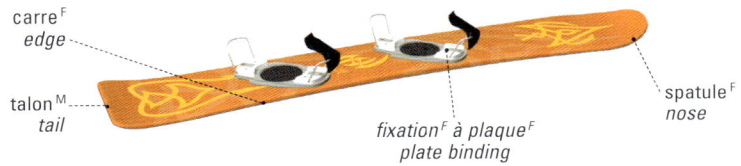

surf^M **alpin**
alpine snowboard

- carre^F / edge
- talon^M / tail
- fixation^F à plaque^F / plate binding
- spatule^F / nose

BOBSLEIGH^M, LUGE^F ET SKELETON^M
BOBSLED, LUGE AND SKELETON

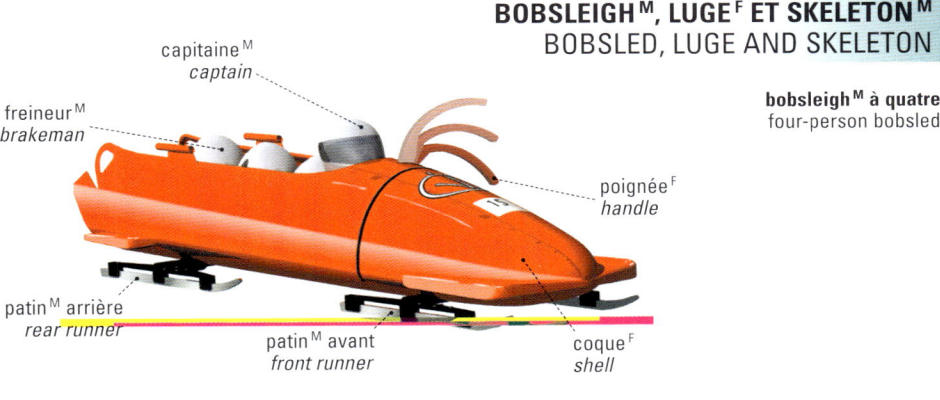

bobsleigh^M **à quatre**
four-person bobsled

- capitaine^M / captain
- freineur^M / brakeman
- poignée^F / handle
- patin^M arrière / rear runner
- patin^M avant / front runner
- coque^F / shell

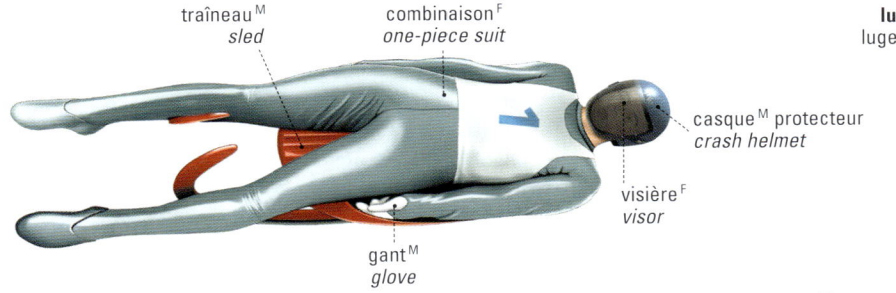

lugeur^M
luge racer

- traîneau^M / sled
- combinaison^F / one-piece suit
- casque^M protecteur / crash helmet
- visière^F / visor
- gant^M / glove

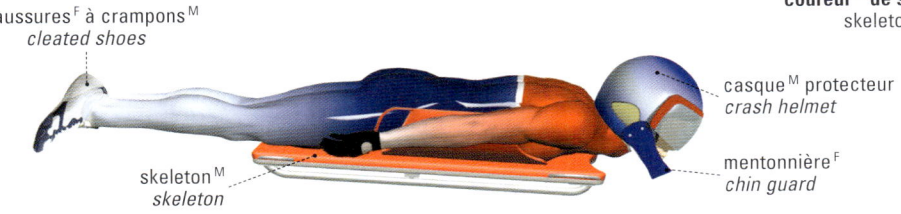

coureur^M **de skeleton**^M
skeleton sledder

- chaussures^F à crampons^M / cleated shoes
- skeleton^M / skeleton
- casque^M protecteur / crash helmet
- mentonnière^F / chin guard

SPORTS D'HIVER | WINTER SPORTS

RAQUETTES^F / SNOWSHOES

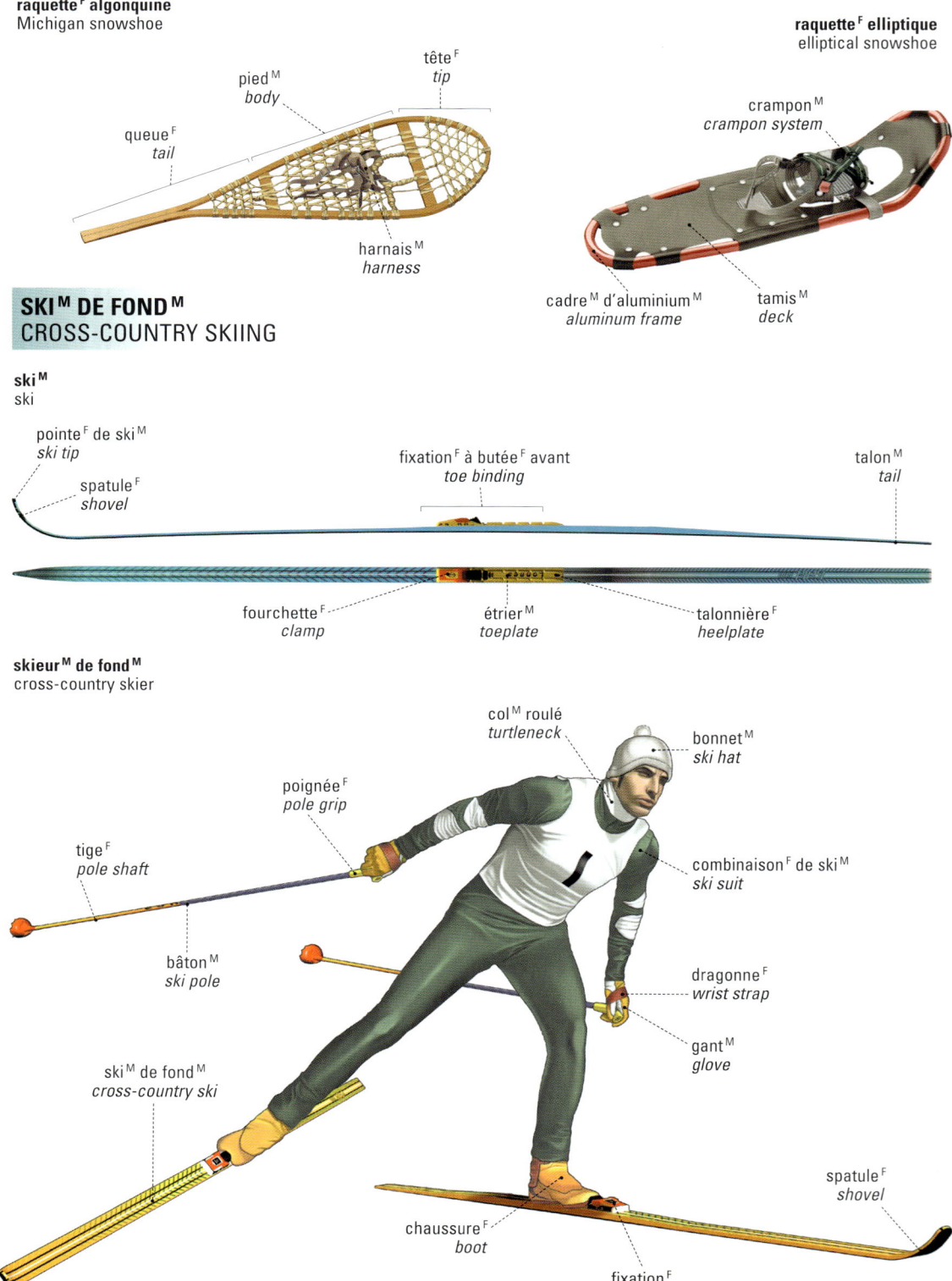

raquette^F algonquine — Michigan snowshoe
- queue^F / tail
- pied^M / body
- tête^F / tip
- harnais^M / harness

raquette^F elliptique — elliptical snowshoe
- crampon^M / crampon system
- cadre^M d'aluminium^M / aluminum frame
- tamis^M / deck

SKI^M DE FOND^M / CROSS-COUNTRY SKIING

ski^M / ski
- pointe^F de ski^M / ski tip
- spatule^F / shovel
- fixation^F à butée^F avant / toe binding
- talon^M / tail
- fourchette^F / clamp
- étrier^M / toeplate
- talonnière^F / heelplate

skieur^M de fond^M / cross-country skier
- col^M roulé / turtleneck
- bonnet^M / ski hat
- poignée^F / pole grip
- combinaison^F de ski^M / ski suit
- tige^F / pole shaft
- bâton^M / ski pole
- dragonne^F / wrist strap
- gant^M / glove
- ski^M de fond^M / cross-country ski
- chaussure^F / boot
- spatule^F / shovel
- fixation^F / binding

SPORTS D'HIVER | WINTER SPORTS

SKI ALPIN
ALPINE SKIING

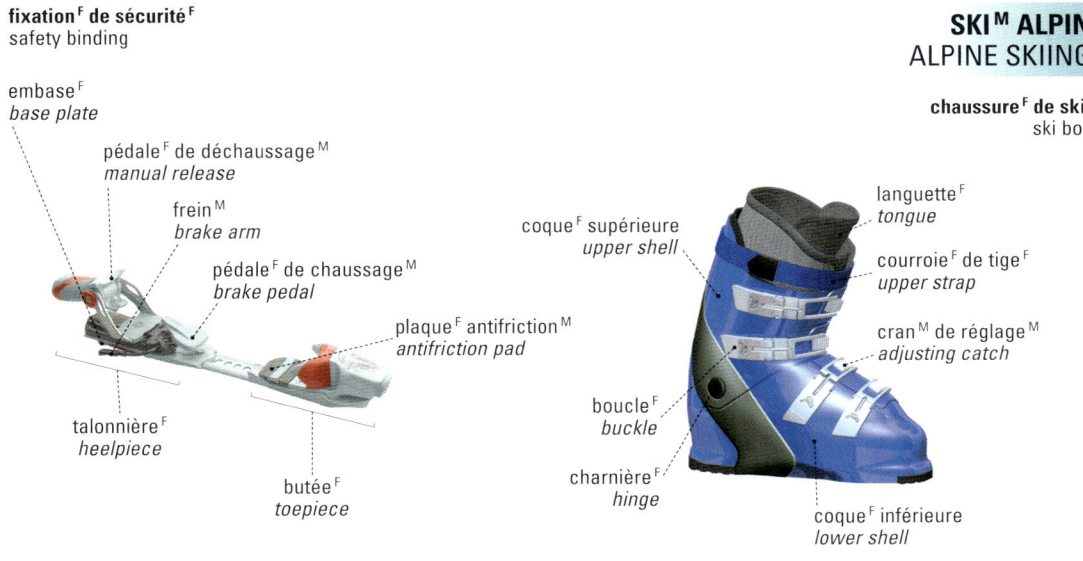

fixation de sécurité / safety binding
embase / base plate
pédale de déchaussage / manual release
frein / brake arm
pédale de chaussage / brake pedal
plaque antifriction / antifriction pad
talonnière / heelpiece
butée / toepiece

chaussure de ski / ski boot
languette / tongue
courroie de tige / upper strap
coque supérieure / upper shell
cran de réglage / adjusting catch
boucle / buckle
charnière / hinge
coque inférieure / lower shell

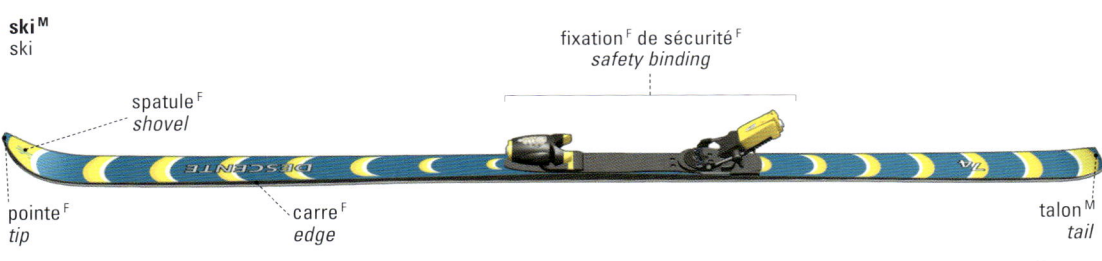

ski / ski
spatule / shovel
fixation de sécurité / safety binding
pointe / tip
carre / edge
talon / tail

skieur alpin / alpine skier

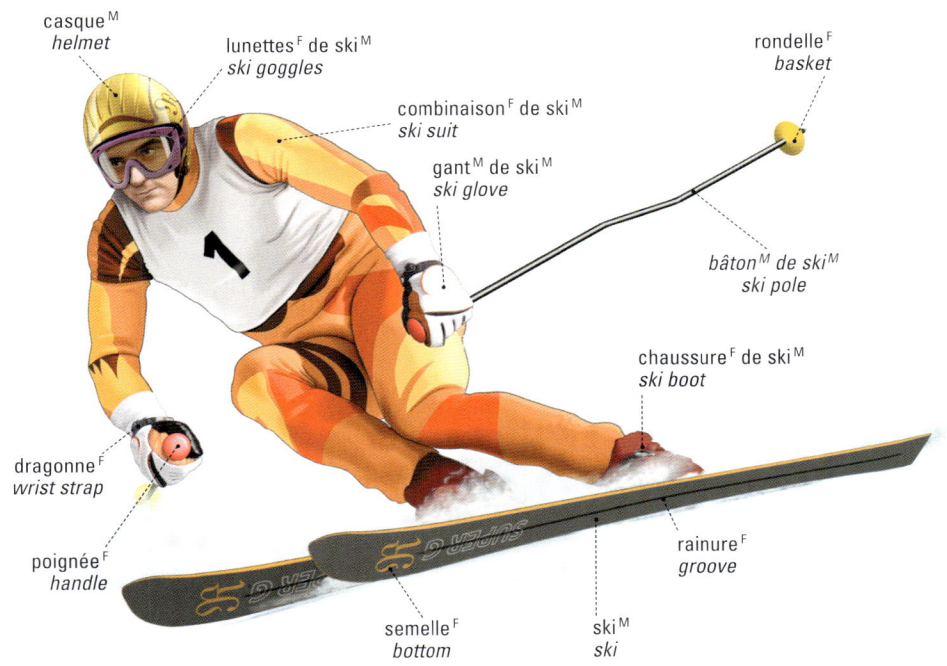

casque / helmet
lunettes de ski / ski goggles
combinaison de ski / ski suit
gant de ski / ski glove
rondelle / basket
bâton de ski / ski pole
chaussure de ski / ski boot
dragonne / wrist strap
poignée / handle
semelle / bottom
ski / ski
rainure / groove

SPORTS

289

SPORTS DE BALLE ET DE BALLON | BALL SPORTS

Les sports de balle et de ballon se jouent essentiellement en équipes. Que ce soit au baseball, au cricket, au hockey sur gazon, au football, au basketball ou au volleyball, les joueurs doivent respecter les règlements tout en essayant de déjouer les tactiques et les stratégies des adversaires. Il s'agit le plus souvent de faire pénétrer la balle ou le ballon dans un but le plus souvent possible.

BASEBALL
BASEBALL

position des joueurs
player positions

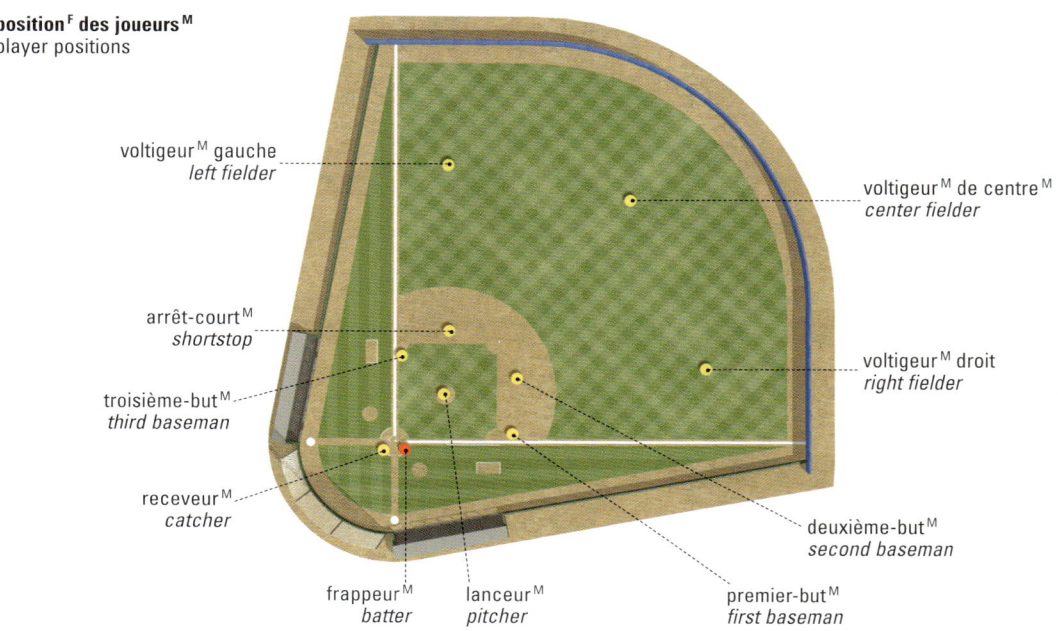

terrain
field

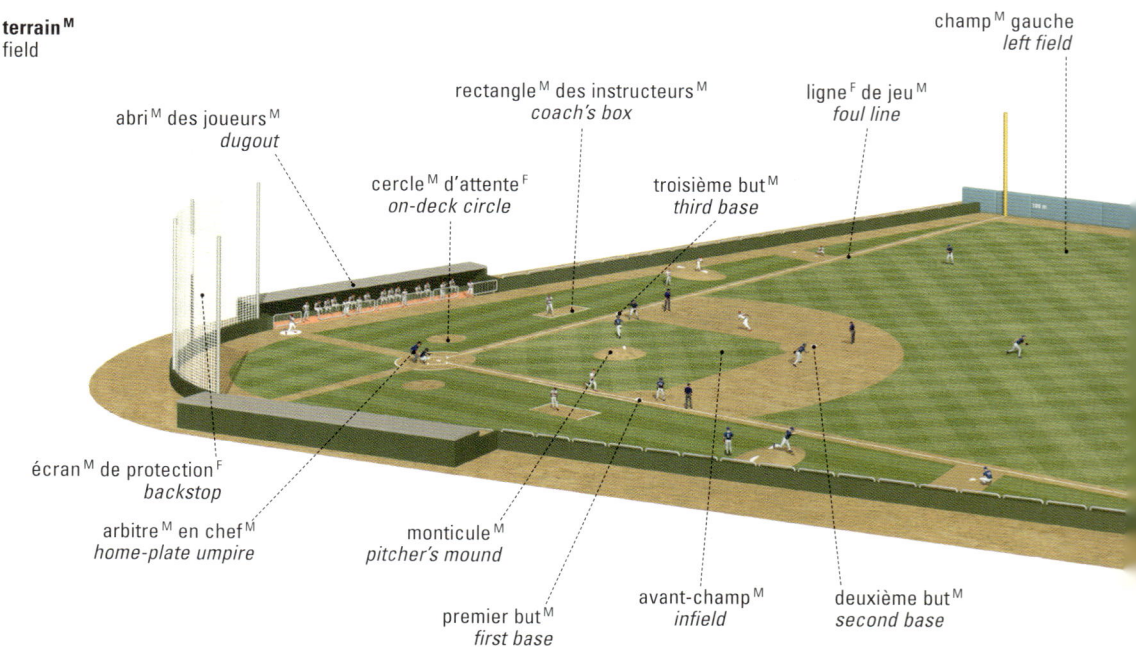

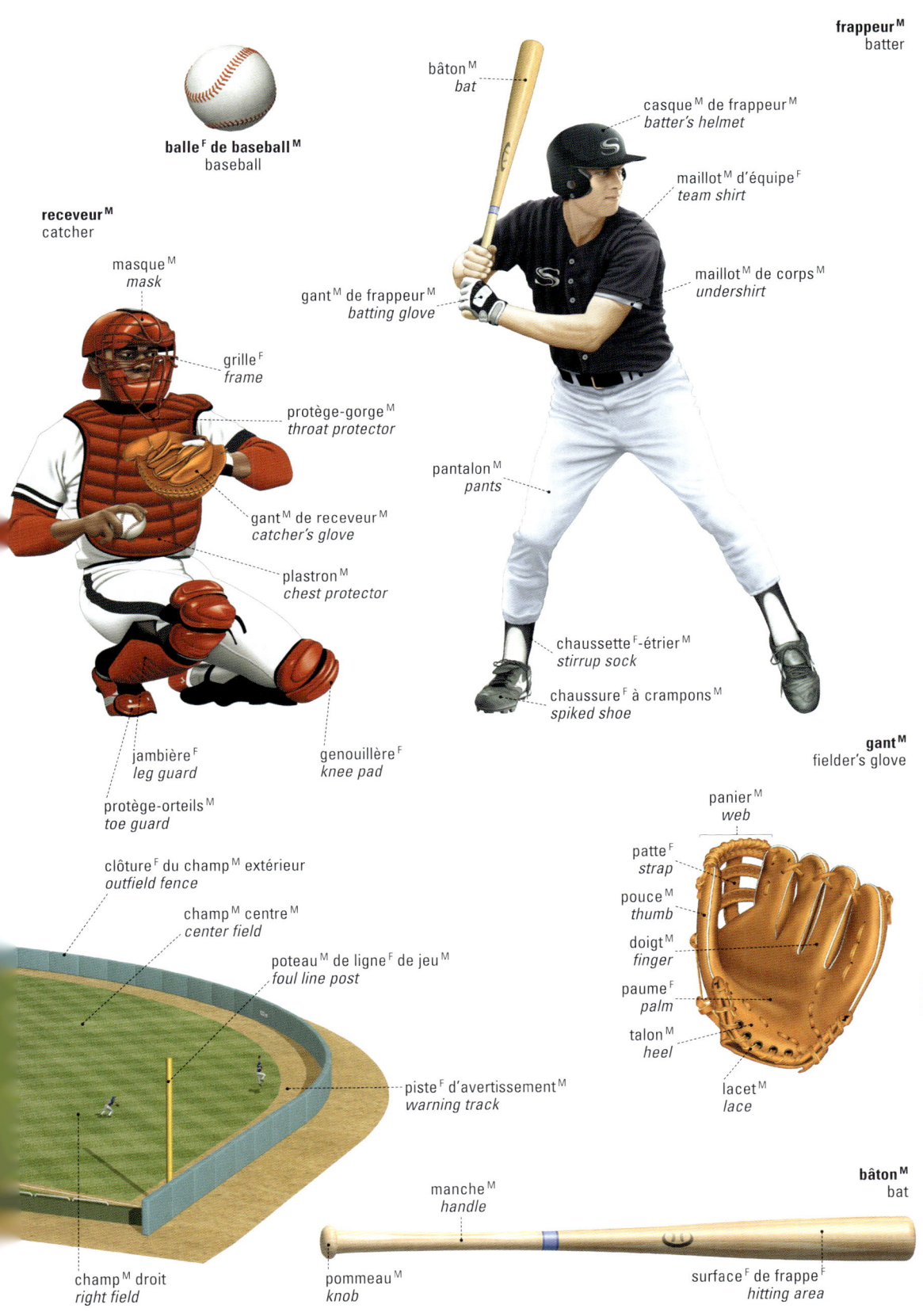

SPORTS^M DE BALLE^F ET DE BALLON^M | BALL SPORTS

CRICKET^M
CRICKET

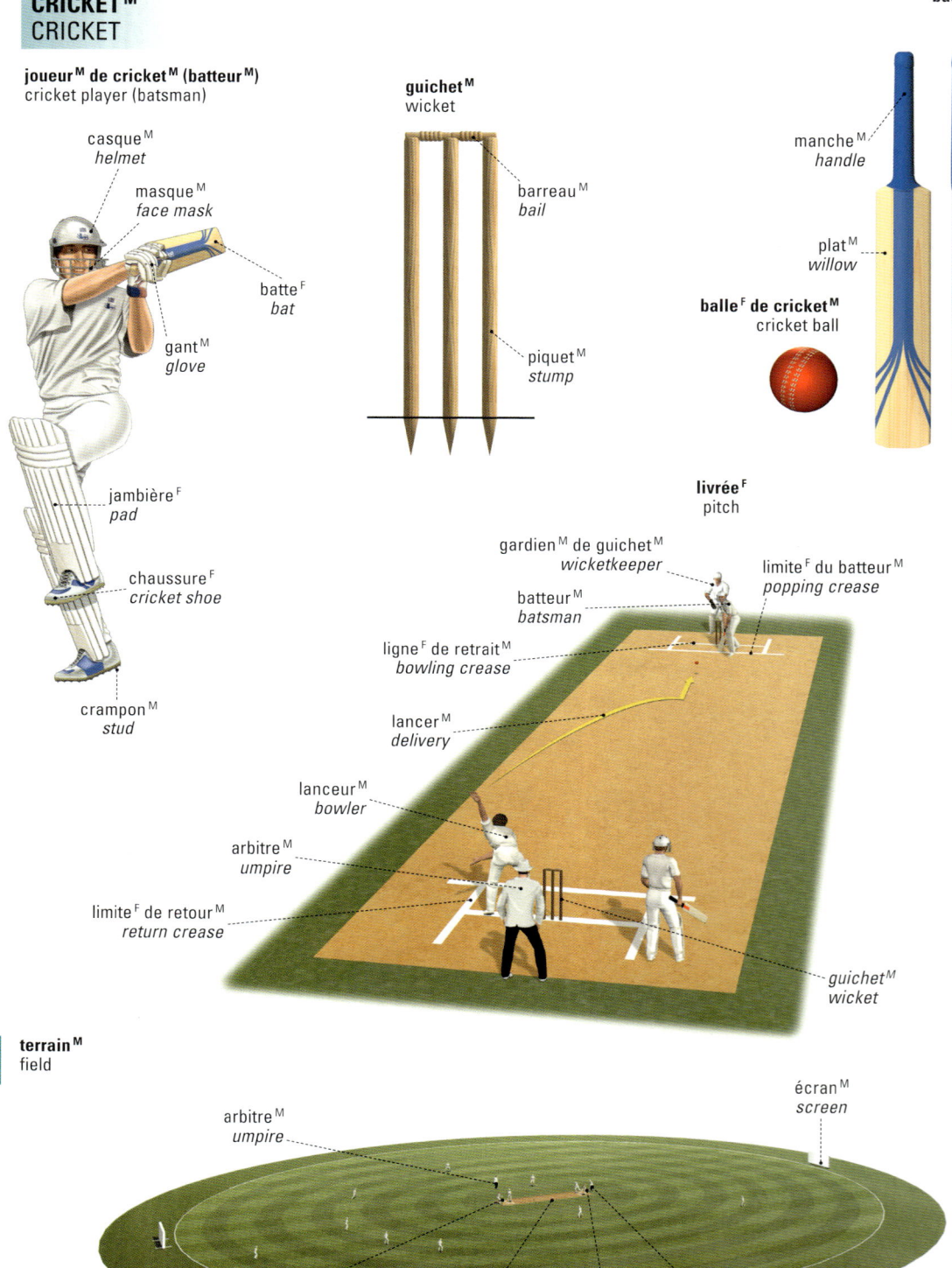

SPORTS DE BALLE ET DE BALLON | BALL SPORTS

HOCKEY SUR GAZON
FIELD HOCKEY

hockeyeur
field player

maillot d'équipe
team shirt

short
shorts

crosse
stick

protège-tibia
shin guard

chaussure
shoe

crosse
stick

manche
handle

ruban adhésif
tape

tête
blade

balle de hockey
hockey ball

terrain
playing field

officiels
officials

ailier droit
right wing

avant droit
right inside forward

demi droit
right half

demi centre
center half

arrière droit
right back

demi gauche
left half

arrière gauche
left back

ligne des 22 m
22 m line

banc des joueurs
players' bench

entraîneur
coach

drapeau de coin
corner flag

gardien de but
goalkeeper

arbitre
referee

ailier gauche
left wing

avant gauche
left inside forward

avant centre
center forward

ligne de centre
center line

ligne de touche
sideline

ligne des 5 m
5 m line

cercle d'envoi
striking circle

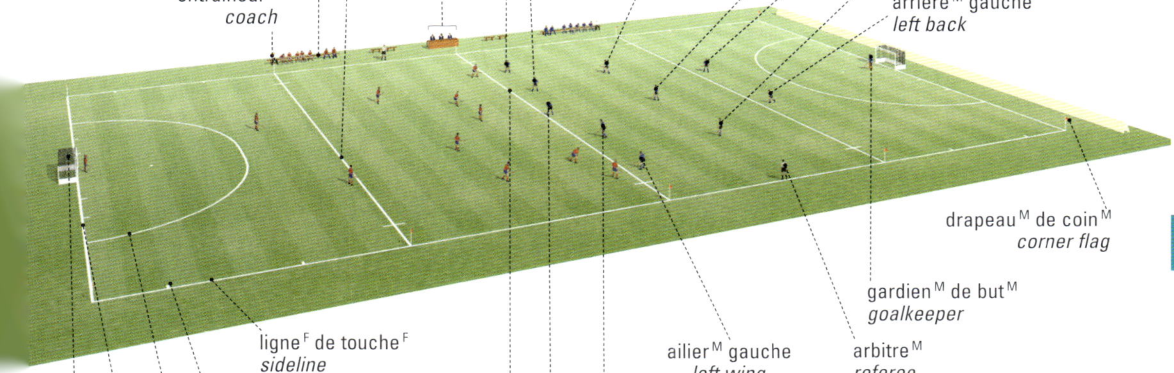

ligne de but
goal line

but
goal

293

SPORTS DE BALLE ET DE BALLON | BALL SPORTS

BASKETBALL
BASKETBALL

position des joueurs
player positions

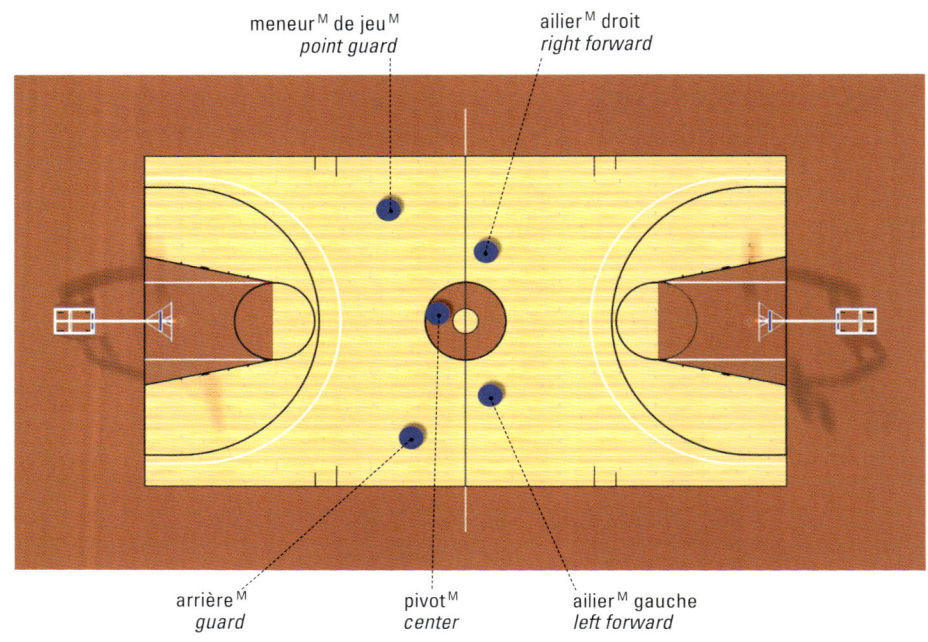

- meneur de jeu / point guard
- ailier droit / right forward
- arrière / guard
- pivot / center
- ailier gauche / left forward

terrain
court

- marqueur / scorer
- chronométreur / timekeeper
- chronométreur des trente secondes / clock operator
- aide-arbitre / referee
- arbitre / referee
- ligne de touche / sideline
- demi-cercle / semicircle
- cercle restrictif / restricting circle
- ligne médiane / center line
- cercle central / center circle

294

SPORTS^M DE BALLE^F ET DE BALLON^M | BALL SPORTS

joueur^M de basketball^M
basketball player

but^M
backstop

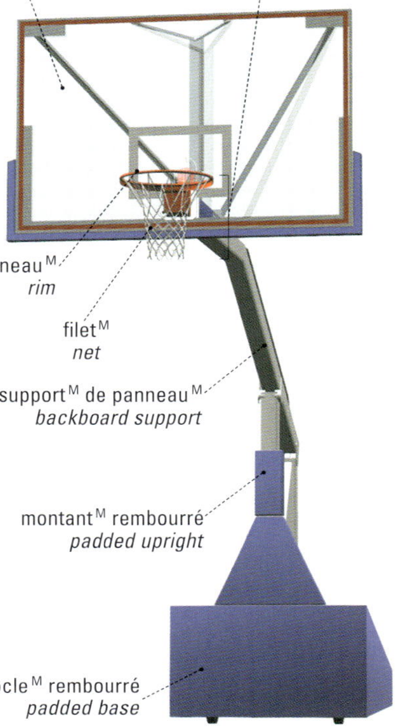

ballon^M de basket^M
basketball

maillot^M
shirt

panneau^M
backboard

panier^M
basket

anneau^M
rim

filet^M
net

numéro^M du joueur^M
player's number

support^M de panneau^M
backboard support

short^M
shorts

montant^M rembourré
padded upright

chaussure^F
shoe

socle^M rembourré
padded base

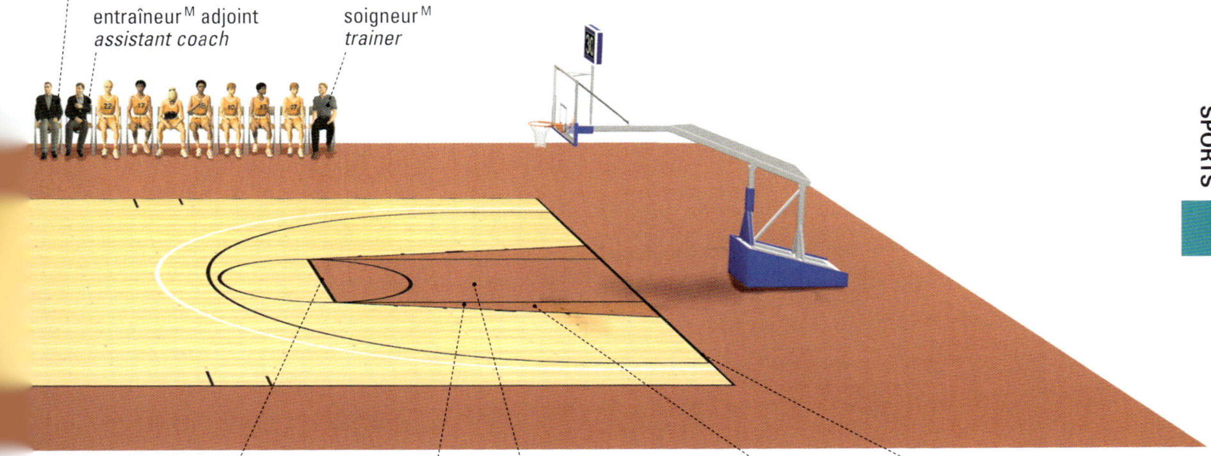

entraîneur^M
coach

entraîneur^M adjoint
assistant coach

soigneur^M
trainer

ligne^F de lancer^M franc
free throw line

deuxième espace^M
second space

zone^F réservée
restricted area

premier espace^M
first space

ligne^F de fond^M
end line

SPORTS

295

SPORTS DE BALLE ET DE BALLON | BALL SPORTS

FOOTBALL AMÉRICAIN
AMERICAN FOOTBALL

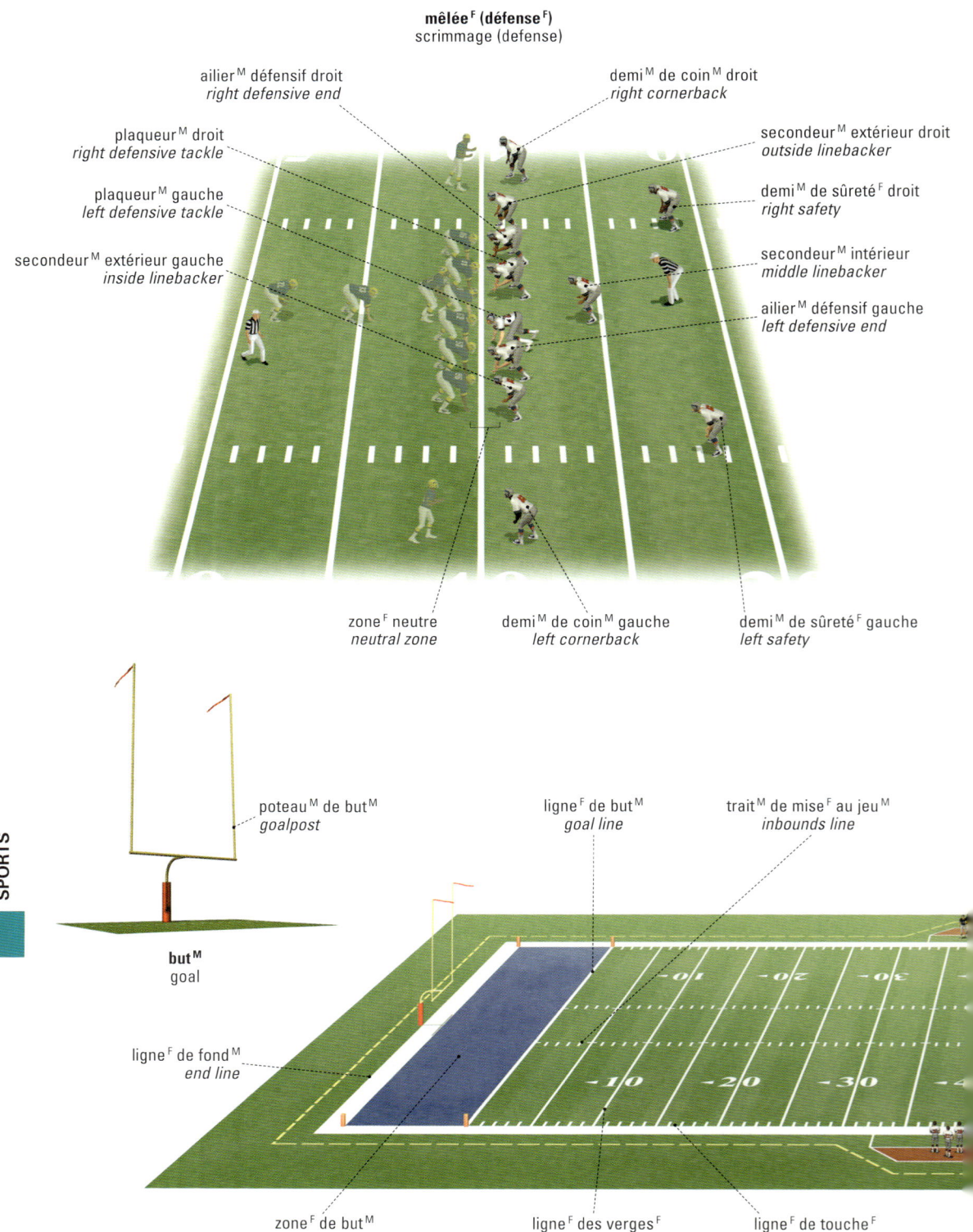

SPORTS^M DE BALLE^F ET DE BALLON^M | BALL SPORTS

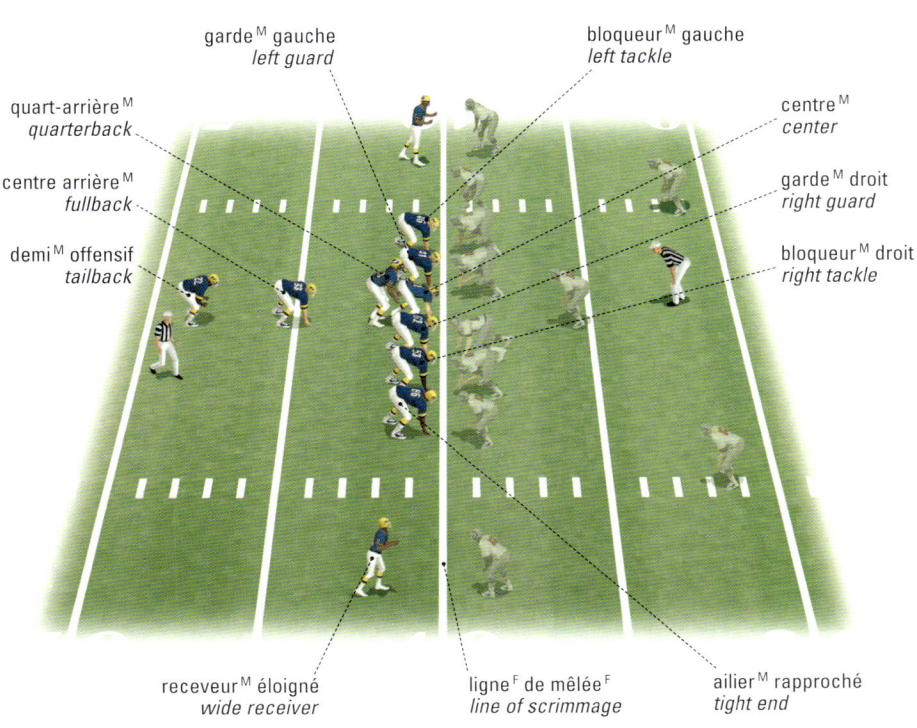

mêlée^F (attaque^F)
scrimmage (offense)

garde^M gauche
left guard

bloqueur^M gauche
left tackle

quart-arrière^M
quarterback

centre^M
center

centre arrière^M
fullback

garde^M droit
right guard

demi^M offensif
tailback

bloqueur^M droit
right tackle

receveur^M éloigné
wide receiver

ligne^F de mêlée^F
line of scrimmage

ailier^M rapproché
tight end

ligne^F de centre^M
fifty-yard line

juge^M de champ^M arrière
back judge

juge^M de touche^F
side judge

juge^M de mêlée^F
line judge

arbitre^M en chef^M
referee

terrain^M
playing field

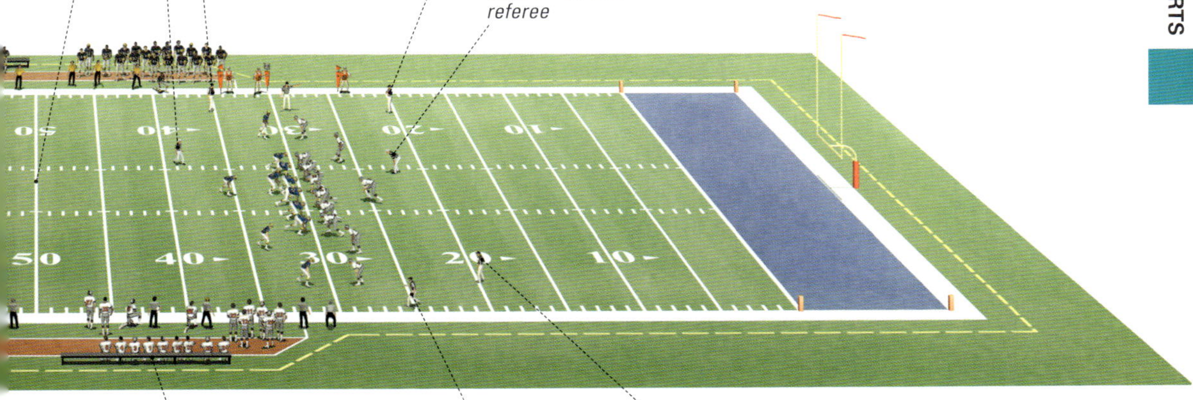

banc^M des joueurs^M
players' bench

arbitre^M
umpire

juge^M de ligne^F en chef^M
head linesman

297

SPORTS^M DE BALLE^F ET DE BALLON^M | BALL SPORTS

footballeur^M
football player

équipement^M **de protection**^F
protective equipment

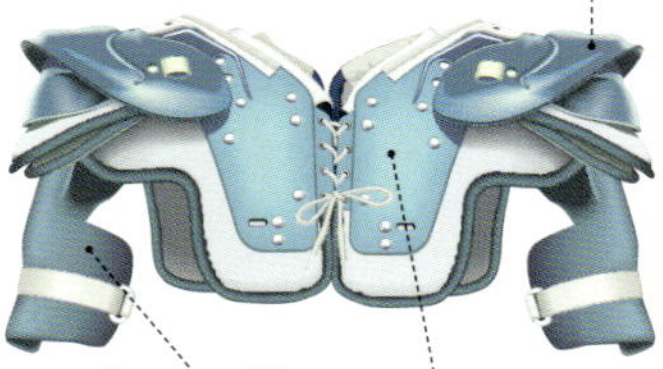

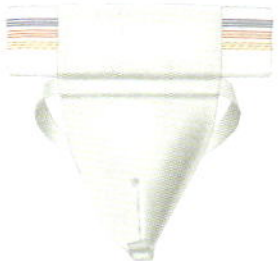

- casque^M / helmet
- jugulaire^F / chin strap
- masque^M / face mask
- numéro^M du joueur^M / player's number
- maillot^M d'équipe^F / team shirt
- bracelet^M / wristband
- pantalon^M / pants
- cuissard^M / thigh pad
- genouillère^F / knee pad
- chaussette^F / sock
- chaussure^F à crampons^M / cleated shoe

- épaulière^F / shoulder pad
- brassard^M / arm guard
- plastron^M / chest protector
- coquille^F / protective cup
- protège-côtes^M / rib pad 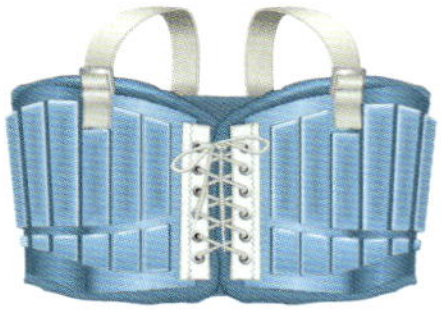
- protège-dents^M / tooth guard 
- protège-hanche^M / hip pad 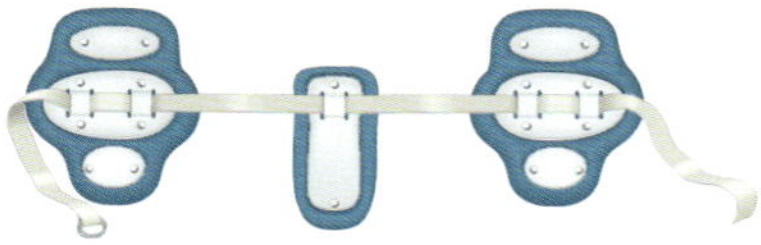
- protège-cou^M / neck pad
- coudière^F / elbow pad

ballon^M **de football**^M
football

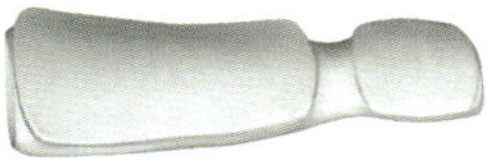

protecteur^M **d'avant-bras**^M
forearm pad

FOOTBALL^M CANADIEN
CANADIAN FOOTBALL

terrain^M
playing field

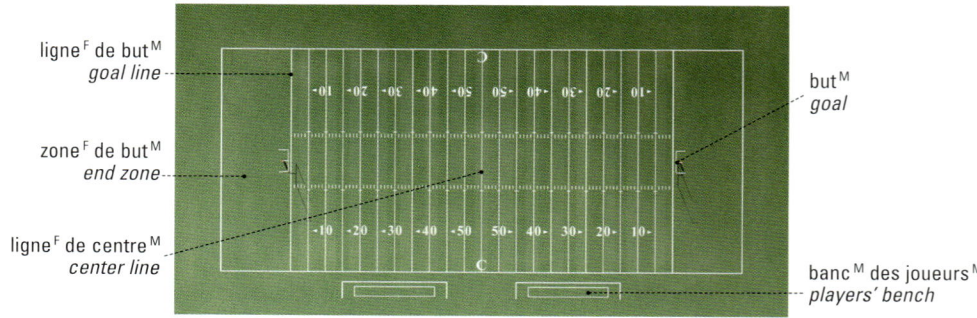

- ligne^F de but^M / goal line
- zone^F de but^M / end zone
- ligne^F de centre^M / center line
- but^M / goal
- banc^M des joueurs^M / players' bench

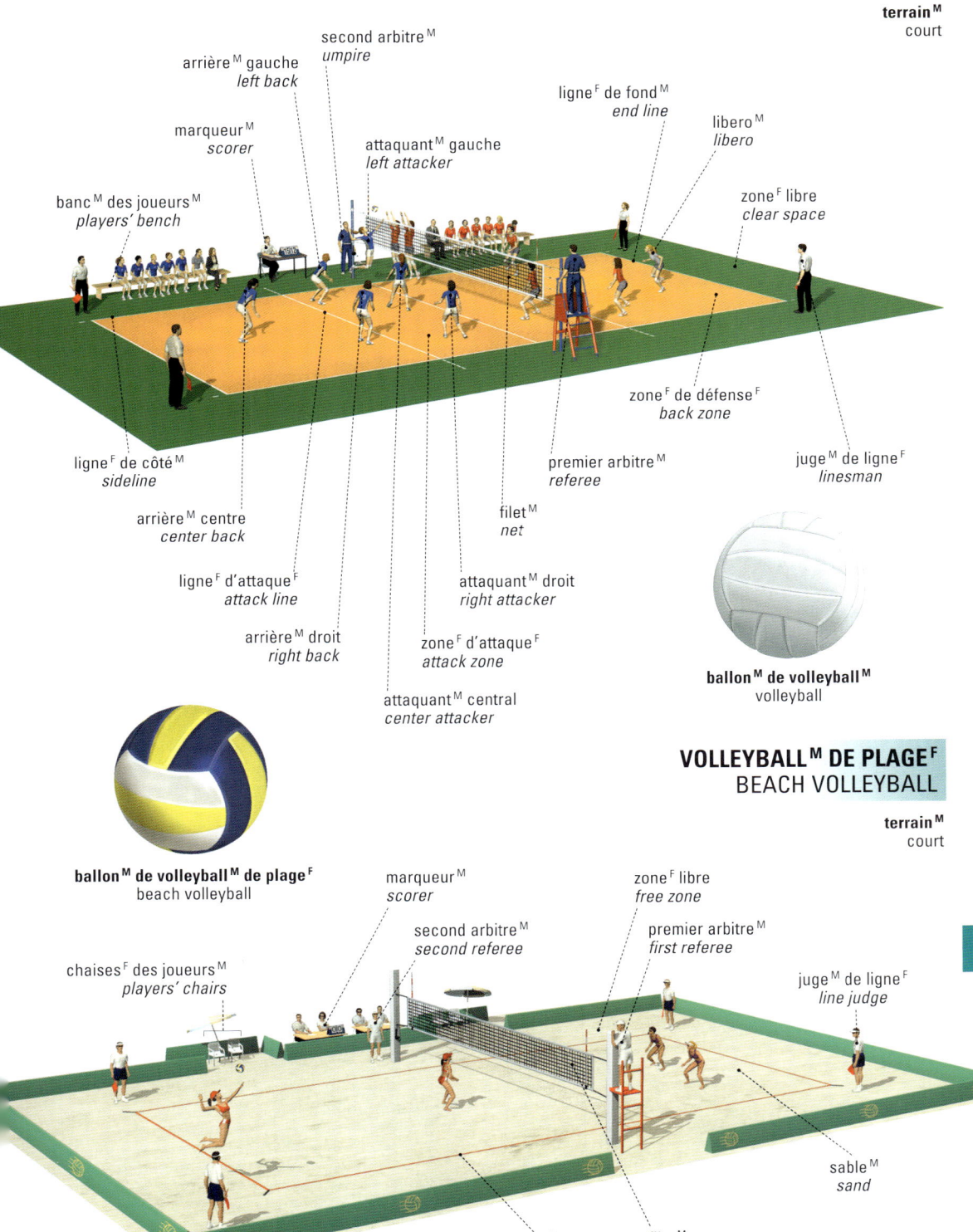

SPORTS DE BALLE ET DE BALLON | BALL SPORTS

FOOTBALL
SOCCER

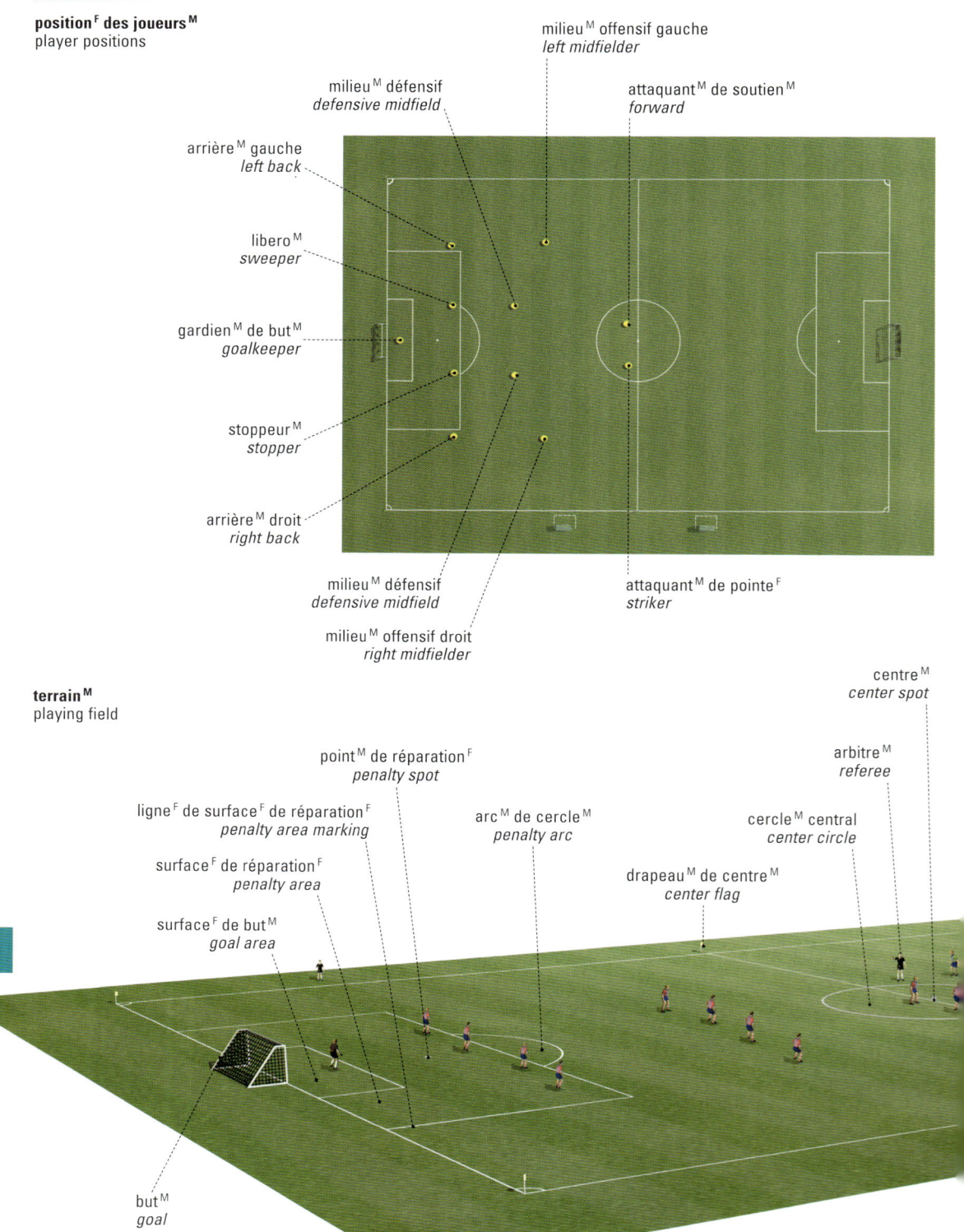

position des joueurs
player positions

- milieu défensif — defensive midfield
- milieu offensif gauche — left midfielder
- attaquant de soutien — forward
- arrière gauche — left back
- libero — sweeper
- gardien de but — goalkeeper
- stoppeur — stopper
- arrière droit — right back
- milieu défensif — defensive midfield
- attaquant de pointe — striker
- milieu offensif droit — right midfielder

terrain
playing field

- centre — center spot
- point de réparation — penalty spot
- arbitre — referee
- ligne de surface de réparation — penalty area marking
- arc de cercle — penalty arc
- cercle central — center circle
- surface de réparation — penalty area
- drapeau de centre — center flag
- surface de but — goal area
- but — goal

SPORTS^M DE BALLE^F ET DE BALLON^M | BALL SPORTS

gants^M de gardien^M de but^M
goalkeeper's gloves

chaussure^F de football^M
soccer shoe

crampons^M interchangeables
interchangeable studs

footballeur^M
soccer player

maillot^M d'équipe^F
team shirt

short^M
shorts

protège-tibia^M
shin guard

chaussette^F
sock

ballon^M de football^M
soccer ball

drapeau^M de coin^M
corner flag

surface^F de coin^M
corner arc

ligne^F de touche^F
touch line

juge^M de touche^F
linesman

ligne^F médiane
halfway line

banc^M des remplaçants^M
substitute's bench

SPORTS

301

SPORTS^M DE RAQUETTE^F | RACKET SPORTS

Pratiqué dans la plupart des pays, le tennis se joue à deux, ou en équipes de deux, sur un court en terre battue, en gazon ou en matière synthétique. Les joueurs de tennis s'échangent par-dessus un filet une balle qui peut atteindre plus de 200 km/h. Plusieurs grands tournois attirent chaque année de nombreux spectateurs, dont le célèbre et plus ancien tournoi de Wimbledon, en Angleterre.

TENNIS^M
TENNIS

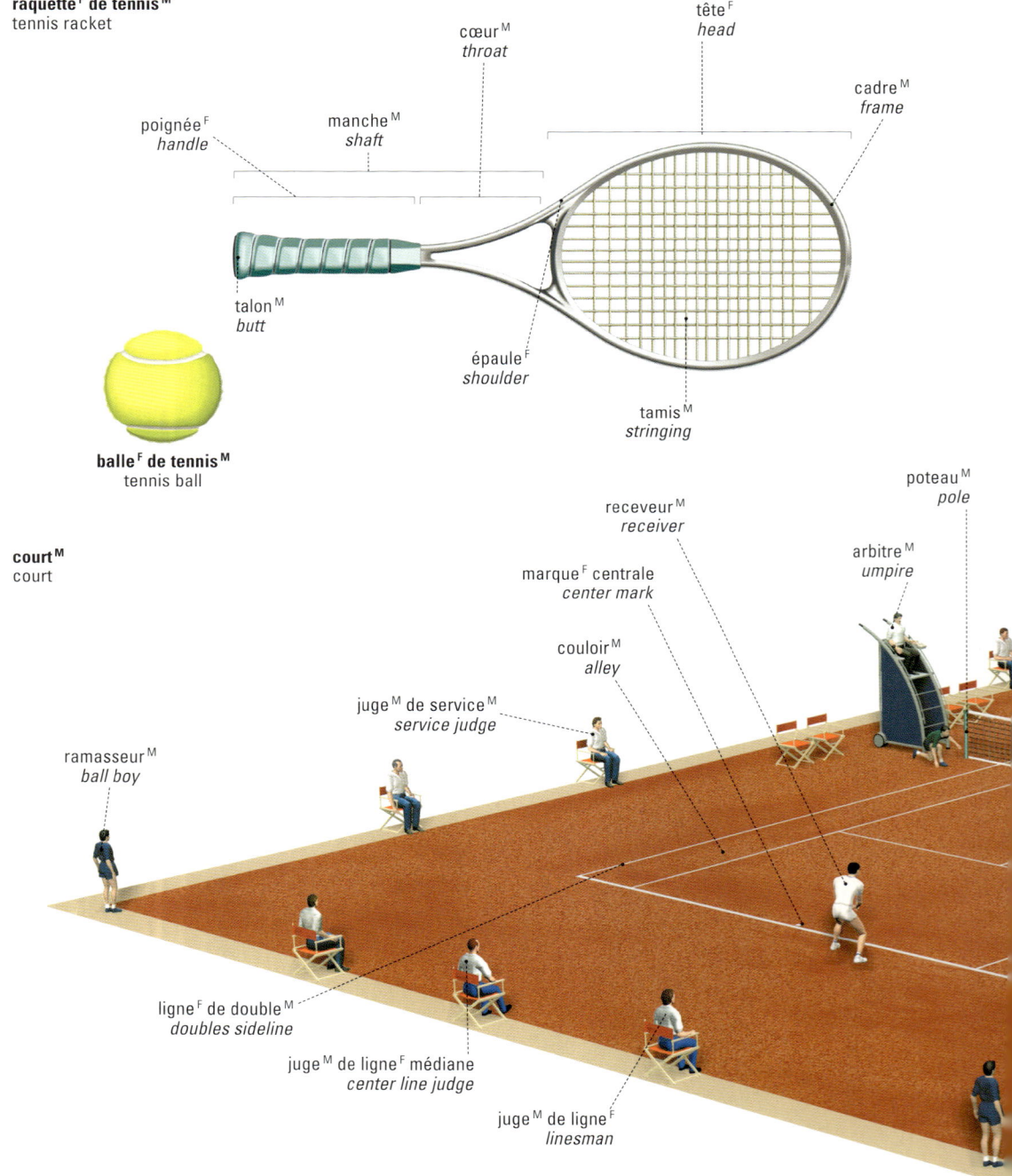

raquette^F de tennis^M
tennis racket

cœur^M / throat
tête^F / head
cadre^M / frame
poignée^F / handle
manche^M / shaft
talon^M / butt
épaule^F / shoulder
tamis^M / stringing

balle^F de tennis^M
tennis ball

court^M
court

receveur^M / receiver
poteau^M / pole
marque^F centrale / center mark
arbitre^M / umpire
couloir^M / alley
ramasseur^M / ball boy
juge^M de service^M / service judge
ligne^F de double^M / doubles sideline
juge^M de ligne^F médiane / center line judge
juge^M de ligne^F / linesman

SPORTS

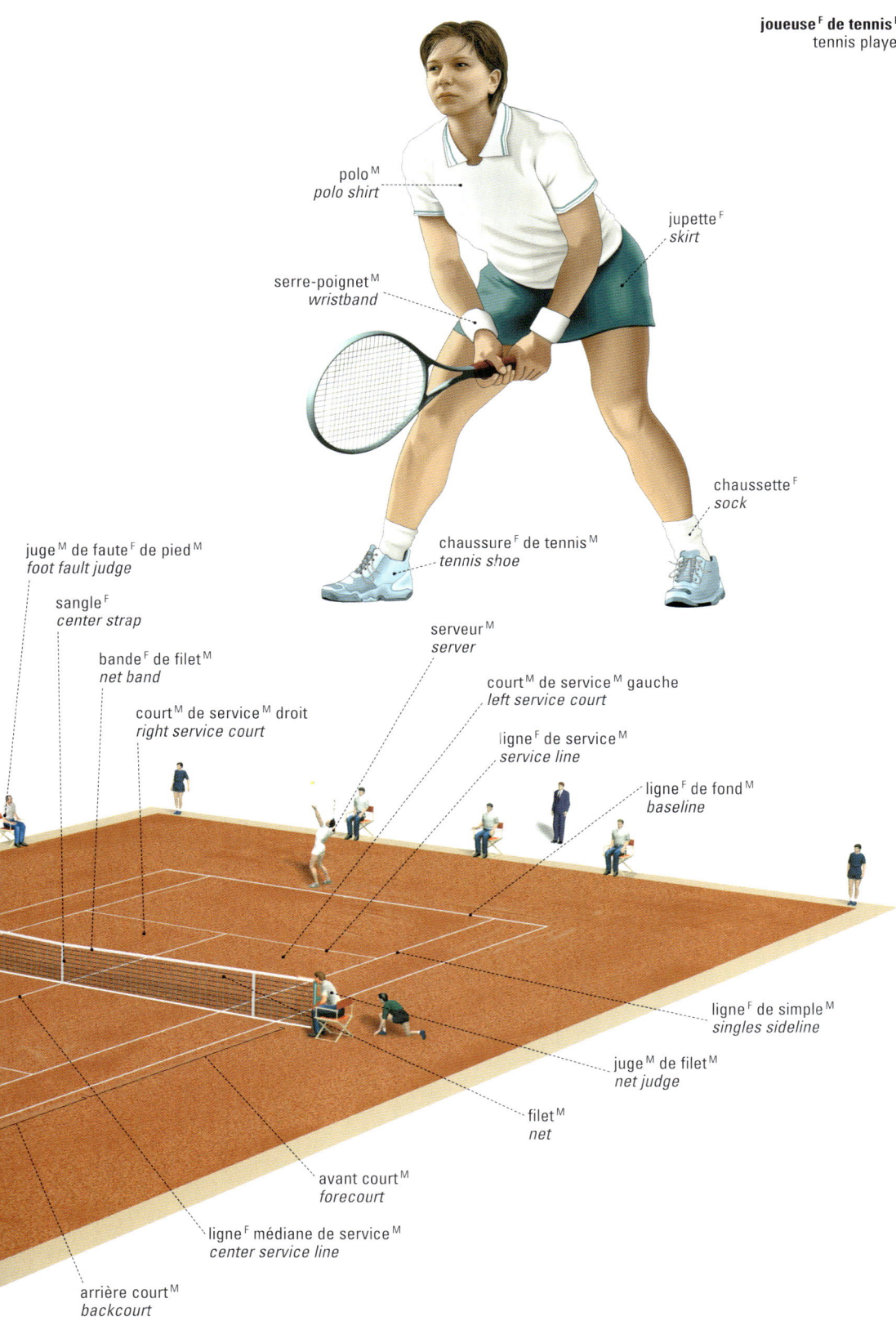

SPORTS DE COMBAT | COMBAT SPORTS

Le karaté, la boxe, la lutte et le judo sont des sports de combat où deux adversaires de poids équivalent s'affrontent à mains nues. Si un excellent conditionnement physique et psychologique est essentiel au karatéka, celui qui pratique le karaté, une adresse et une résistance exceptionnelles doivent caractériser le boxeur. La pratique de tous ces arts martiaux ou autres techniques de combat et d'autodéfense nécessite une grande maîtrise de sa force.

BOXE
BOXING

boxeur
boxer

- casque / headgear
- gant / glove
- short de boxe / boxing trunks

sac de sable
punching bag

ballon de boxe
punching ball

ring
ring

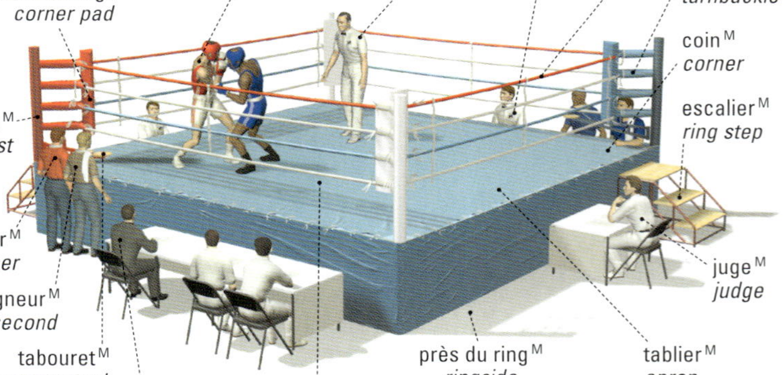

- chronométreur / timekeeper
- boxeur / boxer
- arbitre / referee
- corde / rope
- tirant des cordes / turnbuckle
- coin / corner
- escalier / ring step
- coussin de rembourrage / corner pad
- poteau du ring / ring post
- entraîneur / trainer
- soigneur / second
- tabouret / corner stool
- médecin / physician
- tapis / canvas
- près du ring / ringside
- tablier / apron
- juge / judge

LUTTE
WRESTLING

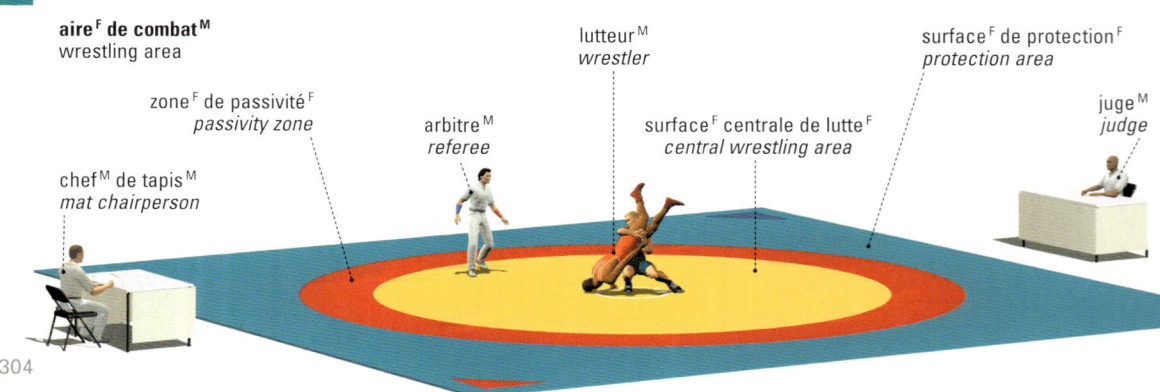

- aire de combat / wrestling area
- zone de passivité / passivity zone
- chef de tapis / mat chairperson
- arbitre / referee
- lutteur / wrestler
- surface centrale de lutte / central wrestling area
- surface de protection / protection area
- juge / judge

SPORTS ᴹ MOTORISÉS | MOTOR SPORTS

La course automobile se déroule sur toutes sortes de circuits fermés où elle met en scène des voitures spécialement conçues pour atteindre de grandes vitesses. Aussi, les pilotes de ces voitures, tout comme ceux des autres sports motorisés, doivent avoir des nerfs d'acier et des réflexes à toute épreuve, en plus de posséder une maîtrise parfaite de leur bolide.

COURSE ᶠ AUTOMOBILE
CAR RACING

voiture ᶠ de formule ᶠ 1
formula 1 car

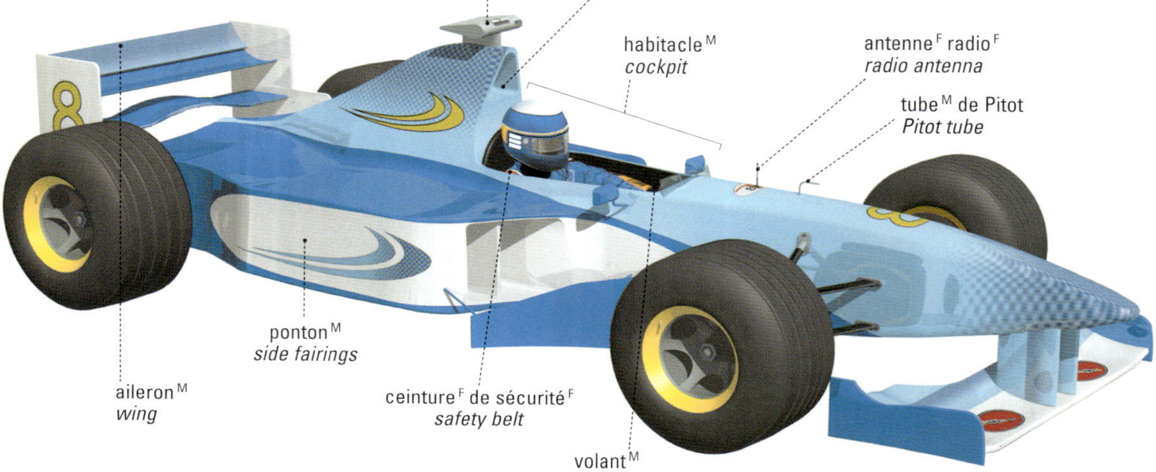

- caméra ᶠ / *camera*
- structure ᶠ anti-tonneau / *roll structure*
- habitacle ᴹ / *cockpit*
- antenne ᶠ radio ᶠ / *radio antenna*
- tube ᴹ de Pitot / *Pitot tube*
- ponton ᴹ / *side fairings*
- aileron ᴹ / *wing*
- ceinture ᶠ de sécurité ᶠ / *safety belt*
- volant ᴹ / *steering wheel*

MOTOCYCLISME ᴹ
MOTORCYCLING

moto ᶠ de motocross ᴹ et supercross ᴹ
motocross and supercross motorcycle

- combinaison ᶠ de protection ᶠ / *protective suit*
- casque ᴹ / *helmet*
- lunettes ᶠ de protection ᶠ / *protective goggles*
- protège-main ᴹ / *hand protector*
- plaque ᶠ-numéro ᴹ / *number plate*
- fourche ᶠ / *fork*
- gant ᴹ / *glove*
- pantalon ᴹ / *pants*
- botte ᶠ / *boot*
- pneu ᴹ à crampons ᴹ / *nubby tire*
- plaque ᶠ de protection ᶠ / *protective plate*

SPORTS

SPORTS À ROULETTES | SPORTS ON WHEELS

La planche à roulettes et le patin à roues alignées sont deux sports qui demandent à la fois d'excellents réflexes, une bonne coordination et un bon sens de l'équilibre. Les athlètes qui pratiquent ces sports utilisent leur créativité pour exécuter des figures acrobatiques et mettent habilement en application leurs connaissances techniques pour acquérir de la vitesse.

CYCLISME | CYCLING

En terrain accidenté ou sur une piste, les cyclistes doivent avoir un bon équilibre, d'excellents réflexes et beaucoup d'endurance. Les vélos utilisés dans les divers sports cyclistes servent à des fins bien différentes. Par exemple, le vélo de course est employé pour la vitesse qu'il permet d'atteindre, alors que le vélo de cross-country est plutôt conçu pour franchir des obstacles et rouler sur des pistes difficiles.

CYCLISME SUR ROUTE
ROAD RACING

vélo de course et cycliste
road-racing bicycle and cyclist

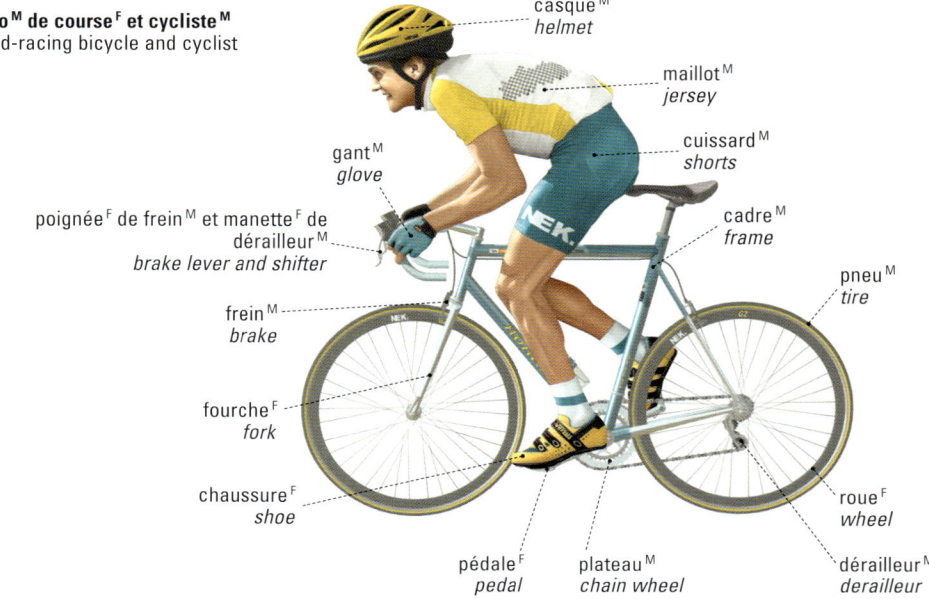

- casque / helmet
- maillot / jersey
- gant / glove
- cuissard / shorts
- poignée de frein et manette de dérailleur / brake lever and shifter
- cadre / frame
- frein / brake
- pneu / tire
- fourche / fork
- chaussure / shoe
- roue / wheel
- pédale / pedal
- plateau / chain wheel
- dérailleur / derailleur

BICROSS
BMX

bicross et cycliste
BMX and cyclis

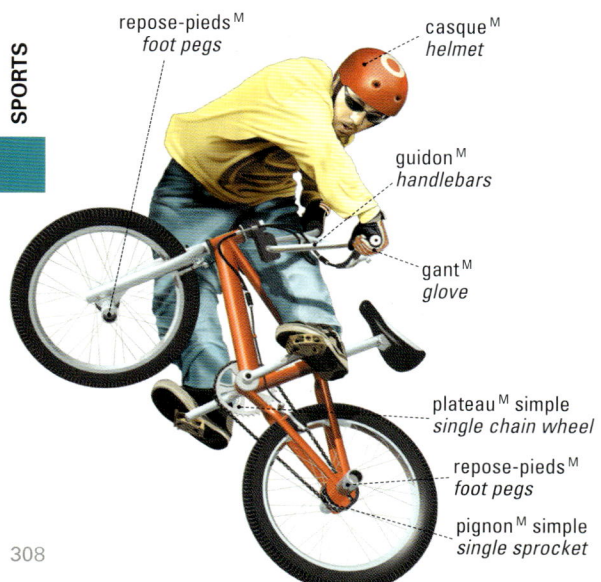

- repose-pieds / foot pegs
- casque / helmet
- guidon / handlebars
- gant / glove
- plateau simple / single chain wheel
- repose-pieds / foot pegs
- pignon simple / single sprocket

VÉLO DE MONTAGNE
MOUNTAIN BIKING

vélo de cross-country et cycliste
cross-country bicycle and cyclist

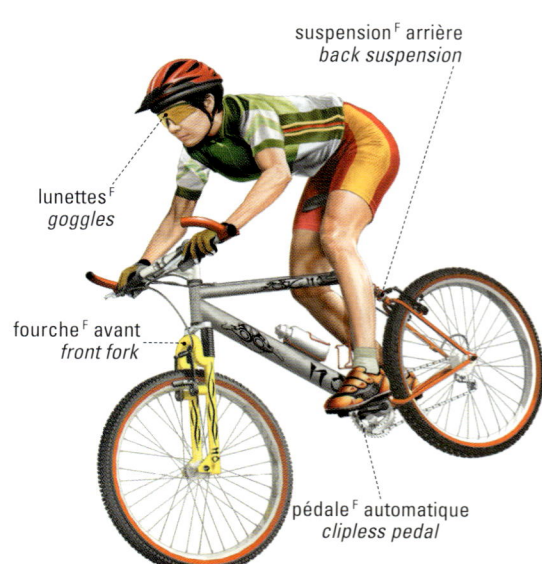

- suspension arrière / back suspension
- lunettes / goggles
- fourche avant / front fork
- pédale automatique / clipless pedal

CAMPING^M | CAMPING

Le camping est l'activité idéale pour voyager à peu de frais et profiter du plein air. Un sac de couchage et quelques ustensiles peuvent suffire, mais un équipement plus complet, comprenant par exemple une tente, un lit de camp et un matelas, rendra l'activité plus confortable. Réduit à sa plus simple expression, le camping sauvage permet d'explorer des endroits moins accessibles, hors des sentiers battus.

TENTES^F / TENTS

CAMPING | CAMPING

SACS DE COUCHAGE
SLEEPING BAGS

rectangulaire
rectangular

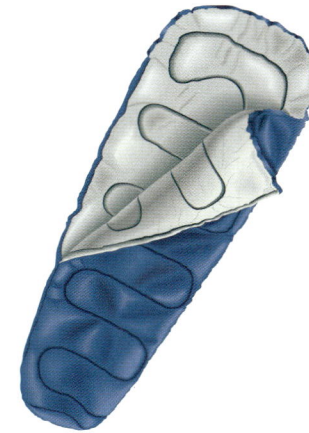
semi-rectangulaire
semi-mummy

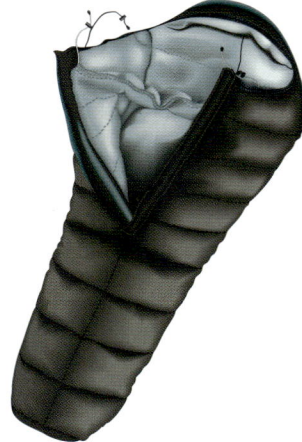
à cagoule[F]
mummy

LIT ET MATELAS
BED AND MATTRESS

matelas pneumatique
air mattress

matelas autogonflant
self-inflating mattress

matelas mousse[F]
foam pad

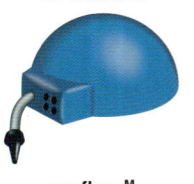
gonfleur
inflator

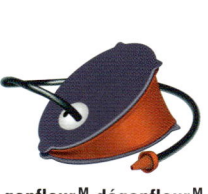
gonfleur-dégonfleur
inflator-deflator

lit de camp pliant
folding cot

LOISIRS ET JEUX

CAMPING[M] | CAMPING

sac[M] **à dos**[M]
backpack

- **bretelle**[F] — shoulder strap
- **rabat**[M] — top flap
- **boucle**[F] **de réglage**[M] — tightening buckle
- **sangle**[F] **de compression**[F] — side compression strap
- **sangle**[F] **de fermeture**[F] — front compression strap
- **passe-sangle**[M] — strap loop
- **ceinture**[F] — waist belt

couteau[M]
knife

gaine[F]
sheath

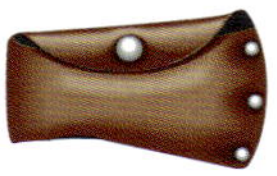

étui[M] **de cuir**[M]
leather sheath

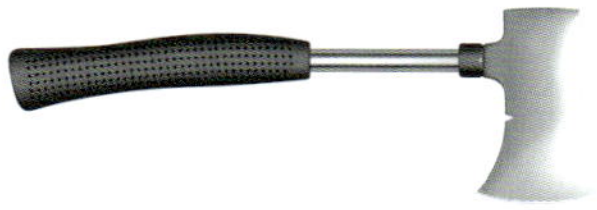

hachette[F]
hatchet

scie[F] **de camping**[M]
bow saw

boussole[F] **magnétique**
magnetic compass

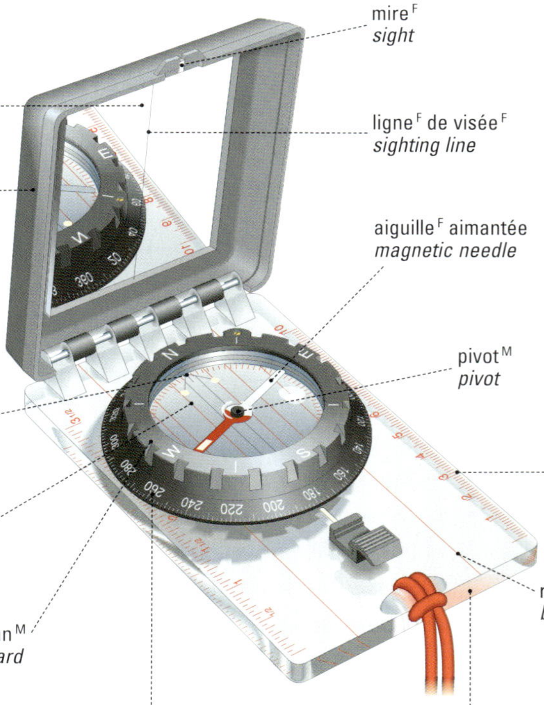

- **miroir**[M] — sighting mirror
- **couvercle**[M] — cover
- **pointeur**[M] — edge
- **ligne**[F] **méridienne** — compass meridian line
- **cadran**[M] — compass card
- **graduation**[F] — graduated dial
- **mire**[F] — sight
- **ligne**[F] **de visée**[F] — sighting line
- **aiguille**[F] **aimantée** — magnetic needle
- **pivot**[M] — pivot
- **échelle**[F] — scale
- **repère**[M] **de ligne**[F] **de marche**[F] — baseline
- **base**[F] — base plate

LOISIRS ET JEUX

JEUX^M | GAMES

Des dés ont été découverts dans de très anciens tombeaux égyptiens, et les échecs remontent à la nuit des temps. Les jeux de table sont probablement aussi anciens que le plaisir de jouer. De nos jours, les jeux intérieurs sont très variés et incluent notamment les dominos, les cartes, le jacquet, les fléchettes et les jeux vidéo. Seul ou en groupe, on s'y adonne pour le simple plaisir.

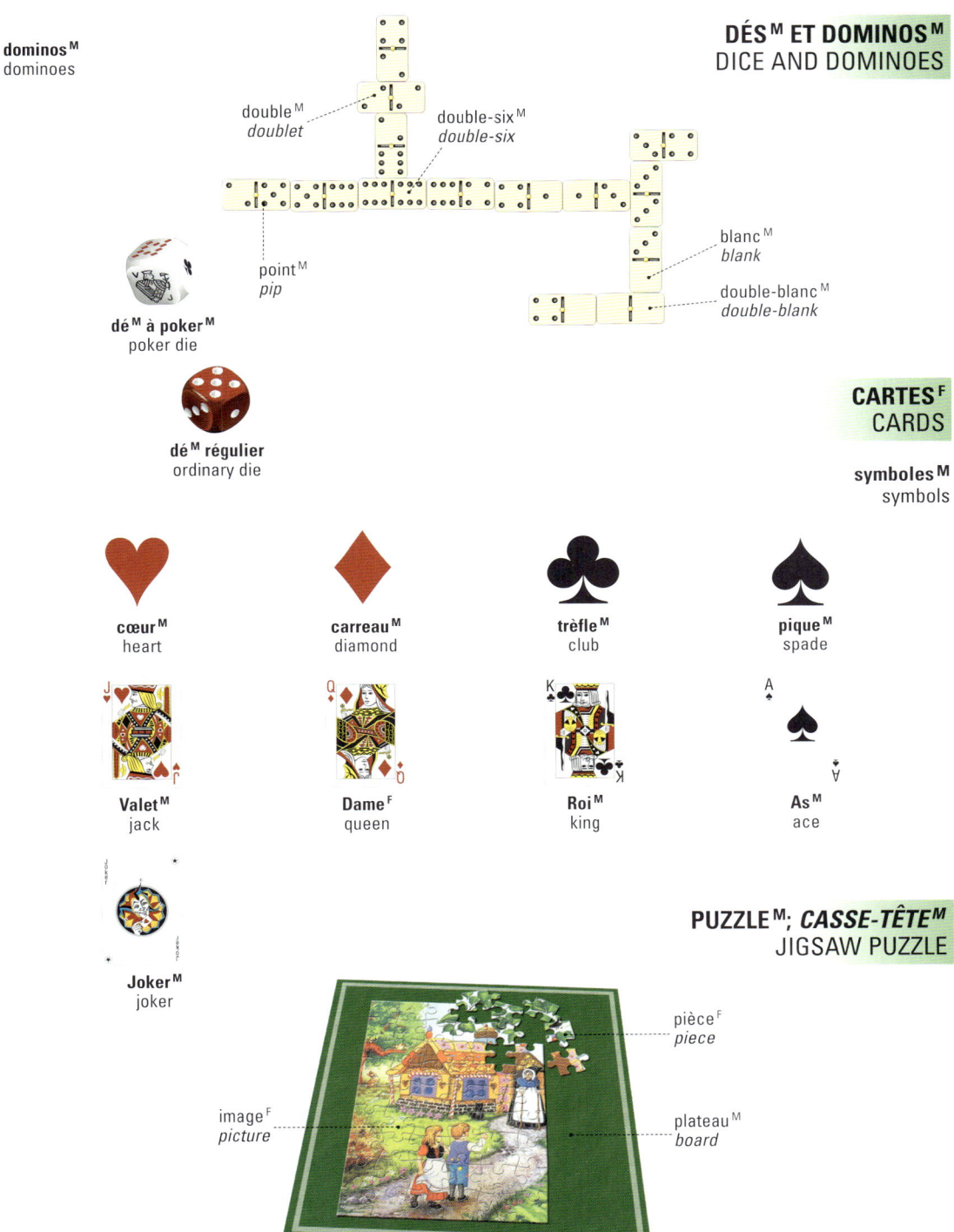

DÉS^M ET DOMINOS^M
DICE AND DOMINOES

dominos^M
dominoes

double^M
doublet

double-six^M
double-six

blanc^M
blank

point^M
pip

double-blanc^M
double-blank

dé^M à poker^M
poker die

dé^M régulier
ordinary die

CARTES^F
CARDS

symboles^M
symbols

cœur^M
heart

carreau^M
diamond

trèfle^M
club

pique^M
spade

Valet^M
jack

Dame^F
queen

Roi^M
king

As^M
ace

Joker^M
joker

PUZZLE^M; CASSE-TÊTE^M
JIGSAW PUZZLE

pièce^F
piece

image^F
picture

plateau^M
board

LOISIRS ET JEUX

JEUX | GAMES

ÉCHECS
CHESS

échiquier
chessboard

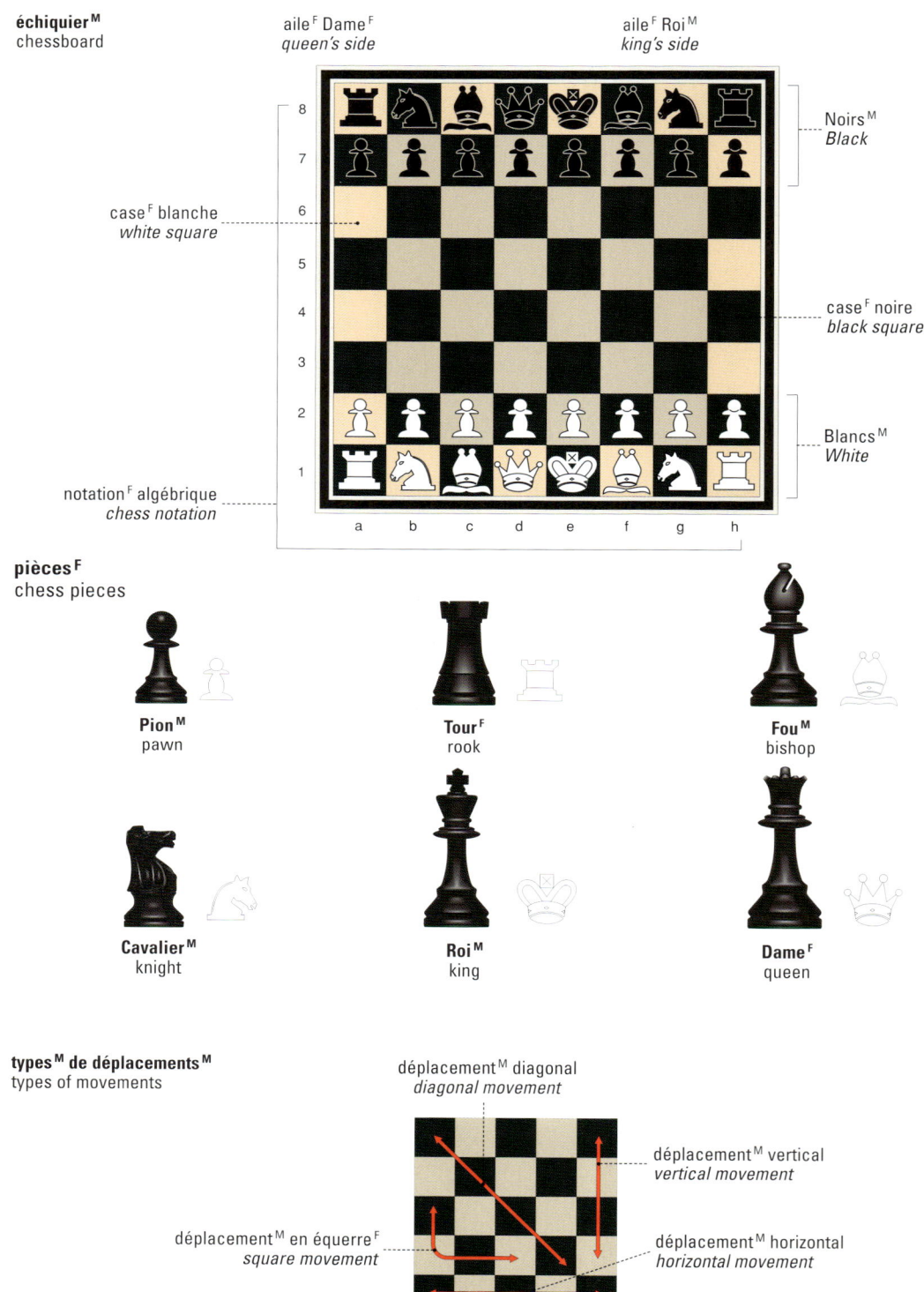

aile Dame
queen's side

aile Roi
king's side

case blanche
white square

Noirs
Black

case noire
black square

Blancs
White

notation algébrique
chess notation

pièces
chess pieces

Pion
pawn

Tour
rook

Fou
bishop

Cavalier
knight

Roi
king

Dame
queen

types de déplacements
types of movements

déplacement diagonal
diagonal movement

déplacement vertical
vertical movement

déplacement en équerre
square movement

déplacement horizontal
horizontal movement

JEUX^M | GAMES

JACQUET^M
BACKGAMMON

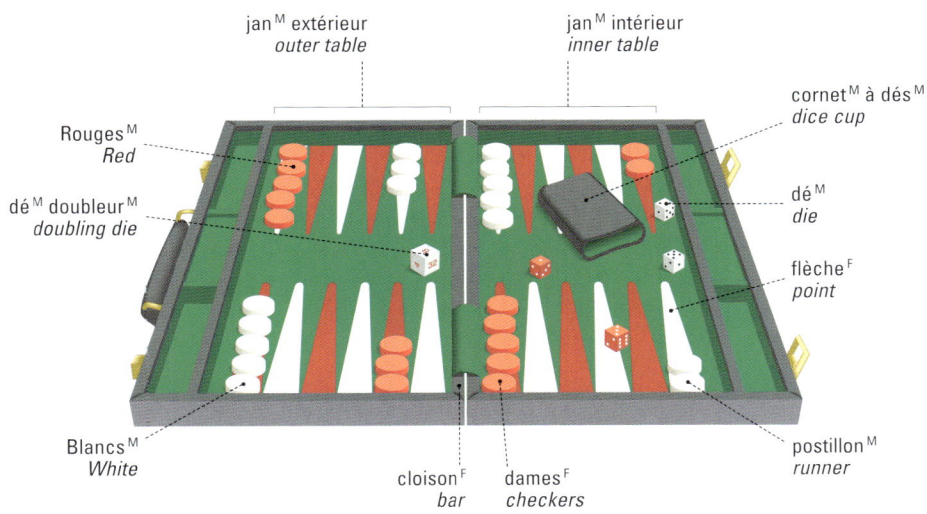

jan^M extérieur / outer table
jan^M intérieur / inner table
cornet^M à dés^M / dice cup
Rouges^M / Red
dé^M doubleur^M / doubling die
dé^M / die
flèche^F / point
Blancs^M / White
cloison^F / bar
dames^F / checkers
postillon^M / runner

JEU^M DE DAMES^F
CHECKERS

Dame^F / checker
damier^M / checkerboard

GO^M
GO

principaux mouvements^M
major motions

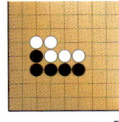

connexion^F
connection

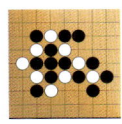

capture^F
capture

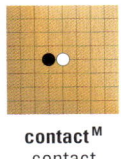

contact^M
contact

terrain^M
board

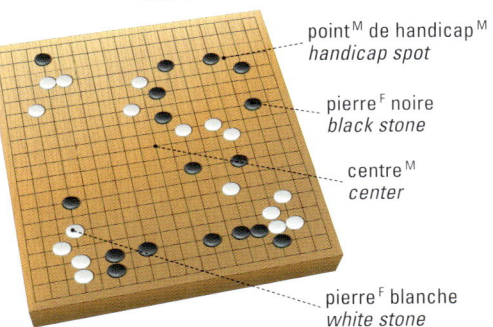

point^M de handicap^M / handicap spot
pierre^F noire / black stone
centre^M / center
pierre^F blanche / white stone

LOISIRS ET JEUX

315

JEUX | GAMES

JEU DE FLÉCHETTES
DARTS

cible / dartboard

valeur des segments / segment score number

score doublé / double ring

50 points / bull's-eye

score triplé / triple ring

25 points / outer bull

aire de jeu / playing area

fond de protection / protective surround

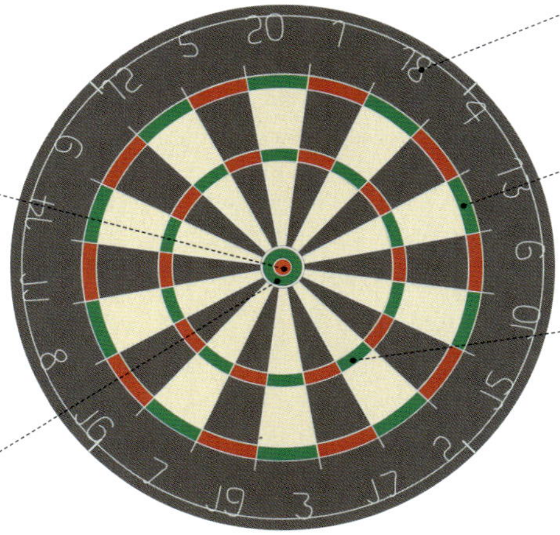

tableau des scores / scoreboard

fléchette / dart

fût / shaft

pointe / point

empennage / flight

corps / barrel

ligne de jeu / oche

SYSTÈME DE JEUX VIDÉO
VIDEO ENTERTAINMENT SYSTEM

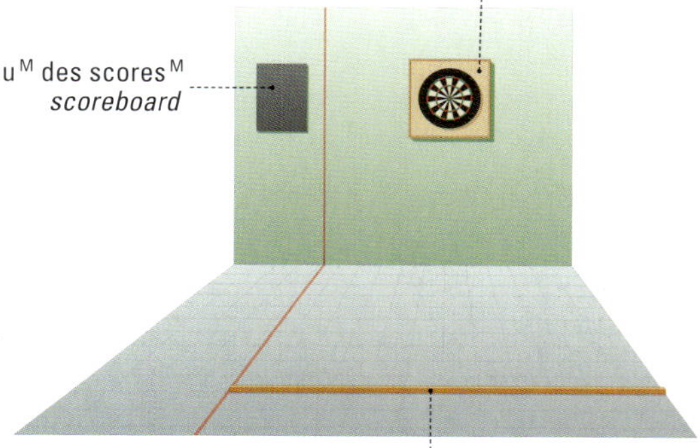

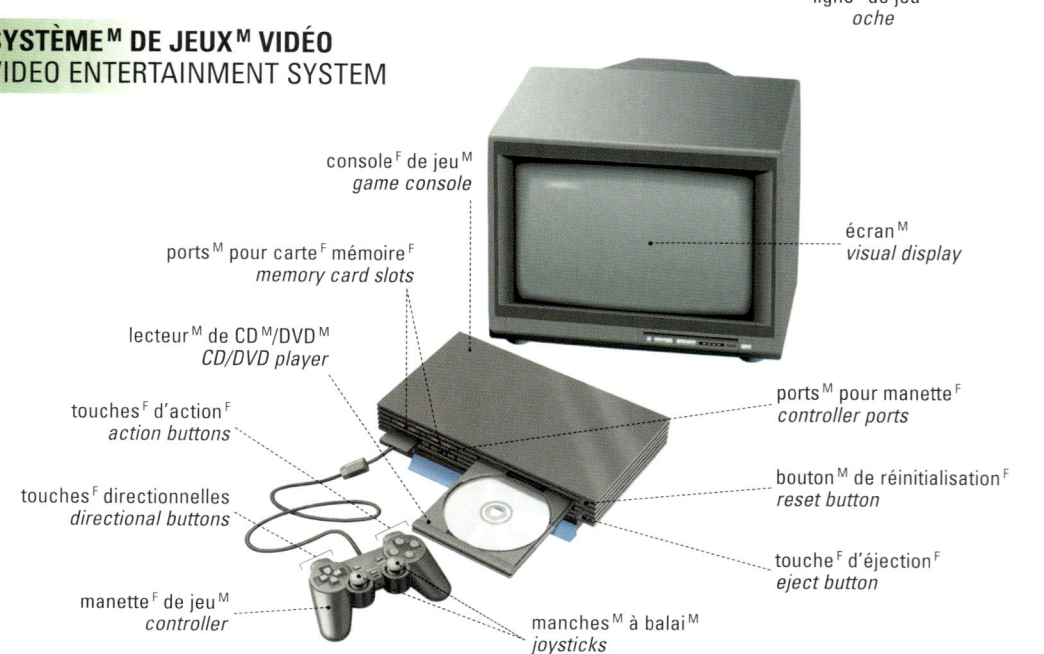

console de jeu / game console

écran / visual display

ports pour carte mémoire / memory card slots

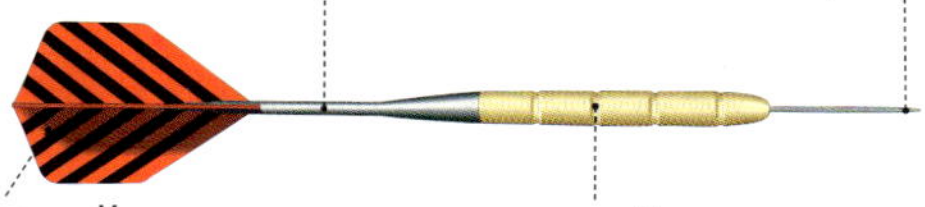

lecteur de CD/DVD / CD/DVD player

ports pour manette / controller ports

touches d'action / action buttons

bouton de réinitialisation / reset button

touches directionnelles / directional buttons

touche d'éjection / eject button

manette de jeu / controller

manches à balai / joysticks

SIGNALISATION F ROUTIÈRE | ROAD SIGNS

Toute route digne de ce nom est marquée de panneaux de signalisation routière qui guident les conducteurs. Plusieurs de ces signaux sont internationaux, ce qui signifie que peu importe d'où il vient, le conducteur peut saisir le code de la route en question, comme les directions ou les arrêts obligatoires. D'autres sont spécifiques à une région donnée, tout en s'inspirant des signaux internationaux.

PRINCIPAUX PANNEAUX M INTERNATIONAUX
MAJOR INTERNATIONAL ROAD SIGNS

arrêt M à l'intersection F
stop at intersection

accès M interdit
no entry

cédez le passage M
yield

signalisation F lumineuse
signal ahead

direction F obligatoire
direction to be followed

direction F obligatoire
direction to be followed

direction F obligatoire
direction to be followed

accès M interdit aux piétons M
closed to pedestrians

chutes F de pierres F
falling rocks

passage M d'animaux M sauvages
deer crossing

accès M interdit aux motocycles M
closed to motorcycles

accès M interdit aux camions M
closed to trucks

zone F scolaire
school zone

passage M pour piétons M
pedestrian crossing

travaux M
road works ahead

chaussée F glissante
slippery road

317

SIGNALISATION^F ROUTIÈRE | ROAD SIGNS

PRINCIPAUX PANNEAUX^M NORD-AMÉRICAINS
MAJOR NORTH AMERICAN ROAD SIGNS

arrêt^M à l'intersection^F
stop at intersection

accès^M interdit
no entry

cédez le passage^M
yield

accès^M interdit aux motocycles^M
closed to motorcycles

accès^M interdit aux piétons^M
closed to pedestrians

accès^M interdit aux bicyclettes^F
closed to bicycles

interdiction^F de faire demi-tour^M
no U-turn

accès^M interdit aux camions^M
closed to trucks

direction^F obligatoire
direction to be followed

direction^F obligatoire
direction to be followed

direction^F obligatoire
direction to be followed

direction^F obligatoire
direction to be followed

zone^F scolaire
school zone

passage^M pour piétons^M
pedestrian crossing

chaussée^F glissante
slippery road

signalisation^F lumineuse
signal ahead

chutes^F de pierres^F
falling rocks

travaux^M
road works ahead

SYMBOLES^M D'USAGE^M COURANT | COMMON SYMBOLS

Toutes sortes de symboles nous entourent. Les symboles d'usage courant sont constitués d'images simples qui nous livrent en un clin d'œil des renseignements divers. Faciles à comprendre, ils permettent même à une personne qui ne sait pas lire de découvrir, par exemple, où se trouve l'hôpital ou le centre de renseignements le plus près. Mais surtout, le message livré est universel et ne s'encombre pas de la barrière des langues.

toilettes^F pour hommes^M
men's rest room

toilettes^F pour dames^F
women's rest room

change^M
currency exchange

accès^M pour handicapés^M physiques
wheelchair access

camping^M et caravaning^M
camping (trailer and tent)

pique-nique^M
picnic area

casse-croûte^M
coffee shop

camping^M
camping (tent)

poste^M de carburant^M
service station

extincteur^M d'incendie^M
fire extinguisher

caravaning^M
camping (trailer)

hôpital^M
hospital

téléphone^M
telephone

restaurant^M
restaurant

pharmacie^F
pharmacy

police^F
police

premiers soins^M
first aid

renseignements^M
information

renseignements^M
information

articles^M perdus et retrouvés
lost and found articles

ne pas utiliser avec un fauteuil^M roulant
no wheelchair access

pique-nique^M interdit
picnics prohibited

camping^M interdit
camping prohibited

transport^M par taxi^M
taxi transportation

SYMBOLES^M DE SÉCURITÉ^F | SAFETY SYMBOLS

Les symboles de sécurité sont essentiels. Ils avertissent d'un danger possible, étiquettent des matières dangereuses ou avertissent les gens d'utiliser certains équipements de protection s'ils ne veulent pas subir de fâcheux accidents. Ainsi, sur un chantier de construction, un panneau montrant une tête couverte d'un casque indique aux personnes présentes qu'elles doivent porter un casque protecteur.

MATIÈRES^F DANGEREUSES
DANGEROUS MATERIALS

matières^F corrosives
corrosive

danger^M électrique
electrical hazard

matières^F explosives
explosive

matières^F inflammables
flammable

matières^F radioactives
radioactive

matières^F toxiques
poison

PROTECTION^F
PROTECTION

protection^F obligatoire de la vue^F
eye protection

protection^F obligatoire de l'ouïe^F
ear protection

protection^F obligatoire de la tête^F
head protection

protection^F obligatoire des mains^F
hand protection

protection^F obligatoire des pieds^M
foot protection

protection^F obligatoire des voies^F respiratoires
respiratory system protection

INDEX FRANÇAIS

0° 171
130° 171
2ᵉ métacarpien 82
240° 171
25 points 316
3ᵉ métacarpien 82
360° 171
4ᵉ métacarpien 82
45° 171
5ᵉ métacarpien 82
50 points 316
90° 171

abaissement de la tension 176
abat-jour 157
abat-son 221
abattant 154
abdomen 58, 59, 61, 62, 72
abeille 60
abri 182
abri des joueurs 290
abri météorologique 38
abricot 110
absidiole 221
absorption par le sol 43
absorption par les nuages 43
abyssin 79
accent 223
accès au réservoir à essence 185
accès interdit 317, 318
accès interdit aux bicyclettes 318
accès interdit aux camions 317, 318
accès interdit aux motocycles 317, 318
accès interdit aux piétons 317, 318
accès pour handicapés physiques 319
accessoires 194
accessoires de foyer 158
accessoires photographiques 235
accessoiriste 273
accord 223
accordéon 224
acrotère 217
acteur 272
action du vent 42
actrice 273
adaptateur de charge utile 16
adaptateur de fiche 155
addition 260
administration 269
adresse URL 248
adresse URL (localisateur universel de ressources) 248

aérofrein 179
aérogare 252
aérogare de passagers 205
aérogare satellite 205
aéroglisseur 202
aéroport 23, 204
affichage des données 240
affichage des fonctions 233
affichage des stations 242
affiche 272
affiche publicitaire 199
afficheur 170, 240, 243, 244, 245
afficheur prix 261
afficheur totaliseur 261
afficheur volume 261
Afrique 19
agence de voyages 258
agent de police 265
agrafe 270
agrafes 270
agrafeuse 270
agriculture intensive 43, 45
agrumes 112
aide de caisse 257
aide-arbitre 294
aide-mémoire des procédures 17
aigle 74
aigue-marine 129
aiguille 29, 31, 158, 170
aiguille à tricoter 214
aiguille aimantée 312
aiguille des dixièmes de seconde 168
aiguille des heures 168
aiguille des minutes 168
aiguillon 61
ail 103
aile 15, 61, 62, 72, 179, 184, 192, 207
aile à géométrie variable 206
aile antérieure 62
aile Dame 314
aile de quartier 125
aile du nez 102
aile haute 208
aile postérieure 62
aile Roi 314
aileron 206, 278, 306
ailette 158, 207, 208
ailier défensif droit 296
ailier défensif gauche 296
ailier droit 284, 293, 294
ailier gauche 284, 293, 294
ailier rapproché 297
aine 90
air chaud ascendant 37
air froid subsident 37
aire d'accueil 263
aire de combat 304
aire de compétition 305
aire de jeu 316
aire de jeux 201
aire de manœuvre 204

aire de préparation de l'étalage 256
aire de ravitaillement 261
aire de réception 256
aire de réception des produits laitiers 256
aire de repos 23
aire de service 23, 205
aire de stationnement 205
aire de trafic 204
airelle 109
aisselle 90
akène 109
albumen 72
alcool à 90° 267
algue 47
alimentation 103
alimentation sur secteur 242
aliments congelés 257
aliments prêts-à-servir 257
alkékenge 109
allée 256, 282
allée de jardin 134
allée de quilles 281
alligator 69
allures, cheval 84
altérations 223
alternateur 177, 196
alto 227
alto-cumulus 35
alto-stratus 35
altos 234
alvéole 61, 155, 282
alvéole à miel 61
alvéole à pollen 61
alvéole dentaire 94
alvéole operculée 61
amande 110, 113
amanite vireuse 47
amas globulaire 11
amble 85
ambulance 267
américain à poil court 79
Amérique centrale 18
Amérique du Nord 18
Amérique du Sud 18
améthyste 129
ameublement de la maison 140
amibe 56
amortisseur arrière 191
amortisseur magnétique 170
amphibiens 66
amphithéâtre romain 218
ampoule 156
amygdale 102
ananas 113
anatomie 96
anche 231
anche double 231
anche simple 231
anémomètre 38, 39
angle aigu 171
angle droit 171
angle obtus 171
angle rentrant 171

anguille 65
animalerie 258
anneau 47, 131, 153, 168, 170, 214, 295
anneau de suspension 131
anneaux 129, 275
annulaire 101
anorak 122
anse 159
Antarctique 19
antéfixe 217
antenne 58, 60, 62, 185, 203, 206, 242, 245, 265
antenne de télécommunication 201
antenne parabolique 238
antenne radio 200, 306
antenne télescopique 242
antennule 58
anthère 50
antiseptique 267
anus 96
aorte 98
aorte abdominale 99
apex 57
Apollo 13
appareil à télémètre couplé 236
appareil à visée reflex mono-objectif 235
appareil de forage 180
appareil de Golgi 56
appareil de plongée 236
appareil de prise de son et d'enregistrement 273
appareil de protection respiratoire 263
appareil digestif 96
appareil jetable 236
appareil numérique 236
appareil petit-format 236
appareil photographique 35 mm 17
appareil pour photodisque 236
appareil respiratoire 97
appareils de mesure 168
appareils de son portatifs 242
appareils électroménagers 150
appartements en copropriété 216
appel suivant 245
appendice nasal 82
appendice vermiculaire 96
appoggiature 223
après-rasage 131
ara 74
arachide 108
araignée 59
araignée, morphologie 59
araignée-crabe 59
arbitre 284, 292, 293, 294, 297, 300, 302, 304, 305
arbitre en chef 290, 297
arbre 52, 150, 179

321

arbre d'ornement 134
arbre moteur 203
arbre, structure 52
arbres 282
arbres feuillus, exemples 54
arc 171
arc de cercle 300
arc de l'aorte 98, 99
arc-boutant 221
arc-en-ciel 36
arcade 218, 221
arcade dentaire inférieure 102
arcade dentaire supérieure 102
arceau 278
arche naturelle 31
archer 281
archet 227
archipel 22
architecture 215
architrave 217
archives 265
Arctique 18
ardillon 116
arène 218
arête 28, 307
argyronète 59
Ariane IV 16
Ariel 7
armature 163, 309
armature de la clé 223
armoire 141
armoire inférieure 143
armoire réfrigérée 256
armoire supérieure 143
arpège 223
arrache-clou 161
arrêt 239
arrêt à l'intersection 317, 318
arrêt-court 290
arrière 294
arrière centre 299
arrière court 303
arrière droit 293, 299, 300
arrière gauche 293, 299, 300
arrondie 49
arrosoir 165
artère arquée 99
artère axillaire 99
artère brachiale 99
artère carotide primitive 99
artère dorsale du pied 99
artère fémorale 99
artère iliaque commune 99
artère iliaque interne 99
artère mésentérique supérieure 99
artère pulmonaire 98, 99
artère rénale 99
artère sous-clavière 99
artère tibiale antérieure 99
artères 99
artichaut 105
articles de maroquinerie 126

articles perdus et retrouvés 319
articulation de la pelleteuse 209
artisanat 214
Arts 211
As 313
Asie 19
asperge 105
asphalte 181
aspirateur 175, 267
aspirateur à main 159
aspirateur-balai 159
aspirateur-traîneau 159
aspirine 267
assiette à dessert 145
assiette à salade 145
assiette creuse 145
assiette plate 145, 311
assistant accessoiriste 273
assistant réalisateur 273
astéroïdes, ceinture 6
astronomie 6
atelier de mécanique 261
atmosphère 32
atmosphère terrestre, coupe 32
atoca 109
atoll 31
âtre 158
atrium 218
attache 128
attache de pavillon 231
attache de sécurité 17
attache du tube 156
attache pour outils 17
attaquant central 299
attaquant de pointe 300
attaquant de soutien 300
attaquant droit 299
attaquant gauche 299
attelles 267
aubergine 107
aubier 53
augmentation de l'effet de serre 43
auriculaire 101
aurore polaire 32
auto-caravane 189
auto-inversion 243
autobus 190
autobus à impériale 190
autobus articulé 190
autobus scolaire 190
autocar 190
autocuiseur 149
automne 33
automobile 184
autoroute 23, 182
autoroute de ceinture 23
autres signes 223
autruche 75
auvent 184, 189, 210
auvent de fenêtre 309
avance 243
avance rapide 239, 243

avant centre 293
avant court 303
avant droit 293
avant gauche 293
avant-bras 78, 91
avant-champ 290
avertisseur 188, 196
avertisseur pneumatique 192
avertisseur sonore 263
avion à décollage et atterrissage verticaux 208
avion d'affaires 208
avion de ligne 32
avion de ligne supersonique 208
avion léger 208
avion long-courrier 206
avion supersonique 32
avion-cargo 208
avions, exemples 208
aviron 278
aviron de couple 278
aviron de pointe 278
avirons, types 278
avocat 107
axe central 179
azimut 12

babillard 268
babines 78
bâbord 200
babouin 83
bac à compost 165
bac à glaçons 152
bac à légumes 152
bac à viande 152
bac de ramassage 165
bac de recyclage 46
bagel 114
bague 230
bague de serrage 231
baguette 123, 227
baguette de flanc 185
baguette parisienne 114
baguettes 232
baie 9, 22
baie de jacks 237
baies 109
baignoire 139, 154
bain-marie 149
balladeur 243
baladeur numérique 243
baladeur pour disque compact 243
balai 158, 159
balai à feuilles 165
balai à franges 159
balai métallique 232
balalaïka 225
balance de cuisine 147
balance de Roberval 170

balance électronique 170
balance romaine 170
balayeuse 193
balcon 139
balconnet 152
baleine 88, 128
ballast électronique 156
balle de baseball 291
balle de cricket 292
balle de golf 282
balle de hockey 293
balle de tennis 302
ballerine 125
ballon à fond rond 166
ballon de basket 295
ballon de boxe 304
ballon de football 298, 301
ballon de volleyball 299
ballon de volleyball de plage 299
ballon-sonde 38
balluchon 127
banane 113
banc 140, 255, 259
banc des joueurs 285, 293, 297, 298, 299
banc des officiels 284
banc des pénalités 284
banc des remplaçants 301
bandage triangulaire 267
bande 285
bande antidérapante 307
bande d'identification technique 243
bande de filet 303
bande de gaze 267
bande de tissu élastique 267
bande élastique 116
bande magnétique 240, 243
bande nuageuse spirale 37
bande réfléchissante 263
bande transporteuse 46
bandoulière 127
banjo 224
banque 259
banque de données 249
banquette 154, 267
bar 258, 260
barboteuse 121
barbotin 210
bardane 104
barmaid 260
baromètre enregistreur 39
barrage 174
barrage à contreforts 174
barrage en remblai 174
barrage-poids 174
barrage-voûte 174
barrages, exemples 174
barre 128
barre de mesure 222
barre de pression 226
barre de repos des marteaux 226
barre de reprise 222
barre de retenue 152

barre de tractage 204
barre fixe 274
barre inférieure 274
barre supérieure 274
barreau 140, 141, 292
barres asymétriques 274
barres parallèles 275
barrette 130
barrière 141
bas 119, 284
base 198, 312
baseball 290
baseball, position des joueurs 290
basketball 294
basque 119
bassin 200, 277
bassin de compétition 276
bassin de radoub 200
basson 231
bassons 234
bateaux et embarcations, exemples 202
bâtiment administratif 200
bâtiment de la turbine 177
bâtiment du réacteur 177
bâton 288, 291
bâton de gardien de but 284, 285
bâton de joueur 285
bâton de ski 289
bâtonnet de colle 270
battant 137, 232
batte 292
batterie 196, 232
batterie d'accumulateurs 173
batterie de cuisine 149
batteur 292
batteur à main 150
batteur à œufs 148
bavette 121
bavette garde-boue 185, 192
beaux-arts 211
bec 72, 214, 231, 233
bec corné 67
bec de bord d'attaque 207
bec verseur 159
bec-de-cane 136
bécarre 223
bécher 166
becs, exemples 73
bégonia 51
belette 80
béluga 89
bémol 223
benne à ordures 193
benne basculante 210
béquille 203
béquille centrale 191
béquille d'appoint 189
béret 124
bergamote 112
berline 186
bette à carde 105
betterave 104
beurre 114

beurrier 144
bibliothèque 268
biceps brachial 95
bicross 308
bicyclette 194
bicyclette tout-terrain 195
bicyclette, accessoires 194
bicyclettes, exemples 195
bidet 154
bidon 195
bière 256
bijouterie 129, 258
billetterie 272
billetterie express 272
biosphère 40
biosphère, structure 41
bison 86
blaireau 80, 131
blanc 313
blanche 223
Blancs 314, 315
blatte orientale 63
bleu 211
bleu vert 211
bleu violet 211
bleuet 109
bloc convertisseur 238
bloc-essieu 307
bloc-moteur 150, 198
bloc-notes 270
bloqueur droit 297
bloqueur gauche 297
blouson court 117
blouson long 117
boa 68
bob 124
bobine 240
bobine réceptrice 243
bobsleigh à quatre 287
bocal 231
body 119
bogie 196
bogie moteur 199
bois 282
bois de cœur 53
bois, famille 234
boisseau d'embouchure 230
boissons 256
boîte à gants 188
boîte d'essieu 196
boîte de Pétri 166
boîte électrique 173
boîte pour seringues usagées 265
boîtier 131, 156, 161, 162, 168, 235, 243
boîtier du ventilateur 131
bol 145, 150
bol à raser 131
bol à salade 145
bols à mélanger 148
bombe volcanique 27
bongo 232
bonnet 119, 276, 288
bonnet pompon 124
bord 49, 124, 201

bord d'attaque 207
bord d'une feuille 49
bord de fuite 206
bord tranchant 210
bord-côte 120
bordure 134, 278
bordure de quai 255
borne 155
borne d'incendie 262
borne de gonflage 261
botte 306
botte de caoutchouc 263
bottillon 279
bouche 57, 66, 88, 90, 102
bouche d'air 188
boucherie 256
bouchon 150, 311
bouchon de remplissage 165
bouchon du réservoir 192
boucle 116, 127, 182, 289
boucle de piquet 309
boucle de réglage 307, 312
boucles d'oreille à tige 129
bouclier 284
bouclier thermique 14
bouée de sauvetage 265
bouilloire 151
boulangerie 257
boulangerie-pâtisserie 259
boule 281
boule de protection 279
boule de quilles 281
bouleau 54
bouledogue 78
boulet 84
boulevard 250
boulier 281
bourdalou 124
bourdon 63, 224
bourgeon 103
bourgeon axillaire 48
bourgeon terminal 48
bourrelet 84
bourse à monnaie 126
boussole magnétique 312
bout 146
bout du nez 85
bout fleuri 125
bouteille 166, 311
bouteille d'air comprimé 263, 279
bouteille d'oxygène portable 267
bouteille isolante 311
bouteur 210
boutique 218
boutique hors taxe 253
bouton 116, 120, 224, 227
bouton champignon 247
bouton d'éjection de la disquette 246
bouton d'éjection du CD/DVD-ROM 246
bouton de blocage 161
bouton de clé 231
bouton de commande 153

bouton de contrôle 246
bouton de démarrage 246
bouton de mise au point 12
bouton de piston 230
bouton de réinitialisation 246, 316
bouton fixe-courroie 229
bouton floral 48
bouton moleté 163
bouton-guide 162
bouton-poussoir 150, 270
bouton-pression 117, 123, 214
boutonnière 116
boutons à trous 214
boutons de réglage 239
boutons programmables 247
box 260
boxe 304
boxeur 304
bracelet 168, 281, 298
bracelet tubulaire 129
braguette 116, 117, 121
brancard 164, 267
branche 84, 128, 162, 214
branche d'embouchure 230
branche maîtresse 52
branchement aérien 176
branchies externes 66
brandebourg 117
bras 83, 85, 91, 157, 179, 209
bras de levage 209
bras de plaquette 128
bras du longeron 210
bras spiral 11
brasero 219
brassard 298
brasse 277
break 186
bretèche 220
bretelle 119, 182, 204, 312
bretelle de raccordement 182
bretelle réglable 121
bretelles 116
bricolage 161
bride de fixation 12
bride de suspension 120
brigantine 201
brise-glace 202
broche 129, 155, 156
brochet 65
brocoli 105
brocoli italien 105
brosse 159
brosse à dents 133
brosse à légumes 147
brosse éventail 212
brosse pneumatique 130
brosse pour le dos 132
brosse ronde 130
brosse-araignée 130
brosse-peigne pour cils et sourcils 133
brouette 164
brouillard 36
broyeur 46
bruine 36

brûleur 153
brûleur à gaz 166
brume 36
buanderie 138
buccin 57
bûcher 158
bûchette 117
buffet 260
buisson 37
bulbe 11, 101
bulbe d'étrave 200
bulbe rachidien 97
bulbe, coupe 103
bureau 139, 260, 261
bureau administratif 263, 264
bureau d'élève 268
bureau de l'enseignant 268
bureau de l'inspecteur en prévention-incendie 263
bureau de l'officier subalterne 264
bureau de l'officier supérieur 264
bureau de poste 259
bureau de réservation de chambres d'hôtel 252
bureau des douanes 200
bureau des plaintes 264
bureau des surveillants 269
bureau du chef 263
bureau du directeur 269
bureau du gymnase 268
burette à robinet droit 166
burin 213
buse 131
but 285, 293, 295, 296, 298, 300
butée 289
butée de porte 152

C

caban 118
cabine 201, 203, 209, 210
cabine de conduite 196, 198
cabine de douche 154
cabine de projection 272
cabine photographique 259
câble 162, 193, 246
câble de barre 278
câble de frein 195
câble de haubanage 274
câble de l'antenne haute fréquence 208
câble porteur 183
câbles 238
cabriolet 186
cachalot 89
cache-oreilles abattant 124
cæcum 96
cadenas 194
cadran 168, 170, 312
cadran des phases de la Lune 168

cadran solaire 168
cadre 61, 126, 127, 191, 275, 302, 308
cadre d'aluminium 288
cadre métallique 226
café 259
cafétéria 269
cafetière 311
cafetière filtre 151
cage d'escalier 139
cagoule 124, 279, 310
caïeu 103
caïman 69
caisse 164, 168, 226, 228, 229, 257
caisse claire 232, 234
caisse de batterie électronique 233
caisse enregistreuse 257
caisse roulante 232
caisses 257
caissière 257
calandre 184, 192
cale 204
cale-pied 194
caleçon 117
caleçon long 117
calice 50, 109
calicule 109
Callisto 6
calmar 57
caloporteur chaud 178
caloporteur refroidi 178
calotte 124, 179
calotte glaciaire 34
cambium 53
cambre 128
caméléon 69
caméra 238, 267, 306
caméra de télévision couleur 17
camion à ordures 193
camion avitailleur 205
camion commissariat 204
camion d'incendie 262
camion de vidange 192
camion porteur fourgon 193
camion-benne 192, 210
camion-bétonnière 193
camion-citerne 181
camion-toupie 193
camionnage 192
camionnette 186
camions, exemples 192
camping 309, 319
camping interdit 319
canal à venin 67
canal de dérivation 174
canal de fuite 175
canal droit 241
canal gauche 241
canal lacrymal 102
canal radiculaire 94
canal semi-circulaire antérieur 100

canal semi-circulaire externe 100
canal semi-circulaire postérieur 100
canal sudoripare 101
canapé 140
canard 75
caniche 78
canine 94
canne 128
canneberge 109
canoë 279
canon 84
canot automobile 202
canot de sauvetage 201
cantaloup 113
cantonnière 127
cap 22
cape 118
capeline 124
capitaine 287
capitale 22
capot 184, 192
capteur de télécommande 239
capture 315
capuche coulissée 121
capuchon 117, 270, 283
capuchon d'objectif 235
caquelon 149
carafe 144
carafon 144
carambole 113
carapace 58
caravane flottante 202
caravane tractée 189
caravaning 319
carburant diesel 181
carburéacteur 181
cardigan 120
cardinal 74
cardon 105
carénage avant 184
carène 64
carillon tubulaire 234
carnivores 41
caroncule lacrymale 102
carotte 104
carpe 92
carquois 281
carre 286, 287, 289
carré 172
carreau 137, 313
carrosserie 184
carrosserie amovible 192
carrosseries, exemples 186
carte de ligne 254
carte de mémoire flash compacte 235
carte de réseau 199, 255
carte géographique 268
carte météorologique 38
carte physique 22
carte politique 22
carte routière 23
cartes 313

cartes, symboles 313
cartographie 20
cartouche 270
cartouche d'encre en poudre 247
cartouchière 265
case 215
case à équipements 16
case blanche 314
case noire 314
caserne de pompiers 262
casier à beurre 152
casier laitier 152
casiers des élèves 269
casque 17, 263, 280, 284, 287, 289, 292, 298, 304, 306, 307, 308
casque d'écoute 241, 243
casque de frappeur 291
casque de protection 191, 194
casque de sapeur-pompier 263
casque protecteur 287
casquette 124, 265
casquette norvégienne 124
casse-croûte 319
casse-noix 147
casse-tête 313
casserole 149
cassette 243
cassette annonce 244
cassette de pellicule 235
cassette messages 244
cassette vidéo 240
cassis 109
castagnettes 232, 234
castes 60
castor 77
catadioptre 194
caténaire 198, 199
cathédrale 221
cathédrale gothique 221
causeuse 140
Cavalier 314
cave à vins 260
cavité buccale 96, 97
cavité nasale 97
cédez le passage 317, 318
cédrat 112
cèdre du Liban 55
ceinture 116, 140, 305, 312
ceinture d'astéroïdes 6
ceinture de sécurité 306
ceinture élastique 117
ceinture montée 116
ceinture ventrale 141
ceinturon de service 265
céleri 105
céleri-rave 104
cellule 62
cellule animale 56
cellule convective 37
cellule photoélectrique 235
cellule pour femmes 264
cellule pour hommes 264

cellule pour mineurs 264
cellule royale 61
cément 94
centrale 174
centrale hydroélectrique, coupe 175
centrale nucléaire 177
centre 171, 281, 284, 297, 300, 315
centre arrière 297
centre commercial 258
centre de documentation 262
centre de tri 46
centre-ville 250
céphalothorax 58, 59
cercle 128
cercle central 285, 294, 300
cercle d'ascension droite 12
cercle d'attente 290
cercle d'envoi 293
cercle de déclinaison 12
cercle de mise au jeu 285
cercle des couleurs 211
cercle polaire antarctique 20
cercle polaire arctique 20
cercle restrictif 294
cerf de Virginie 86
cerise 110
cerne annuel 53
cerveau 97
cervelet 97
Chac-Mool 219
chaîne 168, 194
chaîne alimentaire 41
chaîne de montagnes 9, 22, 24
chaîne stéréo 241
chaise 268
chaise berçante 140
chaise haute 141
chaise longue 140
chaise pliante 140
chaises des joueurs 299
chaloupe de sauvetage 201
chalumeau 224
chalutier 202
chambranle 136, 137
chambre 139, 309
chambre à air 72
chambre d'expansion 169
chambre d'hôpital 266
chambre de décharge 217
chambre de la reine 217
chambre des officiers 262
chambre du roi 217
chambre froide 256, 257
chambre photographique 236
chambre principale, plafond cathédrale 139
chambre principale, toit cathédrale 139
chambre pulpaire 94
chambre souterraine 217
chameau 87
champ centre 291
champ droit 291

champ gauche 290
champignon 47
champignon mortel 47
champignon vénéneux 47
champignon, structure 47
chanfrein 85
change 319
chapeau 47
chapeau de feutre 124
chapelle 220
chapelle axiale 221
chapelle latérale 221
chapiteau 227
chardonneret 74
charge explosive 180
charge utile 16
chargeuse frontale 209
chargeuse-pelleteuse 209
chariot 167, 283
chariot à bagages 253
chariots 257
charnière 126, 289
Charon 7
charpente 217, 218
chasse-neige à soufflerie 193
chasse-pierres 197, 198
châssis 209, 210
châssis de bogie 196
chat de l'île de Man 79
chat, morphologie 79
châtaigne d'eau 103
château fort 220
chaton 129
chats, races 79
chauffage 158
chaussée 182
chaussée glissante 317, 318
chaussette 119, 298, 301, 303
chaussette-étrier 291
chausson intérieur 307
chaussure 286, 288, 292, 293, 295, 307, 308
chaussure à crampons 291, 298
chaussure de football 301
chaussure de ski 289
chaussure de sport 122
chaussure de tennis 303
chaussure, parties 125
chaussures 125
chaussures à crampons 287
chaussures de golf 283
chauve-souris fer de lance 82
chauve-souris, morphologie 82
chauves-souris, exemples 82
chayote 107
chef de tapis 304
chef décorateur 272
chef électricien 273
chef machiniste 273
chef opérateur du son 273
chemin 282
chemin d'évacuation 182

chemin de fer métropolitain 199
chemin de ronde 220
chemin de ronde couvert 220
cheminée 27, 135, 138
cheminée à foyer ouvert 158
cheminée antisuie 201
cheminée d'échappement 192
chemise 116
chemise du donjon 220
chemisier classique 118
chêne 54
chenille 62, 210
chercheur 12
cheval d'arçons 274
cheval, morphologie 84
cheval-sautoir 274, 275
chevalet 227, 229
chevalet des aigus 226
chevalet des basses 226
chevalière 129
chevelu 52
cheveux 91
cheville 90, 227, 229
cheville d'accord 226
chevillier 227
chèvre 86
chevreuil 86
chiasma optique 97
chicorée de Trévise 106
chicorée frisée 106
chien, morphologie 78
chiens, races 78
chiffonnier 141
chimpanzé 83
chope à bière 144
chope à café 144
chou cavalier 106
chou de Milan 106
chou frisé 106
chou laitue 106
chou marin 106
chou pommé blanc 106
chou pommé rouge 106
chou pommé vert 106
chou-fleur 105
chou-rave 105
choux de Bruxelles 106
chœur 221
chromatine 56
chromosphère 8
chronomètre 168, 237
chronométreur 294, 304, 305
chronométreur de couloir 276
chronométreur des trente secondes 294
chronométreur en chef 276
chronométreurs 305
chrysalide 62
chute 30, 278
chute d'eau 30
chutes de pierres 317, 318
cible 281, 316
ciboule 103

ciboulette 103
cigale 63
cigogne 75
cil 56, 102
cilié 49
cils 79
cime 52
cinéma 258, 272
circonférence 171
circuit de photopiles 173
circuit électrique 175
cirque 9
cirque glaciaire 29
cirro-cumulus 35
cirro-stratus 35
cirrus 35
cisaille à haies 164
ciseaux 214, 267, 311
ciseaux à ongles 132
cithare 225
citron 112
citrouille 107
civière 267
clairon 230
clapet 245
claque 125
claquette 273
clarinette 231
clarinette basse 234
clarinettes 234
classeur 271
classeur à soufflets 126
clavardage 249
clavecin 226
clavicule 92
clavier 226, 233, 244, 245, 281
clavier accompagnement 224
clavier alphanumérique 245, 261
clavier chant 224
clavier numérique 170
clayette 152
clé 231
clé à molette 162
clé d'ut 222
clé de bocal 231
clé de contact 165
clé de fa 222
clé de sol 222
clés 222, 233
clignotant arrière 191
climatiseur 189
climats arides 34
climats de montagne 34
climats du monde 34
climats polaires 34
climats tempérés chauds 34
climats tempérés froids 34
climats tropicaux 34
clinfoc 201
cliquet 169
clocher 221
clocheton 221
clochettes 232
cloison 102, 112, 265, 309, 315

clôture 134
clôture du champ extérieur 291
clou 161
club-house 280
coach 186
cobaye 77
cobra 68
coccinelle 63
coccyx 92
cochlée 100
code des produits 170
code temporel 273
coffre 173, 185
coffre de rangement 192, 263
coffre-fort 265
coffret 239
coiffe 16, 48
coiffeur 272
coiffeuse 154
coiffure 130
coin 304
coin de patinoire 284
coin-repas 138, 143
coing 111
col 28, 116
col roulé 120, 288
colibri 74
collant 119
collant sans pied 122
collecte sélective 46
collet 48, 94, 146
colley 78
collier 149, 278
collier de perles, longueur matinée 129
collier de serrage 39
collier de serrage du casque 17
colline 28
côlon ascendant 96
côlon descendant 96
côlon pelvien 96
côlon transverse 96
colonne 30, 199, 217, 227
colonne corinthienne engagée 218
colonne d'alcool 169
colonne de collecte du papier 46
colonne de collecte du verre 46
colonne de mercure 169
colonne dorique engagée 218
colonne ionique engagée 218
colonne vertébrale 92, 97
coma 10
combattant 305
combinaison 287
combinaison de nuit 121
combinaison de protection 306
combinaison de ski 288, 289
combiné 244, 245
combiné-slip 119

combustible fossile 43
comète 10
comité d'arbitrage 305
commande d'éjection de la cassette 240
commande d'enregistrement 240
commande d'essuie-glace 188
commande de barrières 198
commande de chauffage 188
commande de température 152
commande de volume 244
commande de volume de la sonnerie 244
commande de volume du récepteur 244
commande du chariot 167
commande mémoire 244
commandes de la bande vidéo 240
commandes de préréglage 239, 240
commandes du magnétoscope 239
commandes du treuil 193
commerce électronique 249
commissure labiale 102
commode 141
communication par téléphone 244
communications 235
commutateur alimentation/fonctions 240
commutateur de démarrage 188
commutateur de prise de vues nocturne 240
compactage 46
compartiment à fret 207
compartiment à médicaments 267
compartiment bagages 198
compartiment de première classe 206
compartiment touriste 207
compartiment voyageurs 198
compartiment-couchette 192
complexe hydroélectrique 174
compluvium 218
composite inférieur 16
composite supérieur 16
composition du sang 98
compresse stérilisée 267
compresseur d'air 197
compte-tours 188
compteur kilométrique 188
comptoir d'enregistrement 252
comptoir de renseignements 252, 264
comptoir de vente de friandises 272

comptoir de vente des billets 252
comptoir des fromages 257
comptoir des viandes libre-service 256
comptoir du bar 260
concentration des gaz à effet de serre 43
concombre 107
concombre sans pépins 107
condensation 42
condensation de la vapeur 178
condenseur 167, 177
conduit auditif 100
conduit auditif externe 93
conduit d'aération 217
conduit de la glande 67
conduite forcée 174, 175
cône 27, 55, 172
cône adventif 27
cône d'ombre 8, 9
cône de pénombre 8, 9
configuration des continents 18
configuration du littoral 31
congélateur 143, 152, 260
conifères, exemples 55
connexion 315
conserves 257
console centrale 188
console d'instruments 279
console de jeu 316
consolette de l'annonceur 237
consolette du réalisateur 237
consommateurs primaires 41
consommateurs secondaires 41
consommateurs tertiaires 41
contact 315
contact de terre 155
contact électrique 235
contact négatif 173
contact positif 173
conteneur à boîtes métalliques 46
conteneur à papier 46
conteneur à verre 46
continent 9
continental humide, à été chaud 34
continental humide, à été frais 34
continents, configuration 18
contrebasse 227
contrebasses 234
contrebassons 234
contrefort 28, 221
contrepoids 12, 198, 209
contrevent 137
contrôle de la stéréophonie 242
contrôle de la température du corps 17
contrôle de sécurité 253

contrôle de tonalité des aigus 229, 242
contrôle de tonalité des graves 229, 242
contrôle des passeports 253
contrôle douanier 253
contrôle du séquenceur 233
contrôle du volume 233
contrôles de l'équipement de survie 17
contrôles du lecteur de cassette 242
contrôles du lecteur laser 242
contrôleur 253
contrôleur à vent de synthétiseur 233
conversion du travail mécanique en électricité 176
convoyeur à bagages 205
coq 75
coque 189, 191, 287
coque inférieure 289
coque supérieure 289, 307
coquelicot 51
coquille 57, 72, 285, 298
cor anglais 231
cor d'harmonie 230
corbeau 74, 158, 220
corbeille à pollen 61
corde 227, 304
corde de couloir 277
corde de faux départ 276
corde de tirage 163
corde vocale 97
cordée 49
cordes 226
cordier 227
cordon 243
cordon d'alimentation 131
cordon d'alimentation pivotant 130
cordon de combiné 244
cordon littoral 31
corne de guidage de l'attelage 198
cornemuse 224
cornet à dés 315
cornet à pistons 230, 234
corniche 135, 136, 141, 168, 217
cornichon 107
corolle 50
corps 131, 167, 231, 270, 316
corps calleux 97
corps de garde 220
corps de piston 230
corps de ruche 61
corps du fornix 97
corps humain 90
cors anglais 234
cors d'harmonie 234
corvette 117
costume 272
côte flottante (2) 92

côtes 92
côtes, exemples 31
coton hydrophile 267
coton-tige 267
cotylédon 48
cou 67, 91
couche arable 53
couche d'ozone 32
couche de cendres 27
couche de laves 27
couche fluorescente 156
couches de déchets 44
coude 78, 82, 85, 91, 128
coudière 298, 307
coulant 128
coulée de lave 27
couleur à l'huile 212
couleurs primaires 211
couleurs secondaires 211
couleurs tertiaires 211
couleuvre rayée 68
coulisse 116
coulisse d'accord 230
coulisse d'entrée 61
coulisse du deuxième piston 230
coulisse du premier piston 230
coulisse du troisième piston 230
couloir 276, 302
couloir ascendant 217
couloir descendant 217
coup de pied de brasse 277
coup de pied de crawl 277
coup de pied de papillon 277
coupe à mousseux 144
coupe d'un bulbe 103
coupe d'un lanceur spatial (Ariane V) 16
coupe d'un raisin 109
coupe d'un rayon de miel 61
coupe d'un télescope 12
coupe d'une centrale hydroélectrique 175
coupe d'une fraise 109
coupe d'une framboise 109
coupe d'une lunette astronomique 12
coupe d'une molaire 94
coupe d'une orange 112
coupe d'une pêche 110
coupe d'une pomme 111
coupe de l'atmosphère terrestre 32
coupe de la croûte terrestre 24
coupe transversale du tronc 53
coupe-bordures 164
coupe-circuit 176
coupe-ongles 132
coupole du mihrab 219
coupole du porche 219
cour 219, 220
cour de récréation 269

courge 107
courge à cou droit 107
courge à cou tors 107
courge spaghetti 107
courgeron 107
courgette 107
couronne 8, 84, 94, 168
couronne d'orientation 209
courrier électronique 249
courroie de tige 289
cours d'eau 30
course automobile 306
coursier d'évacuateur 174
court 302
court de service droit 303
court de service gauche 303
courtine 220
coussin carré 142
coussin d'air 122
coussin de protection 275
coussin de rembourrage 304
coussinet carpien 78
coussinet de l'ergot 78
coussinet digité 78
coussinet palmaire 78
couteau 57, 146, 150, 213, 312
couteau à beurre 146
couteau à bifteck 146
couteau à fromage 146
couteau à peindre 212
couteau de chef 148
couteau électrique 150
couteau suisse 311
couturier 95
couvercle 149, 150, 151, 155, 158, 159, 160, 312
couvercle de propreté 153
couvert 146
couverture 142
couvre-oreiller 142
cœur 97, 98, 111, 158, 302, 313
crabe 58
crampon 122, 288, 292
crampon de fermeture 127
crampons interchangeables 301
cran 116, 170
cran de réglage 162, 289
crâne 90
crâne d'enfant 93
crapaud commun 66
cratère 9, 27
cravache 280
cravate 116
crawl 277
crayon 271
crayons de cire 212
crayons de couleur 212
crémaillère 152
crémier 144
crénelé 49
crépis 217
cresson alénois 106
cresson de fontaine 106
crête 28, 174
crêtemètre graphique 237

creux 146
crevasse 29
crevette 58
cricket 292
criquet mélodieux 63
crinière 85
cristaux liquides 168
croche 223
crochet 59, 137, 161, 170, 193, 214, 286
crochet à venin 67
crochet de petit doigt 230
crochet de pouce 230
crochet du plateau 170
crocodile 69
crocus 51
croisée 221
croissant 10, 114
croix de Saint-André 198
crosne 104
crosse 47, 227, 293
crosse de fougère 105
crosse de gardien de but 284, 285
crosse de joueur 285
croupe 84
croupion 73
croûte basaltique 24
croûte granitique 24
croûte terrestre 24, 26
croûte terrestre, coupe 24
cruche 311
crustacés 58
cube 172
cubiculum 218
cubitus 92
cuiller 146
cuiller à café 146
cuiller à glace 148
cuiller à soupe 146
cuiller à thé 146
cuiller parisienne 147
cuillers doseuses 148
cuisine 138, 143, 218, 263, 269
cuisinière à gaz 153
cuisinière électrique 153
cuissard 298, 308
cuissarde 125
cuisse 76, 78, 84, 91
cuivres, famille 234
cul-de-sac dural 97
culasse 231
culée 183, 221
culot 156
culot à baïonnette 156
culot à broches 156
culot à vis 156
culotte 119, 284
cumulo-nimbus 35
cumulus 35
cure-ongles 132
curiosité 23
curseur 170
cuve du réacteur 177
cuvette 153
cycle de l'eau 42

cycle des saisons 33
cyclisme 308
cyclisme sur route 308
cyclomoteur 191
cyclone tropical 37
cyclorama 238
cylindre 172
cylindre enregistreur 26
cymbale charleston 232
cymbale suspendue 232
cymbales 234
cymbalette 232
cytoplasme 56

D

dalmatien 78
dalot 281
Dame 313, 314, 315
dame de nage 279
dames 315
damier 315
danger électrique 320
danois 78
datte 110
dauphin 89
dauphin, morphologie 88
dé 214, 315
dé à poker 313
dé doubleur 315
dé régulier 313
débarbouillette 132
débarcadère 252
débardeur 120, 122
débit de tabac 258
début de lecture 243
décagone régulier 172
décapsuleur 147, 311
déchets industriels 44
déchets nucléaires 45
déchiquetage 46
déclencheur 235
décomposeurs 41
décor 273
décorateur 273
défenseur droit 285
défenseur gauche 285
déflecteur 158, 192
défonceuse 210
déforestation 44
dégrafeuse 270
dégrossissage 213
Deimos 6
déjections animales 45
delta 30, 31
Delta II 16
deltoïde 95
démarreur manuel 165
demeure seigneuriale 220
demi centre 293
demi de coin droit 296
demi de coin gauche 296
demi de sûreté droit 296

demi de sûreté gauche 296
demi droit 293
demi gauche 293
demi offensif 297
demi-cercle 171, 294
demi-lune 128
demi-pause 223
demi-soupir 223
dent 64, 67, 146, 161, 162, 209, 286
dent de défonceuse 210
dent de sagesse 94
denté 49
dentifrice 133
dents 94
denture humaine 94
déodorant 132
dépanneuse 193
départ de dos 277
déplacement diagonal 314
déplacement en équerre 314
déplacement horizontal 314
déplacement vertical 314
déplacements, échecs 314
déporteur 206
dérailleur 308
dérailleur arrière 194
dérailleur avant 194
dérive 203, 207, 278
derme 101
dernier croissant 10
dernier droit 280
dernier quartier 10
dés 313
descente de gouttière 134
désert 29, 34, 40
désert de pierres 29
désert de sable 29
dessin 211
détendeur de secours 279
détroit 22
deuxième but 290
deuxième espace 295
deuxième molaire 94
deuxième prémolaire 94
deuxième-but 290
devant 116
déversement d'hydrocarbures 45
déversoir 174
dévidoir de ruban adhésif 270
dévidoir sur roues 165
diamant 129
diamètre 171
diaphragme 97
dièse 223
diesel-navire 181
diffuseur 273
diffusion d'information 249
dindon 75
diode 173
Dioné 7
directeur artistique 272
directeur de la photographie 273
direction de la Mecque 219

direction obligatoire 317, 318
dispositif de blocage 163
dispositif de poussée 270
dispositif de remorquage 193
disquaire 258
disque 11
disque compact 243
disque numérique polyvalent (DVD) 240
disque vidéophoto 235
disquette 246
distributeur d'essence 261
distributeur de billets 259
distributeur de boissons 261
distributeur de correspondances 255
distributeur de glaçons 143, 261
distributeur de lames 131
distribution de la végétation 40
division territoriale 22
djembé 225
do 222
doigt 66, 73, 76, 77, 123, 291
doigt externe 72
doigt interne 72
doigt lobé 73
doigt médian 72
doigt palmé 66, 73
doigt postérieur 73
doigt préhensile 83
doline 30
dolique à œil noir 108
dolique asperge 108
dolique d'Égypte 108
domaine de premier niveau 248
domaine de second niveau 248
dominos 313
donjon 220
dormant 137, 141
dormeuse 121
dortoir des pompiers 262
dos 73, 78, 84, 91, 101, 146, 161
dos d'un gant 123
dos du nez 102
dosseret 153, 160
dossier 140, 141
dossière 67
double 313
double barre oblique 248
double bémol 223
double croche 223
double dièse 223
double-blanc 313
double-six 313
doublement denté 49
doublure 116, 125, 126, 286
douche 139, 266
douche des détenus 264
douches des officiers 262
douches des pompiers 262
douchette 154

douille de lampe 156
douve 220
dragonne 127, 288, 289
drap 142
drap de bain 132
drap-housse 142
drapeau de centre 300
drapeau de coin 293, 301
droit antérieur de la cuisse 95
dromadaire 87
drumlin 28
drupéole 109
duffle-coat 117
dune 31
dunette 201
duodénum 96
dure-mère 97
dyke 27
dynamo 194

E

eau de fonte 29
eau de toilette 132
eau dentifrice 133
eau sous pression 176
eaux usées 45
eaux vives 279
écaille 65, 67, 73, 103
écailleur 311
échalote 103
échancrure 227
échangeur en trèfle 182
échecs 314
échecs, mouvements 315
échelle 189, 210, 215, 312
échelle Celsius 169
échelle coulissante 163
échelle de tête 263
échelle des altitudes 32
échelle des températures 32
échelle Fahrenheit 169
échelle graduée 170
échelon 163
échinodermes 56
échiquier 314
éclair 36
éclairage 155, 199
éclairage de sécurité 265
éclairage/clignotant 188
éclipse annulaire 8
éclipse de Lune 9
éclipse de Soleil 8
éclipse partielle 8, 9
éclipse totale 8, 9
éclipses de Lune, types 9
éclipses de Soleil, types 8
éclisse 229
écluse 200
école 268
écorce 53, 112
écoulement souterrain 42

écoute 201, 244
écouteur 241
écouteurs 243
écoutille d'accès 14
écran 239, 245, 246, 261, 292, 316
écran d'affichage 245
écran de contrôle 235
écran de projection 269, 272
écran de protection 290
écran de visibilité 198
écran plat 246
écrevisse 58
écritoire 126
écubier 200
écueil 31
écureuil 77
écurie 280
écusson 136
édicule 254
édifice à bureaux 251
édredon 142
éducation 268
effet de serre 43
effet de serre naturel 43
égalisateur graphique 241
église 251
élastique 142
électricien 273
électrode 156
éléments de la maison 136
éléphant 87
élevage intensif 43, 44
élévation 138
élévation de la tension 176, 178
élève 268
élevon 15
émail 94
embase 289
emblème d'équipe 284
embouchure 230
embout 285
embout de baleine 128
embout isolant 130
émeraude 129
émission de gaz polluants 44
empennage 207, 316
empennage bas 207
empennage en T 207
empennage surélevé 207
empennages, exemples 207
emporte-pièces 148
encadrement 158
enceinte acoustique 241
enceinte de confinement 178
enclume 100
encolure 85
encolure en V 120
endive 106
endocarpe 110, 111
énergie 173
énergie calorifique 43
énergie éolienne 179
énergie nucléaire 177, 178
énergie solaire 173

énergies 173
enfouissement 46
enfourchure 117
enjoliveur 185
ennéagone régulier 172
enregistrement 239, 244
enregistrement des bagages 253
enregistrement sismographique 180
enseignant 268
enseigne directionnelle 255
enseigne extérieure 254
ensemble du chevalet 228
ensemble oreillette/microphone 245
entablement 217
entier 49
entonnoir 57, 148, 150
entonnoir collecteur 39
entraînement de la turbine par la vapeur 178
entraînement du rotor de l'alternateur 178
entraîneur 285, 293, 295, 304
entraîneur adjoint 285, 295
entre-nœud 48
entredent 146
entrée 61, 182
entrée d'air 203
entrée de courant 156
entrée de garage 135
entrée de l'eau de refroidissement du condenseur 177
entrée de la pyramide 217
entrée des clients 260
entrée des originaux 245
entrée du personnel 260, 269
entrée du reflux du condenseur 177
entrée principale 138, 269
entrejambe pressionné 121
entreposage des produits congelés 257
entrepôt frigorifique 200
entreprise 249
entreprise de distribution/vente 249
entretoise 179
enveloppe 282
environnement 40
éolienne à axe horizontal 179
éolienne à axe vertical 179
épandage d'engrais 44
épandeur 164
épaule 78, 85, 90, 302
épaulière 285, 298
épeire 59
épicarpe 109, 110, 111
épicéa 55
épicentre 26
épicerie fine 256
épiderme 101
épiglotte 97
épinard 106

épine nasale antérieure 93
épinette 55
épingle de sûreté 214
épiphyse 97
éplucheur 147
éponge à récurer 159
éponge calcaire 56
éponge de mer 132
éponge végétale 132
éprouvette graduée 39, 166
équateur 20
équerre 161
équinoxe d'automne 33
équinoxe de printemps 33
équipe médicale 305
équipement 264
équipement de survie 17
équipement de survie, contrôles 17
équipements aéroportuaires 204
érable 54
ergot 78
erlenmeyer 166
éruption 8
escabeau 163
escalier 135, 138, 182, 254, 272, 304
escalier automoteur 252
escalier d'accès 252
escalier de la mezzanine 139
escalier mécanique 254, 272
escaliers 219
escargot 57
escargot, morphologie 57
escarpin 125
espadon 65
espadrille 125
esquimau 121
essence 181
essieu 196, 307
essoreuse à salade 147
essuie-glace 184
Est 23
Est Nord-Est 23
Est Sud-Est 23
estomac 96
estrade 268
estuaire 22, 31
établissement d'enseignement 249
étage 138, 139, 179
étage à propergol stockable 16
étage d'accélération à poudre 16
étage principal cryotechnique 16
étamine 50, 111
étang 282
étapes de production de l'électricité 176
État 22
été 33
étiquette 170
étoile filante 32

étourneau 74
étranglement 169
étrave 201
être humain 90
étrier 100, 155, 191, 288
étui à lunettes 126
étui à menottes 265
étui à pistolet 265
étui de cuir 312
étui pour gants de latex 265
Eurasie 18
Europe 6, 19
évacuation de l'eau turbinée 176
évaporation 42
évent 88, 270
évent de pignon 134
évier 143
exemples d'amphibiens 66
exemples d'angles 171
exemples d'arachnides 59
exemples d'arbres feuillus 54
exemples d'avions 208
exemples d'empennages 207
exemples d'hélicoptères 203
exemples d'insectes 63
exemples de barrages 174
exemples de bateaux et d'embarcations 202
exemples de becs 73
exemples de bicyclettes 195
exemples de camions 192
exemples de carrosseries 186
exemples de chauves-souris 82
exemples de conifères 55
exemples de côtes 31
exemples de fenêtres 137
exemples de fleurs 50
exemples de lanceurs spatiaux 16
exemples de mammifères carnivores 80
exemples de mammifères insectivores 76
exemples de mammifères marins 88
exemples de mammifères ongulés 86
exemples de mammifères primates 83
exemples de mammifères rongeurs 77
exemples de marsupiaux 76
exemples de motos 191
exemples de pattes 73
exemples de portes 136
exemples de reptiles 68
exemples de sabots 85
exemples de voilures 206
exemples de wagons 196
exosphère 32
expédition du fret 253
expiration 277

extenseur commun des orteils 95
extérieur d'une maison 134
extincteur 262, 265
extincteur d'incendie 319
eye-liner liquide 133

F

fa 222
façade 221
face 83, 146, 282
faille 26
faitout 311
falaise 9, 28, 31
falaise côtière 31
famille des bois 234
famille des cuivres 234
famille du violon 234
fanon 84
fard à joues en poudre 133
faucon 74
fausse oronge 47
fauteuil 140, 268, 272
fauteuil club 140
fauteuil du réalisateur 273
fauteuil roulant 266
fauteuil-sac 140
fauteuils des acteurs 272
faux bourdon 60
fémur 92
fenêtre 137, 139, 189, 199, 278
fenêtre à guillotine 137
fenêtre à jalousies 137
fenêtre à l'anglaise 137
fenêtre à la française 137
fenêtre basculante 137
fenêtre coulissante 137
fenêtre de lecture 243
fenêtre de sous-sol 135
fenêtre en accordéon 137
fenêtre moustiquaire 309
fenêtre pivotante 137
fenêtres, exemples 137
fennec 80
fenouil 105
fente 151, 161
fente à monnaie 245
fente du lecteur de carte 261
fentes branchiales 64
fer 84, 282
fer à cheval 84
fer à friser 130
fer à vapeur 159
fer droit 282
fermeture à glissière 127
fermeture sous patte 121
fermoir 126, 213
ferret 122, 125, 128
ferrure 127
fertilisation des sols 44
fesse 91
feu antibrouillard 187, 192

feu anticollision 206
feu arrière 191, 194
feu clignotant 187, 198
feu de croisement 187
feu de gabarit 187, 192
feu de lisse 198
feu de navigation 207
feu de plaque 187
feu de position 198, 203
feu de recul 187
feu de route 187
feu rouge arrière 187
feu stop 187
feuillage 52
feuille 48, 49
feuille de vigne 106
feuille, bord 49
feuille, structure 49
feuilles composées 49
feuilles simples 49
feutre 212
feutre d'étouffoir 226
feux arrière 187
feux avant 187
fèves 108
fibre nerveuse 101
fiche américaine 155
fiche européenne 155
fiche pour jack 241
fiche, adaptateur 155
fichier 248
figue 113
fil d'arrivée 280
fil d'attache 59
fil dentaire 133
filament 156
filet 50, 161, 229, 295, 299, 303
filière 59
film-disque 235
filtre 135, 153
filtre à air 197, 210
filum terminal 97
finition 213
fission de l'uranium 178
fixation 288
fixation à butée avant 288
fixation à plaque 287
fixation de sécurité 289
fjords 31
flageolet 108
flamant 75
flanc 73, 84
flâneur 125
flash électronique 235
fléau 170
fléau arrière 170
fléau avant 170
flèche 209, 221, 281, 315
flèche de transept 221
flèche littorale 31
flèche télescopique 263
fléchette 316
fleur 48, 50
fleur, structure 50
fleuriste 259
fleurs, exemples 50

fleuve 22, 30
flexible 154
flexible de distribution 261
flotteur 208, 278
flûte à champagne 144
flûte de Pan 224
flûte traversière 231
flûtes 234
foie 96
follicule 101
fonctions système 233
fond 307
fond de l'océan 24
fond de protection 316
fond de teint liquide 133
fondation de pylône 183
fongicide 44
fontaine des ablutions 219
fontanelle antérieure 93
fontanelle mastoïdienne 93
fontanelle postérieure 93
fontanelle sphénoïdale 93
football 300
football américain 296
football américain,
    protection 285
football canadien 298
footballeur 298, 301
forêt boréalec 40
forêt de conifères 40
forêt de feuillus 40
forêt mixte 40
forêt tempérée 40
forêt tropicale 40
forêt tropicale humide 40
format du fichier 248
formes géométriques 171
forte pluie 37
fosse de réception 281
fosse de sable 282
fosse septique 45
fossette 67
Fou 314
fouet 148
fougère, structure 47
four 143, 153
four à micro-ondes 143, 152
fourche 12, 195, 306, 308
fourche avant 308
fourche télescopique
    hydraulique 191
fourchette 146, 288
fourchette à fondue 146
fourgonnette 186
fourmi 63
fournisseur de services
    Internet 249
fournitures de premiers soins
    267
fourreau 128, 278
fourreau de la langue 67
fourrure 79
foyer 26
foyer des élèves 269
foyer, accessoires 158
fraise 109

fraise, coupe 109
framboise 109
framboise, coupe 109
frappeur 290
frein 289, 308
frein à disque 191
frein arrière 194
frein avant 195
frein d'urgence 199
frein de talon 307
frein direct 196
freineur 287
fresque 218
frette 228, 229
frise 136, 141, 217
friteuse 151
fronde 47
front 90
frontal 92, 93, 95
frontière 22
fronton 217
fruit de la Passion 113
fruits 109, 256
fruits à noyau 110
fruits à pépins 111
fruits secs 113
fruits tropicaux 113
fumerolle 27
funicule 109
fusain 212
fuseau 118
fusée à propergol solide 14,
    16
fusée éclairante 265
fuselage 207
fusible 173, 176
fût 52, 161, 316

gâchette 247, 262
gadelle 109
gaffe 263
Gai lon 105
gaine 49, 312
gaine d'air frais 182
gaine d'air vicié 182
galaxie 11
galerie 179, 221
galerie de liaison 182
galerie sèche 30
galet 243
galon 124
galop 85
gamme 222
ganache 85
gant 17, 284, 287, 288, 291,
    292, 304, 306, 308
gant à crispin 123
gant court 123
gant de conduite 123
gant de crin 132
gant de frappeur 291

gant de golf 283
gant de plongée 279
gant de receveur 291
gant de ski 289
gant de toilette 132
gant long 123
gant saxe 123
gants d'homme 123
gants de femme 123
gants de gardien de but 301
gants de jardinage 164
Ganymède 6
garage 134, 182, 262, 264
garant 125
garde de clé 231
garde de culasse 231
garde droit 297
garde gauche 297
garde-boue 194
garde-boue avant 191
garde-corps 183, 196
garde-fou 139
garde-manger 138, 143
garde-robe 139
gardien de but 284, 293, 300
gardien de guichet 292
gare 250
gare de voyageurs 253
gare maritime 200
garniture 127
garrot 78, 85
gaufrier-gril 150
gaz 156
gaz à effet de serre 43
gaz inerte 156
geai 74
gencive 94, 102
générateur de tonalités
    d'amorces 237
générateur de vapeur 177
genou 78, 85, 90
genouillère 291, 298, 307
géographie 18
géologie 24
géométrie 171
germe 72
germes de soja 108
germes de soya 108
germination 48
geyser 27
gibbeuse croissante 10
gibbeuse décroissante 10
gibbon 83
gicleur de lave-glace 184
gicleurs 178
gilet athlétique 117
gilet de laine 120
gilet de stabilisation 279
girafe 87
girouette 38, 39
gisement de pétrole 180
glace 42, 185
glace de custode 185
glacier 29, 30, 40
glacier suspendu 29
glacière 311

glande à venin 67
glande lacrymale 102
glande sébacée 101
glande sudoripare apocrine 101
glande sudoripare eccrine 101
glandes salivaires 96
glissière d'ajustement 241
glissoir 125
globe oculaire 66
globe terrestre 268
globule blanc 98
globule rouge 98
glome 84
glotte 67
go 315
godet 209
godet chargeur 209
godet rétro 209
golf 282
golfe 22
Golgi 56
gombo 107
gomme 270
gond 136, 141
gondole 257
gonfleur 310
gonfleur-dégonfleur 310
gong 234
gorge 30, 72
gorille, morphologie 83
gouffre 30
goupille 262
gour 30
gourde 311
gourmette 129
gousset de latte 278
goût 102
gouttière 134, 185
gouvernail 15, 179, 201, 278
gouverne de direction 207
gouverne de profondeur 207
gradateur 155
gradin 218
gradins mobiles 268
graduation 161, 169, 271, 312
graine 48, 109, 110, 111, 112
graine de soja 108
graine de soya 108
graisses 181
grand droit de l'abdomen 95
grand duc d'Amérique 74
grand mât arrière 201
grand mât avant 201
grand oblique de l'abdomen 95
grand pectoral 95
grand tournant 280
grand-voile arrière 201
grand-voile avant 201
grande échelle 263
grande galerie 217
grande lame 311
grande sauterelle verte 63
grande ville 22

grasset 84
grattoir 163
grelots 232
grenade 113
grenat 129
grenouille 66
grenouille léopard 66
grenouille rousse 66
grenouille, métamorphose 66
grenouille, morphologie 66
grenouillère 121
grésil 36
griffe 58, 67, 72, 76, 77, 78, 82, 129
griffe à fleurs 164
griffe porte-accessoires 235
gril électrique 151
grille 131, 149, 153, 175, 217, 224, 291
grille à reine 61
grille d'aspiration 131
grille d'éclairage 238, 273
grille de chauffage 199
grille de sortie d'air 131
grille-pain 151
gros intestin 96
groseille à grappes 109
groseille à maquereau 109
grosse caisse 232, 234
grotte 30, 31
groupe turbo-alternateur 175
grue à flèche 200
grue sur ponton 200
gruppetto 223
guépard 81
guêpe 63
gui 201
guichet 292
guichet de vente des billets 254
guide 151
guide-bande 243
guide-papier 245
guidon 165, 195, 308
guindant 278
guitare acoustique 229
guitare basse 229
guitare électrique 228
gymnase 263, 268
gymnastique 274
gyrophare 263

habilleur 272
habitacle 14, 306
hache 263
hachette 312
haie 135
hall d'entrée 138
hall public 252
halo 11
halte-garderie 259

hamster 77
hanche 91
hangar 205
hangar de transit 200
haricot adzuki 108
haricot d'Espagne 108
haricot de Lima 108
haricot jaune 108
haricot mungo 108
haricot mungo à grain noir 108
haricot noir 108
haricot pinto 108
haricot romain 108
haricot rouge 108
haricot vert 108
harmonica 224
harnais 288
harpe 227
harpes 234
hauban 179, 201, 208, 309
hausse 61, 227
haut-de-forme 124
haut-parleur 242, 244, 272
haut-parleur d'aigus 241
haut-parleur de contrôle 237
haut-parleur de graves 241
haut-parleur de médium 241
hautbois 231, 234
hélice 172, 201
hélice bipale 208
hélice tripale 208
hélicoptère 203
hélicoptère bombardier d'eau 203
hélicoptère de transport tactique 203
hélicoptère-ambulance 203
hélicoptères, exemples 203
héliographe 38
hémisphère austral 20
hémisphère boréal 20
hémisphère occidental 20
hémisphère oriental 20
heptagone régulier 172
herbe longue 282
herbicide 44
herbivores 41
hérisson 76
hêtre 54
hexagone régulier 172
hippodrome 280
hippopotame 87
hirondelle 74
hiver 33
hockey sur gazon 293
hockey sur glace 284
hockeyeur 284, 293
homard 58
homard, morphologie 58
hôpital 319
horloge de parquet 168
horloge programmatrice 152, 153
hôtel 251
hotte 143, 153, 158

houpette 133
houppier 52
housse à vêtements 127
housse d'oreiller 142
Hubble, télescope spatial 32
hublot 152, 153, 201, 206
hublot d'atterrissage 203
hublot d'observation 15
huiles lubrifiantes 181
huitième de soupir 223
huître plate 57
huîtrier pie 75
huméro-stylo-radial 95
humérus 92
humidité, mesure 39
hutte 215
hydravion à flotteurs 208
hydroélectricité 174
hydroptère 202
hydrosphère 41
hyène 80
hygiène dentaire 133
hygromètre enregistreur 39
hyperliens 248
hyphe 47
hypoderme 101
hypophyse 97

igloo 215
igname 104
iguane 69
île 22
île de sable 31
iléon 96
îlot 143, 182
îlot rocheux 31
image 313
imperméable 117
impluvium 218
imprimante à jet d'encre 247
imprimante laser 247
incendie de forêt 44
incinération 46
incisive centrale 94
incisive latérale 94
incisives 94
inclinaison de la lame 162
index 101, 170
index de composition automatique 244
indicateur de charge 131
indicateur de ligne 199
indicateur de niveau de carburant 188
indicateur de température 188
indicateur de vitesse 188
industrie 249
infiltration 42, 44
infirmière 266
insectes, exemples 63

insigne 265
insigne d'identité 265
insigne de grade 265
inspiration 277
instruments à clavier 226
instruments à cordes 227
instruments à percussion 232, 234
instruments à vent 230
instruments de bord 188
instruments de mesure météorologique 39
instruments électroniques 233
instruments scientifiques 15
instruments traditionnels 224
intégration de l'électricité au réseau de transport 176
interdiction de faire demi-tour 318
interligne 222
internaute 248
Internet 248
interrupteur 130, 131, 151, 152, 155, 157, 245
interrupteur à gâchette 162
interrupteur d'alimentation 233, 239, 240
interrupteur de démarrage 160
interrupteur du magnétoscope 239
interrupteur du téléviseur 239
intervalles 222
intestin grêle 96
Io 6
iris 102
isba 215
ischion 92
isolateur 176
isthme 22
isthme du gosier 102
ivoire 94

J

jack de sortie 228
jacquet 315
jaguar 81
jambage 158
jambe 83, 84, 90
jambe élastique 117
jambier antérieur 95
jambière 122, 291, 292
jambière de gardien de but 284
jambières 285
jambon cuit 115
jan extérieur 315
jan intérieur 315
jante 191, 195
Japet 7
jardin 218

jardin potager 134
jardinage 164
jarret 78, 84
jaune 72, 211
jaune orangé 211
jaune vert 211
jean 121
jéjunum 96
jeu de dames 315
jeu de fléchettes 316
jeu de quilles 281
jeux 313
jeux en ligne 249
jeux et loisirs 0
jicama 104
jockey 280
joint 270
joint à coulisse 162
joint magnétique 152
Joker 313
jonc 129
jonquille 51
joue 78, 90
joueur de basketball 295
joueuse de tennis 303
judo 305
judogi 305
juge 304, 305
juge arbitre 276
juge de but 285
juge de champ arrière 297
juge de classement 276
juge de coin 305
juge de départ 276
juge de faute de pied 303
juge de filet 303
juge de ligne 274, 284, 299, 302
juge de ligne en chef 297
juge de ligne médiane 302
juge de mêlée 297
juge de nage 276
juge de porte 279
juge de service 302
juge de touche 297, 301
juge en chef 279
juges 274, 275
juges de virages 277
jugulaire 263, 298
jumeau 95
jupe 118, 279
jupe droite 118
jupe-culotte 119
jupette 303
Jupiter 6
jupon 119
justaucorps 122

K

kangourou, morphologie 76
karaté 305
karatégi 305

karatéka 305
kayak 279
kérosène 181
kettle 28
kiosque 255, 261
kiwi 113
koala 76
kora 225
kumquat 112

L

la 222
laboratoire américain 14
laboratoire européen 14
laboratoire japonais 14
laboratoire spatial 15
lac 9, 22, 28, 30
lac salé 29
laccolite 27
lacet 122, 125, 286, 291
lacet de serrage 127
lagune 31
laitue asperge 106
laitue frisée 106
laitue iceberg 106
laitue pommée 106
lama 87
lame 155, 161, 162, 163, 210, 214, 284, 285, 286
lame de scie circulaire 162
lame porte-objet 167
lamelle 47
lampadaire 157
lampe 167
lampe à économie d'énergie 156
lampe à incandescence 156, 173
lampe d'architecte 157
lampe de bureau 157
lampe de chevet 266
lampe de table 157
lampe portative 263
lampe-tempête 311
lampe-torche 265
lampes témoins 188, 239
lance à eau 263
lancéolée 49
lancer 292
lanceur 290, 292
lanceur spatial 16
lanceur spatial (Ariane V), coupe 16
lanceurs spatiaux, exemples 16
langouste 58
langoustine 58
langue 60, 96, 102
langue bifide 67
langue glaciaire 29
languette 122, 125, 286, 289
lanterne de pied 157

lanterneau 135
lanterneau de la cage d'escalier 139
lanterneau de la salle de bains 139
lapin 77
lapis-lazuli 129
larve 61
larynx 97
latitude 12
latrines 218
latte 179, 278
lavabo 154
lave-auto 261
lave-linge 160
lave-vaisselle 143
laveuse 160
lecteur de CD/DVD 316
lecteur de carte 245
lecteur de cassette 242, 243
lecteur de CD/DVD-ROM 246
lecteur de disque compact 237, 241, 242, 247
lecteur de disquette 233, 246
lecteur de DVD vidéo 240
lecteur optique 257
lecture 239
légumes 103, 256
légumes bulbes 103
légumes feuilles 106
légumes fleurs 105
légumes fruits 107
légumes racines 104
légumes tiges 105
légumes tubercules 104
légumier 145
légumineuses 108
lémurien 83
lentille 269
lentille objectif 12
lentilles 108
léopard 81
levier 130, 132, 162
levier de clé 231
levier de dégagement 162
levier de frein à main 188
levier de vibrato 228
levier de vitesse 188
lèvre 79, 85
lèvre inférieure 102
lèvre supérieure 60, 102
lézard 69
liaison 223
libellule 63
liber 53
libero 299, 300
librairie 258
lichen 47
lièvre 77
ligament alvéolo-dentaire 94
ligne 222, 299
ligne bleue 284
ligne câblée 249
ligne centrale 285
ligne d'attaque 299
ligne de but 284, 293, 296, 298

ligne de centre 293, 297, 298
ligne de côté 299
ligne de croissance 57
ligne de distribution à basse tension 176
ligne de distribution à moyenne tension 176
ligne de double 302
ligne de fond 277, 295, 296, 299, 303
ligne de jeu 281, 290, 316
ligne de lancer franc 295
ligne de mêlée 297
ligne de retrait 292
ligne de sécurité 255
ligne de service 303
ligne de simple 303
ligne de surface de réparation 300
ligne de touche 293, 294, 296, 301
ligne de visée 312
ligne dédiée 248
ligne des 22 m 293
ligne des 5 m 293
ligne des verges 296
ligne discontinue 182
ligne latérale 65
ligne médiane 294, 301
ligne médiane de service 303
ligne méridienne 312
ligne sous-marine 248
ligne supplémentaire 222
ligne téléphonique 248
ligneur 133
limbe 47, 49
lime 112, 132, 311
limes-émeri 132
limite de retour 292
limite du batteur 292
limousine 186
linéaire 49
linteau 136, 158
lion 81
lis 50
lisse 198
lit 142, 189, 310
lit à barreaux 141
lit d'hôpital 266
lit de camp pliant 310
litchi 113
literie 142
lithosphère 41
litière 53
littoral, configuration 31
livrée 292
loafer 125
lobe 73
lobé 49
lobe du nez 102
lobe inférieur 97
lobe moyen 97
lobe supérieur 97
local d'entreposage 265
local d'entreposage du matériel 268

local d'entretien 268
local technique 182
locaux administratifs 253
locaux de service 219
locomotive diesel-électrique 196
loge 111, 112
loge privée 272
logement de la cassette 240
logiciel de courrier électronique 248
long péronier latéral 95
longeron 206
loquet 152
losange 172
louche 148
loup 80
loupe 167, 311
loupe et microscopes 167
loutre de rivière 80
lucarne 134
luette 102
lugeur 287
lumière 12
lumières de but 285
luminaires 157
Lune 6, 8, 9
Lune, éclipse 9
Lune, phases 10
Lune, relief 9
Lune, cadran des phases 168
lunette astronomique 12
lunette astronomique, coupe 12
lunettes 128, 287, 308
lunettes de nage 276
lunettes de protection 306
lunettes de ski 289
lunettes de soleil 128
lunettes, parties 128
lunule 101
lupin 108
lustre 157
lutte 304
lutteur 304
luzerne 108
lynx 81
lyre 225
lysosome 56

macaque 83
mâche 106
mâchicoulis 220
machine à combustible 177
machine à coudre 214
machinerie lourde 209
mâchoire 60
mâchoire dentée 162
mâchoire fixe 162
mâchoire incurvée 162
mâchoire mobile 162

magasin à rayons 259
magasin d'articles de sport 259
magasin d'électronique 258
magasin de bricolage 258
magasin de cadeaux 258
magasin de chaussures 259
magasin de décoration 259
magasin de jouets 258
magasin de lingerie 258
magasin de prêt-à-porter 258
magma 27
magnésie 275
magnétophone à cartouches 237
magnétophone à cassette numérique 237
magnétoscope 240
mail 258
mailloche 225, 232
mailloches 232
maillot 295, 308
maillot d'équipe 291, 293, 298, 301
maillot de bain 122, 276
maillot de corps 291
main 83, 91, 101
Maine coon 79
mains, protection 320
maison 134
maison à deux étages 216
maison de plain-pied 216
maison en adobe 215
maison jumelée 216
maison romaine 218
maison sur pilotis 215
maison, ameublement 140
maison, éléments 136
maison, extérieur 134
maison, principales pièces 138
maisons de ville 216
maisons en rangée 216
maisons traditionnelles 215
maître d'hôtel 260
majeur 101
malaire 92, 93
malanga 104
malle 127
mallette porte-documents 126
mamelle 84
mamelon 90
mammifères carnivores, exemples 80
mammifères insectivores, exemples 76
mammifères marins 88
mammifères marins, exemples 88
mammifères marsupiaux 76
mammifères ongulés 84
mammifères ongulés, exemples 86
mammifères primates 83

mammifères primates, exemples 83
manche 128, 131, 133, 146, 161, 162, 163, 227, 228, 229, 278, 282, 285, 291, 292, 293, 302
manche à balai 203, 247
manche rotatif 247
manches à balai 316
manchon 163, 278
manchon de câble 162
manchot 75
mandarine 112
mandibule 60, 62, 65
mandoline 225
mandrin 162
manette 151
manette de dérailleur 195, 308
manette de jeu 316
manette des gaz 247
mangouste 80
mangue 113
manioc 104
manomètre 267
manœuvre de la pelleteuse 209
mante religieuse 63
manteau 57, 119, 158
manteau inférieur 24
manteau supérieur 24
manuel de premiers soins 267
maquillage 133
maquilleuse 272
maquis 40
marchand de journaux 259
marche/arrêt 243
marche/arrêt/volume 242
marchepied 163, 192, 203
marchepied latéral 197
margose 107
maritime, transport 181, 200
marmite 149
marmotte 77
maroquinerie 258
marque centrale 302
marques de circulation 205
marqueur 271, 294, 299, 305
marqueurs 305
marquise 201
marron 113
Mars 6
marsouin 89
marteau 100, 226
marteau de charpentier 161
marteau de menuisier 161
martin-pêcheur 75
mascara liquide 133
masque 279, 284, 291, 292, 298
masque complet 263
masse 26
masse, mesure 170
masséter 95
massif 135

massif d'ancrage des câbles 183
massif montagneux 22
mât 198, 218, 238, 278
mât d'artimon 201
mât de beaupré 201
mât de misaine 201
mât rotor 203
matelas 141, 142, 310
matelas autogonflant 310
matelas mousse 310
matelas pneumatique 310
matériel de camping 311
matériel de laboratoire 166
matière inorganique 41
matières corrosives 320
matières dangereuses 320
matières explosives 320
matières inflammables 320
matières radioactives 320
matières toxiques 320
matraque télescopique 265
maxillaire 65
maxillaire basculant 67
maxillaire inférieur 92, 93
maxillaire supérieur 92, 93
mazout domestique 181
mazout léger 181
mazout lourd 181
méandre 30
mécanique d'accordage 228, 229
mécanisme d'octave 231
mèche 227
mèche hélicoïdale 162
mèche hélicoïdale à âme centrale 162
médaillon 129
médecin 266, 304
médiator 225
méditerranéen 34
mélangeur 150
mélangeur à main 150
mélèze 55
melon 124
melon brodé 113
melon d'hiver chinois 107
melon miel 113
melons 113
membrane 241
membrane alaire 82
membrane cytoplasmique 56
membrane du tympan 100
membrane nucléaire 56
meneur de jeu 294
menton 72, 90
mentonnière 191, 227, 263, 287
menu 260
méplat 214
mer 9, 22, 30
Mer Caspienne 19
Mer de Béring 19
Mer de Chine méridionale 19
Mer des Antilles 18
Mer du Groenland 19

Mer du Nord 19
Mer Méditerranée 19
Mer Noire 19
Mer Rouge 19
Mercure 6
méridien de Greenwich 20
méridien est 20
méridien ouest 20
mésocarpe 109, 110, 111, 112
mésopause 32
mésosphère 32
mesure à deux temps 222
mesure à quatre temps 222
mesure à trois temps 222
mesure de l'humidité 39
mesure de la direction du vent 39
mesure de la masse 170
mesure de la pluviosité 39
mesure de la pression 39
mesure de la température 39, 169
mesure de la vitesse du vent 39
mesure du temps 168
mesure, appareils 168
mesures 222
métacarpe 92
métamorphose de la grenouille 66
métatarse 92
météorologie 32
météorologie, instruments de mesure 39
mètre à ruban 161, 214
meubles d'enfants 141
meubles de rangement 141
mezzanine 138, 139, 254
mi 222
micro 229
micro de fréquences aiguës 228
micro de fréquences graves 228
micro de fréquences moyennes 228
micro-ordinateur 246
microfilament 56
microphone 237, 238, 240, 244, 245, 247, 265
microscope 167
microscope binoculaire 167
mihrab 219
milieu défensif 300
milieu offensif droit 300
milieu offensif gauche 300
Mimas 7
minaret 219
minbar 219
minibus 190
Miranda 7
mire 281, 312
mire de réglage 238
miroir 154, 167, 269, 312
miroir de courtoisie 188
miroir de lecture 17

miroir primaire concave 12
miroir secondaire 12
misaine 201
mise en balles 46
mise en marche 245
mitaine 123, 284
mitochondrie 56
mocassin 125
mode d'emploi 261
mode d'entraînement du film 235
mode d'exposition 235
mode de mise au point 235
mode magnétoscope 239
mode télévision 239
modem 248
modem-câble 249
modification fine des variables 233
modification rapide des variables 233
modulation de la hauteur du son 233
modulation du timbre du son 233
module d'habitation américain 14
module de photopiles 173
module russe 14
moelle 53
moelle épinière 97
moineau 74
molaire, coupe 94
molaires 94
molette 162
molette de réglage près/loin 240
mollet 91
mollusques 57
monocle 128
montagne 28, 34
montant 140, 163, 275, 286
montant de bâti 141
montant de ferrage 136
montant de la serrure 136
montant de rive 137
montant latéral 185
montant rembourré 295
monte-boules 281
montée arrière 280
monticule 290
montre à affichage analogique 168
montre à affichage numérique 168
montre mécanique 169
moraillon 127
moraine de fond 29
moraine frontale 29
moraine latérale 29
moraine médiane 29
moraine terminale 29
mordant 223
morphologie de l'araignée 59
morphologie de l'escargot 57
morphologie de l'oiseau 72

morphologie de la chauve-souris 82
morphologie de la grenouille 66
morphologie de la perchaude 65
morphologie de la perche 65
morphologie de la tortue 67
morphologie du chat 79
morphologie du cheval 84
morphologie du chien 78
morphologie du dauphin 88
morphologie du gorille 83
morphologie du homard 58
morphologie du kangourou 76
morphologie du papillon 62
morphologie du rat 77
morphologie du requin 64
mors 132, 162
morse 88
mosaïque 218
mosquée 219
moteur 162, 165, 191
moteur de manœuvre 15
moteur diesel 197, 209, 210
moteur principal 15
moteur-fusée 16
motif 121
moto 191
moto de motocross et supercross 306
moto de tourisme 191
moto tout-terrain 191
motocyclisme 306
motrice 198, 199
mouche 63
moufette 80
moufle 123
mouflon 86
moule 57
moule à muffins 148
moulin tour 179
moulure de pare-chocs 184
mousse 47
mousse à raser 131
moustaches 79
moustique 63
mouton 86, 280
mouvement horizontal du sol 26
mouvement rotatif de la turbine 176
mouvement vertical du sol 26
moyeu 179, 195
moyeu rotor 203
Mt Everest 32
muguet 51
mulot 77
mur 309
mur d'arrivée 276
mur de l'œil 37
mur de la qibla 219
mur de nuages 37
mur de virage 277
mur fortifié 219

mur latéral 276
mûre 109
musaraigne 76
muscles 95
museau 64, 66, 76, 78, 79
musée 251
musique 222
mycélium 47
myrtille 109

nacelle 179
nage sur le dos 277
nageoire anale 64, 65
nageoire caudale 58, 64, 65, 88
nageoire dorsale 64, 88
nageoire pectorale 64, 65, 88
nageoire pelvienne 64, 65
nages, types 277
naos 217
nappe phréatique 30, 45
narine 64, 65, 66, 67, 72, 102
narval 89
nasal 93
naseau 85
natation 276
navet 104
navette ferroviaire 252
navette spatiale 14, 32
navette spatiale au décollage 14
navigateur 248
navire porte-conteneurs 200
ne pas utiliser avec un fauteuil roulant 319
NEAR 13
nectarine 110
nef centrale 219
nèfle du Japon 111
neige 36
neiges éternelles 28
Neptune 7
nerf 101
nerf cochléaire 100
nerf vestibulaire 100
nervure 62, 210
nervure d'aile 206
nervure d'emplanture 206
nervure principale 49
nervure secondaire 49
nettoyage des tenues d'intervention 262
nettoyeur 259
névé 29
nez 77, 90, 206
nez basculant 208
nez, parties externes 102
niche de sécurité 182
nid à couvain 61
nid d'ange 121
nimbo-stratus 35

niveau à bulle 161
niveau d'eau 151
niveau de la mer 24, 32
nivomètre 38
noire 223
Noirs 314
noisette 113
noix de cajou 113
noix de coco 113
noix de pacane 113
noix de serrage 166
noix du Brésil 113
nom de domaine 248
nom de la station 254
nombril 90
Nord 23
Nord Est 23
Nord Nord-Est 23
Nord Nord-Ouest 23
Nord Ouest 23
notation algébrique 314
notation musicale 222
nouvelle Lune 10
noyau 8, 10, 56, 110
noyau externe 24
noyau galactique 11
noyau interne 24
noyer 54
nœud 48
nœud papillon 116
nœud plat 124
nuage 32, 36
nuage de cendres 27
nuage en entonnoir 37
nuages 35
nuages à développement vertical 35
nuages de basse altitude 35
nuages de haute altitude 35
nuages de moyenne altitude 35
nucléole 56
numéro d'autoroute 23
numéro de la pompe 261
numéro de route 23
numéro du joueur 284, 295, 298
nuque 72, 91
nymphe 61

O

oasis 29
Obéron 7
obi 305
objectif 167, 235, 247
objectif zoom 235, 240
objets personnels 123
observation astronomique 12
obstacle d'eau 282
occipital 93
océan 9, 22, 42
Océan Arctique 18

Océan Atlantique 18
Océan Indien 19
Océan Pacifique 18
Océanie 19
océanique 34
octave 222
octogone régulier 172
oculaire 12, 167
oculaire coudé 12
odorat 102
œil 79
office 206
officiels 293
oie 75
oignon à mariner 103
oignon blanc 103
oignon jaune 103
oignon rouge 103
oignon vert 103
oiseau 72
oiseau aquatique 73
oiseau de proie 73
oiseau échassier 73
oiseau granivore 73
oiseau insectivore 73
oiseau percheur 73
oiseau, morphologie 72
oiseaux 72
okapi 87
oléoduc 181
oléoduc sous-marin 181
olive 107
ombre 168
ombre à paupières 133
omoplate 91, 92
onde de choc 180
onde sismique 26
ongle 101
onglet 311
opale 129
opercule 65
opossum 76
opticien 259
orage 36
orang-outan 83
orange 112, 211
orange, coupe 112
orbiculaire des paupières 95
orbite lunaire 8, 9
orbite terrestre 8, 9
orbiteur 14, 15
orchestre symphonique 234
orchidée 50
ordinateur 268
ordinateur de bord 188
ordinateur de bureau 248
ordures ménagères 44, 45
oreille 79, 82, 90, 140
oreille externe 100
oreille interne 100
oreille moyenne 100
oreille, structure 100
oreiller 142
oreillette 245
oreillette droite 98
oreillette gauche 98

organes des sens 100
organisation gouvernementale 249
organisme culturel 249
organisme de santé 249
organismes simples 56
orgue 226
ornements 223
orque 89
orteil 78, 90
ortie 106
os alvéolaire 94
os court 93
os iliaque 92
os long 93
os maxillaire 94
os plat 93
os, types 93
oseille 106
osselets 100
otarie 88
oued 29
Ouest 23
Ouest Nord-Ouest 23
Ouest Sud-Ouest 23
ouïe 100, 227
ouïe, protection 320
ours noir 81
ours polaire 81
oursin 56
outils, sculpture sur bois 213
ouvre-boîtes 147, 150, 311
ouvrière 60
ouvrière, abeille 60
ovaire 50
ovoïde 49
ovule 50
œil 37, 57, 58, 59, 67, 88, 90, 102, 161
œil composé 60, 62
œil simple 60, 62
œillet 51, 122, 125, 127, 286
œilleton 240
œsophage 96, 97
œuf 61, 72
œuf de caille 114
œuf de poule 114
œufrier 152
œufs 66

paddock 280
pagaie double 279
pagaie simple 279
pain blanc 114
pain chapati indien 114
pain multicéréales 114
pain pita 114
pak-choï 106
palais des congrès 250
pale 179
pale de rotor 203

palet 285
palier 139
palissade 220
palme 279
palmée 49
palmeraie 29
palmier 54
palmure 66, 73
palpe labial 60, 62
pamplemousse 112
pan 116
pan arrière 116
pan avant 116
panais 104
panama 124
pancréas 96
panier 151, 291, 295
panier cuit-vapeur 149
panneau 136, 295
panneau de commande 245
panneau de fonctions 245
panneau de l'écran 240
panneau de refroidissement 15
panneau nombre de voies 198
panneau publicitaire 254
panneaux internationaux 317
panneaux nord-américains 318
panneaux solaires 14
pansement adhésif 267
pantalon 116, 122, 291, 298, 305, 306
pantalon molleton 122
pantographe 198, 199
paon 74
papaye 113
papille 101
papillon 62, 277
papillon, morphologie 62
paquebot 200
parachute 14
paraffines 181
parafoudre 175, 176
parallèle 20
parallélépipède 172
parallélogramme 172
paramécie 56
parapet 220
parapharmacie et cosmétiques 257
parapluie 128
parapluie télescopique 128
parapluie-canne 128
paratonnerre 135
parc 250
parc à échelles 263
parc à vélos 269
parc à voitures 252
parc de stationnement 269
parc de stockage 181
parc national 23
parcours 282
parcours pittoresque 23
pare-brise 184, 191, 192, 206

pare-chocs 192
pare-feu 158
pare-soleil 12, 188
paréo 118
parfumerie 258
pariétal 93
parties d'un lit 142
parties d'un bateau 278
parties d'un cercle 171
parties d'une bague 129
parties d'une chaussure 125
parties des lunettes 128
parties externes du nez 102
pas 84
passage à niveau 198
passage d'animaux sauvages 317
passage pour piétons 317, 318
passage supérieur 182
passant 116
passe à billes 174
passe-sangle 312
passerelle 220, 255
passerelle télescopique 205
passoire 147
pastels gras 212
pastels secs 212
pastèque 113
pastilles d'aquarelle 212
pastilles de gouache 212
patate 104
pâtes alimentaires 114
Pathfinder 13
patient 266
patin 203, 284
patin à roues alignées 307
patin antidérapant 163
patin arrière 287
patin avant 287
patin de figure 286
patineur d'eau 63
patineuse 307
patinoire 284
pâtisson 107
patte 67, 116, 126, 291
patte ambulatoire 62
patte anale 62
patte antérieure 60, 62, 66, 76, 78
patte boutonnée 116
patte d'épaule 265
patte de boutonnage 116
patte locomotrice 59
patte médiane 60, 62
patte polo 120
patte postérieure 61, 62, 66, 76
patte ventouse 62
pattes thoraciques 58
pattes, exemples 73
paturon 84
paume 101, 123, 291
paume d'un gant 123
paumelle 137
paupière 67

paupière inférieure 66, 79, 102
paupière interne 79
paupière supérieure 66, 79, 102
pause 223
pause/arrêt sur l'image 239
pavillon 76, 77, 100, 185, 230, 231, 282
pays 22
paysage végétal selon l'altitude 40
pe-tsaï 106
peau 101, 109, 110, 111
peau de batterie 232
pêche 110
pêche, coupe 110
pédale 194, 227, 232, 308
pédale automatique 308
pédale d'accélérateur 188
pédale de chaussage 289
pédale de débrayage 188
pédale de déchaussage 289
pédale de frein 188
pédale de sourdine 226
pédale douce 226, 233
pédale forte 226, 233
pédipalpe 59
pédoncule 50, 109, 110, 111
peigne à tige 130
peigne afro 130
peigne de coiffeur 130
peignoir 119
peinture 211
peinture d'entretien 163
pelage 76, 77, 83
pélican 75
pelle 158, 164, 278
pelle à poussière 159
pelle hydraulique 209
pelleteuse 209
pelote 214
pelouse 135
pendentif 129
penderie 139
pendule 168, 237, 268
pêne demi-tour 136
pêne dormant 136
péninsule 22
pénis 90
pennée 49
pentagone régulier 172
pépin 109, 111, 112
pepperoni 115
perceuse électrique 162
perchaude, morphologie 65
perche 238
perche, morphologie 65
perchiste 273
perdrix 74
perforation 122, 125
péricarpe 112
péristyle 218
péroné 92
peroxyde 267
peroxysome 56

perron 135, 138
persan 79
persienne 137
perte de chaleur 43
pèse-personne 170
peson 170
pesticide 44, 45
pétale 50
pétiole 47, 49
petit bois 137
petit cacatois 201
petit hunier fixe 201
petit hunier volant 201
petit perroquet fixe 201
petit perroquet volant 201
petite lame 311
petits pois 108
Pétri, boîte 166
pétrole 180
pétrolier 181
peuplier 54
phalanges 92
phare 184, 192, 197
phare central 198
phare d'atterrissage 203
pharmacie 258, 319
pharynx 97
phases de la Lune 10
Phobos 6
phoque 88
photographe 258
photographe de plateau 273
photographie 235
photographie, accessoires 235
photopile 173
photosphère 8
piano 234
piano à queue de concert 226
piano droit 226
piano électronique 233
pic 28
piccolo 231, 234
pichet 145
pièce 313
pièces 314
pièces buccales 60
pied 47, 57, 76, 82, 83, 90, 141, 142, 157, 164, 167, 275, 288
pied à perfusion 266
pied arrière 140
pied avant 140
pied de fixation 235
pied de lit 142
pied de mât 278
pied de nivellement 160
pied-mélangeur 150
pierre 129
pierre blanche 315
pierre de Coyolxauhqui 219
pierre noire 315
pierre sacrificielle 219
pierres fines 129
pierres précieuses 129
piètement 140

pieuvre 57
pigeon 74
pignon 113, 134
pignon simple 308
pika 77
pilastre corinthien 218
pilier 26, 221
pilier du voile 102
pilon 148
piment 107
pinacle 221
pince 58, 84, 116, 130, 148, 158, 245
pince à boucles de cheveux 130
pince à cheveux 130
pince à échardes 267
pince à joint coulissant 162
pince avec noix de serrage 166
pince multiprise 162
pince-étau 162
pince-notes 270
pinceau 163, 212
pinçon 84
pinnule 47
pinson 74
Pion 314
Pioneer 13
pipette sérologique 166
pique 313
pique-nique 319
pique-nique interdit 319
piquet 292
piscine 201
piscine creusée 135
piscine de déchargement du combustible irradié 177
piscine de stockage du combustible irradié 177
piscine enterrée 135
piscine hors sol 135
pissenlit 106
pissette 166
pistache 113
piste d'avertissement 291
piste d'élan 281
pistes d'élan 274
pistil 50
pistolet 265
pistolet arrosoir 165
pistolet de distribution 261
piston 230
pivot 214, 294, 312
plafond cathédrale 139
plafonnier 157
plage 31
plage arrière 201
plage avant 200
plaine 22, 30
plaine fluvio-glaciaire 29
plan de travail 143
plan du terrain 135
plan, élévation 138
planche à roulettes 307
planche à voile 278

planche de pied 278
planche de vol 61
plancher 191
planchiste 307
planètes 6
planisphère 18
plante, structure 48
plaque antifriction 289
plaque chauffante 151
plaque costale 67
plaque de commutateur 155
plaque de montage 156
plaque de protection 228, 306
plaque marginale 67
plaque supra-caudale 67
plaque tournante 183
plaque vertébrale 67
plaque-numéro 306
plaquette 98
plaqueur droit 296
plaqueur gauche 296
plasma 98
plastron 67, 291, 298
plat 292
plat à poisson 145
plat ovale 145
plate-forme 170, 276, 307
plate-forme de production 180
plate-forme élévatrice automotrice 205
plateau 22, 28, 103, 127, 141, 170, 238, 308, 313
plateau de chargement 240
plateau de clavier 226
plateau de tournage 273
plateau pour accessoires 12
plateau simple 308
plateau, télévision 238
platine 167
platine cassette 237, 241
platine de projection 269
platine tourne-disque 237, 241
plats à rôtir 149
pleine Lune 10
pli 116
pli plat 116
plie commune 65
plinthe chauffante électrique 158
plongée sous-marine 279
plongeon de départ 277
plongeur 279
plot de départ 276
pluie 36
pluie forte 36
pluie verglaçante 36
pluies acides 45
plume 26, 270
Pluton 7
pluviomètre à lecture directe 38, 39
pluviomètre enregistreur 38, 39
pluviosité, mesure 39

pneu 185, 192, 195, 308
pneu à crampons 306
pneumatique de guidage 199
pneumatique porteur 199
poche 76, 281, 283
poche cavalière 116
poche extérieure 126
poche frontale 127
poche passepoilée 120
poche poitrine 116
pochette 126
pochette d'homme 127
podium des épreuves 274
poêle 311
poêle à frire 149
poids 168, 170
poignée 126, 127, 128, 131, 142, 151, 152, 153, 159, 161, 162, 163, 191, 199, 227, 242, 278, 282, 287, 288, 289, 302
poignée auxiliaire 162
poignée de départ (dos) 276
poignée de frein 195, 308
poignée de porte 136, 185
poignée de douche 165
poignée montoir 192
poignée profilée 130
poignée rentrante 126
poignée-pistolet 162
poignet 78, 82, 91, 101, 116
poil 101, 133
poils absorbants 48
poinçon 311
point 313
point d'amure 278
point d'articulation 209
point d'attache 49, 59
point d'écoute 278
point d'information 259
point d'orgue 223
point de handicap 315
point de mise au jeu 285
point de réparation 300
point de repère 281
point indicateur de température 130
pointage de l'épreuve en cours 275
pointes 31, 49, 146, 161, 162, 214, 227, 270, 286, 289, 316
pointe de col 116
pointe de ski 288
pointeur 312
poire 111
poire à jus 148
poireau 103
pois cassés 108
pois chiches 108
pois mange-tout 108
poissonnerie 257
poissons cartilagineux 64
poissons osseux 65
poitrail 85
poitrine 72
poivrière 144
poivron jaune 107

poivron rouge 107
poivron vert 107
Polaroid® 236
pôle Nord 0, 20
pôle Sud 20
police 319
polluants atmosphériques 45
polluants non biodégradables 44
pollution agricole 44
pollution automobile 45
pollution de l'air 44
pollution de l'eau 45
pollution domestique 44
pollution du sol 44
pollution industrielle 44
pollution par le pétrole 45
polo 120, 303
polochon 142
polojama 121
polygones 172
pomelo 112
pomme 111
pomme d'Adam 90
pomme de douche 154
pomme de terre 104
pomme, coupe 111
pommeau 291
pompe 194
pompe de caloportage 177
poncho 118
pont 128
pont à poutre 183
pont bain de soleil 201
pont basculant à double volée 183
pont cantilever 183
pont de Varole 97
pont en arc 183
pont flottant 183
pont roulant 175
pont supérieur 206
pont suspendu à câble porteur 183
pont tournant 183
pont-levis 220
pont-promenade 201
ponton 183, 306
ponts fixes 183
ponts mobiles 183
porc 86
porc-épic 77
porche 135, 219
pore sudoripare 101
port maritime 200
portail 221
portant 279
porte 152, 153, 206, 219
porte accordéon 136
porte automatique 252
porte classique 136
porte coulissante 136, 154
porte de la soute 14
porte du parcours 279
porte en descente 279
porte en remontée 279

INDEX FRANÇAIS

337

porte étagère 152
porte latérale 199
porte moustiquaire 189
porte pliante 136
porte-adresse 127
porte-bagages 189, 191, 194
porte-bidon 195
porte-bûches 158
porte-clés 126
porte-documents à soufflet 126
porte-documents plat 126
porte-fenêtre 138, 139, 143
porte-fusible 176
porte-matraque 265
porte-mine 271
porte-monnaie 126
porte-parapluies 128
porte-poussière 159
porte-rouleau 154
porte-sac 283
porte-savon 154
porte-serviettes 154
porte-stylo 126
porte-tube 167
portée 222
portefeuille 126
portes d'entrée 272
portes, exemples 136
portière 185
portique 174, 175, 219
portique de chargement de conteneurs 200
ports pour carte mémoire 316
ports pour manette 316
position des joueurs 290, 294, 300
poste à clavier 245
poste de carburant 319
poste de communication 199
poste de contrôle 264
poste de pilotage 203, 206
poste de police 264
poste de secours 182
poste de surveillance 263
poste sans cordon 245
poste téléphonique 244
postillon 315
pot d'échappement 191
poteau 302
poteau de but 296
poteau de ligne de jeu 291
poteau du ring 304
potence 167, 195
potiron 107
pou 63
poubelle 159
pouce 73, 82, 101, 123, 291
pouce opposable 83
poudre pressée 133
pouf 140
poule 75
poulie 163
poumon droit 97
poumon gauche 97
poupe 201, 278

pourpier 106
pousse 48
pousse de bambou 105
poussin 75
poussoir 150
poussoir d'arrêt 168
poussoir d'ouverture 128
poussoir de mise en marche 168
poussoir de remise à zéro 168
poutre 215, 274, 275
poutre d'équilibre 275
poutre de levage 193
poutre de queue 203
prairie 22
prairie tempérée 40
praticable pour exercices au sol 274
précipitation 42
précipitations 36
prémaxillaire 65
premier arbitre 299
premier but 290
premier croissant 10
premier espace 295
premier quartier 10
premier-but 290
première molaire 94
première prémolaire 94
premières feuilles 48
premiers soins 319
premiers soins, fournitures 267
premiers violons 234
prémolaires 94
préposé au banc des pénalités 284
préposé au contrôle des billets 272
près du ring 304
présentoir réfrigéré 260
presse-agrumes 147, 151
pressing 259
pression devant 121
pression, mesure 39
prévention de la criminalité 264
prévention des incendies 262
prévision météorologique 38
principales pièces d'une maison 138
principaux panneaux internationaux 317
principaux panneaux nord-américains 318
printemps 33
prise casque 233, 242, 243
prise chronométrée 153
prise d'eau 175
prise d'oxygène 266
prise de courant 155
prise de courant européenne 155
prise de la sonde thermique 152

prise de télécommande 235
prise pour écouteurs 246
prix à l'unité 170
prix à payer 170
producteur 273
production d'électricité par énergie nucléaire 178
production d'électricité par l'alternateur 176, 178
production de chaleur 178
production de l'électricité, étapes 176
produits céréaliers 114
produits d'emballage 256
produits d'entretien 256
produits de la raffinerie 181
produits de traiteur 257
produits laitiers 256
produits pétrochimiques 181
produits pour animaux familiers 257
profil du sol 53
profondeur du foyer 26
programmateur 160
programmation des voix 233
projecteur 195, 198, 272, 273
projecteur à faisceau concentré 238
projecteur d'ambiance 238
projecteur d'ambiance sur pantographe 238
projecteur de diapositives 269
projecteur orientable 263
projection conique 21
projection cylindrique 21
projection horizontale 21
projection interrompue 21
projections cartographiques 21
pronaos 217
propulseur 17
propulseur d'étrave 200
propulseurs de commande d'orientation 14
prospection en mer 180
prospection terrestre 180
protecteur d'avant-bras 298
protection 320
protection de l'ouïe 320
protection de la tête 320
protection de la vue 320
protection des mains 320
protection des pieds 320
protection des voies respiratoires 320
protège-côtes 298
protège-cou 298
protège-coude 285
protège-dents 298
protège-gorge 285, 291
protège-hanche 298
protège-lame supérieur 162
protège-main 306
protège-matelas 142
protège-nuque 263

protège-orteils 291
protège-poignet 307
protège-tendon 286
protège-tibia 287, 293, 301
protocole de communication 248
protubérance 8
proue 200, 278
province 22
provision d'eau 176
prune 110
pubis 90
puce 63
puits 217
puits de dérive 278
pull à capuche 122
pull d'entraînement 122
pulpe 94, 109, 110, 111, 112
punaise rayée 63
punaises 270
pupille 79, 102
pupille verticale 67
pupitre 233
pupitre de conduite 196
pupitre de son 237
pupitre du chef d'orchestre 234
puzzle 313
pyjama 119
pylône 183
pylône du moteur 207
pyramide 172, 217
pyranomètre 38
python 68

quadrant 171
quadrilatère 172
quadruple croche 223
quai 200, 255
quai d'embarquement 205
quai de déchargement 259
quai de gare 253
quart de soupir 223
quart-arrière 297
quarte 222
quartier 10, 84, 112
quatre-mâts barque 201
queue 67, 76, 77, 78, 79, 82, 84, 88, 109, 110, 111, 207, 288, 311
queue de poussières 10
queue ionique 10
quille 281
quille-reine 281
quilleur 281
quilleuse 281
quillier 281
quinte 222

R

rabat 312
races de chats 79
races de chiens 78
racine 94, 103
racine du nez 102
racine pivotante 52
racine principale 48
racine secondaire 48
racine traçante 52
racines adventives 47
raclette-gril 151
radar météorologique 38, 206
radiateur 197
radiateur rayonnant 158
radiateur soufflant 158
radiateurs 14
radicelle 48, 52
radicule 48
radio 242, 243
radio portable 242
radio-réveil 242
radis 104
radis noir 104
radis oriental 104
radius 82, 92
raffinage 181
raffinerie 181
raffinerie, produits 181
raie des fesses 91
raifort 104
rail 198
rail d'éclairage 157
rainette 66
rainure 289
raisin 109
raisin, coupe 109
ralenti 239
ramasseur 302
rambarde 307
rame de métro 199, 254
rameau 48, 52, 55
ramequin 144
ramille 52
rampant 217
rampe 138, 139, 217
rampe d'accès 183
rampe de signalisation 265
rampe, planche à roulettes 307
ramure 52
rang 133
râpe 147, 213
rapporteur d'angle 271
raquette algonquine 288
raquette de tennis 302
raquette elliptique 288
raquettes 288
ras-de-cou 120
rasage 131
rasoir à double tranchant 131
rasoir électrique 131
rasoir jetable 131

rat, morphologie 77
râteau 165
raton laveur 80
rayon 59, 128, 171, 195
rayon de miel 61
rayon de miel, coupe 61
rayon épineux 65
rayon médullaire 53
rayon mou 65
rayonnement infrarouge 43
rayonnement solaire 42, 43, 173
rayonnement solaire absorbé 43
rayonnement solaire réfléchi 43
ré 222
réacteur 177, 178
réalisateur 273
rebobinage 235, 239, 243
rebord 153
rebras 123
réceptacle 50, 109
récepteur 244, 245
réception des messages 245
réception du fret 253
receveur 290, 291, 302
receveur éloigné 297
réchaud 149
réchauffement global 43
réchauffeur 177
recherche 249
recherche des canaux 239
récipient 39, 150
rectangle 172
rectangle des instructeurs 290
rectangulaire 310
rectrice 73
rectum 96
recyclage 46
réflecteur 235, 238
réfrigérateur 143, 152, 260
réfrigérateurs 260
refroidissement de la vapeur par l'eau 178
régie 237
registre des aigus 224
registre des basses 224
réglage de l'afficheur 244
réglage de l'écran de l'ordinateur 17
réglage de la balance 229
réglage de la hauteur 275
réglage de la pression d'oxygène 17
réglage de la température 158
réglage de la tonalité 228
réglage de tempo 233
réglage du diaphragme 167
réglage du four 153
réglage du volume 228, 229, 233, 239, 242, 243, 246
réglage du volume des communications 17

réglage en hauteur du condenseur 167
réglage micrométrique (azimut) 12
réglage micrométrique (latitude) 12
règle de couture 214
règle graduée 271, 311
règne animal 56
règne végétal 47
régulateur de pression 149
régulateur de vitesse 188
rehausseur 141
reine 60
reine, abeille 60
reins 84, 91
rejet 53
rejets industriels 45
relief lunaire 9
reliure à anneaux 271
reliure spirale 271
remise 134
remontoir 169
remorque 193, 199
remorque à bagages 205
remorqueur 202
rempart 9, 220
renard 80
rêne 280
renfort de pointe 286
réniforme 49
renseignements 319
repère de distance 280
repère de ligne de marche 312
repère de touche 228, 229
repère de virage de dos 277
répertoire 248
répertoire téléphonique 244
répondeur téléphonique 244
repose-main 247
repose-pied du passager 191
repose-pieds 141, 308
reproduction de clés 259
reptiles 67
requin, morphologie 64
réseau nerveux 94
réservoir 15, 151, 174, 175, 262
réservoir à carburant 192, 196, 203
réservoir à essence 191
réservoir d'air comprimé 197
réservoir d'alcool 169
réservoir d'arrosage 177, 178
réservoir d'hydrogène liquide 16
réservoir d'oxygène liquide 16
réservoir de chasse d'eau 154
réservoir de mercure 169
réservoir externe 14
réservoir magmatique 27
résidente 266
résidus non recyclables 46

résonateur 241
responsable de la sécurité 279
ressort 26, 157, 162, 270, 275
ressort de suspension 196
restaurant 258, 260, 319
restaurants-minute 259
résurgence 30
réticulum endoplasmique 56
retour de l'eau au générateur de vapeur 178
rétroprojecteur 269
rétroviseur 188, 191, 192
rétroviseur extérieur 184
revers 116, 125
revêtement de sécurité 17
revêtement thermique 14
revitalisant capillaire 132
rez-de-chaussée 138
Rhéa 7
rhinocéros 86
rhizome 47
rhubarbe 105
rias 31
ribosome 56
rideau 238
rideau séparateur 266
rifloir 213
rince-bouche 133
ring 304
rivière 22, 30
rivière souterraine 30
riz 114
rizière 44
robe princesse 118
robe tee-shirt 121
robe-polo 118
Roberval, balance 170
robinet 154
robinet de réglage de débit 263
robinets 153
robot de cuisine 150
roc 26
roche mère 53
roches d'intrusion 24
roches ignées 24
roches métamorphiques 24
roches sédimentaires 24
rochet 169
Roi 313, 314
romaine 106
ronde 223
rondelle 285, 289
roquette 106
rorqual 89
rosace 229
rose 51, 221
rose des vents 23
rosée 36
rosette 136
rotor 179
rotor anticouple 203
rotule 92
roue 164, 192, 307, 308
roue d'échappement 169

roue de centre 169
roue de champ 169
roue de secours 189
roue petite moyenne 169
rouge 211
rouge à lèvres 133
rouge orangé 211
rouge violet 211
Rouges 315
rouleau à pâtisserie 148
roulette 127, 141, 307
roulette de défilement 245, 246
roussette noire 82
route 23, 182
route d'accès 204
route secondaire 23
routeur 248
ruban 161
ruban adhésif 293
ruban de bouclage 265
ruban de tissu adhésif 267
rubis 129, 169
ruche 61
rue 250
ruisseau 30
ruissellement 42
rutabaga 104

S

sable 299
sablière 197
sabot 84
sabot à 1 doigt 85
sabot à 2 doigts 85
sabot à 3 doigts 85
sabot à 4 doigts 85
sabots, exemples 85
sac 224
sac à bandoulière 127
sac à dos 312
sac à provisions 127
sac de golf 283
sac de sable 304
sac pour accessoires 281
sac seau 127
sacoche 194
sacrum 92
sacs à provisions 257
saint-bernard 78
saisons, cycle 33
saladier 145
salière 144
salle à manger 138, 201, 260, 262
salle d'arts plastiques 268
salle d'attente 264
salle d'embarquement 253
salle d'entreposage 260
salle d'habillage 272
salle d'informatique 268
salle d'interrogatoire 264

salle de bains 139, 154, 266
salle de classe 268, 269
salle de classe pour élèves en difficultés d'apprentissage 268
salle de commande 174, 177
salle de mise en détention 265
salle de musique 268
salle de prière 219
salle de projection 272
salle de quilles 258
salle de réception 219
salle de rédaction des rapports 264
salle de réunion 263, 269
salle de sciences 268
salle de séjour 138
salle de tir 265
salle de toilettes 138
salle des enseignants 269
salle des machines 174, 175, 201
salon 138
salon de coiffure 258
salon du personnel 264
salopette à dos montant 121
salsifis 104
sandale 125
Sandow® 309
sang, composition 98
sangle 280, 283, 303
sangle de compression 312
sangle de fermeture 312
santé 266
sapeur-pompier 263
saphir 129
sapin 55
sas du laboratoire 15
sas pressurisé 182
satellite 16
satellite artificiel 32
satellite de télécommunications 249
satellite météorologique 38
satellites 6
Saturn V 16
Saturne 7
saucière 144
sauteuse 149
sautoir 129
savane 34, 40
savon de toilette 132
saxhorn 230
saxophone 231
scanneur 247
scaphandre spatial 17
scarole 106
scie circulaire 162
scie de camping 312
scie égoïne 161
science 166
sclérotique 102
scooter 191
score doublé 316
score triplé 316

scorpion 59
scorsonère 104
scripte 273
scrotum 90
sculpture 213
sculpture sur bois 213
sculpture sur bois, étapes 213
seau 159
sébile de remboursement 245
sécateur 164
sèche-cheveux 131
sèche-linge électrique 160
sécheuse 160
séchoir à tuyaux 262
second arbitre 299
second assistant cadreur 272
seconde 222
secondeur extérieur droit 296
secondeur extérieur gauche 296
secondeur intérieur 296
seconds violons 234
secrétariat 269
secteur 171
section de l'identité 264
sécurité 262
segment abdominal 62
sein 90
séisme 26
seizième de soupir 223
séjour 309
sélecteur de coupe 131
sélecteur de fonctions 235
sélecteur de micro 228
sélecteur de mise au point 240
sélecteur de niveau d'eau 160
sélecteur de programme 233
sélecteur de régime 165
sélecteur de rythme 233
sélecteur de stations 242, 243
sélecteur de température 131, 160
sélecteur de vitesse 131, 150
sélecteur de vitesses 191
sélecteur de voix 233
sélecteur télé/vidéo 239
sélecteurs de fonctions 244
sélecteurs de mode 242
sélection des canaux 239
selle 191, 194, 280
selle biplace 191
sellette d'attelage 192
semelle 162, 286, 289
semelle d'usure 122, 125
semelle intercalaire 122
semi-rectangulaire 310
semi-remorque 192
sensibilité du film 235
sépale 50, 109, 111
séparation magnétique 46
séparation papier/carton 46
séparation-classeur 126
septième 222

septum lucidum 97
sérac 29
seringue 266
serpent 67
serpent à sonnette 68
serpent corail 68
serpentin 153
serre 73
serre-joint 161
serre-poignet 303
serre-tête 241, 243
serrure 136, 141
serrure à clé 126
serrure à combinaison 126
serrure de porte 185
sertissure 129
serveur 248, 249, 303
serveur d'accès 249
service à fondue 149
service d'entretien 261
service de colis 253
serviette 126
serviette de toilette 132
seuil 136
shampooing 132
short 121, 293, 295, 301
short boxeur 122
short de boxe 304
si 222
siamois 79
siège 140
siège coulissant 278
siège de l'ambulancier 267
siège de vélo pour enfant 194
siège double 199
siège du barreur 278
siège simple 199
signalisation lumineuse 317, 318
signalisation routière 317
sill 27
sillet 227, 228, 229
sillon naso-labial 102
silos 200
sismogramme 26
sismographe horizontal 26
sismographe vertical 26
sismographes 26
sistre 232
site d'enfouissement 44
sixte 222
skeleton 287
ski 288, 289
ski alpin 289
ski de fond 288
skieur alpin 289
skieur de fond 288
slip de bain 122
slip ouvert 117
smog 45
société 250
socle 26, 157, 158, 166, 168, 170, 179, 247
socle rembourré 295
socque 125
socquette 119

soie 131
soies 163
soigneur 295, 304
soins du corps 132
soja, germes 108
soja, graine 108
sol 222
Soleil 6, 8, 33
Soleil, éclipse 8
Soleil, structure 8
solstice d'été 33
solstice d'hiver 33
sommelier 260
sommet 28
sommier 226
sommier tapissier 142
sonde spatiale 32
sonde thermique 152
sonnerie de passage à niveau 198
sore 47
sortie 61, 182
sortie de l'eau de refroidissement du condenseur 177
sortie de piste à grande vitesse 204
sortie des originaux 245
sortie des tickets 261
sortie du reflux du condenseur 177
soubassement 141
souche 53
soufflet 126, 224
souffleuse à neige 193
soupape 157
soupape d'évacuation 230
soupape de sûreté 178
soupière 145
soupir 223
source 30
source alimentaire fondamentale 41
sourcils 79
sourdine 230
souris à roulette 246
sous-sol 53, 138
soute 14
soute à bagages 203
soute à eau 197
soutien-gorge 119
spatule 148, 287, 288, 289
spatulée 49
sphénoïde 93
sphère 172
sphincter anal 96
spiral 169
spirale 59
spirale centrale 59
spores 47
sports à roulettes 307
sports d'hiver 284
sports de balle 290
sports de ballon 290
sports de combat 304
sports de précision 281

sports de raquette 302
sports équestres 280
sports gymniques 274
sports motorisés 306
spot 157
spot à pince 157
squelette 92
stabilisateur 203, 207, 209, 263, 281
stabilisateur à triple plan vertical 207
stabilisateur de roulis 201
stalactite 30
stalagmite 30
stalle de départ 280
statif 166
station de métro 254
station météorologique 38
station météorologique d'aéronef 38
station météorologique océanique 38
station météorologique sur bouée 38
station spatiale internationale 14
station terrestre 38
station terrestre de télécommunications 249
station-relais à micro-ondes 248
station-service 261
stationnement 269, 282
steppe 34
sterne 75
sterno-cléido-mastoïdien 95
sternum 92
stéthoscope 266
stigmate 50, 62
stimulateur de gencives 133
stipule 49
stop 78
stoppeur 300
strato-cumulus 35
stratopause 32
stratosphère 32
stratus 35
structure anti-tonneau 306
structure d'un arbre 52
structure d'un champignon 47
structure d'une feuille 49
structure d'une fleur 50
structure d'une fougère 47
structure d'une plante 48
structure de l'oreille 100
structure de la biosphère 41
structure de la Terre 24
structure de lancement multiple 16
structure du Soleil 8
studio 237
style 50, 109, 110, 111, 168
stylo-bille 270
stylo-plume 270
subarctique 34

subtropical humide 34
sucrier 144
Sud 23
Sud Est 23
Sud Ouest 23
Sud Sud-Est 23
Sud Sud-Ouest 23
supermarché 256, 259
support 39, 130, 149
support à tuyau 262
support de fixation 12, 157
support de lisse 198
support de panneau 295
support de pouce 231
surf alpin 287
surf des neiges 287
surface centrale de lutte 304
surface de but 300
surface de coin 301
surface de combat 305
surface de cuisson 153
surface de frappe 291
surface de la peau 101
surface de protection 304
surface de réparation 300
surface de sécurité 305
surface pressée 243
surface verticale 307
surfeur 287
surpiqûre 125
suspension 157, 199
suspension arrière 308
suspente 183
suture coronale 93
symboles d'usage courant 319
symboles de sécurité 320
symboles, cartes 313
symboles, protection 320
synthétiseur 233
syntoniseur 241
système audio 188
système de climatisation 43
système de jeux vidéo 316
système de lubrification 197
système nerveux 97
système nerveux central 97
système racinaire 48
système routier 182
système solaire 6

T

T.G.V. 198
tabagie 258
table à langer 141
table d'harmonie 226, 227, 229
table de chevet 266
table de cuisson 143
table de lit 266
table de service 260
table de travail 153
tableau 268

tableau d'affichage 268, 305
tableau d'affichage des vols 253
tableau de bord 188
tableau de classement général 274
tableau de commande 152, 153, 160
tableau des scores 316
tableau horaire 253
tableau indicateur 280
tableau marqueur 281
tablette 158
tablette de verre 152
tablier 183, 191, 304
tablinum 218
tabouret 140, 143, 304
tabouret de bar 260
tabouret-bar 140
tache 8
taie d'oreiller 142
taille 91
taille-crayon 270
tailleur 118
talkie-walkie 265
talon 84, 91, 122, 125, 227, 229, 285, 286, 287, 288, 289, 291, 302
talonnette de dessus 125
talonnière 288, 289
tam-tam 232
tambour d'aisselle 225
tambour de basque 232
tamia 77
tamis 288, 302
tandem 195
tapis 304, 305
tapis de réception 274
tapis de selle 280
tapis de sol cousu 309
tapis de souris 246
tapis roulant 252
taro 104
tarse 73, 92
tasse 311
tasse à café 144
tasse à mesurer 148
tasse à thé 144
taupe 76
té 282
tectrice sous-caudale 73
tectrice sus-alaire 72
tectrice sus-caudale 73
tégument de la graine 110
télécommande 239
télécopieur 245
télémanipulateur 14
téléphone 319
téléphone portable 245
téléphone public 245, 259, 260
télescope 12
télescope spatial Hubble 32
télescope, coupe 12
télésouffleur 238
téléviseur 239, 268

INDEX FRANÇAIS

341

télévision 238
telson 58
témoin de clignotants 188
témoin des feux de route 188
tempe 90
température ambiante 158
température désirée 158
température, mesure 39, 169
temple aztèque 219
temple de Huitzilopochtli 219
temple de Tlaloc 219
temple grec 217
temporal 92, 93
temps, mesure 168
tennis 125, 302
tenseur du fascia lata 95
tensiomètre 266
tentacule 57
tentacule oculaire 57
tentacule tactile 57
tente canadienne 309
tente deux places 309
tente dôme 309
tente familiale 309
tente grange 309
tente igloo 309
tente individuelle 309
tente rectangulaire 309
tente-caravane 189
tenue d'exercice 122
tenue d'intervention 262
termes familiers 109, 110, 111, 112
termes techniques 109, 110, 111, 112
terminaison nerveuse 101
terminal à céréales 200
terminal à conteneurs 200
terminal de paiement électronique 257
terminal de vrac 200
terminal pétrolier 200
termite 63
terrain 290, 292, 293, 294, 299, 300, 315
terrasse 134, 253
Terre 6, 8, 9
Terre, structure 24
terre-plein central 182
tertre de départ 282
têtard 66
tête 10, 57, 60, 62, 79, 82, 91, 131, 133, 161, 214, 227, 228, 229, 282, 288, 293, 302
tête d'attelage 197
tête de frappe 161
tête de gondole 257
tête de lit 141, 142
tête de mât 278
tête de projection 269
tête de rotor 203
tête, chauve-souris 82
tête, protection 320
Téthys 7
têtière 136
théière 145

thermomètre 169
thermomètre à maxima 39
thermomètre à minima 39
thermomètre médical 169
thermopause 32
thermosphère 32
thermostat 151, 158
thermostat d'ambiance 158
thon 65
thorax 60, 62, 90
tibia 73, 82, 92
tierce 222
tige 48, 103, 161, 166, 169, 214, 286, 288
tige de selle 194
tige du poil 101
tigre 81
timbale 232
timbales 234
tipi 215
tique 59
tir à l'arc 281
tirant des cordes 304
tire-bouchon 311
tire-bouchon à levier 147
tire-racine 164
tire-veille 278
tiroir 141, 143, 153
tisonnier 158
tissu adipeux 101
tissu conjonctif 101
Titan 7
Titan IV 16
Titania 7
titres et horaires des films 272
toile 128
toile d'araignée 59
toile de saut 275
toilette 139, 154, 266
toilettes 259, 260, 269
toilettes des officiers 262
toilettes des pompiers 262
toilettes du personnel 264
toilettes femmes 272
toilettes hommes 272
toilettes pour dames 319
toilettes pour hommes 319
toit 61, 135, 189
toit cathédrale 139
toit ouvrant 185
toiture 61
tomate 107
tomate en grappe 107
tomatille 107
tombolo 31
tondeuse 130, 131
tondeuse à moteur 165
topaze 129
topinambour 104
toque 124
torchon 159
tore 172
tornade 37
torrent 28
tortilla 114

tortue 67
tortue, morphologie 67
totalisateur journalier 188
toucan 74
touche 224, 226, 227, 228, 229
touche d'appel 245
touche d'éjection 316
touche de correction 245
touche de fin d'appel 245
touche de raccord d'enregistrement 240
touche de sélection 245
toucher 101
touches d'action 316
touches de fonctions 170
touches directionnelles 316
toundra 34, 40
toupet 85
Tour 314
tour 179, 221
tour d'angle 220
tour d'habitation 216
tour de contrôle 204
tour de coquille 57
tour de cou 116
tour de flanquement 220
tourelle 209, 220, 263
tourelle porte-objectifs 167
tourmaline 129
tournant de club-house 280
tournesol 51
tournevis 161, 311
tournevis cruciforme 311
tourniquet d'accès 254
tourniquet de sortie 254
traçage 213
trachée 97
tracteur 192, 205, 209
tracteur à chenilles 210
tracteur de piste 205
tracteur routier 192
train 196
train à grande vitesse 198
train d'atterrissage avant 205
train d'atterrissage principal 207
train routier 193
traîneau 287
trait de mise au jeu 296
traitement des données 38
trampoline 275
tramway 199
tranchant 146, 214
transactions financières 249
transbordeur 200, 202, 253
transformateur 157, 175, 176, 177
transformation de l'eau en vapeur 178
transmission de la chaleur à l'eau 178
transmission du mouvement au rotor 176
transpiration 42
transplantoir 164
transport aérien 203

transport de l'électricité 176, 178
transport de l'électricité à haute tension 176
transport de l'énergie à la tension de l'alternateur 176
transport ferroviaire 196
transport maritime 181, 200
transport par taxi 319
transport routier 182
transport vers les usagers 176
trapèze 95, 172
travaux 317, 318
travée centrale 183
travée latérale 183
traverse 198
traverse médiane 140
traverse supérieure 140
traverse supérieure d'ouvrant 137
traversée de transformateur 174, 175
traversin 142
trèfle 313
treillis 241
tremplin 135, 274
trépied 12, 232
trépied de caméra 238
trépied de perche 238
treuil 193
tri des métaux 46
tri du papier/carton 46
tri du plastique 46
tri du verre 46
tri manuel 46
tri optique 46
tri sélectif des déchets 46
triangle 172, 232, 234
tribord 200
tribune des juges 280
tribune du public 280
triclinium 218
tricots 120
tricycle d'enfant 195
trifoliée 49
trille 223
tringle de pédale 226
triple croche 223
Triton 7
triton 66
trois-portes 186
troisième but 290
troisième-but 290
trombone 230
trombones 234, 270
trompe 62
trompe d'Eustache 100
trompette 230
trompettes 234
tronc 52, 66
tronc, coupe transversale 53
trop-plein 154
tropical humide 34
tropical humide et sec (savane) 34

tropique du Cancer 20
tropique du Capricorne 20
tropopause 32, 43
troposphère 32
trot 84
trotteuse 168
trottoir 135
trou 282
trousse de secours 265, 267
truffe 79
truite 65
tuba 230, 234, 279
tube 12, 130, 156
tube à essai 166
tube capillaire 169
tube d'ajustement 274
tube d'alimentation en air 263
tube d'aquarelle 212
tube de gouache 212
tube de Pitot 306
tube de poussée 270
tube fluorescent 156
tube porte-oculaire 12, 167
tuile 217, 218
tulipe 51
tunique 103
tunnel 254
tunnel de communication 14
tunnel routier 182
tuque 124
turbine 177
turboréacteur 207
turquoise 129
tuyau 262
tuyau d'air 279
tuyau d'échappement 210
tuyau d'insufflation 224
tuyau de refoulement 262
tuyère 14, 16, 203
tuyère à section variable 208
tympan 66, 217, 221
type de carburant 261
types d'avirons 278
types d'éclipses 8, 9
types d'os 93
types de déplacements 314
types de nages 277
types de volcans 27

U

Umbriel 7
uniformes 262
unisson 222
Uranus 7
uropode 58
usager domestique 249
ustensiles de cuisine 147
utilisations d'Internet 249

V

vache 86
vacuole 56
vadrouille 159
vaisseau capillaire 101
vaisseau sanguin 98, 101
vaisseaux sanguins 82
vaisselle 144
Valet 313
valet 167
valeur des notes 223
valeur des segments 316
valeur des silences 223
valise pullman 127
vallée 28, 30
valve 195
vampire commun 82
vanne 174, 175
vanne d'arrosage 177
vaporisateur 164
vaporisateur de poivre 265
varan 69
Varole, pont 97
vaste externe du membre inférieur 95
vaste interne du membre inférieur 95
végétation 40
végétation, distribution 40
véhicule de secours 182
véhicule de service technique 204
véhicule spatial autonome 17
véhicule tout-terrain 186
veine axillaire 99
veine basilique 99
veine cave inférieure 98, 99
veine cave supérieure 98, 99
veine céphalique 99
veine fémorale 99
veine jugulaire externe 99
veine jugulaire interne 99
veine mésentérique supérieure 99
veine pulmonaire 99
veine pulmonaire droite 98
veine pulmonaire gauche 98
veine rénale 99
veine saphène interne 99
veine sous-clavière 99
veines 99
velarium 218
vélo cross 195
vélo de course et cycliste 308
vélo de cross-country et cycliste 308
vélo de montagne 308
vent 45
vent dominant 37
vent, mesure de la direction 39
vent, mesure de la vitesse 39

ventilateur de moteur diesel 196
ventilateur des radiateurs 197
ventouse 57
ventre 84, 90
ventricule droit 98
ventricule gauche 98
Vénus 6
vérin 193
vérin de dressage 263
vérin de levage de la lame 210
vérin du bras 209
vernier 170
verre 128
verre à bourgogne 144
verre à vin blanc 144
verres 144
verrière 138, 208
versant 28
verseuse 151
vert 211, 282
vert d'entraînement 282
vésicule biliaire 96
veste 118, 305
veste droite 117
vestiaire 138, 262, 268
vestiaire des clients 260
vestiaire du personnel 260, 264
vestibule 100, 138, 218
veston croisé 117
vêtement ignifuge et hydrofuge 263
vêtement isothermique 279
vêtements 116
vêtements d'enfant 121
vêtements d'homme 116
vêtements de femme 118
vibrisse 77
vide-pomme 147
vigie 204
vin 256
violet 211
violette 51
violon 227
violon, famille 234
violoncelle 227
violoncelles 234
vipère 68
virage de brasse 277
virage de papillon 277
virage-culbute 277
virole 163
vis 161, 227
vis de blocage (azimut) 12
vis de blocage (latitude) 12
vis de réglage 162
vis de réglage du condenseur 167
vis macrométrique 167
vis micrométrique 167
visage 90
viseur de caméra 238
viseur électronique 240

visière 124, 191, 198, 263, 284, 287
visière antisolaire 17
vison 80
vitrail 221
vitre 173
vitre de protection 284
voie 254
voie d'accélération 182
voie de circulation 182, 204
voie de décélération 182
voie de dépassement 182
voie de service 204
voie ferrée 250, 253
Voie lactée 11
voie latérale 182
voie pour véhicules lents 182
voies de circulation 182
voile 179, 278
voile d'étai de flèche 201
voile de flèche 201
voile du palais 102
voilure delta 206, 208
voilure droite 206
voilure en flèche 206
voilure trapézoïdale 206
voilures, exemples 206
voiture 199
voiture de formule 1 306
voiture de police 265
voiture micro-compacte 186
voiture sport 186
voiturette de golf électrique 283
volant 142, 188, 306
volcan 24, 27
volcan effusif 27
volcan en éruption 27
volcan explosif 27
volet 15
volet de bord de fuite 206
volleyball 299
volleyball de plage 299
voltigeur de centre 290
voltigeur droit 290
voltigeur gauche 290
volumes 172
volute 227
volve 47
voûte du palais 102
voûte en berceau 218
voyant de charge 131
voyant de mise en circuit 244
voyant de mise en ondes 237
voyant lumineux 130, 151, 153
vue 102
vue, protection 320
vulve 90
vumètres 237

INDEX FRANÇAIS

W

w.-c. 138, 139, 154, 259, 260, 266, 269
w.-c. du personnel 264
wagon à bestiaux 197
wagon couvert 197
wagon de queue 197
wagon plat 196
wagon plat à parois de bout 196
wagon plat surbaissé 196
wagon porte-automobiles 197
wagon porte-conteneurs 197
wagon rail-route 196
wagon réfrigérant 196
wagon-citerne 181
wagon-tombereau 196
wagon-trémie à minerai 197
wagons, exemples 196
webcaméra 247
wigwam 215
wishbone 278
wok 149

X

xylophone 232, 234

Y

yacht à moteur 202
yack 86
yaourt 114
yourte 215

Z

zèbre 87
zeste 112
zone d'attaque 299
zone de basse pression 37
zone de but 285, 296, 298
zone de convection 8
zone de danger 305
zone de défense 299
zone de haute pression 37
zone de passivité 304
zone de radiation 8
zone de retrait des bagages 252
zone libre 299
zone neutre 284, 296
zone réservée 295
zone scolaire 317, 318
zoom 238

ENGLISH INDEX

0° 171
1/10th second hand 168
130° 171
22 m line 293
240° 171
35 mm still camera 17
360° 171
45° 171
5 m line 293
90° 171

A 222
abdomen 58, 59, 61, 62, 72, 90
abdominal aorta 99
abdominal rectus 95
abdominal segment 62
ablutions fountain 219
above ground swimming pool 135
absorbed solar radiation 43
absorbent cotton 267
absorption by clouds 43
absorption by Earth surface 43
abutment 183, 221
Abyssinian 79
acceleration lane 182
accent mark 223
access road 204
access server 249
accessories 194
accessory pouch 281
accessory shoe 235
accidentals 223
accordion 224
accuracy sports 281
ace 313
achene 109
acid rain 45
acorn squash 107
acoustic guitar 229
acoustic meatus 100
acroterion 217
action buttons 316
action of wind 42
actor 272
actors' seats 272
actress 273
actual temperature 158
acute angle 171
Adam's apple 90
adhesive bandage 267
adhesive tape 267
adipose tissue 101
adjustable channel 162
adjustable clamp 157
adjustable lamp 157
adjustable strap 121
adjusting band 241
adjusting buckle 307
adjusting catch 289

adjusting screw 162
adjusting tube 274
adjustment slide 116
administration 269
administrative office 263, 264
adobe house 215
adventitious roots 47
advertising panel 254
advertising sign 199
adzuki bean 108
aerial ladder truck 263
aerodynamic brake 179
Africa 19
Afro pick 130
after shave 131
agricultural pollution 44
aileron 206
air compressor 197
air concentrator 131
air conditioner 189
air conditioning system 43
air filter 197
air hole 270
air horn 192
air hose 279
air inlet 203
air mattress 310
air pollutants 45
air pollution 44
air pre-cleaner filter 210
air pressure, measure 39
air pump 261
air shaft 217
air space 72
air transport 203
air unit 122
air-inlet grille 131
air-outlet grille 131
air-supply tube 263
aircraft maintenance truck 204
aircraft weather station 38
airliner 32
airport 23, 204
aisle 256
ala 102
albumen 72
alcohol bulb 169
alcohol column 169
alfalfa 108
alga 47
alighting board 61
alkekengi 109
alley 302
alligator 69
almond 110, 113
alphanumeric keyboard 261
alphanumeric keypad 245
alpine skier 289
alpine skiing 289
alpine snowboard 287
alternator 196
altitude clamp 12
altitude fine adjustment 12
altitude scale 32
altocumulus 35

altostratus 35
aluminum frame 288
aluminum recycling container 46
alveolar bone 94
ambulance 267
ambulance attendant's seat 267
ambulance helicopter 203
American football 296
American plug 155
American shorthair 79
amethyst 129
ammunition pouch 265
amoeba 56
amphibians 66
amphibians, examples 66
amphitheater, Roman 218
anal clasper 62
anal fin 64, 65
analog watch 168
anatomy 96
anatomy, human being 96
anchor point 59
anchor-windlass room 200
anchorage block 183
anemometer 38, 39
angles, examples 171
animal cell 56
animal dung 45
animal kingdom 56
ankle 90
announcer turret 237
annual ring 53
annular eclipse 8
anorak 122
ant 63
Antarctic Circle 20
Antarctica 19
antefix 217
antenna 58, 60, 62, 185, 203, 206, 242, 245, 265
antennule 58
anterior fontanelle 93
anterior nasal spine 93
anterior tibial 95
anterior tibial artery 99
anther 50
anti-torque tail rotor 203
anticollision light 206
antifriction pad 289
antiseptic 267
antislip shoe 163
anus 96
aorta 98
aorta, arch 98, 99
apex 57
apocrine sweat gland 101
Apollo 13
apparatus room 262
apple 111
apple corer 147
apple, section 111
appoggiatura 223
approach 281
approach ramp 183

approach runs 274
apricot 110
apron 140, 191, 204, 304
apsidiole 221
aquamarine 129
aquatic bird 73
arachnids, examples 59
arbitration committee 305
arc 171
arcade 218, 221
arch bridge 183
arch dam 174
arch of aorta 98, 99
arch of foot artery 99
archer 281
archery 281
archipelago 22
architecture 215
architrave 217
archives 265
Arctic 18
Arctic Circle 20
Arctic Ocean 18
arena 218
Ariane IV 16
Ariane V 16
Ariel 7
arm 83, 91, 157, 167, 209
arm guard 281, 298
armchair 140, 268
armless chair 268
armoire 141
armpit 90
arpeggio 223
arrow 281
art director 272
art room 268
arteries 99
artichoke 105
articulated bus 190
artificial satellite 32
arugula 106
ascending colon 96
ascending passage 217
ash layer 27
Asia 19
asparagus 105
asphalt 181
aspirator 267
aspirin 267
assistant camera operator 272
assistant coach 285, 295
assistant director 273
assistant property man 273
asteroid belt 6
astronomical observation 12
astronomy 6
athletic shirt 117
Atlantic Ocean 18
atmosphere 32
atoll 31
atrium 218
attaché case 126
attack line 299
attack zone 299

345

attitude control thrusters 14
audio console 237
audio monitor 237
audio system 188
auditory meatus, external 93
auditory ossicles 100
auger bit, solid center 162
auricle 100
authorized landfill site 44
auto-reverse button 243
automatic dialer index 244
automatic drip coffee maker 151
automatically-controlled door 252
automobile 184
automobile car 197
autumn 33
autumn squash 107
autumnal equinox 33
auxiliary handle 162
avocado 107
awl 311
axillary artery 99
axillary bud 48
axillary vein 99
axle 196, 307
azimuth clamp 12
azimuth fine adjustment 12
Aztec temple 219

B 222
baboon 83
back 73, 78, 84, 91, 101, 140, 141, 146, 161
back brush 132
back judge 297
back of a glove 123
back suspension 308
back zone 299
backboard 295
backboard support 295
backcourt 303
backgammon 315
backguard 153, 160
backhoe 209
backhoe controls 209
backpack 312
backstay 286
backstop 290, 295
backstretch 280
backstroke 277
backstroke start 277
backstroke turn indicator 277
backward bucket 209
bactrian camel 87
badge 265
badger 80
bag well 283
bagel 114
baggage cart 253

baggage check-in counter 252
baggage claim area 252
baggage compartment 198, 203
baggage conveyor 205
baggage room 253
baggage trailer 205
bagger 257
bagpipes 224
baguette 114
bail 292
bailey 220
bakery 257
balaclava 124
balalaika 225
balance beam 274, 275
balancer 229
balcony 139
balcony window 139
baling 46
ball 281
ball boy 302
ball return 281
ball sports 290
ball stand 281
ballerina 125
ballpoint pen 270
bamboo shoot 105
banana 113
band ring 129
bangle 129
banister 138, 139
banjo 224
bank 259
bar 128, 258, 260, 315
bar counter 260
bar line 222
bar stool 140, 260
barber comb 130
bargraph-type peak meter 237
bark 53
barmaid 260
barograph 39
barrel 130, 131, 270, 316
barrel vault 218
barrette 130
barrier 141
barrier barricade tape 265
barrier beach 31
basaltic layer 24
base 103, 156, 157, 158, 166, 167, 170, 179, 198, 247
base cabinet 143
base plate 162, 289, 312
baseball 290, 291
baseline 303, 312
basement 138
basement window 135
basic source of food 41
basilic vein 99
basket 151, 289, 295
basketball 294, 295
basketball player 295
bass bridge 226

bass clarinet 234
bass drum 232, 234
bass guitar 229
bass keyboard 224
bass pickup 228
bass register 224
bass tone control 229, 242
bassoon 231
bassoons 234
baster 148
bat 291, 292
bat, morphology 82
bath sheet 132
bath towel 132
bathrobe 119
bathroom 139, 154, 266
bathroom scale 170
bathroom skylight 139
bathtub 139, 154
baton holder 265
bats, examples 82
batsman 292
batten 278
batten pocket 278
batter 290
batter head 232
batter's helmet 291
battery 173, 196
batting glove 291
battlement 220
bay 9, 22
bayonet base 156
beach 31
beach volleyball 299
beaker 166
beam 170, 215, 275
beam bridge 183
bean bag chair 140
beans 108
beauty care 257
beaver 77
bed 142, 275, 310
bed chamber 218
bedrock 26, 53
bedroom 139, 309
bedside lamp 266
bedside table 266
beech 54
beer 256
beer mug 144
beet 104
begonia 51
belfry 221
Belgian endive 106
bell 230, 231
bell brace 231
bell tower 221
bellows 224
bells 232
belly 84
belt 116, 305
belt highway 23
belt loop 116
beluga whale 89
bench 140, 255, 259, 267
bend 128

beret 124
bergamot 112
Bering Sea 19
berries 109
bezel 129
bib 121
biceps of arm 95
bicycle 194
bicycle bag 194
bicycle parking 269
bicycle, accessories 194
bicycles, examples 195
bidet 154
bilberry 109
bill 72
bills, examples 73
binding 124, 288
binocular microscope 167
biosphere 40
biosphere, structure 41
birch 54
bird 72
bird of prey 73
bird, morphology 72
birds 72
bishop 314
bison 86
bitter melon 107
Black 314
black bean 108
black bear 81
black currant 109
black flying fox 82
black gram 108
black radish 104
black salsify 104
Black Sea 19
black square 314
black stone 315
black-eyed pea 108
blackberry 109
blackboard 268
blade 47, 49, 150, 155, 161, 162, 163, 179, 210, 214, 278, 284, 285, 286, 293
blade injector 131
blade lift cylinder 210
blade tilting mechanism 162
blank 313
blanket 142
blasting charge 180
blastodisc 72
blender 150
blending attachment 150
block cutter 213
blocking glove 284
blood pressure monitor 266
blood vessel 98, 101
blood vessels 82
blood, composition 98
blow pipe 224
blowhole 88
blue 211
blue line 284
blue mussel 57
blue-green 211

blueberry 109
BMX 308
BMX bike 195
boa 68
board 278, 313, 315
boarding room 253
boarding step 203
boarding walkway 205
boards 285
boat, parts 278
boats 202
bobby pin 130
bodies, examples 186
body 168, 184, 189, 228, 229, 231, 288
body care 132
body flap 15
body of fornix 97
body side molding 185
body suit 119
body temperature control unit 17
body tube 167
bole 52
bolster 142
bones, types 93
bongos 232
bony fishes 65
bookcase 268
booking room 265
bookstore 258
boom 193, 209
boom operator 273
booster parachute 14
booster seat 141
boot 279, 286, 288, 306, 307
booth 260
border 134
boreal forest 40
bottle 166, 311
bottle opener 147, 311
bottom 289
bottom line 277
bottom-fold portfolio 126
boulevard 250
bow 124, 200, 227, 278
bow ball 279
bow saw 312
bow thruster 200
bow tie 116
bow-winged grasshopper 63
bowl 150
bowler 281, 292
bowling 281
bowling alley 258, 281
bowling ball 281
bowling crease 292
bowsprit 201
box car 197
box office 272
box spring 142
boxer 304
boxer shorts 117, 122
boxing 304
boxing trunks 304
bra 119

brachial artery 99
brachioradialis 95
bracket base 141
brake 308
brake arm 289
brake cable 195
brake caliper 191
brake lever 195, 308
brake light 187
brake pedal 188, 289
brakeman 287
branch 52, 55, 84
branches 52
brass family 234
brattice 220
brazier 219
Brazil nut 113
bread and butter plate 145
bread guide 151
breast 72, 90
breast pocket 116
breaststroke 277
breaststroke kick 277
breaststroke turn 277
breathing in 277
breathing out 277
breech 231
breech guard 231
bridge 128, 227, 229
bridge assembly 228
briefcase 126
briefs 117, 119
brim 124
bristle 131, 133
bristles 163
broad beans 108
broadleaved trees, examples 54
broccoli 105
broccoli rabe 105
broken line 182
brooch 129
brood chamber 61
brook 30
broom 158, 159
brow brush and lash comb 133
browser 248
brush 159, 163, 212
Brussels sprouts 106
bubble 191
bucket 209
bucket hinge pin 209
buckle 116, 127, 289
bud 103
buffet 260
bugle 230
bulb 84, 156
bulb vegetables 103
bulb, section 103
bulbil 103
bulge 11
bulk terminal 200
bulkhead flat car 196
bull's-eye 281, 316
bulldog 78

bulldozer 210
bulletin board 268
bumblebee 63
bumper 192
bumper molding 184
bunk 189
bunker oil 181
bunting bag 121
buoy weather station 38
buoyancy compensator 279
burdock 104
burgundy glass 144
burial 46
burner 149, 153
burner control knobs 153
burner ring 149
bush-cricket 63
bushing 174, 175
business aircraft 208
business transactions 249
butt 302
butt end 285
butter 114
butter compartment 152
butter dish 144
butter knife 146
butterfly 62
butterfly kick 277
butterfly stroke 277
butterfly turn 277
butterfly, morphology 62
butterhead lettuce 106
buttock 91
button 116, 120, 224
button loop 116
buttoned placket 116, 120
buttress 221
buttress dam 174
by-pass taxiway 204

C 222
C clef 222
C degrees 169
C-clamp 161
cab 209, 210
cabbage 106
cabin 201, 203
cabinet 143, 239
cable 162, 193, 243, 246
cable line 249
cable modem 249
cable sleeve 162
cables 238
caboose 197
cafeteria 269
caiman 69
calandria 177
calcareous sponge 56
calf 91
Callisto 6
calyx 50, 109

cambium 53
camel 87
camera 238, 267, 306
camera body 235
camera pedestal 238
camera viewfinder 238
camping 309
camping (tent) 319
camping (trailer and tent) 319
camping (trailer) 319
camping equipment 311
camping prohibited 319
can opener 147, 150, 311
Canadian football 298
canal lock 200
canine 94
canned goods 257
cannon 84
canoe 279
canopy 128, 189, 208, 210
cantaloupe 113
canteen 311
cantilever bridge 183
canvas 304
canvas divider 309
cap 47, 124, 150, 179, 265, 270, 276
cape 22, 118
capillary blood vessel 101
capillary bore 169
capital 22
captain 287
capture 315
car racing 306
car wash 261
carafe 151
carambola 113
carapace 58, 67
card reader 245
card reader slot 261
cardigan 120
cardinal 74
cardoon 105
cards 313
cargo aircraft 208
cargo bay 14
cargo bay door 14
Caribbean Sea 18
carina 64
carnation 51
carnivores 41
carnivorous mammals, examples 80
carpal pad 78
carpenter's hammer 161
carpus 92
carrier 194
carrier bag 127
carrot 104
cart path 282
cartilaginous fishes 64
cartography 20
cartridge 270
cartridge film 235
cartridge tape recorder 237
cartwheel hat 124

carving 213
case 161, 168, 226
casement 137
casement window 137
cash dispenser 259
cash register 257
cashew 113
cashier 257
casing 137
Caspian Sea 19
cassava 104
cassette 243
cassette compartment 240
cassette deck 237
cassette eject switch 240
cassette player 242, 243
cassette player controls 242
cassette tape deck 241
castanets 232, 234
caster 141
castes 60
castle 220
cat breeds 79
cat, morphology 79
catcher 290, 291
catcher's glove 291
catching glove 284
catenary 198, 199
catering vehicle 204
caterpillar 62
cathedral 221
cathedral ceiling 139
cathedral roof 139
caudal fin 64, 65, 88
cauliflower 105
cave 30, 31
CD/DVD player 316
CD/DVD-ROM drive 246
CD/DVD-ROM eject button 246
CD/ROM player 247
cecum 96
cedar of Lebanon 55
ceiling fitting 157
celeriac 104
celery 105
cell 61, 62
cell membrane 56
cello 227
cellos 234
cellular telephone, portable 245
Celsius scale 169
celtuce 106
cementum 94
center 171, 284, 294, 297, 315
center attacker 299
center back 299
center circle 294, 300
center console 188
center face-off circle 285
center field 291
center fielder 290
center flag 300
center forward 293
center half 293

center line 285, 293, 294, 298
center line judge 302
center mark 302
center post 141, 185
center service line 303
center span 183
center spot 300
center strap 303
center wheel 169
Central America 18
central column 179
central incisor 94
central nave 219
central nervous system 97
central wrestling area 304
cephalic vein 99
cephalothorax 58, 59
cereal products 114
cerebellum 97
cerebrum 97
cesspit emptier 192
Chac-Mool 219
chain 168
chain wheel 308
chaise longue 140
chameleon 69
champagne flute 144
chandelier 157
changing table 141
channel scan button 239
channel selector controls 239
chanter 224
chapati bread 114
chapel 220
charcoal 212
chard 105
charge indicator 131
charging light 131
charm bracelet 129
Charon 7
chat room 249
chayote 107
check 260
checker 315
checkerboard 315
checkers 315
checkout 257
checkouts 257
cheek 78, 85, 90
cheese counter 257
cheese knife 146
cheetah 81
chemise 220
cherry 110
chess 314
chess notation 314
chess pieces 314
chessboard 314
chest 85
chest protector 291, 298
chestnut 113
chick 75
chick peas 108
chief judge 279
chief officer's office 264

chief timekeeper 276
chief's office 263
chiffonier 141
child carrier 194
child's skull 93
child's tricycle 195
children's clothing 121
children's furniture 141
chimney 135
chimpanzee 83
chin 72, 90
chin guard 263, 287
chin protector 191
chin rest 227
chin strap 263, 298
chipmunk 77
chive 103
choir 221
chord 223
chromatin 56
chromosphere 8
chrysalis 62
chuck 162
church 251
cicada 63
ciliate 49
cilium 56
circle, parts 171
circular saw 162
circular saw blade 162
circumference 171
cirque 9
cirque, glacial 29
cirrocumulus 35
cirrostratus 35
cirrus 35
citron 112
citrus fruits 112
citrus juicer 147, 151
city 22
city bus 190
city houses 216
clam 57
clamp 130, 155, 288
clamp lever 130
clamp spotlight 157
clamp/holder 166
clapper/the slate 273
clarinet 231
clarinets 234
clasp 126
classic blouse 118
classroom 268, 269
classroom for students with learning disabilities 268
clavicle 92
claw 58, 67, 72, 76, 77, 78, 82, 129, 161
claw hammer 161
clear space 299
cleated shoe 298
cleated shoes 287
clefs 222
clew 278
click 169
cliff 9, 28, 31

climate control 188
climates of the world 34
clinical thermometer 169
clip 245, 270
clipless pedal 308
clippers 130
clock 237, 268
clock operator 294
clock radio 242
clock timer 152, 153
clog 125
closed to bicycles 318
closed to motorcycles 317, 318
closed to pedestrians 317, 318
closed to trucks 317, 318
closeness setting 131
closet 138
clothing 116
clothing store 258
cloud 32, 36
cloud of volcanic ash 27
clouds 35
clouds of vertical development 35
cloverleaf 182
club 313
club chair 140
clubhouse 280, 282
clubhouse turn 280
clutch pedal 188
coach 190, 285, 293, 295
coach's box 290
coarse adjustment knob 167
coastal features 31
cobra 68
coccyx 92
cochlea 100
cochlear nerve 100
cockpit 306
cockroach 63
coconut 113
coffee mug 144
coffee pot 311
coffee shop 259, 319
coffee spoon 146
coin purse 126
coin return bucket 245
coin slot 245
colander 147
cold coolant 178
cold shed 200
cold storage chamber 256, 257
cold temperate climates 34
collar 48, 116, 131, 278
collar point 116
collards 106
collecting funnel 39
collection truck 193
collie 78
color circle 211
color television camera 17
colored pencils 212
colors 211

column 30, 217
column of mercury 169
coma 10
combat sports 304
combination lock 126
comet 10
comforter 142
command control dial 235
commercial concern 249
commissure of lips of mouth 102
common carotid artery 99
common coastal features 31
common frog 66
common iliac artery 99
common plaice 65
common symbols 319
common toad 66
communication by telephone 244
communication protocol 248
communication set 199
communication tunnel 14
communications 235
communications volume controls 17
compact disc 243
compact disc player 237, 241, 242
compact disc player controls 242
compact disc player, portable 243
compact flash memory card 235
compacting 46
compass card 23, 312
compass meridian line 312
competition area 305
competitive course 276
complaints office 264
compluvium 218
composition of the blood 98
compost bin 165
compound eye 60, 62
compound leaves 49
compressed air reservoir 197
compressed-air cylinder 263, 279
computer 268
computer science room 268
computer screen intensity controls 17
concave primary mirror 12
concert grand 226
concrete mixer truck 193
condensation 42
condensation of steam into water 178
condenser 167, 177
condenser adjustment knob 167
condenser backwash inlet 177
condenser backwash outlet 177

condenser cooling water inlet 177
condenser cooling water outlet 177
condenser height adjustment 167
condominiums 216
conductor's podium 234
cone 27, 55, 172
configuration of the continents 18
conic projection 21
coniferous forest 40
conifers, examples 55
connecting gallery 182
connection 315
connective tissue 101
constriction 169
contact 315
container 39, 150
container car 197
container ship 200
container terminal 200
container-loading bridge 200
container/pallet loader 205
containment building 178
contest area 305
contestant 305
continents, configuration 18
continuity person 273
contrabassoons 234
control button 246
control center 263
control keys 245
control knob 153, 160
control panel 152, 153, 160, 235
control room 174, 177, 237, 264
control stand 196
control stick 203
control tower 204
control tower cab 204
controller 316
controller ports 316
convection zone 8
convective cell 37
convenience food 257
convention center 250
conventional door 136
convertible 186
conveyor belt 46, 252
cook's knife 148
cooked ham 115
cookie cutters 148
cooking utensils 149
cooktop 143, 153
cooktop edge 153
cool tip 130
cooler 311
coping 307
coral snake 68
corbel 220
corbel piece 158
cordate 49
cordless telephone 245

core 8, 111
Corinthian column 218
Corinthian pilaster 218
corkscrew 311
corn salad 106
corner 304
corner arc 301
corner flag 293, 301
corner judge 305
corner pad 304
corner stool 304
corner tower 220
cornerpiece 127
cornice 135, 136, 141, 217
cornet 230, 234
corolla 50
corona 8
coronal suture 93
coronet 84
corpus callosum 97
corrosive 320
costal shield 67
costume 272
cot 267
cotton applicators 267
cotyledon 48
countertop 143
counterweight 12, 198, 209
country 22
coupler head 197
coupling guide device 198
course 282
course gate 279
court 294, 299, 302
courtyard 219, 269
cover 128, 155, 158, 282, 312
coveralls 287
covered parapet walk 220
cow 86
cowl 184
coxswain's seat 278
Coyolxauhqui stone 219
crab 58
crab spider 59
cradle 12
crafts 214
crampon system 288
cranberry 109
crash helmet 287
crater 9, 27
crawl kick 277
crawler tractor 210
crayfish 58
creamer 144
crease 116
crenate 49
crepidoma 217
crescent wrench 162
crest 28
crevasse 29
crew neck sweater 120
crib 141
cricket 292
cricket ball 292
cricket shoe 292
crime prevention 264

crisper 152
crochet hook 214
crocodile 69
crocus 51
croissant 114
crook 231
crook key 231
crookneck squash 107
crosne 104
cross rail 140
cross section of a hydroelectric power plant 175
cross section of a molar 94
cross section of a reflecting telescope 12
cross section of a refracting telescope 12
cross-country bicycle 308
cross-country cyclist 308
cross-country ski 288
cross-country skier 288
cross-country skiing 288
cross-tip screwdriver 311
crossbuck sign 198
crossing 221
crossing gate mechanism 198
crotch 117
croup 84
crown 52, 94, 124, 168, 227
cruise control 188
crusher 46
crustaceans 58
cube 172
cucumber 107
cuff 116, 125
culottes 119
cultural organization 249
cumulonimbus 35
cumulus 35
cup 119, 144, 311
curled endive 106
curled kale 106
curling iron 130
currant 109
currant tomato 107
currency exchange 319
current event scoreboard 275
curtain 238
curtain wall 220
curved jaw 162
customers' cloakroom 260
customers' entrance 260
customers' toilets 260
customs control 253
customs house 200
cutting blade 150
cutting edge 146, 210
cycling 308
cyclone 37
cyclorama 238
cylinder 172
cylinder vacuum cleaner 159
cylindrical projection 21

cymbal 232
cymbals 234
cytoplasm 56

D

D 222
daffodil 51
daggerboard 278
daggerboard well 278
daikon 104
dairy compartment 152
dairy products 256
dairy products receiving area 256
dalmatian 78
dam 174
damper pedal 226, 233
dandelion 106
danger area 305
dangerous materials 320
dart 316
dartboard 316
darts 316
dashboard 188
data display 240, 245
data processing 38
database 249
date 110
day-care center 259
dead bolt 136
deadly poisonous mushroom 47
debris 37
decagon 172
decanter 144
deceleration lane 182
deciduous forest 40
deck 183, 288
declination setting scale 12
decomposers 41
decorative articles store 259
dedicated line 248
deep fryer 151
deep-sea floor 24
deer crossing 317
defensive midfield 300
deflector 158
deforestation 44
Deimos 6
delicatessen 256
delivery 292
delta 30, 31
Delta II 16
delta wing 206, 208
deltoid 95
demitasse 144
dental alveolus 94
dental care 133
dental floss 133
dentate 49
dentin 94
deodorant 132

department store 259
depressed-center flat car 196
depth of focus 26
derailleur 194, 308
derby 124
dermis 101
descending colon 96
descending passage 217
desert 29, 34, 40
desired temperature 158
desk lamp 157
desktop computer 248
destroying angel 47
detachable body 192
dew 36
dew pad 78
dew shield 12
dewclaw 78
diagonal movement 314
dial 168, 170
diameter 171
diamond 129, 313
diaphragm 97, 241
dice 313
dice cup 315
die 315
diesel engine 197
diesel engine compartment 209, 210
diesel engine ventilator 196
diesel motor compartment 210
diesel oil 181
diesel-electric locomotive 196
diffuser 273
digestive system 96
digit 66, 76, 77
digital audio player, portable 243
digital audio tape recorder 237
digital camera 236
digital pad 78
digital versatile disc 240
digital watch 168
dike 27
dimmer switch 155
dimple 282
dinette 138, 143
dining room 138, 201, 218, 260, 262
dinner plate 145
dinnerware 144
diode 173
Dione 7
dipper arm 209
dipper arm cylinder 209
dipper bucket 209
direct-reading rain gauge 38, 39
direction of Mecca 219
direction to be followed 317, 318
directional buttons 316

directional sign 255
director 273
director of photography 273
director's seat 273
directory 248
disc tray 240
dish 238
dish antenna 238
dishwasher 143
disk 11
disk brake 191
disk camera 236
disk drive 233
diskette 246
display 170, 240, 243, 244, 245, 261
display panel 240
display preparation area 256
display setting 244
disposable camera 236
disposable razor 131
diversion canal 174
divider 126
diving board 135
diving glove 279
djembe 225
do-it-yourself 161
do-it-yourself shop 258
dock 200
document-to-be-sent position 245
documentation center 262
dog breeds 78
dog's forepaw 78
dog, morphology 78
dolphin 89
dolphin, morphology 88
domain name 248
dome tent 309
domestic appliances 150
domestic pollution 44
dominoes 313
door 152, 153, 185, 206, 219
door handle 185
door lock 185
door shelf 152
door stop 152
doorknob 136
doors, examples 136
Doric column 218
dormer window 134
dorsal fin 88
dorsalis pedis artery 99
dorsum of nose 102
double bass 227
double basses 234
double boiler 149
double flat 223
double reed 231
double ring 316
double seat 199
double sharp 223
double virgule 248
double-bladed paddle 279
double-blank 313
double-breasted jacket 117

double-deck bus 190
double-edged razor 131
double-leaf bascule bridge 183
double-six 313
doubles sideline 302
doublet 313
doubling die 315
doubly dentate 49
dousing water tank 177, 178
dousing water valve 177
downspout 134
downstream gate 279
downtown 250
draft tube 175
dragonfly 63
draw tube 167
drawbridge 220
drawer 141, 143, 153
drawers 117
drawing 211, 213
drawstring 127
drawstring bag 127
drawstring hood 121
dresser 141, 272
dressing room 268, 272
drilling rig 180
drinks 256
drip bowl 153
drip molding 185
drive chain 194
drive shaft 203
driver's cab 196, 198
driveway 135
driving glove 123
drizzle 36
dromedary camel 87
drone 60
drone pipe 224
droop nose 208
drug storage 267
drum 232
drumlin 28
drums 232
drumstick 225
drupelet 109
dry cleaner 259
dry climates 34
dry dock 200
dry fruits 113
dry gallery 30
dual launch structure 16
dual seat 191
duck 75
duffle coat 117
dugout 290
dump body 210
dump truck 192, 210
dune 31
duodenum 96
dura mater 97
dust tail 10
dustpan 159
duty belt 265
duty-free shop 253
DVD 240

DVD player 240
dynamic brake 196

E

E 222
e-commerce 249
e-mail 249
e-mail software 248
eagle 74
ear 79, 82, 90, 140
ear drum 100
ear flap 124
ear protection 320
ear, structure 100
earbud 245
earphone 241
earphone jack 246
earphones 243
earpiece 128
Earth 6, 8, 9
Earth's atmosphere, profile 32
Earth's crust 24, 26
Earth's crust, section 24
Earth's orbit 8, 9
Earth, structure 24
earthquake 26
East 23
East-Northeast 23
East-Southeast 23
Eastern hemisphere 20
Eastern meridian 20
eau de toilette 132
eccrine sweat gland 101
echinoderms 56
eclipses, types 8, 9
edge 214, 286, 287, 289, 312
edit search button 240
education 268
educational institution 249
eel 65
effusive volcano 27
egg 61, 72
egg beater 148
egg tray 152
eggplant 107
eggs 66
eighth note 223
eighth rest 223
eject button 316
elastic 142
elastic strainer 309
elastic support bandage 267
elastic waistband 117
elastic webbing 116
elasticized leg opening 117
elbow 78, 82, 85, 91
elbow pad 298, 307
elbow pads 285
electric baseboard radiator 158
electric circuit 175

electric drill 162
electric dryer 160
electric golf cart 283
electric guitar 228
electric knife 150
electric range 153
electric razor 131
electrical hazard 320
electricity transmission 176, 178
electrode 156
electronic ballast 156
electronic drum pad 233
electronic flash 235
electronic instruments 233
electronic payment terminal 257
electronic piano 233
electronic scale 170
electronic viewfinder 240
electronics store 258
elements of a house 136
elephant 87
elevating cylinder 193, 263
elevation 138
elevation zones 40
elevator 207
elevon 15
elliptical snowshoe 288
embankment dam 174
emerald 129
emergency brake 199
emergency regulator 279
emergency station 182
emergency truck 182
emery boards 132
enamel 94
end aisle display 257
end button 227
end key 245
end line 295, 296, 299
end moraine 29
end zone 296, 298
endocarp 110, 111
endoplasmic reticulum 56
energy 173
energy integration to the transmission network 176
energy saving bulb 156
energy transmission at the generator voltage 176
engaged Corinthian column 218
engaged Doric column 218
engaged Ionic column 218
engine 191
engine mounting pylon 207
engine room 201
English horn 231
English horns 234
enhanced greenhouse effect 43
entablature 217
enterprise 249
entire 49
entrance 61, 182

entrance doors 272
entrance hall 138
entrance slide 61
entrance to the pyramid 217
entrance turnstile 254
environment 40
epicalyx 109
epicenter 26
epidermis 101
epiglottis 97
Equator 20
equestrian sports 280
equipment 264
equipment storage room 268
eraser 270
Erlenmeyer flask 166
escalator 254, 272
escape wheel 169
escarole 106
escutcheon 136
esophagus 96, 97
espadrille 125
Eurasia 18
Europa 6
Europe 19
European experiment module 14
European outlet 155
European plug 155
Eustachian tube 100
evacuation route 182
evaporation 42
evening glove 123
event platform 274
examples of airplanes 208
examples of amphibians 66
examples of angles 171
examples of arachnids 59
examples of bats 82
examples of bicycles 195
examples of bills 73
examples of bodies 186
examples of broadleaved trees 54
examples of carnivorous mammals 80
examples of conifers 55
examples of dams 174
examples of doors 136
examples of feet 73
examples of flowers 50
examples of freight cars 196
examples of helicopters 203
examples of hoofs 85
examples of insectivorous mammals 76
examples of insects 63
examples of marine mammals 88
examples of marsupials 76
examples of motorcycles 191
examples of primates 83
examples of reptiles 68
examples of rodents 77
examples of shorelines 31

examples of space launchers 16
examples of tail shapes 207
examples of tools 213
examples of trucks 192
examples of ungulate mammals 86
examples of windows 137
examples of wing shapes 206
exhaust air duct 182
exhaust pipe 191, 203
exhaust pipe stack 210
exhaust stack 192
exit 182
exit cone 61
exit turnstile 254
exocarp 109, 110, 111
exosphere 32
expandable baton 265
expandable file pouch 126
expansion chamber 169
explosive 320
explosive volcano 27
exposure mode 235
extension ladder 163
exterior of a house 134
exterior pocket 126
exterior sign 254
external auditory meatus 93
external ear 100
external fuel tank 14
external gills 66
external jugular vein 99
external nose 102
external oblique 95
eye 37, 57, 58, 59, 67, 79, 88, 90, 102, 161
eye guard 263
eye protection 320
eye wall 37
eyeball 66
eyecup 240
eyeglasses 128
eyeglasses case 126
eyeglasses parts 128
eyelash 102
eyelashes 79
eyelet 122, 125, 127, 286
eyelet tab 125
eyelid 67
eyepiece 12, 167
eyepiece holder 12
eyeshadow 133
eyestalk 57

F

F 222
F clef 222
F degrees 169
façade 221
face 83, 90, 161, 282
face mask 284, 292, 298

face-off circle 285
face-off spot 285
faceplate 136
facsimile machine 245
Fahrenheit scale 169
fairing 16
fairway 282
falcon 74
falling rocks 317, 318
false start rope 276
family tent 309
fan brush 212
fan heater 158
fan housing 131
fang 59, 67
fantail 179
far turn 280
fast data entry control 233
fast-food restaurants 259
fast-forward button 239, 243
faucet 154
fault 26
feed tube 150
feedhorn 238
feet, examples 73
felt hat 124
felt tip pen 212
femoral artery 99
femoral vein 99
femur 92
fence 134
fender 184, 192, 194
fennec 80
fennel 105
fern, structure 47
ferrule 163
ferry 202
ferryboat 200
fertilizer application 44
fetlock 84
fetlock joint 84
fibula 92
fiddlehead 47
fiddlehead fern 105
field 290, 292
field hockey 293
field lens adjustment 167
field mouse 77
field player 293
fielder's glove 291
fifth 222
fifth wheel 192
fifty-yard line 297
fig 113
figure skate 286
filament 50, 156
file 248, 311
file format 248
filler cap 165, 192
film advance mode 235
film disk 235
film rewind knob 235
film speed 235
filter 135, 153
fin 158, 203, 207, 279
fin-mounted tail unit 207

final drive 210
finch 74
finderscope 12
fine adjustment knob 167
fine arts 211
fine data entry control 233
finger 291
finger button 230
fingerboard 227, 228, 229
fingernail 101
finish line 280
finish wall 276
finishing 213
fir 55
fire extinguisher 265, 319
fire extinguisher, portable 262
fire hose 262
fire hydrant 262
fire irons 158
fire prevention 262
fire prevention education officer's office 263
fire station 262
fire truck 262
firebrick back 158
firefighter 263
firefighters' dormitory 262
firefighters' toilets and showers 262
fireplace 138, 158
fireplace screen 158
fireproof and waterproof garment 263
firmer chisel 213
firn 29
first aid 319
first aid kit 265, 267
first aid manual 267
first aid supplies 267
first base 290
first baseman 290
first dorsal fin 64
first floor 138
first leaves 48
first molar 94
first premolar 94
first quarter 10
first referee 299
first space 295
first valve slide 230
first violins 234
first-class cabin 206
fish platter 145
fish scaler 311
fishes, bony 65
fishes, cartilaginous 64
fission of uranium fuel 178
fitted sheet 142
fittings 127
fixed bridges 183
fixed jaw 162
fjords 31
flageolet 108
flamingo 75
flammable 320

flank 73, 84
flanking tower 220
flare 8
flashing light 198
flashlight 265
flashtube 235
flat 223, 307
flat bone 93
flat car 196
flat oyster 57
flat part 214
flat screen monitor 246
flat sheet 142
flat-back brush 130
flea 63
flesh 109, 110, 111
fleshy leaf 103
flews 78
flight 316
flight deck 14, 203, 206
flight information board 253
flip turn 277
float 208
float seaplane 208
floating bridge 183
floating crane 200
floating rib 92
floodlight 238
floodlight on pantograph 238
floor 179
floor exercise area 274
floor lamp 157
floor mats 274
floorboard 191
floppy disk drive 246
floppy disk eject button 246
florist 259
flower 48, 50
flower bed 135
flower bud 48
flower, structure 50
flowers, examples 50
fluorescent tube 156
flutes 234
fly 63, 116, 117, 121
fly agaric 47
fly front closing 121
flying buttress 221
flying jib 201
foam pad 310
focus 26
focus mode selector 235
focus selector 240
focusing knob 12
fog 36
fog light 187, 192
folding chair 140
folding cot 310
folding door 136
folding nail file 132
foliage 52
fondue fork 146
fondue pot 149
fondue set 149
fontanelle 93
food 103

food chain 41
food processor 150
food, basic source 41
foot 57, 76, 82, 83, 90, 141, 278
foot fault judge 303
foot pegs 308
foot protection 320
foot strap 278
foot stretcher 278
football 298
football player 298
football, American 296
football, Canadian 298
footboard 142
footbridge 220, 255
footless tights 122
footrest 141
footstool 140, 143
fore royal sail 201
forearm 78, 85, 91
forearm pad 298
forecastle 200
forecourt 303
forehead 90
foreleg 60, 62
forelimb 66, 76
forelock 85
foremast 201
foresail 201
forest fire 44
forewing 62
fork 12, 146, 195, 306, 308
forked tongue 67
formula 1 car 306
fortified wall 219
forward 300
fossil fuel 43
foul line 281, 290
foul line post 291
foundation of tower 183
fountain pen 270
four-door sedan 186
four-four time 222
four-masted bark 201
four-person bobsled 287
four-toed hoof 85
fourth 222
fourth wheel 169
fox 80
frame 61, 126, 127, 158, 173, 191, 209, 210, 275, 291, 302, 308, 309
frame stile 141
framing square 161
free throw line 295
free zone 299
freeway 182
freezer 143, 260
freezer compartment 152
freezer door 152
freezing rain 36
freight cars, examples 196
freight expedition 253
freight hold 207
freight reception 253
French horn 230

French horns 234
French window 137
frequency display 242
fresco 218
fresh air duct 182
fresh meat counter 256
fret 228, 229
frieze 141, 217
frog 66, 117, 227
frog, life cycle 66
frog, morphology 66
frond 47
front 116
front apron 116
front beam 170
front brake 195
front compression strap 312
front crawl stroke 277
front derailleur 194
front fascia 184
front fender 191
front fork 308
front leg 140
front pocket 127
front runner 287
front top pocket 116
front-end loader 209
frontal 95
frontal bone 92, 93
frozen food storage 257
frozen foods 257
fruit vegetables 107
fruits 109, 256
fruits, tropical 113
frying pan 149, 311
fuel indicator 188
fuel tank 192, 196, 203
fueling machine 177
full face mask 263
full moon 10
fullback 297
fumarole 27
function display 233
function keys 170, 245
function selectors 244
fungicide 44
funiculus 109
funnel 148, 201
funnel cloud 37
fur 76, 77, 79, 83
fuse 173, 176
fuse cutout 176
fuse holder 176
fuselage 207
fuselage mounted tail unit 207

G 222
G clef 222
gable 134
gable vent 134

gaff sail boom 201
gaff topsail 201
gaffer 273
Gai-lohn 105
gaits, horse 84
galaxy 11
gallbladder 96
gallery 179, 221
galley 206
gallop 85
game console 316
games 313
gantry crane 174, 175
Ganymede 6
garage 134, 264
garden 218
garden cress 106
garden path 134
garden sorrel 106
garden spider 59
gardening 164
gardening gloves 164
garlic 103
garment bag 127
garnet 129
garter snake 68
gas 156
gas burner 166
gas pedal 188
gas range 153
gas tank 191
gas tank door 185
gaskin 84
gasoline 181
gasoline pump 261
gasoline pump hose 261
gastrocnemius 95
gate 175
gate arm 198
gate arm lamp 198
gate arm support 198
gate judge 279
gauntlet 123
gauze roller bandage 267
gearshift lever 188, 191
generator 177, 194
generator unit 175
gentlemen's toilet 272
geographical map 268
geography 18
geology 24
geometrical shapes 171
geometry 171
germination 48
geyser 27
gherkin 107
gibbon 83
gift store 258
gill 47
gill slits 64
giraffe 87
girth 280
glacial cirque 29
glacier 29, 30, 40
glacier tongue 29
glass 173

glass collection unit 46
glass cover 152
glass lens 128
glass protector 284
glass recycling container 46
glass slide 167
glass sorting 46
glassed roof 138
glassware 144
global warming 43
globe 268
globular cluster 11
glottis 67
glove 17, 284, 287, 288, 292, 304, 306, 308
glove compartment 188
glove finger 123
glove, back 123
glove, palm 123
glue stick 270
gnomon 168
go 315
goal 285, 293, 296, 298, 300
goal area 300
goal crease 285
goal judge 285
goal lights 285
goal line 284, 293, 296, 298
goalkeeper 284, 293, 300
goalkeeper's gloves 301
goalkeeper's pad 284
goalkeeper's stick 284, 285
goalpost 296
goat 86
gob hat 124
goggles 287, 308
goldfinch 74
Golgi apparatus 56
golf 282
golf bag 283
golf ball 282
golf cart 283
golf cart, electric 283
golf glove 283
golf shoes 283
gondola 257
gondola car 196
gong 234
goose 75
gooseberry 109
gorge 30
gorilla, morphology 83
Gothic cathedral 221
gouache cakes 212
gouache tube 212
gour 30
government organization 249
grab handle 192
graduated cylinder 166
graduated dial 312
graduated scale 170
grain terminal 200
grand gallery 217
grandfather clock 168
grandstand 280
granitic layer 24

granivorous bird 73
grape 109
grape leaf 106
grape, section 109
grapefruit 112
graphic equalizer 241
grassbox 165
grasshopper 63
grassland 40
grate 153
grater 147
gravity dam 174
gravy boat 144
greases 181
Great Dane 78
great green bush-cricket 63
great horned owl 74
great saphenous vein 99
greater pectoral 95
Greek temple 217
green 211, 282
green bean 108
green cabbage 106
green onion 103
green peas 108
green sweet pepper 107
greenhouse effect 43
greenhouse effect, enhanced 43
greenhouse effect, natural 43
greenhouse gas 43
greenhouse gas concentration 43
Greenland Sea 19
griddle 151
grille 184, 217, 224
grip 278, 282
grip tape 307
grocery bags 257
groin 90
groove 289
ground airport equipment 204
ground moraine 29
groundhog 77
grounding prong 155
growth line 57
guard 294
guard rail 152, 307
guardhouse 220
guide roller 243
guinea pig 77
guitar 228, 229
gulf 22
gum 94, 102
gun range 265
gusset 126
gutter 134, 281
guy cable 274
guy line 309
guy wire 179
gymnase office 268
gymnasium 263, 268
gymnastics 274

ENGLISH INDEX

H

hair 91, 101, 227
hair bulb 101
hair conditioner 132
hair dryer 131
hair follicle 101
hair shaft 101
hair stylist 272
hairdressing 130
hairdressing salon 258
hairspring 169
half note 223
half rest 223
half-glasses 128
half-slip 119
halfway line 301
hall 138
halo 11
hammer 226
hammer rail 226
hamster 77
hand 83, 91, 101
hand blender 150
hand cultivator 164
hand lamp 263
hand mixer 150
hand protection 320
hand protector 306
hand rest 247
hand vacuum cleaner 159
handcuff case 265
handgrip 191
handicap spot 315
handle 126, 127, 128, 130, 131, 133, 142, 146, 151, 152, 153, 159, 161, 162, 163, 164, 165, 214, 227, 242, 287, 289, 291, 292, 293, 302, 311
handlebars 195, 308
handrail 199
handsaw 161
handset 244, 245
handset cord 244
hang-up ring 131
hanger loop 120
hanging glacier 29
hanging pendant 157
hanging stile 136, 137
harbor 200
hard palate 102
hare 77
harmonica 224
harness 288
harp 227
harps 234
harpsichord 226
hasp 127
hat switch 247
hatband 124
hatchback 186
hatchet 263, 312
hazelnut 113

head 10, 57, 60, 62, 79, 82, 91, 131, 133, 161, 214, 227, 228, 229, 282, 302
head cover 283
head light 195
head linesman 297
head protection 320
head, bat 82
headband 241, 243
headboard 141, 142
header 136
headgear 304
headland 31
headlight 184, 192, 197, 198
headlight/turn signal 188
headlights 187
headphone jack 233, 242
headphone plug 243
headphones 241, 243
headpin 281
headset kit 245
health 266
health and beauty care 257
health organization 249
hearing 100
heart 97, 98, 313
heartwood 53
heat energy 43
heat loss 43
heat production 178
heat ready indicator 130
heat selector switch 131
heat shield 14
heat transport pump 177
heating 158
heating grille 199
heating oil 181
heavy machinery 209
heavy rain 36
heavy rainfall 37
hedge 135
hedge shears 164
hedgehog 76
heel 84, 91, 122, 125, 227, 229, 285, 286, 291
heel grip 125
heel stop 307
heelpiece 289
heelplate 288
height adjustment 275
helicopter 203
helicopters, examples 203
helix 172
helmet 17, 263, 284, 287, 289, 292, 298, 306, 307, 308
helmet ring 17
hen 75
hen egg 114
heptagon 172
herbicide 44
herbivores 41
high beam 187
high beam indicator light 188
high chair 141
high clouds 35

high frequency antenna cable 208
high pressure area 37
high wing 208
high-back overalls 121
high-hat cymbal 232
high-rise apartment 216
high-speed exit taxiway 204
high-speed train 198
high-tension electricity transmission 176
highland 9, 34
highland climates 34
highway 23, 182
highway crossing 198
highway crossing bell 198
highway number 23
hill 28
hind leg 62
hind leg, honeybee 61
hind limb 66, 76
hind toe 73
hind wing 62
hinge 126, 136, 137, 141, 289
hinge pin 209
hip 91
hip pad 298
hippopotamus 87
hitting area 291
hive 61
hive body 61
hock 78, 84
hockey ball 293
hoisting rope 163
holder 166
hole 282
holster 265
home user 249
home-plate umpire 290
homestretch 280
honey cell 61
honeybee 60
honeybee, hind leg 61
honeybee, middle leg 60
honeycomb 61
honeycomb section 61
honeydew melon 113
hood 117, 158, 184, 192, 279
hooded sweat shirt 122
hoof 84
hoofs, types 85
hook 137, 161, 170, 193, 214, 286
hoop earrings 129
hopper ore car 197
horizontal bar 274
horizontal ground movement 26
horizontal movement 314
horizontal pivoting window 137
horizontal seismograph 26
horizontal stabilizer 203, 207
horizontal-axis wind turbine 179
horn 188, 196

horny beak 67
horse, gaits 84
horse, morphology 84
horseradish 104
horseshoe 84
hose 119, 262
hose dryer 262
hose holder 262
hose trolley 165
hospital 319
hospital bed 266
hot coolant 178
hot pepper 107
hot-shoe contact 235
hotel 251
hotel reservation desk 252
hour hand 168
house 134
house furniture 140
house, elements 136
house, elevation 138
house, exterior 134
houseboat 202
household products 256
household waste 44, 45
houses, city 216
houses, traditional 215
housing 131, 156, 162, 243
hovercraft 202
hub 59, 179, 195
Hubble space telescope 32
Huitzilopochtli, Temple 219
human being 90
human body 90
human denture 94
humerus 92
humid continental - hot summer 34
humid continental - warm summer 34
humid subtropical 34
humidity, measure 39
hummingbird 74
humpback whale 89
hunting cap 124
hurricane lamp 311
hut 215
hydraulic shovel 209
hydroelectric complex 174
hydroelectric power plant, cross section 175
hydroelectricity 174
hydrofoil boat 202
hydrologic cycle 42
hydrosphere 41
hyena 80
hygrograph 39
hyperlinks 248
hypha 47

ENGLISH INDEX

354

I

Iapetus 7
ice 42
ice breaker 202
ice cream scoop 148
ice cube dispenser 143
ice cube tray 152
ice dispenser 261
ice hockey 284
ice hockey player 284
iceberg lettuce 106
identification badge 265
identification section 264
identification tag 127
igloo 215
igneous rocks 24
ignition key 165
ignition switch 188
iguana 69
ileum 96
ilium 92
impluvium 218
in-ground swimming pool 135
in-line skate 307
inbounds line 296
incandescent lamp 156, 173
incineration 46
incisors 94
incoming message cassette 244
incus 100
index finger 101
Indian chapati bread 114
Indian Ocean 19
indicators 239
industrial pollution 44
industrial waste 44, 45
industry 249
inert gas 156
inferior dental arch 102
inferior vena cava 98, 99
infield 290
infiltration 42
inflated carrying tire 199
inflated guiding tire 199
inflator 310
inflator-deflator 310
inflorescent vegetables 105
information 319
information booth 259
information console 279
information counter 252
information desk 264
information spreading 249
infrared radiation 43
inkjet printer 247
inner boot 307
inner core 24
inner hearth 158
inner table 315
inner toe 72
inorganic matter 41
insectivorous bird 73

insectivorous mammals, examples 76
insects, examples 63
inside 146
inside linebacker 296
inside-leg snap-fastening 121
instrument panel 188
instrument shelter 38
insulator 176
intensive farming 43, 45
intensive husbandry 43, 44
interchangeable studs 301
internal boundary 22
internal ear 100
internal filum terminale 97
internal iliac artery 99
internal jugular vein 99
international boundary 22
international road signs 317
international space station 14
Internet 248
Internet service provider 249
Internet user 248
Internet uses 249
internode 48
interrogation room 264
interrupted projection 21
intervals 222
intravenous stand 266
intrusive filtration 44
intrusive rocks 24
Io 6
ion tail 10
Ionic column 218
iris 102
iron 282
isba 215
ischium 92
island 22, 143, 182
ISS 14
isthmus 22
isthmus of fauces 102

J

jack 313
jack field 237
jacket 117, 118, 305
jaguar 81
jalousie 137
jamb 136, 158
Japanese experiment module 14
Japanese plum 111
jaw 132, 162
jay 74
jeans 121
jejunum 96
jersey 308
Jerusalem artichoke 104
jet fuel 181

jet refueler 205
jewel 169
jewelry 129
jewelry store 258
jicama 104
jigger topgallant staysail 201
jigger topmast staysail 201
jiggermast 201
jigsaw puzzle 313
jingle 232
jockey 280
joint 270
joker 313
journal box 196
joystick 247
joysticks 316
judge 304, 305
judge's stand 280
judges 274, 275
judo 305
judogi 305
juice sac 112
jumpsuit 121
junior officer's office 264
Jupiter 6
juvenile cell 264

K

kale 106
kangaroo, morphology 76
karate 305
karate-gi 305
karateka 305
kayak 279
keep 220
kerosene 181
kettle 28, 151
kettledrum 232
key 224, 226, 231
key case 126
key cutting shop 259
key finger button 231
key grip 273
key guard 231
key lever 231
key lock 126
key signature 223
keybed 226
keyboard 226, 233, 281
keyboard instruments 226
keys 233
killer whale 89
king 313, 314
king's chamber 217
king's side 314
kingfisher 75
kiosk 255, 261
kitchen 138, 143, 218, 263, 269
kitchen scale 147
kitchen towel 159
kitchen utensils 147
kiwi 113

knee 78, 85, 90
knee pad 291, 298, 307
knife 146, 213, 312
knife pleat 116
knight 314
knit shirt 120
knitting needle 214
knob 291
knob handle 162
knurled bolt 163
koala 76
kohlrabi 105
kora 225
kumquat 112

L

labial palp 60, 62
lablab bean 108
laboratory equipment 166
laccolith 27
lace 286, 291
lachrymal canal 102
lachrymal duct 102
lachrymal gland 102
ladder 189, 210, 215
ladder pipe nozzle 263
ladies' toilet 272
ladle 148
Lady chapel 221
ladybird beetle 63
lagoon 31
lake 9, 22, 28, 30
lamp 167
lamp socket 156
lanceolate 49
land pollution 44
land station 38
landfill site 44
landing 139
landing light 203
landing window 203
lane 276
lane rope 277
lane timekeeper 276
lapis lazuli 129
larch 55
large blade 311
large intestine 96
larva 61
larynx 97
laser printer 247
last quarter 10
latch 127, 152
latch bolt 136
lateral great 95
lateral incisor 94
lateral line 65
lateral moraine 29
lateral semicircular canal 100
latex glove case 265
latrines 218

laundry room 138
lava flow 27
lava layer 27
lawn 135
lawn edger 164
lawn rake 165
lead-in wire 156
leading edge 207
leaf 48, 49
leaf axil 49
leaf lettuce 106
leaf margin 49
leaf node 48
leaf vegetables 106
leaf, structure 49
leather end 116
leather goods 126
leather goods shop 258
leather sheath 312
ledger line 222
leech 278
leek 103
left atrium 98
left attacker 299
left back 293, 299, 300
left channel 241
left cornerback 296
left defense 285
left defensive end 296
left defensive tackle 296
left field 290
left fielder 290
left forward 294
left guard 297
left half 293
left inside forward 293
left lung 97
left midfielder 300
left pulmonary vein 98
left safety 296
left service court 303
left tackle 297
left ventricle 98
left wing 284, 293
leg 67, 83, 90, 141, 142, 164, 275
leg guard 291
leg-warmer 122
legumes 108
lemon 112
lemur 83
length post 280
lens 247
lens cap 235
lentils 108
leopard 81
leotard 122
lettuce 106
leveling foot 160
lever 132, 151, 162
lever corkscrew 147
libero 299
library 268
license plate light 187
lichen 47
lid 149, 150, 151, 153, 159, 160

life buoy 265
life cycle of the frog 66
life support system 17
life support system controls 17
lifeboat 201
lift arm 209
ligature 231
light 12, 199
light aircraft 208
light bar 265
lighting 155
lighting grid 238, 273
lighting technician 273
lightning 36
lightning arrester 175, 176
lightning rod 135
lights 157
lily 50
lily of the valley 51
Lima bean 108
limb 52
limb top 167
lime 112
limousine 186
line 222, 299
line judge 274, 297, 299
line map 254
line of scrimmage 297
linear 49
linen 142
linesman 284, 299, 301, 302
lingerie shop 258
lining 116, 125, 126, 286
lintel 158
lion 81
lip 79, 85
lipstick 133
liquid eyeliner 133
liquid foundation 133
liquid hydrogen tank 16
liquid mascara 133
liquid oxygen tank 16
liquid-crystal display 168
listen button 244
litchi 113
lithosphere 41
little finger 101
little finger hook 230
liver 96
livestock car 197
living room 138, 309
lizard 69
llama 87
loafer 125
lobate 49
lobate toe 73
lobby 252
lobe 73
lobster 58
lobster, morphology 58
lock 136, 141, 194
locker room 262
locket 129
locking device 163
locking pliers 162

locomotive, diesel-electric 196
loculus 111
log carrier 158
log chute 174
log tongs 158
loin 84, 91
long bone 93
long extensor of toes 95
long peroneal 95
long-range jet 206
loop 116, 182
lost and found articles 319
loudspeakers 241
louse 63
louver-board 221
louvered window 137
love seat 140
low bar 274
low beam 187
low clouds 35
low pressure area 37
low-tension distribution line 176
lower eyelid 66, 79, 102
lower fore topgallant sail 201
lower fore topsail 201
lower lip 102
lower lobe 97
lower mantle 24
lower section 16
lower shell 289
lubricating oils 181
lubricating system 197
luff 278
luge racer 287
luggage rack 189, 191
lunar eclipse 9
lunar features 9
lunula 101
lupine 108
lynx 81
lyre 225
lysosome 56

M

macaque 83
macaw 74
machicolation 220
machine hall 174, 175
magma 27
magma chamber 27
magnesium powder 275
magnetic compass 312
magnetic damping system 170
magnetic gasket 152
magnetic needle 312
magnetic separation 46
magnetic tape 240
magnifier 311
magnifying glass 167

main cryogenic stage 16
main engine 15
main entrance 138, 269
main landing gear 207
main lanes 182
main rooms 138
main sail 201
main stand 191
main tube 12
main vent 27
Maine coon 79
mainmast 201
maintenance 261
maintenance hangar 205
maître d'hôtel 260
major international road signs 317
major motions 315
major North American road signs 318
makeup 133
makeup artist 272
malanga 104
mallet 232
mallets 232
malleus 100
mandarin 112
mandible 60, 62, 65, 92, 93
mandolin 225
mane 85
maneuvering engine 15
mango 113
manned maneuvering unit 17
manometer 267
manrope 183
mantel 158
mantel shelf 158
mantid 63
mantle 57
manual release 289
manual sorting 46
Manx 79
map projections 21
map, physical 22
map, political 22
map, road 23
maple 54
maquis 40
margin 49
marginal shield 67
marine 34
marine diesel 181
marine mammals 88
marine mammals, examples 88
maritime transport 181, 200
marker 271, 281
marker light 192
Mars 6
mars light 263
marsupial mammals 76
marsupials, examples 76
mask 279, 291
mass 26
massage glove 132
masseter 95

mast 198, 203, 218, 278
mast foot 278
mast sleeve 278
master bedroom 139
masthead 278
mastoid fontanelle 93
mat 305
mat chairperson 304
matinee-length necklace 129
mattress 141, 142, 310
mattress cover 142
maxilla 60, 65, 92, 93
maxillary bone 94
maximum thermometer 39
meander 30
measure of air pressure 39
measure of humidity 39
measure of rainfall 39
measure of temperature 39, 169
measure of time 168
measure of weight 170
measure of wind direction 39
measure of wind strength 39
measuring cup 148
measuring devices 168
measuring spoons 148
measuring tube 39
meat keeper 152
Mecca, direction 219
mechanical pencil 271
mechanical stage 167
mechanical stage control 167
mechanical watch 169
mechanics 261
medial great 95
medial moraine 29
median 182
medical team 305
Mediterranean Sea 19
Mediterranean subtropical 34
medium-tension distribution line 176
medulla oblongata 97
meeting room 263, 269
melon baller 147
melons 113
meltwater 29
memo pad 270
memory button 244
memory card 235
memory card slots 316
men's bag 127
men's cell 264
men's clothing 116
men's gloves 123
men's rest room 319
menu 260
Mercury 6
mercury bulb 169
mesocarp 109, 110, 111, 112
mesopause 32
mesosphere 32
metacarpal, 2nd 82
metacarpal, 3rd 82

metacarpal, 4th 82
metacarpal, 5th 82
metacarpus 92
metal frame 226
metal rod 232
metal sorting 46
metamorphic rocks 24
metatarsus 92
meteorological forecast 38
meteorological measuring instruments 39
meteorological station 38
meteorology 32
meteorology, measuring instruments 39
mezzanine 254
mezzanine floor 138, 139
mezzanine stairs 139
Michigan snowshoe 288
micro compact car 186
microfilament 56
microphone 237, 238, 240, 244, 245, 247, 265
microphone boom 238
microphone boom tripod 238
microscope 167
microscope, binocular 167
microscopes 167
microwave oven 143, 152
microwave relay station 248
middle clouds 35
middle ear 100
middle finger 101
middle leg 62
middle leg, honeybee 60
middle linebacker 296
middle lobe 97
middle panel 136
middle sole 122
middle toe 72
midrange 241
midrange pickup 228
midrib 49
midriff band 119
Mihrab 219
Mihrab dome 219
Milky Way 11
Mimas 7
minaret 219
Minbar 219
minibus 190
minimum thermometer 39
minivan 186
mink 80
minute hand 168
Miranda 7
mirror 154, 167, 191, 269
mist 36
mitochondrion 56
mitt 123
mitten 123
mixed forest 40
mixing bowls 148
mizzen sail 201
mizzenmast 201
moat 220

mobile passenger stairs 252
moccasin 125
mode selectors 242
modem 248
modulation wheel 233
molar, cross section 94
molars 94
mole 76
mollusks 57
mongoose 80
monitor lizard 69
monocle 128
Moon 6, 8, 9
Moon dial 168
Moon's orbit 8, 9
Moon, phases 10
moons 6
mop 159
moped 191
moraine 29
mordent 223
morphology of a bat 82
morphology of a bird 72
morphology of a butterfly 62
morphology of a cat 79
morphology of a dog 78
morphology of a dolphin 88
morphology of a frog 66
morphology of a gorilla 83
morphology of a horse 84
morphology of a kangaroo 76
morphology of a lobster 58
morphology of a perch 65
morphology of a rat 77
morphology of a shark 64
morphology of a snail 57
morphology of a spider 59
morphology of a turtle 67
mosaic 218
mosque 219
mosquito 63
moss 47
motocross motorcycle 306
motor 162, 165
motor bogie 199
motor car 199
motor home 189
motor scooter 191
motor sports 306
motor unit 150, 198
motor vehicle pollution 45
motor yacht 202
motorcycle 191
motorcycles, examples 191
motorcycling 306
mouflon 86
mountain 28
mountain bike 195
mountain biking 308
mountain mass 22
mountain range 9, 22, 24
mountain slope 28
mountain torrent 28
mounting foot 235
mounting plate 156
mouse pad 246

mouth 57, 66, 88, 90, 102
mouthparts 60
mouthpiece 230, 231, 233
mouthpiece receiver 230
mouthpipe 230
mouthwash 133
movable bridges 183
movable jaw 162
movable maxillary 67
movable stands 268
movie set 273
movie theater 258, 272
movies' titles and schedules 272
Mt Everest 32
mud flap 185, 192
muffin pan 148
muffler felt 226
muffler pedal 226
multigrain bread 114
mummy 310
mung bean 108
muntin 137
muscles 95
museum 251
mushroom 47
mushroom, structure 47
music 222
music room 268
music stand 233
music store 258
musical instruments, traditional 224
musical notation 222
muskmelon 113
mussel 57
mute 230
muzzle 78, 79, 85
mycelium 47

N

nacelle 179
nail 161
nail cleaner 132
nail clippers 132
nail nick 311
nail scissors 132
naos 217
nape 72, 91
naris 102
narwhal 89
nasal bone 93
nasal cavity 97
national park 23
natural 223
natural arch 31
natural greenhouse effect 43
natural sponge 132
navel 90
navigation light 207
NEAR 13
near/far dial 240

neck 67, 85, 91, 94, 146, 227, 228, 229
neck end 116
neck guard 263
neck pad 298
neckroll 142
necktie 116
nectarine 110
needle 29
negative contact 173
Neptune 7
nerve 101
nerve fiber 101
nerve termination 101
nervous system 97
nervous system, central 97
net 295, 299, 303
net band 303
net judge 303
nettle 106
neutral zone 284, 296
new crescent 10
new moon 10
newspaper shop 259
newt 66
next call 245
nib 270
nictitating membrane 79
nightshot switch 240
nimbostratus 35
nipple 90
no entry 317, 318
no U-turn 318
no wheelchair access 319
non-biodegradable pollutants 44
non-reusable residue waste 46
nonagon 172
North 23
North America 18
North American road signs 318
North Pole 0, 20
North Sea 19
North-Northeast 23
North-Northwest 23
Northeast 23
Northern hemisphere 20
Northern leopard frog 66
northern right whale 88
Northwest 23
nose 77, 85, 90, 102, 206, 287
nose landing gear 206
nose leaf 82
nose leather 79
nose of the quarter 125
nostril 64, 65, 66, 67, 72, 85
notation, musical 222
notch 170
note symbols 223
nozzle 14, 16
nubby tire 306
nuclear energy 177
nuclear energy, production of electricity 178

nuclear envelope 56
nuclear generating station 177
nuclear waste 45
nucleolus 56
nucleus 10, 11, 56
number of tracks sign 198
number plate 306
numeric keyboard 170
nurse 266
nut 113, 227, 228, 229
nutcracker 147

oak 54
oarlock 279
oars, types 278
oasis 29
Oberon 7
obi 305
objective 167
objective lens 12, 235
oboe 231
oboes 234
observation deck 253
observation window 15
obtuse angle 171
occipital bone 93
ocean 9, 22, 42
ocean weather station 38
Oceania 19
oche 316
octave 222
octave mechanism 231
octopus 57
odometer 188
off-road motorcycle 191
office 253, 260, 261
office building 200, 251
officers' dormitory 262
officers' toilets and showers 262
officials 293
officials' bench 284
offshore prospecting 180
oil 180
oil paint 212
oil pastel 212
oil pollution 45
oil spill 45
oil terminal 200
okapi 87
okra 107
old crescent 10
olive 107
on-air warning light 237
on-board computer 188
on-deck circle 290
on-off button 243
on-off indicator 130
on-off light 244

on-off switch 130, 131, 151, 157
on-off/volume 242
one-person tent 309
one-piece suit 287
one-storey house 216
one-toe hoof 85
onion 103
online game 249
opal 129
operating instructions 261
operculum 65
opossum 76
opposable thumb 83
optic chiasm 97
optical lens 269
optical scanner 247, 257
optical sorting 46
optical stage 269
optician 259
oral cavity 96, 97
orange 112, 211
orange, section 112
orange-red 211
orange-yellow 211
orangutan 83
orbicular of eye 95
orbiculate 49
orbiter 14, 15
orchestra 234
orchid 50
ordinary die 313
organ 226
oriental cockroach 63
ornamental kale 106
ornamental tree 134
ornaments 223
ostrich 75
other signs 223
ottoman 140
outer bull 316
outer core 24
outer table 315
outer toe 72
outfield fence 291
outgoing announcement cassette 244
outlet 155
output jack 228
outrigger 209, 263, 279
outside counter 125
outside linebacker 296
outside mirror 184
outsole 122, 125
outwash plain 29
ovary 50
ovate 49
oven 143, 153
oven control knob 153
overall standings scoreboard 274
overbed table 266
overcoat 119
overflow 154
overhead connection 176
overhead projector 269

overpass 182
ovule 50
owl 74
oxygen cylinder, portable 267
oxygen outlet 266
oxygen pressure actuator 17
oystercatcher 75
ozone layer 32

pace 85
Pacific Ocean 18
packaging products 256
pad 292
pad arm 128
padded base 295
padded upright 295
paddle, double-bladed 279
paddle, single-bladed 279
paddock 280
paddy field 44
pads 285
pail 159
painting 211
painting knife 212
painting upkeep 163
pajama 121
pajamas 119
pak-choi 106
palatoglossal arch 102
palm 101, 123, 291
palm grove 29
palm of a glove 123
palm tree 54
palmar pad 78
palmate 49
pan 170
pan hook 170
panama 124
pancreas 96
pane 137
panel 136
panpipe 224
pantograph 198, 199
pantry 138, 143
pants 116, 122, 284, 291, 298, 306
panty hose 119
papaya 113
paper clips 270
paper collection unit 46
paper guide 245
paper recycling container 46
paper separation 46
paper sorting 46
paperboard separation 46
paperboard sorting 46
papilla 101
paraffins 181
parallel 20
parallel bars 275
parallelepiped 172

parallelogram 172
paramecium 56
parapet walk 220
parcels office 253
parietal bone 93
park 250
parking 282
parking area 205, 269
parking brake lever 188
parking lot 252
parsnip 104
partial eclipse 8, 9
partition 265
partridge 74
parts 142
parts of a boat 278
parts of a circle 171
parts of a ring 129
parts of a shoe 125
pass 28
passenger cabin 207
passenger car 198, 199
passenger liner 200
passenger platform 253
passenger station 253
passenger terminal 200, 205, 252
passenger train 196
passenger transfer vehicle 253
passing lane 182
passion fruit 113
passivity zone 304
passport control 253
pasta 114
pastern 84
pastry shop 259
patella 92
Pathfinder 13
patient 266
patient room 266
patio 134
patio door 138, 143
pattypan squash 107
pause 223
pause/still button 239
pawn 314
pay phone 245, 259, 260
payload 16
payload adaptor 16
pe-tsai 106
pea jacket 118
peach 110
peach, section 110
peacock 74
peak 28, 124
peanut 108
pear 111
peas 108
pecan nut 113
pectoral fin 64, 65, 88
pedal 194, 227, 232, 308
pedal rod 226
pedestrian crossing 317, 318
pedicel 50, 109, 110, 111
pediment 168, 217

pedipalp 59
peeler 147
peg 227, 229
peg box 227
pelican 75
pelvic fin 64, 65
pen 26
pen blade 311
pen holder 126
penalty arc 300
penalty area 300
penalty area marking 300
penalty bench 284
penalty bench official 284
penalty spot 300
pencil 271
pencil sharpener 270
pendant 129
pendulum 168
penguin 75
peninsula 22
penis 90
penstock 174, 175
pentagon 172
penumbra shadow 8, 9
pepper shaker 144
pepper spray 265
pepperoni 115
perch, morphology 65
perching bird 73
percussion instruments 232, 234
perforated toe cap 125
perfume shop 258
pericarp 112
periodontal ligament 94
peristyle 218
peroxide 267
peroxisome 56
perpetual snows 28
Persian 79
personal articles 123
personal computer 246
personal radio cassette player 243
pesticide 44, 45
pet food 257
pet shop 258
petal 50
petiole 47, 49
Petri dish 166
petrochemicals 181
petroleum trap 180
phalanges 92
pharmacy 258, 319
pharynx 97
phases of the Moon 10
philtrum 102
phloem 53
Phobos 6
phosphorescent coating 156
photo booth 259
photoelectric cell 235
photographer 258
photographic accessories 235

photography 235
photosphere 8
photovoltaic arrays 14
physical map 22
physician 266, 304
piano 226, 234
piccolo 231, 234
pickguard 228
pickling onion 103
pickup selector 228
pickup truck 186
pickups 229
picnic area 319
picnics prohibited 319
picture 313
piece 313
pierced earrings 129
pig 86
pigeon 74
piggyback car 196
pika 77
pike 90
pike pole 263
pile dwelling 215
pillar 26, 221, 227
pillion footrest 191
pillow 142
pillow protector 142
pillowcase 142
pilot 197, 198
pin 156, 262, 281
pin base 156
pin block 226
pin cushion 214
pine nut 113
pineal body 97
pineapple 113
pinna 47, 76, 77
pinnacle 221
pinnatifid 49
pinto bean 108
Pioneer 13
pip 109, 111, 112, 313
pipeline 181
pistachio nut 113
pistil 50
pistol 265
pistol grip handle 162
pit 67, 281
pita bread 114
pitch 292
pitch wheel 233
pitcher 290
pitcher's mound 290
pith 53
Pitot tube 306
pituitary gland 97
pivot 214, 312
pivot cab 209
placing judge 276
plaice 65
plain 22, 30
plane projection 21
planets 6
planisphere 18
plant litter 53

plant, structure 48
plasma 98
plastics sorting 46
plastron 67
plate 311
plate binding 287
plateau 22, 28
platelet 98
platform 170, 252, 255, 276, 307
platform edge 255
platform ladder 163
platter 145
play button 239, 243
player positions 290, 294, 300
player's number 284, 295, 298
player's stick 285
players' bench 285, 293, 297, 298, 299
players' chairs 299
playing area 201, 316
playing field 293, 300
playing window 243
plectrum 225
plexus of nerves 94
plinth 168
plug 155, 241
plug adapter 155
plum 110
Pluto 7
pocket 126, 281, 283
pocket camera 236
podium 268
point 146, 214, 227, 270, 286, 315, 316
point guard 294
point of interest 23
pointer 158, 170
poison 320
poisonous mushroom 47
poker 158
poker die 313
polar bear 81
polar climates 34
polar ice cap 34
polar lights 32
polar tundra 34
Polaroid® camera 236
pole 238, 302
pole grip 288
pole shaft 288
police 319
police car 265
police officer 265
police station 264
political map 22
pollen basket 61
pollen cell 61
pollutants, non-biodegradable 44
polluting gas emission 44
pollution, agricultural 44
pollution, air 44
pollution, domestic 44
pollution, industrial 44
pollution, land 44

ENGLISH INDEX

pollution, motor vehicle 45
pollution, oil 45
polo dress 118
polo shirt 303
polygons 172
pome fruits 111
pomegranate 113
pomelo 112
pommel horse 274
poncho 118
pond 282
pons Varolii 97
pontoon 183
poodle 78
poop 201
pop-up tent 309
poplar 54
popping crease 292
poppy 51
porch 135, 219
porch dome 219
porcupine 77
pore 101
porpoise 89
port hand 200
portable cellular telephone 245
portable compact disc player 243
portable digital audio player 243
portable fire extinguisher 262
portable oxygen cylinder 267
portable radio 242
portable shower head 154
portable sound systems 242
portal 221
porthole 201
position light 198, 203
position marker 228, 229
positive contact 173
post lantern 157
post office 259
poster 272
posterior fontanelle 93
posterior rugae 91
posterior semicircular canal 100
potato 104
potato masher 148
pouch 76
pouring spout 159
powder blusher 133
powder puff 133
power button 239, 240, 245, 246
power car 198
power mower 165
power plant 174
power plug 242
power supply cord 131
power switch 233
power/functions switch 240
practice green 282
prairie 22
prayer hall 219

precious stones 129
precipitation 42
precipitations 36
precision sports 281
prehensile digit 83
premaxilla 65
premolars 94
prepared foods 257
preset buttons 239, 240
pressed area 243
pressed powder 133
pressure bar 226
pressure cooker 149
pressure demand regulator 263
pressure regulator 149
pressurized refuge 182
prevailing wind 37
price per gallon/liter 261
primary colors 211
primary consumers 41
primary root 48
primate mammals 83
primates, examples 83
prime meridian 20
princess dress 118
principal's office 269
printer, ink jet 247
printout 170
prisoners' shower 264
privacy curtain 266
private dressing room 272
probe receptacle 152
proboscis 62
procedure checklist 17
producer 273
producer turret 237
product code 170
production designer 272
production of electricity by the generator 176, 178
production of electricity from nuclear energy 178
production of electricity, steps 176
production platform 180
profile of the Earth's atmosphere 32
program selector 233
programmable buttons 247
projection booth 272
projection head 269
projection room 272
projection screen 269, 272
projector 272
proleg 62
promenade deck 201
prominence 8
pronaos 217
propeller 201
property man 273
protection 320
protection area 304
protection layer 17
protective cup 285, 298
protective equipment 285

protective goggles 306
protective helmet 191, 194
protective plate 306
protective suit 306
protective surround 316
protractor 271
province 22
pruning shears 164
pubis 90
puck 285
pull strap 127
pulley 163
Pullman case 127
pulmonary artery 99
pulmonary trunk 98
pulmonary vein 99
pulp 94, 112
pulp chamber 94
pump 125
pump island 261
pump nozzle 261
pump number 261
pumpkin 107
punch hole 116, 122, 125
punching bag 304
punching ball 304
pup tent 309
pupa 61
pupil 79, 102
purfling 229
purse 126
purslane 106
push button 128, 150, 245
push buttons 244
push frame 210
push-button 270
push-button telephone 245
pusher 150
putter 282
pygal shield 67
pyramid 172, 217
pyramid, entrance 217
pyranometer 38
python 68

Q

Qibla wall 219
quadrant 171
quadrilateral 172
quail egg 114
quarter 84
quarter note 223
quarter rest 223
quarter window 185
quarter-deck 201
quarterback 297
quay 200
quayside crane 200
queen 60, 313, 314
queen cell 61
queen excluder 61
queen's chamber 217

queen's side 314
quick ticket system 272
quince 111
quiver 281

R

rabbit 77
raccoon 80
racetrack 280
rack 149, 153
racket sports 302
raclette with grill 151
radial passenger loading area 205
radial thread 59
radiant heater 158
radiation zone 8
radiator 197
radiator grille 192
radiator panel 15
radiators 14
radicchio 106
radicle 48, 52
radio antenna 200, 306
radioactive 320
radish 104
radius 82, 92, 171
rail 198
rail transport 196
railing 139
railroad station 250
railroad track 250
railway shuttle service 252
rain 36
rain gauge recorder 38, 39
rainbow 36
raincoat 117
rainfall, measure 39
rake 165
ramekin 144
ramp 182, 217, 307
rampart 220
range hood 143, 153
rangefinder 236
rank insignia 265
rasp 213
raspberry 109
raspberry, section 109
rat, morphology 77
ratchet wheel 169
rattlesnake 68
raven 74
razor clam 57
reach-in freezer 256
reactor 177, 178
reactor building 177
reading mirror 17
reading start 243
rear apron 116
rear beam 170
rear brake 194
rear derailleur 194

rear leg 140
rear light 194
rear runner 287
rear shock absorber 191
rearview mirror 188
receiver 244, 245, 302
receiver volume control 244
receiving area 256
receiving tray 245
receptacle 50, 109
reception area 263
reception hall 219
record announcement button 244
record button 239, 240
record player 241
recording tape 243
rectangle 172
rectangular 310
rectum 96
recycling 46
recycling bin 46
Red 315
red 211
red blood cell 98
red cabbage 106
red kidney bean 108
red onion 103
Red Sea 19
red sweet pepper 107
red whortleberry 109
red-violet 211
reed 231
reel 240
reentrant angle 171
referee 276, 284, 293, 294, 297, 299, 300, 304, 305
refinery 181
refinery products 181
refining 181
reflected solar radiation 43
reflecting telescope 12
reflecting telescope, cross section 12
reflective stripe 263
reflector 194
refracting telescope 12
refracting telescope, cross section 12
refrigerated display case 260
refrigerator 143, 152, 260
refrigerator car 196
refrigerator compartment 152
refrigerators 260
refuse container 159
regular decagon 172
regular heptagon 172
regular hexagon 172
regular nonagon 172
regular octagon 172
regular pentagon 172
reheater 177
rein 280
release lever 162
relieving chamber 217

remote control 239
remote control sensor 239
remote control terminal 235
remote manipulator system 14
renal artery 99
renal vein 99
reniform 49
repeat mark 222
report writing room 264
reptiles 67
reptiles, examples 68
reservoir 151, 174, 175
reset button 168, 246, 316
reset key 245
resident 266
residue waste, non-reusable 46
resonator 241
respiratory system 97
respiratory system protection 320
rest area 23
rest symbols 223
restaurant 258, 260, 319
restaurant, fast-food 259
restricted area 295
restricting circle 294
resurgence 30
retractable handle 126
return crease 292
reverse light 187
revolving nosepiece 167
rewind button 239, 243
Rhea 7
rhinoceros 86
rhizome 47
rhombus 172
rhubarb 105
rhythm selector 233
rias 31
rib 128, 210, 229
rib joint pliers 162
rib pad 298
ribbing 120
ribosome 56
ribs 92
rice 114
ridge 28
riding cap 280
riding crop 280
riffler 213
right angle 171
right ascension setting scale 12
right atrium 98
right attacker 299
right back 293, 299, 300
right channel 241
right cornerback 296
right defense 285
right defensive end 296
right defensive tackle 296
right field 291
right fielder 290
right forward 294

right guard 297
right half 293
right inside forward 293
right lung 97
right midfielder 300
right pulmonary vein 98
right safety 296
right service court 303
right tackle 297
right ventricle 98
right wing 284, 293
rim 128, 191, 195, 295
rim soup bowl 145
rind 112
ring 47, 128, 168, 170, 230, 304
ring binder 271
ring post 304
ring step 304
ring, parts 129
ringing volume control 244
rings 275
ringside 304
rink 284
rink corner 284
ripper 210
ripper shank 210
rising warm air 37
river 22, 30
river estuary 22, 31
river otter 80
road 23
road flare 265
road map 23
road number 23
road racing 308
road signs 317
road system 182
road transport 182
road tunnel 182
road works ahead 317, 318
road-racing bicycle 308
road-racing cyclist 308
roadway 182
roasting pans 149
Roberval's balance 170
rocket engine 16
rocking chair 140
rocky desert 29
rocky islet 31
rod 166
rodents, examples 77
roll structure 306
roller cover 163
roller frame 163
rolling pin 148
romaine lettuce 106
Roman amphitheater 218
roman bean 108
Roman house 218
rompers 121
roof 61, 135, 185, 189
rook 314
room thermostat 158
rooms, main 138
rooster 75
root 94, 103

root canal 94
root cap 48
root hairs 48
root of nose 102
root rib 206
root system 48
root vegetables 104
root-hair zone 52
rope 129, 304
rose 51, 136, 229
rose window 221
rotating drum 26
rotation of the turbine 176
rotor 179
rotor blade 203
rotor head 203
rotor hub 203
rough 282
roughing out 213
round brush 130
round-bottom flask 166
route sign 199
router 248
row 133
rowing 278
rubber boot 263
rubber sheath 278
rubbing alcohol 267
ruby 129
rudder 15, 201, 207, 278
rudder cable 278
ruler 271, 311
rump 73
runabout 202
rung 163
runner 315
running shoe 122
Russian module 14
rutabaga 104

S

sacrum 92
saddle 280
saddlecloth 280
safe 265
safety 262
safety area 305
safety belt 306
safety binding 289
safety handle 165
safety lighting 265
safety line 255
safety niche 182
safety officer 279
safety pad 275
safety pin 214
safety rail 196
safety symbols 320
safety tether 17
safety valve 149, 178
sail 179, 278
sail cloth 179

sailbar 179
sailboard 278
Saint Bernard 78
salad bowl 145
salad dish 145
salad plate 145
salad spinner 147
saline lake 29
salivary glands 96
salsify 104
salt shaker 144
sand 299
sand bunker 282
sand island 31
sandal 125
sandbox 197
sandy desert 29
sapphire 129
sapwood 53
sarong 118
sartorius 95
sash frame 137
sash window 137
satellite 16
satellite earth station 249
Saturn 7
Saturn V 16
saucepan 149, 311
sauté pan 149
savanna 40
savanna climate 34
savoy cabbage 106
saxhorn 230
saxophone 231
scale 65, 67, 73, 161, 169, 222, 271, 312
scale leaf 103
scallion 103
scampi 58
scapula 92
scarlet runner bean 108
scatter cushion 142
scenic route 23
schedules 253
school 268
school bus 190
school zone 317, 318
science 166
science room 268
scientific air lock 15
scientific instruments 15
scissors 214, 267, 311
sclera 102
score console 281
scoreboard 305, 316
scoreboard, current event 275
scoreboard, overall standings 274
scorekeeper 305
scorer 294, 299
scorers 305
scorpion 59
scouring pad 159
scraper 163
screen 131, 175, 239, 292

screen door 189
screen print 121
screen window 309
screw 161, 227
screw base 156
screwdriver 161, 311
scroll 227
scroll wheel 245, 246
scrotum 90
scuba diver 279
scuba diving 279
sculling 278
sculling oar 278
sea 9, 22, 30
sea kale 106
sea level 24, 32
sea lion 88
sea urchin 56
seafood 257
seal 88
sealed cell 61
seam gauge 214
search 249
seasons of the year 33
seat 140, 154, 191, 194, 272
seat post 194
sebaceous gland 101
second 222, 304
second assistant camera operator 272
second base 290
second baseman 290
second dorsal fin 64
second floor 138, 139
second hand 168
second molar 94
second premolar 94
second referee 299
second space 295
second valve slide 230
second violins 234
second-level domain 248
secondary colors 211
secondary consumers 41
secondary mirror 12
secondary road 23
secondary root 48
secretaries' office 269
section of a bulb 103
section of a grape 109
section of a peach 110
section of a raspberry 109
section of a strawberry 109
section of an apple 111
section of an orange 112
section of the Earth's crust 24
sector 171
security check 253
sedimentary rocks 24
seed 48, 109, 110, 111, 112
seed coat 110
seed leaf 48
seedless cucumber 107
segment 112
segment score number 316
seismic wave 26

seismogram 26
seismograph, vertical 26
seismographic recording 180
seismographs 26
selection key 245
selective sorting of waste 46
self-contained breathing apparatus 263
self-inflating mattress 310
self-service meat counter 256
semi-detached cottage 216
semi-mummy 310
semicircle 171, 294
semicircular canal, lateral 100
semicircular canal, posterior 100
semicircular canal, superior 100
semiprecious stones 129
semitrailer 192
sense organs 100
sensor probe 152
sent document tray 245
sepal 50, 109, 111
separate collection 46
septic tank 45
septum 102
septum pellucidum 97
sequencer control 233
serac 29
serological pipette 166
server 248, 249, 303
service area 23, 205
service judge 302
service line 303
service provider, Internet 249
service road 204
service room 219
service station 261, 319
service table 260
set 273
set dresser 273
set of bells 232
setting 129
setup 281
seventh 222
sew-through buttons 214
sewing machine 214
sewn-in floor 309
shade 157
shadow 168
shadow roll 280
shady arcades 219
shaft 217, 278, 282, 285, 302, 316
shallot 103
shallow root 52
sham 142
shampoo 132
shank 128, 161, 214
shark, morphology 64
sharp 223
shaving 131
shaving brush 131

shaving foam 131
shaving mug 131
sheath 49, 312
shed 134
sheep 86
sheet 201
shelf 152
shelf channel 152
shell 57, 72, 287
shelter 182
shield bug 63
shifter 195
shin guard 287, 293, 301
ships 202
shirt 116, 295
shirttail 116
shock wave 180
shoe 293, 295, 308
shoe store 259
shoe, parts 125
shoelace 122, 125
shoes 125
shoot 48, 53
shooting star 32
shop 218
shopping carts 257
shopping center 258
shore cliff 31
shorelines, examples 31
short bone 93
short glove 123
short sock 119
shorts 121, 293, 295, 301, 308
shortstop 290
shoulder 78, 85, 90, 227, 302
shoulder bag 127
shoulder blade 91
shoulder pad 298
shoulder pads 285
shoulder strap 119, 127, 265, 283, 312
shovel 158, 164, 288, 289
shower 139, 266
shower head 154
shower stall 154
shredding 46
shrew 76
shrimp 58
shroud 201
shutter 137
shutter release button 235
shutting stile 136
Siamese 79
side 146, 201
side chapel 221
side compression strap 312
side door 199
side fairings 306
side footboard 197
side handrail 199
side hatch 14
side judge 297
side lane 182
side rail 163
side span 183
side vent 27

side wall 84
side-marker light 187
sideline 293, 294, 296, 299
sidewalk 135
sidewall 276
sight 102, 281, 312
sighting line 312
sighting mirror 312
sigmoid colon 96
signal ahead 317, 318
signal background plate 198
signal lamp 151, 153
signet ring 129
sill 27
silos 200
silverware 146
simple eye 60, 62
simple leaves 49
simple organisms 56
single chain wheel 308
single reed 231
single seat 199
single sprocket 308
single-bladed paddle 279
single-breasted jacket 117
single-lens reflex (SLR) camera 235
singles sideline 303
sink 143, 154
sinkhole 30
siphon 57
sistrum 232
site plan 135
sitting room 138
sixteenth note 223
sixteenth rest 223
sixth 222
sixty-fourth note 223
sixty-fourth rest 223
skate 284
skateboard 307
skateboarder 307
skater 307
skeg 278
skeleton 92, 287
skerry 31
ski 288, 289
ski boot 289
ski glove 289
ski goggles 289
ski hat 288
ski pants 118
ski pole 288, 289
ski suit 288, 289
ski tip 288
skid 203
skin 101, 109, 110, 111
skin surface 101
skirt 118, 303
skull 90
skunk 80
skylight 135, 139
slat 141
sled 287
sleeper-cab 192
sleepers 121

sleet 36
sleigh bells 232
slide projector 269
sliding cover 245
sliding door 136, 154
sliding folding door 136
sliding folding window 137
sliding seat 278
sliding sunroof 185
sliding weight 170
sliding window 137
slip joint 162
slip joint pliers 162
slip presenter 261
slippery road 317, 318
sloping cornice 217
slot 146, 151, 161
slow-motion button 239
slower traffic 182
small decanter 144
small hand cultivator 164
small intestine 96
smell 102
smog 45
smoke shop 258
snack bar 272
snail 57
snail, morphology 57
snake 67
snap 214
snap fastener 117, 123
snap-fastening front 121
snare drum 232, 234
snorkel 279
snout 64, 66, 76
snow 36
snow gauge 38
snowblower 193
snowboard 287
snowboard, alpine 287
snowboarder 287
snowboarding 287
snowshoe 288
snowshoe, elliptical 288
snowshoes 288
snowsuit 121
soap dish 154
soccer 300
soccer ball 301
soccer player 301
soccer shoe 301
society 250
sock 119, 298, 301, 303
socket-contact 155
sofa 140
soft palate 102
soft pastel 212
soft pedal 226, 233
soft ray 65
soft-drink dispenser 261
soil fertilization 44
soil profile 53
solar cell 173
solar eclipse 8
solar energy 173
solar radiation 42, 43, 173

solar shield 17
solar system 6
solar-cell panel 173
solar-cell system 173
sole 286
solid booster stage 16
solid center auger bit 162
solid rocket booster 14, 16
solids 172
sorting plant 46
sorus 47
sound engineer 273
sound hole 227
sound recording equipment 273
sound reproducing system 241
sound systems, portable 242
soundboard 226, 227, 229
sounding balloon 38
soup bowl 145
soup spoon 146
soup tureen 145
South 23
South America 18
South China Sea 19
South Pole 20
South-Southeast 23
South-Southwest 23
Southeast 23
Southern hemisphere 20
Southwest 23
soybean sprouts 108
soybeans 108
space 222
space launcher 16
space launchers, examples 16
space probe 32
space shuttle 14, 32
space shuttle at takeoff 14
space telescope 32
spacelab 15
spacesuit 17
spade 313
spaghetti squash 107
spanker 201
spar 206
spare tire 189
sparkling wine glass 144
sparrow 74
spatula 148
spatulate 49
speaker 242, 244, 272
speaker cover 241
spear-nosed bat 82
speed control 165
speed selector 150
speed selector switch 131
speedometer 188
spent fuel discharge bay 177
spent fuel storage bay 177
sperm whale 89
sphenoid bone 93
sphenoidal fontanelle 93
sphere 172

sphincter muscle of anus 96
spider 59
spider web 59
spider, morphology 59
spiked shoe 291
spillway 174
spillway chute 174
spillway gate 174
spinach 106
spinal cord 97
spindle 140, 150
spinneret 59
spiny lobster 58
spiny ray 65
spiracle 62
spiral arm 11
spiral binder 271
spiral cloud band 37
spiral thread 59
spire 221
spirit level 161
spit 31
splints 267
split peas 108
spoiler 206
spoke 195
spoon 146
spores 47
sport-utility vehicle 186
sporting goods store 259
sports car 186
sports on wheels 307
sports, combat 304
sports, equestrian 280
sportswear 122
spot 157
spotlight 238, 263, 273
spray hose 154
spray nozzle 165
spray skirt 279
sprayer 164
spreader 128, 164
spring 26, 30, 33, 157, 162, 196, 270, 275
spring balance 170
springboard 274
sprinklers 178
spruce 55
spur 28
square 172
square movement 314
squash 107
squid 57
squirrel 77
stabilizer 281
stabilizer fin 201
stabilizer jack 189
stable 280
stack 31
staff 222
staff cloakroom 260, 264
staff entrance 260, 269
staff lounge 264
staff toilet 264
stage 167
stage clip 167

stained glass 221
stairs 138, 182, 254, 272
stairways 219
stairwell 139
stairwell skylight 139
stake loop 309
stalactite 30
stalagmite 30
stalk 109, 110, 111
stalk vegetables 105
stamen 50, 111
stanchion 286
stand 26, 130, 149, 157, 166
stapes 100
staple remover 270
stapler 270
staples 270
star diagonal 12
starboard hand 200
starling 74
start button 168
start key 245
start switch 160
starter 165, 276
starting block 276
starting dive 277
starting gate 280
starting grip (backstroke) 276
state 22
station entrance 254
station name 254
station wagon 186
steak knife 146
steam generator 177
steam iron 159
steam pressure drives turbine 178
steamer basket 149
steelyard 170
steering wheel 188, 306
stem 47, 48, 169, 195, 201
stem bulb 200
step 192
stepladder 163
steppe 34
steps 135, 138, 213
steps in production of electricity 176
stereo control 242
sterile pad 267
stern 201, 278
sternocleidomastoid 95
sternum 92
stethoscope 266
stick 227, 293
stick umbrella 128
sticks 232
stifle 84
stigma 50
stile 140
still video film disk 235
stills photographer 273
stimulator tip 133
sting 61
stipule 49
stirrup sock 291

stitch 125
stitching 123
stock 179
stock pot 149
stockade 220
stocking 119, 284
stocking cap 124
stomach 96
stone 110, 129
stone for sacrifice 219
stone fruits 110
stop 78
stop at intersection 317, 318
stop button 168, 239
stop watch 237
stopper 300, 311
stopwatch 168
storable propellant upper stage 16
storage compartment 192, 263
storage door 152
storage furniture 141
storage room 265
storeroom 260, 268
stork 75
stove oil 181
straight muscle of thigh 95
straight skirt 118
straight stopcock burette 166
straight wing 206
straightneck squash 107
strait 22
strap 168, 291
strap loop 312
strap system 229
stratocumulus 35
stratopause 32
stratosphere 32
stratus 35
strawberry 109
strawberry, section 109
street 250
street sweeper 193
streetcar 199
stretcher 267
striker 300
striking circle 293
string 227
stringed instruments 227
stringing 302
strings 226
stroke judge 276
strokes, types 277
structure of a fern 47
structure of a flower 50
structure of a leaf 49
structure of a mushroom 47
structure of a plant 48
structure of a tree 52
structure of the biosphere 41
structure of the ear 100
structure of the Earth 24
structure of the Sun 8
strut 179
stud 122, 292

student 268
student's desk 268
students' lockers 269
students' room 269
studio 237
studio floor 238
studio, television 238
study 139
stump 53, 292
style 50, 109, 110, 111
subarctic 34
subclavian artery 99
subclavian vein 99
subcutaneous tissue 101
submarine line 248
submarine pipeline 181
subsiding cold air 37
subsoil 53
substitute's bench 301
subterranean stream 30
subway 199
subway map 199, 255
subway station 254
subway train 199, 254
sucker 57
sudoriferous duct 101
sugar bowl 144
suit 118
summer 33
summer solstice 33
summer squash 107
summit 28
Sun 6, 8, 33
sun visor 188
Sun, structure 8
sundeck 201
sundial 168
sunflower 51
sunglasses 128
sunshine recorder 38
sunspot 8
super 61
supercross motorcycle 306
superior dental arch 102
superior mesenteric artery 99
superior mesenteric vein 99
superior semicircular canal 100
superior vena cava 98, 99
supermarket 256, 259
supersonic jet 32
supersonic jetliner 208
supervisor's office 269
supply of water 176
support 12, 39, 140
support thread 59
surface element 153
surface insulation 14
surface prospecting 180
surface runoff 42
suspender 183
suspender clip 116
suspenders 116
suspension 199
suspension bridge 183

suspension cable 183
swallow 74
swallow hole 30
sweat pants 122
sweat shirt 122
sweater vest 120
sweaters 120
sweep oar 278
sweeper 300
sweet peas 108
sweet pepper 107
sweet potato 104
swept-back wing 206
swimming 276
swimming goggles 276
swimming pool 201, 277
swimming pool, above ground 135
swimming pool, in-ground 135
swimming trunks 122
swimsuit 122, 276
swing bridge 183
Swiss Army knife 311
Swiss chard 105
switch 152, 155
switch plate 155
swivel cord 130
swordfish 65
symbols 313
symbols, common 319
symbols, dangerous materials 320
symbols, protection 320
symphony orchestra 234
synthesizer 233
syringe 266
system buttons 233

T-shirt dress 121
T-tail unit 207
tab 126, 128
table lamp 157
tablinum 218
tachometer 188
tack 278
tactical transport helicopter 203
tadpole 66
tag 122, 125
tail 58, 67, 76, 77, 78, 79, 82, 84, 88, 207, 287, 288, 289
tail assembly 207
tail boom 203
tail comb 130
tail feather 73
tail shapes, examples 207
tail skid 203
tailback 297
taillight 187, 191
taillights 187

tailpiece 227
tailrace 175
take-up reel 243
talk key 245
talking drum 225
talon 73
tambourine 232
tandem bicycle 195
tandem tractor trailer 193
tank 15, 262
tank car 181
tank farm 181
tank top 122
tank truck 181
tanker 181
tape 161, 293
tape dispenser 270
tape lock 161
tape measure 161, 214
tape-guide 243
tapered wing 206
taproot 52
target 281
taro 104
tarsus 73, 92
taste 102
taxi transportation 319
taxiway 204
taxiway line 205
teacher 268
teacher's desk 268
teachers' room 269
team shirt 291, 293, 298, 301
team's emblem 284
teapot 145
teaspoon 146
technical identification band 243
technical room 182
technical terms 109, 110, 111, 112
tee 282
teeing ground 282
teeth 94
telecommunication antenna 201
telecommunication satellite 249
telephone 319
telephone answering machine 244
telephone index 244
telephone line 248
telephone set 244
telephone, communication 244
teleprompter 238
telescopic boom 263
telescopic corridor 205
telescopic front fork 191
telescopic umbrella 128
telescoping antenna 242
television 238
television set 239, 268
telson 58
temperate forest 40

temperature control 151, 158
temperature indicator 188
temperature scale 32
temperature selector 160
temperature, measure 39, 169
temple 90, 128
Temple of Huitzilopochtli 219
Temple of Tlaloc 219
tempo control 233
temporal bone 92, 93
tendon guard 286
tennis 302
tennis ball 302
tennis player 303
tennis racket 302
tennis shoe 125, 303
tenor drum 232
tensor of fascia lata 95
tent trailer 189
tentacle 57
tepee 215
terminal 155
terminal box 173
terminal bud 48
terminal filament 97
terminal moraine 29
termite 63
tern 75
tertiary colors 211
tertiary consumers 41
test pattern 238
test tube 166
Tethys 7
thermometer 169
thermopause 32
thermosphere 32
thermostat 158
thermostat control 152
thigh 73, 76, 78, 84, 91
thigh pad 298
thigh-boot 125
thimble 214
third 222
third base 290
third baseman 290
third finger 101
third valve slide 230
third wheel 169
thirty-second note 223
thirty-second rest 223
thoracic legs 58
thorax 60, 62, 90
thread 161
three-blade propeller 208
three-four time 222
three-toed hoof 85
threshold 136
throat 72, 302
throat protector 285, 291
throttle control 247
thrust device 270
thrust tube 270
thruster 17
thumb 82, 101, 123, 291
thumb hook 230

thumb rest 231
thumb tacks 270
thumbscrew 162
thunderstorm 36
tibia 82, 92
tick 59
ticket clerk 272
ticket collecting booth 254
ticket collector 253
ticket counter 252
tie 128, 198, 223
tier 218
tiger 81
tight end 297
tightening band 39
tightening buckle 312
tile 217, 218
timber 217, 218
time code 273
time signatures 222
timed outlet 153
timekeeper 294, 304, 305
timekeepers 305
timpani 234
tine 146
tip 49, 128, 146, 161, 162, 288, 289
tip of nose 102
tire 185, 192, 195, 308
tire pump 194
tire valve 195
tissue holder 154
Titan 7
Titan IV 16
Titania 7
Tlaloc, Temple 219
toad 66
toaster 151
toe 73, 78, 84, 90
toe binding 288
toe box 286
toe clip 84, 194
toe guard 291
toe pick 286
toepiece 289
toeplate 288
toggle fastening 117
toilet 138, 139, 154, 266, 269
toilet soap 132
toilet tank 154
toilets 259
tom-tom 232
tomatillo 107
tomato 107
tombolo 31
tone control 228
tone leader generator 237
toner cartridge 247
tongs 148
tongue 60, 96, 102, 116, 122, 125, 286, 289
tongue sheath 67
tonsil 102
tool tether 17
tools, wood carving 213
tooth 64, 67, 161, 162, 209

tooth guard 298
toothbrush 133
toothed jaw 162
toothpaste 133
top 52
top bar 274
top flap 312
top hat 124
top ladder 263
top of dam 174
top rail 140
top rail of sash 137
top-level domain 248
topaz 129
topsoil 53
toque 124
tornado 37
tortilla 114
torus 172
total 170
total eclipse 8, 9
total sale display 261
tote board 280
toucan 74
touch 101
touch line 301
touring motorcycle 191
tourmaline 129
tow bar 204
tow tractor 205
tow truck 193
towel bar 154
tower 179, 183, 221
tower ladder 263
tower mill 179
towing device 193
town houses 216
toy store 258
trachea 97
track 210, 253, 254
track lighting 157
traditional houses 215
traditional musical instruments 224
traffic lane 182
trailer 189
trailer car 199
trailing edge 206
trailing edge flap 206
trainer 295, 304
trampoline 275
transept spire 221
transfer dispensing machine 255
transfer of heat to water 178
transfer ramp 182
transformation of mechanical work into electricity 176
transformer 157, 175, 176, 177
transit shed 200
transmission of the rotative movement to the rotor 176
transmission to consumers 176
transmitter 244

transpiration 42
transport, air 203
transport, maritime 181, 200
transverse colon 96
tranverse flute 231
trapezius 95
trapezoid 172
travel agency 258
traveling crane 175
trawler 202
tray 127, 141, 164
treble bridge 226
treble keyboard 224
treble pickup 228
treble register 224
treble tone control 229, 242
tree 52
tree frog 66
tree, structure 52
tree, trunk 53
trees 282
triangle 172, 232, 234
triangular bandage 267
trifoliolate 49
trigger 247, 262
trigger switch 162
trill 223
trim 127
trim ring 153
trimmer 131
trip odometer 188
triple ring 316
triple tail unit 207
tripod 12
tripod accessories shelf 12
tripod stand 232
Triton 7
trombone 230
trombones 234
Tropic of Cancer 20
Tropic of Capricorn 20
tropical climates 34
tropical cyclone 37
tropical forest 40
tropical fruits 113
tropical rain forest 34, 40
tropical wet-and-dry
    (savanna) 34
tropopause 32, 43
troposphere 32
trot 84
trousers 305
trout 65
trowel 164
truck 196, 307
truck frame 196
truck tractor 192
truck trailer 193
trucking 192
trucks, examples 192
trumpet 230
trumpets 234
trunk 52, 66, 127, 185
trunk, cross section 53
tub platform 154
tuba 230, 234

tube retention clip 156
tuber vegetables 104
tubular bells 234
tug 202
tulip 51
tuna 65
tundra 40
tuner 241, 242, 243
tuning control 242
tuning controls 239
tuning dial 243
tuning peg 228, 229
tuning pin 226
tuning slide 230
tunnel 254
turbine 177
turbine building 177
turbine shaft turns generator
    178
turbined water draining 176
turbojet engine 207
turkey 75
turn 223
turn signal 187, 191
turn signal indicator 188
turnbuckle 304
turning judges 277
turning wall 277
turnip 104
turnouts 262
turnouts' cleaning 262
turnstile 254
turntable 183, 209, 237
turntable mounting 263
turquoise 129
turret 220
turtle 67
turtle, morphology 67
turtleneck 120, 288
TV mode 239
TV power button 239
TV/video button 239
tweeter 241
tweezers 267
twig 48, 52
twist bit 162
twist handle 247
two-blade propeller 208
two-door sedan 186
two-person tent 309
two-storey house 216
two-toed hoof 85
two-two time 222
tympanum 66, 217, 221
type of fuel 261
types of bones 93
types of eclipses 8, 9
types of movements 314
types of oars 278
types of strokes 277
types of volcanoes 27

U.S. habitation module 14
U.S. laboratory 14
ulna 92
umbra shadow 8, 9
umbrella 128
umbrella stand 128
Umbriel 7
umpire 292, 297, 299, 302
under tail covert 73
underarm portfolio 126
underground chamber 217
underground flow 42
underground stem 103
undershirt 291
underwater camera 236
uneven parallel bars 274
ungulate mammals 84
ungulate mammals,
    examples of 86
uniform resource locator 248
uniforms 262
unison 222
unit price 170
universal step 252
unloading dock 259
uphaul 278
upper blade guard 162
upper deck 206
upper eyelid 66, 79, 102
upper fore topgallant sail 201
upper fore topsail 201
upper lip 60, 102
upper lobe 97
upper mantle 24
upper section 16
upper shell 289, 307
upper strap 289
upper tail covert 73
upright 275
upright piano 226
upright vacuum cleaner 159
upstream gate 279
Uranus 7
URL 248
uropod 58
used syringe box 265
usual terms 109, 110, 111, 112
utensils, kitchen 147
uvula 102

V-neck 120
V-neck cardigan 120
vacuole 56
vacuum bottle 311
vacuum cleaner, cylinder 159
vacuum cleaner, hand 159
vacuum cleaner, upright 159

valance 142
valley 28, 30
valve 230
valve casing 230
vamp 125
vampire bat 82
van straight truck 193
vanity cabinet 154
vanity mirror 188
variable ejector nozzle 208
variable geometry wing 206
vaulting horse 274, 275
VCR controls 239
VCR mode 239
VCR power button 239
vegetable bowl 145
vegetable brush 147
vegetable garden 134
vegetable kingdom 47
vegetable sponge 132
vegetables 103, 256
vegetables, bulb 103
vegetables, fruit 107
vegetables, inflorescent 105
vegetables, leaf 106
vegetables, root 104
vegetables, stalk 105
vegetables, tuber 104
vegetation 40
vegetation regions 40
vehicle equipment bay 16
vehicle rest area 182
vein 49
veins 99
velarium 218
venom canal 67
venom gland 67
venom-conducting tube 67
vent 188
vent brush 130
ventilating fan 197
Venus 6
vermiform appendix 96
vernal equinox 33
vernier 170
vertebral column 92, 97
vertebral shield 67
vertical ground movement 26
vertical movement 314
vertical pivoting window 137
vertical pupil 67
vertical section 307
vertical seismograph 26
vertical take-off and landing
    aircraft 208
vertical-axis wind turbine 179
vestibular nerve 100
vestibule 100, 218
vibrato arm 228
vibrissa 77
video entertainment system
    316
video monitor 246
videocassette 240
videocassette recorder 240

videotape operation controls 240
view camera 236
viola 227
violas 234
violet 51, 211
violet-blue 211
violin 227
violin family 234
viper 68
visor 191, 198, 284, 287
visual display 316
vocal cord 97
voice edit buttons 233
voice selector 233
volcanic bomb 27
volcano 24, 27
volcano during eruption 27
volleyball 299
volleyball, beach 299
voltage decrease 176
voltage increase 176, 178
volume control 228, 229, 233, 239, 242, 243, 244, 246
volume display 261
volume unit meters 237
volva 47
vulva 90

W

wadi 29
wading bird 73
waffle iron 150
wagon tent 309
waist 91, 227
waist belt 141, 312
waistband 116, 117
waistband extension 116
waiting room 264
walk 84
walk-in closet 139
walk-in wardrobe 139
walkie-talkie 265
walking leg 59, 62
walking stick 128
walkway 258
wall 9, 112, 309
wall cabinet 143
wall cloud 37
wall tent 309
wallet 126
walnut 54
walrus 88
waning gibbous 10
wardrobe 139
warm temperate climates 34
warming plate 151
warning device 263
warning lights 188
warning track 291
wash bottle 166
washcloth 132

washer 160
washer nozzle 184
waste layers 44
waste water 45
waste, selective sorting 46
water bomber helicopter 203
water bottle 195
water bottle clip 195
water carrier 311
water chestnut 103
water cools the used steam 178
water hazard 282
water intake 175
water is pumped back into the steam generator 178
water key 230
water level 151
water pitcher 145
water pollution 45
water spider 59
water strider 63
water table 30, 45
water tank 197
water turns into steam 178
water under pressure 176
water-level selector 160
watercolor cakes 212
watercolor tube 212
watercourse 30
watercress 106
waterfall 30
watering can 165
watermelon 113
wave clip 130
wax bean 108
wax crayons 212
wax gourd 107
waxing gibbous 10
weasel 80
weather map 38
weather radar 38, 206
weather satellite 38
web 66, 73, 291
webbed foot 66
webbed toe 73
Webcam 247
weeder 164
weighing platform 170
weight 168, 170
weight, measure 170
welt pocket 120
West 23
West Coast mirror 192
West-Northwest 23
West-Southwest 23
Western hemisphere 20
Western meridian 20
wet suit 279
whale 88, 89
wheel 127, 164, 192, 307, 308
wheel chock 204
wheel cover 185
wheel loader 209
wheel mouse 246
wheel tractor 209

wheelbarrow 164
wheelchair 266
wheelchair access 319
whelk 57
whisk 148
whiskers 79
White 314, 315
white blood cell 98
white bread 114
white cabbage 106
white onion 103
white square 314
white stone 315
white wine glass 144
white-tailed deer 86
whitewater 279
whole note 223
whole rest 223
whorl 57
wicket 292
wicketkeeper 292
wide receiver 297
wigwam 215
willow 292
winch 193
winch controls 193
wind 45
wind deflector 192
wind direction, measure 39
wind energy 179
wind instruments 230
wind strength, measure 39
wind synthesizer controller 233
wind vane 38, 39
windbag 224
windbreaker 117
winder 169
window 137, 139, 152, 153, 185, 189, 199, 206, 278
window canopy 309
windows, examples 137
windshaft 179
windshield 184, 191, 192, 206
windshield wiper 184
wine 256
wine cellar 260
wine steward 260
wing 15, 61, 62, 72, 207, 306
wing covert 72
wing membrane 82
wing rib 206
wing shapes, examples 206
wing slat 207
wing strut 208
wing vein 62
winglet 207, 208
winter 33
winter solstice 33
winter sports 284
wiper switch 188
wire brush 232
wisdom tooth 94
wishbone boom 278
withers 78, 85
wok 149

wok set 149
wolf 80
women's cell 264
women's clothing 118
women's gloves 123
women's rest room 319
wood 282
wood carving 213
wood ray 53
woodbox 158
woodwind family 234
woofer 241
worker 60
wrestler 304
wrestling 304
wrestling area 304
wrist 78, 82, 91, 101
wrist guard 307
wrist strap 288, 289
wrist-length glove 123
wristband 298, 303
writing case 126

X

xylophone 232, 234

Y

yak 80
yam 104
yard line 296
yard-long bean 108
yellow 211
yellow onion 103
yellow sweet pepper 107
yellow-green 211
yellowjacket 63
yield 317, 318
yogurt 114
yolk 72
yurt 215

Z

zebra 87
zest 112
zipper 127
zither 225
zoom lens 235, 238, 240
zucchini 107
zygomatic bone 92, 93